Sozialpolitik und Sozialstaat

Herausgegeben von
A. Evers, Gießen, Deutschland
R. G. Heinze, Bochum, Deutschland
S. Leibfried, Bremen, Deutschland
L. Leisering, Bielefeld, Deutschland
T. Olk, Halle-Wittenberg, Deutschland
I. Ostner, Göttingen, Deutschland

Franz-Xaver Kaufmann

Sozialstaat als Kultur

Soziologische Analysen II

 Springer VS

Franz-Xaver Kaufmann
Bonn, Deutschland

Sozialpolitik und Sozialstaat
ISBN 978-3-531-17301-6   ISBN 978-3-531-94244-5 (eBook)
DOI 10.1007/978-3-531-94244-5

Die Deutsche Nationalbibliothek verzeichnet diese Publikation in der Deutschen Nationalbi-
bliografie; detaillierte bibliografische Daten sind im Internet über http://dnb.d-nb.de abrufbar.

Springer VS

Gedruckt auf säurefreiem und chlorfrei gebleichtem Papier

Springer Fachmedien Wiesbaden ist Teil der Fachverlagsgruppe Springer Science+Business Media
(www.springer.com)

Es ist schön ein hungriges Kind zu sättigen,
ihm die Tränen zu trocknen,
ihm die Nase zu putzen,
es ist schön einen Kranken zu heilen.
Ein Bereich der Ästhetik,
den wir noch nicht entdeckt haben,
ist die Schönheit des Rechts;
über die Schönheit der Künste, eines Menschen,
der Natur
können wir uns immer halbwegs einigen.
Aber:
RECHT und GERECHTIGKEIT sind auch schön,
und sie haben ihre Poesie,
WENN sie vollzogen werden.

Heinrich Böll; Charta des Humanitären (1984)

Inhalt

D Normative Spannungen

A
Kultur und Sozialstaat

Zur Einführung

1

Der Sozialstaat ist ohne Blaupause entstanden.
Norbert Blüm[1]

Der Sozial- oder Wohlfahrtsstaat ist eine kulturelle Errungenschaft. So dürfen wir (West)Europäer nicht ohne Stolz behaupten. Er ist die politisch organisierte Form unseres Zusammenlebens, welche wenigstens im Grundsätzlichen unseren kulturellen Idealen gleicher Würde aller Menschen, individueller Freiheit, sozialer Sicherheit, Gerechtigkeit und Solidarität entspricht. Liberale, sozial-demokratische, konservative und christlich-soziale Leitvorstellungen sind in von Land zu Land verschiedenen Mischungen politisch wirksam geworden, um Maßnahmen des sozialen Schutzes innerhalb und außerhalb des Arbeitslebens, Mechanismen einer Egalisierung der primären Einkommensverteilung und grundsätzlich der gesamten Bevölkerung zugängliche Systeme der Grundsicherung und sozialer Dienstleistungen zu schaffen, insbesondere im Gesundheits-, Bildungs- und Sozialwesen. Diese politische Form wird hierzulande im Prinzip von keiner ernst zu nehmenden Bewegung in Frage gestellt, auch wenn im Einzelnen erbitterte Verteilungskämpfe geführt werden, und gelegentlich sogar von einer Bedrohung des Sozialstaates durch Globalisierung, Neoliberalismus und Finanzkapitalismus die Rede ist – oder umgekehrt von einer Bedrohung der Wirtschaft durch die Expansion des Sozialstaats.

Auch empirische Studien zur Akzeptanz des Wohlfahrtsstaates lassen Anzeichen einer Legitimitätskrise nicht erkennen.

> „Vergleichende Untersuchungen bzw. die Gegenüberstellung nationaler Studien (machen) deutlich, dass „der" Wohlfahrtsstaat ... in allen untersuchten Ländern positiv beurteilt wird ... Klassen- und andere Konfliktlinien bei der Beurteilung des Wohlfahrtsstaates (treten) deutlicher hervor ..., wenn man die Ebene der Globalbeurteilung verlässt und Akzeptanzurteile gegenüber einzelnen Sicherungssystemen,

---

1 Dr. Norbert Blüm, von 1982-1998 Bundesminister für Arbeit und Sozialordnung.

Empfängergruppen und wohlfahrtsstaatlichen Zielen betrachtet" (Ullrich 2000: 132
f.; s.a. Ullrich 2008).

Ob diese Wertschätzung und die Eigenarten des Sozialstaats auch aus einer anderen
kulturellen Perspektive geteilt werden, ist eine andere Frage. Dass die Verantwortung
für die Grundlagen eines menschenwürdigen Lebens für jedermann *Aufgabe des
Staates* sein solle, wird von starken Kräften in den Vereinigten Staaten bestritten.
Und dass öffentliche Maßnahmen sich den *Rechten des Individuums* anzupassen
haben, dürfte in großen Teilen Asiens durchaus umstritten sein. Die kulturellen,
aber auch institutionellen und einstellungsmäßigen Voraussetzungen des europäischen Sozial- oder Wohlfahrtsstaats[2] sind so universell nicht, wie wir uns das oft
vorstellen. Deshalb gehört zur sozialwissenschaftlichen Beschäftigung mit dem
Wohlfahrtsstaat auch das Bedenken seiner kulturellen Seite. Sie allein ist Gegenstand
des vorliegenden Bandes, der somit als Ergänzung zu meinen weiteren zusammenfassenden Beiträgen zur Sozialstaatstheorie zu lesen ist (Kaufmann 2009; 2012).

1.1   Der Sozialstaat als Leistungs-und Anerkennungszusammenhang

Sozialwissenschaftliche Wohlfahrtsstaatsforschung ist – soweit sie über bloße
Beschreibung hinausgeht – notwendigerweise vergleichend, sei es in zeitlicher,
räumlicher oder sachlicher Hinsicht. Beschreibung ist einfach – Analyse schwierig.
Man könnte gegen diese These einwenden, dass in jede Beschreibung Vorannahmen
und Relevanzgesichtspunkte eingehen, die einer implizit analytischen Perspektive
entsprechen. Aber erstens werden diese im Falle der bloßen Beschreibung nicht
expliziert, und zweitens folgen Beschreibungen meist nicht einer kohärenten Perspektive, zumal wenn sie sich an Selbstverständnissen des beschriebenen Gegenstandes

---

2   Aus der Sicht der international vergleichenden Wohlfahrtsstaatsforschung ist „Sozialstaat"
      (gelegentlich auch „Soziale Marktwirtschaft") die spezifisch deutsche Semantik dessen,
      was international unter „welfare state" verhandelt wird. Im deutschen Verständnis von
      Sozialstaat schwingen allerdings weiter reichende Konnotationen als im internationalen
      „welfare state" mit, und diese beziehen sich gerade auf die im Fokus dieses Buches ste-
      hende kulturelle und legitimatorische Seite (siehe 9.1). Im Folgenden wird deshalb der
      Bezeichnung „Sozialstaat" eine gewisse Präferenz gegeben, aber auch der internationale
      Sprachgebrauch respektiert. Am präzisesten ist die Bezeichnung „wohlfahrtsstaatliche
      Entwicklung", weil sie das historisch Veränderliche und Prozessuale hervorhebt.

orientiert, also beispielsweise an den Wertvorstellungen und Situationsdefinitionen der in einem bestimmten sozialpolitischen Kontext Handelnden.

Wissenschaft sucht nach generalisierbaren Einsichten oder – gerade im Falle der Sozialwissenschaften – zum mindesten nach Typisierungen, die man als erste Stufe einer ordnenden Verallgemeinerung bezeichnen kann. Beschreibungen sind aus wissenschaftlicher Sicht Material, das noch der Analyse harrt. Analyse setzt explizite übergeordnete Gesichtspunkte voraus, die wir als theoretische Vorannahmen bezeichnen. Als solche stehen zunächst die Perspektiven der Einzelwissenschaften zur Verfügung, welche in der Regel über theoretisch fundierte und begrifflich ausgearbeitete Instrumentarien verfügen. Allerdings bleiben diese Perspektiven abstrakt; sie bedürfen der Ergänzung durch gegenstandsnahe Annahmen – aber die Gegenstände fügen sich nicht immer den Perspektiven eines einzelnen Faches.

Das gilt in besonderer Weise für den Bereich der sozial- oder wohlfahrtsstaatlichen Entwicklung. Überblickt man den mittlerweile stattlichen Publikationsbestand, so finden sich namhafte Beiträge von Seiten der Geschichtswissenschaft, der Philosophie, der Politikwissenschaft, der Rechtswissenschaft, der Soziologie und der Wirtschaftswissenschaft. Gleichzeitig wird eine *theoretische Ortlosigkeit des Gegenstandes* behauptet. Eine der frühesten kritischen Diagnosen (Boulding 1967) betonte die Ordnungslosigkeit der Sozialpolitik im Gegensatz zur Wirtschaftspolitik. Sozialpolitik vollziehe sich ad hoc, ohne klare Kriterien und insbesondere ohne Rückkoppelungsmechanismen. Das bedeutet: Sozialpolitik sei kein zusammenhängender Gegenstand. Eine Theorie der Sozialpolitik oder des Sozialstaats will jedoch einen solchen Zusammenhang konstruieren und plausibel machen, also sozusagen nachträglich eine „Blaupause" (N. Blüm) entwerfen. Der Wissenschaftsjournalist Jürgen Kaube diagnostiziert im Rahmen eines Bandes über „Wohlfahrtsstaatliche Grundbegriffe" ein *Reflexionsdefizit des Wohlfahrtsstaates*. Im Unterschied zu anderen Merkmalen der politischen Ordnung, wie Souveränität, Demokratie oder den Rechts- und Verfassungsstaat gebe es für den Wohlfahrtsstaat keinen „enge(n) Zusammenhang von politischer Theorie und politischer Form … Es gibt keinen Bodin, keinen Rousseau oder Marx des Wohlfahrtsstaates, … Folgerichtig spielt der Wohlfahrtsstaat umgekehrt in politischen Philosophien, die ihre ideengeschichtlichen Evidenzen aus älteren Quellen schöpfen, auch heute noch keine Rolle – und wenn er noch so evident die politische Wirklichkeit ist, in der wir leben." (Kaube 2003: 42 f) Auch diesem Defizit will dieser Band entgegenwirken.

Das von Kaube diagnostizierte philosophische Defizit hängt vor allem mit zwei Sachverhalten zusammen. Erstens: Die wohlfahrtsstaatliche Entwicklung ist eine Antwort auf die Entstehung des industriellen Kapitalismus, und dieser ist seinerseits in der politischen Philosophie noch kaum verarbeitet, geschweige denn, dass ein Aristoteles oder Bodin ihn hätten voraussehen können. Ich werde in Kapitel 4 und 5 Sozialwissenschaftler vorstellen, die als Klassiker des wohlfahrtsstaatlichen Denkens Beachtung verdienen.

Zweitens: Was wir heute als Sozial- oder Wohlfahrtsstaat bezeichnen, hat sich auf unterschiedliche Weise zuerst in einigen europäischen Nationalstaaten aus kleinen Anfängen allmählich entwickelt und im Rahmen ihrer Selbstverständnisse eigenständige und damit *verschiedene* Deutungen erfahren. Das erschwert einen konzeptuellen Vergleich. Die vergleichende Wohlfahrtsstaatsforschung geht demzufolge überwiegend induktiv vor und kommt so kaum zu einer allgemeinen Begrifflichkeit.[3] Statistische Maßzahlen wie die Sozialleistungsquote treten an die Stelle analytischer oder historischer Begriffe. Ich werde dagegen die These vertreten, dass der normative Kern des wohlfahrtsstaatlichen Programms in einer transnationalen Entwicklung zu suchen ist, nämlich der Entstehung der sozialen Menschenrechte (Kapitel 8).

Nicht von ungefähr stammen viele, der Gesamtfiguration wohlfahrtsstaatlicher Entwicklung in etwa gerecht werdenden Studien von Historikern.[4] Allerdings halten sich die Historiker meist so eng an ihre Gegenstände, dass Typisierung und begriffliche Formierung aus der Sicht des an Verallgemeinerung interessierten Soziologen zu kurz kommen. Mein Interesse an Sozialpolitik, das mir durch die Berufung auf den ersten soziologischen Lehrstuhl für Sozialpolitik sozusagen als Amtspflicht aufgetragen wurde, hat sich dementsprechend in den letzten Jahren auf Fragen der theoretischen Konzeptualisierung der wohlfahrtsstaatlichen Entwicklung konzentriert.[5]

Dabei hat sich als Grundsachverhalt die Notwendigkeit einer *doppelten Betrachtungsweise* herausgestellt: Zum einen lässt sich die wohlfahrtsstaatliche

---

3   Ein anspruchsvolles Beispiel dieser Forschungsrichtung bieten Starke/Obinger/Castles (2008). Ihr auf Daten aller OECD-Staaten und zahlreichen verglichenen Indikatoren beruhendes Ergebnis: „Contrary to what one might expect from much of the theoretical literature, we find that, although there is evidence of moderate welfare state convergence, it is limited in magnitude, various in directionality and contingent upon the indicator under examination. Overall, our findings do not provide any strong evidence either for a race to the bottom or for the Americanization of social policy, the two most common convergence scenarios encountered in supposedly informed public commentary." (aus dem Abstract) Angesichts der kulturellen Heterogenität des Samples aller OECD-Staaten ist das nicht verwunderlich.

4   Als wegweisende Studien seien erwähnt: Marshall (1950), Achinger (1971/1958), Briggs (1961), Rimlinger (1971), de Laubier (1978), Flora und Heidenheimer (1981), Alber (1982), Wilensky u.a. (1985), Scharpf (1987), de Swaan (1988), Baldwin (1990), Esping-Andersen (1990) und Ritter (1991).

5   Zur autobiographischen Reflexion meines Umgangs mit der Thematik siehe die Einführung zu Kaufmann (2009) sowie aktualisiert Kaufmann (2014).

Entwicklung als allmähliche Entstehung von politisch regulierten gesellschafts-weiten *Leistungssystemen* (*policies* als Ergebnis von *politics*) begreifen, die sich um wesentliche Aspekte menschlicher Lebensbedingungen im Kontext einer komplexen kapitalistischen Wirtschaftsweise kümmern. Hier geht es um Formen öffentlicher Wohlfahrtsproduktion, welche teilweise traditionelle, hauswirtschaftliche Formen der Wohlfahrtsproduktion substituieren, aber vor allem neue, zusätzliche Leistungen anbieten.[6] Den Anfang bildeten meist soziale Innovationen, häufig auch im vorstaatlichen Raum, die durch politische Intervention verallgemeinert und verbindlich gemacht, und dann nicht selten international nachgeahmt wurden.

Zum anderen ist es von deren Entstehung her keineswegs selbstverständlich, dass die vielfältigen Hilfs- und Fördermaßnahmen in einen systematischen begrifflichen und damit *gedanklichen Zusammenhang* gebracht werden, der nicht nur Ausfluss wissenschaftlicher Diskussionen blieb, sondern auch Element der politischen Verständigung (*Politics*) auf nationaler und internationaler Ebene geworden ist. „Sozialpolitik' ist der älteste aller integrierenden Begriffe, seine Entstehung reicht in die Mitte des 19. Jahrhunderts zurück (siehe Abschnitt 5.2); seine politische Karriere begann zuerst in Deutschland um 1890, international sogar erst nach dem Zweiten Weltkrieg. „Social Security' entstand im Kontext des Roosevelt'schen New Deal in der ersten Hälfte der 1930er Jahre (siehe 11.1.4). „Sozialstaat' und „Welfare state' sind erst in den letzten Jahrzehnten zu integrierenden Deutungsmustern aufgestiegen (Petersen & Petersen 2013). In jüngster Zeit ist der Aufstieg eines noch allgemeineren Begriffs – „The Social' – auf nationaler und globaler Ebene zu beobachten (Zacher 2008a, Lessenich 2008; Leisering 2013). Die Entstehung, vor allem aber die Interpretation dieser und ähnlicher generalisierender Begriffe (*socio-political ideas*) lässt neben einem deskriptiven einen wenigstens implizit *normativen Gehalt* erkennen, der in der Doktrin der sozialen Menschenrechte ganz explizit wird. *Die wohlfahrtsstaatliche Entwicklung lässt sich nur als Wechselwirkung zwischen ideellen, politischen und administrativen Veränderungen angemessen begreifen.*

Welfare State oder Sozialstaat bezeichnen also nicht nur einen Leistungszusammenhang (der im Folgenden als „Sozialsektor" thematisiert wird), sondern auch ein *gesellschaftspolitisches Leitbild der anerkannten öffentliche Verantwortung eines Gemeinwesens für grundlegende Existenzbedingungen aller ihm Zugehörenden.* In Deutschland ist diese Verantwortung in den sog. Sozialstaatsklauseln des Grundgesetzes (Art. 20 I: „sozialer Bundesstaat"; Art 28 I: „sozialer Rechtsstaat") festgeschrieben. „Das Soziale" ist neben Rechtsstaat, Demokratie und Föderalis-

---

6 Ich benütze „Wohlfahrtsproduktion" als Grundbegriff für alle Nutzen für Dritte stiftenden Tätigkeiten – vom Trocknen der Tränen eines Kindes bis zur Hochleistungsmedizin. Siehe Kaufmann (2009a/1994).

mus ein Kernelement der Selbstbeschreibung des deutschen Staates, und alle diese
Elemente sind selbstverständlich normativer Art (Zacher 2008b). Im Grundgesetz
und seinen gesetzlichen Ausformungen anerkennt der Staat seine Einwohner als
Bürger mit bürgerlichen, politischen und sozialen Rechten, wie in der Allgemeinen
Erklärung der Menschenrechte der Vereinten Nationen und den sie konkretisie-
renden internationalen Konventionen postuliert. Der Sozialstaat ist somit nicht
nur ein *Leistungs*-sondern auch ein *Anerkennungszusammenhang* (siehe 9.2).[7] In
Großbritannien wird dieser Anerkennungsaspekt seit T.H. Marshall (1950) unter
dem Konzept von *Citizenship* thematisiert; die Staatsbürgerrolle wird durch die
Anerkennung derselben drei Arten subjektiver Rechte – bürgerliche, politische und
soziale – definiert. Im skandinavischen Bereich bleibt der Anerkennungsaspekt implizit in der egalitaristischen und damit grundsätzlich alle gleich zu behandelnden
Ausrichtung des Leistungssystems (Andersen 1988).

Eine neuere empirische Studie zur internationalen Akzeptanz des Wohlfahrtsstaats (Kohl 2013) nimmt die Unterscheidung von sozialpolitischer Verantwortung
des Staates und der Beurteilung der sozialpolitischen Leistungen auf. Dabei zeigt
sich, dass die Bevölkerung in allen untersuchten Staaten hohe Erwartungen an die
sozialpolitische Verantwortung des Staates hegt, während die Zufriedenheit mit den
Leistungen von Land zu Land recht unterschiedlich ist. Wie auch die verbreitete
Akzeptanz von Leistungskürzungen in Zeiten knapper Budgets zeigt, existiert *eine
Wahrnehmungsdimension des Wohlfahrtsstaats, die über seine Leistungsfähigkeit
und partikuläre Interessengesichtspunkte hinausreicht.* Sie bezieht sich auf ein
Vertrauen in die sozialpolitische Verantwortung des Staates, die mit verschiedenen
abstrakten Wertbegriffen in Verbindung gebracht wird: beispielsweise „Sicherheit",
„Gleichheit", „Solidarität" oder „Gerechtigkeit".

„Sozialstaat" ist in der Bundesrepublik heute ein hoch bedeutsamer und wertbe-
setzter, ein *normativer Begriff* geworden, ähnlich wie „Rechtsstaat" oder „Demokratie" oder „Marktwirtschaft". Allerdings: Das ist noch nicht allzu lange so: Obwohl
die erwähnten Sozialstaatsklauseln seit 1948 im Grundgesetz stehen, bekam die
Rede vom „Sozialstaat" erst in den 1970er Jahren Profil, etwa gleichzeitig mit der
internationalen Konjunktur von „Welfare State". Noch in meiner 1968 fertiggestellten
Habilitationsschrift über „Sicherheit" (Kaufmann 1973) kam das Wort „Sozialstaat"
nicht vor. Statt dessen ist dort ausführlich von Sozialpolitik, Sozialreform, Sozialversicherung, Sozialleistungen und Sozialer Sicherung oder Sicherheit die Rede.
Und das war durchwegs repräsentativ für den damaligen Sprachgebrauch. Selbst
das „Sozialrecht" kam damals noch nicht vor, obwohl eine eigenständige Sozialgerichtsbarkeit bereits seit 1954 existierte, nur das „Sozialversicherungsrecht". Es

---

7   Zur Entstehung der Anerkennungsperspektive Nullmeier (2003).

muss also in den 1970er Jahren einiges vorgefallen sein, damit zwei mittlerweile
so wichtige Begriffe wie „Sozialstaat" und „Sozialrecht" zur Geltung gelangen und
viele ältere Begriffe verdrängen konnten. [8]

Da war zum einen die sozialliberale Koalition, welche ganz neue politische
Sprachspiele wie „Mehr Demokratie wagen" oder „Lebensqualität als Aufgabe
der Sozialpolitik" in die politische Arena einführte. Gleichzeitig wurden die
Sozialwissenschaften gefördert, die zu dieser Zeit das Konzept der „Politischen
Planung" und ähnliche gesellschaftsgestaltende Konzepte propagierten. Während
zu Adenauers und Erhardts Zeiten das dominierende Konzept „Soziale Marktwirtschaft" die Lösung sozialer Probleme auf dezentralem Wege suggerierte, trat
mit der Großen Koalition unter Kiesinger und erst recht mit der sozial-liberalen
Regierung Brandt der *Staat als Problemlöser* in den Vordergrund. Und dies nicht
nur verbal, sondern auch tatsächlich. So beschloss die Regierung die Schaffung
eines *Sozialgesetzbuches*, das alle Sozialleistungen nach möglichst einheitlichen
Grundsätzen regeln sollte. Ferner entwickelten Finanz und Arbeitsministerium ein
einheitliches Rechenwerk für alle Sozialleistungen, das *Sozialbudget*, das bald auch
in der *mittelfristigen Finanzplanung* eine gewichtige Rolle spielte. Unterstützt wurde
dies durch den Bedeutungsgewinn des *Keynesianismus* in der Wirtschaftspolitik,
der im Stabilitäts- und Wachstumsgesetz seinen institutionellen Niederschlag fand.
Da der Keynesianismus zur Stabilisierung der Nachfrage auch eine Einkommensumverteilung von Liquidität hortenden zu den bedürftigen Bevölkerungsgruppen
empfahl, war er dem Leitgedanken sozialen Ausgleichs in der Sozialstaatsdoktrin
kongenial. Schließlich spielte die erste internationale Finanzkrise (1973/75), auch
Ölkrise genannt, eine Rolle. Sie erzeugte vor allem in Westeuropa einen Druck
auf das Wachstum des Volkseinkommens wie der öffentlichen Ausgaben. Dieser
Druck war *umfassend* und betraf nicht bloß einzelne Sektoren wie die Rentenversicherung. *So kam Vieles zusammen, um dem Staatshandeln zum bis dahin kaum
vorhandenen Bewusstsein zu verhelfen, eine Art Gesamtverantwortung für die
gesellschaftliche Entwicklung zu tragen, die sich in der wachsenden Prominenz des
Sozialstaatsbegriffs niederschlug.* Dies ging einher mit einem wachsenden Interesse
der Sozialwissenschaften an Sozialpolitik und der Rechtswissenschaft am Sozialrecht. Im Jahre 1975 erreichte der damalige Präsident des Bundessozialgerichts,
Georg Wannagat, dass die Max-Planck-Gesellschaft die Gründung eines MPI für
Sozialrecht auf den Weg brachte. 1976 wurde „Sozialpolitik" erstmals ein zentrales

---

8   Doering-Manteuffel und Raphael betonen einen „Strukturbruch .. im letzten Drittel
    des 20. Jahrhunderts", der sich in neuen Leitvorstellungen und Leitsemantiken nieder-
    schlägt. Das gilt auch für den Bereich der Sozialpolitik, die seit den 1970er Jahren zu
    einem beachteten Thema der Sozialwissenschaften geworden ist. (Doering-Manteuffel
    & Raphael 2008: 95 ff; siehe auch Geyer 2008).

Thema auf dem Deutschen Soziologentag, und in der Folge entstand eine rasch wachsende Sektion „Sozialpolitik" in der Deutschen Gesellschaft für Soziologie.

Seit den 1990er Jahren gewinnt der Prozess, den wir aus europäischer Perspektive als „wohlfahrtsstaatliche Entwicklung" bezeichnen, allmählich weltweite Dimensionen. Der wichtigste globale Akteur im Bereich der Sozialpolitik ist die *International Labour Organization* (ILO), heute eine Sonderorganisation der Vereinten Nationen, die sich vor allem der Arbeitsverhältnisse annimmt (Deacon et al.1997). Mittlerweile ist allerdings eine wesentlich breitere Bewegung für einen Paradigmenwechsel in der Entwicklungspolitik entstanden, die die Schaffung von Systemen monetärer Basissicherung als wesentliches Element der sozio-ökonomischen Entwicklung versteht (Gliszczynski 2013). Die bereits 1966 verabschiedet UN-Konvention über wirtschaftliche, soziale und kulturelle Rechte, welche lange als wirkungslos angesehen wurde, hat seit der Jahrtausendwende stark an politischer Bedeutung gewonnen. (Dean 2007; Davy 2013 a, b). Das Konzept einer Globalen oder Weltsozialpolitik ist im Werden (Leisering 2007a; 2010). Bemerkenswert ist, wie hier der kulturelle Prozess der Wissensdiffusion den institutionellen Entwicklungen meist voranläuft, wenngleich in vielen Staaten Asiens und Afrikas auch praktische Fortschritte zu verzeichnen sind. Allerdings folgen diese Entwicklungen nicht den Modellen europäischer Wohlfahrtsstaaten, sondern berücksichtigen die spezifischen Umstände der jeweiligen Gesellschaften, insbesondere die größere Bedeutung von Verwandtschaftssystemen und die Bodenordnung. Diese jüngsten Entwicklungen stehen im Folgenden noch nicht zur Diskussion.

Ob und wann es zu einer wohlfahrtsstaatlichen Entwicklung kommt, und mit welchem Erfolg, ist von vielen Faktoren abhängig. Man kann vier Hauptfragen der Sozialpolitik- und Wohlfahrtsstaatsforschung unterscheiden: (1) Nach den Legitimationen und damit nach der Definition der sozialen Probleme, die zu lösen die Politik beansprucht; (2) nach den politischen Institutionen und Prozessen sowie ihren Akteuren, welche die wohlfahrtsstaatliche Entwicklung voranbringen oder behindern; (3) nach dem Charakter und dem Operieren der sozialpolitischen Einrichtungen und deren Folgeproblemen, beispielsweise dem Einfluss der entstehenden Verbände sozialpolitischer Dienstleister auf den Fortgang einzelner Politiken; und (4) nach den Wirkungen der Sozialpolitik auf die Bevölkerung, sei es im Sinne einer Verbesserung und Angleichung der Lebenslagen oder der Reaktion im Rahmen demokratischer Prozesse. Im Rahmen dieses Bandes geht es lediglich um die erstgenannte Frage.

1.2 Eine kulturtheoretische Perspektive

Die normative oder Anerkennungsdimension steht im Zentrum einer kulturtheoretischen Betrachtung der wohlfahrtsstaatlichen Entwicklung. Der kulturtheoretische Ansatz unterscheidet sich von den gängigen funktionalistischen, konflikttheoretischen oder institutionalistischen Ansätzen gerade dadurch, dass er nicht die Leistungsseite, sondern die Legitimationsseite der sozialpolitischen Interventionen betrachtet. Dabei kann es aber nicht nur um die Auslegung zentraler Leitbegriffe gehen, die sich international erst im letzten Drittel des 20. Jahrhunderts durchgesetzt haben. Was heute als in eine bestimmte politische Form gebrachte menschenrechtliche Idee gilt, hat eine lange Vorgeschichte, die hinsichtlich der Entstehung ihrer Voraussetzungen bis in die Antike, ja bis ins alte Israel verfolgt werden kann (Rieger 2013). Allerdings sind derartig lange Bedingungsketten zwangsläufig spekulativ, da nicht genügend Zwischenglieder namhaft gemacht werden können.

Ich halte mich hier an nachvollziehbare historische Umstände: Was zu den sozialpolitischen Praktiken und Ideen führt, ist in Reaktion auf die Privatisierung und damit Handelbarkeit (oder neudeutsch Kommodifizierung) des Bodens und den damit verbundenen Verlust an Selbstversorgungsmöglichkeiten für die ländlichen Armen sowie durch die Industrialisierung/Verstädterung und das damit verbundene Elend entstanden.[9] Bekanntlich wurden diese wirtschaftlichen Veränderungen am eindrücklichsten und nachhaltigsten durch Adam Smiths *An Inquiry in the Nature and the Causes of the Wealth of Nations* (1776) interpretiert und zugleich legitimiert. Deshalb beginnt diese Ideengeschichte der wohlfahrtsstaatliche Entwicklung mit Autoren, die sich kritisch an Adam Smith abgearbeitet haben: Sismondi, Friedrich List und John Stuart Mill (siehe Kapitel 4). Obwohl bereits sie politische Maßnahmen empfohlen haben, fehlte es ihnen noch an einer Perspektive, welche wirtschaftliche und politische Gesichtspunkte aufeinander zu vermitteln gestattet hätte. Dies gelang erst Lorenz (von) Stein im Anschluss an Hegel. Der in den 1840er Jahren entstehende Begriff „Sozialpolitik" war ein gesellschaftstheoretisches Konzept, dessen problemaufschließende Qualitäten erst im Horizont der aktuellen Sozialstaatsdiskussionen deutlich werden (siehe Kapitel 5). Dabei ist der leitbildhafte Charakter von „Sozialpolitik" in Deutschland schon in der Weimarer Zeit verblasst, und Sozialpolitik' wurde nach dem Zweiten Weltkrieg zu einem Sammelbegriff für die vorhandenen Einrichtungen. Der normative Anspruch hat sich allmählich im Begriff des *Sozialstaats* verdichtet, weshalb dieser im Folgenden im Zentrum steht.

---

9   Historisch und analytisch immer noch eindrucksvoll Polanyi 1977/1944.

Zunächst ist jedoch zu klären, was hier mit „Kultur" oder einer kulturtheoretischen Perspektive gemeint ist. Als 1988 anlässlich des gemeinsamen Kongresses
der deutschsprachigen soziologischen Fachgesellschaften unter dem Titel „Kultur
und Gesellschaft" erstmals das Wort *Wohlfahrtskultur* auftauchte, bezeichnete ich
es als „neues Nasobem" (Kaufmann 1989). Die Semantik war dem *Cultural Turn*
geschuldet, der mit diesem Kongress auch in der Soziologie heimisch werden sollte.
In der Ausarbeitung meines Beitrags wies ich auf die Unbestimmtheit des Kulturbegriffs hin, löste das Problem aber pragmatisch: „Wohlfahrt als Idee hat offenbar
mit dem idealistischen Kulturbegriff zu tun ... „Wohlfahrt" und „Kultur" (stehen)
in einem harmonischen ... Sinnverhältnis zueinander... Die Kombination beider
Worte stärkt daher den normativen Gehalt." (Kaufmann 1991: 20 f.) „Wohlfahrtskultur" solle auf die normative Seite des Wohlfahrtsbegriffs verweisen, der durch
seine vielfältige organisatorische Verwendung in die Ambivalenz geraten sei. „Der
Begriff Wohlfahrtskultur bezieht sich auf Diskurse, die im allgemeinsten Sinne eine
Antwort darauf geben wollen, warum und unter welchen Bedingungen Menschen
ein Interesse an der Verwirklichung von Wohlfahrt für Dritte (also nicht für sich
selbst) entwickeln können oder sollen." (Kaufmann 1991: 24)

Dieser Ansatz kann heute nicht mehr befriedigen. In der Folge von Berger &
Luckmann (1969) und vor allem dank der systematischen Studie von Andreas Reckwitz (2000) hat die *Kultursoziologie* zu einer von allen normativen Kulturbegriffen
distanzierten wissenssoziologischen Perspektive gefunden: „Kultur erscheint ... als
jener Komplex von Sinnsystemen oder ... von „symbolischen Ordnungen", mit denen
sich die Handelnden ihre Wirklichkeit als bedeutungsvoll erschaffen und in Form
von Wissensordnungen ihr Handeln ermöglichen und einschränken." (Reckwitz
2000: 84) Grundlegend ist hier die anthropologische Vorstellung, dass Menschen
sich in der Welt nur behaupten können, indem sie ihren sinnlichen Erfahrungen
Bedeutung zumessen, die meist einen sprachlichen, oft auch einen bildhaften Ausdruck finden und sich im Rahmen eines Sozialverbandes zu Sinnstrukturen höherer
Ordnung verdichten. Dies war bis weit ins 20. Jahrhundert hinein die unbewusste,
selbstverständliche Voraussetzung allen menschlichen Erlebens und Denkens. Erst
unter dem Druck eines naturwissenschaftlichen Monismus und im Horizont des
Verschwimmens kultureller Eindeutigkeiten im Zuge der Globalisierung ist die
Kontingenz basaler Selbstverständnisse bewusstseinsfähig geworden, und damit
auch eine Formalisierung des Kulturbegriffs notwendig.

Die Sozialwissenschaften gehen davon aus, dass „Wirklichkeit", also das, worüber und wodurch wir uns verständigen, gesellschaftlich konstruiert wird: Von der
ersten Formulierung eines Namens oder Gedankens durch irgendein schöpferisches
Subjekt bis zu den großen und kleinen Selbstverständlichkeiten, die wir in all unserem Sprechen und Denken voraussetzen. Was bloßes Geschwätz von sinnhafter

Rede unterscheidet, darum wird ständig gerungen: Im Alltag, im Streitgespräch, in den Medien und natürlich auch im Rahmen wissenschaftlicher Diskurse. Kultur wird also nicht mehr als etwas Feststehendes, Kohärentes betrachtet, sondern als der *Raum unserer verbindlichen Verständigung*, dessen dominierende Inhalte und Ordnungsgesichtspunkte sich im Kontext geschichtlicher oder auch aktueller Ereignisse verändern. Inhaltlich konstituieren sich sinnhafte Zusammenhänge in mehr oder weniger klar umgrenzten sozio-kulturellen Räumen und gewinnen durch Verschränkung mit anderen sinnhaften Zusammenhängen Stabilität und feststehende Bedeutung.

Für eine kulturtheoretische Beschäftigung mit Sozialpolitik und Sozialstaat ist eine derart formale Bestimmung zwar grundlegend, aber nicht zureichend. Hier geht es zunächst einmal um die „Kenntnis der Bedeutung des Gewollten selbst", was Max Weber (1968/1904: 150) als einen möglichen Beitrag der Sozialwissenschaften zur Sozialpolitik bezeichnet hat, und diese ist im normativen Sinne kontrovers:

> „Das Kennzeichen des sozialpolitischen Charakters eines Problems ist es ja geradezu, dass es nicht aufgrund bloß technischer Erwägungen aus feststehenden Zwecken heraus zu erledigen ist, dass um die regulativen Wertmaßstäbe selbst gestritten werden kann und muss, weil das Problem in die Regionen der allgemeinen Kulturfragen hineinragt. Und es wird gestritten nicht nur ... zwischen „Klasseninteressen" sondern auch zwischen Weltanschauungen." (Weber 1968/1904: 153)

Ich postuliere *Sozialstaat* als Bezeichnung für ein Sinnsystem, dessen Zusammenhang noch nicht offenkundig ist, dessen Struktur und Konturen vielmehr erst durch die noch keineswegs abgeschlossene wissenschaftliche Beschäftigung mit den dadurch bezeichneten Gegenständen in Konstruktion befinden.[10] Der Sozialstaat ist ein moralisch imprägnierter Diskurszusammenhang, dessen normative Spitze zunehmend im Begriff des „Sozialen" liegt, der aber breit und auch kontrovers auslegungsfähig ist.[11] Die Beiträge dieses Bandes beschäftigen sich vornehmlich mit Begriffen, die im allgemeinen Sprachgebrauch normativ gebraucht werden, denen hier schärfere Konturen mit Bezug auf das sozialpolitische Diskursfeld zugeschrieben werden. Ich versuche, dies mit der erforderlichen soziologischen Distanz zu tun, doch kommt durch die Konzentration auf die normativen Aspekte

---

10 Als jüngstes Dokument derartiger kollektiver Konstruktionsarbeit sei auf die Denkschrift zum 60-jährigen Bestehen des Bundessozialgerichts verwiesen (Masuch u.a. 2014).

11 Vgl. den seufzenden Titel des Doyens der Deutschen Sozialrechtswissenschaft, Hans F. Zacher nach fast 60 Jahren der Befassung mit der Materie: (2013): „Sozialstaat: Das große Paradoxon, die endlose Komplexität und die Illusion der Eindeutigkeit und Endlichkeit"!

des Erkenntnisgegenstandes auch eine gewisse moralische Implikation des wissenschaftlichen Tuns zur Geltung, welche wenigstens angesprochen werden soll.[12]

Wie wir seit Wilhelm Dilthey und Ernst Cassirer wissen, kann sich der Kulturwissenschaftler und mit ihm der Soziologe auf keinen archimedischen Punkt außerhalb der Bedeutungshorizonte seiner Zeit berufen, sondern nur durch die Entwicklung von neuen Deutungen und Bedeutungen zum Fortgang der Selbstverständigung seiner Sozialzusammenhänge beitragen. Insofern trägt eine wissenschaftliche Beschäftigung mit Sozialpolitik oder dem „Sozialen" im günstigen Falle zu dessen besserem Verständnis bei und vermag auch normative Auffassungen zu verändern. Die konsequente semantische Unterscheidung von wissenschaftlicher Metasprache und Objektsprache ist nur um den Preis der sozialen Wirkungslosigkeit durchzuhalten. Für meinen Umgang mit dem Verhältnis von Soziologie und Sozialpolitik war von Anfang an der Einbezug einer wissenschaftspragmatischen Dimension charakteristisch, der auf der Verwendungsseite häufig ein ethisches oder moralisches Interesse entspricht (Kaufmann 2009i/1977; Goertz 2013: 12 ff).

Der Titel dieses Buches „Sozialstaat als Kultur" schlägt in erster Linie eine neue oder zum mindesten noch nicht verbreitete Deutung wohlfahrtsstaatlicher Selbstverständnisse vor.[13] „Kultur" ist hier also primär objektsprachlich und damit normativ gemeint. Sozialpolitischen Innovationen lagen in der Regel massenhaft verbreitete Notstände zu Grunde, und diese wurden von Sprechern in der Öffentlichkeit moralisch als unzumutbar und von Politikern als behebbar bewertet. Das letzte soziale Problem einer solchen „Sozialpolitik erster Ordnung" in Deutschland waren die Nöte der Pflegebedürftigen und der sie Pflegenden, aber auch die Nöte der überlasteten Krankenhäuser und der Sozialhilfeträger, welche nach jahrelangem Gezerre zur Einführung einer Pflegeversicherung führten (1995). Auch wenn die Semantiken des Normativen stets vielfältig blieben, so lassen sich doch normative Wertideen als Horizont der moralischen Diskurse ausmachen, denen im Folgenden besondere Beachtung geschenkt wird. Im Lärm der Verteilungskonflikte und politischen Machtkämpfe auf den Feldern der „Sozialpolitik zweiter Ordnung", d.h. den Bemühungen, die Folgeprobleme von Interventionen erster Ordnung in den Griff zu bekommen (Kaufmann 2009b/1998), werden sie allzu leicht vergessen.

„Sozialstaat als Kultur" bezeichnet zweitens auch eine spezifische soziologische Betrachtungsweise sozialpolitischer Gegenstände und Zusammenhänge. Sie hebt auf die Sprache, die Begrifflichkeiten und normativen Ideen ab, die im sozialpolitischen

---

12   Vgl. hierzu den brillanten Essai von Hans-Peter Müller (2001).

13   Einen guten Überblick über die wachsende Literatur zu Kultur und Wohlfahrtsstaat geben van Oorschot, Opielka & Pfau-Effinger (2008).

Geschäft unmittelbar oder mittelbar wirksam sind.[14] Der oben erwähnte Impuls zur Diskussion einer „Wohlfahrtskultur" auf dem Zürcher Soziologiekongress (1988), die Kritik am exklusiven Charakter der dominierenden funktionalistischen und konflikttheoretischen Erklärungen der wohlfahrtsstaatlichen Entwicklung, sie vernachlässigten die ideellen Faktoren und die Kulturbedeutung des Sozialstaats, setzte noch wenig Impulse frei. Erst seit der Jahrtausendwende hat sich das Interesse an einer kulturtheoretischen oder wissenssoziologischen Betrachtungsweise des Sozialstaats verstärkt, und mittlerweile sind „wohlfahrtskulturelle" (Ullrich 2005: 37 f.) oder „ideenpolitische Ansätze" (Lessenich 2012: 98 ff) zur Erklärung der Entstehung des Wohlfahrtsstaats nun auch in die Lehrbuchliteratur zu finden. Parallel dazu hat das Interesse am Zusammenhang von Religion und wohlfahrtsstaatlicher Entwicklung zugenommen (siehe Kapitel 7), und auch ethische Diskurse zum Sozialstaat, insbesondere zur Gerechtigkeitsfrage haben neue Kraft gewonnen.[15]

Eine systematische Begründung des kultur- und wissenssoziologischen Ansatzes der Wohlfahrtsstaatsforschung hat Carsten Ullrich (2003) vorgelegt.[16] Um dem Vorwurf tautologischer Erklärungen zu entgehen, die bei einem totalisierenden Kulturbegriff naheliegen, empfiehlt er, wohlfahrtskulturelle Wirkungen auf die Bezüge zu bestimmten Institutionen einzuschränken: „In der systematischen Rückbindung von Wohlfahrtskultur an die Wohlfahrtsinstitutionen und deren Entwicklungen sowie im Nachweis des Bedingungsverhältnisses von institutioneller Struktur und Wohlfahrtskultur besteht eine zentrale Aufgabe der Wohlfahrtskulturforschung." (Ullrich 2003: 11) Damit ist zwar eine Präzisierung, aber auch eine gewisse Verengung des Blickfeldes verbunden, denn gesellschaftliche Wertideen als „oberste" Bezugspunkte sozialpolitischer Auseinandersetzungen operieren als Legitimationsinstrumente vor allem in den politischen Auseinandersetzungen, also bevor durch bestimmte politische Entscheidungen und damit verbundene institutionelle Festlegungen andere Alternativen ausgeschlossen sind. Erinnert sei, dass die meist beachtete Typologie der vergleichenden Wohlfahrtsstaatsforschung (Esping-Andersen 1990) politisch-ideologische Sinnsysteme als spezifische Differenz behauptet. Zu beachten ist ferner, dass die sozialpolitischen Institutionen selten „aus einem Guss" sind, vielmehr: „Der verrechtlichte Sozialstaat verbindet Widersprüchliches" (Vogel 2014: 4).

---

14 Für einen ersten Versuch der Erfassung sozialpolitischer Semantiken auf international vergleichender Ebene siehe Béland & Petersen 2014.

15 Bahnbrechend Goodin 1988; Kohli 1989; siehe auch Kapitel 10.

16 Ullrich (2003:8) weist die Kultursoziologie der Makroebene, die Wissenssoziologie die Mikroebene zu. Wahrscheinlich wären weitere Differenzierungen erforderlich, doch für die Analyse gesellschaftlicher Wertideen erscheint der Rekurs auf die kultursoziologische Perspektive allemal naheliegend.

Birgit Pfau-Effinger (2005, 2009) sucht, der inneren Komplexität von Wohlfahrtskulturen durch die Unterscheidung von drei Analyseebenen Rechnung zu
tragen: (1) Die Ebene von kulturellen Werten und Leitbildern hinsichtlich des
Wohlfahrtsstaats, wie sie beispielsweise in öffentlichen Dokumenten zur Geltung
kommt; (2) Die Ebene der normativen Erwartungen der Bevölkerung mit Bezug auf
den Wohlfahrtsstaat, welche im Wesentlichen anhand von Meinungsbefragungen
erhoben werden; und (3) „die Ebene der Diskurse sozialer Akteure"; ein wenig ausgearbeiteter Topos, der sich auf die Debatten im politischen Raum, aber auch auf die
Formierung und Beeinflussung kollektiver Meinungen im Rahmen von Parteien,
NGOs oder sozialer Bewegungen bezieht. Das ist eine Konkretisierung von Ullrichs
(2003) Hinweis, dass die kulturtheoretische Betrachtung den Zusammenhang
zwischen unterschiedlichen Ebenen sozialer Emergenz ernst nehmen muss und
eine methodische Validierung von Wirkungszusammenhängen Beobachtungen
auf unterschiedlichen Ebenen erfordert.

Eine andere systematische Unterscheidung von Analyseebenen findet sich bereits
bei Benda-Beckmann u.a. (1994: 14 ff): Sie unterscheiden mit Bezug auf Formen
sozialer Sicherheit zwischen (1) „cultural and religious ideals and ideologies", (2)
„normative institutional conceptualizations of social security", (3) „perceptions of
individuals", (4) „social relationships between recipients and providers", (5) „social
practices" und (6) „the social and economic consequences of the practices".

Andere Dimensionierungsversuche beziehen sich auf inhaltliche Dimensionen
von Wohlfahrtskulturen, d.h. Problemkreise, mit Bezug auf die unterschiedliche
normative Vorstellungen in sozialpolitischen Auseinandersetzungen aufeinanderprallen. Pfau-Effinger (2009: 5 f) nennt Redistribution, Armut, Staat und Markt,
Erwerbsarbeit und Arbeitsmarkt, wohlfahrtsstaatliche Dienstleistungen und Familie,
sowie den sozialen Bürgerstatus. Wahrscheinlich gibt es erhebliche nationale und
auch zeitliche Unterschiede hinsichtlich der Priorität derartiger Konfliktlinien. Wie
in Abschnitt 6.2 und ausführlicher in Kaufmann (2003b) dargestellt, lassen sich
für die vier dort verglichenen Wohlfahrtsstaaten zum mindesten in der Formierungsphase bestimmte, jedoch unterschiedliche Leitprobleme oder „soziale Fragen"
identifizieren, die sich prägend auf die strukturelle Entwicklung der nationalen
Wohlfahrtssysteme ausgewirkt haben

Die kulturelle Perspektive auf den Wohlfahrtsstaat sollte sich also nicht auf die
Ebene der Wertideen und Ideologien beschränken, die allerdings im Zentrum der
folgenden Analysen steht. Sie kann grundsätzlich auf jeder der erwähnten Ebenen
eingesetzt werden, indem das Augenmerk auf die dort herrschenden oder konkurrierenden Legitimationen oder problematisierenden Wissensbestände gelenkt wird.

1.3   Überblick

Dieser Band enthält 16 in einem längeren Prozess ausgewählte Texte, welche verschiedene Aspekte meiner Forschungen, insbesondere meiner soziologischen Beschäftigung mit Sozialpolitik zur Geltung bringen, die in dem zuerst 2001 und zuletzt 2009 erschienenen Parallelband „Soziologie und Sozialstaat – Soziologische Perspektiven (I)" nicht vertreten sind. Fast alle Texte sind in der Zeit seit meiner Emeritierung (1997) entstanden und dokumentieren meine Bemühungen, zu einem umfassenden Verständnis der wohlfahrtstaatlichen Entwicklung als historischem Megatrend der europäischen Modernisierung zu gelangen (Kaufmann 2012: 12 ff).

Der Band ist in vier Teile gegliedert. Dieser einleitende und die beiden folgenden Beiträge wollen das Gesamtthema konkretisieren. Kapitel 2 „Die Tiefengrammatik des Sozialstaats" verdeutlicht das Gewicht einer kulturtheoretischen Perspektive. Kapitel 3 „Die Tauglichkeit des Sozialstaats" verleiht dem Hauptbegriff schärfere Konturen und stellt den Anschluss an die gängigen Sozialstaatsdiskussionen und damit auch an real existierende Ambivalenzen her. Beide Kapitel sind bereits im Hinblick auf diesen Band verfasst worden.

Der zweite Teil ist *Quellen des wohlfahrtsstaatlichen Denkens* gewidmet und enthält, zusammen mit Kapitel 8, den Ertrag originaler Forschungen. Die bereits erwähnten Kapitel 4 „Vorläufer wohlfahrtsstaatlichen Denkens" und 5 „Sozialpolitisches Denken im Horizont der Differenz und Gesellschaft" geben eine genetisch orientierte Problemgeschichte, die m.W. bisher ungeschrieben war.[17] Kapitel 7 „Christentum und Wohlfahrtsstaat" verbindet meine religionssoziologischen und sozialpolitischen Interessen. Die erste Fassung (1988) des Beitrags wird hier erheblich gekürzt, vertieft und ergänzt. Kapitel 6 „Nationale Traditionen der Wohlfahrtsstaatlichkeit und das Europäische Sozialmodell" hebt die Heterogenität wohlfahrtsstaatlicher Entwicklungen auf der nationalen Ebene hervor, betont die Bedeutung von Leitproblemen für Spezifika nationaler Entwicklungen und warnt vor einer allzu einfachen Projektion auf ein „Europäisches Sozialmodell".[18]

Der dritte Teil will zur Erhellung *wohlfahrtsstaatlicher Leitideen* beitragen. Die Studie über die Entstehung der Idee sozialer Grundrechte im Kontext der Menschenrechtsdoktrin (Kapitel 8) hat zum Zeitpunkt ihrer Entstehung (2003) eine neue, transnationale Perspektive für die Analyse wohlfahrtsstaatlicher Entwicklungen eröffnet, und diese Perspektive hat inzwischen erheblich an Gewicht gewonnen. Kapitel 9 („Inklusion und Exklusion") schließt daran an und betont die Menschen-

---

17   Kapitel 5 liegt eine ausführlichere Befassung mit der Thematik zugrunde (Kaufmann 2003a).

18   Auch dieser Text resümiert u.a. Teile einer größeren Studie (Kaufmann 2003b).

rechte als Quelle des heute vielfältig eingesetzten Inklusionsbegriffs, der hier in den Kontext einer Sozialstaatstheorie eingeordnet wird; auch seine Ambivalenz wird diskutiert. – Stärker als andere Beiträge betont Kapitel 10 („Sozialstaat und Gerechtigkeit") den dynamischen Charakter der wohlfahrtsstaatlichen Entwicklung und damit den Wechsel der leitenden Problemstellungen. Zwar bleibt „Gerechtigkeit" die Leitsemantik für gutes menschliches Zusammenleben seit der Antike, ist aber mit so vielen unterschiedlichen Auslegungen befrachtet, dass die Berufung auf Gerechtigkeit wenig instruktiv bleibt. – Auf Sicherheit" als normative Leitidee bin ich erstmals im Zusammenhang meiner Habilitationsschrift gestoßen (Kaufmann 1973, verfasst 1967/68)); Kapitel 11 nahm das Thema 35 Jahre später erneut auf und präzisierte es, auch im Lichte von zwischenzeitlich erschienenen Beiträgen zur Thematik. Ein Ausschnitt aus der Zusammenfassung meiner Habilitationsschrift (Kapitel 12) soll daran erinnern, dass ich schon damals die Möglichkeiten der Bildungspolitik zu Stärkung der subjektiven Sicherheit in der Bevölkerung als aussichtsreicher beurteilte denn den Ausbau der monetären Leistungen der sozialen Sicherung. Diese Einsicht hat sich allerdings politisch bis heute bestenfalls rhetorisch durchgesetzt; die Bildungspolitik ist nach wie vor ein Stiefkind der deutschen Sozialpolitik. – Kapitel 13 schließlich ist mein ausführlichster Beitrag zu dem schillernden Begriff' „Solidarität", der zwar in der deutschen (im Gegensatz zur französischen) Soziologie nie recht heimisch geworden ist, aber in der politischen Rhetorik immer wieder betont wird. Seit ich das Thema im Zusammenhang meiner Forschungsgruppe „Steuerung und Erfolgskontrolle im öffentlichen Sektor" am Zentrum für interdisziplinäre Forschung" (ZiF) entdeckt habe (Kaufmann 1984), ließ es mich nicht mehr los. Dieser Text stellt auch eine Antwort an die Beiträger zu meiner Festschrift „Modernität und Solidarität" (Gabriel, Herlth & Strohmeier 1997) dar, in der die Thematik vielfach aufgenommen wurde.

Der letzte Teil enthält vier recht verschieden orientierte Beiträge, denen jedoch gemeinsam ist, dass sie auf *Spannungsfelder zum vorherrschenden sozialstaatlichen Denken* hinweisen. Die „Kritik des neutralen Geldes" (Kapitel 14) bezieht sich auf eine strategische Denkfigur der klassischen und neoklassischen ökonomischen Theorie, und sie liegt implizit auch den neoliberalen Kritiken am Wohlfahrtsstaat zugrunde. Die geldtheoretischen Implikationen sind durchaus praktischer Art, wodurch sich die Aufnahme in diesen Band rechtfertigt. – (Eigen)-Verantwortung ist ein beliebtes Wort in der sozialpolitischen Rhetorik, dessen ich mich kritisch annehme (Kapitel 15), zumal ich zum sozialphilosophischen Begriff der Verantwortung einiges publiziert habe. – Kapitel 16, der früheste Beitrag, ist als Länderbericht „Deutschland" im Rahmen eines internationalen Projektes über normative Konflikte entstanden, und verdeutlicht, wie sehr die klassischen sozialpolitischen Themen in den 1970er und 1980er Jahren durch die neuen sozialen Bewegungen überlagert wurden. Dies ist die einzige, auf die konkreten Verhältnisse in Deutschland vor der Wiedervereinigung gerichtete Analyse in diesem Band, und mag die übrigen, entweder konzeptionell oder international orientierten Beiträge für den deutschen Leser etwas „erden". – Im abschließenden Kapitel 17 geht es schließlich um das ganz Allgemeine, nämlich um die Zukunft, und was die Spannung zwischen Sicherheit und Freiheit damit zu tun hat. Solcher Horizontlosigkeit ist bestenfalls die Form des Essays angemessen.

Alle Beiträge wurden nach Bedarf überarbeitet und in ein einheitliches Format gebracht. Soweit Zusammenfassungen nicht ohnehin vorlagen, wurden sie dazu formuliert. Gelegentliche Aktualisierungen dürfen nicht darüber hinwegtäuschen, dass der Literatur- und Diskussionsstand der einzelnen Beiträge sich grundsätzlich auf deren ursprünglichen Entstehungszeitpunkt beziehen. Wiederholungen wurden gelegentlich eliminiert, mancherorts aber auch beibehalten, um den Zusammenhang zwischen den Beiträgen bzw. die ihnen zugrunde liegende theoretische Betrachtungsweise zu verdeutlichen.

Angesichts der fast zwanzigjährigen Entstehungszeit dieses Textkorpus wäre vielen Personen zu danken, die mir durch Diskussionen und Hinweise Anregung gegeben haben. Ich nenne lediglich meine vier wichtigsten einschlägigen Gesprächspartner, die mich in dieser ganzen Zeit begleitet haben: Karl Gabriel (Münster). Stephan Leibfried (Bremen), Lutz Leisering (Bielefeld) und Hans F. Zacher (München). Lutz Leisering hat besonderen Anteil am Entstehen dieses Bandes genommen; ihm verdanke ich zahlreiche Anregungen zur Struktur des Bandes. Für stets erneute administrative und bibliothekarische Hilfen bei den Arbeiten an diesem Band danke ich herzlich Elsbe Lück (Bielefeld) und Carolin Voigt (Bonn). Den Rechteinhabern danke ich für die unkomplizierte Erteilung erforderlicher Abdruckgenehmigungen.

Die Tiefengrammatik des Sozialstaats* 2

> "The welfare state is the institutional outcome of the assumption
> by a society of legal and therefore formal and explicit responsibility
> for the basic well-being of all of its members."
> Harry K. Girvetz (1968: 512)

*Zusammenfassung: Hier wird die wohlfahrtsstaatliche Entwicklung in der Perspektive
von Voraussetzungen betrachtet, die als selbstverständliche Vorannahmen auch in
die vergleichende Wohlfahrtsstaatsforschung eingehen. Dabei werden drei Komplexe
erörtert: (1) Die Entwicklung des politischen Systems, (2) kulturelle Leitbilder und
(3) Bedingungen wohlfahrtsstaatlicher Solidarität. Diese Voraussetzungen sind
ausgeprägt in den klassischen Europäischen Wohlfahrtsstaaten gegeben, welche stets
die Folie für unser Nachdenken bieten. Sie sind aber schon in einigen Staaten der
Euro-Zone nur ansatzweise vorhanden und fehlen in einigen Ländern des ehemaligen Ostblocks weitgehend. Es ist daher sehr problematisch, in diesen Ländern den
Ausbau sozialpolitischer Einrichtungen voranzutreiben, soweit es nicht gelingt, neben
den ökonomischen auch die politischen, kulturellen und sozialen Voraussetzungen
gleichzeitig zu entwickeln. Kapitalismus und Rechtsstaat sind wie Handlungskompe-
tenz und Solidaritätsbereitschaft notwendige Voraussetzungen für eine nachhaltige
wohlfahrtsstaatliche Entwicklung.*

Die als Motto gewählte Definition des Wohlfahrtsstaats durch den amerikanischen
Politikwissenschaftler Harry K. Girvetz (1910-1974) hat (wie auch dessen ganzer
Artikel) mein Nachdenken über die wohlfahrtsstaatliche Entwicklung begleitet und

---

*   *Vorfassung unter dem Titel „Der Sozialstaat als kulturell fundierter Prozess" als Vortrag
anlässlich der Jahrestagung der Sektion Sozialpolitik in der Deutschen Gesellschaft für
Soziologie am 26./27. September 2013 in Köln, mit dem Thema „Glaube an Gerechtigkeit?
Leitbilder in der Sozialpolitik".*

ist wohl das häufigste Zitat in meinen Schriften. Es enthält in aller Klarheit die zwei Komponenten des Sozialstaats: Zum einen das „institutional outcome", also die wohlfahrtsstaatlichen Einrichtungen, die soziale Sicherung und die sozialen Dienste, in Deutschland auch das Arbeitsrecht. Zum anderen die „assumption by a society of legal and therefore formal and explicit responsibility for the basic well-being of all of its members". Um diese *assumption*, ihre Entstehung, ihre Begründungen und gelegentlich auch Folgen geht es in diesem Band. Girvetz dazu: „Such a state emerges when a society or its decision-making groups become convinced that the welfare of the individual ... is too important to be left to custom or to informal arrangements and private understandings and is therefore a concern of government." (Girvetz 1968: 512). Wie und unter welchen Umständen kommt es zu einer solchen Überzeugung, die sich in sozialpolitischen Institutionen materialisiert?

Auf diese Frage gibt es nicht eine, sondern viele Antworten, entsprechend den unterschiedlichen nationalen Entwicklungen der Sozialpolitik. In England entwickelte sich in Reaktion auf das vom utilitaristischen Geiste Jeremy Benthams geprägte repressive *Poor Law* von 1834 eine humanistische Bewegung, welche durch eindrückliche Beschreibungen des Armutsproblems und vielfältige Aktionen die britische Öffentlichkeit für die ersten Sozialreformen reif machte (Pinker 1971:48 ff; Fraser 1984: 124 ff; siehe auch 7.5.1). Im Deutschen Reich verband sich die Sorge um die Identifikation der Arbeiter mit dem jüngst entstandenen Kaiserreich auf der Basis eines ethisch-christlichen Staatsverständnisses mit der Angst vor dem Sozialismus und der Überlastung der Armenfürsorge (siehe 7.5.2). In Skandinavien geht das Ethos der Hilfe auch für den Fremden bis in vorchristliche Zeit zurück, und die lutherische Staatskirche legitimierte das soziale Handeln des Staates (Kaufmann 2003b: 163 ff).

Im Folgenden versuche ich, das Problem auf einer sozialtheoretischen Ebene zu entwickeln. Schon Émile Durkheim (1893) hat es mit dem Begriff der „Solidarität" bezeichnet, ein damals in Frankreich geläufiger Topos (siehe 2.4.2). Durkheim diagnostizierte die Erosion der elementaren sozialen Bindungen der vormodernen Lebensformen und stellte die Frage nach den Möglichkeiten sozial-moralischer Bindungen unter den Bedingungen fortschreitender Arbeitsteilung. In den Details seiner Analysen ist Durkheim weithin überholt, aber seine Problemdiagnose hat Bestand und prägt nach wie vor viele soziologische Diskurse.

Für viele ist der Sozialstaat eine Antwort auf diese Frage. Wie aber zu zeigen sein wird, ist diese Antwort selbst höchst voraussetzungsvoll. Zwei Zitate aus verschiedenen Epochen und Ländern mögen das einleitend belegen: Das erste von Anatole France aus dem Jahre 1894 ist eine Ikone der Sozialkritik geworden: „*Das Gesetz in seiner majestätischen Gleichheit verbietet Reichen wie Armen, unter Brücken zu schlafen, auf den Straßen zu betteln und Brot zu stehlen.*"[1] – Das zweite stammt von einem griechischen Unternehmer und war am 18. September 2013 in einem Dossier über Griechenland der FAZ zu lesen: „*Das bis vor kurzem und in gewissem Maße bis heute wichtigste Problem lautet: Der Umgang mit dem griechischen Staat erfolgt auf direkter persönlicher Ebene. Man muss hingehen und jemanden treffen. Das wird nicht auf elektronischem Weg erledigt. Wenn man aber alles persönlich erledigen muss, wird daraus ein persönlicher Handel. Wenn das Handeln beginnt, geht es in Korruption über, und dann geht es noch einen Schritt weiter. Man kann den Staat nicht abschaffen. Was wir abschaffen müssen, ist der persönliche Umgang mit dem Staat. Er muss unpersönlich werden.*"[2]

Die majestätische Anonymität des Gesetzes gebiert Ungerechtigkeit – und der persönliche Umgang mit dem Staat tut es auch. In Frankreich, wo die Revolution alle intermediären Instanzen abschaffen wollte, trat das rationale Gesetz an die Stelle des Gottesgnadentums des Königs. An die Stelle der Ungleichheit des Status trat die Ungleichheit des Besitzes. Das Gesetz abstrahierte von allen sozialen Unterschieden, mit der Folge, dass die sozialen Klassen schließlich 1830, 1848 und 1870 in bürgerkriegsähnliche Zustände gerieten Diese Situation war der Ausgangspunkt des Denkens sowohl von Karl Marx wie von Lorenz von Stein.

In Griechenland bringen auch der Druck der Troika und die massivste Arbeitslosigkeit Europas keinen Bürgerkrieg hervor, sondern nur Generalstreiks der in ihrer Arbeitsplatzsicherheit bedrohten Beamten und ihrer Sympathisanten. Es herrsche trotz der Desorganisation der staatlichen Sicherungen kaum Hunger, weil die primären Netzwerke – Familie und Nachbarschaft bzw. Gemeinde – die mittellosen Leute auffangen, so die griechischen Unternehmer. Und dann wird auch noch die orthodoxe Kirche erwähnt, die zwar keine Sozialdoktrin hat, aber offenbar doch eine soziale Praxis.

2.1   Die Leitfrage

Das Bezugsproblem, um das es hier gehen soll, hat als erster Karl Polanyi in seinem Klassiker „The Great Transformation" aufgeworfen (Polanyi 1977/1944: 169 ff): Es geht um die Veränderungen der „Moralischen Ökonomie" im Zuge der Auflösung

---

1   „[...] la majestueuse égalité des lois, qui interdit au riche comme au pauvre de coucher sous les ponts, de mendier dans les rues et de voler du pain." (Anatole France: *Le lys rouge*, 1894, meine Übersetzung).

2   Aus: Die griechische Utopie, FAZ Nr. 217, 18. September 2013, S. 25-28, Zitat S. 28..

ortsnaher Produktions- und Versorgungssysteme unter dem Einfluss wachsender Vermarktlichung, nationaler Einigung und schließlich heute transnationaler Wirtschaft und Vergesellschaftung. Wenn in Griechenland medizinische und politische Autorität in den Personen des ortsansässigen Arztes und des Bürgermeisters zusammen wirkten, um das Einkommen einer kargen Insel dadurch zu erhöhen, dass zwei Drittel der Einwohner einen Blindenausweis und eine entsprechende Rente erhalten, so ist das vom Standpunkt der Binnenmoral durchaus rational, genau so, wie das Erschleichen der Euro-Mitgliedschaft durch den kreativen Umgang mit der amtlichen Statistik unter Beratung durch ein führendes amerikanisches Bankhaus. Wie Maurizio Ferrera (1996: 25 ff) zeigt, ist in den südeuropäischen Ländern ein Hang zum Klientelismus und zur sachfremden Ausnützung von Sozialleistungen allgemein verbreitet.

Aber offensichtlich kann ein größerer Sozialzusammenhang nicht auf dem Prinzip des Trittbrettfahrens aufgebaut werden. Es bedarf der *Loyalität* zum mindesten des überwiegenden Teils der Amtsträger und der Bevölkerung zu dieser größeren Ordnung. Als der damalige Bundeskanzler Kohl sich weigerte, den Namen des Spenders einer Parteispende zu nennen und damit seine persönliche Loyalität zum Spender über die Loyalität zur Rechtsordnung stellte, war die Empörung in Deutschland groß. *Aber wie kommt die Loyalität zu einem größeren und anonymeren Sozialzusammenhang auch im Konfliktfall zustande?* Loyalität ist die elementarste Form der *Solidarität*, darunter sei der Verzicht auf die Verfolgung des eigenen Vorteils zu Lasten Dritter verstanden. Das ist dagegen in anonymen Marktbeziehungen ein durchaus akzeptiertes Verhalten. Die Überwindung oder zum mindesten Kontrolle des Egoismus ist ein zentrales Problem der wohlfahrtsstaatlichen Entwicklung.

Wenn in diesem Band der Sozialstaat als kulturell fundierten Prozess verstanden wird, so impliziert das zwei Abweichungen von den herkömmlichen Erörterungen der Sozial- oder Wohlfahrtstaatlichkeit. Erstens: Wohlfahrtsstaaten – den deutschen Sozialstaat subsumiere ich international vergleichend unter diesen Begriff – werden nicht als feststehende institutionelle Komplexe verstanden. Hervorgehoben wird vielmehr der *dynamische Charakter* wohlfahrtsstaatlicher Entwicklungen, also die Wechselwirkung zwischen institutionellen Gegebenheiten (policies), politischen Auseinandersetzungen (politics) und kognitiven wie evaluativen Maßstäben welche die Situationsdefinitionen mitbestimmen (political ideas). Zweitens: Ich fokussiere weder auf die politischen, noch auf die ökonomischen Aspekte von Sozialpolitik, welche die *Interessenlagen* der sozialpolitischen Akteure im Wesentlichen bestimmen, sondern auf den *kulturellen oder normativen Aspekt*.[3]

---

3   Münnich (2011) kritisiert die von Max Weber eingeführte scharfe Unterscheidung
    von Ideen und Interessen. Ideelle Momente sind auch in der Interessenformierung

Wir haben uns in Westeuropa so sehr an die Existenz von Sozialpolitik und Sozialstaat gewöhnt, dass es uns gar nicht mehr auffällt, wie sehr wir in dieser Hinsicht auf einer Insel der Seligen leben. Sozialstaatlichkeit in unserem Sinne existiert außerhalb Europas im Wesentlichen nur in einigen Ländern des ehemaligen britischen Commonwealth. Dass große Teile der so genannten Dritten und erst recht Vierten Welt noch nicht das Wohlstandsniveau erreicht haben, auf dem bevölkerungsweite soziale Sicherungssysteme öffentlich finanziert werden können, finden wir verständlich. Aber auch in mittlerweile wirtschaftlich weit entwickelten Gebieten Asiens scheint es nicht zu einer universalistisch orientierten Entwicklung der Sozialpolitiken zu kommen. *Warum ist das so?* Elmar Rieger und Stephan Leibfried sind dieser Frage für den Einflussbereich des Konfuzianismus nachgegangen und berichten:

> „Der umfassende Bestand sozialwissenschaftlicher Erkenntnisse über wohlfahrtsstaatlicher Praxis samt der dazugehörigen Theorie erwies sich plötzlich als hochgradig kulturabhängig und kulturbestimmt. Das Problem besteht weniger in einer mangelnden Deutungs- und Erklärungskraft sozialwissenschaftlicher Theorie für die Sozialpolitik anderer Kulturregionen, sondern weit mehr darin, dass dieses „objektivierte" Wissen als Teil einer bestimmten wohlfahrtsstaatlichen Praxis ihre doch sehr eigenartigen Ausgangs- und Bezugspunkte unbewusst mitzuschleppen scheint." (Rieger & Leibfried 2004:9)

Um derartige meist unbewusst mitgeschleppte Ausgangs- und Bezugspunkte soll es hier gehen. Die wohlfahrtsstaatliche Entwicklung kann nur gelingen, wenn (1) das politische System zu einer wirkungsvollen, *d.h. sich selbst beschränkenden und umweltsensiblen Ordnung* befähigt ist; (2) wenn kulturelle Leitbilder normative Verpflichtungen zur über den alltäglichen Erfahrungsraum hinausreichenden, tendenziell *universalistischen Solidarität* legitimieren; und (3) Opportunitätsstrukturen normalerweise loyales Verhalten prämieren, bzw. illoyales Verhalten sanktionieren, sodass *Vertrauen* in die bestehenden Ordnungen entsteht.

---

präsent: „Interessen sind also immer ein Ausdruck davon, wie Akteure in bestimmten Handlungssituationen materielle Ressourcen und den (z.T. institutionalisierten) Geltungsanspruch von Werten und Kognitionen zusammenbringen." (2011: 385) Das ist allerdings kein Einwand gegen eine analytische Unterscheidung der Komponenten und die Fokussierung auf den sich in Wertideen und Leitbildern manifestierenden normativen Aspekt.

2.2   Der Sozialstaat prozessual betrachtet

Hans F. Zacher, der Doyen der verfassungsrechtlichen Interpretation des Sozialstaats und der Sozialrechtsforschung, hat bereits 1977 die Prozessualität des Sozialstaats wie folgt begründet:

> „Soweit der Sozialstaat Not abwendet, ist dies nur voll spürbar, wenn Not oder doch die Gefahr von Not real empfunden wird. So das sozialstaatliche System Not vermeidet, so dass sie keine Bedrohung mehr darstellt, löst dies kaum mehr spürbare Befriedigung aus. Soweit der Sozialstaat auf Wohlbefinden zielt, wird auch dies nur in der Periodizität von Erwartung und Erfüllung voll wahrgenommen. Beständiges Glück hört auf, als solches empfunden zu werden. Soweit der Sozialstaat auf Gleichheit zielt, sind die Menschen und Situationen zu ungleich, ist die Bereitschaft zur Gleichheit zu gering, ist die Überzeugung von der Rechtmäßigkeit des eigenen Vorteils zu groß und ist die Geduld, den fremden Vorteil zu ertragen, zu gering, als dass Gleichheit für sich Befriedigung schaffen könnte. Negativ formuliert heißt das, dass Sozialpolitik jedenfalls in der gegenwärtigen Gesellschaft nicht statisch sein kann, ohne aufzuhören, das Gemeinwesen zu integrieren. Positiv gewendet heißt das: der Sozialstaat ist permanente Entwicklung – oder nüchterner: ist permanente Veränderung. Er ist seinem Wesen nach Prozeß." (Zacher 1977: 75)

Zacher entwickelte das Argument der mit sozialen Fortschritten steigenden Erwartungen, und damit wird ein wesentliches dynamisierendes Element der wohlfahrtsstaatlichen Entwicklung benannt. Aber wir können diese historische Entwicklung selbst auch als Prozess betrachten. Was wir im deutschen Sprachraum als *„Staatsentwicklung"* bezeichnen, also die Verselbständigung und Kompetenzsteigerung des politischen Systems, habe ich an anderer Stelle mit der Unterscheidung von vier Stufen der Staatlichkeit typisiert, nämlich „Polizeistaat", „Rechtsstaat", „Sozialstaat" und „Steuerungsstaat", wobei die jeweils folgende Stufe die fortdauernde Erfüllung der Staatsaufgaben der vorangehenden Stufen voraussetzt (Kaufmann 2009c/1994). *Erst in dem Maße, als die administrativen und juristischen Kapazitäten des Rechtsstaats sich entwickelten, konnte sich das politische System der wesentlich komplexeren Aufgaben einer sozialen oder Wohlfahrtsverantwortung stellen* Was die südeuropäischen Länder betrifft, so diagnostiziert Ferrera (1996: 29 ff) eine schwache Entwicklung der staatlichen Institutionen und die fehlende strukturelle Unabhängigkeit von Staat und Zivilgesellschaft.

Bei der Wohlfahrtsstaatlichkeit geht es ja nicht mehr nur um die Konstituierung des beständigen Zusammenhangs von Politik, Recht und Administration, also des *Rechtsstaats*, sondern um die *Konstituierung von beständigen Wechselwirkungen zwischen Staat und „bürgerlicher" bzw. Zivilgesellschaft.* Das wurde schon um die Mitte des 19. Jahrhunderts von Lorenz von Stein (im Anschluss an Hegel) und

Moritz von Lavergne-Peguilhen so gesehen (siehe 5.2). Es geht beim *Sozialstaat* also um das Einwirken des Staates auf die sozialen Verhältnisse, die wir bald unter dem Gesichtspunkt spezifischer Dimensionen der Lebenslage, bald unter demjenigen ihrer sozialen Ungleichheit thematisieren. Die erfolgreiche Intervention ist stets von den Bedingungen und Erwartungen im Interventionsfeld abhängig (Kaufmann 2009h/1982). Und infolge der Rückwirkungen wohlfahrtsstaatlicher Expansion und des Aufkommens neuer Staatsaufgaben, aber auch infolge der wachsenden Beschränkungen staatlicher Autonomie durch zunehmende internationale Vernetzung steigen die Herausforderungen an die staatliche Steuerungsfähigkeit hinsichtlich der emergenten nichtstaatlichen Systeme und die Kontrolle negativer externer Effekte weiter an, was ich mit dem Begriff des *Steuerungsstaates* thematisiere (Kaufmann 2009c/1994: 392 ff; ähnlich Leisering 2011). Als aktuelles Beispiel negativer externer Effekte im deutschen Sozialstaat sei an die Manipulationen von Wartelisten für Organtransplantationen oder an die „Belohnung" von niedergelassenen Ärzten für die Überweisung von Patienten an bestimmte Krankenhäuser erinnert.

Der Prozess der wohlfahrtsstaatlichen Entwicklung hat sich bis zum Zweiten Weltkrieg im Wesentlichen im nationalstaatlichen Kontext ereignet, hat aber seither auch zusätzliche *internationale Kontexte* gewonnen.[4] Es sei lediglich an die zahlreichen internationalen Abkommen zur Gewährleistung sozialer, wirtschaftlicher und kultureller Rechte erinnert, welche ihre erste Formulierung in der Allgemeinen Erklärung der Menschenrechte der Vereinten Nationen (1948) gefunden haben; ferner an die Wirksamkeit der Internationalen Arbeitsorganisation (ILO) (siehe 8.2). Die wohlfahrtsstaatliche Entwicklung vollzieht sich nicht nur als Ausbau sozialer Rechte und Leistungen (*Sozialpolitik erster Ordnung*), sondern zunehmend als Korrektur unerwünschter Nebeneffekte, als Anpassung an externe Restriktionen und als Systematisierung des sich verbreiternden Leistungsspektrums, erinnert sei an die Schaffung des deutschen Sozialbudgets und des Sozialgesetzbuches. Diese *Sozialpolitik zweiter Ordnung* bringt nicht selten Leistungseinschränkungen mit sich, sodass die Dynamik des sozialstaatlichen Prozesses nicht notwendigerweise immer in eine Richtung läuft (Kaufmann 2009b/1998).

Der Sozialstaat als Prozess ist häufig ein politisch konflikthaftes Geschehen, in dem um den Erhalt des Bestehenden oder um neue Lösungen gerungen wird. Betrachtet man diese ausschließlich als Auseinandersetzung zwischen unterschiedlichen Interessen, seien sie partei- und machtpolitischer oder auch interorganisatorischer und institutioneller Art, so bleibt schwer erklärlich, weshalb die

---

4 Zur Diskussion zum Wandel der Staatsaufgaben im Horizont von Globalisierung und
   Verlust nationalstaatlicher Autonomie siehe Grimm 1994; Leibfried & Zürn 2006;
   Hurrelmann u.a. 2008; Heidbrink & Hirsch 2008.

gefundenen Lösungen in den meisten Fällen Regierungswechsel überdauern und auch von den im Interessenkampf Unterlegenen sowie der Bevölkerung auf Dauer akzeptiert werden. Es handelt sich beim sozialpolitischen Geschäft eben nicht nur um einen mehr oder weniger blinden Machtkampf, sondern auch um ein Ringen zur Verwirklichung von Leitbildern und adäquaten Problemlösungen, aus der Perspektive der Betroffenen zudem um einen Kampf um Anerkennung. Um dies zu verstehen, müssen wir uns mit der kulturellen Seite der wohlfahrtsstaatlichen Entwicklung befassen.

2.3   Der Sozialstaat kulturell betrachtet

„Glaube an Gerechtigkeit"[5] ist selbst noch kein Konflikte vermeidendes Motiv, weil Gerechtigkeit multidimensional ist und jeder Gründe für die Gerechtigkeit seiner eigenen Position finden kann (siehe 10.6). Dennoch ist der Glaube an die Idee der Gerechtigkeit ein wesentliches kulturelles Moment der wohlfahrtsstaatlichen Entwicklung, weil er einen dauerhaften Rahmen für politische Auseinandersetzungen bildet, insbesondere im Bereich der Verteilungspolitik.

„Gerechtigkeit" als Begriff reicht jedoch wesentlich weiter in die europäische Geschichte zurück als alle Debatten um die „soziale Frage" und die „Sozialpolitik" (siehe 10.2). Bei aller Verschiedenheit der Gerechtigkeitsdiskurse hält sich doch das *Bezugsproblem der richtigen sozialen Ordnung* seit den alten Griechen durch. Wenn also *heute* die soziale oder Verteilungsgerechtigkeit im Vordergrund der Debatten steht, spricht das dafür, dass andere, elementarere Forderungen der Gerechtigkeit, wie die Anerkennung jedes Menschen als Person eigener Würde, politische Teilhabe und eine verlässliche Rechtsordnung hierzulande im Allgemeinen erfüllt werden. Verteilungsfragen stehen zwar heute im Zentrum der Frage nach der richtigen sozialen Ordnung. Es gibt aber, das zeigt der Verweis auf die Gerechtigkeitsproblematik, eine *Tiefengrammatik des Sozialstaats*, welche die aktuellen Debatten trägt und sie zwar nicht in eine eindeutige Richtung lenkt, aber auf einen Korridor möglicher Lösungen verweist und „unmögliche" Lösungen ausgrenzt. [6]

---

5   So der Titel der Tagung, auf der diese Überlegungen erstmals vorgetragen wurden.

6   Die Metapher der Tiefengrammatik findet sich erstmals im Projekttitel „Die religiöse Tiefengrammatik des Sozialen" am Exzellenzcluster „Religion und Politik in den Kulturen der Vormoderne und Moderne" der Universität Münster; vgl. Gabriel u.a. 2013: V.

Zu dieser Tiefengrammatik des Wohlfahrts- oder Sozialstaats gehören als wichtigste Elemente die geltenden Auffassungen der politischen Ordnung und Vorstellungen einer „guten Gesellschaft", also die idealen Merkmale des Zusammenlebens; Elemente, die sich abgekürzt in den Begriffsbestandteilen „Staat" und „Wohlfahrt" oder „Sozial" äußern.[7] Es ist die erfahrungsgesättigte Überzeugung, oder zum mindesten habituelle Annahme, unter einigermaßen gesicherten und einigermaßen gerechten Verhältnissen zu leben, welche die Loyalität erzeugt, ohne die ein Sozial- oder Wohlfahrtsstaat nicht gedeihen kann. Der Wohlfahrtsstaat steht vor der permanenten Herausforderung, die mit ihm verbundenen Erwartungen an Leistung und Anerkennung zu erfüllen. Er hat aber bisher kaum Legitimationen entwickelt, um seine sinkende Leistungsfähigkeit plausibel zu machen, wie sie vor allem aufgrund der demografischen Entwicklung für viele Länder Europas zu erwarten ist. Bisher hält jedoch die *demokratische Legitimation*, also die Anerkennung als mitbestimmender Bürger, sodass Parlamente auch schmerzhafte Kürzungen beschließen können.

Es bedarf allerdings auch auf Seiten der von den Leistungssystemen Begünstigten der Bereitschaft, sich an die Regeln der Leistungsgewährung zu halten. Und diese Forderung richtet sich nicht nur an die Leistungsempfänger, die geneigt sein können, sich ungerechtfertigte Vorteile zu erschleichen, sondern ebenso an die vielfältigen Akteure in den Systemen der Leistungserbringung. Loyalität ist keine Selbstverständlichkeit.

Es sei die Vermutung begründet, dass die Kenntnis der – auch innerhalb der europäischen Wohlfahrtsstaaten nicht identischen – Tiefengrammatik einen wesentlichen Beitrag zum Verständnis der wohlfahrtsstaatlichen Entwicklungen leisten kann. Natürlich lässt sich das hier nur exemplarisch darstellen.

Maßnahmen, die wir heute als sozialpolitisch bezeichnen, lassen sich bis zur Armengesetzgebung der Königin Elisabeth I. von England (1599/1601) zurückverfolgen. Und auch im deutschsprachigen Raum kann an die frühen Arbeitsschutzmaßnahmen in den schweizerischen Kantonen Zürich und Glarus oder in Preußen erinnert werden. Dennoch wird die mit dem Namen Bismarcks verbundene Sozialgesetzgebung der 1880er Jahre mit Recht als Startpunkt der explizit sozialpolitischen Ära gewürdigt. Denn mit der Kaiserlichen Botschaft von 1881 wurde erstmals eine *staatliche Selbstverpflichtung* formuliert:

Zur „Heilung der sozialen Schäden nicht ausschließlich im Wege der Repression sozialdemokratischer Ausschreitungen, sondern gleichmäßig auf dem der positiven Förderung des Wohles der Arbeiter zu suchen ... Wir halten es für Unsere Kaiserli-

---

7   Einen Überblick über derartige ideologisch und national verschiedene Leitbilder geben van Oorschot, Opielka & Pfau-Effinger (2008).

che Pflicht … und würden .. mit um so größerer Befriedigung auf alle Erfolge, mit denen Gott Unsere Regierung sichtlich gesegnet hat, zurückblicken, wenn es Uns gelänge, dereinst das Bewußtsein mitzunehmen, dem Vaterlande neue und dauernde Bürgschaften seines inneren Friedens und den Hilfsbedürftigen größere Sicherheit und Ergiebigkeit des Beistandes, auf den sie Anspruch haben, zu hinterlassen."[8]

Wir finden hier erstmals die Anerkennung einer wohlfahrtsstaatlichen Verant-wortung von Seiten einer Regierung. Wir neigen heute dazu, derartige Äußerungen ideologiekritisch zu hinterfragen und allein auf die machtpolitischen Interessen zu achten, insbesondere auf diejenigen Bismarcks, die gewiss nicht zu bestreiten sind. Aber wir sollten auch fragen, weshalb man es in Preußen nicht bei der Repression belassen hat, wie lange Zeit in Frankreich und zuerst auch in England? Die Äuße-rungen Kaiser Wilhelms I. stehen in der Tradition einer *sittlichen Staatsauffassung*, wie sie vor allem von Hegel in seiner Rechtsphilosophie entwickelt worden war und in Wilhelms Jugend von dem preußischen Kronsyndikus und Rechtsphilosophen Friedrich Julius Stahl (1802-1861) auf christlich-lutherischer Grundlage reformuliert wurde (Böckenförde 1978). Wilhelm I. war auch der *summus episcopus* der protes-tantischen Altpreußischen Union, und es ist im Übrigen bekannt, dass maßgebliche Sozialreformer wie der für die Bismarck'sche Sozialgesetzgebung lange federfüh-rende Theodor Lohmann dem Halleschen Pietismus nahestanden (siehe 7.5.2). Die verbreitete Kritik am Autokratismus der preußischen Staatsauffassung sollte nicht über deren soziale Wirksamkeit hinwegtäuschen, wobei selbstverständlich Ideen und Interessen zusammen finden mussten. Es bleibt die historische Tatsache, dass der konservative Preußische Staat wegweisender für die wohlfahrtsstaatliche Ent-wicklung geworden ist als der im Horizont der Aufklärung stehende angelsächsische Liberalismus. Letzterem ist allerdings die Ermöglichung der Demokratie und der auf dem Prinzip der Selbsthilfe beruhenden sozialen Bewegungen gutzuschreiben, wie sie sich vor allem in England entwickelt haben. Philip Manow hat in Zusammenar-beit mit Kees van Kersbergen den differerentiellen Einfluss der unterschiedlichen Konfessionen in Europa untersucht und dabei eine m.E. überzeugende Widerlegung der säkularistischen Theorien der wohlfahrtsstaatlichen Entwicklung geleistet (siehe 7.7.1). Letztere halten entweder funktionale Erfordernisse oder politische Machtverhältnisse als entscheidend für die wohlfahrtsstaatliche Entwicklung und den Einfluss kultureller Faktoren für irrelevant.

Die *Anerkennung der grundsätzlichen Gleichheit aller Menschen* ist ein wesent-liches normatives Moment der wohlfahrtsstaatlichen Entwicklung. Diese Aner-kennung verwirklichte sich historisch in der Zuerkennung ziviler, politischer und

---

8   Botschaft Kaiser Wilhelms I. an den Deutschen Reichstag vom 17. November 1881, hier
     zitiert nach Wikipedia, Art. Kaiserliche Botschaft (Abruf am 23. 9. 2013).

sozialer Rechte, wie zuerst T.H. Marshall (1950) hervorgehoben hat. Sie verdankt sich verschiedenen Quellen, unter denen der christliche Gedanke der Gleichheit Aller vor Gott und die naturrechtliche Auffassung von der Gleichheit aller Menschen die wichtigsten sind. Sie verbindet sich in der Aufklärung mit der *Idee menschlicher Freiheit*, und dies ist der Ausgangspunkt von dem aus *Eduard Heimann*, der Klassiker einer kulturalistischen Betrachtungsweise der Sozialpolitik, seine „soziale Idee" als Wirkungselement der Sozialpolitik entwickelt hat:

> „Der Arbeiter tritt mit dem verbrieften Anspruch auf Freiheit in die Welt ein, er findet sich um diesen Anspruch betrogen, und zwar durch die individuelle, in Wahrheit also ungleichmäßige Freiheit selbst; er macht daraufhin von seinem persönlichen Freiheitsrecht Gebrauch, um seinen Anspruch durchzusetzen. Die ganze (scil. soziale) Bewegung steht auf dem Boden des Liberalismus und ist nur auf ihm denkbar; sie benutzt die vom Liberalismus ihr eingeräumten Waffen, und sie kehrt sie gegen die vom Liberalismus geschaffene Wirklichkeit, nicht um sie zu zerstören, sondern um sie zu überwinden, zu übertreffen, drüber hinauszugehen. … Durch die auf seinem Boden wachsende soziale Bewegung überwindet der Liberalismus sich selbst." (Heimann 1980/1929: 97)

Analog dazu sieht Heimann die Funktion der Sozialpolitik in der allmählichen Transformation des Kapitalismus, dem sie doch ihren Ursprung verdankt. Die Idee der Freiheit liegt wie diejenige der Gerechtigkeit den sozialpolitischen Argumentationen voraus, aber diese sind ohne sie nicht möglich. Heimann postuliert, dass es „die Kraft der Arbeiterbewegung … der Wille zur Freiheit und Würde der Arbeit in der großbetrieblichen Arbeitsorganisation (ist)," welche die sozialpolitischen Forderungen hervorbringt, und diese Arbeiterbewegung ist durchsetzungsfähig, „weil die Kraft der freien Arbeiterschaft die moderne Arbeitswelt trägt und daher ihre Ansprüche zur Geltung zu bringen vermag." (Heimann 1980/1929: 97 f) Die sozialpolitischen Forderungen richten sich aber nicht auf ein allgemeingültiges Ideal, sondern folgen aus den konkreten Umständen des Arbeitslebens. Der „Wille zur Würde der Arbeit als konkrete, machtvolle, gestaltungshungrige Kraft … ist real, dynamisch, lebendig, aber ebendarum von beschränkter historischer Geltung." (Heimann 1929: 98) So wird bereits hier das Prozessuale der wohlfahrtsstaatlichen Entwicklung angedeutet.

Dass sozialpolitische Postulate nur innerhalb ihrer geschichtlichen Bedingungen virulent sind, wird im Hinblick auf die Forderungen nach einer Universalisierung der wohlfahrtsstaatlichen Verantwortung seit dem Zweiten Weltkrieg deutlich. Mit der erst im Horizont des Zweiten Weltkriegs allgemein akzeptierten Doktrin der Menschenrechte – unter Einschluss der wirtschaftlichen, sozialen und kulturellen Rechte – hat die wohlfahrtsstaatliche Entwicklung ein neues kulturelles Fundament gewonnen (siehe 8.3), dessen Wirksamkeit allerdings von den vielfältigen konkreteren Bedingungen abhängig bleibt, mit denen sich die Wohlfahrtsstaatsforschung auseinander setzt.

2.4   Solidarität als Problem

2.4.1   Staatsentwicklung und Sozialdisziplinierung

Es ist eine Schwäche der Heimann'schen Theorie der Sozialpolitik, dass in ihr der Staat nicht vorkommt, als sozialpolitischer Akteur also nur die Arbeiterbewegung auftritt. Das ist Marx'sches Erbe, mit dem er sich sonst kritisch auseinandersetzt. *Nicht nur der Kapitalismus, auch der Rechtsstaat ist eine notwendige Bedingung der wohlfahrtsstaatlichen Entwicklung.* Nicht von ungefähr haben die großen wohlfahrtsstaatlichen Kompromisse zwischen Spitzenverbänden von Kapital und Arbeit stets auch den Staat als dritte Kraft involviert. Die durch unabhängige Gerichte kontrollierte Zwangsgewalt des Staates ist eine notwendige Voraussetzung für die Verlässlichkeit rechtlicher Vereinbarungen. Und im Horizont des Liberalismus gehören Demokratie und Rechtsstaat zu einem funktionierenden Staatswesen. Im angelsächsischen Raum ging die Demokratisierung sogar der administrativen Staatsentwicklung voraus, während auf dem Kontinent der Verwaltungsstaat bereits unter absolutistischen Bedingungen entstanden war.

Neben der Staatsentwicklung ist auf eine zweite, meist vergessene Voraussetzung der wohlfahrtsstaatlichen Entwicklung hinzuweisen, die sich hinter der Formel „Entwicklung des Kapitalismus" verbirgt. Ich meine den Faktor der *Sozialdisziplinierung und Kompetenzentwicklung*, insbesondere der Unterschichten, also Industrialisierung als „Verfleissigung" und zunehmend auch Qualifizierung. „Im europäischen Polizei- und Ordnungsstaat seit dem 16. Jahrhundert wurde die Bevölkerung insbesondere der unteren Schichten zu einem disziplinierten Leben erzogen. ... Die Bewegung des Merkantilismus und die wirtschaftliche Disziplin hängen auf das engste zusammen." (Oestreich 1969: 193) Schon Max Weber hatte in seinen Protestantismus-Studien darauf hingewiesen, und Norbert Elias These vom „gesellschaftlichen Zwang zum Selbstzwang" weist in dieselbe Richtung.[9] Philip S. Gorski (2003) hat den Zusammenhang von Staatsentwicklung und Sozial-

---

9   „Die Zwänge, die die den (scil, französischen Königs-) Hof bildenden Menschen aufeinander ausüben, sind gesellschaftliche Zwänge, die jeden einzelnen der zugehörigen Menschen zu einem hohen Maß von Selbstzwang anhalten, und zwar zu einem bereits recht differenzierten und verhältnismäßig umfassenden Selbstzwang." (Elias 1969: 355)

disziplinierung an den Beispielen der Niederlande und von Brandenburg-Preußen nachgezeichnet. Auch er sieht im Calvinismus eine wesentliche Voraussetzung, doch haben auch andere Bedingungen wie eine harte Armenpolitik, das Militär oder die industrielle Arbeit selbst dazu beigetragen, vor allem jedoch das sich entwickelnde allgemeine Schulwesen. A.O. Hirschman führt die Entfaltung wirtschaftlicher Interessen als wesentlichen Faktor der zunehmenden Kontrolle der Leidenschaften an (Hirschman 1987: 39 ff) *Die Legitimierung des Eigeninteresses als Motiv sozialen Handelns im Kontext der liberalen und kapitalistischen Entwicklung konnte somit auf bereits entwickelten Formen der Disziplin und Selbstkontrolle aufbauen.*

Wir können in der zunehmenden Selbstkontrolle auch eine Vorbedingung für die Entwicklung verlässlicher Loyalitäten als Funktionserfordernis des Wohlfahrtsstaates sehen. Die Sozialdisziplinierung als Bedingung des Erfolges moderner Organisationsformen scheint bis heute in einigen südeuropäischen Ländern und erst recht großen Teilen der übrigen Welt weniger entwickelt. In traditionalen Gesellschaften waren verwandtschaftliche und nachbarschaftliche Kontrollen ein funktionales Äquivalent für die Selbstkontrolle. Wo dieser soziale Rahmen zerbricht, müssen Formen erweiterter Solidarität entstehen, um ein Gemeinwesen funktionsfähig zu halten.

2.4.2   Das Beispiel Frankreich[10]

Einen besonders interessanten Fall bildet Frankreich, wo die republikanisch-demokratische Bewegung sich mit einem antiklerikalen Laizismus verband und somit nicht auf traditionelle kulturelle Ressourcen wie das Christentum als Legitimationsquelle rekurrieren konnte (Kaufmann 2003b: 205-247). Ein individualistischer Voluntarismus bestimmte die Revolutionsverfassung, welche allein auf die Loyalität der Bürger und im Grenzfall auf die Guillotine setzte. In den Auseinandersetzungen zwischen dem royalistischen Konservatismus und dem republikanischen Laizismus, die das ganze 19. Jahrhundert hindurch andauerten, kam es zu keinem tragfähigen Kompromiss. Die Stabilität des französischen Gemeinwesens beruhte im Wesentlichen auf einer bis zu Ludwig XIII. zurückreichenden Entwicklung der öffentlichen Verwaltung, welche von Napoleon in ihre bis heute erkennbare Form gebracht wurde. Daneben blieb der wirtschaftliche Liberalismus eine Konstante der französischen Entwicklung, der aber weniger zu einem industriellen als zu einem Finanzkapitalismus führte. Die legitimierte Verfolgung des eigenen Vorteils wurde zum Problem, als in der Dritten Republik (1871-1940) die Probleme der

---

10   Siehe auch 13.1.4.

Arbeiterschaft unübersehbar geworden waren, und innerhalb der Republikaner die sozialistische Bewegung an Einfluss gewann. Wie aber sollte man wechselseitige moralische Verpflichtungen begründen, wenn auf keinerlei metaphysische Legitimationen mehr zurückgegriffen werden kann?

Dieses Problem beschäftigte auch Émile Durkheim (1893), doch stand seine Unterscheidung von „solidarité méchanique" und „solidarité organique" in seiner Studie über die Arbeitsteilung im Kontext einer weit breiteren „solidaristischen" Bewegung in Frankreich. Sie suchte das Problem des sozialen Ausgleichs und des friedlichen Zusammenhalts mit der Forderung nach „Solidarität" zu begründen.[11] Ihren Ursprung hatte sie bei dem von Saint-Simon inspirierten Pierre Leroux (1797-1871), den man als ersten Theoretiker eines demokratischen Sozialismus bezeichnen kann. Er lehnte schon in den 1830er Jahren die vertragstheoretische Begründung des Gemeinwesens ab und postulierte ganz im Geiste der Aufklärung eine „solidarité mutuelle de tous les hommes", also eine wechselseitige Solidarität aller Menschen, die er an die Stelle der christlichen Nächstenliebe setzen wollte (Leroux 1859, zit. Große Kracht 2009: 71). Unter Bezugnahme auf die zunehmenden sozialen Vernetzungen suchte sodann der Rechts- und Sozialphilosoph Alfred Fouillée (1838-1912) eine ausschließlich weltimmanente Begründung moralischer Pflichten: „Lasst uns die gemeinsame Begrenztheit unseres individuellen Bewusstseins und unserer Wissenschaft durch die wechselseitige Begrenzung unserer Willen ausdrücken. Hier liegt die logische Bedingung des Rechts, hier liegt der echte Liberalismus, durch den wir uns gleichermaßen vom metaphysischen wie vom moralischen Dogmatismus befreien." Moralische Ideale sind ihm kein bloßes Produkt des denkenden Verstandes, sondern „das Produkt menschlicher Empfindungen, Emotionen und Wünsche" (Fouillée 1883: IX, übersetzt Große Kracht 2009: 100, 102). „Solidarität" ist ihm deshalb ein elementares menschliches Gefühl, dessen praktische Relevanz mit der Ausdehnung der Beziehungsnetze zur Begründung moralischer Verpflichtungen zunimmt. – Der Ökonom Charles Gide (1847-1932) plädierte für solidarische Wirtschaftsformen, die dem deutschen Gedanken der Genossenschaft nahekamen. Der Staatsmann, Sozialreformer und spätere Friedensnobelpreisträger Léon Bourgeois (1851-1925) schließlich trug dazu bei, dass „solidarité" als Appell an das aufgeklärte Bürgertum, seine Verflochtenheit mit der Arbeiterklasse zu bedenken, zur quasi offiziellen Doktrin der Dritten Republik wurde (Hayward 1961)

Diese ausführliche Erwähnung rechtfertigt sich durch den Umstand, dass wir es hier mit einer *gescheiterten* sozialpolitischen Ideologie zu tun haben, die nicht zur Tiefengrammatik der französischen Staatsentwicklung passte, welche von der

---

11   Eine gründliche Darstellung des französischen Solidarismus, der ich hier folge, gibt Hermann-Josef Große Kracht (2007; 2009: 90-207).

Erfahrung unauflöslicher politischer Konflikte geprägt war. Bourgeois selbst dankte nach einem Jahr als Ministerpräsident ab, weil er seine Sozialreformen nicht durchsetzen konnte, und bis zum Zweiten Weltkrieg gelang es in Frankreich nicht, praktikable Sozialgesetze zu schaffen. Und selbst danach blieb die französische *Sécurité Sociale* wie auch die Armenfürsorge von einem Partikularismus geprägt, der dem universalistischen Ideal sozialen Schutzes Hohn spricht (Kaufmann 2003b: 225 ff).

2.4.3   Grade der Solidarität[12]

Mein Beitrag, die Solidaritätssemantik in der deutschen sozialwissenschaftlichen Diskussion heimisch zu machen, zielte nicht auf einer universale Legitimationsfigur für Moral, sondern präzisierte „Solidarität" als spezifische Koordinationsform sozialen Handelns neben Markt, Staat, Korporatismus und Expertensystemen (Kaufmann 2009k/1983; 1984). Ich habe in der Folge unterschiedliche Grade solidarischen Verhaltens als eigenmotiviertem Verzicht auf egoistische Interessenverfolgung je nach ihrem moralischen Verpflichtungsgehalt unterschieden, nämlich:

1. *Loyalität* als die Anerkennung bestehender Ordnungen und die Erfüllung von Regeln und berechtigten Erwartungen in Situationen, in denen mit Sanktionen für Regelverletzungen oder Enttäuschungen nicht zu rechnen ist. Motive können hier sowohl habitueller als auch wertrationaler Art sein. Im letzteren Falle gibt es keine klare Grenze zu den nachfolgenden Formen.
2. *Erweiterte Reziprozität*: Hier erfolgt der Verzicht auf eigennütziges Handeln durch Einsicht in eine vermittelte wechselseitige Abhängigkeit. (Das war das Argument von Fouillée und Bourgeois, das sich übrigens auch bei Lorenz von Stein findet).
3. *Kollektivitätsorientiertes Verhalten*: Dies setzt typischerweise eine definierte kollektive Identität und Gruppenzugehörigkeit voraus, wie sie unter modernen Bedingungen am ehesten im Rahmen von Organisationen und eventuell des Nationalstaats vorkommt. Das Motiv ist vor allem die Einsicht, einer Werte- und Schicksalsgemeinschaft anzugehören,
4. *Altruismus*: Altruismus orientiert sich an wertrationalen Begründungen und darf vermutet werden, wo Akteure anderen Akteuren Leistungen zukommen

---

12   Siehe auch 13.2.

lassen, für die sie keine Gegenleistung erwarten können, also bei Gewährung von Anerkennung und Leistung trotz fehlender Reziprozität.[13]

Diese Unterscheidungen sind idealtypisch zu verstehen, verdeutlichen aber, dass Solidarität mit unterschiedlichen moralischen Anforderungen verbunden sein kann, wie sie für unterschiedliche Handlungskontexte charakteristisch sind.

Soziologisch interessant ist vor allem die Frage, unter welchen Bedingungen solidarisches Verhalten in Handlungskontexten erwartet werden kann, die den Nahbereich dauerhafter persönlicher Beziehungen überschreiten, wo also die alltäglichen Formen sozialer Kontrolle versagen. Adam Smith postuliert in seinem Wealth of Nations (1776) die Kontrolle des Eigennutzes durch die Konkurrenz, der er Dignität jedoch nur für Situationen zuerkennt, in denen „Sympathy" als Einfühlungsvermögen in die Mitmenschen und „Propriety" als bewusster Ausgleich von Eigen- und Fremdinteresse versagen. Deren Analyse war das Thema in seiner *Theory of Moral Sentiments* (1759) gewesen, was er als sein wichtigeres Werk ansah.[14]

2.4.4 Wirkungsweise von Solidarität

Die wohlfahrtsstaatliche Entwicklung ist eine plausible Antwort auf die Frage nach den Bindungskräften hoch differenzierter, tendenziell anonymer Sozialbeziehungen. Sie setzt zum einen an die Stelle herkömmlicher, aber durch die Ausbreitung des Privateigentums an Grund und Boden verschwundener elementarer Subsistenzformen neue Gewährleistungen von Existenzminima, zunächst in Form der Armenfürsorge, später durch elaboriertere Formen der sozialen Sicherung. Die öffentlich organisierten und finanzierten Sozialleistungen fungieren für den besitzlosen Teil der Bevölkerung als Orientierungspunkte des Lebenslaufs (Mayer&Müller 1989). Darüber hinaus bedeutet die zunehmende Inklusion der Bevölkerung durch bürgerliche, politische und soziale Rechte eine neue Form der Anerkennung im Kontext der politischen Vergemeinschaftung (Kaufmann 2009f/1997: 298ff). Schließlich bildet die staatliche, in Deutschland sogar verfassungsmäßige Gewährleistung des Sozialstaats (Art. 20 I GG) einen Rahmen, innerhalb dessen sowohl das Motiv erweiterter Reziprozität also auch dasjenige der Kollektivitätsorientierung Plausi-

---

13   Ein bemerkenswertes aktuelles Beispiel gesellschaftlich akzeptierten Altruismus bietet
       Schwedens besonders ausgeprägte Bereitschaft, Flüchtlinge aus Krisengebieten des
       Vorderen Orients aufzunehmen. Legitimiert wird diese Bereitschaft durch die wertrationale Überzeugung, dass Schweden hier ein Vorbild für die Welt sein sollte. Vgl.
       Matthias Wyssuwa: Das Herz weit geöffnet. FAZ 13. September 2014, S. 3.
14   Näheres bei Kaufmann 1984: 170 ff.

bilität gewinnt. Die kollektive Tauglichkeit des Sozialstaats (siehe Kapitel 3) tut ein Übriges, um das Vertrauen in die herrschende politische und rechtliche Ordnung zu stabilisieren.

Als wichtigstes Steuerungsmittel für solidarisches Verhalten fungiert somit zweifellos das *Recht*, und zwar sowohl in privatrechtlichen wie öffentlich-rechtlichen Formen. Soweit der Rechtsrahmen für bestimmte Verhaltensweisen klar ist (z.B. die Erfüllung von Verträgen, das Zahlen von Abgaben) genügt Loyalität, insoweit nicht allein schon die Furcht vor Sanktionen das Eigeninteresse an Normkonformität motiviert. Allerdings geht es in sozialpolitischen Auseinandersetzungen meist nicht um derartige eher triviale Vorgänge, sondern vor allem die Gestaltung der Rechts*regeln*, welche bestimmten Personen Vorteile und anderen Nachteile zuweisen, wo also bestimmte Bevölkerungsgruppen belastet und andere begünstigt werden. Hier kommen Fragen der Gerechtigkeit und der Zweckmäßigkeit ins Spiel, und natürlich die Interessen der Betroffenen. Für die wohlfahrtsstaatliche Entwicklung sind politische Entscheidungen charakteristisch, welche Unterschiede von Bevölkerungsgruppen hinsichtlich ihrer Rechte und Pflichten, hinsichtlich ihrer ökonomischen Ressourcen, hinsichtlich örtlich gebundener Gelegenheiten oder hinsichtlich ihrer Kompetenzen betreffen. Im Rahmen einer Sozialpolitik erster Ordnung wird es dabei regelmäßig um die Angleichung sozialer Teilhabchancen gehen; im Rahmen von Maßnahmen zweiter Ordnung sind Verteilungseffekte dagegen häufig kontingent, und gehen nicht selten zu Lasten der politisch und sozial Schwächsten, weil andere Motive im Vordergrund stehen (Wacquant 2009).

Wenn es in solchen Auseinandersetzungen um Argumente geht, so reichen die großen Worte kultureller Traditionen nicht aus; die Tiefengrammatik wirkt meist im vorpolitischen Raum. Solidarische Motivationen oder aber ihr Fehlen prägen die Problemdefinitionen und Lösungsperspektiven. Politisch debattiert werden nur Vorschläge, die den kulturell-normativen Grundintuitionen einer Gesellschaft nicht widersprechen. Für die politischen Auseinandersetzungen sind sowohl der erreichte Zustand der wohlfahrtsstaatlichen Entwicklung als auch die Einschätzungen in der Bevölkerung einflussreich (Pfau-Effinger 2009), aber vor allem die kollektiven Definitionen anstehender Probleme. Elementar für den politischen Prozess sind die wahrgenommenen Interessen der Beteiligten. Allerdings sind Situationsdefinitionen und Interessenwahrnehmungen stets auch durch normative Vorannahmen mit geprägt (Münnich 2011). So werden auch in den konkreten sozialpolitischen Argumentationen kulturelle Elemente wirksam, insbesondere bei der Typisierungen sozialer Probleme als Horizont konkreter Situationsdefinitionen, und bei der Formulierung moralische Argumente, um bestimmte Problemlösungen voran zu bringen.[15]

Damit ist allerdings das Problem der Loyalität in den Prozessen der Leistungserbringung noch nicht gelöst. „Der rational begründete Wohlfahrtsstaat hat einen inneren Widerspruch; wenn er seine geplanten Funktionen erfüllen soll, müssen seine Bürger davon Abstand nehmen, seine Dienste und Leistungen voll auszuschöpfen, d.h. sie müssen sich *ir*rational verhalten, motiviert von informellen gesellschaftlichen Kontrollmechanismen; diese Kontrollmechanismen neigen aber dazu, mit wachsendem Wohlfahrtssystem zu verschwinden." (Andersen 1988: 132) Diese weit verbreitete und von amerikanischen Autoren schon früh geäußerte Kritik (Janowitz 1976), dass entfaltete Wohlfahrtssysteme zu opportunistischem Gebrauch einladen, beruht auf der vermutlich richtigen Einsicht, dass traditionelle Kontrollformen durch Verwandtschaft und Nachbarschaft an Wirkung im Zuge der Modernisierung einbüßen. Die offene Frage ist allerdings, inwieweit hierfür funktionale Äquivalente im Kontext der Modernisierung entstehen. Oben wurde bereits auf die wachsenden Potentiale der Selbstkontrolle hingewiesen. Hinzu kommt die Zunahme professioneller Kontrollen. Außerdem entwickeln sich im Zuge der Digitalisierung fast aller administrativen Vorgänge neue, vergleichsweise effektive Kontrollformen, sodass in entfalteten Wohlfahrtsstaaten bisher keine Anzeichen einer Desorganisation von Sozialleistungssystemen durch deviante Nutzungsformen zu erkennen sind. Die verbreitete öffentliche Skandalisierung von Einzelfällen deutet eher auf die Wirksamkeit moralischer Motive hin.

Die spezifische Spannung zwischen Solidarität als Delegitimierung des Eigennutzes und der Legitimität des Eigennutzes als Ausdruck von Freiheitsrechten resultiert aus dem besonderen institutionellen Arrangement der Wohlfahrtsstaaten, welche aufgrund einer strukturellen Differenzierung zwischen Politik und Ökonomie die Kombination unterschiedlicher Steuerungsformen – Markt und Staat – institutionalisiert haben. Die politische Rhetorik neigt dazu, nur diese beiden Steuerungsweisen zu beachten und gegeneinander auszuspielen. Bei dieser Reduktion der politisch-sozialen Steuerungsproblematik auf „Markt" und „Staat" wird übersehen, dass in Wohlfahrtsstaaten weitere Steuerungsmechanismen wirksam sind, so insbesondere Korporatismus und Professionalität, und nicht zuletzt auch Solidarität (Kaufmann 2009k/1983).

Solidarität als weder politisch noch wirtschaftlich herstellbares „kollektives Gut" bleibt allerdings in hochkomplexen Gesellschaftszusammenhängen auch ein *prekäres Gut*. Auf jeden Fall ist es mit moralischen Appellen nicht getan. Solidar-

---

15   Dass moralische Argumente mit Bezug auf Unternehmungen durchaus wirksam sein können, zeigt Schröder (2013).

potentiale beruhen auf Ressourcen aus der Tiefengrammatik, die im Wesentlichen durch das kulturelle und historische Gedächtnis eines Sozialverbandes geprägt ist. Und das gilt auf allen Ebenen sozialer Emergenz: Bindung durch moralisches Selbstwertbewusstsein, Gruppensolidarität und soziale Kontrolle, Organisationsidentitäten, institutionelle Leitbilder und kollektive Wertideen. Auf jeder dieser Ebenen kann Solidaritätsbereitschaft entstehen, doch ist dies von jeweils spezifischen Bedingungen abhängig. Es handelt sich um eine wenig erforschte Dimension wohlfahrtsstaatlicher Entwicklung.

Die Tauglichkeit des Sozialstaats* 3

Zusammenfassung: Was ist mit „Sozialstaat" gemeint? Lässt sich so etwas wie ein gemeinter normativer Sinn des Sozialstaats unabhängig von aktuellen politischen Stellungnahmen aus Geschichte und Dokumenten eruieren? Und was kennzeichnet dann einen Nicht-Sozialstaat? (3.1). Auf der Basis des so gewonnenen allgemeinen Begriffs sind sodann Dimensionen der Sozialstaatlichkeit zu entwickeln, sodass ein Zusammenhang zu den im internationalen Vergleich zu beobachtenden Unterschieden deutlich wird. (3.2). Sodann ist kurz auf die wichtigsten Einwendungen und Kritiken einzugehen, welche dem Projekt des Sozialstaats entgegengebracht werden (3.3). Und schließlich ist auf die mutmaßlichen praktischen Vorteile sozialstaatlicher Entwicklungen im Vergleich zu anderen Modernisierungspfaden hinzuweisen. (3.4)

(West-) Europa war der räumliche Kontext für jene drei Revolutionen, der kulturellen (Aufklärung), wirtschaftlichen (Industrialisierung) und politischen (Demokratisierung), die in den Jahrzehnten um 1800 in Wechselwirkung gerieten und dadurch die „Große Transformation" (Polanyi) in Gang setzten, die das 19. und 20. Jahrhundert geprägt hat. Sie dehnte sich als Kapitalismus aus, zunächst nach Nordamerika und in etwa Japan, mit dem Ende des Kolonialismus allmählich weltweit. Aufklärung und Demokratisierung haben es weit schwerer, sich auszudehnen, zumal gelingende Demokratisierung die vorgängige oder gleichzeitige Entstehung von Rechtsstaatlichkeit und Administration erfordert. Letztere hatten sich bereits in den vorrevolutionären Königreichen und Fürstenstaaten Europas weitgehend entwickelt. Die wohlfahrtsstaatliche Entwicklung konnte nur in die-

---

* *Entstanden als Vortrag auf der Tagung „Die Zukunft des Sozialstaates" der ACADEMIA ENGELBERG in Engelberg (Schweiz) vom 15.-17. Oktober 2013. Eine gekürzte Fassung ist unter dem Titel „Das Doppelgesicht des Sozialstaats". erschienen in der Frankfurter Allgemeinen Zeitung vom 24. Februar 2014, S. 7.*

sem Kontext in Gang kommen. Sie setzt eine leistungsfähige Wirtschaft und einen starken Staat voraus, darüber hinaus aber auch kulturelle Motive, beispielsweise die Anerkennung der prinzipiellen Gleichheit aller Menschen und ihres Rechtes auf Leben; den Schutz der Schwachen; die Bereitschaft, mit anderen zu teilen; und den Fortschrittsglauben, auch hinsichtlich sozialer Fortschritte. Diese wurden zwar vorwiegend über das aufklärerische Denken vermittelt, hatten aber ältere, vor allem im lateinischen Christentum entstandene Wurzeln, die sich in den konservativen und christlich-sozialen Bewegungen auch unmittelbar zu Wort meldeten.

Das eigentlich auslösende Moment der häufig zunächst kirchlichen und bürgerlichen Initiativen, die in der Folge oft zu sozialpolitischen Interventionen führten, war der Zusammenbruch der alten Hilfs- und Unterstützungsformen für die sesshaften Mittellosen. Daneben gab es zwar seit dem Spätmittelalter einen zunehmenden mobilen Bettel, der meist von Ort zu Ort verjagt und häufig mit z.T. drakonischen Strafen belegt wurde. Er war sozusagen ein Vorreiter der neuen, heraufkommenden Zeit, in der die bisherigen kleinräumigen Ordnungen an Bedeutung verloren und großräumigere politische Herrschaften mit wachsender Binnenmobilität entstanden. Der Pauperismus und nicht das industrielle Proletariat war die erste „soziale Frage", mit der sich die entstehenden Staaten auseinander setzen mussten. Der erste konstruktive, d.h. „sozialpolitische" Lösungsversuch war die Armengesetzgebung der englischen Königin Elisabeth I. (1599/1601). Protoindustrialisierung und fabrikmäßige Produktion waren Teil der zur Moderne führenden Lösung, aber sie brachten neue soziale Probleme hervor, in Auseinandersetzung mit denen „Sozialpolitik" im begrifflichen Sinne beginnt. Die wohlfahrtsstaatliche Entwicklung begleitet und stabilisiert die Modernisierung in vielen Ländern Europas.

3.1   Der Sozial oder Wohlfahrtsstaat als normatives Projekt

Die international vergleichende Wohlfahrtsstaatsforschung betrachtet als ihren Gegenstand im Wesentlichen die sozialen Einrichtungen, welche durch staatliche Gesetze geschaffen oder zum mindesten reguliert werden.[1] Da diese in verwirrender Vielfalt und ohne klare Abgrenzung existieren, orientiert sich die Forschung an Typisierungen, welche international vergleichbar sein sollen. Jeder Statistik liegt

---

[1]   Den aktuell besten Überblick gibt das *Oxford Handbook of the Welfare State* (Castles et al. 2010). Für Deutschland siehe Lampert & Althammer (2007) und – eher prospektiv – Busemeyer u.a. (2013).

eine Typisierung zu Grunde, und einfach vergleichbar sind nur in Geldwerten aus-gedrückte Sachverhalte, vor allem die Sozialausgaben. Eine anspruchsvollere Form der Typisierung bezieht sich auf den Vergleich von sozialpolitischen Institutionen, die gemeinhin nach den gedeckten Risiken wie Alter, Krankheit, Invalidität, oder Arbeitslosigkeit typisiert werden. Die bisher anspruchsvollste Typisierung stammt von Gösta Esping-Andersen: Sie vergleicht nicht nur bestimmte institutionelle Komplexe, sondern ganze nationale Wohlfahrtsregime, deren Eigenarten er zu-dem mit bestimmten politischen Ideologien wie Liberalismus, Konservatismus oder demokratischem Sozialismus in Verbindung bringt (Esping-Andersen 1990). Esping-Andersens Ansatz hat wohl die erste internationale Diskussion zu theore-tischen und empirischen Fragen der Wohlfahrtsstaatlichkeit ausgelöst. Denn bis dahin war es keineswegs üblich, die vielfältigen sozialpolitischen Einrichtungen *als analytische Einheit*, hier also von „Wohlfahrtsregimen", im Zusammenhang mit den jeweiligen politischen, sozialen und ökonomischen Gegebenheiten zu betrachten. Die breite, auch kritische Auseinandersetzung mit Esping-Andersens Ansatz beweist weit mehr dessen Fruchtbarkeit als dessen Schwächen. Allerdings hat die Diskussion auch ergeben, dass die unvermeidlichen Vereinfachungen der typologischen Methode angesichts der Heterogenität der nationalen Entwicklungen, insbesondere auf der strukturellen und der Deutungsebene, auf dem Abstraktions-niveau Esping-Andersens nur noch bescheidene Erklärungskraft besitzen. Ich gehe deshalb anders vor und spreche vom *eigensinnigen Charakter nationaler Entwick-lungen*, deren Gemeinsamkeiten erklärungsbedürftig sind (Kaufmann 2003b: 50 ff).

Gemeinsamkeiten werden greifbar, wenn wir nicht auf die nationalen sondern die internationalen Entwicklungen achten (siehe Kapitel 8). Mit dem Teil XIII des Friedensabkommens von Versailles (1919) gelang eine internationale Institutiona-lisierung von Sozialpolitik in der Form der Internationalen Arbeitsorganisation und des in Genf domizilierten Internationalen Arbeitsamtes. Bis zum Ausbruch des Zweiten Weltkrieges konzentrierten sich beide nahezu ausschließlich auf Maß-nahmen zum Schutz der Industriearbeiter und Seeleute. Diese *selektive Sozialpolitik* wurde auch auf der nationalen Ebene der meisten Länder praktiziert.[2]

Der Zweite Weltkrieg ermöglichte den Durchbruch eines universalistischen Leitbildes sozialer Sicherung und die Akzeptanz einer politischen Verantwortung der Regierungen für die Wohlfahrt ihrer *gesamten* Bevölkerung. Den politischen Hintergrund bildete das Erschrecken über die Gräuel des nationalsozialistischen Regimes und seine Kriegsbereitschaft, sowie die nicht unberechtigte Annahme,

---

2   Lediglich Schweden entschloss sich schon 1913, die gesamte Bevölkerung in ein bedarfs-orientiertes Grundsicherungssystem für die Risiken Alter und Invalidität einzubeziehen (Kaufmann 2003 b: 179 ff).

dass der Aufstieg der Nationalsozialisten durch die Weltwirtschaftskrise mit bedingt gewesen sei.

Den Anfang machte die so genannte Atlantik Charta vom 15. August 1941, die in der Folge zum Grunddokument der Alliierten und ihres Zusammenschlusses zu „Vereinten Nationen" wurde. In ihr finden sich zahlreiche Prinzipien und Selbstverpflichtungen der unterzeichnenden Regierungen für die Gestaltung einer internationalen Nachkriegsordnung, welche später sinngemäß in die Charta der Vereinten Nationen eingegangen sind. Von sozialpolitischer Relevanz sind die Punkte 5 und 6: Roosevelt und Churchill

> „wünschen die vollste Zusammenarbeit aller Nationen auf wirtschaftlichem Gebiet herzustellen mit dem Ziel, *für alle* verbesserte Arbeitsbedingungen, wirtschaftlichen Fortschritt und soziale Sicherheit zu gewährleisten" (Ziff. 5). In Ziff. 6 äußern sie die Hoffnung, dass „nach der endgültigen Vernichtung der nationalsozialistischen Tyrannei ... allen Nationen die Möglichkeit (ge)geben wird, in Sicherheit innerhalb ihrer eigenen Grenzen zu leben ..., (so)dass *alle* Menschen in *allen* Ländern ihr ganzes Leben lang frei von Furcht und Not leben können." (Hervorhebg. F.X.K.)

Hier wurde erstmals die Idee einer *nationalen und internationalen Wohlfahrts- verantwortung* formuliert, die in allerdings abgeschwächter, aber dafür präziserer Form ihren Ausdruck durch die Anerkennung wirtschaftlicher, sozialer und kul- tureller Rechte (Art. 22-28) in der Allgemeinen Erklärung der Menschenrechte der Vereinten Nationen (1948) gefunden hat.

Das Signal für diesen sozialpolitischen Universalismus hatte bereits der 1942 veröffentlichte Beveridge Plan gegeben (Beveridge 1942), der seitens der vom Krieg gedrückten Britischen Bevölkerung sensationellen Zuspruch erfuhr. Auf interna- tionaler Ebene war es die Erklärung von Philadelphia (1944) der Internationalen Arbeitsorganisation, welche erstmals ein klares universalistisches Programm der Sozialpolitik beinhaltete: „*Alle* Menschen, ungeachtet ihrer Rasse, ihres Glaubens und ihres Geschlechts, haben das Recht, materiellen Wohlstand und geistige Ent- wicklung in Freiheit und Würde, in wirtschaftlicher Sicherheit und unter gleich günstigen Bedingungen zu erstreben. Die Schaffung der hierfür notwendigen Voraussetzungen muss das Hauptziel innerstaatlicher und internationaler Politik sein."[3] Zentrale Bestandteile Erklärung von Philadelphia gingen in der Folge in die neue Verfassung der ILO als Sonderorganisation der Vereinten Nationen ein.

Wir können also festhalten, dass eine *universalistische Programmatik* staatlicher und internationaler Sozialpolitik in Grunddokumenten der Vereinten Nationen

---

3   Erklärung von Philadelphia der Internationalen Arbeitsorganisation, Teil II, Ziff. a und b, siehe S. 222..

und der Internationalen Arbeitsorganisation enthalten ist, die in der Folge auch durch entsprechende völkerrechtliche Abkommen verbindlich gemacht wurde. Studien zur Implementation der UN-Konvention über wirtschaftliche, soziale und kulturelle Rechte zeigen, dass seit etwa 1993 der Kampf gegen Armut und soziale Ungleichheit zu einem völkerrechtlich weithin akzeptierten Anliegen geworden ist (Davy 2013a,b).

Aus diesem Grunde schlage ich vor, als Sozial- oder Wohlfahrtsstaaten nur solche Staaten zu bezeichnen, *die eine Verantwortung für die elementare Wohlfahrt aller ihnen Zugehörigen als Staatsaufgabe anerkennen, in ihrer politischen Programmatik soziale Probleme berücksichtigen und in erkennbarer Weise durch entsprechende Maßnahmen bearbeiten.* Zum Begriff des Sozialstaats gehört also *zweierlei:* Auf der Deutungs- oder Legitimationsebene die Anerkennung des Prinzips universalistischer Wohlfahrtsverantwortung der Regierungen, einschließlich problembezogener Programmatiken, und auf der strukturellen Ebene die Existenz sozialpolitischer Maßnahmen, zu denen grundsätzlich jeder ihrer bedürftige Bürger und ihnen Gleichgestellte Zugang haben. Der Klarheit halber bezeichne ich deshalb die Gesamtheit der in einem Lande existierenden sozialpolitischen Einrichtungen als Wohlfahrts- oder Sozial*sektor* und nicht als Sozial*staat*. Die letztgenannte Bezeichnung sei vielmehr Gemeinwesen vorbehalten, die sich in praktisch erkennbarer Form politisch verpflichten, die Teilhabe an ihren sozialen Einrichtungen grundsätzlich allen Bevölkerungsgruppen zu gewährleisten.

Dieser Gedanke ist in den Sozialwissenschaften nicht neu. T. H Marshall hat bereits 1949 die Idee einer dreifachen Berechtigung durch „Citizenship" in der Form bürgerlicher Freiheitsrechte, politischer Mitwirkungsrechte und sozialer Teilhaberechte eingeführt, ohne allerdings die Allgemeine Menschenrechtserklärung zu erwähnen, die genau nach dieser Dreiteilung aufgebaut ist. Die Gesellschaftstheoretiker Talcott Parsons und Niklas Luhmann haben diese Postulate mit dem Begriff der *Inklusion* in ihre Theorien eingebaut. Parsons sieht die *societal community* als politischen Kern des gesellschaftlichen Zusammenhalts und betrachtet die wachsende Inklusion in der Form bürgerlicher, politischer und sozialer Rechte als wesentliches Element sozialer Evolution. Während im Parson'schen Inklusionsbegriff das normative Moment der *Anerkennung* im Sinne der Menschenrechte zentral ist, betont Luhmann das Inklusionspostulat unter dem Gesichtspunkten der Teilhabe an den *Leistungen* der ausdifferenzierten gesellschaftlichen Teilsysteme (siehe 9.2). Beiden gemeinsam ist die auch von Historikern bestätigte Einsicht in die Auflösung der alten kleinräumigen Sorgeverbände und Armenrechte, und in die mit der Ausdehnung des Privateigentums auf Grund und Boden sowie der Vermarktlichung oder Kommodifizierung sozialer Verhältnisse wachsende Exklusion der Armen und Arbeitslosen aus den gesellschaftlichen Zusammenhängen (vgl. Gestrich/

Raphael/Uerlings 2009; Kaufmann 2012: 17 ff). Solche Exklusion widerspricht den von Christentum und Aufklärung geprägten moralischen Überzeugungen von Würde und Rechten aller Menschen. Aus der Inklusionsperspektive folgt in erster Linie das Postulat einer politischen Gewährleistung des Existenzminimums für jedermann, also das Gebot der Verhinderung von extremen Formen der Armut, die die Beteiligung an den Lebenschancen einer modernen Gesellschaft – etwa Bildung, Gesundheit oder Wohnung – verhindert. In den meisten Wohlfahrtsstaaten werden unter Bezugnahme auf Werte wie Menschenwürde oder Gerechtigkeit zudem höhere Ansprüche an die sozialpolitische Programmatik gestellt.

Der Wohlfahrtsstaat ist somit seiner Idee nach *ein normatives Projekt*, genauso wie der Freiheiten sichernde Rechtsstaat und die politische Beteiligung sichernde Demokratie. Im Falle der Bundesrepublik Deutschland ist die soziale Selbstverpflichtung des Staates in den Artikeln 20 I und 28 I des Grundgesetzes verankert, den so genannten Sozialstaatsklauseln. Die Schweizerischen Bundesverfassung nennt in Artikel 41 eine Reihe von „Sozialzielen", mit dem Zusatz: „Aus den Sozialzielen können keine unmittelbaren Ansprüche auf staatliche Leistungen abgeleitet werden". Das gilt ebenso für die deutsche Rechtsordnung: Die Einräumung konkreter sozialer Rechte ist Gegenstand der einfachen Gesetzgebung. Dennoch sind diese Verfassungsnormen keineswegs wirkungslos, weil sie beispielsweise als Kriterien der Rechtsprechung dienen und politische Kritik an bestehenden Defiziten legitimieren. Darüber hinaus stabilisieren sie das Vertrauen der Bevölkerung in die Dauerhaftigkeit staatlicher Sozialpolitik, eine Dauerhaftigkeit, die von allen nicht staatlich garantierten Lösungen nicht erwartet werden kann.

Diese normative Bestimmung des Sozialstaats ist keine Setzung des soziologischen Beobachters, sondern *eine soziale Tatsache*, die die Sozialwissenschaften ernst zu nehmen haben. Sie ließe sich im Übrigen durch vielfältige Beobachtungen auf der nationalstaatlichen Ebene bestätigen. Die meisten sozialpolitischen Fortschritte wurden im Anschluss an Krisen oder gar Katastrophen erzielt, welche einen hohen moralischen Konsens über die Verurteilung bestimmter sozialer Situationen oder Ereignisse auslösten. In der Regel war der Konsens über vorgeschlagene Problemlösungen allerdings geringer, doch die moralische Empörung und der in Gang gebrachte Problemlösungsprozess zwangen die Politik häufig, sich auf bestimmte Sozialreformen im Sinne eines Kompromisses zu einigen.

Aus dieser normativen Bestimmung folgt, dass keineswegs alle Staaten, die irgendwelche sozialpolitische Maßnahmen eingeführt haben, als Wohlfahrtsstaaten zu bezeichnen sind. Das betrifft zunächst die Vereinigten Staaten, welche nicht nur einen sehr lückenhaften Sozialsektor aufweisen, sondern wo auf der Legitimationsebene auch die Skepsis gegen staatliche Lösungen sozialer Probleme und das Vertrauen in die Selbsthilfemöglichkeiten der Einzelnen dominieren.[4] Konsequenterweise haben die Vereinigten Staaten die Konvention der Vereinten Nationen über die wirtschaftlichen, sozialen und kulturellen Rechte nicht ratifiziert (Davy 2013a: 16). – Es betrifft aber auch die meisten ostasiatischen Länder, deren wirtschaftliche Entwicklung den Aufbau bevölkerungsweiter Schutzsysteme ermöglichen würde. Nach Elmar Rieger und Stephan Leibfried haben „in Ostasien die konfuzianischen Momente der Sozialorganisation und der Kultur eine weitergehende Verselbständigung der Sozialpolitik als autonome Gestaltungsmacht gegenüber Wirtschaft und Gesellschaft verhindert." So gibt es zwar von Land zu Land unterschiedliche öffentliche Vorkehrungen gegen bestimmte soziale Risiken, aber stets nur für ganz bestimmte Bevölkerungsgruppen, vorzugweise für solche in staatsnahen Sektoren. Es fehlt die moralische Sensibilität für soziale Ungleichheiten ebenso wie die Vorstellung einer möglichen Regierungsverantwortung für die Eindämmung negativer Nebenwirkungen kapitalistischer Entwicklungen. Rieger und Leibfried sehen daher in den unterschiedlichen religiösen Prägungen der Kulturen eine wichtige Erklärung für die Unterschiede in den sozialpolitischen Entwicklungen (Rieger/Leibfried 2004: 134 ff).[5]

3.2 Entstehung und Dimensionen der Sozialstaatlichkeit

Wenn wir anhand unserer Definition die Länder identifizieren, die sich auf den Weg zur Wohlfahrtsstaatlichkeit begeben haben, so fällt auf, dass sie alle eine lateinisch-christliche Vergangenheit sowie eine einigermaßen stabile Regierungstradition haben. Länder mit einer griechisch-orthodoxen Tradition finden sich nicht darunter. Am günstigsten scheinen die Voraussetzungen in Ländern mit einer starken staatskirchlichen Tradition zu sein, wie Skandinavien, Großbritannien und Deutschland. In den ausschließlich vom römischen Katholizismus geprägten Ländern gibt es zwar starke sozialethische Motive in Kultur und Gesellschaft, aber die katholische Kirche hat sich jahrhundertelang gegen die Entstehung von unabhängigen politischen Strukturen gewehrt, sodass hier die Voraussetzungen staatlicher Handlungsfähigkeit langsamer entwickelt wurden.

---

4   Zu den Gründen hierfür Kaufmann 2003b: 84 ff.

5   Neuerdings verbreiten sich in Ländern der Dritten Welt – auch in China und Südkorea – spezifische Programme der Armutsbekämpfung, die unter den ganz anderen Bedingungen als in den etablierten Wohlfahrtsstaaten als Ausdruck eines ähnlichen Bemühens verstanden werden können. Vgl. Leisering & Barrientos 2013; Leisering 2009.

Die dritte, meist als selbstverständlich geltende Voraussetzung ist die Entwicklung eines auf Privateigentum, Märkten und technischen Fortschritten beruhenden, effizienten und wachstumsorientierten Wirtschaftssystems, was von Kritikern meist als „Kapitalismus" bezeichnet wird.[6] Dieser Begriff impliziert allerdings weit mehr als die genannten Merkmale des ökonomischen Systems, nämlich auch dessen externe Effekte auf Gesellschaft und Politik, also die Erosion traditioneller Formen der Vergemeinschaftung und die damit verbundene zunehmende Bedeutung anonymer Sozialbeziehungen, die Entstehung sozialer Klassen und die „soziale Frage", um nur die klassischen Themen zu nennen; mittlerweile stehen uns mit der Umweltbelastung und den fortgeschrittenen Technologien im Energie- und Telekommunikationssektor noch ganz andere externe Effekte des Kapitalismus ins Haus. Im Gegensatz zu den Vereinigten Staaten und Ostasien sind die Länder, die sich dem wohlfahrtsstaatlichen Projekt verschrieben haben, davon überzeugt, dass ein seiner eigenen Dynamik uneingeschränkt überlassenes Wirtschaftssystem nicht geeignet ist, allein die sozialen Probleme zu lösen, für deren Entstehung es zum mindesten mit ursächlich ist. Und sie setzen überdies auf die Fähigkeit ihres politischen Systems, geeignete Formen der Problembearbeitung zu entwickeln.

Betrachtet man die bisherigen theoretischen Erklärungsversuche der wohlfahrtsstaatlichen Entwicklung, so lassen sich im Wesentlichen vier Ansätze unterscheiden.[7]

1. *Funktionalistische Ansätze*, welche die Entwicklung der Sozialpolitik und der staatlichen Steuerungsfähigkeit als notwendige Korrektur- und Anpassungserfordernisse an den von der Industrialisierung ausgehenden Problemdruck erklären. Dass Problemdruck eine notwendige Voraussetzung und starke Motivation sozialpolitischen Handelns ist, ist der bleibende Erklärungsbeitrag dieser Betrachtungsweise. Aber wie schon der Hinweis auf die Vereinigten Staaten und Ostasien zeigt, gibt es Alternativen, vor allem hinsichtlich der Problemauffassung.
2. *Konflikt- und interessentheoretische Ansätze:* Sie erklären die unterschiedlichen sozialpolitischen Entwicklungen vor allem durch politische Machtverhältnisse und ihre Veränderungen. So wird etwa die Ausweitung des Wahlrechts auf immer weitere Bevölkerungskreise als wichtiger Motor der wohlfahrtsstaatlichen Entwicklung gesehen, aber auch auf unterschiedliche parteipolitische Konstellationen als Erklärungsfaktor hingewiesen. Die heuristische Fruchtbarkeit dieser

---

6   Ich übergehe hier den sozialistischen Modernisierungspfad, der programmatisch durchaus starke wohlfahrtsstaatliche Elemente aufwies (vgl. Kaufmann 2003b: 68 ff), aber an der mangelnden Produktivität des politisch und zentralistisch gesteuerten Wirtschaftssystems scheiterte.

7   In ähnlichem Sinne auch Ullrich (2005: 28 ff), dem ich einige Anregungen verdanke.

meist politikwissenschaftlichen Ansätze ist größer für die Erklärung einzelner politischer Entscheidungen als für die Gesamttendenz einer wohlfahrtsstaatlichen Entwicklung.

3. *Institutionalistische Ansätze:* Sie rekurrieren auf institutionelle Merkmale der untersuchten Staaten, und zwar bald auf staatspolitischer (z.B. Art der Gewaltenteilung) bald auf sozialpolitischer Ebene (z.B. politischer Einfluss der existierenden sozialpolitischen Institutionen, Pfadabhängigkeit institutioneller Entwicklungen). Auch hier ist die Erklärungskraft größer mit Bezug auf spezifische Unterschiede sozialpolitischer Entwicklungen als für die Gesamttendenz zum Wohlfahrtsstaat.

4. *Kulturalistische Ansätze:* Sie weisen auf die mehr oder weniger offenkundigen Zusammenhänge zwischen religiös-moralischen, ideologischen aber auch in sozialpolitischen Diskursen aktualisierten Motiven einerseits und der Form der Lösungen von Folgeproblemen des Kapitalismus und anderen sozialen Problemen hin. Offensichtlich sind die in 3.1 vorgetragenen Argumente vor allem dieser Erklärungsrichtung zuzurechnen. Aber natürlich sind die drei anderen Erklärungsrichtungen ebenfalls aufschlussreich; man wird insgesamt von sich ergänzenden Perspektiven sprechen können.

Schließlich ist festzuhalten, dass der Wohlfahrtsstaat keine bestimmte Staatsform, sondern *eine bestimmte Dimension moderner Staatlichkeit* darstellt. Die Wirksamkeit sozialpolitischer Leistungen ist nicht nur von den für sie geschaffenen Gesetzen und Organisationen abhängig, sondern vom Gesamtzusammenhang des Staates, insbesondere einer nicht korrumpierten Rechtsstaatlichkeit und in der Regel auch einer demokratischen Regierungsform.

Was nun unterscheidet soziale oder wohlfahrtsstaatliche Politik von anderen Politikformen? Ihrer spezifischen Differenz nach bezieht sie sich unmittelbar *auf Individuen,* denen ein *Rechtsanspruch* auf Schutz, Unterstützung oder Förderung eingeräumt wird. Die erwartete Wohlfahrt ist individuelle Wohlfahrt; die Wohlfahrtserwartungen hinsichtlich des Gemeinwesens richten sich auf andere Politikbereiche, beispielsweise die innere Sicherheit oder die Wirtschaftspolitik. Was individuelle Wohlfahrt *als politische Aufgabe* ausmacht, ist im Detail von Land zu Land verschieden, aber in den großen Linien ähnlich: Im Zentrum stehen Erwartungen an Einkommenssicherheit bei Erwerbsunfähigkeit sowie Kranken- und Unfallversorgung. Fast überall treten andere Schwerpunkte hinzu, etwa hinsichtlich des Arbeitsmarktes (Skandinavien und Deutschland) der Familie (Frankreich), oder der Bildung (Skandinavien). Aus steuerungsanalytischer Perspektive bietet sich eine Dreiteilung an:

1. *Sozialpolitik im Produktionsbereich:* Insbesondere Arbeitsschutz, Arbeitsrecht, und Arbeitsmarktpolitik. Hier geht es vor allem um die Rechte der unselbständig Erwerbenden im Verhältnis zu den Arbeitgebern.
2. *Sozialpolitik im Verteilungsbereich:* Insbesondere Soziale Sicherung und Besteuerungswesen. Hier geht es vor allem um die Beeinflussung der privaten Einkommen.
3. *Sozialpolitik im Reproduktionsbereich:* Insbesondere Gesundheitswesen, Bildungswesen, Wohnungswesen und Sozialwesen („Personal Social Services"). Hier geht es vor allem um die Erhaltung und den Aufbau individueller Fähigkeiten sowie der Hilfe im Falle individueller Hilflosigkeit.

Diese Einteilung steht quer sowohl zum Ansatz der Standardrisiken, wie er etwa von der ILO vertreten wird, aber auch zum Zielgruppenansatz (Alte, Kranke, Arbeitslose, Kinder etc,) wie er in der praktischen Sozialpolitik vorherrscht. Sie hebt auf die spezifischen Probleme ab, die sich mit der Implementation diverser Sozialpolitiken verbinden, sowie auf ihre unterschiedlichen politischen Arenen.

3.3   Einwendungen gegen den Wohlfahrtsstaat

Aus dem Vorangehenden ergibt sich, dass ich die Entwicklung zum Sozial- oder Wohlfahrtsstaat als zwar nicht zwangsläufige Reaktion auf den Kapitalismus, aber unter den in Europa vorherrschenden kulturellen Traditionen als die im Grundsatz überzeugendste Lösung für die Bekämpfung der mit dem unbehinderten Kapitalismus verbundenen Exklusionstendenzen halte. Die Verbindung von Rechtsstaatlichkeit, Demokratie und Sozialstaatlichkeit prägt das politische Selbstverständnis Europas und ist weitgehend konsistent mit seinen kulturellen jüdisch-christlichen und aufklärerischen Traditionen und den aus ihnen folgenden moralischen Intuitionen.

Dennoch ist auch hierzulande die Sozialstaatlichkeit weit stärker umstritten als Demokratie und Rechtsstaatlichkeit. Ich kann nur in aller Kürze einige starke Argumente der Kritik diskutieren.

1. *Der Sozialstaat greift bevormundend in die Gesellschaft als Raum bürgerlicher Freiheiten ein.* Dieses Argument entspricht der amerikanischen Sicht einer möglichsten Beschränkung der Regierungsaufgaben und wird hierzulande vor allem von neoliberalen Kreisen vorgetragen. Es lässt sich auf mehreren Ebenen diskutieren. Auf der grundsätzlichen Ebene handelt es sich hier um

einen Kulturkampf zwischen Europa und Amerika über den besseren Weg in die Moderne. Europa hat im Großen und Ganzen bessere Erfahrungen mit seinen Staaten und ihrer Administration gemacht als die Vereinigten Staaten, die bis heute keine professionalisierte allgemeine Verwaltung zustande gebracht haben. Die europäischen Neoliberalen greifen auch nicht so grundsätzlich eine intervenierende Staatstätigkeit an, wie viele Amerikaner. Sie versuchen vielmehr im Sinne des deutschen Ordoliberalismus Marktprinzipien in weiteren Gesellschaftsbereichen als der Finanz- und Warenwirtschaft einzuführen. Die Diskussion „Markt gegen Staat", die übrigens auch „von links" geführt wird, ist aus der Perspektive sozialwissenschaftlicher Steuerungstheorie irreführend, weil sie die Spezifika sozialer, insbesondere personenbezogener Dienste nicht berücksichtigt und weitere Steuerungsformen wie Professionalität, Solidarität und Korporatismus nicht in Betracht zieht (Kaufmann 2009k: 253 ff). Eine etatistische Steuerung des gesamten Sozialsektors ist keineswegs zwingend. Zwingend ist nur die staatliche Gewährleistung von Mindeststandards, was auch mit anderen als bürokratischen Steuerungsformen erreicht werden kann. International lässt sich in jüngerer Zeit eine „Hybridisierung des Sozialstaats" unter Steuerungsgesichtspunkten beobachten (Berner 2009). Einzelne staatliche Interventionen lassen sich mit guten Gründen in Frage stellen, aber wo marktwirtschaftliche Lösungen zielführender sind, lässt sich nur bei Kenntnis der konkreten Umstände erörtern.

2. *Der Sozialstaat überbordet; seine Kosten beeinträchtigen die Konkurrenzfähigkeit einer Volkswirtschaft.* Richtig ist, dass es in Sozialstaaten keine interne Mechanismen der Kostenbegrenzung gibt, sondern verschiedene Kräfte, die auf eine fortgesetzte Kostenexpansion hinwirken. Der Sozialstaat kennt keine immanenten Grenzen – genau so wenig wie die Wirtschaft oder die Wissenschaft. Es lassen sich immer neue soziale Probleme und Ungleichheiten entdecken und deren Beseitigung fordern, zumal sozialpolitische Interventionen häufig selbst neue Ungleichheiten schaffen. Seine notwendige Begrenzung erhält der Sozialstaat im Wesentlichen aus drei anderen institutionellen Bereichen: Zunächst der *Wirtschaft*, denn langfristig kann nur umverteilt werden, was vorher erwirtschaftet worden ist. Die zweite dringend notwendige Bremse ist der *Rechtsstaat*, denn nur wo die administrativen und richterlichen Kontrollen greifen, kann einer zweckwidrigen Ausnützung sozialer Einrichtungen gewehrt werden, wie uns besonders eindrücklich der Fall Griechenlands zeigt. Rechtsstaat und Sozialstaat sind nicht zwei getrennte politische Einheiten, wie die metaphorische Bezeichnung suggeriert, sondern *komplementäre Staatsziele* und Staatsaufgaben, die gemeinsam die Legitimität und Stabilität des Gemeinwesens ermöglichen. Schließlich ergibt sich die erforderliche Begrenzung der Kostenexpansion aus der *demokratischen*

Politik selbst. Hier treffen vielseitige organisierte Interessen aufeinander, die sich in ihrer Durchsetzung wechselseitig begrenzen. Verteilungskonflikte sind ein konstitutives Moment von sozialstaatlicher Regulierung. Wer was auf welchen Wegen bekommt – oder bezahlen muss – bleibt ein Dauerthema der politischen, insbesondere auch parteipolitischen Auseinandersetzungen.

3. *Sozialpolitische Maßnahmen setzen verkehrte Anreize, z.B. hinsichtlich der Arbeitsbereitschaft.* Dieses ökonomische Argument setzt voraus, dass bei den Empfängern der Maßnahmen ausschließlich ökonomische Motive den Ausschlag geben. Inwieweit das plausibel ist, hängt von den konkreten Umständen ab. Bei der Regelung der Möglichkeiten einer Frühverrentung hat es in Deutschland zeitweise offenkundige Fehlanreize gegeben. Aber das ist kein Einwand gegen den Sozialstaat als gesellschaftliche Struktur, sondern bedarf im Einzelfall der Korrektur.

4. *Sozialleistungssysteme sind missbrauchsanfällig, da sie keine dem Markt entsprechende systeminterne Kontrollmechanismen besitzen.* Das Kontrolldefizit ist vielfach real, aber es existiert in der Privatwirtschaft oft in ähnlicher Weise, soweit sie großbetrieblich organisiert ist. Die Durchsetzung von Kontrollen ist im öffentlichen Sektor allerdings schwerfälliger als im privaten. Nach dem alten Grundsatz „abusus non tollit usum" (Missbrauch stellt den richtigen Gebrauch nicht in Frage) ist auch hier der Kampf gegen Missbräuche im konkreten Detail zu führen.

5. *Gesellschaftliche Entwicklungen wie das demografische Altern, Nebenfolgen technologischer Fortschritte oder die Globalisierung überfordern die öffentlichen Finanzen und die Regierungsfähigkeit. Bisherige Leistungsniveaus sind dann nicht aufrecht zu erhalten. Das kann zu politischen Krisen führen, die im Grenzfall in gesellschaftlicher Desorganisation enden können.* Dabei wird gerne an das Ende der Weimarer Republik erinnert, deren letzte demokratisch gewählte Regierung an der Krise der Arbeitslosenversicherung gescheitert ist. Seit 1945 haben sich derartige Krisenprognosen als wenig zutreffend erwiesen, selbst wenn sich die Situation noch verschlechterte. Zweifellos engen externe Entwicklungen häufig die Handlungsalternativen einer Regierung ein, aber das ist nichts für den Sozialstaat Spezifisches, und bisher haben sich die europäischen Demokratien als erstaunlich robust im Austragen von Verteilungskonflikten erwiesen.

Alles in allem gibt es immer wieder plausible Einwendungen gegen wohlfahrtsstaatliche Entscheidungen in einzelnen Ländern, aber alle totalisierenden Krisendiagnosen – Finanzkrise, institutionelle Krise, Legitimationskrise, Motivationskrise – haben sich als bemerkenswert kurzlebig erwiesen. Einwendungen gegen die soziale Grundverantwortung des Staates werden zum mindesten in Europa kaum erhoben. Der Verteilungskampf gehört zum Sozialstaat dazu, und was da alles an Argumenten in die Öffentlichkeit geschleudert wird, ist sehr häufig nicht der wissenschaftlichen Beachtung wert. Dennoch gilt: „Die Sozialpolitik hat ein Doppelgesicht – sie ist ein Problemlöser *und* ein Problemerzeuger, ein Nutzenstifter *und* ein Kostenverursacher, ein Lastenträger *und* eine Bürde." (Schmidt: 2005: 293) Die Belasteten suchen sich oft zu wehren, ohne zu sehen, dass auch sie an den Nutzen partizipieren.

3.4 Wozu ist der Sozialstaat gut?

Welches sind nun die Leistungen und Vorteile?

3.4.1 Sozialer Frieden

Eine zentrale Leistung des Sozialstaats bezieht sich auf *Institutionalisierung und damit Dämpfung des Klassenkonflikts zwischen Kapital und Arbeit.*. In Deutschland dienen dem heute vor allem das Tarifvertrags- und das Mitbestimmungswesen sowie die Arbeitsgerichtsbarkeit. In der Schweiz war hier die Rolle des Staates geringer. Das erstmals 1937 geschlossene Friedensabkommen in der Metall- und Uhrenindustrie hat Schule gemacht und bildet bis heute die Grundlage des sozialen Friedens. In beiden Fällen werden die Interessengegensätze und Konflikte nicht aus der Welt geschafft, aber in wirtschaftlich und sozial verträgliche Form gebracht.

3.4.2 Verallgemeinerte Teilhabe

Ein zweiter Leistungsbereich lässt sich mit dem Stichwort *Inklusion oder Teilhabe* bezeichnen. Bekanntlich waren in vorliberaler und vorindustrieller Zeit Grund und Boden keine handelbaren Güter, und so waren die sesshaften Armen in die Ordnung der Gemeinden einbezogen. Daneben entwickelte sich seit dem Spätmittelalter ein vagierender Bettel, der von Ort zu Ort und oft mit bis zur Todesstrafe reichenden Maßnahmen unterdrückt wurde. Die Kommerzialisierung des Bodens und die Aufhebung der feudalen Schutzrechte führten zur Freisetzung des Proletariats als „industrieller Reservearmee" (K. Marx), das eine Existenzbasis sich nur durch abhängige Arbeit erreichen konnte, also einen Kapital besitzenden Arbeitgeber brauchte. Wer keine Arbeit fand, war vom Elend bedroht und musste mit vielfältigen Diskriminierungen rechnen. Es ist das Verdienst staatlicher Sozialpolitik, für die Arbeitsunfähigen *Existenzmöglichkeiten außerhalb des Marktes* zu schaffen, die wir meist als „soziale Sicherung" bezeichnen. Was die Arbeitslosen angeht, so kam staatliche Hilfe erst spät in Gang, Pioniere waren hier oft die Gewerkschaften mit ihren eigenen Hilfskassen, die aber nur an Mitglieder leisteten. Nicht zu vergessen ist in diesem Zusammenhang das Bildungswesen, das insbesondere Kinder und Jugendliche vor allzu früher Ausnutzung bewahrt und ihnen vielfach den schwierigen Übergang in den Arbeitsmarkt erleichtert. Die hohe politische Stabilität der westeuropäischen Demokratien ist auch durch den Umstand bedingt, dass soziale Exklusion ein zwar nicht beseitigtes, aber doch marginales Phänomen geblieben ist. Wo sich Exklusion verfestigt, wie beispielsweise in den Vorstädten von Paris, ist mit sozialen Unruhen und politischem Extremismus zu rechnen.

3.4.3   Erleichterung der Modernisierung

Aus gesellschaftstheoretischer Sicht haben die sozialpolitischen Maßnahmen und ihr fortgesetzter Ausbau wesentlich zum Gelingen von Modernisierungsprozessen in Europa beigetragen. Das gilt beispielsweise für die Ermöglichung funktionierender Arbeitsmärkte oder die zunehmende Gleichheit der Geschlechter, vor allem aber durch die Kompensation der Verluste, die bestimmte Bevölkerungsgruppen durch die Folgen technischer Fortschritte erlitten haben (Huf 1998). Ein ähnliches Argument ergibt sich aus dem empirisch feststellbaren Zusammenhang zwischen der Offenheit bzw. Exportabhängigkeit der Volkswirtschaften und ihrer wohlfahrtsstaatlichen Entwicklung. Offene Volkswirtschaften rechnen stärker mit externen Schocks und scheinen deshalb eher bereit, ihre Bevölkerung dagegen mittels sozialpolitischer Maßnahmen zu schützen (Rieger/Leibfried 2001: 250 ff.).

3.4.4   Produktivität

Kritiker des Sozialstaats sehen seine Leistungen und deren Finanzierung im Wesentlichen als Belastung der Wirtschaft. Sie unterschätzen dabei den *wirtschaftlichen Wert der Sozialpolitik*. Das klassische Beispiel stellte die Politik der Arbeitszeitverkürzung dar, gegen die die Unternehmer stets Sturm gelaufen sind. Vor allem die Reduktion der täglichen Arbeitszeit hat weithin zu Produktivitätssteigerungen der Arbeit geführt, welche den Ausfall der Arbeitszeit teilweise kompensierten. Auch die reduzierte Streikbereitschaft der Arbeiter ist wirtschaftlich vorteilhaft. Heute, im Zeichen mangelnden Nachwuchses, wird auch immer mehr Unternehmen bewusst, dass die Reproduktion des Humankapitals oder Humanvermögens nicht durch die Marktwirtschaft, sondern durch die Familien und das Bildungswesen geschieht. Und Schätzungen besagen, dass die Summe der kapitalisierten Humanvermögen der deutschen Volkswirtschaft die Summe des investierten Sachkapitals deutlich übersteigt, also mehr als die Hälfte der volkswirtschaftlichen Investitionen ausmacht (Kaufmann 2009d).

3.4.5 Soziale Gerechtigkeit

In Deutschland hat sich ein Verständnis des Sozialstaats durchgesetzt, „der den Schwächeren hilft, der die Teilhabe an den wirtschaftlichen Gütern nach den Grundsätzen der Gerechtigkeit und mit dem Ziele der *Gewährleistung eines menschenwürdigen Daseins für jedermann* zu bewirken sucht." (Zacher 2008b: 19) Der Sozialstaat hat also den Grundsätzen der Gerechtigkeit zu dienen, über die allerdings, wie wir alle wissen, im Detail durchaus heftig gestritten wird. *Soziale Gerechtigkeit* beinhaltet selbst zum mindesten zwei Spannungsfelder: Zum einen die Spannung zwischen Leistungs- und Bedarfsgerechtigkeit, zum anderen die Spannung zwischen Besitzstands-und Chancengerechtigkeit (siehe 10.6). Je nachdem, worauf man das stärkste Gewicht legt, kommt man zu unterschiedlichen politischen Prioritäten. Ein weiterer Gerechtigkeitsdiskurs bezieht sich auf das Verhältnis von sozialer Gleichheit und Ungleichheit: Der Sozialstaat soll zu einer Angleichung der Lebensverhältnisse in der Bevölkerung, also zu mehr Gleichheit führen. Und entgegen allen Unkenrufen gelingt dies in vielen Sozialstaaten dank einer Verbindung von Steuer- und Sozial- und Bildungspolitik aus langfristiger Perspektive in erheblichem Maße, vor allem im unteren Bereich der sozialen Pyramide.[8] Wie auch immer man einzelne Maßnahmen beurteilen mag, dass der Sozialstaat dazu beiträgt, das Bewusstsein in der Bevölkerung zu verbreiten, unter einigermaßen gerechten Verhältnissen zu leben, ist schwer zu bestreiten. Alle Meinungsumfragen bestätigen die große Anhänglichkeit der Bevölkerung an den Sozialstaat, und zwar nicht nur in Deutschland (Roller 1992; Andreß/Heien/ Hofäcker 2001, Ullrich 2008). Auch in dieser Hinsicht wirkt somit der Sozialstaat als Stabilisator der politischen und sozialen Verhältnisse. *Er trägt wesentlich zur Akzeptanz der herrschenden politischen Ordnungen bei.*

3.4.6 Kleinarbeitung von Problemen

Schließlich wirken sozialstaatliche Programme auch als „*Problemzerstäuber*" (Schmidt 2012: 103). Das heißt, die Wirkungen großer natürlicher (z.B. Überschwem-

---

8   Allerdings bleibt bisher in Deutschland die Bildungspolitik erheblich von sozialer Ungleichheit geprägt.

mungen) wirtschaftlicher (z.B. Wirtschaftskrisen) oder politischer Katastrophen (z.b. Kriege), werden auf der Ebene der betroffenen Bevölkerung in unterschiedliche Risikoformen klein gearbeitet und dadurch institutionell handhabbar. Zugleich wird der Bildung großer Protestbewegungen entgegengewirkt und die Dramatisierung der Nöte erschwert.

Aus einer gesellschaftskritischen Perspektive mögen diese Stabilisierungsleistungen des Sozialstaats, die „Erzeugung von Massenloyalität" (Narr & Offe 1975), verdächtig erscheinen, aber diese Perspektive hat sich nicht als nachhaltig tragfähig erwiesen. Die wohlfahrtsstaatliche Entwicklung ist ein konstitutiver Bestandteil des europäischen Modernisierungspfades der zu den kulturellen Traditionen Europas passt. Ihre weltweite Ausbreitung erforderte allerdings wesentliche Veränderungen in den rechtlichen, organisatorischen und mentalitätsmäßigen Voraussetzungen (siehe Kapitel 2).

Alles in allem gibt es gute Gründe, warum der Sozialstaat in großen Teilen Europas als wesentliches Element einer „guten Gesellschaft" verstanden wird. Sie sind aber wenig durch die historische Tiefengrammatik fundiert. Diese aufzudecken, will dieses Buch beitragen. Dabei entwickle ich keine sozialphilosophische Theorie, wie der Sozial- oder Wohlfahrtsstaat zu sein hätte, sondern beobachte, wie sich die Ideen um die Begriffe Sozialpolitik und Wohlfahrtsstaat in bestimmten Kontexten tatsächlich entwickelt haben, und versuche, dies auch zu erklären. Dass ich damit gleichzeitig ein bestimmtes normatives Vorverständnis des Sozialstaats zu größerer Klarheit zu bringen suche, sei nicht bestritten. Meine soziologische Theorie des Sozialstaats will dem Begriff zu größerer Prägnanz verhelfen und seine gesellschaftliche Notwendigkeit plausibel machen. Insoweit trägt sie selbst zum Selbstverständnis des Sozialstaats bei. Dies ist ihr zweiter, kultureller Teil; für meine stärker operativen Beiträge sei erneut auf den ersten Band (Kaufmann 2009) verwiesen.

B
Quellen wohlfahrtsstaatlichen Denkens

Vorläufer wohlfahrtsstaatlichen Denkens: Sismondi, List, Mill*

4

Vorbemerkung und Zusammenfassung: Unter den deutschen Soziologen meiner Generation hat sich keiner so entschieden mit der Spurensicherung unserer Fachtradition beschäftigt wie Eckart Pankoke. Seine Dissertation „Sociale Bewegung – Sociale Frage – Sociale Politik: Grundfragen der deutschen „Socialwissenschaft" im 19. Jahrhundert" (1970) blieb lange Zeit das einzige Werk, das Soziologen daran erinnern konnte, dass die deutsche Soziologie nicht erst mit Karl Marx, Georg Simmel und Max Weber beginnt – abgesehen von der magistralen „Geschichte der Soziologie" des leider allzu früh verstorbenen Friedrich Jonas(1976/1966). Pankoke hat diese Spurensicherung fortgesetzt in der unter Soziologen wenig bekannten Bibliothek Deutscher Klassiker, in der er den Band „Gesellschaftslehre" (1991) herausgegeben und die Texte des 18. und 19. Jahrhunderts mit kompetenten Kommentaren uns vermittelt hat. Für mich war Pankokes Dissertation vor allem der Schlüssel zu einer ideengeschichtlichen Betrachtung von Sozialpolitik. Dabei habe ich mich auf die deutsche Tradition konzentriert, soweit diese sich mit dem Begriff Sozialpolitik verbunden hat. In diesem, dem leider früh verstorbenen Kollegen Pankoke gewidmeten Beitrag weise ich ergänzend auf drei sozialwissenschaftliche Klassiker hin, welche die deutsche Soziologie völlig aus den Augen verloren hat, die jedoch gerade in der Perspektive einer theoretischen Reflexion des Wohlfahrtsstaates problemaufschließend sind: Sismondi, Friedrich List und John Stuart Mill.

---

*   *Erstveröffentlichung in: Sozialer Wandel und Kulturelle Innovation. Historische und systematische Perspektiven. Festschrift für Eckart Pankoke. Hrsg. von Thomas Drepper, Andreas Göbel und Hans Nokielski (Sozialwissenschaftliche Schriften, Heft 40) Berlin: Duncker & Humblot, 2005, S. 43-69.*

4.1   Gibt es Klassiker wohlfahrtsstaatlichen Denkens?

Als Königsweg, sich der Identität einer kulturellen Tradition zu versichern, erweist sich die Rekonstruktion ihrer Geschichte. Eben darin liegt der Sinn der Rede von *Klassikern*. Klassiker sind Autoren, die Ideen prägnant formuliert haben, welche in der Folge für eine Tradition prägend oder wegweisend geworden sind. Die Rede von Klassikern meint also zwangsläufig einen Diskurs der historischen Rekonstruktion. Nur die Nachgeborenen können über die Klassizität von Texten entscheiden, und sie tun dies aus dem Horizont ihrer Zeit und nicht demjenigen der Verfasser. Und da auch die Horizonte der Nachgeborenen sich mit der Zeit verändern, schwankt der „Kurswert" von Klassikern erheblich.

4.1.1   Vorbemerkungen

Der sprichwörtlichen Eule der Minerva folgend, welche ihren Flug erst in der Dämmerung beginnt, hat auch das systematische Nachdenken über den Sozial- oder Wohlfahrtsstaat erst im Horizont seiner Krisendiagnosen begonnen. Der Krisendiskurs entstand Anfang der siebziger Jahre in neomarxistischen Zirkeln, weitete sich aber nach dem Zusammenbruch des Währungssystems von Bretton Woods und der ersten Ölkrise bald aus. Seit dem Zusammenbruch des Ostblocks hat das wohlfahrtsstaatliche europäische Sozialmodell seine Mittellage zwischen Kapitalismus und Sozialismus verloren und muss sich nun gegen die Attacken eines von den Vereinigten Staaten inspirierten Marktzentrismus sowie gegen Globalisierungsdiskurse behaupten, die das unvermeidliche Ende des europäischen Wohlfahrtsstaates prognostizieren. Die zunehmende demografische Schieflage vieler europäischer Staaten, insbesondere von Deutschland, tut ein übriges, um solchen Krisenszenarien Plausibilität zu verleihen.

Was aber meint – abgesehen von überstrapazierten Sozialhaushalten – die Rede vom Sozial- oder Wohlfahrtsstaat? Angesichts der zwischen den großen Geistesströmungen des 19. Jahrhunderts – Liberalismus, Konservatismus und Sozialismus – herrschenden Auseinandersetzungen erscheint der inkrementale und pragmatische *Reformismus*, auf den man die wohlfahrtsstaatliche Entwicklung vor allem zurückführen kann, wenig profiliert und ideologieträchtig. Seine ideellen Grundlagen im angelsächsischen Utilitarismus, im Christentum katholischer und lutherischer (insbesondere pietistischer) Prägung und nicht zuletzt im sozialdemokratischen Revisionismus blieben heterogen und ideologisch kontrovers. Auch wenn wir mit guten Gründen von einer internationalen wohlfahrtsstaatlichen Entwicklung nach dem Zweiten Weltkrieg sprechen können, so erfolgte diese doch stets auf nationalen

Pfaden, mit eigensinnigen Bestimmungen der „sozialen Frage" und institutionellen Entscheidungen, deren Prämissen vielfach weit in die jeweilige Nationalgeschichte zurückreichen (vgl. 6.2). Da kann es kaum verwundern, dass es an einer international anerkannten „Ideologie des Wohlfahrtsstaats" mangelt, wenngleich in der Doktrin sozialer Menschenrechte wenigstens ein Ansatz dazu vorhanden ist, welcher im Zuge der Globalisierung an Bedeutung gewinnen dürfte (siehe 8.1).

Es fehlt an einem kohärenten Korpus legitimierender Ideen und Begriffe für den Wohlfahrtsstaat (Kaube 2003). Deshalb will ich hier potentielle Klassiker des wohlfahrtsstaatlichen Denkens nominieren, deren Ideen und Begriffe für eine zeitgemäße Theorie des Wohlfahrtsstaates von Belang sind. Autoren also, die im Zuge der für das 19. Jahrhundert charakteristischen Auseinandersetzungen zwischen Liberalismus und Sozialismus – oder Marktgläubigkeit und Staatsgläubigkeit – einen *vermittelnden* Weg gesucht haben und den Vorteilen und der Notwendigkeit beider Steuerungsprinzipien gerecht geworden sind; die also wenigstens implizit dem modernisierungstheoretisch zentralen Sachverhalt der Differenzierung und Komplementarität gesellschaftlicher Funktionssysteme Rechnung getragen haben.[1] Die Dogmengeschichte nationalökonomischer Ideen fasst sie meist unter dem Begriff des *Interventionismus* zusammen, ein zweifellos wichtiger Aspekt (Keller 1945). Aus soziologischer Sicht bemisst sich ihr Rang aber auch nach ihrem Sinn für die Partikularität des marktwirtschaftlichen Geschehens einerseits und des politischen Geschehens andererseits im gesamtgesellschaftlichen Zusammenhang. Dieser Perspektive entsprechend werden im Folgenden auch Vertreter unterschiedlicher Wissenschaften erwähnt. Die im Folgenden zunächst stichwortartig namhaft gemachten deutschen Autoren habe ich an anderer Stelle ausführlicher besprochen (Kaufmann 2003a, vgl. auch Kapitel 5).

4.1.2   Deutsche Autoren

Wirkungsgeschichtlich grundlegend ist *Lorenz von Stein*, wobei sein Vorbild Hegel auch in dieser Hinsicht nicht zu vergessen ist. Die wohlfahrtsstaatliche Entwicklung hatte es anfänglich mit der Abarbeitung der Folgeprobleme von Liberalisierung und Industrialisierung zu tun, insbesondere denjenigen der funktionalen Differenzierung

---

1   *Pankoke* hat als erster den Problembezug von „Socialer Politik" und gesellschaftlicher Differenzierung gesehen: „Die begriffliche Verknüpfung des „Socialen" mit dem „Politischen" verweist somit auf Problemzusammenhänge, die im Rahmen der Trennung von „Staat" und „Gesellschaft" theoretisch uninteressant und praktisch irrelevant bleiben mußten, setzt diese Trennung ... jedoch als Bezugsproblem voraus." (Pankoke 1977: 77).

(Huf 1998). Das moderne Differenzierungsdenken geht auf Hegel zurück – trotz dessen weitgehender Ignorierung durch Niklas Luhmann! Stein hat als erster die *Vermittlung* von „Staat" und der vom Klassenkonflikt zerrissenen „bürgerlichen Gesellschaft" gesucht, allerdings ebenso wenig wie die übrigen deutschen Denker der Sozialpolitik das dritte Moment der Hegel'schen Differenz bedacht, nämlich die Familie.[2] Dennoch: Lorenz von Stein ist der Begründer einer gesellschafts-theoretischen Perspektive, wie sie heute für eine Theorie des Wohlfahrtsstaates unverzichtbar erscheint.

Als zweiten deutschen Klassiker wohlfahrtsstaatlichen Denkens möchte ich den „Staatssozialisten" *Adolph Wagner* in Vorschlag bringen.[3] Wagners Bedeutung liegt nicht nur in seiner für die Gründung des Vereins für Sozialpolitik katalytischen „Rede über die sociale Frage" (1871), sondern vor allem in seiner wissenschaftlichen Grundlegung der öffentlichen Finanzwirtschaft. Bei Wagner wurden erstmals die *Werkzeuge* des von Stein so genannten „arbeitenden Staates" systematisch dargestellt, und zwar stets mit der doppelten Blickrichtung auf deren finanzwirtschaftliche und sozialpolitische Bedeutung. Sozialpolitik bedeutete ihm die Beeinflussung der sozio-ökonomischen Verteilungsverhältnisse im Interesse der benachteiligten Klassen. Wagners Finanzwissenschaft ist bis heute grundlegend für elementare Vorstellungen des Sozialstaates wie die Progressivität der Einkommenssteuer und die Bedeutung öffentlich finanzierter Dienste.

Nahezu verdrängt aus den sozialpolitischen Diskursen ist der sozialdemokratische Jurist *Hugo Sinzheimer*. Er gehörte nicht zu den Zirkeln der Sozialpolitiker, und da gegenwärtig zwar das Sozialrecht, aber kaum das Arbeitsrecht mit der wohlfahrtsstaatlichen Entwicklung in Verbindung gebracht wird, ist auch von der Jurisprudenz hier wenig Unterstützung zu erwarten. Sinzheimers bahnbrechende Leistung besteht in der Überwindung der individualistischen Auffassung vom Arbeitsvertrag, wie sie sich auf der Basis des römischen Rechts herausgebildet hatte. Er bezeichnete – hierin Karl Marx folgend – den Arbeitsvertrag als „rechtliches Gewaltverhältnis" und entwickelte auf der Grundlage deutschrechtlicher Traditionen die Rechtsfigur des „korporativen Arbeitsnormenvertrags", also unseres heutigen Arbeitsverfassungs- und Tarifvertragsrechts. Sinzheimer hatte einen klaren Blick für die sozialen Folgen des Rechts und forderte deshalb eine „legislative Rechtswissenschaft", in heutiger Terminologie eine Gesetzgebunglehre (siehe auch 13.1.5).

---

2   Eine Ausnahme bildet Spann (1912). Im Übrigen war die Familienpolitik ein zentrales Problem in der wohlfahrtsstaatlichen Entwicklung Frankreichs.

3   Dagegen scheint mir *Gustav von Schmoller* trotz seiner jüngsten Renaissance im Bereich der Wirtschaftsgeschichte analytisch zu schwach, um uns noch viel lehren zu können. Ebensowenig habe ich mich mit *Albert Schaeffle* anfreunden können.

Hat Wagner die sozial gestaltende Tätigkeit des Staates in finanzwissenschaftlicher Hinsicht begründet, so Sinzheimer in rechtswissenschaftlicher.

Größere Beachtung hat in den letzten Jahrzehnten *Eduard Heimann* gefunden. Anscheinend ohne Lorenz von Stein zu kennen, nahm seine *Soziale Theorie des Kapitalismus* die gesellschaftstheoretische Fragestellung wieder auf und stellte die *Dynamik* des Kapitalismus in einen geistes- und sozialgeschichtlichen Zusammenhang. Sozialpolitik war für Heimann „der institutionelle Niederschlag der sozialen Idee im Kapitalismus" (Heimann 1980/1929:167). Als soziale Idee bezeichnete er das Bürgertum und Arbeiterschaft *gemeinsame* normative Fundament aus Christentum und Aufklärung. Wir finden hier einen klaren Blick für die Herausforderungen des Kapitalismus als Gesellschaftsformation und deren produktive Umgestaltung durch Sozialpolitik; dagegen fehlt Heimann ein klares Staatskonzept. Auch in späteren Schriften, die sich bis in die 1960er Jahre hinziehen, untersuchte er Zusammenhänge zwischen kultureller und wirtschaftlicher Entwicklung und machte als einer der ersten deutlich, dass die Klassenfrage durch neue Herausforderungen des Kapitalismus abgelöst werde, insbesondere durch die entpersonalisierenden Wirkungen des technisch-ökonomischen Rationalismus und die ökologischen Gefährdungen.

Nach dem Zweiten Weltkrieg fehlte es in Deutschland an Sozialwissenschaftlern, welche das Verhältnis von Staat und Gesellschaft im Sinne der nun international voll in Gang gekommenen wohlfahrtsstaatlichen Entwicklung weiterführend interpretierten.[4] Erwähnenswert ist hier lediglich *Hans Achinger*, der u.a. wesentlich zur Integration der Fürsorge in das sozialpolitische Denken und damit zur Überwindung der Fixierung der Sozialpolitik auf die Klassen- und Arbeiterfrage beigetragen hat. Seine Schrift *Sozialpolitik als Gesellschaftspolitik – Von der Arbeiterfrage zum Wohlfahrtsstaat* (zuerst 1958) machte die Stoßrichtung bereits im Titel deutlich. Seine Schriften sensibilisierten auch für die unerwünschten Nebenfolgen einer zunehmenden Institutionalisierung von Sozialpolitik, die in der Folge unter den Schlagworten „Verrechtlichung" und „Bürokratisierung" ausführlich diskutiert worden sind.[5] Schließlich hat Achinger maßgeblich zur Renaissance einer

---

4   Da ich „Klassiker" zu nominieren beabsichtige, schließe ich noch Lebende aus. Unter diesen sei der Jurist *Hans F. Zacher* wenigstens erwähnt, der wie kein anderer die Grundlagen der deutschen Sozialstaatlichkeit konzeptuell entwickelt hat.

5   Diese Problematik wurde bereits von Götz Briefs (1923) klar erkannt. Niklas Luhmanns „Politische Theorie im Wohlfahrtsstaat" (1981a)nimmt zwar auch auf Folgeprobleme wohlfahrtsstaatlicher Entwicklung Bezug und hat mit dem Konzept der Inklusion einen für die Wohlfahrtsstaatstheorie wichtigen Begriff geprägt. Die Stoßrichtung seiner Theorie ist jedoch einer Begründung wohlfahrtsstaatlichen Denkens eher entgegengesetzt, weshalb er nicht in meine „Klassikerliste" gehört. Seine Theorie stellt – wie

soziologischen Beschäftigung mit Sozialpolitik beigetragen und wichtige Punkte einer Forschungsagenda formuliert (Achinger 1966).

In Ergänzung zu diesen auch der Geschichte der Sozialpolitik zuzuordnenden deutschen Autoren sei im Folgenden von Friedrich List die Rede, dem Vorkämpfer für den deutschen Zollverein, dessen theoretischen Arbeiten zum Teil erst Jahrzehnte nach seinem Tod wiederentdeckt wurden, und der wohl auch deshalb in den Fachgeschichten der Sozialwissenschaften ein Schattendasein führt, m.E. zu Unrecht.

4.1.3 Ausländische Autoren

Natürlich sollte eine Nominierungsliste von Klassikern des wohlfahrtsstaatlichen Denkens auch ausländische Namen umfassen, wenngleich die deutsche Tradition des sozialpolitischen Denkens bis zum Ende der Weimarer Republik durchaus als international führend angesehen werden darf. Zweifellos gehören das schwedische Ökonomenehepaar *Alva und Gunnar Myrdal* und der britische Soziologe *Thomas H. Marshall* auf eine solche Liste. Die Myrdals haben schon früh auf den Zusammenhang von Bevölkerungsentwicklung und Sozialpolitik hingewiesen und für eine Verbindung von Frauen- und Familienpolitik votiert, die in Deutschland bis heute nicht in die Köpfe will (Myrdal 1934; 1947). Darüber hinaus hat vor allem Gunnar Myrdal Grundlagenprobleme der Sozialpolitik behandelt und schon früh auf die Problematik der Entwicklungsländer in sozialpolitischer Perspektive hingewiesen (Meyer-Kramer 1978). Marshall ist durch seine Theorie des „Citizenship" und in diesem Zusammenhang durch die Betonung sozialer Rechte als Grundlage der Inklusion inzwischen auch in Deutschland rezipiert worden (Marshall 1950; Rieger 1992).

Im Folgenden werden drei Vorläufer des wohlfahrtsstaatlichen Denkens eingehen, die einer Generation angehörten, in der von „Sozialpolitik" und erst recht von „Wohlfahrtsstaat" noch nicht die Rede war: Es sind dies neben dem oben erwähnten Friedrich List der vor allem im französischen Sprachraum einflussreiche Schweizer Sismondi und der Brite John Stuart Mill. Allen dreien ist zunächst gemeinsam, dass sie noch nicht einer bestimmten Disziplin zuzuordnen sind, sondern mehr oder minder dem aufklärerischen Ideal des Universalgelehrten nacheiferten; keiner von ihnen wurde durch ein Universitätsleben disziplinär eingebunden. Ferner haben alle drei ihre hier interessierenden sozialwissenschaftlichen Positionen *in Reaktion auf Adam Smith und seine Schule entwickelt.* Das ist ein wesentliches Kriterium,

---

beispielsweise auch diejenige Friedrich von Hayeks – eher einen kritischen Prüfstein dar, der gegenüber sich eine Theorie des Wohlfahrtsstaates zu behaupten hätte.

um in meiner Klassikerliste nominiert zu werden. Denn die kameralistische und merkantilistische Wohlfahrtsdoktrin des 17. und 18. Jahrhunderts kannte zwar durchaus schon den Zusammenhang von fürstlicher Politik, Wohlfahrt der Untertanen und wirtschaftlich-politischem Erfolg; und insofern ist die Rede vom „präliberalen Wohlfahrtsstaat" durchaus berechtigt. Aber es fehlte ihr noch das Bewusstsein für die Probleme, die sich aus der zunehmenden Autonomie der gesellschaftlichen Sphären gegenüber dem Staate ergeben. Diese zuerst von Hegel auf den Begriff gebrachte Spannung zwischen bürgerlicher Gesellschaft, Staat und Familie ist jedoch theoretisch konstitutiv für alle zeitgenössischen Probleme der Wohlfahrtsstaatlichkeit.

4.2 Simonde de Sismondi: Verteilungsproblematik und externe Effekte

Jean Charles Léonard Simonde wurde 1773 in Genf geboren und ist ebenda 1842 gestorben. Er war Zeit seines Lebens Privatgelehrter und konnte es sich leisten, Berufungen an die Universitäten Wien und Paris auszuschlagen. Unter Berufung auf italienische Vorfahren legte er sich den Zunamen de Sismondi zu; unter diesem Namen ist er vor allem als Historiker und politischer Ökonom in die Wissenschaftsgeschichte eingegangen. Sein in unserem Zusammenhang klassisches Werk *Nouveaux Principes d'économie politique: Ou, de la richesse dans ses rapports avec la population* (1819, 2. überarbeitete Auflage 1827)[6] bezog sich im Titel auf die nur zwei Jahre zuvor veröffentlichten *Principles of Political Economy* von David Ricardo und stellte die erste kritische Auseinandersetzung mit der sich auf Adam Smith berufenden klassischen Schule dar. Neben Ricardo war deren wichtigster Repräsentant der Franzose Jean-Baptiste Say, und neben ihm propagierte Sismondi zunächst in einer 1803 erschienen Schrift die Ideen von Adam Smith im französischen Sprachraum. Auch in seinen späteren *Neuen Grundsätzen der politischen Ökonomie. Oder vom Reichtum in seinen Beziehungen zur Bevölkerung* (Sismondi 1971) bezog er sich auf die Gedanken dieser Schule, nun aber als deren Kritiker in bestimmten Hinsichten:

---

6 Die von Achim Toepel besorgte deutsche Ausgabe der überarbeiteten 2. Auflage von 1827 (Sismondi 1971) ist einer früheren Übersetzung entschieden vorzuziehen. Zu Sismondi siehe neben der Einführung Toepels die Monographie von Amonn (1945), sowie de Laubier (1978a); ferner Gide & Rist (1947: 184-211).

„Ich trennte mich von Freunden, deren politische Ansichten ich teile; ich wies auf die Gefahren der Neuerungen hin, die sie empfehlen; ich bewies, daß mehrere Einrichtungen, welche sie lange Zeit als Irrtümer bekämpften, wohltätige Folgen gehabt hatten; schließlich berief ich mich bei mehreren Gelegenheiten auf die Intervention des Staates, um die Vergrößerung des Reichtums zu regeln, anstatt die politische Ökonomie auf die einfachere und augenscheinlich liberalere Maxime des „laisser faire et laisser passer" zurückzuführen." (Sismondi 1971 I: 3)

Sismondis diagnostische Leistung bestand darin, dass er unter dem Eindruck der ersten industriellen Überproduktionskrise in England den *widersprüchlichen Charakter* der bürgerlich-industriellen Wirtschaft aufwies: Die heraufkommende industriekapitalistische Wirtschaftsform wird als Bedrohung des harmonischen Bildes einer bürgerlichen Gesellschaft von Gleichen dargestellt. Der für die Begründung sozialreformerischer Vorschläge maßgebliche theoretische Grundgedanke – und um ihn allein kann es hier gehen – liegt in der *systematischen Unterscheidung des Produktions- und des Verteilungsproblems im Kontext der politischen Ökonomie.* Politische Ökonomie war für ihn „die Suche nach Mitteln und Wegen, durch welche die größtmögliche Anzahl von Menschen in einem Staatswesen in höchstem Maße an materiellem Wohlstand teilhaben kann" (Sismondi 1971 II: 195), und er sah es als *Aufgabe des Staates* an, eine angemessene Verteilung des produzierten Reichtums sicherzustellen. Er bekannte sich zwar weiterhin zu den Prinzipien des Smith'schen Systems der politischen Ökonomie, dessen Überlegenheit gegenüber dem Merkantilsystem und den Lehren der Physiokraten er sehr deutlich herausstellte. Aber er distanzierte sich von Smith in dem entscheidenden Punkt, dass nicht die Größe des Sozialprodukts allein, sondern *das Verhältnis von Größe und Verteilung des Sozialprodukts den Volkswohlstand bestimme.* Damit ist die Eigenständigkeit der Verteilungsproblematik im Verhältnis zur Allokationsproblematik erstmals formuliert worden, ein Punkt, durch den sich eine Theorie des Wohlfahrtsstaats deutlich von den *Economics of Welfare* unterscheidet; denn deren Pareto-Optimalität bezieht sich nur auf die Allkokations- nicht auf die Verteilungsseite des ökonomischen Prozesses, ja sie vermag diese Differenz bis heute nicht anzuerkennen.

Die gesellschaftstheoretische Bedeutung der Argumentation Sismondis resultiert aus der Verknüpfung von drei Einsichten: (1) Das sich selbst überlassene Industriesystem tendiere zur Überproduktion, weil es den ganz überwiegenden Teil der Erlöse in den Händen einiger weniger Kapitalisten konzentriere und die breiten Massen der Bevölkerung zu wenig Lohn erhielten, um die produzierten Güter zu kaufen. Das Industriesystem vermehre kontinuierlich das Güterangebot, bewirke aber gleichzeitig durch die Konkurrenzierung des herkömmlichen Gewerbes Arbeitslosigkeit und senke so die Nachfrage. Auf diesem Argument bauten in der Folge die Forderungen nach staatlich organisierter Einkommensumverteilung auf.

(2) Gegen *Malthus* bestritt Sismondi, dass es eine immanente Tendenz zur Übervölkerung gebe, vielmehr sei der Kinderreichtum der „Proletarier" – und hier nahm Sismondi den ursprünglichen römischen Sinn des Wortes auf – auf ihre Armut zurückzuführen, die ihnen jede Sicherheit und Zukunftsorientierung verweigere. Sismondi plädierte daher für eine breite Streuung des Produktivvermögens und die Stärkung des Kleineigentums, woraus von selbst eine Rationalisierung des generativen Verhaltens und damit eine Einschränkung des Bevölkerungswachstums resultieren werde. (3) Die Ausbeutung der Arbeiter – und hier dachte Sismondi dem damaligen Stand der wirtschaftlichen Entwicklung entsprechend ebenso an die Landarbeiter wie an die gewerblich Tätigen – sei die Konsequenz der Auflösung der alten Schutz- und Solidaritätspflichten, wie sie sowohl im Feudalsystem wie in den Zünften gegeben waren. Diese „Befreiung" ermögliche es den Arbeitgebern, ihre Arbeitskräfte über Gebühr zu belasten und die Kosten von deren Krankheit und Arbeitsunfähigkeit zu externalisieren, da diese Konsequenzen anschließend von den Gemeinden und nicht von ihnen selbst zu tragen seien.[7] Sismondi entdeckte hier also bereits das Problem der negativen externen Effekte marktwirtschaftlicher Produktion und schlug als Lösung eine Internalisierung der Kosten vor.[8]

Die *gesellschaftstheoretische* Pointe der Argumentation Sismondis wird aber erst deutlich, wenn man diese drei Gedanken zusammenfasst: Die Beseitigung der ständischen Schranken der Wirtschaftstätigkeit hat zur Entfesselung der Konkurrenz und dadurch zu extremen Entwicklungen – hier Überproduktion, dort Bevölkerungswachstum – geführt, zwischen denen ein keineswegs notwendiger Widerspruch, das Verteilungsproblem, klafft. Die postulierten staatlichen Eingriffe können daher nicht nur unmittelbar verteilungspolitische Wirkungen, sondern auch *soziale Folgewirkungen* zeitigen, in deren Konsequenz sich die „soziale Frage" auflöst. Sismondi erwartete die Überwindung des Elendes der am Existenzminimum lebenden Bevölkerung durch die kombinierte Wirkung mehrerer Maßnahmen: Durch ein die Vermögensteilung forcierendes Erbrecht sollte die

---

7   „Ist sich aber einmal der Großpächter oder Großgrundbesitzer dessen bewußt, daß er allein, während des ganzen Jahres mit der Familie des Tagelöhners, den er benötigt, belastet ist, dann wird er nicht mehr daran interessiert sein, dessen Lohn so sehr wie möglich zu senken oder von ihm mehr Arbeit zu verlangen als er kräftemäßig leisten kann" (Sismondi 1971 I: 276).

8   „Es liegt auf der Hand, daß, wenn die Gewerbe lediglich zum Zwecke der Wohltätigkeit wieder zu Körperschaften vereint würden und die Fabrikherren die Pflicht hätten, allen Armen ihres Gewerbezweiges Unterstützung zu leisten, etwa in der Art, wie es die Gemeinden in England tun, man sogleich die Leiden beendete, welchen die arbeitende Klasse ausgesetzt ist" (Sismondi 1971 II: 281). Genau dies geschieht übrigens mittels der Berufsgenossenschaften in Deutschland!

Akkumulation größerer Vermögen vermieden und die Schicht der Bodenbesitzer und Gewerbetreibenden verbreitert werden. Ferner sollten Gesetze veranlassen, „daß der Eigentümer materielle und politische Vorteile erzielt, sofern er eine engere Beziehung zu seinen Arbeitern hat, sie für längere Zeit einstellt und an seinen Profiten beteiligt … . Die Kapitalisten werden sich unter diesen Umständen bemühen, Arbeiter für sich heranzuziehen, diese an Eigentum und Sparsamkeit zu interessieren, aus ihnen schließlich Menschen und Bürger zu machen, während man heute unaufhörlich bestrebt ist, sie zu Maschinen zu degradieren" (Sismondi 1971 II:285). Durch die damit erreichte *betriebliche Integration der Unterschichten* würden diese eine Lebensperspektive erhalten, die sie auch zu einem rationaleren Reproduktionsverhalten veranlassen könnte, und damit würde der Druck der übermäßig nachwachsenden jugendlichen Arbeitskräfte, Marxens „industrielle Reservearmee", von selbst verschwinden.

Es liegt in der Konsequenz des Programms von Sismondi, dass die Produktionsentwicklung langsamer vor sich gehen würde, als bei ungehindertem Kapitalismus. Denn man gelangte „bald zu der Erkenntnis, daß viele Manufakturen, die man als gewinnbringend ansah, in Wirklichkeit mit Verlust arbeiten; denn die Hilfeleistungen, die die Gesellschaft jährlich ihren Arbeitern gewährt, ist größer als ihre Produktivität" (Sismondi 1971 II: 285 f). Dieser heute unter dem Eindruck drohender ökologischer Katastrophen wieder plausible Gedanke hat sich, wie die Geschichte gezeigt hat, gegen die Dynamik des *Enrichissez-vous* (so der damalige französische Finanzminister Guizot) nicht durchsetzen können, aber die Forderung nach sozialpolitischen Maßnahmen zugunsten der Arbeiter lassen sich durch die Überlegungen Sismondis überzeugend begründen. Ebenso hat Sismondi als erster erkannt, dass die Wohlstandssteigerung eine dem *Moral Restraint* von Malthus überlegene Empfehlung zur Rationalisierung der Fortpflanzung darstellt.

Karl Marx brachte Sismondi als „kleinbürgerlichem Ökonomen" vergleichsweise hohe Wertschätzung entgegen: „Zentrale Thesen, mit denen Marx den Zusammenbruch des Kapitalismus vorhersagt: Konzentration, Überproduktion, Unterkonsumtion, Verelendung und Desintegration stammen von Sismondi, den Marx an entscheidenden Stellen ausführlich zitiert" (Jonas 1976 I: 219). Marx kritisierte Sismondi jedoch wegen der von ihm angestrebten Vermittlung zwischen einer an bloßem Gewinnstreben orientierten Wirtschaft und einem an der Wohlfahrt der Bürger orientierten Staat. Hierfür entwickelte Sismondi allerdings noch keine Theorie, sondern nur mehr oder weniger plausible pragmatische Vorschläge. Aus heutiger Sicht enthalten sie jedoch bereits die Idee, *Verhaltenssteuerung über institutionelle Veränderungen* anzustreben. Und solche institutionellen Bedingungen zu ändern, hielt Sismondi den Staat für imstande. Zwar blieb seine Ausarbeitung dieses Gedankens rudimentär, und er fragte auch nicht, inwieweit und warum der Staat in der Lage sei, die institutionellen Voraussetzungen menschlichen Verhaltens zu ändern. Marx verwarf eben diese Hoffnung und setzte deshalb auf die Revolution des Proletariats. Für *Lorenz von Stein* dagegen wurde die Frage der staatlichen Handlungsmöglichkeiten zentral.

Wirkungsgeschichtlich ist Sismondi vor allem in Frankreich einflussreich geworden, doch haben seine Gedanken –vermittelt über Marx und Rodbertus – mittelbar auch die deutschen Interpretationen der sozialen Frage beeinflusst (Gide&Rist 1947: 210 f). Mills selbständige Behandlung der Verteilungsproblematik (vgl.4.4) wurde von den „speculations of the St. Simonians" angeregt (Mill 1969: XII), zu denen wahrscheinlich auch Sismondi zu zählen ist.

4.3   Friedrich List: Der Staat und die produktiven Kräfte

Radikaler als durch Sismondi wurde das von Smith ausgehende Konzept der Ursachen des „Wohlstandes der Nationen" (Smith 1974/1776) durch Friedrich List in Frage gestellt. Nicht allein die durch Arbeitsteilung und Konkurrenz vorangetriebene Produktivität der Arbeit, sondern ein wesentlich breiterer Komplex „produktiver Kräfte" war für ihn die Ursache des Volkswohlstandes. List (1789-1846), ein schwäbischer Autodidakt, kurze Zeit Professor für Staatsverwaltungspraxis an der Universität Tübingen, dann Politiker, missliebiger Emigrant, Nationalökonom und Inspirator des nationalen Protektionismus, Eisenbahnpionier in Amerika und Vorkämpfer der politischen Einigung Deutschlands, war die längste Zeit seines Lebens auf publizistische Tätigkeit als Lebensunterhalt angewiesen und beendete sein schließlich ziemlich elendes Leben selbst. Sein politisches und publizistisches Engagement sowie seine Gegnerschaft zur liberalen Nationalökonomie und der Mangel an akademischer Einbindung haben zweifellos dazu beigetragen, dass er überwiegend um seiner politischen, nicht jedoch um seiner wissenschaftlichen Wirkung willen in die Geschichte eingegangen ist.[9] Hinzu kommt, dass zwei seiner bedeutenderen Schriften, nämlich die Antworten auf die Preisaufgaben der Pariser *Académie des Sciences Morales et Politiques* (1837) erst 1913 bzw. 1983

---

9   Zu Leben und Werk von List siehe Henderson (1989); zum neueren Stand der List-Forschung vgl. Stadt Reutlingen (1989). Zum Theoriesystem von List vgl. Randak (1972).

wieder aufgefunden worden sind.[10] Zudem ist List keiner Schule zuzuordnen.[11] So ist er den Ökonomen bestenfalls eine Fußnote wert, und wird von den Soziologen völlig ignoriert.

Ausgangspunkt des List'schen Denkens war die regionale Zersplitterung und ökonomische Rückständigkeit Deutschland nach dem Wiener Kongress (1815). Er setzte sich für liberale und rechtsstaatliche Regierungsformen ein und strebte den Zusammenschluss der deutschen Staaten zu einem einheitlichen Wirtschaftsraum an. Dies geschah im Wesentlichen aufgrund der Einsicht in die technologische, ökonomische und politische Überlegenheit Englands, dessen Waren nach Aufhebung der Napoleonischen Kontinentalsperre den Kontinent überschwemmten. Das wissenschaftliche Denken Lists ist von dieser zeitgeschichtlichen Situation nachhaltig geprägt, aber es ist mehr als deren bloßer Reflex und enthält – vor allem im *Natürlichen System der politischen Ökonomie* – durchaus eine eigenständige Theorie. Der systematischen Struktur nach umfasst sie drei Elemente: Eine Theorie der Wirtschaftsentwicklung, eine Theorie der produktiven Kräfte und eine politische Theorie. Den Ausgangspunkt bildet das Problem der nachholenden Wirtschaftsentwicklung, konkret also die Frage, wie Deutschland am besten den fortgeschritteneren Entwicklungsstand Englands erreichen könne.

Nach List ist die wirtschaftliche Entwicklung eines Landes im Wesentlichen vom Grad der *Entfaltung seiner produktiven Kräfte* abhängig. Eine Regierung tut daher gut daran, nicht in erster Linie den Handel, sondern die produktiven Kräfte ihres Landes zu fördern. Hierunter verstand List zum einen das wirtschaftliche Realkapital, wie es insbesondere durch die Industrialisierung geschaffen wird, und für dessen von der ausländischen Konkurrenz ungestörten Aufbau er eine Schutzzollpolitik empfahl.[12] Aber dies ist nur der vordergründige Aspekt des Problems. In Auseinandersetzung vor allem mit Adam Smith wies List darauf hin, dass dieser zwar

---

10 List, *Das natürliche System der politischen Ökonomie* (1927); bzw. List, *Die Welt bewegt sich* (1985). Bis dahin war das wissenschaftliche Denken von List im deutschen Sprachraum im Wesentlichen nur durch das erstmals 1841 veröffentlichte *Nationale System der politischen Ökonomie* (List 1910) bekannt.

11 Zu den vielfältigen Einordnungsversuchen von List siehe Ott (1990).

12 „Eine Nation, die eine nur vom Ausland abhängige Agrikultur besitzt, die aber durch ihre moralischen Qualitäten oder die Natur ihres Landes befähigt ist, eine Manufakturkraft durch Einführung von Zöllen und Abgaben zu pflanzen und zu mehren, opfert vielleicht für den Augenblick viele Werte, weil sie Industrien hervorruft, die zunächst nur teure und unvollkommene Produkte erzeugen. Allein sie erwirbt für die Zukunft eine beträchtliche Masse produktiver Kräfte, einzig dadurch, daß sie von nun an unter ihren Angehörigen die Teilung der Arbeit im großen eingeführt und für immer die tätige Wechselseitigkeit zwischen Argrikultur und Industrie gesichert hat; das aber bedeutet ein dauernd progressives Wachstum des allgemeinen Wohlstands." (List 1927: 195)

die Ursachen des Volkswohlstandes zu Recht in der Produktivität der Arbeit sehe, dass er aber die Produktivität der Arbeit selbst nicht zu erklären vermöge:

> „Die Kraft Reichtümer zu schaffen ist demnach unendlich wichtiger als der Reichtum selbst. ... Wir fragen: heißt es wissenschaftlich räsonieren, wenn man als Ursache einer Erscheinung etwas bezeichnet, was für sich selbst das Resultat einer Menge tieferliegender Ursachen ist? ... Was es denn sei, wodurch diese Köpfe und diese Arme und Hände zur Produktion veranlaßt und wodurch diesen Anstrengungen Wirksamkeit gegeben werde? Was kann es anders sein als der Geist, der die Individuen belebt, als die gesellschaftliche Ordnung, welche ihre Tätigkeit befruchtet, als die Naturkräfte, deren Benützung ihnen zu Gebot stehen?" (List 1910: 220, 223)

Die Arbeitsproduktivität ist für List somit keine natürliche Gegebenheit, sondern das Zentralproblem der Entwicklungschancen eines Landes, die er von vier zentralen Faktoren abhängig sieht: (1) Den *natürlichen Vorbedingungen* wie Klima, Bodenbeschaffenheit, Bodenschätze und Mobilitätsbedingungen (z.B. Flüsse oder hinderliche Gebirge); (2) den *individuellen Kräften*, wie sie in Form von Erziehung, Bildung und Erfahrung als *Humanvermögen* der Individuen und der Nation als ganzer auftauchen;[13] (3) *institutionelle Bedingungen der Produktivität*: Hierunter verstand List die Gesamtheit der kulturellen, rechtlichen und organisatorischen Gegebenheiten eines Landes;[14] (4) die wirtschaftlichen Kräfte im engeren Sinne, so insbesondere die „Agrikulturkraft" und „Manufakturkraft", also den technologischen *Entwicklungsstand von Landwirtschaft und Industrie*, während List dem Handel nur geringen Einfluss auf die Entwicklung der Produktivkräfte zumaß (List 1927, Kap. XIX).

---

13 Der Begriff „Humanvermögen" kommt bei *List* noch nicht vor, er spricht in diesem Zusammenhang von Nationalproduktivkraft: „Der größte Teil der Konsumption einer Nation geht auf die Erziehung der künftigen Generation, auf die Pflege der künftigen Nationalproduktivkraft" (List 1910: 227). Den Begriff „Humanvermögen" hat Krüsselberg (1977) im Anschluss an List entwickelt; siehe auch Kaufmann 2009d.

14 „Die christliche Religion, die Monogamie, die Abschaffung der Sklaverei und der Leibeigenschaft, die Erblichkeit des Throns, die Erfindung der Buchstabenschrift, der Presse, der Post, des Geldes, des Gewichts und Maßes, des Kalenders und der Uhren, die Sicherheitspolizei, die Einführung des freien Grundeigentums und die Transportmittel sind reiche Quellen der produktiven Kraft." (List 1910: 227) – *Henderson* (1989: 119) weist darauf hin, dass Vorentwürfe List's zum (nie vollendeten) politischen System die Behandlung folgender Themenbereiche vorsahen: „(I) Ackerverfassung und Ackerpolitik, (II) Gewerbeverfassung, (III) Verkehrsverfassung, (IV) Finanzverfassung, (V) Gerichts- und Administrationsverfassung, (VI) Wehrverfassung, (VII) Staats- und Parlamentsverfassung, (VIII) Geist der Nationen und sein Einfluss auf die produktiven Kräfte und die Erwerbung der Reichtümer, (IX) Internationale Verhältnisse und auswärtige Politik."

Differenzierungstheoretisch gesprochen bezieht sich Lists Theorie der produktiven Kräfte also nicht nur auf die innerhalb des Wirtschaftssystems operativen Faktoren, sondern auch auf Leistungen anderer gesellschaftlicher Teilsysteme, insbesondere des Rechtes und der Politik, aber auch der Familie und des Bildungswesens. Er legte besonderen Wert auf die in ihrem ökonomischen Nutzen im Einzelnen gar nicht mehr zurechenbaren kulturellen und politischen Gegebenheiten, von denen doch die wirtschaftlichen Entwicklungschancen in entscheidender Weise abhängen. Und er fasste auch die relevanten individuellen Eigenschaften breiter als der Humankapitalbegriff, insofern er Werthaltungen und soziale Fähigkeiten (*social capital*) mit einbezog.

Lists Theorie betrifft also „die Kräfte oder Fähigkeiten, die tätig sind und zur Produktion beitragen, nicht jedoch die Dinge selbst, die produziert sind und als Tauschobjekte einen Wert haben."[15] Letzteres ist der Gegenstand der „kosmopolitischen Ökonomie" von Smith und seinen Nachfolgern, welche in Überspringung der von List betonten „nationalen Ökonomie" die „Privatökonomien" unmittelbar mit der postulierten „Menschheitsökonomie" verknüpft. Den Fokus der List'schen Theorie bildet dagegen eindeutig *der Nationalstaat*, der nach dieser Auffassung die *Verantwortung für die Entfaltung der produktiven Kräfte* trägt. Damit wird die Bedeutung des marktwirtschaftlichen Systems nicht in Frage gestellt, wohl aber die in der klassischen Theorie nach Smith entstandene Vorstellung einer politik*unabhängigen* Marktwirtschaft. Für List kommt es – modern gesprochen – auf die Synergieeffekte zwischen Staat und Märkten an. Und er hat auch die wertschöpfende Rolle der Familie reflektiert, im Gegensatz zu nahezu allen anderen Ökonomen des 19. Jahrhunderts.

Zwar neigte List dazu, die Steuerungsfähigkeit des Staates zu überschätzen, genauer: Er hat das von John Stuart Mill thematisierte Problem unerwünschter Nebenwirkungen staatlicher Intervention (vgl. 4.4) noch nicht systematisch reflektiert. Aber er stellte schon die Frage nach den Bedingungen, unter denen staatliche Wirtschaftspolitik erfolgreich sein kann. Dies ist der Sinn seiner Entwicklungstheorie.[16] Staatlicher Politik stellen sich auf verschiedenen Entwicklungsstufen unterschiedliche Aufgaben. Die protektionistische Politik, für deren unbeirrbaren Verfechter List im allgemeinen gehalten wird, empfahl er im Wesentlichen nur für den Übergang von der reinen Agrarwirtschaft zur nationalen Industriewirtschaft,

---

15 List (1910: 191). List thematisiert somit den *Prozessnutzen* der Produktion, nicht nur ihren Ergebnisnutzen. Zu dieser Unterscheidung vgl. Kaufmann (2009a/1994: 214 ff).

16 Lists Entwicklungstheorie wird am ausführlichsten als Stufentheorie im *Natürlichen System* von 1837 (Kap. IX-XIII, sowie XVIII) entwickelt. In seinem späteren Werk finden sich gelegentlich abgewandelte Versionen, so insbesondere in der Einleitung zum *Nationalen System*. In unserem Zusammenhang sind Details hierzu entbehrlich.

während im Übergang von dieser binnenmarktzentrierten dritten zur vierten Entwicklungsstufe (erheblicher internationaler Austausch) der Protektionismus allmählich zugunsten des Freihandels aufzugeben sei. Entscheidend ist aber insbesondere, „daß die restriktive Handelspolitik nur insofern wirksam sein kann, als sie von der fortschreitenden Kultur und den freien Institutionen der Nation unterstützt wird".[17]

Im Hinblick auf eine Theorie des Wohlfahrtsstaats ist List bahnbrechend mit seiner Betonung einer *Verantwortung des Staates für die institutionellen Rahmenbedingungen der Wirtschaftstätigkeit und die Gewährleistung der Entwicklung von Humanvermögen*, und er sah beide Gesichtspunkte im Zusammenhang: „Die Geschichte lehrt also, daß die Individuen den größten Teil ihrer produktiven Kraft aus den gesellschaftlichen Institutionen und Zuständen schöpfen." (List 1910: 195) Beide Arten „produktiver Kräfte" stehen jedoch außerhalb des Horizonts der klassischen Ökonomie, und List bemerkte polemisch, aber zu Recht: „Wer Schweine erzieht, ist nach ihr ein produktives, wer Menschen erzieht, ein unproduktives Mitglied der Gesellschaft. … Ein Newton, ein Watt, ein Kepler sind nicht so produktiv als ein Esel, ein Pferd oder ein Pflugstier".[18] Wir können List daher auch als wesentlichen Vordenker der Humankapitaltheorie bezeichnen. Zwar haben viele Autoren des 19. Jahrhunderts, insbesondere diejenigen der beiden sog. historischen Schulen, auf die Vernachlässigung kultureller und sozialer Momente in der ökonomischen Theorie hingewiesen und von daher eine „ethische Richtung" der Sozialökonomie entwickelt, welche unmittelbar zur Sozialpolitik hinführt.[19] Aber diese Denkweise bleibt theoretisch schwach und stellt das „Soziale" bzw. „Kulturelle" dem „Wirtschaftlichen" antithetisch gegenüber. List dagegen hat als erster den *wirtschaftlichen Wert staatlicher Sozial- und Kulturpolitik*[20] verdeutlicht und damit den unfruchtbaren Gegensatz zwischen Marktwirtschaft und staatlicher Intervention bereits im Ansatz überwunden. Er wurde damit zu einem Vorläufer für die aktuellen Bemühungen einer Sozio-Ökonomie, welche gesellschaftliche Leistungsfähigkeit im Zusam-

---

17 List 1910: 155. Und er bemerkt an anderer Stelle: „Einfuhrzölle sollten nicht eingeführt werden, um Geld in die Staatskasse zu bringen; denn dies könnte äußerst schädlich für die produktiven Kräfte der Nation sein … Sie werden eingeführt mit dem Zweck des Schutzes und der allmählichen Mehrung der produktiven Kräfte der Nation." (List 1927: 195).

18 List 1910: 200. Lists Polemik richtet sich hier übrigens nicht nur gegen die Vernachlässigung der Haushaltproduktion, sondern gegen die These der Klassiker, dass nur herstellende Arbeit produktiv, Dienstleistungen dagegen unproduktiv seien.

19 So insbesondere Gustav von Schmoller, vgl. hierzu Nau (1998).

20 Zur Wiederaufnahme dieses schon Ende der Weimarer Zeit aktuellen Diskurses vgl. Vobruba (1989)

menwirken unterschiedlicher gesellschaftlicher Teilbereiche zu rekonstruieren sucht.[21] Darüber hinaus ist die List'sche Theorie ihrer Intention nach dynamisch und pragmatisch angelegt. Es ging ihm nicht in erster Linie um den Vergleich von Entwicklungsstufen, sondern um *Strategien*, um von einer Entwicklungsstufe zu einer anderen zu gelangen. Eben darin liegt seine heutige Bedeutung für die Entwicklungskonzepte der Dritten Welt (Senghaas 1975; 1989).

Dagegen findet sich bei List kaum ein sozialpolitisches Argument im engeren Sinne. Zwar verkannte er nicht das Elend seiner Zeit, aber er sah in der Industrialisierung die Lösung und nicht die Ursache des Problems (Seidel 1971). Nicht die Fabriken hätten die Armen geschaffen, sondern die Armen die Fabriken, schrieb er an den Württembergischen König Wilhelm I.. Sein Hauptziel war die rasche Industrialisierung Deutschlands, von der er auch eine Überwindung der „sozialen Frage" erwartete. In diesem produktivistischen Optimismus ähnelt er unserem letzten Autor.

4.4 John Stuart Mill: Selbsthilfe und das Problem der Intervention

Der Geistesgeschichte gilt er als etwas blauäugiger Liberaler, er selbst bezeichnete sich in seiner zweiten Lebenshälfte als Sozialist; der politischen Ideengeschichte gilt er als skeptischer Demokrat. John Stuart Mill (1806-1873) war ein Wunderkind, das von seinem Vater James Mill im Geiste des Freundes Jeremy Bentham erzogen wurde. In der Folge geriet Mill junior unter den Einfluss der meisten Geistesströmungen in der ersten Hälfte des 19. Jahrhunderts und galt daher vielen als Eklektiker. Sein Ruhm gründete sich vor allem auf *A System of Logic* (1843), seine *Principles of Political Economy* (1848), sowie seine politischen Schriften *On Liberty* (1859) und *Considerations on Representative Government* (1861). Als Bediensteter und später Pensionär der *East India Company* brauchte er sich zeitlebens nicht um seinen Unterhalt zu sorgen.[22] Zu Lebzeiten ein weltweit berühmter Mann, ist sein Stern in der ersten Hälfte des 20. Jahrhunderts nahezu erloschen. Seit etwa 1970 erlebt er jedoch im englischen Sprachraum eine Renaissance.

---

21 Siehe Stahmer (2002), sowie der Projektverbund „Berichterstattung zur sozio-ökonomischen Entwicklung der Bundesrepublik Deutschland" (federführend Prof. Dr. Martin Baethge, SOFI Göttingen)

22 Eine vorzügliche Einführung in Leben, Werk und Wirkung von J.S. Mill gibt Stafford (1998). Einseitig auf seine philosophischen Fragestellungen konzentriert dagegen Rinderle (2000). Eine Rekonstruktion seiner Sozialphilosophie vermittelt Kurer (1991a).

In unserem Zusammenhang interessiert Mill vor allem wegen seiner in den *Grundsätzen der politischen Ökonomie* entwickelten Theorie staatlicher Intervention, welche systematisch im fünften Buch „Vom Einfluß der Regierung" abgehandelt wird. Diese steht allerdings im größeren Zusammenhang seines Bemühens um das Konzept einer politischen Ordnung größtmöglicher Freiheit *und* sozialer Gerechtigkeit.[23] Und dies nicht nur in theoretischer Hinsicht: Mill, der von 1865 bis 1868 dem englischen Parlament angehörte, scheint wesentlich dazu beigetragen zu haben, dass einflussreiche Kreise in der liberalen Partei in den letzten Dekaden des 19. Jahrhunderts die Bedeutung sozialpolitischer Maßnahmen erkannten, was die Voraussetzung für die große liberale Phase der britischen Sozialreform zwischen 1905 und 1920 gewesen ist.

Die Rede ist im Folgenden in erster Linie von Mill, aber wir können seine häufig widersprüchlich eingeschätzten Positionen nur als Ergebnis seiner Auseinandersetzung mit *Jeremy Bentham* angemessen begreifen. Bentham war der erste *Theoretiker der politischen Intervention*, der diesen Namen verdient,[24] und Mills differenziertere Position zur staatlichen Intervention war eine im Kern liberale Antwort auf Benthams autoritären Kollektivismus, allerdings verknüpft mit einer guten Dosis Sympathie für „sozialistische", aus heutiger Sicht allerdings eher soziale und genossenschaftliche Ideen.[25] Mills Streben war darauf gerichtet, Grundsätze zur *Unterscheidung zwischen angemessenen und nicht angemessenen Staatsinterventionen* zu entwickeln. Er formulierte somit als erster ein zentrales theoretisches Problem, das bis heute den meisten sozialpolitischen und wohlfahrtsstaatlichen Auseinandersetzungen zugrunde liegt.

Ausgangspunkt der Interventionslehre *Benthams* war die Einsicht, dass „das Individuum durch seine „pains and pleasures" zu Handlungen getrieben (wird),

---

23   Nicht von ungefähr fügte er dem Titel seiner *Principles of Political Economy* den Zusatz *With Some of Their Applications to Social Philosophy* hinzu. – Der Einfluss dieses Lehrbuchs, das von Auflage zu Auflage die sozialen Anliegen von Mill deutlicher hervortreten ließ, kann kaum überschätzt werden, es erreichte im 19. Jahrhundert 32 Auflagen (Stafford 1998:9).

24   Keller (1945: 60 ff). Bentham und Mill sind auf dem Kontinent, insbesondere in Deutschland, nie sehr ernst genommen worden, was umgekehrt ebenso für das Denken Hegels und seiner Nachfolger in Großbritannien gilt. Dies hat nicht nur Gründe in den unterschiedlichen geistigen Traditionen, sondern auch in den Strukturen der Wirklichkeit: England war schon im 18. Jahrhundert eine vergleichsweise liberale *Gesellschaft*, in der der Regierung nur beschränkter Einfluss zukam, während in Deutschland der *Staat* die alles beherrschende Wirklichkeit blieb.

25   Als „sozialistisch" wurden im 19. Jahrhundert auch die meisten sozialreformerischen Bewegungen bezeichnet. Der begriffliche Zusammenhang mit dem Marxismus wurde erst im 20. Jahrhundert codiert.

die nicht immer mit dem größten Glück der Gesellschaft vereinbar sind. Das ist vor allem dann der Fall, wenn wegen Mängeln in der gesellschaftlichen Organisation keine Sanktionen das Handeln des Individuums in richtige Geleise lenken, oder wenn das Individuum seine richtigen Interessen nicht verstehen kann oder will" (Keller 1945: 68). Für ihn gab es nicht, wie im Liberalismus, die von Adam Smith mit der Metapher von der „unsichtbaren Hand" herbeigeführte Harmonie zwischen Individualinteressen und Allgemeininteresse. Es sei vielmehr *Aufgabe des Gesetzgebers, rationale Institutionen zu entwerfen*, also Regelwerke, welche die Individuen aufgrund der mit ihnen verbundenen Vor- und Nachteile dazu anhalten, sich in ihrer Lust-Unlust-Balance so zu verhalten, dass ihre Handlungen im allgemeinen Interesse sind. Bentham entwickelte systematische Vorstellungen für politische Institutionen, die diesen Anforderungen entsprechen sollen. Freiheit war für ihn nichts, worauf die Menschen eine Art vorstaatlichen Rechtsanspruch haben, sondern eine reine Frage der Zweckmäßigkeit. Wichtiger als Freiheit sei die Sicherheit der Gesetze, nur in ihrem Rahmen könne sich Freiheit entfalten. Das Ausmaß an Freiheit stehe also zur Disposition des Gesetzgebers, der dabei aber an das Prinzip der Glücksmaximierung gebunden sei. Bentham war sich dabei der mangelhaften Voraussehbarkeit möglicher Gesetzgebungsfolgen durchaus bewusst und entwickelte daher nicht nur den Gedanken der *Kodifikation*, d.h. der Positivierung und Systematisierung aller Rechtsnormen, sondern bezog auch die Möglichkeit ihrer *Revision* und damit die Verknüpfung von Stabilität und Wandelbarkeit des Rechts in seine rationale Rechtskonzeption ein.[26] Dass das Recht nicht etwas naturrechtlich Gegebenes oder gewohnheitsrechtlich Gewordenes, sondern das Produkt rationaler Konstruktion und revidierbarer politischer Entscheidungen sei, ist das grundlegend Neue von Benthams Lehre, was in seiner Tragweite durchaus mit der Entdeckung der Gesetze des Marktes durch Adam Smith verglichen werden kann. Denn damit kann auch das Recht grundsätzlich als Mechanismus kollektiven Lernens verstanden werden.

Mill übernahm die staatstheoretische Orientierung von Bentham und konfrontierte sie mit der ökonomischen Theorie der Klassiker, welche ihm zur unbezweifelbaren Wahrheit geworden war.[27] Seine Kritik an Bentham bezog sich vor allem auf dessen Methode, auf seinen undifferenzierten Nützlichkeitsbegriff und auf sein krudes Demokratieverständnis, das ausschließlich die Mehrheitsregel als Entschei-

---

26   Eben darin sieht Luhmann (1983; 201 ff) den Sinn von Positivierung.

27   Das gilt allerdings im Unterschied zu Ricardo und seiner Schule nur mit historischen Einschränkungen. Zum hierfür maßgeblichen Einfluss von Auguste Comte vgl. *Ashleys* Introduction zu Mill (1969: XV ff).

dungskriterium zuließ. Was Mill vor allem von Bentham unterscheidet, ist seine Einsicht in die *elementare Bedeutung der Freiheit für den menschlichen Fortschritt*:

> „Es ist wünschenswert, daß in Dingen, die nicht in erster Linie andere berühren, jede Individualität sich behaupten darf. Wo nicht der eigene Charakter des Menschen, sondern die Überlieferungen und Gewohnheiten anderer Leute die Richtschnur des Handelns abgeben, da fehlt einer der wesentlichen Bestandteile des menschlichen Glücks und geradezu der Hauptbestandteil des persönlichen und sozialen Fortschritts." (Mill 1970: 188)

Für Mill war „der Wunsch nach Freiheit und Selbstbestimmung einer der stärksten Wünsche der menschlichen Natur." [28] Er entwickelte eine Art „Soziologie der Freiheit", der zufolge es von der Art der menschlichen Institutionen abhängt, inwieweit Menschen Gelegenheit erhalten, selbst zu wählen und dadurch ihre Fähigkeiten zu entwickeln. Zugleich ging es ihm darum, die Chancen innovatorischer Minderheiten und einer möglichen Vielfalt der Auffassungen gegen die erdrückende und konformisierende Macht der Mehrheitsmeinung zu sichern. Eben diese Vielfalt und die Sicherung antagonistischer Auseinandersetzungen in der öffentlichen Meinung wie im Parlament erschien ihm um des menschlichen Fortschritts willen unverzichtbar und daher ein Gebot des Nützlichkeitsprinzips.

In diesem Sinne ist auch Mills Engagement für die *Emanzipation der arbeitenden Klassen* zu verstehen. Dieses bezog sich nie nur auf die Arbeiter im engeren Sinne, sondern bereits auch auf die *Frauen* im Besonderen, für deren Einschluß in das allgemeine Wahlrecht er nicht nur publizistisch, sondern auch politisch im englischen Parlament eingetreten ist. Mill behandelte die Arbeiterfrage an mehreren Stellen seiner *Grundsätze der politischen Ökonomie*, vor allem im IV. Buch mit dem bezeichnenden Titel „Der Einfluß des Fortschrittes der Gesellschaft auf Produktion und Verteilung". Wie Sismondi behandelte er die Verteilungsfrage unabhängig von der Produktionsfrage. Er interpretierte die Abhängigkeit der arbeitenden Klassen als reine *Machtfrage*, welche mit zunehmender Ausbildung und der damit verbundenen zunehmenden Intelligenz und Selbstorganisation überwunden werden könne. Der Klassenantagonismus galt ihm als unproduktives und daher dem Kriterium der Nützlichkeit widersprechendes Verhältnis, das es zu überwinden gelte. Und er schlug zu diesem Zwecke sowohl genossenschaftliche Produktivassoziationen als auch Formen der Mitbestimmung sowie der Kapital- und Gewinnbeteiligung vor.

---

28   Rinderle (2000: 141). Hinzuweisen ist in diesem Zusammenhang auf die Zeitumstände: Der Hauptgegner Mills war der Traditionalismus und Paternalismus des Victorianischen Zeitalters, gegen den er die Freiheit und die Selbstbestimmungsmöglichkeiten des Menschen, auch des Arbeiters, in Stellung brachte. Dies erklärt auch seine Skepsis gegenüber staatlichen Schutzmaßnahmen für Erwachsene.

Das genossenschaftliche Prinzip schien ihm am ehesten die Entfaltung der Arbeiter zu selbständig handelnden Menschen zu fördern, und er beschrieb ausführlich entsprechende Experimente. Mills Einstellung zu wohlfahrtsstaatlicher Politik wird in der Literatur kontrovers diskutiert.[29] Staatliche Eingriffe wurden von ihm eindeutig befürwortet zur Bekämpfung der Verelendung der untersten Schichten, zur Bildung und Erziehung derjenigen, die kein Schulgeld zahlen können, und zur Verbreiterung des Eigentums an Grund und Boden. Im Übrigen richteten sich seine sozialpolitischen Vorstellungen stärker auf die Förderung der Selbsthilfefähigkeit der unterprivilegierten Klassen. Sein übergeordnetes Ziel war die Erhöhung der Chancengleichheit, nicht aber eine Nivellierung der Ergebnisse produktiver Tätigkeit.

Was das *Problem staatlicher Intervention* betrifft, so orientierte sich Mill grundsätzlich an der Benthamschen Unterscheidung von „Agenda" und „Non-Agenda", wobei das Verhältnis von Kosten und Nutzen der Staatsintervention, also die Erhöhung oder Schädigung des Volkswohlstandes als Kriterium dienen sollte. Im Unterschied zu Bentham begnügte sich Mill jedoch nicht mit dieser Maxime, sondern versuchte in ausgedehnten, oft nahezu kasuistischen Argumentationen *Kriterien für die Zweckmäßigkeit oder Unzweckmäßigkeit von Staatsinterventionen zu entwickeln.*[30]

Mill unterschied zwischen „neccessary and optional functions of government" (Mill 1969: 795 ff). Als *notwendig* galten ihm all die Staatsfunktionen, die zu einer bestimmten Zeit ob ihrer allgemeinen Nützlichkeit *unumstritten* sind, über deren Zweckmäßigkeit also Einigkeit besteht. Für die „Notwendigkeit" ist also das einhellige Urteil der öffentlichen Meinung maßgeblich. Zu den notwendigen Staatsaufgaben seiner Zeit zählte er neben Rechtssetzung und Rechtspflege sowie der Sorge für die allgemeine Sicherheit die Steuererhebung. Und er bemühte sich in der Folge eingehend, allgemeine Grundsätze der Besteuerung zu entwickeln, welche eine Erbschaftssteuer für große Vermögen einschließen, um der Vermögenskonzentration entgegenzuwirken. Seine Leitvorstellung war dabei die Gewährleistung eines von (direkten und indirekten) Steuern befreiten *Existenzminimums*, während oberhalb dieser Grenze eine einkommensproportionale (und nicht etwa progressive) Steuerbelastung angestrebt werden solle.

Hinsichtlich der *optional functions* stellte Mill bedauernd fest, dass es bisher völlig an Regeln fehle, welche in diesen Zweifelsfällen über die Zuständigkeit oder Nichtzuständigkeit des Staates zu entscheiden gestatteten. Das 10. und 11. Kapitel

---

29   Vgl. mit unterschiedlichen Akzenten Ekelund &Tollison (1987) und Kurer (1991b).

30   Vgl. hierzu Mill (1924: Buch V, Kap 1 und 11), aber auch Mill 1970: 256 ff. Eine ausführliche Darstellung gibt Keller (1945: 143 ff).

des fünften Buches seiner *Principles* ist daher ausschließlich der Entwicklung derartiger Regeln gewidmet. Er lehnt zunächst die Staatsintervention in all denjenigen Fällen ab, wo die politische Zielsetzung als verwerflich oder aber die eingesetzten Mittel als untauglich gelten müssen. Dies sind also kategorische Urteile, die sich beispielsweise gegen die Beschränkung der Meinungs- und Pressefreiheit, gegen eine protektionistische Wirtschaftspolitik, die Begünstigung von Monopolen oder den Versuch richten, die freie Preisbildung durch staatliche Maßnahmen außer Kraft zu setzen. So bleibt dann der für die theoretische Fragestellung interessante Bereich derjenigen Staatseingriffe, wo eine klare Entscheidung aus *allgemeinen* Gründen nicht möglich ist, wo es vielmehr auf das *Verhältnis* zwischen den mit der staatlichen Intervention verfolgten Nutzen und den mit ihnen verbundenen Nachteilen ankommt. Hier entfaltete Mill eine überaus breite Kasuistik. Die Grundregel jedoch bezog er auf den Grundsatz der *Freiheit*: Die Anhänger einer Staatsintervention tragen die *Beweislast*, dass diese größere Vorteile als Nachteile mit sich bringt. *Jeder Staatseingriff gilt als Übel, soweit er nicht durch einen größeren Nutzen aufgewogen wird.* Der Großteil der Ausführungen bezieht sich sodann auf Kriterien, welche die Wahrscheinlichkeit eines Nutzens staatlicher Intervention a priori plausibel machen, „sie sind so zahlreich, daß sie die Regeln nicht bestätigen, sondern sprengen" (Keller 1945: 155). Der Staat solle insbesondere dann eingreifen, wenn zu vermuten sei, dass die Individuen ihre eigenen Interessen nicht angemessen verstehen oder die zur Befriedigung ihrer Bedürfnisse zweckmäßigen Mittel nicht richtig beurteilen könnten, wie dies beispielsweise für Kinder der Fall ist, daher das Gebot allgemeiner Schulpflicht. Aber auch in all den Fällen, wo Dritte im Namen und Interesse bestimmter Individuen handeln, wie dies im Bereich der Wohltätigkeit und nicht zuletzt vieler kommerzieller Dienstleistungen der Fall sei, galt ihm die private Lösung keineswegs als a priori überlegen. Er sah ferner auch bereits das Problem der externen Effekte, seien sie positiver oder negativer Art. Schließlich – und dieser Vorbehalt trägt schon fast den Charakter einer Generalklausel – gebe es Gegenstände des öffentlichen Interesses, denen die Regierung selbst dann gerecht werden müsse, wenn dies grundsätzlich auch die Privaten tun könnten, aber sie es aus irgendwelchen Gründen nicht täten. Als Beispiele werden hier Häfen, Kanäle, Bewässerungssysteme, Krankenhäuser oder Universitäten angeführt.

Will man aus dieser Vielzahl von Gesichtspunkten einen einheitlichen Schluss ziehen, so bietet sich für diese *optional functions* am ehesten der Begriff des *Subsidiaritätsprinzips* an: Die Regierung solle dort – und nur dort – eingreifen, wo spezifische Gründe dafür sprechen, dass bestimmte Zwecke, die im öffentlichen Interesse liegen, aufgrund privater Initiative allein nicht genügend verfolgt werden. Sie solle aber der privaten Initiative oder dezentral-kommunalen Lösungen überall dort den Vortritt lassen, wo es möglich ist:

„Die größte Dezentralisierung der Macht, die noch mit ihrer Wirksamkeit verträglich ist, aber die größtmögliche Zentralisation der Kenntnisse und Erfahrungen und daraufhin ihre Verteilung vom Mittelpunkt aus. … Die Vorschriften selbst aber sollen durch die Gesetzgebung fixiert werden; die zentrale Verwaltungsbehörde hätte nur über deren Ausführung zu wachen" (Mill 1970: 263).

Diese Maxime entspricht jüngsten zeitgenössischen Überlegungen eines Übergangs vom „Wohlfahrtsstaat" zum „Steuerungs"- oder „Gewährleistungsstaat" (Kaufmann 2009c).

Nun kann aber – ebendies ist eine notwendige Konsequenz des gesamten utilitaristischen Denkens – das öffentliche Interesse keine inhaltlich feststehende Größe sein, sondern sein Inhalt ist nur in politischen Auseinandersetzungen festzustellen. Hier unterschied sich Mill von Bentham: Während Bentham die Feststellung des öffentlichen Interessen allein von der Mehrheitsentscheidung abhängig machen wollte, ging es Mill vor allem darum, *durch Verfahren* sicherzustellen, dass möglichst unterschiedliche Gesichtspunkte im Prozess der politischen Meinungsbildung und Entscheidungsfindung zur Geltung kommen können, um auf diese Weise die Lernfähigkeit des politischen Systems zu maximieren.

Zusammenfassend lassen sich somit hinsichtlich staatlicher Intervention vier Fälle unterscheiden: (1) Staatsaufgaben, über deren Zweckmäßigkeit ein allgemeiner Konsens herrscht, welche daher als „notwendige" bezeichnet werden; (2) Zwecke und Aufgaben, deren Erfüllung sowohl auf politischen wie anderen, „privaten" Wegen möglich erscheint; hier gilt der Grundsatz der Subsidiarität staatlicher Eingriffe. (3) Zwecke, deren Verfolgung durch staatliche Maßnahmen deshalb abgelehnt wird, weil ihre Inhalte als verwerflich gelten. (4) Zwecke, deren staatliche Verfolgung abzulehnen ist, weil für ihre Erreichung keine erfolgreichen staatlichen Mittel bekannt sind.

Anhand von Mills Überlegungen wird einsichtig, weshalb sozialreformerische Positionen in theoretischer Hinsicht oft unbefriedigend und bloß pragmatisch wirken. Die prinzipiellen Gesichtspunkte, welche von Seiten des Liberalismus einerseits oder des Konservatismus bzw. Sozialismus andererseits für und gegen Staatsinterventionen vorgetragen werden, können eine genauere Prüfung von Nutzen und Schaden staatlicher Eingriffe nicht ersetzen. Dennoch vermag auch die kasuistische Lösung Mills nicht voll zu überzeugen. Denn natürlich kann man in den meisten Fällen recht unterschiedlicher Meinung über die Wirkungen und Nebenwirkungen bestimmter Staatseingriffe sein und daher selbst auf der Basis einer gleichen utilitaristischen Orientierung zu recht unterschiedlichen Schlussfolgerungen gelangen.[31] Eben dies belegen die bis heute fortdauernden Auseinandersetzungen. Mills Beitrag zu einer Theorie der reformistischen Position liegt somit weniger in seinen utilitären Erörterungen, als in der daraus zu ziehenden Schlussfolgerung, dass es angesichts der häufigen *Ungewissheit der Interventionsfolgen* vor allem darauf ankomme, ein möglichst breites *Wertberücksichtigungspotential* in der Form des Verhältniswahlrechts und eines wirklich allgemeinen Wahlrechts unter Einschluss der Frauen sicherzustellen, sowie die Entstehung einer Öffentlichkeit zu begünstigen, mit deren Hilfe die Lernfähigkeit im Rahmen demokratischer Entscheidungsprozesse gesteigert werden kann.

Im deutschen Sprachraum waren Mill und die von ihm vertretene utilitaristische Position nie einflussreich. Seine sozialpolitischen Anschauungen des Primates von „Selbsthilfe" gegenüber „Staatshilfe", entsprachen jedoch weitgehend denjenigen von Lujo Brentano, der sich stark an Großbritannien orientierte. Das erneuerte Interesse an Mill im angelsächsischen Raum dürfte im Zusammenhang mit der Renaissance des liberalen Selbsthilfegedankens und den deutlicher werdenden Grenzen staatlicher Daseinsvorsorge zusammenhängen.

4.5 Schlussbemerkung

Nicht nur die wirtschaftliche, sondern auch die sozialpolitische Perspektive präformieren heute ein Denken in Verteilungskategorien. Aus der Perspektive partikulärer Interessen ist dies auch durchaus plausibel: Man will wissen, was als Ergebnis politischer Entscheidungen für einen selbst herauskommt. So betrachtet erscheint wohlfahrtsstaatliche Politik als Nullsummenspiel: Was den einen gegeben wird, muss den anderen genommen werden, sei es vorher in Form von Steuern und Beiträgen, oder nachher, sofern die „staatlichen Wohltaten" auf Pump finanziert werden.

Die meisten politischen Diskurse zur Wohlfahrtsstaatlichkeit suchen dagegen die kollektive Vorteilhaftigkeit oder Nachteiligkeit bestimmter politischer Maßnahmen zu begründen und dadurch zu einem Ergebnis *jenseits partikulärer Interessenabwägung* zu gelangen. Regelmäßig stehen sich ja nicht nur Begünstigte und Belastete wie zwei große Fronten gegenüber, sondern beide sind Minderheiten,

---

31 Ähnlich Kurer (1991a: 194): „Mills approach leads to a particular difficulty, that of incompatible ends. This is reflected in his discussion about practical politics, and is responsible to a large degree for the traditional view of Mill as an incoherent thinker. There is however no such confusion on Mill's part, the problem is one inherent in the complexities of his aims."

die um die politische Zustimmung der Mehrheit ringen müssen. Hier zählen nicht Interessebekundungen, sondern nur Argumente kollektiver Nützlichkeit oder des sogenannten Gemeinwohls. Wissenschaftliche Diskurse sollen den Rahmen setzen, innerhalb dessen um die Plausibilität derartiger Argumente gerungen wird.

Offenbar fehlt es noch weithin an einem Kanon akzeptierter Kriterien kollektiver Nützlichkeit. Die Frage nach Klassikern des wohlfahrtsstaatlichen Denkens dient natürlich vor allem der Suche nach Argumenten von dauerhafter Gültigkeit, die in ihrem Zusammenhang so etwas wie ein im günstigen Falle theoriefähiges Argumentationsgerüst ergeben könnten. Von Sismondi können wir die Einsicht in die Autonomie der Verteilungssphäre und die Abhängigkeit externer Effekte von institutionellen Regelungen lernen. Friedrich List kann uns für die Bedeutung von Prozessnutzen und der Humanvermögensbildung sensibilisieren. John Stuart Mill verdanken wir eine prägnante Formulierung des Interventionsproblems und den Hinweis auf das prozedurale Element sozialpolitischer Gemeinwohlsuche. Alle drei konvergieren im Postulat der Entwicklung der Fähigkeiten insbesondere der Unterschichten als Bedingung dauerhaften Fortschritts an Freiheit *und* Gleichheit. Wir können die Argumente als Bruchstücke oder besser Bausteine einer umfassenderen Argumentation betrachten, die gerade heute, wo Grenzen und Dysfunktionen staatlicher Umverteilungspolitik offenkundig werden, die Rückbesinnung auf essentielle Elemente der wohlfahrtsstaatlichen Programmatik zu fördern geeignet sind.

Sozialpolitisches Denken im Horizont der Differenz von Staat und Gesellschaft

Die deutsche Tradition*

Zusammenfassung: „Sozialpolitik" ist ein Begriff der deutschen Gelehrtensprache, der praktisch-politische Karriere gemacht hat, auch international. Stets meinte er einen die konkreten Ereignisse und politischen Maßnahmen übergreifenden Problemzusammenhang, der allerdings im Laufe der Zeit seit seiner Entstehung in den 1840er Jahren unterschiedlich ausgelegt wurde. Ging es zunächst um die Suche nach Lösungen der „sozialen Frage" durch die „Vermittlung" von „Staat" und „bürgerlicher Gesellschaft" (Hegel, von Stein, Lavergne-Peguilhen), so verschob sich die Fragestellung im Horizont der nationalen Einigung ganz auf die Seite des Staates und sein Verhältnis zur „Arbeiterfrage" oder allgemeiner zu den „sozialen Klassen". Die Krisenjahre der Weimarer Republik wurden auch als „Krise der Sozialpolitik" reflektiert, bevor das Dritte Reich die Differenz und Komplementarität von Verfassungsstaat und eigendynamischer bürgerlicher Gesellschaft auch praktisch durch das Führerprinzip einebnete. Nach dem Zweiten Weltkrieg gewann „Sozialpolitik" seinen programmatischen Rang nicht zurück, sondern fungierte vor allem als zusammenfassender Begriff für die als sozialpolitisch qualifizierten Maßnahmen auf Bundesebene. Das programmatische Moment wurde durch „Soziale Marktwirtschaft", „Gesellschaftspolitik" oder „Sozialstaat" ausgedrückt. „Soziale Marktwirtschaft" und „Sozialstaat" wurden zu konkurrierenden und parteipolitisch polarisierten deutschen Begriffen der internationalen wohlfahrtsstaatlichen Semantik. Dabei geht es, wie juristische und soziologische Überlegungen zeigen, bei der Lösung des personfunktionalen wie des systemfunktionalen Wohlfahrtsproblems weder um Staats- noch um Marktzentrierung allein, sondern um die Synergie zwischen staatlichen Interventionen und gesellschaftlichen Eigendynamiken.

*   *Erstveröffentlichung in: Ulrich Becker, Stephan Leibfried, Peter Masuch und Wolfgang Spellbrink (Hrsg.), Eigenheiten und Zukunft von Sozialpolitik und Sozialrecht – Eine Denkschrift zu sechzig Jahren Bundessozialgericht. Band 1. © Verlag Erich Schmidt, Berlin, 2014, S. 21-46. Mit freundlicher Genehmigung durch den Verlag.*

Der Begriff *Social policy* hat sich neben *Social protection* in den letzten Jahrzehnten international verbreitet, um staatliche und parastaatliche Maßnahmen zur Verbesserung der Lebensbedingungen der Bevölkerung zusammenfassend zu kennzeichnen. Die Abgrenzungen sind im Einzelnen unterschiedlich. Zur Kernvorstellung gehört die Absicherung der sog. Standardrisiken des Einkommensverlustes: Alter, Invalidität, Krankheit, Pflegebedürftigkeit, Armut, und zumeist auch Arbeitslosigkeit. Variabler ist die Zurechnung von Maßnahmen im Produktionsbereich und der Sozialen Dienste. In neuerer Zeit lässt sich eine Ausdehnung des Begriffs über die klassischen Probleme der Sozialpolitik wie Arbeit, Armut Gesundheit und Wohnung hinaus in Bereiche wie Bildung, Kriminalitätsbekämpfung oder Umweltfragen beobachten.[1]

Der Ursprung des Begriffs „Sozialpolitik" lässt sich eindeutig in Deutschland lokalisieren, wo er erstmals im Zusammenhang mit den sozialen Spannungen des Vormärz in den 1840er Jahren auftauchte. „Sozialpolitik" erschien hier als gesellschaftstheoretischer Begriff im Horizont der zuerst von *G.W.F. Hegel* eingeführten Unterscheidung von „Staat" und „Bürgerlicher Gesellschaft". Eine breitere Wirkung entfaltete er jedoch erst in den 1890er Jahren unter Kaiser Wilhelm II, wo er die Gesamtheit der staatlichen Maßnahmen zur Lösung der Arbeiterfrage bezeichnete. Der bereits 1873 gegründete „Verein für Socialpolitik" gab dem Begriff ein akademisches Fundament, und bis zum Ende der Weimarer Zeit wurde das Wort „Sozialpolitik" vor allem zur Bezeichnung einer akademischen Disziplin und weniger zu Bezeichnung der praktischen Maßnahmen verwendet, für die objektnahe Bezeichnungen oder „Sozialreform" verbreitet waren. Nach dem 2. Weltkrieg geriet „Sozialpolitik" allmählich in begriffliche Konkurrenz zu „Soziale Marktwirtschaft" und „Sozialstaat" und hat seinen akademischen Rang innerhalb der Wirtschaftswissenschaften eingebüßt.[2]

Aufgabe dieses Beitrags ist es, für Eigenarten des sozialpolitischen Denkens in der deutschen Tradition zu sensibilisieren. Es sollen hier als spezifische Eigenart deutscher Sozialpolitik die hohe wissenschaftliche Reflexivität und die damit einher-

---

1   Vgl. etwa die folgende Umschreibung aus Wikipedia: „Social policy aims to improve human welfare and to meet human needs for education, health, housing and social security. Important areas of social policy are the welfare state, social security, unemployment insurance, environmental policy, pensions, health care, social housing, social care, child protection, social exclusion, education policy, crime and criminal justice." (Abruf am 18. Juli 2013) Man beachte die ziemlich willkürliche Addition von Begriffen unterschiedlicher Reichweite.

2   Kaufmann 2003a. Für eine ausführlichere Dokumentation des Nachfolgenden sei auf diesen Band verwiesen, doch ist hier die Gedankenführung weniger begriffsgeschichtlich, denn gesellschaftstheoretisch angelegt.

gehenden staats- und gesellschaftspolitischen Komponenten des Verständnisses von Sozialpolitik sowie deren korporatistische Verwirklichung herausgearbeitet werden.

5.1 Das deutsche Staatsverständnis

Das Wort „Staat" hat sich wie kein anderes als dauerhafte Selbstbeschreibung der kollektiven Identität der Deutschen eingebürgert. Für die politische Form des Zusammenlebens spielte im 19. und frühen 20. Jahrhundert auch das Wort „Reich" eine ähnliche Rolle, bis es durch das „Dritte Reich" im Abfalleimer der Geschichte entsorgt wurde; aber beispielsweise nicht „Nation" (wie in Frankreich) oder „Krone" (wie in England). „Staat" bedeutet also nicht nur den Zusammenhang der Institutionen der Politik, der Gerichtsbarkeit und der Verwaltung, sondern hat darüber hinaus einen Symbolwert als politische Form, der ihm in anderen Ländern nicht zukommt.

Der Wortgebrauch ist mehrdeutig, er hat innen- und außenpolitische Konnotationen, das sei hier lediglich festgehalten. Auf eine wichtige Unterscheidung ist jedoch hinzuweisen: Die umfassende politische Herrschafts- und Vergemeinschaftungsform wird im angelsächsischen Raum nicht als „state" bezeichnet. Es gibt dort keinen zusammenfassenden systematischen Begriff für den Zusammenhang von „government", „administration" und „judiciary", weil die Vorstellung eines solchen, durch öffentliches Recht hergestellten Zusammenhangs dem politischen Denken der Angelsachsen fremd ist.[3] Im angelsächsischen Raum dominiert die aristotelische Idee der Politeia als Selbstbeschreibung des Gemeinwesens, also die Vorstellung des im politischen Prozess verbundenen Volkes. Demgegenüber betont die Staatsidee das Institutionelle, insbesondere die verfassungsmäßige Grundlage und die Herrschaft des Rechts.[4] Sie beruht auf der begrifflichen Unterscheidung von „Staat" und „Gesellschaft", die ihrerseits auf der vom römischen Recht her-

---

3 Hierzu Dyson 1980: 208 f: 'Staat' is „a generalizing, integrating and legitimating concept ... the most integrated form of political society, emphasis being placed on its idea of collectivity and the general good, of its combination of socio-cultural with a legal dimension. As an aggregate concept the state stresses the interdependency and integration of institutions as opposed to the structural differentiation typical of 'civil' society and so beloved of modern Anglo-American political science." Nettl (1968) unterscheidet demzufolge politisch verfasste Gesellschaften nach dem Grad ihrer Staatlichkeit.

4 So die heute dominierende Interpretation. Auf die Geschichte des Staatsbegriffs kann hier nicht eingegangen werden. Hierzu prägnant Isensee 1989; ausführlich Koselleck, Conze & Haverkate 1990).

kommenden Unterscheidung von *jus publicum* („quod ad statum rei Romanae spectat") und *jus privatum* („quod ad singulorum utilitatem spectat") aufruht.[5] Die Differenz in der Selbstbeschreibung des Gemeinwesens erklärt sich teilweise durch die fehlende Rezeption des römischen Rechts in den britischen Königreichen. Zudem setzte in England der ländliche Adel dem königlichen Hof schon früh Grenzen, und die bürgerliche Revolution ging der Verwaltungsentwicklung voraus. Auf dem Kontinent dagegen ließ der Absolutismus zunächst ein starkes Zentrum in der Person des Souveräns und seiner Verwaltung entstehen, dessen Souveränität sodann durch Verfassungen auf den Staat überging (Grimm 1991; Wagner 1990).

Deutschland unterscheidet sich von anderen kontinentaleuropäischen Ländern hinsichtlich der bescheidenen Rolle des Liberalismus in Wissenschaft und Politik. Die am prägnantesten von *Wilhelm von Humboldt* (1967/1792) vorgetragene Forderung nach einer Begrenzung der Staatszwecke auf „Sicherheit", unter Ausschluss der „Wohlfahrt", haben sich im deutschen Staatsverständnis nie durchsetzen können. Vorliberale paternalistische Staatsauffassung und die durch die Industrialisierung motivierte Interventionsstaatlichkeit bildeten sich ergänzende antiliberale Politikmomente (Stolleis 1989).

Die Dominanz des Staatsbegriffs in Deutschland lässt sich an den Bezeichnungen der Wissenschaften verdeutlichen, die sich mit dem politischen Zusammenleben beschäftigen. Nur im deutschen Sprachraum entwickelte sich seit Mitte des 18. Jahrhunderts eine „Staatswissenschaft" und verdrängte damit ältere Bezeichnungen wie Kameral- oder Polizeiwissenschaft. Im englischen und französischen Sprachraum setzte sich dagegen „Political Economy" bzw. „Économie politique" durch. Noch *Adam Smith* (1974/1776: 347) verstand „Politische Ökonomie … als Zweig der Wissenschaft, die eine Lehre für den Staatsmann und Gesetzgeber entwickeln will." Er empfahl bekanntlich die Liberalisierung von Handel und Verkehr, sodass sich die politische Ökonomie in der Folge zur Wissenschaft von der Marktwirtschaft und zur Legitimation auch des internationalen Handels entwickelte. Nicht so die deutsche Wirtschaftswissenschaft, die als „Volkswirtschaftslehre" und „Sozialpolitik" den nationalen Bezug und die Politikorientierung beibehielt (Wagner 1990: 79 ff). Nach dem zweiten Weltkrieg verlor die Bezeichnung „Staatswissenschaften" an Bedeutung und wurde durch getrennte Bezeichnungen für die Rechts-, Wirtschafts-, Sozial- und politischen Wissenschaften ersetzt.

Der deutsche Staatsbegriff enthält auch stärker als in anderen Ländern ein moralisches Moment, das zu seiner Legitimität beiträgt. Der Staat wird seit *Hegel*

---

5   Die Unterscheidung von öffentlichem („was den Zustand Roms betrifft") und privatem Recht („was die Nützlichkeit für die Einzelnen betrifft") nach *Ulpianus*: De justitia et jure 1,1.

als „sittlicher Staat" bestimmt: „Als Entscheidungseinheit und Machteinheit, in seinem Charakter als Herrschaftsordnung ist der Staat nicht für sich selbst erdacht und geschaffen worden, sondern um fundamentale menschliche Lebenszwecke zu verwirklichen und zu sichern; äußeren Frieden, Sicherheit des Lebens und des Rechts, Freiheit, Ermöglichung von Wohlfahrt und Kultur. Diese Zwecke stellen keine Zutat dar, die auch entfallen könnte, sie machen das geistige Prinzip des Staates aus, begründen seine Vernünftigkeit und seinen Charakter als gemeines Wesen." (Böckenförde 1978: 18 f) Vom Staat wird die Erhaltung des Friedens, die Gewährleistung des Rechts und der verfassungsmäßigen Freiheiten, aber auch von deren sozio-ökonomischen Voraussetzungen erwartet. Diese moralische Aufladung des Staatsbegriffs stellte ursprünglich einen Ersatz für die fehlende Demokratisierung des Staates dar, die ja erst mit der Weimarer Verfassung (1919) erreicht wurde. Aber noch das Grundgesetz orientiert sich an den Fundamentalnormen der Menschenwürde, der Rechtsstaatlichkeit und der Sozialstaatlichkeit. In Staaten mit einer demokratischen Tradition übertrifft der in direkten Volksentscheiden oder in parlamentarischen Entscheidungen sich äußernde Volkswille die Legitimation durch ethische Grundsätze.

5.2 Sozialpolitik als Wissenschaft der Vermittlung von Staat und Gesellschaft

Lange bevor die Bismarck'schen und Wilhelminischen Sozialreformen mit dem Terminus „Sozialpolitik" belegt wurden, hatte das Wort eine gesellschaftstheoretische Begrifflichkeit gewonnen, die in den historischen Darstellungen der Sozialpolitik meist übergangen wird. Sie wird hier ausführlicher dargestellt, weil aktuelle Versuche, dem Begriff theoretisches Gewicht zu verleihen, auf diese Tradition zurückgreifen (siehe 5.5.3).

5.2.1 Hegel

Kein Denker scheint die wissenschaftliche Reflexion des deutschen Staats- und Gesellschaftsverständnisses nachhaltiger beeinflusst zu haben als *Georg Wilhelm Friedrich Hegel* (1770-1831). „Hegels „Rechtsphilosophie"[6] ... ist sicher eines der

---

6   Georg Wilhelm Friedrich Hegel, Grundlinien der Philosophie des Rechts oder Naturrecht und Staatswissenschaft im Grundriss (1821), hier zitiert nach der Studienausgabe

wirkungsreichsten Bücher in der Geschichte der politischen Philosophie. ... alle wichtigen Strömungen der politischen Philosophie haben sich – positiv oder kritisch – mit diesem Werk auseinandergesetzt." (Siep 1997:1) Hegels Werk verbindet in seinem Staatsbegriff den geschichtsphilosophischen Impetus der Aufklärung mit einer Reflexion der „politische(n) Wirklichkeit und ihre(r) institutionellen Vorgaben" und gewinnt dadurch ihren Rang." (Koselleck 1990: 37)

Das Werk Hegels und erst recht seine Interpretationen sind so vielfältig, dass hier nur auf den Gesichtspunkt abgehoben werden kann, der – vor allem durch das Werk Lorenz von Steins – zur Begründung von Sozialpolitik führt. Hegel bestimmte als erster Denker den gesellschaftlichen Zusammenhang nicht mehr als Einheit, sondern *durch die Komplementarität von Differenzen*, durch die Unterscheidung von drei Formen der Sittlichkeit mit ihren je eigenen Normen: Familie, bürgerliche Gesellschaft und Staat im engen Sinne des Verfassungsstaates.[7] Was in der Diktion abstrakt daherkommt, hat einen bestimmten historischen Kontext, nämlich die Französische Revolution, ihr Scheitern und ihre weithin unverstandenen Folgen, aber auch das Entstehen der marktwirtschaftlichen „politischen Ökonomie". Hegel hat als erster die Eigendynamik der sich selbst steuernden Marktwirtschaft in die politische Theorie eingebaut und die Wirtschaftsbeziehungen als „System der Bedürfnisse" zum Kern seines Begriffes der bürgerlichen Gesellschaft gemacht. Dazu zählen außerdem Polizei und Gerichtsbarkeit, also die Instanzen, die dafür zu sorgen haben dass die hier legitime Verfolgung willkürlicher Eigeninteressen nicht in einen Kampf aller gegen alle ausartet und die Herrschaft des (Privat-) rechts gewahrt bleibt (Riedel 1969; Horstmann 1997; siehe auch 13.1.1).

Hegel war sich vieler Folgen der Freisetzung der Individuen in die ihnen verfassungsmäßig garantierten Freiheiten bewusst, nicht zuletzt der neuen Formen des Pauperismus und der sozio-ökonomischer Ungleichheit, welche er als konstitutives Moment der bürgerlichen Gesellschaft betrachtete. Er sah durchaus die Spannung zwischen der Gleichheitsforderung auf der Verfassungsebene und der unaufhebbaren Ungleichheit in der bürgerlichen Gesellschaft. Umso mehr betonte er die Bedeutung des durch eine Verfassung gebundenen Staates, der nicht nur die Freiheit, sondern auch die Sicherheit der Bürger zu gewährleisten habe.

Hegels Verfassungsbegriff bezieht sich nicht nur auf die geschriebene Verfassung, sondern auf die grundlegende Ordnung des gesellschaftlichen Zusammenhangs. Die Konstitutionalisierung der politischen Herrschaft in der Form des Verfassungsstaates, der das Zusammenleben freier und gleicher Bürger gewährleiste,

---

herausgegeben von Karl Löwith und Manfred Riedel, Frankfurt a. M. 1968.

7   Hegel, 1968: § 157. Hegel bezeichnet hier die Entstehung der Differenz von bürgerlicher Gesellschaft und Verfassungsstaat sogar als „Entzweiung".

betrachtete er als weltgeschichtlichen Fortschritt, als praktische Verwirklichung der Vernunft und des Ethos des Christentums. Deshalb ist „die „persönliche Freiheit" nicht Endzweck des Staates"; dieser hat vielmehr „als „substantielle Einheit" das „höchste Recht gegen den Einzelnen". … Diese Einheit von Institutionen und „richtigem" Selbstbewusstsein der einzelnen ist die Idee des Staates, …er muss „funktionierende" Rechts und Lebensgewohnheiten enthalten, die offenbar, d.h. kodifiziert und publiziert sein müssen; und er muss Organe zur Festlegungen und Ausführung gemeinsamer Regeln und Beschlüsse besitzen, die auf „Denken" (Beratung) und „Wissen" (Fach- und Grundsatzwissen) beruhen" (Siep 1992:303). Es ist also die *Verantwortung des Staates* (der noch als konstitutionelle Monarchie und nicht als Demokratie gedacht wird), für humane Verhältnisse des Zusammenlebens zu sorgen, in denen es den Menschen leicht fällt, das für solches Zusammenleben notwendige Ethos zu entwickeln. Dementsprechend soll die Verwaltung dafür sorgen, dass alle durch Arbeit ihren Lebensunterhalt verdienen können. Im Unterschied zur durch Kant betonten Moralität des Einzelnen, meint Hegels Begriff der Sittlichkeit eine *Qualität der Institutionen*, die durch den Verfassungsstaat und die in ihm versammelte Kompetenz zu gewährleisten ist.

Von Sozialpolitik ist bei Hegel noch nicht die Rede, ja das Wort „sozial" (bzw. „social") hat erst in den Jahren nach seinem Tod Eingang aus der französischen in die deutsche Sprache gefunden. Bald wurde es mit anderen Worten zu Komposita verbunden wie „soziale Frage", „soziale Bewegung", „Sozialismus", „Sozialwissenschaft", „soziale Reform" oder „Sozialpolitik" (Pankoke 1970). „Sozial" gewann im Deutschen eine deskriptive und normative Doppelbedeutung: Bald wurde es synonym zu „gesellschaftlich" verwendet und bezeichnete dann den Raum des Nicht-Politischen. Daneben entstand eine kritisch-normative Bedeutung, welche zuerst in dem schon aus dem Französischen entlehnten Begriff „Soziale Frage" zur Geltung kam: Was bei Hegel noch als unvermeidliche Begleiterscheinung der Legitimität des Privateigentums und damit der bürgerlichen Gesellschaft galt, die Verelendung der Unterschichten, wurde von französischen Denkern wie *Saint-Simon* und *Fourier* problematisiert und auf die Herrschaft des Privateigentums zurück geführt, was ihnen den Namen „Sozialisten" eintrug. Der Begriff des Sozialen wurde nun als Kritik der individualistischen französischen Gesellschaftsordnung, zur Bezeichnung des ihr Fehlenden verwendet, wobei allerdings das Fehlende recht unterschiedlich ausgelegt wurde. (Kaufmann 2003a; 21 ff; Donzelot 1984)

5.2.2   Lorenz von Stein

Auf der Grundlage von Hegels geistigem Erbe haben Karl Marx und Lorenz von Stein sich während der 1840er Jahre mit den Entwicklungen in Frankreich und ihrer Interpretation durch die „Sozialisten" auseinandergesetzt. Beide kritisierten den Idealismus der Hegelschen Theorie und interpretierten die sozialen Bewegungen in Frankreich als historische Momente der heraufkommenden neuen Gesellschaftsordnung. Stein veröffentlichte seinen Bericht „Der Socialismus und Communismus des heutigen Frankreich" bereits 1842, wurde in der Folge aber von Marx diffamiert und sein Werk totgeschwiegen. Stein baute sein Werk in zwei weiteren Auflagen zur dreibändigen „Die Geschichte der sozialen Bewegungen in Frankreich von 1789 bis auf unsere Tage" (Leipzig 1850) aus.

Steins Denkfortschritt gegenüber dem Differenzdenken Hegels zeigt sich in der Herausarbeitung der Spannung zwischen den „reinen" Begriffen des Staates und der Gesellschaft einerseits und ihrem realen Verhältnis andererseits. Dem Begriffe nach ist der Staat Wahrer des Gesamtinteresses eines Volkes, und diese Wahrung vollzieht sich als Repräsentation in der Person des Fürsten und als Arbeit in der Form der Verwaltung. Staat und Gesellschaft sind ihrer *Idee* nach deutlich geschieden, durchdringen sich jedoch in der geschichtlichen *Wirklichkeit* ununterbrochen und bringen auf diese Weise unterschiedliche Gesellschaftsformen hervor (Stein 1856: 22 ff).

Ein weiterer Denkfortschritt Steins bestand in der dynamischen Auffassung der mit der französischen Revolutionsverfassung von 1789 real gewordenen Unterscheidung von Staat und Gesellschaft. Die Verallgemeinerung der Bürgerrechte bringt die „staatsbürgerliche Gesellschaft" hervor, in der soziale Ungleichheit nicht mehr auf dem Unterschied der Rechte, sondern nur noch auf demjenigen des Besitzes beruht. Der Besitz gewinnt dadurch für den einzelnen wie für deren Gemeinschaft eine weit zentralere Bedeutung, er wird zum zentralen Merkmal ihrer gesellschaftlichen Stellung. Arbeit und Besitz werden nun die Strukturmerkmale der „volkswirtschaftlichen Gesellschaft", die sich auf der Basis der Rechtsgleichheit aller entwickelt (Stein 1972/1850 I:451 ff) Diese eröffnet ihrer Idee nach die Chance des sozialen Aufstiegs und des Besitzerwerbs für alle, doch die faktische Wirksamkeit des verallgemeinerten Konkurrenzprinzips und der bestehenden Besitzunterschiede führt zur Verfestigung sozialer Klassen und damit zur „industriellen Gesellschaft", also dem Kapitalismus im Sinne von Marx. (Stein 1972/1850: 55 ff; Hegner 1976).

Es war das Ziel der Stein'schen Gesellschaftslehre, zunächst die Formierung des Proletariats zur Klasse und den immanent unauflöslichen Klassenkonflikt der industriellen Gesellschaft herauszuarbeiten, der – wie die durch Stein analysierten Verhältnisse in Frankreich zeigten – zum Bürgerkrieg tendiert. Sie wollte sodann zeigen, dass ein konstruktiver Ausweg möglich sei, und zwar durch die Vermittlung zwischen den konfligierenden, jedoch gleichzeitig aufeinander angewiesenen Klasseninteressen von Arbeit und Kapital mittels eines neutralen Dritten, das Stein zunächst als "Königtum der sozialen Reform" bezeichnete; doch ging es ihm im Kern "um die Verwirklichung des staatlichen Prinzips" (Böckenförde 1976a; 162). Zwar hatte Stein – hierin Hegel folgend – große Vorbehalte gegenüber den ihm damals bekannten Formen der Demokratie, da er befürchtete, dass in dieser Staatsform der Klassenkampf in die Politik getragen und damit die erforderliche Neutralität des Staates zerstört werde. Doch zentral war für ihn nicht die Staatsform, sondern das Gelingen des produktiven Klassenkompromisses, den Stein in der verfassungsmäßigen Gewährleistung der Eigentumsrechte für die besitzenden Klassen einerseits und in der Förderung der sozialen und daraus folgend politischen Emanzipation der Arbeiterklasse mittels freier Assoziation („soziale Bewegung") und „sozialer Verwaltung" andererseits zu erkennen glaubte.[8] Es ist also die Aufgabe des Staates, durch die Gestaltung der Gesellschaftsordnung für einen Kompromiss zwischen Kapital und Arbeit und damit für eine gedeihliche Wirtschaftsentwicklung zu sorgen, denn Stein sah klar, dass ein solcher Kompromiss im wohl verstandenen Interesse beider Klassen liege.

Die Geschichte hat ihm insoweit recht gegeben als auf der Basis einer staatlichen Anerkennung von Arbeiterrechten in mehreren europäischen Ländern ausdrückliche Vereinbarungen zwischen den Spitzenverbänden der Arbeitgeber und den Gewerkschaften zustande kamen: Zunächst im dänischen „September Agreement" (1900); dann im „Stinnes-Legien-Abkommen" nach dem Zusammenbruch der deutschen Monarchie (1918), das eine Grundlage für die Weimarer Verfassung bildete; ferner im Friedensabkommen der Schweizerischen Metall- und Uhrenindustrie (1937), das bis heute wegweisend für die industriellen Beziehungen in der Schweiz ist; und im schwedischen Abkommen von Saltsjöbaden (1938). Bei aller Verschiedenheit im

---

8   „Wenn dagegen die besitzende Klasse die Staatsverwaltung im Sinne der nichtbesitzenden Klasse zur Hebung des Loses der Arbeiter, für ihre Bildung (scil. sorgt) und die Möglichkeit eines, wenn auch nur allmählichen, Kapitalerwerbes bietet, so wird diese Klasse in dem Maße mehr gleichgültig gegen die Form der Verfassung sein, in welchem die Interessen derselben mehr gefördert werden. Es sind bei dieser Verwaltung Königtum, Diktatur, Aristokratie und Demokratie gleichermaßen möglich, und zwar darum, weil der erworbene Besitz die Unfreiheit doch am Ende unmöglich macht, und weil die Förderung des Erwerbs zur Förderung der Freiheit wird. ... Der Übergang der Demokratie zu jener neuen Gestalt ist bereits angedeutet in dem Losungswort der sozialen Demokratie. Noch ist der Inhalt dieser Idee unklar. Wenn sie nicht aus ihrer Unklarheit heraustritt, wird sie verschwinden. Wenn sie aus derselben heraustreten will, muß sie zur Lehre von der Gesellschaft werden. Dann wird ihr die Zukunft gehören" (Stein 1972/1850 III: .207).

Detail beinhalten all diese Vereinbarungen einerseits die Anerkennung der Unabhängigkeit der Unternehmerfunktion und der damit verbundenen betrieblichen Anordnungsbefugnisse durch die Gewerkschaften, andererseits die Regulierung der Tarifverhandlungen einschließlich des Streikrechts, und die Verpflichtung zur Duldung staatlicher Sozialpolitik durch die unternehmerische Wirtschaft. Im Falle der Bundesrepublik Deutschland hatte der Kampf um die Mitbestimmungsgesetzgebung und dessen Ausgang eine ähnlich befriedende und die Tarifpartnerschaft stabilisierende Wirkung (siehe 16.2), All diese und weitere Abkommen ähnlicher Art sind übrigens in Reaktion auf Ereignisse zustande gekommen, die die politische Funktionsfähigkeit des Staates und die Wirtschaftsordnung bedrohten: Tiefgehende Arbeitskonflikte in Dänemark, der zweimalige Zusammenbruch des Deutschen Reichs, und die Weltwirtschaftskrise im Falle der Schweiz und Schwedens.

5.2.3 Lavergne-Peguilhen

Der Denkfortschritt von Hegel und Stein bezog sich auf die Differenz zwischen staatlicher Autorität und gesellschaftliche Eigendynamik. Letztere kann der Staat nicht ersetzen, dieser kann sie lediglich zu beeinflussen versuchen. Sozialpolitik als Schutz und Förderung benachteiligter oder sozial schwacher Bevölkerungsgruppen ist also auf das *Zusammenwirken von staatlicher Regulierung und gesellschaftlichen Kräften* angewiesen.[9] Dies meint *„Vermittlung"* als Grundfigur der Sozialpolitik, und diese setzt für die politisch Handelnden eine möglichst realistische Kenntnis der gesellschaftlichen Verhältnisse voraus.

In diesem Sinne wurde der Begriff „Sozialpolitik" etwa gleichzeitig mit *Stein*, aber noch prägnanter von dem preußischen Landrat und „Gesellschaftswissenschaftler" *Moritz von Lavergne-Peguilhen* ausformuliert:

> „Die großen Erscheinungen des gesellschaftlichen Lebens unterliegen bestimmten Gesetzen; vermöge der politischen Arithmetik müssen sich diese Erscheinungen vorbestimmen lassen, ebenso die Wirkungen der staatlichen Reformen etc. Die Sozialpolitik zieht die Konsequenzen dieser wissenschaftlichen Axiome, sie baut ihre Lehren auf der Grundlage derselben, indem sie deren Prüfung und Bestätigung in der Erfahrung sucht; sie vertritt neben den Rechten und Interessen des Individuums zugleich die der Gesellschaft und ist bestrebt, diese in ihre Rechte einzusetzen; sie

---

9   So definiert beispielsweise ein Standard-Nachschlagewerk für die Entwicklung der Arbeits- und Sozialgesetzgebung in Deutschland „Sozialpolitik als die Gesamtheit der staatlichen *und außerstaatlichen* Maßnahmen und Bestrebungen zur Verbesserung der Lebenslage von wirtschaftlich und/oder sozial schwachen Personenmehrheiten" (Frerich und Frey 1996: V. Hervorhebg. durch Verf.).

glaubt dem Individuum nicht besser dienen, die Interessen der Völker nicht besser wahren zu können, als durch sorgsames Studium der Gesetze, auf denen das Dasein und die Entwicklung der Gesellschaft beruht, durch staatliche Behandlung der Gesellschaft nach Maßgabe dieser Gesetze und mit Rücksicht auf den christlichen Beruf des Menschen. Dies ist der Standpunkt dieser jungen, kaum in ihren Anfangsstadien entwickelten Wissenschaft, die jedoch vermöge dieses Standpunkts eine zukunftsreiche Bedeutung hat."[10]

Bemerkenswert an dieser Konzeption ist neben dem erfahrungswissenschaftlichen Ansatz die gleichzeitige Berücksichtigung von Interessen des Individuums und der Gesellschaft, was später als Unterscheidung von „personfunktionaler" und „systemfunktionaler" Bedeutung der Sozialpolitik seinen Begriff finden wird (Ferber 1977: 21).

In diesem Sinne stellte Lavergne-Peguilhen 1849 in der ersten preußischen Kammer den Antrag „zur Errichtung eines sozialpolitischen Zentralinstitutes, dessen Aufgabe es sein wird, in ununterbrochener Beobachtung die gesellschaftlichen Verhältnisse zu erforschen; die darauf bezüglichen Gesetzentwürfe oder praktischen Unternehmungen vorzubereiten oder zu begutachten; für die Ausbildung der Gesellschaftswissenschaft zu einer Erfahrungswissenschaft als Unterlage zu dienen; allen auf Erkenntnis und Reform der Gesellschaft gerichteten Bestrebungen einen Mittelpunkt darzubieten und die Staatsregierung mit der Entwicklung der Gesellschaft in stetem gegenseitigem Rapport zu erhalten." (Geck 1950: 14)

Die Idee, dass sozialwissenschaftliches Wissen geeignet sein könne, „die Staatsregierung mit der Entwicklung der Gesellschaft in gegenseitigem Rapport zu erhalten" und dadurch Sozialpolitik zu instruieren, ist bis heute aktuell, auch wenn uns der Glaube an allgemeine Gesetzlichkeiten des Gesellschaftlichen abhandengekommen ist. Es geht der Sozialpolitik in diesem Sinne um einen *Prozess der Selbstverständigung eines Volkes über seine politische und soziale Ordnung*, und dies kann auf vernunftgemäße Weise nur durch die wissenschaftliche Verknüpfung von Leitbildern, Politik und konkreten Erfahrungen gelingen. Bei *Stein* wie bei Lavergne-Peguilhen wird Sozialpolitik als Wissenschaft von der politischen Beeinflussung gesellschaftlicher Verhältnisse und nicht als politische Praxis verstanden, und diese Vorstellung hat bis zum Ende der Weimarer Republik dominiert.

---

10 Lavergne-Peguilhen 1863;173. Dies ist eine späte Ausformulierung weit zurückreichender Ideen. Bereits seit 1838 war Lavergne-Peguilhen als Verfechter einer „Gesellschaftswissenschaft" hervorgetreten.

5.3   Sozialpolitik als Programmbegriff zur Lösung der Arbeiterfrage

Gegen die Vorstellung einer eigenständigen Gesellschaftswissenschaft wandte sich in der Folge im Horizont der nationalistischen Bewegung *Heinrich von Treitschke*, der die Sozialpolitik der von ihm vertretenen Staatswissenschaft subsumierte (Treitschke 1859). In der Euphorie der Reichsgründung ging dem wissenschaftlichen und erst recht dem politischen Denken die Differenzierung von „Staat" und „Gesellschaft" wieder verloren, und das Verständnis von Sozialpolitik orientierte sich zentral an der Förderung der nationalen Einigung. Dieser drohte – zum mindesten aus der Sicht des Reichskanzlers Otto von Bismarck – Gefahr durch die wachsende sozialistische Bewegung.

Ab 1850 breitete sich die Industrialisierung auch auf dem Gebiet des nachmaligen Deutschen Reiches aus, und dementsprechend wuchs die Industriearbeiterschaft zu einer quantitativ bedeutenden Klasse heran. Zunächst wurden deren Organisationsversuche unterdrückt, doch in den 1860er Jahren wurden die Koalitionsverbote beseitigt, und mit dem 1863 von *Ferdinand Lassalle* gegründeten „Allgemeinen Deutschen Arbeiterverein" trat die Arbeiterbewegung auch als politischer Akteur auf. „Die Arbeiterfrage" wurde zum politisch codierten Begriff, insbesondere durch Schriften von *Friedrich Albert Lange* (1979/1865) und *Wilhelm Emmanuel von Ketteler* (1864). Als nach der Reichsgründung durch Zusammenschluss die Sozialistische Arbeiterpartei Deutschlands entstand und in den Reichstag einzog, versuchte Bismarck mit Hilfe einer Doppelstrategie der Unterdrückung der Sozialisten (Sozialistengesetz 1878) einerseits und der Entwicklung von staatlichen Arbeiterversicherungen andererseits die Arbeiter für das Reich zu gewinnen. Die Schaffung der gesetzlichen Grundlagen für eine Pflichtversicherung der Unternehmer gegen die Arbeitsunfälle in ihren Betrieben(1883), die Reform und Verallgemeinerung der Hilfskassen im Falle von Krankheit (1884) , die Schaffung einer Invalidenversicherung (1889) und die Einführung des Versicherungszwangs für die Arbeiter sowie des Beitragszwangs für die Arbeitgeber stellten Pionierleistungen dar, die auch international stark beachtet und teilweise nachgeahmt wurden.

Dagegen verweigerte sich Bismarck einem Ausbau des Arbeitsschutzes, der in die industriellen Herrschaftsverhältnisse eingegriffen hätte. Dieser wurde erst im Zuge des „Neuen Kurses" des jungen Kaisers Wilhelm II. in Angriff genommen; hinzu kam die Einrichtung der Arbeitsgerichtsbarkeit und die Regulierung der Arbeitsvermittlung. Nunmehr bürgerte sich der Name „Sozialpolitik" zur programmatischen Bezeichnung des *Zusammenhangs* von Maßnahmen zur Verbesserung der sozialen Lage der Arbeiter ein und fand weite publizistische Verbreitung. Typischerweise trug das meist verbreitete Lehrbuch der Sozialpolitik den Titel „Die Arbeiterfrage" (Herkner 1922/1894).

Zielgruppe der Bismarck'schen Arbeiterversicherung waren die Arbeiter in Industrie und Handwerk, doch erfasste die Sozialgesetzgebung zunehmend auch andere Berufsgruppen. Wegweisend wurde die Schaffung einer gesonderten Alters- und Invaliditätsversicherung für die Angestellten (1911). Diese sich gerne als „Privatbeamte" bezeichnende, stark wachsende Berufsgruppe orientierte sich nicht an der Arbeiterversicherung, sondern an der Versorgung der Beamten, welche durch das Reichsbeamtengesetz (1873) stilbildend für die meisten Bundesländer geregelt worden war, doch erreichten die Regelungen der Angestelltenversicherung nie denselben Sicherungsstatus. Die Etablierung *berufsgruppenspezifischer Sicherungssysteme* entwickelte in der Folge eine besondere Dynamik, wodurch bis heute eine Vereinheitlichung der staatlichen Sicherungsstandards verhindert wird, wie dies dem internationalen Leitbild des universalistischen Wohlfahrtsstaats entspricht.

Die Wilhelminische Sozialpolitik wollte die soziale, aber nicht die politische und betriebliche Stellung der Arbeiter verbessern. Dies gelang erst unter dem Druck des Ersten Weltkriegs (Hilfsdienstgesetz 1916) und der ihm folgenden Niederlage des Deutschen Reiches. Unter dem unmittelbaren Eindruck der Novemberrevolution fanden sich die Vertreter von einundzwanzig gewerblichen und industriellen Arbeitgeberverbänden und sieben Gewerkschaften zusammen und schlossen eine Kollektivvereinbarung, die nach den Namen der Erstunterzeichner *Hugo Stinnes* (Arbeitgeber) und *Carl Legien* (Gewerkschaften) als *Stinnes-Legien-Abkommen* (1918) in die Geschichte eingegangen ist. Es versprach die Anerkennung der Gewerkschaften und den Ausgleich von Interessengegensätzen durch Tarifverträge, sowie betriebliche und überbetriebliche Mitbestimmungsrechte. Wesentliche Vereinbarungen fanden in der Folge Eingang in die Weimarer Reichsverfassung, welche auch das allgemeine Wahlrecht einräumte. Damit waren die wesentlichen Forderungen der Arbeiterbewegung erfüllt –zum mindesten auf der Ebene staatlichen Rechts. Der Text der Verfassung forderte auch eine enge Verbindung von Wirtschafts- und Sozialpolitik, wie die Generalklausel des Artikels 151 zeigt: „Die Ordnung des Wirtschaftslebens muss den Grundätzen der Gerechtigkeit mit dem Ziel der Gewährleistung eines menschwürdigen Daseins für alle entsprechen." Dies ist (nach den gescheiterten Revolutionsverfassungen in Frankreich) die früheste Formulierung wohlfahrtsstaatlicher Verantwortung auf der Verfassungsebene weltweit. Allerdings überdeckte die Programmformel nur die tiefe Gegensätzlichkeit von wirtschaftlichen und sozialen Interessen unter den Bedingungen des verlorenen Krieges.

Durch das Stinnes-Legien-Abkommen wurde die *korporatistische Struktur* der deutschen Sozialpolitik stabilisiert, welche bereits durch die Repräsentanz von

Arbeitgeber- und Arbeitnehmervertretern in den Sozialversicherungen und in den Arbeitsgerichten eine erste Grundlage gefunden hatte. Das Prinzip der Steuerung sozialer Angelegenheiten durch verbandliche Repräsentation setzte sich auch im Gesundheitswesen durch: Ärzte und Krankenkassen organisierten sich schon vor dem ersten Weltkrieg in Verbänden, und nach zahllosen Arbeitskämpfen zwischen beiden Seiten vermittelte das Reichsamt des Inneren eine vertragliche Lösung zwischen den Spitzenverbänden, das Erste Berliner Abkommen (1913). Mit dem Zweiten Berliner Abkommen (1931) und der Schaffung der Kassenärztlichen Vereinigungen als öffentlich-rechtlichen Verhandlungs-, Abrechnungs- und Kontrollinstanzen des ärztlichen Handelns wurde das Prinzip der verbandlichen Steuerung der ambulanten Versorgung auf Dauer gestellt. Unter Beteiligung zahlreicher weiterer Verbände von Produzenten prägen Verbandsverhandlungen bis heute die Regulierungs- und Verteilungspolitik im deutschen Gesundheitswesen (Kaufmann 1999). Durch die Jugendhilfe- und Sozialhilfegesetzgebung wurden nach dem Zweiten Weltkrieg auch den Wohlfahrtsverbänden sozialpolitische Aufgaben zugesprochen.

5.4   Krise der Sozialpolitik

Zum mindesten auf dem Papier schien die Arbeiterfrage mit der Verabschiedung der Weimarer Reichsverfassung gelöst. Dafür traten neue Nöte in den Vordergrund, insbesondere diejenigen der Kriegsopfer und der durch die Inflation verarmten Mittelschichten. Die Wohnungsfrage drängte, und die Jugendverwahrlosung wurde als Problem erkannt. Obwohl der Verein für Sozialpolitik schon vor dem ersten Weltkrieg die soziale Frage nie auf die Arbeiterfrage eng geführt, sondern auch vielfältige Studien zu anderen Problemgruppen angestoßen hatte, hat die akademische Sozialpolitik in der Weimarer Zeit keine tragfähigen Konzepte entwickelt, um das veränderte sozialpolitische Geschehen auf Begriffe zu bringen.

Der dominierende Topos war vielmehr die „Krise der Sozialpolitik" (Leubuscher 1923; Briefs 1923). Hierbei handelte es sich um eine mehrschichtige Krise: Basal war die Krise der Nachkriegswirtschaft: Die Inflation und das gedrosselten Wirtschaftswachstums infolge der Reparationen. Dies führte zum Scheitern des Stinnes-Legien-Abkommens, insbesondere mit Bezug auf den Achtstundentag. Die korporatistische Tarifpolitik gelang nicht und wurde durch staatliche Zwangsschlichtungen ersetzt. Schließlich gerieten auch die Sozialversicherungen in die Krise, und dies führte zuletzt auch zum Scheitern der „Weimarer Koalition". Das letzte parlamentarisch gewählte Kabinett (Müller II) scheiterte an der Unfähigkeit der beteiligten Parteien, sich über die Finanzierung der Arbeitslosenversicherung unter dem Druck der Weltwirtschaftskrise zu einigen.

Doch es handelte sich auch um eine *Krise der wissenschaftlichen Sozialpolitik*, welche kein klares Bezugsproblem für die Analyse der Zeitverhältnisse fand. Der Begriff „Sozialpolitik" hatte wie „Sozialreform" die programmatische Qualität weitgehend eingebüßt. „Sozialpolitik" war zu einem Geschäft der öffentlichen Verwaltung und der einflussreichen Verbände geworden, und der stotternde Motor der Wirtschaft entzog den Verheißungen sozialer Bestandssicherung und erst recht von sozialen Fortschritten den Boden. Aber über die Klagen bezüglich der Macht der Verbände und der Bürokratisierung der Leistungserbringung kam die wissenschaftliche Sozialpolitik kaum hinaus. Mit Ausnahme der Werke von *Hermann Heller* (1971/1934) und *Eduard Heimann* (1980/1929) hat das Werk keines sozialpolitisch relevanten Autors der Weimarer Zeit deren Ende überdauert.

Heller wie Heimann waren Juden und standen der Sozialdemokratie nahe; sie konnten das Deutsche Reich rechtzeitig verlassen. *Heller* fundierte seine Staatslehre kulturwissenschaftlich und verstand den modernen Verfassungsstaat als politische Form, die ihre Entstehung der abendländischen Kultur- und Gesellschaftsentwicklung verdankt. Damit distanzierte er sich sowohl vom Positivismus eines Hans Kelsen als auch von Machtstaatstheorien eines Carl Schmitt, aber auch von der naturrechtlichen Tradition. Die normative Begründung des Staates ist keine transzendentale, sondern sie resultiert aus den in Staatsgründung und -entwicklung wirksamen Ideen, die im demokratischen Rechtsstaat ihre Form in der Verfassung finden (Müller & Staff 1984) Hellers sozial- und wirtschaftspolitischen Vorstellungen wurden wenig ausformuliert, doch vertrat er wie Heimann die „soziale Idee" als Leitbild der politischen und gesellschaftlichen Entwicklung. Die in Hellers Schriften nur sporadisch auftauchende Formel eines „Sozialen Rechtsstaats" wurde zum Anknüpfungspunkt für das Interesse, das seinen Schriften vor allem von Seiten der Verfassungsrechtler in der Bundesrepublik entgegen gebracht wurde.

*Eduard Heimann*s Hauptwerk ist ebenfalls neu aufgelegt worden und wurde vor allem in den sozialwissenschaftlichen Bemühungen um eine theoretische Durchdringung von Sozialpolitik rezipiert. Ähnlich wie *Heller* legte er Wert auf die kulturellen Voraussetzungen der sozialpolitischen Entwicklung und betonte die gemeinsamen Wertgrundlagen von Bürgertum und Arbeiterschaft in Christentum und Aufklärung als Ursache für das Gelingen der Sozialpolitik und die Verhinderung eines destruktiven Klassenkampfes. *Heimann* füllt damit eine systematische Lücke in der Sozialstaatstheorie von *Lorenz von Stein*: Dessen „Königtum der sozialen Reform" blieb bloßes Postulat, ohne jede historische Begründung seiner Möglichkeit und seiner Erfolgsaussichten. Die Instabilität des Kapitalismus, welche *Karl Marx* als erster herausgearbeitet hatte, und der Umstand, dass sich die Arbeiterbewegung auf die Ideale des Bürgertums zur Lösung der sozialen Frage berief, machten nach Heimann Sozialpolitik möglich. Sozialpolitik als „der institutionelle Niederschlag der sozialen Idee im Kapitalismus" (Heimann 1980: 167) verändert den Kapitalismus von innen, insoweit und weil sie sich als produktionspolitisch notwendig erweist. Die produktionspolitische Notwendigkeit ergibt sich aus dem Freiheits- und Gerechtigkeitsstreben der „sozialen Bewegung" welche sowohl von Arbeitern wie auch von aufgeschlossenen Teilen des Bürgertums getragen wird, und den daraus abgeleiteten Forderungen. Unter demokratischen Bedingungen wirkt Sozialpolitik also gleichzeitig den Kapitalismus stabilisierend und transformierend, das ist ihr „konservativ-revolutionäres Doppelwesen" (Heimann 1980: 122).

Während bei *Heller* die Staatsbegründung überzeugt, aber deren Verhältnis zur Eigendynamik des Wirtschaftlichen unterbelichtet bleibt, fehlt der *Heimann*schen Theorie der Sozialpolitik das staatstheoretische Moment. In diesem Sinne blieben beide hinter der Differenzierung von Staat und bürgerlicher Gesellschaft bei *Hegel* und *Lorenz von Stein* zurück.

5.5   Metamorphosen des sozialpolitischen Denkens

Die Machtergreifung der Nationalsozialisten hatte auch die tatsächliche Spannung zwischen Staat und Wirtschaft sowie bürgerlicher Gesellschaft zerstört, indem sie alles dem Führungsanspruch der Partei unterwarfen und jegliche Form gesellschaftlicher Selbstorganisation unterdrückten. Die Ablehnung eines totalitären Staatsanspruchs war deshalb nach Kriegsende allgemein. Aber das Differenzdenken im Sinne von Hegel und Lorenz von Stein spielte keine Rolle; die verfügbaren Denktraditionen waren den modernen Herausforderungen, welche durch die technischen und politischen Fortschritte im Zweiten Weltkrieg entstanden waren, nicht gewachsen.

5.5.1   Soziale Marktwirtschaft

Aus der Gemengelage unterschiedlicher – insbesondere evangelisch-liberaler, katholisch-korporatistischer und sozialistischer – Gesellschaftsvorstellungen schälte sich als neuer Programmbegriff „Soziale Marktwirtschaft" heraus. Die Formulierung wird gemeinhin dem Sozialökonomen *Alfred Müller-Armack* zugeschrieben, doch erhob auch der Jurist Harold Rasch Vaterschaftsansprüche (Blum 1969:94). Die Programmatik machte rasch Karriere, zumal sie von dem „Vater des Wirtschaftswunders", *Ludwig Erhard*, aufgegriffen und propagiert wurde (Helmstädter 1989: 242 ff). Für Erhard war die Marktwirtschaft an sich „sozial", weil sie den besten Weg darstelle, um durch Wirtschaftswachstum Not und Arbeitslosigkeit zu überwinden; eine angesichts der Not der Nachkriegszeit durchaus plausible Ansicht, die jedoch die Frage nach der Sozialpolitik völlig ausklammerte. Müller-Armack vertrat eine differenziertere Position, die allerdings die Klarheit vermissen ließ, welche die „Ordoliberalen" bereits seit den dreißiger Jahren entwickelt hatten.

Der hier allein hervorzuhebende Grundgedanke des Ordoliberalismus im Sinne der „Freiburger Schule" bezieht sich auf das Verhältnis von Staat und Wirtschaft. Grundlegend ist hier die schon bei Karl Marx zu findende Einsicht, dass eine sich selbst überlassene privatkapitalistische Marktwirtschaft dazu tendiert, den Regelmechanismus der Konkurrenz auszuhebeln und durch „Konzentration der Kapitale" (Marx) bzw. Monopolbildung Marktbeherrschung anzustreben, was ja in der Weimarer Zeit tatsächlich weitgehend geschah. Es sei deshalb Aufgabe des Staates, sich aus Interventionen in den Wirtschaftsablauf zurückzuziehen, aber die Normen des Wirtschaftslebens so zu bestimmen, dass sich die Wirtschaft in ihrem Ablauf durch Konkurrenz regelt und damit zu einer Optimierung des Mitteleinsatzes und zu bestmöglicher Befriedigung der Konsumenten führt. *Dem Staat obliege somit die Regelung der Wirtschaftsordnung, während er sich der Interventionen in den Wirtschaftsablauf zu enthalten habe. Walter Eucken,* der theoretisch führende Kopf der Freiburger Schule, sah durchaus, dass die Wirtschaftsordnung nur eine Teilordnung der Gesellschaft sein könne, und er war davon überzeugt, dass dank der realen „Interdependenz der Ordnungen" eine freiheitliche Wirtschaft auch freiheitliche Lösungen in anderen Gesellschaftsbereichen fördern werde, ohne dass er für dieselben marktförmige Steuerung vorgeschlagen hätte (Eucken 1955: 180 ff). Seine Skepsis gegenüber der etablierten Sozialpolitik war allerdings groß:

> „Dieser neuen Form der sozialen Frage (scil. der Massenarbeitslosigkeit) gegenüber ... entwickelte sich eine neue Sozialpolitik. ... Die Gestaltung der Wirtschaftsordnung und die Konjunkturpolitik werden ganz in den Dienst einer Lösung der sozialen Frage gestellt. ... Beide lösten eine mächtige Tendenz zur Transformation der Wirtschaftsordnung aus. Und zwar in Richtung auf die zentrale Lenkung des Wirtschaftsprozesses. ... Ein neuer Menschentypus ist im Entstehen, der aus vermassten, vom Staate abhängigen Menschen besteht." (Eucken 1955: 186 f)

Den Schriften *Euckens* sind jedoch nur wenige konkrete Hinweise zu einer Sozialpolitik unter den Bedingungen der entfalteten Industriewirtschaft zu entnehmen, es sei denn: „Ohne die Gewährung der notwendigen Freiheitsrechte kann es keine Lösung der sozialen Frage geben." (Eucken 1955: 189) In dieser Hinsicht hat das

Grundgesetz für die Bundesrepublik Deutschland in der Tat wesentliche Voraussetzungen geschaffen.

Deutlicher verhielt sich *Müller-Armack* zur Sozialpolitik: Er betrachtete die Sozialpolitik der Weimarer Republik als große Gegnerin der Marktwirtschaft, wobei er insbesondere Preiskontrollen und die staatlich gelenkte Tarifpolitik im Auge hatte. Er sah aber die Möglichkeiten für ein neues Paradigma: „In erster Linie handelt es sich .. um den Übergang von den direkten Preisinterventionen zu einer indirekten Umgestaltung der Einkommens- und Besitzverhältnisse, die sich von jeder Blockierung des wirtschaftlichen Marktes fernhält" (Müller-Armack 1966a: 133). Und: „So schädlich ein direkter Eingriff in den Preisapparat meist ist, so wenig Einwendungen erheben sich gegen eine sozialpolitische Einkommensumleitung, sofern die Besteuerung jene Grenzen einhält, in denen Marktanreize noch hinlänglich erhalten bleiben" (Müller-Armack 1966b: 197).

Dieses Paradigma hat sich in der Folge weitgehend durchgesetzt. Nachdem mit dem Tarifvertrags- und den Mitbestimmungsgesetzen sowie der Wiederherstellung der verbandlichen Selbstverwaltung sowie der Angleichung von Arbeiter-und Angestelltenversicherung in der Rentenreform die Arbeiterfrage tatsächlich weitgehend gelöst worden war, verschwand die Klassensemantik aus der sozialpolitischen Diskussion. Sozialpolitik drehte sich in der Folge vor allem um Verteilungsfragen. Dementsprechend verschob sich auch das öffentliche Interesse aus dem bislang dominierenden Arbeitsrecht in das Sozialrecht, für das 1953/54 eine eigene Gerichtsbarkeit geschaffen und durch die Einführung der Begrifflichkeit „Recht der sozialen Sicherheit" auch ein die Einzelgegenstände übergreifender Begriff diesseits von „Sozialpolitik" gefunden wurde (Zacher 1980: LVIII-LXV).

Auch wenn die Prinzipien des Ordoliberalismus wesentliche Impulse für die Gestaltung der Wirtschaftsordnung in der Bundesrepublik gegeben haben, die Auslegungen des Programmbegriff „Soziale Marktwirtschaft" verbanden diese Forderungen in pragmatischer Weise mit den Spielräumen, welche die politischen Kräfteverhältnisse in den ersten Jahrzehnten der Bundesrepublik erlaubten. So verstand Müller-Armack darunter „keine sich selbst überlassene, liberale Marktwirtschaft, sondern eine bewusst gesteuerte, und zwar sozial gesteuerte Marktwirtschaft."(Müller-Armack 1966a: 109) Nur, was unter sozialer Steuerung zu verstehen sei, bleibt in seinen Schriften wenig präzisiert, denn ihm fehlte eine klare Vorstellung von dem Möglichkeiten und Grenzen effektiver Staatsintervention.

Im Rückblick wird die Vieldeutigkeit und Unklarheit des Begriffs „Soziale Marktwirtschaft" betont (Blum 1969: 102 ff; www.ethik-und-gesellschaft.de, 1/2010). Bernhard Emunds unterscheidet drei Hauptebenen des Begriffs: (1) „„Soziale Marktwirtschaft' als Leitbild in den Debatten der politischen Öffentlichkeit", also „die publizistische oder auch propagandistische Ebene", als „Schlagwort" (Blum);

(2) als „theoretisches Konzept der ordnungspolitischen Diskussion", und (3) „die Ebene der ‚realen' Wirtschafts- und Sozialpolitik … das Wirtschaftssystem der Bundesrepublik, also für die bundesrepublikanische Variante des Kapitalismus" (Emunds 2010: 3). Auf jeder dieser Ebenen konkurrieren unterschiedliche Interpretationen, die meist nicht unabhängig von weltanschaulichen oder politischen Perspektiven der Autoren oder politischen Akteure sind. Die meisten kritischen Urteile unterschätzen die Produktivität der Programmformel für die Nachkriegszeit. Allerdings blieb die neoliberale Renaissance des Begriffs als „Neue Soziale Marktwirtschaft" nach der Jahrtausendwende ein wenig reflektierter Aufguss mit geringer politischer Durchschlagskraft.

5.5.2 Gesellschaftspolitik

Weniger einflussreich blieben die Programmbegriffe der „Gesellschaftspolitik" und der „Sozialordnung", welche der schon von Müller-Armack betonten Einsicht Rechnung tragen wollten: „Entscheidendes für die Erhaltung unserer wirtschaftlichen Kultur (wird) davon abhängen, ob es gelingt, die marktwirtschaftliche Form ihrer hohen Leistungsfähigkeit wegen zu erhalten, aber sie doch gleichzeitig einer bewusst gestalteten Gesamtordnung einzufügen." (Müller-Armack 1966a: 116; 1966c) Das *Denken in Kategorien der Ordnung* war charakteristisch für die Nachkriegszeit und kontrastierte auffällig mit angelsächsischen Demokratietheorien, die die Offenheit des politischen Prozesses und der gesellschaftlichen Entwicklung betonen, welche sich nicht durch mehr oder weniger statische Ordnungsvorstellungen einholen lassen. Es fehlte jedoch noch an einem soziologischen Verständnis von „Gesellschaft", wie auch weitgehend offen blieb, ob die Kategorien der postulierten Ordnung einem normativen Vorverständnis oder den erfahrungswissenschaftlichen Befunden zu entnehmen seien, oder wie gegebenenfalls das Verhältnis zwischen beiden zu bestimmen sei.

„Sozialordnung" wie übrigens auch der traditionsreichere Begriff „Sozialreform" (Dipper 1992) blieben wenig substantiierte Schlagworte der politischen Praxis: das „Bundesministerium für Arbeit" schmückte sich ab 1957 mit dem Zusatz „und Sozialordnung", und ein „Generalsekretariat für die Sozialreform" wurde dort bereits 1955 im Anschluss an Adenauers Ankündigung einer „umfassenden Sozialreform" in der Regierungserklärung zur Zweiten Legislaturperiode (1953-57) eingerichtet.[11]

---

11 Zur Schrumpfung der „umfassenden Sozialreform" auf eine Reform der Rentenversicherung vgl. Schulz 2005: 148 ff.

Im wissenschaftlichen Begriff der „Gesellschaftspolitik" kam dagegen ein Anliegen zur Sprache, das bereits die frühen Denker der Sozialpolitik beschäftigt hatte. Es ging erneut um die Frage der Beeinflussbarkeit der sozialen Verhältnisse durch wissenschaftliche Einsichten in deren Wandel und daraus abzuleitende Empfehlungen zu politischem Handeln (siehe 5.2). Diese Frage verband sich mit der Diskussion um den wissenschaftlichen Status von akademischer Sozialpolitik: Eine Reihe von Professoren der Sozialpolitik aus der Weimarer Zeit hatten sich in die Bundesrepublik hinübergerettet und wollten ihr Fach als eigenständige Wissenschaft erneut etablieren. *Gerhard Weisser*, der profilierteste Denker von Sozialpolitik in den Nachkriegsjahrzehnten, hielt dagegen Sozialpolitik für einen Gegenstandsbereich, der sich nur aus der Perspektive unterschiedlicher Disziplinen (Rechts-, Wirtschafts- und Sozialwissenschaft bzw. später Politikwissenschaft und Soziologie) angemessen analysieren lasse. Deren Perspektiven müssten im Hinblick auf bestimmte institutionelle Bereiche (z.B. Rentenversicherung oder Krankenversicherung) differenziert als „Systeme von Empfehlungen und Warnungen" oder als „Kunstlehren" entwickelt werden (Stelzig 1977). Mit Recht, denn angesichts der wachsenden Breite und Tiefe der sozialpolitischen Interventionen ist die Beschäftigung mit Sozialpolitik notwendigerweise „multifokal, d.h. auf unterschiedliche Probleme, und multidisziplinär, d.h. auf verschiedene Disziplinen bezogen" (Kaufmann 2003a: 147 f). Kann es da noch ein übergreifendes Bezugsproblem für Sozialpolitik „an sich" geben?

Der bis zum Dritten Reich dominierende Bezug von Sozialpolitik auf die Arbeiterfrage und die Problematik des Verhältnisses zwischen den sozialen Klassen hatte sich erschöpft. Das gilt auch auf internationaler Ebene: In ihrer „Erklärung von Philadelphia" (1944) hatte die Internationale Arbeitsorganisation (ILO) erstmals ein wohlfahrtsstaatliches Programm entwickelt, das als Adressaten von Sozialpolitik nicht mehr nur die Arbeiter und Seeleute, sondern alle sozial schwachen Gruppen der Bevölkerung thematisierte, und somit jedermann grundsätzlich das Recht auf sozialpolitische Leistungen zusprach, sofern er ihrer bedürftig sei. Diese universalistische Perspektive fand in der Folge Eingang in die Allgemeine Erklärung der Menschenrechte der Vereinten Nationen, wo Artikel 22 ein „(Menschen-)Recht auf soziale Sicherheit" postuliert (siehe 8.1).

Diese universalistische Programmatik verband sich im deutschen Kontext mit dem Begriff der „Gesellschaftspolitik". Vor allem *Hans Achinger* hat sich um die Rezeption der internationalen Perspektive verdient gemacht und als erster klar die Notwendigkeit einer soziologischen Perspektive auf die Sozialpolitik gefordert (Achinger 1971/1958; 1966). Tatsächlich hat sich die Beschäftigung mit Sozialpolitik in den letzten Jahrzehnten stark von den Wirtschaftswissenschaften weg und zu Soziologie und Politikwissenschaft hin entwickelt.

Der Wegfall der klassenbezogenen Perspektive führte zu einer *Individualisierung des Wohlfahrtsproblems*. So definierte etwa *Ludwig Preller*: „Sozialpolitik wirkt vom Aspekt des Arbeitslebens aus auf die Struktur der menschlichen Gesellschaft im Sinne des Menschen als eines Wertes eigener Prägung" (Preller 1962: 85). *Gerhard Weisser* führte sodann den Begriff der *Lebenslage* ein, als „der Spielraum, den die äußeren Umstände dem Menschen für die Erfüllung seiner Grundanliegen bieten, die er bei unbehinderter und gründlicher Selbstbesinnung für den Sinn seines Lebens ansieht" (Weisser 1956: 635). Beide Definitionen lassen das Bemühen erkennen, den normativen Aspekt von Sozialpolitik in einer auf das Individuum bezogenen Weise einzufangen, also die „systemfunktionale" (gesellschaftspolitische, integrative) durch die „personfunktionale" Perspektive zu ergänzen. In operationalisierbarer und damit trivialerer Form hat sich „Lebenslage" als Grundbegriff *sozialer Teilhabe* (Inklusion) weithin durchgesetzt (Kaufmann 2009g/1999: 123 f). Doch diese Perspektive entstand erst nach einem gesellschaftstheoretischen Paradigmenwechsel.

5.5.3 Sozialstaat und Inklusion

Bis dahin wurde der Gesellschaftsbegriff im deutschen Sprachraum entweder unitarisch-nationalstaatlich oder aber im Sinne der Hegelschen Unterscheidung von „Staat" und „(bürgerlicher) Gesellschaft" verstanden, wobei unter letzterer mal vor allem die Wirtschaft, mal die Formen gesellschaftlicher Selbstorganisation (Vereine, Parteien, Verbände etc.) gefasst wurden. Die individualistische Vorstellung der französischen Revolution einer „Staatsunmittelbarkeit des Individuums" (Koselleck) spielte im deutschen Sprachraum nur eine geringe Rolle.

Im Zuge des Vordringens soziologischer Perspektiven gewann eine Begrifflichkeit an Bedeutung, die den Gesellschaftsbegriff für einen übergreifenden Gesamtzusammenhang reserviert, diesen selbst aber nicht als erfahrbare Einheit, sondern als *Interdependenz funktional differenzierter Teilsysteme* konzipiert.[12] In der konsequenten Luhmann'schen Version verliert der Gesellschaftsbegriff seinen nationalen Bezug und bezieht sich nur noch auf die weltweite Kommunikation. Zahlreiche gesellschaftliche Teilsysteme wie Wirtschaft, Wissenschaft oder Massenkommunikation kommunizieren in der Tat weltweit, während das politische

---

12   Die Theorie funktionaler Gesellschaftsdifferenzierung beruft sich auf Einsichten soziologischen Klassiker wie *Herbert Spencer, Emile Durkheim, Georg Simmel* und *Max Weber*. Eine erste Fassung gewann sie durch den Amerikaner Talcott Parsons. In kritischer Auseinandersetzung mit ihm hat *Niklas Luhmann* die Theorie der Grundrechte differenzierungstheoretisch gewendet, zuerst in: Grundrechte als Institution, Berlin 1965.

System in Staaten fragmentiert bleibt. Die Partialität des Staates und der beschränkte Aktionsradius der an umgrenzte Räume gebundenen Politik werden gegenüber der Eigendynamik und tendenziellen Grenzenlosigkeit der übrigen gesellschaftlichen Teilsysteme offenkundig. Allerdings wird der Luhmann'schen Theorie von juristischer wie politikwissenschaftlicher Seite ein gewisser Steuerungspessimismus vorgeworfen. [13]

Hier sei vor diesem Hintergrund lediglich die Frage nach der Sozialpolitik erörtert. Sieht man von den erheblichen Flüchtlingsströmen ab, die ein ungelöstes Problem auch für die konsolidierten Staaten Europas darstellen, bleibt selbst unter den Bedingungen der Globalisierung der ganz überwiegende Teil der Menschen in einem bestimmten Staat sesshaft und rechnet sich ihm wie einer Schicksalsgemeinschaft zu. Hiervon gehen die neueren wohlfahrtsstaatlichen Diskurse aus und postulieren eine Verantwortung des Staates für das basale Wohlergehen der ihm Zugehörenden. [14] Diese Verantwortung wird auch durch die Doktrin wirtschaftlicher, sozialer und kultureller Menschenrechte legitimiert und hat sich in zahlreichen internationalen Abkommen verrechtlicht.

Für die Bundesrepublik Deutschland ist dieser internationale Rekurs allerdings entbehrlich, denn die staatliche Wohlfahrtsverantwortung ist in den so genannten Sozialstaatsklauseln des Grundgesetzes festgeschrieben. Nachdem die detaillierten sozialpolitischen Regelungen der Weimarer Reichsverfassung sich als unrealisierbar erwiesen hatten, blieb das Grundgesetz in dieser Hinsicht sparsam und hat neben der ausdrücklichen Gesetzgebungskompetenz des Bundes für die einschlägigen Materien (Art. 74 GG) die sozialpolitische Verantwortung allein in dem Wörtchen „sozial" in den Artikeln 20 I („sozialer Bundesstaat") und 28 I („sozialer Rechtsstaat") des Grundgesetzes verpackt. Nach anfänglicher Unklarheit über den Charakter dieser Verfassungsnorm (Forsthoff 1968) hat sich ihre Interpretation als „Staatsfundamentalnorm" und „Staatsziel" durchgesetzt (Zacher 2003: 202). Mit den Worten von *Hans F. Zacher*, der sich wie kein zweiter um die Konturierung und Analyse der Sozialstaatsproblematik in Deutschland verdient gemacht hat:

> „Die wichtigsten Ziele des „Sozialstaats" sind: Hilfe gegen Not und Armut und ein menschenwürdiges Existenzminimum für jedermann; mehr Gleichheit durch den Abbau von Wohlstandsdifferenzen und die Kontrolle von Abhängigkeitsverhältnissen;

---

13 Wegweisend Scharpf 1991. Detaillierter: Globalisierung und die Handlungsfähigkeit des Nationalstaats. Sonderheft der Zeitschrift für internationale Beziehungen, hrsg. von *Edgar Grande* und *Thomas Risse*, Band 7 (2000) Heft 2; sowie Hurrelmann u.a. 2008.

14 So schon die frühe Definition von *Girvetz*: „The welfare state is the institutional outcome of the assumption by a society of legal and therefore formal and explicit responsibility for the basic well-being of all of its members " (Girvetz 1968: 512).

mehr Sicherheit gegenüber den „Wechselfällen des Lebens"; und schließlich Hebung und Ausbreitung des Wohlstandes. ... Die wichtigste Prämisse des „Sozialen" aber ist: das Gegenüber von Staat und Gesellschaft bleibt aufrechterhalten; der Staat hat kein Monopol auf das „Soziale" und keinen Titel, die Gesellschaft aufzuheben, um ihren „sozialen" Charakter zu garantieren."[15]

In dieser juristischen Bestimmung also wird die *Differenz von Staat und Gesellschaft* wiederum thematisch und Zacher präzisiert: „Was mit dem Sozialstaat gemeint ist, ist .. nicht nur eine Sache des Staates, sondern auch eine Sache der einzelnen, der privaten Gemeinschaften und der Gesellschaft. Wer diese Einheit, die diese Leistung erbringt, richtig benennen wollte, brauchte ein Wort, das Staat und Gesellschaft zugleich benennt. ... Dieses Wort fehlt." (Zacher 2003: 208) Dieses Wort war einmal „Sozialpolitik", als Vermittlung zwischen Staat und bürgerlicher Gesellschaft (siehe 5.2), aber natürlich lässt sich diese ursprüngliche Bedeutung nicht mehr beleben, zumal es heute anachronistisch wäre, sich die bürgerliche (zivile) Gesellschaft als Summe von individuellen Akteuren ohne Strukturgrenzen und intermediäre Organisationen vorzustellen.

In der politischen Praxis haben sich die Leitbilder von „Sozialstaat" und „sozialer Marktwirtschaft" allerdings nicht als komplementäre Vorstellungen, sondern im Sinne politischer Gegenätze zwischen „linken" und „rechten" Parteien polarisiert (siehe 16.3).

Soziologische Versuche zur Entwicklung einer kohärenten Theorie des Sozial- oder Wohlfahrtsstaats nehmen diese Problemstellung auf und versuchen, sie zu präzisieren. Sie betonen den Zusammenhang zwischen kulturellen (Orientierung an Gleichheit, Freiheit, Hilfe für die Schwachen und Menschenwürde) und struktu- rellen (Sicherheit, hochgradig formalisierte und arbeitsteilig organisierte Leistungs- erbringung) Aspekten der wohlfahrtsstaatlichen Entwicklung. Sie unterscheiden zwischen verschiedenen – staatlichen, marktmäßigen, assoziativen, professionellen und privaten – Formen der Wohlfahrtsproduktion und postulieren die *Synergie* zwischen ihnen als normatives Kriterium sozialstaatlicher Effektivität (Evers/Olk 1996; Kaufmann 2009: 255 ff; 274 ff; 2012).

Ausgangspunkt ist die Einschätzung, dass mit der Auflösung der alten Schutz- und Sorgeverbände die Individuen in weit höherem Maße auf Leistungen kollek- tiv organisierter Daseinsvorsorge angewiesen sind. Diese müssen jedoch nicht zwangsläufig in staatlicher Trägerschaft stehen, gerade in Deutschland werden viele Leistungen durch nicht-staatliche Träger erbracht (Schuppert 1998). Auch realisiert sich Sozialpolitik im Sozialrecht charakteristischerweise in der Kombination von

---

15 Zacher 2008b: 22 f. (so auch bereits 1987). Für einen extensiven Versuch, „Das Soziale"
    in den Griff zu bekommen siehe Zacher 2001.

Normen des öffentlichen und des privaten Rechts, wie dies dem Gedanken einer Vermittlung von Staat und bürgerlicher Gesellschaft entspricht.

Allerdings neigen öffentliche wie private Organisationen generell dazu, sich ihrer Umwelt gegenüber selektiv zu verhalten, bezogen auf den Sozialsektor konkret: Sich um zahlungskräftige Beitragszahler zu bemühen und kostspielige Risikopopulationen von eigenen Leistungsverpflichtungen fern zu halten. Primäre Aufgabe des Staates als Sozialstaat ist es, angesichts gesellschaftlich verbreiteter Ausschlusstendenzen (Exklusion) die *Teilhabe der gesamten Bevölkerung an den sozialpolitischen Leistungssystemen* sicherzustellen (Inklusion). Das entspricht dem universalistischen Programm der Allgemeinen Erklärung der Menschenrechte und der darauf aufbauenden internationalen Verpflichtungen ebenso wie dem Sozialstaatsgebot des deutschen Grundgesetzes. Die relevanten Dimensionen der Teilhabe ergeben sich heute aus diesen rechtlichen Vorgaben und bestimmen gleichzeitig die relevanten Dimensionen der Lebenslage. Zentral bleibt dabei die ökonomische Dimension, die vor allem in der Form erwerbswirtschaftlicher – selbständiger oder meist unselbständiger – Beschäftigung fundiert ist, welche als Normalleistung erwartet wird, soweit nicht bestimmte Verhinderungen oder andere Pflichten dies verunmöglichen; erst dann kommen Ansprüche an die sozialpolitischen Organisationen zur Geltung (Zacher 2001: 349 ff). Aber der Sozialstaat gewährleistet nicht nur die ökonomische Existenz im Sinne einer monetären Umverteilungspolitik; er hat sich schon früh auch um die Arbeitsbedingungen und ihre Folgen gekümmert (Sozialpolitik im Produktionsbereich); und er hat vor allem in den letzten Jahrzehnten die Produktion von Dienstleistungen gefördert, insbesondere in den Bereichen der Bildung, der Gesundheit und der sozialen Hilfen (Sozialpolitik im Reproduktionsbereich). Gerade im Dienstleistungsbereich greifen sowohl marktliche wie auch staatlich-bürokratische Steuerungsformen zu kurz. Professionelles Wissen, verbandliche Aushandlungen und solidarische Formen der Wohlfahrtsproduktion sollten hier im Rahmen rechtlicher Vorgaben des Staates ineinander greifen. Auf der Theorieebene wird deshalb ein Übergang vom direkt intervenierenden „Sozialstaat" zum indirekt steuernden „Steuerungs-" oder „Regelungsstaat" postuliert (Kaufmann 2009/c1994; Leisering 2011).

Primär legitimiert sich sozialstaatliche Intervention heute durch ihre *personfunktionalen Nutzen*, also durch ihren Beitrag zur Lösung von Problemen der Lebensführung auf der individuellen oder familiären Ebene. Das schließt jedoch nicht aus, dass für politische Entscheidungen die *systemfunktionalen Nutzen* – Anerkennung der politischen Ordnung, soziale Stabilität, wirtschaftliche Produktivität, Akzeptanz weltwirtschaftlicher Offenheit (Rieger & Leibfried 2001), Humanvermögensbildung (Kaufmann 2009d) – größeres Gewicht haben. Angestrebt wird, dass die beiden Nutzen sich ergänzen (Synergie). Dass die Wirklichkeit diesem Leitbild nicht immer entspricht, dass es dem deutschen Sozialstaat wie auch anderen Wohlfahrtsstaaten nur in eingeschränktem Maße gelingt, die zumeist vom Wirtschaftssystem ausgehenden sozialen Ungleichheiten und negativen externen Effekte zu reduzieren, und dass die Eigeninteressen von Leistungsträgern ihren Nutzen für die Bevölkerung beeinträchtigen, steht auf einem anderen Blatt.

Nationale Traditionen der Wohlfahrtsstaatlichkeit und das Europäische Sozialmodell* 6

Zusammenfassung: Die europäischen Wohlfahrtsstaaten sind nicht als Varianten eines europäischen Sozialmodells entstanden, sondern das Ergebnis sehr unterschiedlicher nationaler Entwicklungen. Die Definition der Risiken, die Schwergewichte der Leistungen, ihre Organisation und institutionelle Ausgestaltung, wie auch die Leitprobleme und Legitimationen bleiben sehr verschieden. Vor diesem Hintergrund wird die Rede von einem „Europäischen Sozialmodell" einer kritischen Prüfung unterzogen. Der Druck innergemeinschaftlicher Standortkonkurrenz wird von den europäischen Staaten in unterschiedlicher Weise verarbeitet. Bisher lassen sich entschiedene Wechsel der nationalen Paradigmen von Wohlfahrtsstaatlichkeit kaum feststellen, wohl aber Akzentverlagerungen, z.B. von einer protektiven zu einer aktivierenden Sozialpolitik. Die Wohlfahrtsstaatlichkeit in Europa wandelt sich gleichzeitig auf mehreren Ebenen, und diese Veränderungen laufen nicht zwangsläufig in dieselbe Richtung. Es spricht manches dafür, dass die Folgen von Deregulierungen auf nationaler Ebene durch Angleichungen auf europäischer Ebene in etwa aufgefangen werden.

6.1 Die Idee eines europäischen Sozialmodells und die drei Ebenen eines Wandels europäischer Wohlfahrtsstaatlichkeit

Seit etwa 1990 ist vor allem in Diskursen auf europäischer Ebene von einem „Europäischen Sozialmodell" die Rede. Das Jahrbuch 2004 des Wissenschaftszentrums Berlin titelt: „Das europäische Sozialmodell – Auf dem Weg zum transnationalen Sozialstaat" und bringt den Begriff damit unmittelbar in den Kontext der europäischen Integration (Kaelble & Schmid 2004). Das Konzept kann also zweierlei

---

*   *Vorfassung in: Klaus Busch (Hrsg.): Wandel der Wohlfahrtsstaaten in Europa. Baden-Baden: Nomos, 2008, S. 17-27; um Abschnitt 6.2 erweitert.*

bedeuten: Entweder die charakteristischen Gemeinsamkeiten der europäischen Staaten mit Bezug auf die Wohlfahrtsproduktion, oder die programmatischen Eigenarten eines noch nicht verwirklichten zukünftigen, europäischen Zusammenhangs der Wohlfahrtsproduktion. Im propagandistischen Sprachgebrauch wird dann unterstellt, das zukünftige europäische Sozialmodell entspreche den Gemeinsamkeiten der bisherigen Sozialmodelle der europäischen Staaten.

Gegenüber der Rede von einem „Europäischen Sozialmodell" ist zunächst festzuhalten, dass in der Retrospektive davon nicht oder nur in einem analytischen Sinne die Rede sein kann. Die europäischen Wohlfahrtsstaaten sind nicht als Varianten eines europäischen Sozialmodells entstanden, sondern das Ergebnis sehr unterschiedlicher nationaler Entwicklungen, für die allenfalls eine gewisse Konvergenz behauptet werden kann, die sich vor allem unter dem Einfluss der EU seit 1990 intensiviert hat. Inwieweit es – historisch gesehen – Gemeinsamkeiten gibt, die die europäischen Staaten vom Rest der zivilisierten Welt unterscheiden, und worin sie bestehen, ist eine vergleichsweise neue und in verschiedenen Teilen der Welt unterschiedlich beantwortete Frage. Die das Besondere und die transnationale Konvergenz betonende Darstellung von Kaelble (2004) unterschlägt beispielsweise systematisch außereuropäische Länder des britischen Commonwealth, welche im Gegensatz zu den USA durchaus als Wohlfahrtsstaaten im europäischen Sinne zu bezeichnen sind. Neuseeland hat sogar vor dem Beveridge-Plan und seiner Umsetzung im Jahre 1937 bereits ein weitreichendes Sicherungssystem und einen Nationalen Gesundheitsdienst eingeführt.

Die Rede von einem „Europäischen Sozialmodell" wird plausibler, wenn wir sie als Diskurs im Rahmen der Suche nach einer „europäischen Identität" verstehen. Identitätssuche impliziert zwangsläufig eine Verknüpfung von Vergangenheit, Gegenwart und Zukunft, und so vollzieht sich die Suche nach einem Europäischen Sozialmodell als historische Rekonstruktion im Horizont einer gedachten Zukunft.

Gegenüber derartigen, den Wandel verdrängenden Identitätskonstruktionen hat die sozialwissenschaftliche Analyse genauer zu bestimmen, was unter „Europäischer Wohlfahrtsstaatlichkeit" in der gegenwärtigen, durch starke Veränderungen auf nationaler wie auf transnationaler Ebene zu kennzeichnenden Situation zu verstehen ist. Was bleibt? Und was wandelt sich? Und in welchem Referenzrahmen sind diese Fragen zu beantworten?

Was den Referenzrahmen der Leitidee betrifft, so handelt es sich bei den europäischen Wohlfahrtsstaaten zweifellos nicht um *de Gaulles* Europa „vom Atlantik bis zum Ural", sondern primär um jene demokratischen Staaten Nord- und Westeuropas, die es sich im Zuge des Wirtschaftsaufschwungs nach dem Zweiten Weltkrieg leisten konnten und wollten, Systeme umfassender sozialer Sicherung und bevölkerungsweiter sozialer Dienste – also einen staatlich regulierten Wohlfahrtssektor – aufzubauen. Diese europäischen Wohlfahrtsstaaten haben sich – mit Ausnahme der Schweiz und Norwegens – in der Europäischen Union (EU) zusammengeschlossen und diese zunehmend auch für Staaten geöffnet, deren politische und ökonomische Voraussetzungen für die Schaffung vergleichbarer Wohlfahrtssektoren nicht ausreichten. Aber auch die osteuropäischen sozialistischen Staaten verfügten über ein umfangreiches staatliches Dispositiv der Daseinsvorsorge für die gesamte Bevölkerung, das sich allerdings anderer Methoden, beispielsweise der Arbeitsplatzgarantie, betrieblicher Sozialpolitik und der Preiskontrolle bediente (Tomka 2004). Sie sind seit 1990 mit einer Umstrukturierung auf niedrigerem wirtschaftlichem Niveau beschäftigt. Mit ihrem Beitritt zur EU gewinnen deren Leitlinien für sie an Gewicht, aber gleichzeitig werden die Beitrittsländer mit ihren niedrigen Lohn- und Schutzniveaus zu attraktiven „Standortkonkurrenten", vor allem gegenüber den angrenzenden Staaten der EU wie Skandinavien, Deutschland und Österreich.

Von einem „Wandel europäischer Wohlfahrtsstaatlichkeit" kann analytisch somit in einem dreifachen Sinne gesprochen werden:

a. Wandel im *Selbstverständnis* der entfalteten europäischen Wohlfahrtsstaaten und in ihrem institutionellen Arrangement der Wohlfahrtsproduktion:
b. Wandel im wohlfahrtsstaatlich relevanten *Verhältnis* zwischen Mitgliedern der Europäischen Union, vor allem im Zuge der jüngsten Erweiterungsrunde;
c. Wandel durch *Einflussgewinn der EU-Steuerungsebene* im Verhältnis zu den historisch gewachsenen nationalen Arrangements der Wohlfahrtsproduktion.

Im Folgenden sei zunächst verdeutlicht, wodurch sich die wohlfahrtskulturellen Modelle der beiden als typische Repräsentanten des Sozialismus bzw. Kapitalismus geltenden Großmächte – Sowjetunion und Vereinigte Staaten – von denjenigen repräsentativer europäischer Wohlfahrtsstaaten unterscheiden. Es geht also um Gemeinsamkeiten und Unterschiede der historisch gewachsenen Sozialmodelle in Europa im Verhältnis zur Sowjetunion und den USA. Wir heben dabei nicht primär auf Gemeinsamkeiten und Unterschiede in den Institutionen öffentlicher Wohlfahrtsproduktion ab, wie das in der vergleichenden Wohlfahrtsstaatsforschung üblich ist, sondern auf grundlegende *institutionelle und kulturelle Unterschiede*, die – in Jahrhunderten gewachsen – die Tiefenstrukturen des jeweiligen Wohlfahrtsmodells prägen, mithin den Argumentationsraum der politischen Diskussion begrenzen. Hier geht es vor allem um Unterschiede der politisch-administrativen Verfassung in ihrem Verhältnis zu den gesellschaftlichen Kräften und die daraus resultierenden Unterschiede hinsichtlich der Priorität unterschiedlicher Formen der Wohlfahrtsproduktion. Und es geht um die Leitvorstellungen des Verhältnisses von individuellen und kollektiven Schicksalen, von „Staat" und „(bürgerlicher) Gesellschaft".

Die hier skizzierten Voraussetzungen sind wichtige Faktoren für die in der internationalen Vergleichsliteratur immer wieder hervorgehobene hohe Pfadabhängigkeit sozialpolitischer Entwicklungen. Wie die unten diskutierten Krisentendenzen in Wohlfahrtssektoren der europäischen Staaten zeigen, scheinen auch Leistungskürzungen bisher die Legitimität der politischen Institutionen ebenso wenig in Frage zu stellen wie die normativen Leitbilder der Wohlfahrtsstaatlichkeit. Dabei bleibt jedoch die *Ebene der nationalen Entwicklungen* im Bereich der Umverteilungspolitik und der sozialen Dienste bestimmend, und damit auch deren politische und wohlfahrtskulturelle Spezifika. Lediglich im Bereich von Sozialpolitik im Produktionsbereich, vor allem im Bereich des Arbeits- und Gesundheitsschutzes, hat die EU steuernden Einfluss gewonnen. In den übrigen Bereichen bleibt es bei Einzelkorrekturen durch die Rechtsprechung des Europäischen Gerichtshofes und freiwilligen administrativen Anpassungen im Rahmen der „offenen Methode der Koordination".

6.2   Nationale Traditionen[1]

Auch wenn die Idee einer internationalen Wohlfahrtsverantwortung für die unmenschlichen Folgen der Industrialisierung schon seit den Initiativen von Robert Owen im Jahre 1818 in der Welt war, entwickelten sich Maßnahmen und Rechtfertigungen zur Besserung der sozialen Lage der arbeitenden Klassen bis zum Zweiten Weltkrieg doch ausschließlich auf nationaler Ebene. Von einer weiter reichenden politischen Wohlfahrtsverantwortung für die gesamte Bevölkerung war auf internationaler Ebene überhaupt nicht, und auf nationaler Ebene nur ausnahmsweise vor 1944 die Rede (siehe 8.1).

---

1   Im Folgenden werden die Ergebnisse einer international vergleichenden Studie von vier europäischen Wohlfahrtsstaaten sowie der Vereinigten Staaten und der Sowjetunion (Kaufmann 2003b) hinsichtlich ihrer programmatischen Aspekte knapp zusammengefasst. Für die institutionellen Entwicklungen und Literaturbelege siehe den Originalbeitrag.

6.2.1 Sowjetunion

Das erste umfassende sozialpolitische Programm hatte der russische Revolutionär Wladimir I. Lenin auf der 6. Allrussischen Konferenz in Prag (1910) formuliert. Es wurde nach der Machtergreifung der Bolschewiki weitgehend in Gesetzesform gebracht:

> „By a decree of October 31, 1918, social insurance, or, as it was now called, social security ... was extended to cover all those who were gainfully employed, as long as they were not employing hired labor. This included wage and salary earners as well as self-employed peasants, artisans, and others, and the members of their families. The covered risks included all major contingencies of life. There was protection in cash and in kind in case of illness, permanent disability, unemployment, old age, and the loss of breadwinner. There were also maternity benefits and burial grants. Cash benefits and pensions were egalitarian; they were geared to the average wage in a locality instead of to the previous earnings of the beneficiary. The main source of financing was employer contributions. This program of universal and comprehensive protection was consistent with the universal duty to work that had been decreed in 1918 and became embodied in the Bolshevik Labour Code of 1919. An individual was either working or incapable of work and, therefore, was entitled to support." (Rimlinger 1971: 260)

Auch wenn dieses Gesetz angesichts des folgenden Zusammenbruchs des ökonomischen Systems kaum mehr als Papier blieb, ist es doch aufschlussreich für das zugrunde liegende Konzept sozialistischer Wohlfahrtspolitik. Seine Grundvorstellungen lassen sich wie folgt zusammenfassen:

1. Mit der Abschaffung des Kapitalismus und der Einführung einer sozialistischen Wirtschaftsordnung sind die gegensätzlichen Interessen zwischen Individuum und Gesellschaft aufgehoben. Eine sozialistische Gesellschaft ist eine harmonische Gesellschaft ohne innere Konflikte.
2. Die Arbeitspflicht ist somit kein Zwang, sondern entspricht dem natürlichen Bedürfnis eines Menschen, der um die Sorge des Gemeinwesens für sein Wohl weiß. Dies sollte das umfangreiche Programm sozialer Sicherung dokumentieren.
3. Auf die sozialen Leistungen besteht somit ein Rechtsanspruch, dem nach dem Grundsatz der Reziprozität die Pflicht zur Arbeit entspricht.
4. Der durch Arbeit oder Sozialleistungen gewährleistete Lebensstandard verbessert die Lebenssituation der Werktätigen in einer Weise, die sie zu einer Erhöhung ihrer Arbeitsproduktivität motiviert und damit einen ökonomischen Wachstumsprozess in Gang setzt, der zu einer fortgesetzten Wohlstandssteigerung führt.

Mit der Einführung des Sozialismus galt die „soziale Frage" somit grundsätzlich als gelöst. Der Sozialismus sollte die materiellen Voraussetzungen dafür schaffen, dass sich die Motive und Verhaltensweisen der Werktätigen ändern und ein „neuer Mensch" entstehe (Rimlinger 1971: 252-257; Madison 1968: 25-30).

Allerdings verwandelte sich das „Recht auf Arbeit" in der Folge mehr und mehr zu einer grundsätzlich erzwingbaren „Pflicht zur Arbeit", wobei der Zwang bis zum Arbeitslager reichen konnte. Die Möglichkeit und Notwendigkeit eines extrem hohen Beschäftigungsgrades beruhte nicht zuletzt auf den geringen Fortschritten der Arbeitsproduktivität. Das „Recht auf soziale Sicherheit" beschränkte sich grundsätzlich stets auf die Arbeitsbereiten und wurde hier vor allem in der Stalin-Ära höchst selektiv zur Prämiierung hoher Produktionsbeiträge ausgestaltet. Den grundsätzlich Arbeitsunfähigen wurde kaum politische Beachtung zuteil, sie verblieben bestenfalls in der Obhut der Familien. Das Gesamtsystem erhielt so eine stark *„produktivistische" Ausrichtung,* ohne doch wirklich produktiv zu werden. Auch wenn die Abhängigkeit von den marktgesteuerten kapitalistischen Verwertungsbedingungen aufgehoben wurde, so waren die Zwänge, denen die Bevölkerung sich um ihres Lebensunterhaltes willen unterwerfen musste, im Planwirtschaftssystem nicht geringer und die Vorteile noch selektiver. Dies war allerdings nicht primär auf das Wirtschaftssystem, sondern vor allem auf die zentralistische Machtausübung durch die Kommunistischen Partei der Sowjetunion (KPdSU), bzw. deren Generalsekretariat zurückzuführen, welches weder marktliche noch assoziative Formen der Wohlfahrtsproduktion zuließ und die familialen Formen kaum unterstützte. Im Zentrum stand die *Wohlfahrtsproduktion im Rahmen der Wirtschaftsbetriebe.*

Auch wenn die nachfolgende Realgeschichte der sowjetischen Sozialpolitik, ihre permanente Unterfinanzierung und ihre politische Instrumentalisierung ein völlig anderes Bild als das des Lenin'schen Programms hinterlassen hat, erklärt dessen frühe Programmatik doch, warum das Programm einer umfassenden Wohlfahrtsstaatlichkeit im Westen vielfach als sozialistisch oder kommunistisch denunziert wurde. Charakteristischerweise hat die Sowjetunion im Vorfeld der Allgemeinen Erklärung der Menschenrechte durch die UNO die Einfügung sozialer, wirtschaftlicher und kultureller Rechte unterstützt, dagegen die liberalen Freiheitsrechte bekämpft.

6.2.2 Vereinigte Staaten von Amerika

Während die historischen Voraussetzungen der Modernisierung im Falle Russlands durch eine seit der Zarenzeit ungebrochene Tradition zentralistischer Herrschaft geprägt und dadurch beeinträchtigt worden waren, stand es um die historischen

Voraussetzungen der Modernisierung in den Vereinigten Staaten (USA) nahezu umgekehrt: Sie wurden nicht nur durch den Mythos der Freiheit, sondern auch durch die säkulare Erfahrung der nach Westen offenen „Frontier" geprägt, d.h. die Erfahrung nahezu unbegrenzter Möglichkeiten für jeden, der den Mut zu neuen Unternehmungen aufbrachte. Es gibt hier weder die Vorgeschichte traditionaler Herrschaft noch diejenige des absolutistischen Staates, sondern *die Vereinigten Staaten sind als Einheit im Prozess der Modernisierung selbst entstanden*, ja sie bildeten in vielfacher Hinsicht das Experimentierfeld und das Pionierland von Entwicklungen, welche auch die europäische Modernisierung vorangebracht haben. Dem politischen Selbstverständnis der Vereinigten Staaten entsprechen, wie schon Alexis de Tocqueville hervorgehoben hat, der Aufbau der politischen Ordnung von unten nach oben und das Prinzip der Selbstverwaltung unter Beteiligung aller Bürger. Und bis heute stellt der Glaube an die überlegene Leistungs- und Anpassungsfähigkeit dezentralisierter und fragmentierter Machtstrukturen ein zentrales Moment des „American Creed" dar (Ostrom 1991). Die USA sind auch der einzige Großraum der Erde, in dem sich die Prinzipien des Kapitalismus unter nur bescheidenen politischen Hemmungen haben entfalten können.

Die USA haben zwar einen – vergleichsweise fragmentierten – Wohlfahrtssektor, aber sie sind kein Sozial- oder Wohlfahrtsstaat; sie kennen kein gemeinsames Vorverständnis einer öffentlichen Verantwortung für die grundlegenden Aspekte des Wohlergehens aller Bürger. Und ihr politisches System folgt Grundsätzen, die mit dem europäischen Staatsverständnis wenig gemein haben. So bemerken denn auch drei bedeutende sozialwissenschaftlichen Experten für die amerikanische Sozialpolitik:

> „The United States has no comprehensive "welfare state" in the European sense. Instead it has developed a disjointed patchwork of programs bifurcated into two tiers. In the realm of social transfers, the upper tier is "social security". Since the 1950s, this portion of public social provision has been politically protected by a strong bureaucracy and a broad base of public support made possible by its relatively universal scope. In contrast, the lower tier of social transfers includes programs grouped under the rubric of "welfare", programs that have been far less popular and much more vulnerable to political counter-pressures than those considered part of the "social security" system." (Weir/Orloff/Skocpol 1988: 422 f)

Den kulturellen Hintergrund für dieses die soziale Ungleichheit und den tendenziellen Ausschluss weiter Bevölkerungskreise von den wirtschaftlichen Fortschritten zementierende institutionelle Arrangement bildet eine vom calvinistischen Prädestinationsglauben und dem sozialdarwinistischen Glauben an den *survival of the fittest* genährte Überzeugung, dass der Mangel an ökonomischem und sozialem

Erfolg selbst verschuldet sei. In diesem Glauben an die Legitimität auch gravierender sozialer Ungleichheiten – bis hin zum Tod Obdachloser auf öffentlichen Plätzen! – besteht ein wesentlicher Unterschied zu den von Luthertum und Katholizismus geprägten europäischen Wohlfahrtsstaaten.

Der größte Unterschied liegt jedoch im *Staatsverständnis*: Auch wenn die Vereinigten Staaten heute als wirtschaftliche und politische Supermacht im Konzert der Staaten die erste Geige spielen und durch ihre außenpolitische Handlungsfähigkeit und militärische Effizienz beeindrucken, so sind die politischen Strukturen im Inneren doch von jener Einheitlichkeit weit entfernt, die wir bei den meisten europäischen Demokratien beobachten können. Die Verhältnisse in den 50 Gliedstaaten sind trotz ähnlicher politischer Strukturen wesentlich unterschiedlicher als in anderen Bundesstaaten, und dies gilt in besonderem Maße für die hier im Zentrum stehende Wohlfahrtspolitik.

Der Zusammenschluss der Vereinigten Staaten war von Anfang an von der Spannung zwischen den „Föderalisten" als Verfechtern einer starken Einheit des Bundes und den „Anti-Föderalisten" als Verfechter einer möglichst weitgehenden Souveränität der Einzelstaaten geprägt,[2] und diese Spannung bestimmt die amerikanische Sozialpolitik bis heute. Die Kompetenzen des Bundesstaates stehen nicht in der Verfassung, sondern sind ihm durch die höchstrichterliche Rechtsprechung in Reaktion auf entsprechende politische Initiativen zugewachsen. Das weitverbreitete amerikanische *Misstrauen gegen einen „umfangreichen Staat"*[3] geht zum einen auf einzelstaatliche Interessen und zum anderen auf fehlende administrative Kompetenzen und schließlich auf freiheitliche Traditionen zurück.

Nicht nur für die USA, sondern auch für England gilt, dass die *Tradition des Common Law* eine wesentlich andere Rechtskultur und damit auch ein anderes Verständnis politischer Herrschaft als in den vom römischen Recht geprägten kontinentaleuropäischen Ländern begründet hat (Dyson 1980). In letzteren ist der *Staat* der Inbegriff einer einheitlichen rechtlichen und politischen Gesellschaftsordnung, welche durch die Selbstbegrenzung des Verfassungsstaates und die damit einhergehende Freisetzung der „bürgerlichen Gesellschaft" deutlich in zwei von unterschiedlichen Rechtsprinzipien – dem öffentlichen und dem privaten Recht – dominierte Bereiche getrennt ist. Das angelsächsische Konzept des *government* dagegen versteht dieses als Funktion der *civil society*. Hier liegt also

---

2   Man beachte die dem europäischen Sprachgebrauch konträre Terminologie!

3   Es geht bei der Auseinandersetzung also nicht um die Frage nach einem ‚starken' oder ‚schwachen' Staat, sondern um die Reichweite seiner Zuständigkeiten; im Bereich seiner Zuständigkeit (z.B. Polizei, Steuern) wird eine effektive, ja Europäer zuweilen rücksichtslos anmutende Verwaltungstätigkeit durchaus bejaht.

der alte aristotelische Begriff der „politischen Gemeinschaft" zugrunde, während die Unterscheidung von „Staat" und „bürgerlicher Gesellschaft" vor allem von Hegel ausgearbeitet wurde (siehe 5.2). Hinzu kommt für die USA die schon von den calvinistischen Ursprüngen her legitimierte demokratische Auffassung des Gemeinwesens.

Diesem unterschiedlichen Verständnis der Regierungsfunktionen entsprechen auch unterschiedliche *Verwaltungstraditionen*. Im angelsächsischen Bereich blieb die Verwaltung bis weit ins 19. Jahrhundert eine ehrenamtliche Angelegenheit wohlhabender Bürger, während auf dem Kontinent in Schweden bereits im 16. Jahrhundert unter den Wasa-Königen, in Frankreich seit Colbert und in Preußen seit dem Großen Kurfürsten Friedrich Wilhelm, also in der 2. Hälfte des 17. Jahrhunderts, die Idee des professionellen Staatsdieners und demzufolge eines einheitlichen Beamtenstandes Gestalt annahmen. Während in Großbritannien seit der viktorianischen Zeit schließlich ebenfalls ein einheitlicher „Civil Service" entstand, hat sich in den Vereinigten Staaten bis heute keine einheitliche Verwaltungskultur entwickelt. Allerdings haben sich eine Reihe von hoch professionalisierten und vergleichsweise politisch unabhängigen Spezialverwaltungen entwickelt, unter ihnen die Social Security Administration. Wenn hinsichtlich der USA von „Social Security" die Rede ist, so betrifft dies somit ein wesentlich engeres Feld sozialer Risiken als in Europa (Alter, Invalidität, Hinterbliebene), und nur in dieser Hinsicht besteht eine strukturelle Ähnlichkeit zu den europäischen Wohlfahrtsstaaten.

Die normativen Grundvorstellungen des amerikanischen Wohlfahrtsmodells lassen sich in etwa wie folgt zusammenfassen:

1. Individuelle Freiheit bildet die Basis des gesellschaftlichen Zusammenlebens. Jeder ist seines persönlichen Glückes Schmied und hat die Konsequenzen seiner Entscheidungen im Zweifel selbst zu tragen.
2. Das politische Gemeinwesen baut sich demokratisch von unten auf: Die Einzelstaaten verfügen frei über ihre innere Ordnung und anerkennen zumeist eine breite Autonomie der Gemeinden. Der zentralstaatlichen Ebene kommen nur gesetzlich oder höchstrichterlich definierte Zuständigkeiten zu, wobei im Bereich der Sozialpolitik permanente Kompetenzstreitigkeiten die Regel sind.
3. Im Kern der amerikanischen Wohlfahrtsvorstellungen stehen Bildung und freier Zugang zu Arbeitsmärkten.[4]

---

4   Den Beginn amerikanischer Sicherungspolitik bildete die Sorge für die Kriegsveteranen des amerikanischen Bürgerkriegs. Deren zunehmend klientelistischer Charakter trug nachhaltig zum Misstrauen gegen zentralstaatliche Sozialpolitik bei, vgl. Skocpol 1992: 102-151.

4. Der Glaube ist verbreitet, dass die Maximierung von Konkurrenz auch den größten Fortschritt hervorbringt; und dass Fortschritt auf die Dauer alle Probleme heile.

5. Die Akzeptanz von sozialer Ungleichheit ist groß und findet ihre Grenze nur am moralischen Gebot der Gewährleistung des Überlebens für jedermann. Nicht die Stellung im Produktionsprozess (Klasse), sondern die Zugehörigkeit zu unterschiedlichen ethnischen Gruppen (Rasse) bildet die basale Struktur sozialer Ungleichheit.

Die prioritären Formen der Wohlfahrtsproduktion bilden Markt und Familie, aber auch assoziativen Formen werden keine Hindernisse in den Weg gelegt. Dagegen *entbehren die politischen Maßnahmen des sozialen Schutzes bis heute einer kulturellen Legitimation*. Dem entsprechend weigern sich die Vereinigten Staaten bis heute, den Internationalen Pakt für wirtschaftliche soziale und kulturelle Rechte der Vereinten Nationen zu ratifizieren. Im Gegensatz zu zahlreichen anderen Ländern, die internationale Abkommen bedenkenlos unterzeichnen, und sich dann ebenso bedenkenlos nicht daran halten, spielt das Recht als bindende Macht in den USA eine große Rolle. Über seine Einhaltung wachen jedoch weniger die öffentlichen Verwaltungen als die Gerichte.

Die Sowjetunion und die Vereinigten Staaten sind offenkundige Kontrastfolien zu den europäischen Wohlfahrtsstaaten, sobald man nicht auf einzelne Institutionen, sondern auf den Gesamtzusammenhang der institutionellen Formen der Wohlfahrtsproduktion und deren Legitimation abhebt.[5] Während in der Sowjetunion ein zentralistisches System versuchte, alle Formen der Wohlfahrtsproduktion politisch zu lenken, bestehen in den Vereinigten Staaten grundsätzliche Vorbehalte gegen die staatliche , insbesondere die zentralstaatliche Steuerung von Wohlfahrtsproduktion.

6.2.3 Großbritannien, Schweden, Frankreich und Deutschland

Vor diesem Hintergrund werden Gemeinsamkeiten der westeuropäischen Wohlfahrtsstaaten sichtbar, aber es zeigen sich auch innerhalb Westeuropas charakteristische Unterschiede. Dies sei an einem skizzenhaften Vergleich von vier im Sinne

---

5   Man mag diese Gesellschaftsvorstellungen mit den Kategorien "Sozialismus" und "Kapitalismus" bezeichnen, doch sind diese mittlerweile so abgegriffen, dass man sie m.E. im wissenschaftlichen Sprachgebrauch umgehen sollte.

wohlfahrtsstaatlicher Typologien für Europa repräsentativen Nationen verdeutlicht: Im Sinne der Typologie von Esping-Andersen (1990) können England als liberaler, Schweden als sozialdemokratischer, und Frankreich wie Deutschland als konservative Wohlfahrtsstaaten gelten, wobei die nachfolgende Kritik die Ähnlichkeit von Frankreich und Deutschland in Frage gestellt hat (Van Kersbergen 1995).

Der vier Staaten blicken auf eine alte *Tradition zentraler monarchischer Herrschaft* zurück, die jedoch durch dezentrale politische Kräfte in Grenzen gehalten wurde. Einzig Deutschland hat erst 1870 zur Reichseinheit gefunden und bis heute eine zum mindesten formal föderalistische Struktur beibehalten; doch verfügten auch die Vorläuferstaaten wie Preußen, Sachsen und Bayern über ausgeprägte verwaltungsstaatliche Strukturen. Im Gegensatz zu den Vereinigten Staaten hat Europa insgesamt gute Erfahrungen mit der öffentlichen Verwaltung gemacht, und so bestehen hier kaum grundsätzliche Vorbehalte gegenüber sozialpolitischen Interventionen, die mit Wohlfahrtzwecken legitimiert werden.

Während in Frankreich und Deutschland die bürgerliche Gesellschaft erst als Ergebnis einer konstitutionellen Selbstbeschränkung des bis dahin absolutistischen Staates entstand, brachte es das seit dem Hochmittelalter etablierte Kräftegleichgewicht zwischen König und Adel in England mit sich, dass sich der Kreis der im Parlament vertretenen Gruppen allmählich ausweitete und es zu keinem dauerhaften ständischen Unterschied oder gar Gegensatz zwischen Adel und Bürgertum kam. Wesentliche Ausdehnungen des Wahlrechts erfolgten schon 1832 und 1867, als bereits der Großteil der männlichen Industriearbeiter wahlberechtigt wurde. Die Ausdehnung des Wahlrechts auf die gesamte erwachsene Bevölkerung beiderlei Geschlechts erfolgte wie in vielen anderen Ländern nach dem ersten Weltkrieg. Auch in Schweden bildete sich schon früh ein prekäres Machtgleichgewicht zwischen König und Ständen, die Konstitutionalisierung und Demokratisierung vollzog sich ohne größere Verfassungskonflikte. Während jedoch Großbritannien zum Ursprungsort und Hort des Liberalismus wurde und nur sehr allmählich öffentliche Versorgungsfunktionen ausbildete, kam es in Schweden kaum zu einer liberalen Revolution, die Spannung zwischen einem professionell kompetenten Staat und der vergleichsweise homogenen bürgerlichen Gesellschaft blieb gering. Darin ähnelte Schweden dem deutschen Reich, wo der politische wie der wirtschaftliche Liberalismus von der preußisch-nationalen Bewegung überlagert wurden und sich eine ausgeprägte Staatsideologie entwickelte. Frankreich schließlich, das Land der „Großen Revolution", hat die durch sie geschaffenen Spaltung zwischen „Links" und „Rechts" (wie auch immer die Parteien sich nannten) nie überwunden und weist deshalb die politisch konfliktreichste Grundkonstellation der vier Vergleichsländer auf. Gegen die Kräfte eines konservativen Paternalismus erlangten die Frauen in

Frankreich das Wahlrecht erst 1946. Deutlich heben sich all diese Entwicklungen gegenüber dem Modell einer „Demokratie von unten" in den Vereinigten Staaten ab. Hinsichtlich seiner *Verwaltungsentwicklung* unterscheidet sich Großbritannien vom Kontinent. Abgesehen von einer Finanzverwaltung lag deren Schwergewicht nicht am Hofe. Insoweit als von einer Verwaltung überhaupt die Rede sein konnte, operierte sie dezentral als *local government*. Erst im Laufe des 19. Jahrhunderts entstand allmählich ein spezialisierter Civil Service, wobei die mit der Beaufsichtigung des Armen- und Gesundheitswesens beauftragten *Officers* die Entwicklung einleiteten (Fry 1979: 154-157). Der entstehenden Sozialpolitik kam also eine führende Rolle für die Verwaltungsentwicklung zu. Die eigentliche Professionalisierung und Bürokratisierung der Verwaltung unter Einschluß des *Local Government* vollzog sich erst im 20. Jahrhundert. Das Verhältnis zwischen Zentralstaat und örtlicher Verwaltung unterlag dabei wiederholten Verschiebungen, insbesondere im Zusammenhang mit Gebiets- und Sozialreformen. Aber auch wenn die Entwicklung in Richtung auf eine stärkere Dezentralisierung ging, blieb die Entscheidungskompetenz zentralisiert. Von einer Autonomie der örtlichen Ebene wie in Deutschland oder erst recht in Schweden kann nicht die Rede sein.

Großbritannien ist das Land, in dem die Grundsätze des Liberalismus ihre unmittelbarste praktische Wirksamkeit entfalteten und Wirtschaft, Politik und Armenfürsorge im 19. Jahrhundert nachhaltig geprägt haben. Inspiriert vom Geiste Jeremy Benthams (siehe 4.4) wurde 1834 die frühe Armengesetzgebung von Elisabeth I. reformiert und im Sinne einer schärferen sozialen Kontrolle der *able bodied poor* radikalisiert. Die Auseinandersetzung um diese Armengesetzgebung machte die *Armutsfrage* zum zentralen Topos der sozialpolitischen Debatten bis weit ins 20. Jahrhundert. Die Dominanz liberaler Grundsätze stellte eine nachhaltige Schranke gegen die Forderung nach politischen Eingriffen zur Lösung der sozialen Probleme der Zeit dar. "*Government shall not interfere*", gegen diesen Kampfruf mussten sich zunächst alle Argumente für Staatseingriffe behaupten. Mit der Verdrängung der Liberalen durch die Labour Party im 20. Jahrhundert wurde jedoch auch in Großbritannien die politische Regulierung sozialer Verhältnisse grundsätzlich legitim. Der Beveridge-Plan (1942) wurde zur Blaupause für Sozialreformen der Nachkriegszeit, nicht nur im Vereinigten Königreich.

Skandinavien verfügt über eine bis in vorchristliche Zeiten zurückreichende Tradition sozialer Hilfe, die nach unterschiedlichen politischen Formen schließlich in einem universalistischen sozialen Sicherungssystem aufgegangen ist. Die politische und gewerkschaftliche Selbstorganisation der Arbeiter wurde hier – im Gegensatz zu den drei Vergleichsstaaten – kaum behindert, und in Dänemark kam es schon 1899 nach heftigen Arbeitskämpfen zu einer Vereinbarung der Spitzenverbände von Unternehmern und Gewerkschaften, dem sog. *September Agreement*, das u.a.

die Tariffähigkeit der Gewerkschaften sowie die Kompetenz der Unternehmer zur Leitung der Betriebe anerkannte und Schlichtungsverfahren für Konflikte vorsah. Dieses Abkommen stellt das früheste Beispiel eines *korporatistischen Kompromisses* dar, der für die wohlfahrtsstaatliche Entwicklung auch in anderen Ländern wegleitend wurde. Ein ähnliches Abkommen wurde für Schweden 1938 in Saltsjöbaden geschlossen. In der Folge wurden nahezu alle arbeitsrechtlich relevanten Belange durch ein mehrstufiges System von Tarifverträgen und nicht durch Gesetz geregelt. Neben der Arbeiterbewegung wurden auf sozialem Gebiet die Bauernbewegung und die Frauenbewegung schon früh einflussreich. Die verschiedenen Sozialbewegungen konvergierten in der Forderung nach *Gleichheit*, welche zum zentralen Topos der sozialpolitischen Auseinandersetzung in Schweden werden sollte.

Auch *Preußen* und andere deutsche Staaten regelten das Armenwesen schon vor Beginn der eigentlichen Industrialisierung in einigermaßen humaner Weise, sodass es in Deutschland nie vergleichbare politische Auseinandersetzungen um die Armenfrage gegeben hat wie in Großbritannien. Im 1870 entstandenen Deutschen Reich wurde stattdessen die *Arbeiterfrage* zum zentralen Topos der politischen Diskussion. Auch die von Bismarck in Gang gesetzte Sozialversicherung (1883/89) konzentrierte sich auf die Industriearbeiter, ebenso die Arbeitsschutzgesetzgebung Kaiser Wilhelms II. Und wenn in der Folge andere soziale Gruppen Gegenstand staatlicher Sozialpolitik wurden, so wurden für sie vielfach separate Institutionen geschaffen. Selbst nach dem 2. Weltkrieg wurde das nach Berufsgruppen (Beamte, Arbeiter, Angestellte, Selbständige) gegliederte Dispositiv sozialer Sicherung in der Bundesrepublik wieder hergestellt; das vom Beveridge-Plan ausgehende Programm universalistischer Sicherung kam dagegen über akademische Erörterungen hinaus nie in die praktische Politik.

In *Frankreich* verhinderten die virulenten Gegensätze zwischen paternalistischen, wenn nicht autoritären Unternehmern und meist radikalen Gewerkschaften korporatistische Kompromisse und die Entstehung eines stabilen Systems der sozialen Sicherung bis nach dem 2. Weltkrieg. Erst in Reaktion auf die Maiunruhen von 1968 begannen die meist bürgerlichen Regierungen eine größere Wohlfahrtsverantwortung zu übernehmen und den nicht gelingenden Korporatismus durch staatliche Regelungen zu ersetzen. Das zentrale Thema der französischen Sozialpolitik wurde daher weder die Arbeiterfrage, noch die Armutsfrage, sondern die *Familienfrage*. Ein deutlicher Geburtenrückgang hatte in Frankreich schon um 1830 eingesetzt, sodass bereits gegen Ende des 19. Jahrhunderts nationalistische Bedenken gegenüber einer erwarteten „Entvölkerung" aufkamen. Parallel hierzu entwickelte sich eine christlich inspirierte soziale Bewegung zugunsten der Familien. So wurde die Familienpolitik das einzige Feld, auf dem der laizistische Nationalismus und der katholische Konservatismus in ihren Vorstellungen konvergierten (Schultheis

1988). Der kurz vor Beginn des Zweiten Weltkriegs verabschiedete *Code de la Famille* bildete die Grundlage für eine umfassende staatliche Familienpolitik nach dem zweiten Weltkrieg, die auch in demografischer Hinsicht einigen Erfolg hatte. Das nach dem zweiten Weltkrieg geplante einheitliche System der *Sécurité Sociale* wurde durch eine Vielzahl erfolgreicher Sonderwünsche organisierter Interessen zersplittert und leidet unter fortgesetzten Finanzierungsschwierigkeiten. Zentrale soziale Fragen, insbesondere im Bereich der Armutspolitik, konnten bis heute nicht systematisch gelöst werden.

Trotz dieser (und vieler weiterer) Unterschiede, deren Liste sich beim Einbezug weiterer Länder noch verlängern ließen, lassen sich in Abhebung US-amerikanischen und sowjetischen Modell die Gemeinsamkeiten eines „Europäischen Wohlfahrtsmodells" skizzieren:

1. Eine weit zurückreichende Spannung zwischen auf Zentralisierung der Machtbefugnisse bedachten, meist monarchisch verfassten politischen Zentren einerseits und solche Machtbefugnisse relativierenden Kräften (Kirche, Adel, freies Bauerntum, bürgerschaftlich verfasste Städte) andererseits präformierte die Bildung konstitutioneller und sich zunehmend demokratisierender Staaten im Zeitalter des Nationalismus.
2. Die konstitutionellen Selbstbeschränkungen des Staates betrafen nicht nur die politischen, sondern auch die Freiheitsrechte der Bürger und leisteten damit der Entfaltung einer von politischen Eingriffen grundsätzlich unabhängigen privatkapitalistischen Marktwirtschaft sowie einer pluralistischen „bürgerlichen Gesellschaft" Vorschub.
3. Normative Traditionen der Armenfürsorge und der Kritik an den Reichen finden sich schon im antiken Judentum und wurden im Christentum dahingehend fortentwickelt, dass nicht nur die Angehörigen des eigenen Volkes, sondern grundsätzlich jeder bedürftige Mensch Anspruch auf Respekt und Hilfe hat. Diese moralische Intuition prägte zunächst die kirchliche, später auch die säkulare Armenpflege und inspiriert bis heute Sozialbewegungen unterschiedliche politischer Orientierungen, häufig im Namen der ebenfalls bis in die Antike zurück reichenden Ideen von Gleichheit und Gerechtigkeit.[6]

---

6   M.E. ist dieser wohlfahrtskulturelle Gesichtspunkt von eminenter Bedeutung. Westeuropa wurde von Katholizismus und der hochkirchlichen sowie lutherischen Reformation geprägt, also von Konfessionen, die in hierarchischer Weise verfasst sind. Der die Vereinigten Staaten prägende Calvinismus geht dagegen vom Modell des Bundes Gottes mit Israel aus (*Mayflower Compact*) und damit von einem unter Menschen egalitären Modell aus. Im orthodoxen Christentum fehlt die Forderung nach praktischem

4. Aufgrund dieser Konstellation entwickelt sich Sozialpolitik in Europa als moralisch legitimierte Intervention des Gesetzgebers in die grundsätzlich frei gestaltbaren wirtschaftlichen und sozialen Verhältnisse, als *Vermittlung zwischen Staat und bürgerlicher Gesellschaft.*

5. Dem Staat wird eine politische Verantwortung für die Förderung individueller und kollektiver Wohlfahrt zugesprochen, deren konkreter Inhalt Gegenstand politischer Auseinandersetzungen bleibt. Die Etablierung eines tendenziell alle Einwohner und alle anerkannten sozialen Risiken umfassenden, durch Steuern oder Zwangsbeiträge finanzierten Systems sozialer Sicherung, aber auch ein staatlich reguliertes Bildungswesen ist zum zentralen Merkmal europäischer Sozialordnungen geworden.

6. Insoweit man den europäischen Gesellschaften eine gemeinsame Fortschrittsidee zuschreiben kann, so beruht sie auf der Vorstellung eines Zusammenwirkens von Staat und Marktwirtschaft sowie der Aushandlung organisierter Interessen im Rahmen einer repräsentativen Demokratie. Im Unterschied zur Sowjetunion einerseits und den Vereinigten Staaten andererseits gibt es keine eindeutige Priorität für bestimmte Formen der Wohlfahrtsproduktion, sondern den Glauben an einen „Wohlfahrtspluralismus".

6.3 Die sogenannte Krise des Wohlfahrtsstaates

Für die entfalteten europäischen Wohlfahrtsstaaten gilt, dass sie seit den 1980er Jahren sowohl programmatisch als auch fiskalisch zunehmend in Schwierigkeiten geraten sind. Auslösend hierfür waren vor allem Veränderungen in den internationalen Währungsverhältnissen, ein in der Wohlfahrtsstaatsdiskussion selten thematisierter Umstand.

Die Aufbauphase der europäischen Wohlfahrtsstaaten nach dem Zweiten Weltkrieg vollzog sich unter dem bereits 1944 in Bretton Woods verabredeten internationalen Währungsregime auf der Basis des US-amerikanischen Dollars, dessen Wert allein an das Gold gebunden blieb. Die europäischen Währungen wurden damals zu einem festen, sich an Vorkriegsverhältnissen orientierenden Wert auf den Dollar bezogen, im Falle der DM war ein Dollar 4 DM wert. Mit dem Wirtschaftsaufschwung Europas wurden die europäischen Währungen unterbewertet, was zum starken Wirtschaftswachstum der Nachkriegszeit, zur Vollbeschäftigung

Engagement zu Gunsten der Armen weitgehend. Zu den variablen Zusammenhängen zwischen Religion und wohlfahrtsstaatlicher Entwicklung siehe Kapitel 7.

und damit zu den großen Verteilungsspielräumen beitrug, welche den Aufbau der wohlfahrtsstaatlichen Institutionen erleichtert haben. Dieses Währungssystem von Bretton Woods brach 1973 zusammen, und die Konkurrenzvorteile Europas gegenüber den USA schwanden. Diese Entwicklung wurde durch die Ölpreiskrisen von 1974 und 1979/81 verschärft, welche die ersten ernsthaften Wirtschaftskrisen seit dem zweiten Weltkrieg einleiteten und den Wachstumspfad der europäischen Volkswirtschaften nachhaltig dämpften. Damals begann die Rede von einer „Krise des Wohlfahrtsstaats". Zwischen 1963 und 1973 war die industrielle Produktion weltweit um 7 % gestiegen; zwischen 1973 und 1982 waren es nur noch 2½ %, seit 1995 in Deutschland nur noch um 1 %. Als Folge sinkender Wachstumsraten kehrte auch das Phänomen der *Arbeitslosigkeit* wieder, welches seither zur größten Herausforderung der entfalteten Wohlfahrtsstaaten geworden ist.

Ab 1985 folgte die internationale *Deregulierung der Finanzmärkte*. Nun wurden die nationalen Grenzen für den Kapitalverkehr unerheblich, und daraus resultierte ein erheblicher Verlust an wirtschaftspolitischer Autonomie. Der Zusammenschluss vieler EU-Staaten zur Euro-Zone ist als Defensivbündnis gegen die Globalisierung der Finanzmärkte und die dadurch ermöglichte Spekulation gegen bestimmte Währungen zu verstehen. Die fiskalpolitischen Vorgaben der EU wirken nun weit unmittelbarer als Restriktion gegenüber einer Ausweitung von Sozialleistungen als die internationalen Währungsverhältnisse. Gleichzeitig ist der Euro zu einer dem Dollar im Weltwährungssystem äquivalenten Macht geworden, was der langfristigen Stabilität der europäischen Volkswirtschaften dienlich ist.

Neben der Arbeitslosigkeit schränken die *demografischen Perspektiven* einer zunehmenden Alterung und damit einer überproportionalen Zunahme der kostenintensivsten Sozialstaatsklientel die sozialpolitische Leistungsfähigkeit ein. Gravierendere Folgen als die Alterung hat allerdings der Geburtenrückgang und der daraus folgende Rückgang des Humankapitals oder der Humanvermögen. Im Falle der „alten" Bundesrepublik lässt sich aufgrund der um ein Drittel unterhalb des Reproduktionsniveaus liegenden Fertilität für den Zeitraum vom 1970 bis 2000 eine Investitionslücke bezüglich des Humanvermögens von ca. 2500 Milliarden Euro schätzen (Kaufmann 2005a: 77 ff). Dieses fehlende Humankapital ist der wesentliche Grund für die langfristig düsteren Perspektiven des deutschen Systems sozialer Sicherung. In Südeuropa und Osteuropa ist der extreme Geburtenrückgang später in Gang gekommen, wird aber mit einer gewissen zeitlichen Verzögerung nicht minder gravierend wirken. Die übrigen Länder West- und Nordeuropas stehen auch langfristig etwas günstiger als Deutschland da, vor allem Frankreich, das sich schon früh politisch um seine demografische Entwicklung gekümmert hat.

Allen europäischen Wohlfahrtsstaaten gemeinsam ist schließlich die gewandelte politische und *ideologische Großwetterlage*: Der Zusammenbruch des Ostblocks ließ bisherige soziale Rücksichten der Kapitaleigner und ihrer politischen Exponenten „realpolitisch" überflüssig werden und gab neoliberalen und Globalisierungs-Diskursen Auftrieb. Es genügt nun nicht mehr, den Wohlfahrtsstaat mit dem Motto „Weder Kapitalismus noch Sozialismus" als „dritten Weg" zu behaupten. Gefragt sind inhaltliche Argumentationen, welche es mit den Verheißungen des Neoliberalismus aufnehmen können.

Wie international vergleichende Untersuchungen zeigen, haben die Wohlfahrtsstaaten in sehr unterschiedlicher Weise und mit unterschiedlichem Erfolg auf die genannten Herausforderungen reagiert (Scharpf/Schmidt 2000; Huber/Stephens 2001). Hierfür werden institutionelle wie auch politische und kulturelle Unterschiede namhaft gemacht, die sich aber nicht auf einfache Regelhaftigkeiten und Zusammenhänge reduzieren lassen. Diese Beobachtung verdient im Hinblick auf die Versuche, eine zusammenhängende Theorie des Wohlfahrtsstaats zu entwerfen, ein vertieftes Nachdenken.

Nationale Muster wohlfahrtsstaatlicher Entwicklung sind in Europa ausgeprägter als transnationale Ähnlichkeiten. Trotz ähnlicher Herausforderungen (Demokratisierung, Industrialisierung, Verstädterung) wurden soziale Probleme unterschiedlich definiert, variierten die politischen Prioritäten und die gefundenen institutionelle Lösungen von Land zu Land. Im Vergleich zur Entwicklung von Rechtsstaatlichkeit, Demokratie und Marktwirtschaft erscheinen die institutionellen Entwicklungen im Bereich der staatlichen Regulierung der Produktionsbedingungen, der sozialen Sicherung und der sozialen Dienste international kontingenter. Die Annahme *nationaler Traditionen*, d.h. pfadabhängiger Entwicklungen unter dem dominierenden Einfluss nationaler Eigenarten erscheint für die Erklärung bisheriger Entwicklungen plausibler als die Erklärung durch abstrakte (z.B. funktionalistische oder konflikttheoretische) Ansätze. Wohlfahrtsstaatstypologien erklären nichts, sondern liefern bestenfalls verallgemeinernde Beschreibungen ähnlicher nationaler Muster.

Dem Verfasser scheinen vergleichend aufgebaute nationale Fallstudien mehr Einsichten zum Verständnis wohlfahrtsstaatlicher Entwicklungen zu versprechen als das typologische Vorgehen (Kaufmann 2003b: 16 ff). Beispielsweise ließ sich in den hier untersuchten vier Ländern je ein spezifisches *Leitproblem* identifizieren, das für das Verständnis der sozialpolitischen Prioritäten wie auch für die Eigenarten institutioneller Entwicklungen problemaufschließend ist. In Großbritannien war dieses Leitproblem die Bekämpfung von Armut, in Deutschland die Lösung der Arbeiterfrage, in Schweden die Herstellung von Gleichheit und in Frankreich die Stärkung der Familie. Diese unterschiedlichen Leitprobleme strukturierten die sozialpolitische Entwicklung im 19. und in der ersten Hälfte des 20. Jahrhunderts; d.h. auch die wohlfahrtsstaatlichen Reformen nach dem Zweiten Weltkrieg blieben noch von diesen nationalen Problemstellungen her geprägt. Zwar konvergierte in der Folge der institutionelle Ausbau der europäischen Wohlfahrtsstaaten in dem Sinne, dass im Bereich der Sozialversicherung überall in etwa dieselben Risiken bearbeitet werden, und dass überall ein staatlich reguliertes Bildungs- und Gesundheitswesen sowie weitere Formen öffentlich regulierter personenbezogener sozialer Dienste entstanden sind. Aber *die Definition der Risiken, die Schwergewichte der Leistungen und erst recht ihre Organisation und institutionelle Ausgestaltung bleiben sehr verschieden.*

Auch haben sich die sozialpolitischen Vorverständnisse einander wenig angenähert: Noch immer gehört beispielsweise in Deutschland und Frankreich die Bildungspolitik nicht zur Sozialpolitik, während sie im angelsächsischen und skandinavischen Raum als zentral angesehen wird. Oder: Die im deutschen und schwedischen Fall wichtige Arbeitnehmerpolitik bleibt in Frankreich und Großbritannien aus unterschiedlichen Gründen marginal. Noch grundsätzlicher unterscheiden sich jedoch die politischen Vorverständnisse des Verhältnisses von Staat, Recht und Gesellschaft. Im Falle Großbritanniens ist der Staatsbegriff zur Selbstbeschreibung des politischen Systems geradezu unangemessen, man spricht dort von *Government*, das die Gerichtsbarkeit nicht einschließt. Im angelsächsischen Raum ist die Vorstellung einer Steuerung der gesellschaftlichen Entwicklung mittels Rechtsnormen kaum entwickelt, welche dagegen für die historisch vom römischen Recht geprägten kontinentaleuropäischen Staaten prägend ist. Die Gesellschaftsauffassung ist in Frankreich am antagonistischsten, in Schweden am harmonischsten. All dies lässt sich anhand der geschichtlichen Entwicklung verständlich machen. Man kann – was die Grundauffassungen der Wohlfahrtsstaatlichkeit betrifft – geradezu von *unterschiedlichen Kosmologien* sprechen: Es sind vor allem die Grundauffassungen über die Ordnung der Gesellschaft, welche divergieren, während im Bereich der sozialpolitischen Institutionen unter dem Einfluss der europäischen Einigung gewisse Konvergenzen zu beobachten sind.

6.4   Zum theoretischen Konzept des Wohlfahrtsstaates

Für eine theoretische Beschäftigung mit Fragen der Wohlfahrtsstaatlichkeit ergeben sich aus diesen unterschiedlichen Vorverständnissen erhebliche Herausforderungen. Was ist der politisch-sozialen Verfassung der europäischen Staaten gemeinsam? Begrifflich wird man sich auf Rechtsstaatlichkeit, Demokratie, Marktwirtschaft und Wohlfahrtsstaatlichkeit als gemeinsame Merkmale einigen können. Während wir jedoch mit der Jurisprudenz für die Rechtsstaatlichkeit, der Politikwissenschaft für die Demokratie und den Wirtschaftswissenschaften für die Marktwirtschaft über international entwickelte Leitwissenschaften verfügen, welche den Sinn dieser institutionellen Komplexe legitimieren und sie problemorientiert ausdeuten, fehlt es für die Wohlfahrtsstaatlichkeit sowohl an einer klaren Leitwissenschaft als auch an theoretischen Konsensen. Der Wohlfahrtsstaat hat ein Reflexionsdefizit (Kaube 2003).

„Wohlfahrtsstaat" lässt sich als deskriptiver und als normativer Begriff auslegen. Deskriptive Interpretationen von Wohlfahrtsstaatlichkeit orientieren sich heute vorzugsweise an internationalen Standards und statistischen Konventionen. Dabei rückt nahezu zwangsläufig das soziale Sicherungssystem ins Zentrum, weil dieses überall zum Kernbereich der Wohlfahrtsstaatlichkeit zählt, statistisch ausreichend erfasst ist und die entsprechenden Einrichtungen auch international organisiert sind. Aus einer umfassenderen Perspektive handelt es sich hierbei gerade einmal um einen Teilaspekt der *Sozialpolitik im Verteilungsbereich*; wollte man die Umverteilungspolitik angemessen studieren, müsste man zudem das jeweilige Steuersystem mit berücksichtigen. Die *Sozialpolitik im Produktionsbereich* – also Arbeitsschutz, Lohn- und Tarifpolitik, Mitbestimmung und Arbeitsmarktpolitik – werden kaum je in den internationalen Vergleich einbezogen. Aber auch die *Sozialpolitik im Reproduktionsbereich*, also Familien-, Bildungs-, Wohnungs- und Gesundheitspolitik sowie die sozialen Dienste für Alte, Behinderte, Jugendliche usw. bleiben meist außerhalb des internationalen Vergleichs.

Will man zu einer überparteilichen und transnational plausiblen *normativen Bestimmung von Wohlfahrtsstaatlichkeit* gelangen, so empfiehlt es sich, an die internationalen Entwicklungen anknüpfen, welche zur Gründung der Vereinten Nationen und ihrer Programmatik der bürgerlichen, politischen und sozialen Menschenrechte geführt haben. Ein politisch verfasstes Gemeinwesen ist demzufolge als „wohlfahrtsstaatlich" zu qualifizieren, insoweit es nicht nur bürgerliche und politische, sondern auch soziale Teilhaberechte für alle ihm Zugehörenden gewährleistet. Dieser Ansatz erscheint auch deshalb tragfähig, weil sich an der internationalen Entwicklung der Übergang von sozialpolitischen Konzepten punktueller Intervention zu wohlfahrtsstaatlichen Konzepten umfassender Gewährleistung deutlich ablesen lässt. Ferner existieren mittlerweile eine Reihe internationaler Übereinkünfte, welche den Raum der Gewährleistung sozialer Rechte operationalisieren (siehe Kapitel 8).

Überblickt man die internationale Literatur, soweit sie sich konzeptionell und nicht nur institutionell mit dem Wohlfahrtsstaat befasst, so dominieren nationale und ideologisch-parteiliche Vorverständnisse. Hiervon kann man sich systematisch am ehesten mit Hilfe gesellschaftstheoretischer Annahmen lösen. Einen gesellschaftstheoretischen Ansatz gewinnt man beispielsweise über den von Talcott Parsons und Niklas Luhmann verwendeten Begriff der *Inklusion*, der sich in Verbindung mit einer frühen Arbeit von T.H. Marschall (1950) unschwer mit der Doktrin der Menschenrechte verknüpfen lässt. Allerdings ist mit dem Inklusionskonzept die differenzierungstheoretische und modernisierungstheoretische Interpretation der wohlfahrtsstaatlichen Entwicklung noch nicht ausgeschöpft (Huf 1998; Leisering 2004b). In der internationalen Literatur bemüht sich vor allem Göran Therborn (1995) um eine Verknüpfung von Modernisierungstheorie und Sozialstaatstheorie. Die meisten anderen Autoren bleiben m.E. zu eng an den institutionellen Entwicklungen der Wohlfahrtsstaatlichkeit.

Die gesellschaftstheoretische Fundierung vermag zu verdeutlichen, dass die wohlfahrtsstaatliche Entwicklung eine Reaktion auf die neuzeitlichen Formen funktionaler Gesellschaftsdifferenzierung ist, und dass deshalb die Wechselwirkungen zwischen zentralen Gesellschaftsbereichen ins Auge zu fassen, also das Verhältnis zwischen Politik, Marktwirtschaft, zivilgesellschaftlichen Assoziationen und Haushalt/Familie. Es bedarf einer soziologische Fundierung und interdisziplinären Orientierung, um zu einer international akzeptablen Theorie des Wohlfahrtsstaates zu gelangen (Kaufmann 2012: 1-26).

Wenn wir uns mit dem „Wandel europäischer Wohlfahrtsstaatlichkeit" theoretisch auseinandersetzen wollen, so scheint es zweckmäßig, weder von einem räumlich-historischen („Europa") noch von einem politisch besetzten Begriff („Wohlfahrtsstaat") auszugehen, sondern ein unterschiedliche Gesellschaftsformationen übergreifendes Bezugsproblem zu postulieren, im Rahmen dessen der „Wandel europäischer Wohlfahrtsstaatlichkeit" im einleitend genannten dreifachen Sinne rekonstruiert werden kann. Ich bezeichne dieses Bezugsproblem als *Wohlfahrtsproduktion*, womit die Perspektive anschlussfähig auch an ökonomische Überlegungen wird. Unter Wohlfahrtsproduktion sei die Gesamtheit der Nutzen für Dritte stiftenden Transaktionen verstanden. Das Problem der Sozial- oder Wohlfahrtsstaatlichkeit bezieht sich sodann auf die Rolle des Staates mit Bezug auf den Gesamtprozess der Wohlfahrtsproduktion im durch ihn definierten Kontext (Kaufmann 2009a/1994). Gegenüber dem Sozialismus unterscheidet sich das wohlfahrtsstaatliche Arrangement vor allem durch Wirtschaftsfreiheit und die damit verbundene Unabhängigkeit der Unternehmerfunktion. Gegenüber dem Kapitalismus durch Einschränkung wirtschaftlicher Willkür durch soziale Rechte.

Wohlfahrtsproduktion vollzieht sich typischerweise im Rahmen institutioneller Kontexte, welche die Erwartung einer direkten oder indirekten Reziprozität der Nutzen stiftenden Transaktionen für die Beteiligten stabilisieren, und damit deren Bereitschaft, sich an derartigen Transaktionen zu beteiligen. Etablierte Diskurse beziehen sich auf die institutionellen Kontexte von „Markt", „Staat", „Assoziation/ Korporatismus" und „Familie/Haushalt", für die sich auch unterschiedliche Produktionsweisen und Steuerungsbedingungen formulieren lassen. In erster Annäherung lassen sich Unterschiede in den nationalen Arrangements der Wohlfahrtsproduktion durch das Verhältnis bzw. Gewicht von Einrichtungen beschreiben, die sich einem dieser vier institutionellen Kontexte subsumieren lassen (Kaufmann 2003b: 122, 160 f., 202, 246, 306 f.). Wandel im Zeitablauf lässt sich u.a. als Veränderung ihres Verhältnisses bzw. Gewichts beschreiben. Beispielsweise war in Schweden die staatszentrierte Form der Wohlfahrtsproduktion sehr dominierend, während in jüngerer Zeit vor allem assoziativen Formen der Wohlfahrtsproduktion mehr Raum eingeräumt wird. In Großbritannien sind marktmäßige Steuerungsformen im Vormarsch. In Deutschland hat sich das bisherige, stark korporatistisch, also assoziativ geprägte Dispositiv der Wohlfahrtsproduktion trotz Wiedervereinigung und wachsendem fiskalischem Druck erstaunlich wenig verändert.

6.5 Die Europäische Union und der Wandel der Wohlfahrtsstaatlichkeit

Welche Einflüsse resultieren aus der Verbundenheit der europäischen Staaten in der EU und deren jüngste Erweiterung für den Wandel der Wohlfahrtsstaatlichkeit?

Im Vergleich zu Rechtsstaatlichkeit und Marktwirtschaft ist der europäische Einfluss im Bereich der Wohlfahrtsstaatlichkeit bisher gering geblieben. Was die regulative Politik betrifft, so beschränkt sich Brüssel im Wesentlichen auf den Arbeits- und Gesundheitsschutz sowie die Gleichberechtigung der Geschlechter (Schulte 2004). Wie die Regeln der Demokratie scheinen auch die Regeln der Einkommensumverteilung zu den Kernbeständen nationaler Innenpolitik zu gehören, mit Bezug auf die ein Souveränitätsverzicht weder integrationspolitisch erforderlich noch gesellschaftspolitisch wünschenswert erscheint. Die sozialen Dienste dagegen sind so sehr durch historisch gewachsene Eigenarten geprägt und betreffen das Alltagsleben der Bevölkerung so unmittelbar, dass hier vereinheitlichende Regeln seitens der EU mit besonderen Widerständen rechnen müssten.[7] Demokratie und Wohlfahrtsstaatlichkeit sind somit die institutionellen Kernbereiche des politischen Zusammenhalts auf nationalstaatlicher Ebene geworden. Die Verfolgung wohlfahrtsstaatliche Zielsetzungen bleibt jedoch durch die Investitionsbereitschaft und die Effizienzbedingungen der Marktwirtschaft beschränkt, deren Deregulierung ein zentrales Ziel der europäischen Integration von Anfang an gewesen ist. Die für

---

7   Immerhin zeigt der „Bologna-Prozeß" im Bereich der Tertiären Bildung, dass auch auf diesem Gebiete Vereinheitlichungen mit vergleichsweise geringen Widerständen möglich sind.

das wohlfahrtsstaatliche Arrangement in Europa konstitutive Spannung zwischen „Markt" und „Staat" hat durch den Integrationsprozess neue Energien gewonnen. Die sog. Globalisierung setzt zunehmende Restriktionen für die wohlfahrtsstaatliche Entwicklung, insbesondere durch die nahezu grenzenlose Mobilität des Geldkapitals und die Internationalisierung der Standortkonkurrenz. Generell stärkt die Globalisierung überdies die Handlungschancen transnational agierender Akteure, darunter vor allem der Finanzdienstleister und anderer großer Wirtschaftsunternehmen. Aber auch internationale Zusammenschlüsse von Staaten, Nicht-Regierungs-Organisationen, transnationale soziale Bewegungen, Migrantennetze und Verbrechersyndikate profitieren von diesen Entwicklungen.

Bezogen auf die wohlfahrtsstaatliche Entwicklung wirkt die europäische Integration, insbesondere auch die Schaffung des Euro-Raumes, *ambivalent*: Sie stärkt einerseits die Prinzipien der politischen Gewährleistung sozialer Rechte und federt die transkontinentale Standortkonkurrenz sowie die Kräfte der Währungsspekulation ab.[8] Sie fördert andererseits die Standortkonkurrenz sowie die Mobilität von Waren, Kapital, Dienstleistungen und Personen im Inneren und lässt daher das Lohnniveau (einschließlich der Lohnnebenkosten) sowie sozialpolitisch motivierte Schutz- und Besteuerungsnormen zu Faktoren der innergemeinschaftlichen Standortentscheidung und Auseinandersetzungen werden.

Das schlägt jedoch nur insoweit gegen die Hochlohn- und Hochschutzländer aus, als sie nicht mit entsprechendem Produktivitätsvorsprung und weiteren Standortqualitäten wie Rechtssicherheit und Zuverlässigkeit gekoppelt sind. Das Hinzutreten von Ländern mit niedrigen Lohn- und Sozialschutzniveaus verändert die Konkurrenzverhältnisse nicht generell (Lohndumpingthese), sondern branchen- und tätigkeitsspezifisch. Hochlohn- und Hochschutzländer werden mit neuen Formen des ökonomischen Strukturwandels und den Anforderungen an beschleunigte technische und soziale Innovationen konfrontiert. Das kann zu einer ernsthaften Herausforderung für diejenigen Bevölkerungsteile und Gruppen (z.B. Branchen, Gewerkschaften) werden, die von den Veränderungen negativ betroffen sind. Ebenso betroffen sind umständliche politische Formen der Entscheidungsfindung, wie sie insbesondere für Deutschland charakteristisch sind.

Der Druck innergemeinschaftlicher (sektoral allerdings auch interkontinentaler) Standortkonkurrenz wird von den europäischen Staaten in unterschiedlicher Weise verarbeitet. Bisher lassen sich entschiedene Wechsel der nationalen Paradigmen

---

8   Diese Aussage wird auch durch die jüngste Krise des internationalen Finanzsystems nicht grundsätzlich in Frage gestellt. Ohne den Euro wären die Verwerfungen durch die Finanzkrise wohl noch wesentlich gefährlicher für die Stabilität der europäischen Staaten.

von Wohlfahrtsstaatlichkeit kaum feststellen, wohl aber Akzentverlagerungen, z.b. von einer protektiven zu einer aktivierenden Sozialpolitik. Die zunehmenden Probleme werden im Horizont etablierter Wahrnehmungsmuster verarbeitet und führen dabei durchaus zu institutionellen Reformen und Leistungskürzungen. Dabei unterscheiden sich auch die Zurechnungsdiskurse auf wohlfahrtsstaatliche Einrichtungen. In Ländern mit einem hohen Anteil beitragsfinanzierter Leistungen wird der Wohlfahrtsstaat eher als „Standortrisiko" betrachtet, besonders ausgeprägt in Deutschland. Hier erhöhen Vereinigungskosten und ungünstige demografische Perspektiven die Entwicklung der Lohnnebenkosten in besonderem Maße. Sie beeinträchtigen aber auch die wirtschaftlichen Wachstumschancen, sodass von einer Änderung des sozialstaatlichen Finanzierungsmodus keine „Beschäftigungswunder" zu erwarten sind. Die demografischen Schwierigkeiten gehen hier im Wesentlichen auf Einschränkungen der Haushaltproduktion zurück, welche durch die sozialstaatlichen Verteilungsregeln bisher stärker benachteiligt wurde als in den meisten anderen europäischen Staaten.

Von den fiskalischen Engpässen gehen in den meisten Ländern Leistungsrestriktionen aus, die im Einzelnen zur Beeinträchtigung erreichter Wohlfahrtsniveaus führen können, aber nur selten zu nachhaltigem Protest führen, sofern sie auf legalen Wegen zustande gekommen sind. Die politischen Institutionen werden dadurch nicht in Frage gestellt, und ebenso wenig die (im Detail allerdings stets umstrittenen) normativen Leitbilder der Wohlfahrtsstaatlichkeit. Von einem nachhaltigen Wandel kann weder auf der institutionellen noch auf der normativen Ebene die Rede sein, und erst recht nicht vom Wandel eines „Europäischen Sozialmodells". Da die Kernbereiche der Sozialpolitik eine nationale Domäne bleiben, ist allerdings auch nicht mit einer raschen Angleichung der Sozialstandards in den ökonomisch weniger entwickelten Ländern der EU zu rechnen.

Auf EU-Ebene sind seit Maastricht II zunehmende Bemühungen um sozialpolitischen Einflussgewinn zu beobachten, wobei allerdings unterschiedliche nationale Vorstellungen bezüglich der Wohlfahrtsstaatlichkeit aufeinanderprallen. Regulative Kompetenzen beschränken sich bisher auf produktionsnahe Bereiche, und hier ist es durch Orientierung an *best practices* gelungen, einen *race to the bottom* zu vermeiden (Majone 1993). Im Bereich der sozialen Sicherung besteht ein Druck zur transnationalen Koordination auf der Leistungsseite seit den Römer Verträgen hinsichtlich der Wanderarbeitnehmer. Nach dem Prinzip, dass ein Arbeitnehmer durch seine Mobilität nicht schlechter als in seinem Heimatland gestellt sein soll, vor allem aber auch durch die integrationsfreundliche Rechtsprechung des EuGH ergibt sich eine gewisse Tendenz zur Angleichung von Leistungen „nach oben". Auch die seit Lissabon (2000) in Gang gesetzte „Offene Methode der Koordinierung" orientiert sich am Prinzip von *best practice* und damit an sozialpolitischen

Zielsetzungen, die geeignet sind, das Durchschnittsniveau des sozialen Schutzes in der EU zu verbessern. Natürlich stehen solchen Bestrebungen oft wirtschaftliche Interessen entgegen, ein von der nationalstaatlichen Ebene her bereits vertrauter Konflikt, der vor allem im Europäischen Rat ausgetragen wird.

Entgegen vielfach verbreiteten Befürchtungen hat die europäische Integration somit nicht zu einer Erosion wohlfahrtsstaatlicher Arrangements auf nationaler Ebene geführt, wohl aber das Gewicht wirtschaftspolitischer im Verhältnis zu sozialpolitischen Erwägungen gestärkt. Nach wie vor bleibt die nationalstaatliche Ebene entscheidend für die Gestaltung der meisten sozialpolitischen Einrichtungen, allerdings unter einem *zunehmenden diskursiven Druck des internationalen Vergleichs*. Nationale Eigendynamiken scheinen auch weiterhin die wohlfahrtsstaatliche Entwicklung zu dominieren und Konvergenzen lediglich als latente Entwicklungen zu akzeptieren. Die Wohlfahrtsstaatlichkeit in Europa wandelt sich so gleichzeitig auf mehreren Ebenen, und diese Veränderungen laufen nicht zwangsläufig in die gleiche Richtung. Es spricht manches dafür, dass die Folgen von Deregulierungen auf nationaler Ebene durch Angleichungen auf europäischer Ebene in etwa aufgefangen werden.

Die zunehmende politische Handlungsfähigkeit auf europäischer Ebene kontrastiert mit den Deregulierungstendenzen auf Weltebene. Allerdings entwickelt sich seit den1990er Jahren auch in anderen Teilen ein Interesse für *The Social* und *Social Quality* (Leisering 2013). Wie Davy (2013) anhand der Berichte auf der Basis der Länderberichte im Rahmen der UN-Konvention zu wirtschaftlichen, sozialen und kulturellen Rechten zeigt, konvergieren die nationalen Interpretationen zunehmend im Sinne des europäischen Verständnisses von Wohlfahrtsstaatlichkeit. Allerdings wird die Rezeption auf der nationalen Ebene durch die jeweiligen geschichtlich gewachsenen Kontexte gebrochen (Kim & Shih 2013). Dementsprechend zeigt das Wirken der Internationale Arbeitsorganisation von Land zu Land sehr unterschiedliche Erfolge (Senti 2002). Die internationale Durchsetzung von Minimalstandards des Arbeitsschutzes für Kinder in Entwicklungsländern stellt wohl die dringendste Herausforderung einer „Weltsozialpolitik" dar. Inwieweit dies gelingt, bleibt nicht nur von wirtschaftlichen und politischen Fortschritten in den in Frage stehenden Gebieten, sondern auch von kulturellen Voraussetzungen abhängig. *Die Delegitimierung gravierender sozialer Benachteiligungen bzw. die Definition bestimmter Sachverhalte als Missstände oder soziale Probleme im Vorstellungsraum der politisch Handelnden ist der erste Schritt zu ihrer sozialpolitischen Bewältigung.* Und dies setzt entsprechende moralische Maßstäbe voraus.

6.6   **Fazit**

Bezogen auf die einleitend unterschiedenen drei Fragestellungen lässt sich somit festhalten:

1. Das Selbstverständnis der entfalteten europäischen Wohlfahrtsstaaten hat sich in den vergangenen Jahrzehnten erstaunlich wenig verändert, wohl aber sind gewisse Konvergenzen zu beobachten: So haben sich die Prioritäten hinsichtlich der Modi der Wohlfahrtsproduktion in Richtung auf einen „Wohlfahrtspluralismus" tendenziell eingeebnet. Auch führen die Koordinationsbemühungen der EU und zwischen den nationalen Sozialverwaltungen zu pragmatischen Angleichungen.

2. Im Verhältnis zwischen den älteren westeuropäischen und den neueren osteuropäischen Mitgliedern der EU hat sich – abgesehen von technischen Hilfen – mit Bezug auf die Sozialpolitik noch wenig geändert. Die betriebliche Sozialpolitik spielte in den ehemaligen Ostblockländern eine wichtige Rolle, die sich nach der Einführung marktwirtschaftlicher Verhältnisse nicht aufrechterhalten ließ. Als politische Aufgabe genießt Sozialpolitik in den meisten dieser Länder nachgeordnete Priorität. Auf die Dauer dürften aber Normen und Praktiken der EU sich auch dort tendenziell durchsetzen, sofern die wirtschaftliche Entwicklung gelingt.

3. Die stärksten Veränderungstendenzen gehen vom Einflussgewinn der EU-Steuerungsebene aus, insbesondere von der Rechtsprechung des Europäischen Gerichtshofes. Diese betreffen stärker die operative Ebene als die institutionellen Eigenarten und normativen Selbstverständnisse. Die Grundakte der EU enthält einige Normen, die als Ausdruck einer sozialstaatlichen Verantwortung zu interpretieren sind, jedoch keinen zusammenhängenden Katalog wirtschaftlicher, sozialer und kultureller Rechte.

Christentum und Wohlfahrtsstaat*   7

*Zusammenfassung: Wenn die europäischen Gesellschaften auf dem Weg zur Moder-
nisierung nicht an den Gegensätzen von Liberalismus und Sozialismus zerbrochen
sind, sondern über die Lösung sozialstaatlicher Politik zu einem neuen Integrations-
niveau gefunden haben, so ist das der Wirksamkeit christlichen Gedankengutes und
christlich motivierter Persönlichkeiten sowie sozialer Bewegungen in hohem Maße
zu verdanken. Dies wird im Folgenden durch drei Gedankengänge belegt: (1) Ideengeschichtlich lassen sich zentrale Grundgedanken des wohlfahrtsstaatlichen Ethos
auf christliche Ursprünge zurückführen; (2) Am Beispiel der englischen Entwicklung
wird die sozialethische Wirksamkeit des religiösen Protests verdeutlicht; Am Beispiel
Deutschland wird schließlich das Zusammenspiel von konservativ-protestantischer
Staatsauffassung mit der katholisch geprägten christlich-sozialen Bewegung dargestellt.
Wichtiger als die kirchlichen Doktrinen erwiesen sich dabei politische und pragma-
tische Überlegungen, die jedoch aus christlichen Motiven sowohl das atomistische
Gesellschaftsverständnis des Liberalismus als auch den Klassenkampf ablehnten und*

---

* Den christlichen Einfluss auf die wohlfahrtsstaatliche Entwicklung habe ich zuerst auf
   dem internationalen Kongress der Religionssoziologen 1983 in London thematisiert
   (Kaufmann 1983). Es folgte ein öffentlicher Vortrag „Christentum und Wohlfahrtsstaat"
   auf der Jahrestagung der Görres-Gesellschaft 1987, der in ausgearbeiteter Form 1988 in
   der Zeitschrift für Sozialreform erschienen ist (Kaufmann 1988) und zwei überarbeitete
   Nachdrucke erfahren hat (Kaufmann 1989a: 89-119; englisch 2012: 75-93). Der vorlie-
   gende Text beruht auf der deutschen Vorfassung zur englischen Veröffentlichung, wurde
   jedoch in Teilen gekürzt und um vertiefende Formulierungen ergänzt, vor allem in den
   Abschnitten 7.1 und 7.2. Sie sind einem noch unveröffentlichten Vortrag entnommen, den
   ich am 5. April 2014 auf der Tagung „Protestantische Ethik und moderner Sozialstaat" in
   der Evangelischen Akademie zu Berlin gehalten habe. Der Nachtrag zum aktuellen Stand
   der Forschung beruht auf einem Vortrag anlässlich des 37. Kongresses der Deutschen
   Gesellschaft für Soziologie in Trier am 6. Oktober 2014.*

auf staatsbezogene, sozialintegrative Strategien setzten.- Ein Nachtrag zum aktuellen Stand der Forschung rundet den Beitrag ab.

7.1   Einleitung

Obwohl die Bedeutung des Christentums für die wohlfahrtsstaatliche Entwicklung in der den Konfessionen nahestehenden Literatur schon früh thematisiert wurde, dauerte es bis 1983, dass sich die Soziologie des Themas annahm. Einflussreich wurde der deutsch-amerikanische Soziologe Arnold Heidenheimer, der in einem geistreichen Essay, nämlich einem imaginären Dialog zwischen Max Weber und Ernst Troeltsch, die Frage aufwarf, warum gerade in Deutschland zuerst ein staatlich reguliertes soziales Sicherungssystem geschaffen wurde, was beim internationalen Vergleich als wichtigster Indikator wohlfahrtsstaatlicher Entwicklung gilt. Die skandinavischen Länder schlossen sich noch um 1900 an, während die stärker industrialisierten Länder England, Frankreich, Niederlande und USA erst sehr allmählich (und im Falle der Vereinigten Staaten bis heute nur sehr lückenhaft) folgten. In Deutschland und Skandinavien dominierte ein lutherisches Staatskirchentum, während England, die Niederlande und die Vereinigten Staaten in ihrer Geschichte stark durch den Calvinismus geprägt worden sind, der ein weit distanzierteres Verhältnis zur staatlichen Macht entwickelt hat. Sollte dies – so diskutieren Weber und Troeltsch in Heidenheimers imaginärem Dialog – eine Erklärung für den unterschiedlichen Gang der wohlfahrtsstaatlichen Entwicklung sein? (Heidenheimer 1983)

Hier wurde zum ersten Mal *in vergleichender Absicht* nach dem *differentiellen* Einfluss christlicher Konfessionen auf die wohlfahrtsstaatliche Entwicklung gefragt und damit eine soziologische Perspektive auf unser Thema eingeführt. Sie wurde bis in jüngste Zeit weniger von Religionssoziologen als von Wohlfahrtsstaatsforschern oder Wissenschaftlern mit einem Doppelinteresse weiter verfolgt. Mit dem großen Projekt „Die religiöse Tiefengrammatik des Sozialen" am Exzellenzcluster „Religion und Politik in den Kulturen der Vormoderne und Moderne" der Universität Münster (vgl. Gabriel u.a. 2013: V) und einem schwedisch-britischen Projekt (Bäckström, Davie u.a. 2010/2011) beginnen nun auch Religionssoziologen und Theologen, sich der Thematik anzunehmen. Hinzu kommt, dass in der Wohlfahrtsstaatsforschung generell das lange vernachlässigte Interesse an kulturellen Erklärungsfaktoren zunimmt. Religion ist nur einer von mehreren Faktoren einer „Wohlfahrtskultur", also der Gesamtheit der im in Betracht gezogenen Raum wirksamen Legitimationen für sozialpolitischen Handelns oder Unterlassen.

In den umfangreichen Forschungen zur Geschichte der Sozialpolitik und der Entstehung des Wohlfahrtsstaats geht die immer noch vorherrschende Auffassung davon aus, dass es vor allem sozialdemokratisches Gedankengut und sozialdemokratische Parteien gewesen seien, die den Wohlfahrtsstaat vorangebracht haben. 1970 konnte beispielsweise eine damals viel zitierte „Ideengeschichte der sozialen Bewegung des 19. und 20. Jahrhunderts" erscheinen, in der die christlich-soziale Bewegung nicht einmal erwähnt wird. „Höhe- und Angelpunkt der Denkgeschichte der Sozialbewegung ist ... nach allgemeiner Überzeugung die Theorie von Marx, so dass schlechthin von einer vor- und nach-Marx'schen Theorie zu sprechen ist", begründete Werner Hofmann (1970: 13) sein Vorgehen. Das herrschende Bild der „sozialen Bewegung" verweist die Romantik und auch die spätere christlich-soziale Bewegung beider Konfessionen schlicht in den voraufklärerischen Bereich, oder – wo dies offensichtlich nicht geht – in den Bereich der „bürgerlichen Sozialreform" oder des „konservativen Typus" des Wohlfahrtskapitalismus, um sie aus der fortschrittlichen sozialen Bewegung heraus zu definieren. Unter dem Einfluss des skandinavischen Leitbildes wird auch international der Wohlfahrtsstaat als sozialdemokratisch geprägt wahrgenommen.

Nun ist allerdings schwer zu bestreiten, dass dem liberalen und dem sozialistischen Denken mit Bezug auf das Verständnis der neuen Zeit des Industrialismus im Großen und Ganzen mehr Originalität und diagnostische Treffsicherheit zu attestieren ist als dem christlich-sozialen Denken. Dagegen kommt der christlich-sozialen Bewegung für die praktische Entwicklung von Sozialpolitik und Wohlfahrtsstaatlichkeit gerade im Pionierland Deutschland zentrale Bedeutung zu: *Während die Impulse zur Bismarck'schen Sozialversicherung primär einem protestantisch geprägten Konservatismus entstammten, ist die Forderung nach einer staatlichen Regulierung der Fabrikarbeit im Sinne der Gleichberechtigung von Arbeit und Kapital ein durchgehendes Thema der katholischen christlich-sozialen Bewegung gewesen.* Das begann mit der „Fabrikrede" von Franz Buss im badischen Landtag (1837), setzte sich in den Initiativen des Zentrums seit 1877 gegen die Bismarck'sche Ablehnung des Arbeitsschutzes fort, manifestierte sich in den wirtschafts- und sozialpolitischen Grundlagen der Weimarer Reichsverfassung und führt bis zu den Mitbestimmungsgesetzen der Nachkriegszeit.

Morris Janowitz, einer der wenigen Autoren, die zur Frage nach Gewicht und die Funktion christlich inspirierter Ideen und Handlungen für die Entstehung des Wohlfahrtsstaats schon früh Stellung genommen haben, bezeichnete religiöse und altruistische Elemente zwar als wirksam, aber nur in zweiter Linie, und er verwies zur Begründung auf Zusammenhänge zwischen Protestantismus und Sozialismus. Die organisierte Religion habe ein integratives Ethos den sozialistischen Aspirationen hinzugefügt (Janowitz 1976: 20 ff). Ich gehe im Folgenden dagegen von

146 7 Christentum und Wohlfahrtsstaat

der Vermutung aus, dass es keinen einheitlichen Einfluss des Christentums auf die wohlfahrtsstaatliche Entwicklung gibt, sondern dass je nach konfessionellem Bekenntnis und je nach dem Verhältnis von Staat und Kirche unterschiedliche Zusammenhänge und Einflussstärken zu beobachten sind.

Wie lässt sich die vergleichsweise hohe Stabilität einer wohlfahrtsstaatlich verfassten Gesellschaftsformation erklären, in der die wirtschaftlich Mächtigeren und sozial Einflussreicheren gezwungen werden, auf bestimmte Formen des Machtgebrauchs zu verzichten und den größeren Teil der finanziellen Aufwendungen zu tragen? Eine demokratietheoretische Erklärung, welche auf den wachsenden politischen Einfluss der benachteiligten Bevölkerungsgruppen abhebt, reicht offensichtlich nicht aus. Vielmehr ist zu vermuten, dass die vergleichsweise großen wirtschaftlichen Erfolge und die hohe soziale Stabilität, von denen die begüterten und einflussreichen Bevölkerungsgruppen besonders profitieren, eine Konsequenz des wohlfahrtsstaatlichen Arrangements sind. Der Wohlfahrtsstaat hat sich nicht nur hinsichtlich der Lösung des Inklusionsproblems bewährt, er hat auch sozialen Frieden bei einem Minimum an staatlicher Repression und nicht zuletzt die Entfaltung menschlicher Fähigkeiten innerhalb und außerhalb der Wirtschaft auf breiter Ebene ermöglicht, die heute das Fundament der Leistungsfähigkeit wichtiger Staaten der Erde bilden (siehe 3.4).

Was hat Religion – und zumal das Christentum – mit dem Entstehen dieser Vergesellschaftungsform zu tun? Folgt man der soziologischen Religionstheorie, so besteht eine gesellschaftliche Hauptfunktion von Religion in der Gewährleistung sozialer Integration. Die skizzierten neuartigen Inklusionsmechanismen haben offensichtlich zur gesamtgesellschaftlichen Integration der „modernen Gesellschaft" beigetragen; folglich steht zu vermuten, dass sie etwas mit Religion zu tun haben. Aber wie? Stellen vielleicht die Legitimationen des Wohlfahrtsstaats selbst eine neue Religion, eine sogenannte Zivilreligion dar, die ein obsolet gewordenes Christentum ablöst? Oder lässt sich zeigen, dass das Christentum selbst für die Genese und möglicherweise auch für den Fortbestand des Wohlfahrtsstaats ein wesentliches Moment darstellt?

Der Befund ist – wie bei so umfassenden Fragestellungen nicht anders zu erwarten – vielschichtig und keineswegs eindeutig. Ich muss mich bei der Beantwortung der gestellten Fragen auf die Skizze einiger zentraler Argumentationsketten beschränken, welche in Konkretisierung des einleitend postulierten Mehr-Ebenen-Ansatzes (siehe 1.2) die ideelle Ebene, die Ebene der Staatlichkeit, diejenige von sozialen Bewegungen und Parteien sowie individueller Persönlichkeiten die wohlfahrtsstaatliche Entwicklung in England und im Deutschen Reich zur Geltung bringen. Einige international vergleichende Ergänzungen werden im Nachtrag (siehe 7.7) angefügt.

7.2   Ideelle Faktoren

Christliche Maximen gehören zur „Tiefengrammatik" der wohlfahrtsstaatlichen Entwicklung (siehe 2.3), und zwar vor allem diejenigen, die sich auf die Gründungsurkunden des Christentums zurückführen lassen. Ich betone drei Elemente: den Umgang mit Armut, die Beeinflussung von Gerechtigkeitsvorstellungen und die universalistische Orientierung.

7.2.1   Vom Umgang mit Armut

Die Identität oder zum mindesten die Geschichte des Christentums nimmt ihren uns zugänglichen Anfang in den Schriften des Neuen Testaments, das seinerseits in vielem auf Vorstellungen und Lehren des ersten, jüdischen Testaments zurückgreift. Gebote und Praktiken der Armenhilfe gab es schon im alten Israel, ja sie finden sich in vielen, auch nicht-christlichen Kulturen. Die neutestamentliche Einstellung zur Armut unterscheidet sich von diesen in mindestens zwei nachhaltigen Hinsichten: (1) Der Arme ist nicht nur Adressat von Hilfe, sondern er genießt besondere Wertschätzung (2) Nicht nur den Armen innerhalb einer bestimmten Sozialformation, sondern grundsätzlich allen Menschen, vorzugsweise jedoch den Armen gilt die frohe Botschaft des Evangeliums. Die mit Bezug auf alle etablierten, auf Über- und Unterordnung beruhenden Sozialformen „verkehrte Welt" der christlichen Botschaft hat deshalb auch zur Legitimierung von sozialer Gleichheit beigetragen. Die Wertschätzung eines jeden Individuums und die universalistische Ausrichtung der Moral sind kulturelle Selbstverständlichkeiten, die tief in das europäische Selbstverständnis eingelassen sind und auch dem wohlfahrtsstaatlichen Universalismus zugrunde liegen.

Die *Wertschätzung Jesu für die Schwachen,* die Geringen, die Armen wird an vielen Stellen der Evangelien deutlich, am eindringlichsten in der Gerichtsrede des Matthäus-Evangeliums (Matth. 25, 31-46): Hier werden auch die Formen der Hilfebedürftigkeit aufgezählt: Hungrige, Durstige, Fremdlinge, Nackte, Kranke, Gefangene – und bezüglich aller gesagt: „Was Ihr einem dieser geringsten Brüder getan habt, das habt ihr mir getan!"

Die Christen entwickelten in der Folge nicht nur Praktiken, um Witwen, Fremde und andere Hilfebedürftige zu unterstützen, sondern auch Normen, welche die Würde der Armen betonen. So stellt eine frühe Sammlung kirchlicher Rechtssätze aus dem 5. Jahrhundert „lapidar fest: ‚Die Armen und Alten der Kirche müssen mehr als andere geehrt werden'" (Sternberg 1991: 12) Zu den Titeln eines Bischofs gehörte seit dem 3. Jahrhundert die Bezeichnung „Pater Pauperum". Und er hatte sich dieses Titels auch durch die Schaffung und Finanzierung entsprechender Einrichtungen würdig zu erweisen: Xenodochien und später Hospitäler waren verbreitet. „Nach alter kirchlicher Lehre wird das Kirchenvermögen als Armengut bezeichnet", auch wenn in der Praxis nur ein recht variabler und meist kleinerer Anteil wirklich der Armensorge zukam (Sternberg 1991:33).

Nach altkirchlicher Lehre kommt somit den Armen und Geringen eine zentrale Stellung in der Kirche zu, und zwar in deutlichem Gegensatz zu den Statushierarchien der sozialen Verbände. Das seit Ende des 11. Jahrhunderts nach Macht strebende Papsttum betonte allerdings die hierarchischen Verhältnisse in der Kirche, in denen der Arme nicht oder zuletzt vorkam. In Reaktion auf den wachsenden Reichtum der Kirche sind bekanntlich im Spätmittelalter zahlreiche Bettelorden entstanden, die das Armutsideal in neuer Form wieder aufgegriffen haben. Auch wenn in der kirchlichen Praxis, die ja stets auch eine gesellschaftliche war, die biblische Auszeichnung der Armen sich kaum durchsetzte, so waren sie doch voll akzeptierte Mitglieder der mittelalterlichen Sozialformen in Land und Stadt. Von der Abwertung der Armut in der frühen Neuzeit sei später die Rede.

7.2.2   Ursprünge des Universalismus

Schon das nachexilische Judentum entwickelte den Tempel zu einem Ort der Sammlung von Almosen und Opfergaben sowie der Unterstützung von „Witwen und Waisen". Dies geht bereits über die weit verbreitete Mitsorge im sozialen Nahbereich hinaus und weist eine erste institutionelle Form der Wohlfahrtspflege aus. Aber die Abschottung gegenüber hellenistischen Einflüssen brachte generell eine Konzentration auf das eigene „Volk" der Juden und eine scharfe Trennung von Binnenmoral und Außenmoral mit sich. Das frühe christliche Ethos unterschied sich vom jüdischen weniger dem Inhalt, als der Reichweite nach. Auch und gerade dem Fremden (erinnert sei an das Gleichnis vom barmherzigen Mann aus dem häretischen Samaria) soll geholfen werden. Die christliche Botschaft richtet sich an „alle Völker" (Matth 28,19). *Es gibt keine prinzipiellen Grenzen der christlichen Liebestätigkeit,* auch wenn die Praxis meist ziemlich selektiv gewesen sein dürfte. Und: Grundsätzlich jedem, auch den Sklavinnen und Sklaven, stand die Taufe und damit die Gemeindemitgliedschaft zu, wenn der christliche Glaube angenommen wurde. Das stand in deutlichem Kontrast zu den vielen antiken Mysterienkulten.

Den theologischen Hintergrund für diese universalistische Tendenz bildet die schon alttestamentliche Überzeugung, dass der Mensch – und damit alle Menschen – als Ebenbild des Schöpfergottes geschaffen seien. Und die Jesuanische Botschaft fügt hinzu, dass alle Menschen in Gott einen gemeinsamen Vater haben, dass alle

Menschen „Kinder Gottes" sind, eine Spitzenaussage für die gleiche Würde aller Menschen.[1]

Max Weber (1964: 495) hat als Merkmal der okzidentalen Stadt „das Fehlen der magisch-animistischen Kasten- und Sippengebundenheit der freien Stadtinsassen mit ihren Tabuisierungen" hervorgehoben. Die Dominanz der Verwandtschaftsverbände wurde schon in vorchristlicher Zeit überwunden, aber rituelle Grundlagen der Stadtzugehörigkeit blieben bestehen. Dagegen hatte „das Christentum .. der Sippe jegliche rituelle Bedeutung genommen. Die Christengemeinde war ihrem innersten Wesen nach ein konfessioneller Verband der gläubigen Einzelnen, nicht ein ritueller Verband von Sippen." (Weber 1964:949) In dem Maße, als sich der Zölibat für die Kleriker durchsetzte, gelang es zudem, den Einfluss der Sippen auf das Kirchenvermögen zu reduzieren. Auch an weiteren Beispielen ließen sich der Individualismus und zahlreiche auf die Relativierung sozialer Zugehörigkeiten gerichtete Praktiken der Kirche verdeutlichen.

7.2.3 Die Gleichheitsdimension in den Gerechtigkeitsvorstellungen

„Als Adam grub und Eva spann, wer war denn da ein Edelmann?" Lange vor Aufklärung und Moderne, nämlich 1381 durch den wegen Häresie eingesperrten englischen Priester John Ball (Röhrich 2003 I: 66 f), wurde mit dieser revolutionären Redensart eine Grundüberzeugung der jüdisch-christlichen Tradition artikuliert, die sie von den meisten anderen Hochkulturen unterscheidet: Die Idee der Gleichheit aller Menschen vor Gott, der sie „nach seinem Bilde" geschaffen hat (I. Mose 1, 26). Im gottgeschaffenen Urzustand also waren alle Menschen gleich, das ist der Grundmythos Europas, der sich in vielen Traditionslinien verfolgen ließe. Der Jüdische Gott „schafft Recht allen Unterdrückten" (Psalm 103, Vers 6). „In der Höhe und als Heiliger throne ich und bei den Zerschlagenen und Demütigen, dass ich den Geist der Gebeugten belebe und das Herz der Zerschlagenen erquicke." (Jesaja 57, 15). Im Neuen Testament findet sich dieselbe Botschaft: Die Kritik an den Reichen und Mächtigen, sogar im Lobgesang (*Magnificat*) der werdenden Mutter Jesu (Lukas 1,

---

1   Hans Joas (2011: 204 ff) hat die Bedeutung diese theologischen Elemente der europäischen Kultur in einen unmittelbaren Zusammenhang mit der Genealogie der Menschenrechte gebracht. Die Studie von Joas zeichnet sich durch eingehende methodische Begründungen für eine historisch orientierte, verstehenden Methode aus, die „ um ein historisch grundiertes Verständnis der Gegenwart .. (zur) Lösung gegenwärtiger Orientierungsprobleme" ringt.(2011: 187). Die vorliegenden Studien sind aus einer ähnlichen Orientierung entstanden.

47-56); die Seligpreisungen in der Bergpredigt: der Trauernden, der Gewaltlosen, der Barmherzigen und derer, die um der Gerechtigkeit willen verfolgt werden (Matth. 5, 3-10); die sich also der Opfer allgegenwärtigen sozialen Ausschlusses annehmen, für den die Bezeichnung „soziale Ungleichheit" noch einen Euphemismus darstellt.

Die jüdisch-christliche Tradition der fundamentalen Gleichheit aller Menschen, der Verpflichtung zur Solidarität selbst gegenüber dem Fremden und der Kritik an den Reichen und Mächtigen verband sich im Okzident mit anderen Gleichheitsquellen. Das gilt insbesondere für die städtische Kultur Europas, worauf Max Weber insistiert hat: „Eine Stadtgemeinde im vollen Sinne des Wortes hat als Massenerscheinung .. nur der Okzident gekannt." (Weber 1964: 934) Für diese Stadtgemeinde ist charakteristisch der Status des *Bürgers*, der zwar keineswegs die gesamte Bevölkerung umfasste, aber unter den Trägern des Status eine rechtliche Gleichheit herstellte, welche unabhängig von Verwandtschaft operierte und die Wehrpflicht einschloss (Bendix 1964: 62 ff). Diese Idee der „isonomia" geht auf einige griechischen Stadtstaaten, insbesondere Athen, zurück, welche als erste die Herrschaft der Sippen zu überwinden vermochten, und die den Erfahrungshorizont für Platons und Aristoteles' Reflexionen zur Gerechtigkeit bildeten. Auch der *Zusammenhang von Recht und Gerechtigkeit*, das Gebot, Gleiches gleich und Ungleiches ungleich zu beurteilen, die Kritik am ungerechten Richter, sind alt und haben sich als Grundsätze im Römischen Recht herausgebildet, das seit dem späten Mittelalter auch die Rechtskultur der beginnenden Neuzeit geprägt hat. Egalitäre Traditionen hielten sich auch in dem der Jerusalemer Urgemeinde nachgebildeten zönobitischen, also geordnet zusammenlebenden Mönchtum, und sie entstanden neu in den mittelalterlichen Städten als „Conjuratio", durch Eid gebundene Verbände Gleicher, sowie Bruderschaften; die Rechtsformen der Genossenschaft und des Vereins sind bis heute deren Echo (Oexle 1996).

Alle diese Gleichheiten blieben jedoch *partikulär*, auf einen klar abgegrenzten Personenkreis beschränkt, der sich durchaus von anderen als Ungleichen abhob. Der *universalistische* Gedanke der Gleichheit, wie er sich schließlich in der Idee der Menschenrechte niedergeschlagen hat, wäre ohne den Universalismus des Christentums nicht denkbar geworden. Dies dokumentiert auch die Präambel der amerikanischen Unabhängigkeitserklärung, welche zwar nicht das erste, aber das geschichtsprägende Dokument der modernen Bewegung zu Gleichheit und Freiheit geworden ist: *"We hold these truths to be self-evident, that all men are created equal, that they are endowed by their Creator with certain unalienable Rights; that among these are Life, Liberty and the pursuit of Happiness."* (1776) So ist die Idee der Gleichheit selbstverständlich auch in das Ethos der Aufklärung eingegangen.

Diese Idee der fundamentalen Gleichheit aller Menschen ist die Voraussetzung aller Diskurse über Ungleichheit. *Ungleichheit wird nur dadurch zum Problem, dass die Idee der Gleichheit die sozialen Verhältnisse beleuchtet und ihre Schatten wirft.* Gleichheit als Grundnorm fordert für soziale Ungleichheiten eine besondere Legitimation. Das ist nur für den Okzident typisch. In anderen Kulturen erscheinen dagegen vielfältige Formen der Ungleichheit als selbstverständlich; es gab keine kulturelle Position, von der her sie kritisch zu hinterfragen wären. Erst die Doktrin der Menschenrechte bietet seit Ende des Zweiten Weltkriegs einen zunehmend mächtigen globalen Anker für solche Kritik.

7.3   Zur Staatsförmigkeit der Wohlfahrtsverantwortung

Da die wohlfahrtsstaatliche Vergesellschaftungsform nur in jenem Teil Europas und in von ihm aus besiedelten anderen Weltregionen zustande gekommen ist, in dem die abendländische Tradition ungebrochen blieb und daher das Christentum sozusagen konkurrenzlos über 1500 Jahre als Religion fungierte, spricht a priori viel für einen Zusammenhang zwischen beidem. Während Max Weber und Ernst Troeltsch die zur modernen Gesellschaft hinführenden Entwicklungsprozesse im Wesentlichen mit der Reformation beginnen ließen, weist die neuere soziologische und sozialgeschichtliche Forschung auf Voraussetzungen hin, die bis ins 11. Jahrhundert zurückreichen. Der *dictatus papae* Gregors VII. (1075), die Auflehnung des Papstes gegen die in der kurz zuvor (1054) getrennten byzantinischen Ostkirche fortbestehende Oberherrschaft des Kaisers, wurde schon von Eugen Rosenstock-Huessy (1931) als die erste abendländische Revolution bezeichnet. Insbesondere die große rechtssoziologische Studie von Berman (1983), aber auch die Untersuchungen von Nelson (1977) machen den ideellen und institutionellen Durchbruch deutlich, der im 12. Jahrhundert durch die allmähliche Stabilisierung eines stets prekären Gleichgewichts zwischen Kaiser und Papst, die Entstehung konkurrierender Rechtsschulen, der scholastischen Philosophie und der Universitäten sowie die Verselbständigung der mittelalterlichen Stadt und den damit verbundenen Fernhandel erfolgt ist. Hier wurden innerhalb weniger Jahrzehnte die Grundlagen für eine neue, differenziertere Gesellschaftsform gelegt, deren innere Dynamik jenen Rationalisierungs- und Modernisierungsprozess hervorgebracht hat, den die Sozialwissenschaften seit ihren Anfängen in seinen verschiedenen Facetten zu begreifen versuchen. Die spezifischen Wirkungen des Christentums im Rahmen dieses abendländischen Sonderweges lassen sich natürlich nur schwer isolieren, und zudem waren kirchliche Handlungsweisen den christlichen Ideen keineswegs immer konform. Versteht man die abendländische Geschichte aber als Entfaltung zunehmender Freiheit, so bildet die Erringung der institutionellen *libertas ecclesiae* im Investiturstreit (1075-1125) eine wichtige Weichenstellung in Richtung auf eine funktionelle Differenzierung von Religion und Gesellschaft (Kaufmann 1989a: 77 ff).[2] In der Folge waren es vor allem religiöse Bewegungen, die in einer gewissen *Spannung* zur hierarchischen Kirche standen, die den Freiheitsgedanken weiter trugen. Entscheidend wurde dabei Emigration der puritanischen Dissenters in die Neue Welt, wo sich der Freiheitsaspekt moderner Verfassungen zuerst ausgebildet hat (Morgan 1988). „Mit der Überzeugung, daß es ein vom Staate unabhängiges Recht des Gewissens gebe, war der Punkt gefunden, von dem aus sich die unveräußerlichen Rechte des Individuums spezialisieren." (Jellineck 1904: 51)

Die Idee persönlicher Rechte, die allen Menschen ohne Unterschied zukommen und die besondere moralische Verantwortung für die Armen und sozial Schwachen sind ein jüdisch-christliches Kulturerbe, das auch den Nicht-Christen unseres Kulturkreises selbstverständlich geworden ist. Damit ist aber noch keineswegs entschieden, wer *Träger solcher Verantwortung* sein soll.

Wie die Studien von Sigrun Kahl (2005) zu den konfessionsspezifischen Ursachen nationaler Unterschiede in der Armutspolitik zeigen, ist das keineswegs zwangläufig der Staat. Bekanntlich hat die Reformation zu einer Umdeutung der Armut und zu einer Abwertung der Armen geführt, wobei hinzuzufügen ist, dass dieser Einstellungswandel bereits vor der Reformation in städtischen Milieus begonnen hat (Fischer 1982: 33 ff). Es waren also vor allem die wirtschaftlichen Veränderungen des Frühkapitalismus, welche eine veränderte Einstellung zur Armut naheleten, wie beispielsweise auch zum kirchlichen Verbot, Zinsen zu nehmen. Die Reformation, welche ja als ein primär städtisches Phänomen entstanden ist, orientierte sich hier an den neuen Bedürfnissen und natürlich auch an der Kritik vorreformatorischer kirchlicher Praktiken.

Nach Kahl ist neben der unterschiedlichen Einschätzung von Armut in den drei Konfessionen vor allem das Verhältnis von Religion/Kirche zu den entstehenden Staaten entscheidend für die Entwicklung der Armenpolitik geworden. Die katholische Kirche verstand sich selbst als *societas perfecta* und damit als Konkurrentin des Staates, ja bis zu den Säkularisationen Napoleons präsentierte sie sich weithin in der Form eines päpstlichen sowie fürstbischöflicher und fürstäbtlicher Patrimonialstaaten. Luther hingegen verzichtete auf die „äußerliche Kirche" und übertrug deren soziale und fürsorgliche Funktionen auf die politisch verfassten Gemeinwesen. So entwickelten sich die lutherischen Gebiete innerhalb

---

2   Diese These hat zwischenzeitlich zu einer ausführlichen Diskussion zwischen Historikern und Soziologen geführt. Vgl. Gabriel, Gärtner & Pollack 2012. Zweifellos lag die Differenzierung von Kirche und Staat nicht in der Absicht der Akteure; sie hat sich vielmehr allmählich als Ergebnis der Konflikte herausgebildet.

des Reichs zu Staaten, in denen die Verantwortung für die Gestaltung der im Zuge der Modernisierung immer deutlicher hervortretenden gesellschaftlichen Verhältnisse der Obrigkeit zugeschrieben wurde. Calvin hingegen und in seinem Gefolge die calvinistisch inspirierten Gemeinwesen insistierten vor allem auf der Verfleißigung der Bevölkerung als gottgefälligem Tun und lehnten eine staatliche Verantwortung für Gestaltung der gesellschaftlichen Verhältnisse ab. Soweit die Armen zur Arbeit unfähig waren, wurden sie der kirchlichen und privaten Hilfe überantwortet. Festzuhalten ist, dass in beiden protestantischen Konfessionen zwar die altkirchliche Wertschätzung der Armen verschwunden war, dass sie aber an dem Lebensrecht der Armen keinerlei Zweifel äußerten. *Nirgends wird der Arme als zu beseitigendes Übel verstanden, sondern nur die Armut,* auch wenn Grenzfälle wie die Kriminalisierung des Bettelns oder die Stigmatisierung bestimmter Gruppen von Armen nicht zu übersehen sind. Dies kontrastiert mit den Verhältnissen in den meisten nicht-christlichen Gegenden der Welt, wo die fremden Armen und Schwachen auf keinerlei moralische Hilfenormen hoffen konnten.

7.4   Zur Entstehung der Menschenrechte

Die Vorstellung allgemeiner Menschenrechte, die von den Naturrechtslehren der frühen Neuzeit ihren Ausgang nahm und heute zum normativen Allgemeingut zumindest der westlichen Welt gehört, war deshalb revolutionär, weil sie solche Rechte jedem Menschen unabhängig von seiner sozialen und politischen Zugehörigkeit zuschreibt. Dieser umstürzende Gedanke einer grundsätzlichen Gleichheit aller Menschen geht über die an die Bedingung der Tugendhaftigkeit geknüpfte „Aequalitas" der stoischen Philosophie hinaus und hat seinen Ursprung in der christlichen Lehre der Gleichheit aller Menschen aufgrund ihrer Gottesebenbildlichkeit und Erlöstheit durch Jesus Christus. Auch wenn die kirchliche Theologie der nachkonstantinischen Zeit soziale Ungleichheit erneut zu legitimieren begann, hielt sich der Gedanke christlicher Gleichheit vor allem im Mönchstum und in den Armutsbewegungen des Spätmittelalters. Er wurde bei Luther wieder aufgenommen, allerdings nur im Sinne einer innerlichen, wesenhaften, noch nicht einer äußerlichen, sozialen Gleichberechtigung. Diese letzte Konsequenz wurde erst in der Aufklärung gezogen (Dann 1975: 1001 ff.).

Der Gedanke, dass das Individuum „durch Gott und Natur" festgestellte Rechte habe, die nicht vom Staate stammen, stellt die Basis der amerikanischen *Bills of Rights* und der davon abgeleiteten demokratischen Postulate dar. Und obwohl die katholische Kirche im 19. Jahrhundert die liberale Menschenrechtsdoktrin hartnäckig bekämpfte, hat sie durch ihren Widerstand gegen die absolutistischen Staatsansprüche de facto als eine staatsbegrenzende und damit der Entstehung einer differenzierten, liberalen Gesellschaftsform förderliche Kraft gewirkt.[3]

Nur vom Grundgedanken einer gleichen Menschenwürde aller Menschen her lässt sich die Dynamik jenes Prozesses verstehen, der mit dem Begriff zunehmender *Inklusion* angesprochen wird. Bekanntlich sind sozialer Ausschluss, Ausbeutung, Verelendung oder gar absichtliche Liquidierung ganzer Menschengruppen in der bisherigen Geschichte der Menschheit eher die Regel als die Ausnahme gewesen. Erst vor diesem Hintergrund wird das historische Gewicht der fortgesetzten Ausdehnung von Mitwirkungs- und Teilhabechancen für jedermann (und neuerdings „jedefrau") im Prozess der wohlfahrtsstaatlichen Entwicklung verständlich. *Ein universalistisches, die Gruppen-und Standesgrenzen sprengendes Ethos*, wie es im Christentum von Anbeginn an angelegt war, hat sich auf diese Weise institutionell materialisiert, und auch heute scheint seine Wirkmächtigkeit noch nicht erlahmt, wenngleich sein christlicher Ursprung in breiten Kreisen vergessen ist.[4] Die Religionssoziologie spricht in diesem Zusammenhang von einem *impliziten Christentum*, das sich in den Strukturen der Wohlfahrtsstaatlichkeit materialisiert habe.[5] Indem nunmehr jedoch die ursprünglich moralischen Ansprüche den Charakter rechtlicher Verhältnisse angenommen haben, ist auch ihr christlicher Gehalt unsichtbar geworden. Mehr noch: Kirchliche Caritas und Diakonie sind durch die wohlfahrtsstaatliche Entwicklung von ihrem herkömmlichen Platz verdrängt worden und müssen ihren gesellschaftlichen Ort neu bestimmen (Coughlin 1965; Gabriel 2001). Die Entstehung des Wohlfahrtsstaats erscheint aus dieser Perspektive als Korrelat derjenigen Prozesse, die wir uns mit dem Begriff der *Säkularisierung* zu bezeichnen angewöhnt haben.

---

3   Nicht unerwähnt bleibe in diesem Zusammenhang die spanische Spätscholastik, deren bedeutende Vertreter wie F. Vittoria, F. Suarez oder J. De Mariana auf den natürlichen Rechten der Völker insistierten und diese gleichermaßen gegen kaiserliche wie päpstliche Herrschaftsansprüche verteidigten (Dempf 1937; Hamilton 1963). Ihre praktischen Auswirkungen fand diese Doktrin insbesondere in der spanischen Kolonialethik (Höffner 1972).

4   Hierzu nunmehr gründlich Joas (2011).

5   Wie die Entstehungsgeschichte der Allgemeinen Erklärung der Vereinten Nationen (vgl. Kapitel 8) zeigt, spielten explizit christliche Gesichtspunkte nur eine untergeordnete Rolle, am ehesten bei J. Maritain und R. Cassin. Dass die Thematik jedoch gegen die Lethargie der Vereinigten Staaten in dieser umstrittenen Frage überhaupt auf die Tagesordnung der Vereinten Nationen gelangte, war vor allem der von christlichen und jüdischen Initiativen unterstützten Menschenrechtsbewegung in den Vereinigten Staaten zuzuschreiben (De la Chapelle 1967: 19 ff)..

Jahrhunderte übergreifende Entwicklungslinien wie die im vorangehenden skizzierte stehen für den Soziologen, der ja keine Apologie des Christentums geben, sondern möglichst unvoreingenommen gesellschaftliche Entwicklungen begreifen will, unter einem hohen Interpretationsrisiko, das nur durch entsprechende sozial-, ideen- und begriffsgeschichtliche Studien gemindert werden kann. Der oben skizzierte Zusammenhang ist relativ gut abgesichert: Ein evolutionstheoretischer Überinterpretationen gewiss nicht verdächtiger Autor wie der Historiker Benjamin Nelson kommt z.b. in Fortführung der Weber'schen Fragestellung zum Schluss, dass sich „in den unterschiedlichen Reaktionen des „Ostens" und „Westens" auf den Druck, der in Richtung auf eine erweiterte Brüderlichkeit und Universalität bestand", ein „besonders wichtiger Schlüssel" zum Verständnis des abendländischen Sonderweges findet (Nelson 1977: IX). Was die Gegenwart betrifft so zeigt die Studie von Rieger und Leibfried (2004) eindrücklich die unterschiedlichen „sozialpolitischen Theologien" von Christentum und Konfuzianismus und deren Konsequenzen im Fehlen von als wohlfahrtsstaatlich zu qualifizierenden Arrangements in Ostasien.

7.5   Staatsintervention als zentrales Problem

Diese recht allgemeinen Zusammenhänge treffen jedoch noch nicht ganz die Frage nach dem spezifischen Beitrag, den das Christentum für die Entstehung der wohlfahrtsstaatlichen Vergesellschaftung geleistet hat. Wie einleitend erwähnt, geht die herrschende Auffassung davon aus, dass es im Wesentlichen der Druck der sozialistischen Arbeiterbewegung gewesen sei, welcher die sozialpolitischen Reformen in Gang gesetzt habe, auch dort, wo sie von bürgerlichen Regierungen durchgeführt wurden.[6] Zweifellos trifft für die Bismarck'sche Sozialversicherungsgesetzgebung zu, dass die Furcht vor dem Anschwellen der sozialistischen Bewegung eine wesentliche Bedingung ihrer politischen Durchsetzbarkeit war. Und auch verallgemeinernd wird man festhalten müssen, dass Sozialreformen in der Regel einen erheblichen Problemdruck voraussetzen, zu dessen Entstehung die bloße Existenz von Elend, sozialer Ungleichheit und Ausbeutung der sozial Schwachen nicht ausreicht. Erst dort, wo ungerechte soziale Verhältnisse als solche thematisiert werden und zumindest organisierte Minderheiten bei den Herrschenden den Eindruck zu erwecken vermögen, dass der Status quo nicht mehr haltbar sei,

---

6 Diese Sachverhalte sind inzwischen wesentlich differenzierter untersucht worden; vgl. zuletzt Kersbergen & Manow (2009).

kann mit Veränderungsbereitschaft gerechnet werden. In diesem Sinne ist nicht zu bestreiten, dass die Existenz eines revolutionären Flügels in der deutschen wie in der internationalen Arbeiterbewegung zur Erhöhung des politischen Problemdrucks und damit zu einem geringeren Widerstand gegen Reformvorschläge als dem „geringeren Übel" bei den etablierten politischen Gruppierungen beigetragen hat.

Aber die westeuropäischen Wohlfahrtsstaaten sind bekanntlich kein Kind der Revolution, sondern das Ergebnis einer Vielzahl gesellschaftspolitischer Reformen, deren kumulative Effekte eine bestimmte Entwicklungsrichtung erst im Rückblick erkennen lassen, eine Entwicklungsrichtung zudem, die zur Zeit des Kampfes um diese Reformen in der Regel nur von einer Minderheit der daran Beteiligten so überhaupt gewollt war. Und dass die historische Entwicklung diesen evolutionär erfolgreichen Weg genommen hat, ist keineswegs selbstverständlich. Ein rücksichtsloser Klassenkampf oder eine konsequente Unterdrückung, um nicht zu sagen Ausmerzung aller rebellischen Elemente und die Versklavung der übrigen wären aufgrund bisheriger menschheitsgeschichtlicher Erfahrungen kaum weniger wahrscheinlich gewesen.[7]

Die Ideologien des Liberalismus und des Sozialismus standen sich im 19. Jahrhundert in der zentralen Frage des Eigentums an den Produktionsmitteln und der Wirtschaftsfreiheit unversöhnbar gegenüber, wenngleich sie sich in einem Punkte auffallend ähnelten, nämlich in der *Ablehnung staatlicher Intervention zur Lösung der sozialen Frage. Genau dieser Weg hat sich jedoch als evolutionär erfolgreich erwiesen.* Wenn wir aufgrund dieses Befundes nach den Kräften fragen, welche die staatsinduzierte Lösung der sozialen Frage im 19. Jahrhundert vorangebracht haben, so stoßen wir vor allem auf Personen, Gruppen und Bewegungen, für die christliches Gedankengut mehr als die Legitimation von obrigkeitshörigem Gehorsam und reaktionärem Traditionalismus bedeutete.[8] Es wäre voreilig, sie mit der christlich-sozialen Bewegung zu identifizieren, denn bei vielen verband sich ihr christliches Engagement mit konservativen oder auch liberalen politischen

---

7   Die Bürgerkriege in Russland und Finnland und der nur knapp verhinderte Bürgerkrieg
     im Deutschen Reich am Ende des Ersten Weltkriegs zeigen, daß es sich hierbei nicht
     nur um abstrakte Erwägungen handelt

8   Für Frankreich stellt Schultheis (1987: 25) fest: „Nahezu alle familienpolitischen Initia-
     tiven — von der Einführung des Kindergeldes, über die Wohnungseigentumsförderung
     und das „Müttergehalt", bis hin zum „arbeitsfreien Familiensonntag" — gingen direkt
     von Repräsentanten des französischen Sozialkatholizismus aus." Dieser setzt jedoch
     in seinen dominierenden Strömungen nicht auf den Staat, sondern auf eine moralisch
     verantwortliche Unternehmerschaft. Das von Frédéric Le Play und seiner Schule
     entwickelte Konzept der „Patronage" beruhte nicht auf dem Gedanken der freien
     Assoziation, sondern demjenigen der Wiederherstellung quasi feudaler Fürsorge und
     Treueverhältnisse im Rahmen einer Betriebsgemeinschaft.

Tendenzen. Auch wäre es zu einfach, wollte man diesen Christen insgesamt eine besondere Staatsgläubigkeit unterstellen oder behaupten, sie allein seien es gewesen, die jenen Maßnahmen, welche wir heute rückblickend als wesentliche Momente zu einer wohlfahrtsstaatlichen Entwicklung erkennen, zum Durchbruch verholfen haben. Die Verhältnisse waren auch von Land zu Land verschieden; insbesondere in Skandinavien scheint christlichen Motiven eine geringere Rolle für die wohlfahrtsstaatliche Entwicklung zuzukommen, als in England und in Westeuropa.[9] Ich beschränke die Veranschaulichung meiner These auf die „Pionierländer" England und Deutschland, für welche auch die Forschungslage am besten ist.[10]

7.5.1 England

In England war die politische Lage bis zum Ersten Weltkrieg durch den Gegensatz von Liberalen und Konservativen gekennzeichnet, ohne dass sich daraus eine klare sozialpolitische Frontstellung ergeben hätte. Vielmehr waren sozialpolitische Fortschritte, insbesondere in der Fabrikgesetzgebung, das Ergebnis von Koalitionen, die quer zu den Parteigrenzen standen und oft sehr unterschiedliche weltanschauliche Gruppierungen zusammenführten (Fraser 1984: 13). Deutlich nachweisbar ist jedoch der durchgängige Einfluss religiöser Bewegungen, die überwiegend *in kritischer Distanz* zur hochkirchlichen Verbindung von Thron und Altar standen.[11]

---

9   Die Grundregeln der Armenpflege scheinen in Skandinavien bereits in die Zeit vor der Christianisierung zurückzureichen, vgl. Ratzinger (1884: 412 ff.). Darüber hinaus erscheint das Gewicht des Christentums für die Tradition und Kultur dieser Länder überhaupt geringer als im übrigen Europa. Vgl. Ebertz & Schultheis (1986: 141 ff.) Was die Entwicklung des Wohlfahrtsstaats betrifft, so war in Schweden und Norwegen der Einfluss der Sozialdemokraten dominant. In Dänemark kam den *Radical Liberals* eine ähnliche Schlüsselfunktion zu wie dem Zentrum in Deutschland, vgl. Flora (1986:. 5ff., 120ff, 175 ff, 297ff). In den letzten Jahrzehnten scheint sich auch in Skandinavien ein christlich motivierter Widerstand gegen den zunehmenden Säkularismus politisch zu formieren, vgl. Madeley (1977).

10   Internationale Übersichten existierten zur Zeit der Abfassung des ursprünglichen Beitrags (1987) erst wenige (Moody 1953; Fogarty 1957; Scholl 1966; Greschat 1980). Es genügt jedoch selbstverständlich nicht, auf die Existenz und die Aktivität christlicher Ideen und Bewegungen hinzuweisen, vielmehr muss versucht werden, ihr relatives Gewicht im Rahmen der nationalstaatlichen Politiken verschiedener Länder einzuschätzen. – Zur erheblichen Bedeutung des Verhältnisses von Kirche und Staat für die konfessionelle Parteibildung vgl. Madeley (1982); siehe auch unten 7.7.1.

11   Vgl. Greschat (1980: 11 ff); Baker (1975). – Zur Geschichte der hochkirchlichen Stellungnahmen zu sozialen Fragen vgl. Norman (1976). Der Gesamteindruck, den dieses umfassende Werk hinterlässt, deutet auf eine starke Verschränkung der anglikanischen

Schon Anfang des 19. Jahrhunderts begannen anglikanische Kleriker gegen die Kinderarbeit Front zu machen, und in der Folge standen viele Sozialreformer dem evangelikalen Flügel der anglikanischen Kirche nahe, von dem zahlreiche Impulse zu sozialen und caritativen Aktionen ausgingen (Bradley 1976; Heclo 1974: 159, 165 f.). Auch aus dem Bereich der Freikirchen rekrutierten sich zahlreiche Sozialreformer, die vorwiegend dem Unternehmertum nahe standen, das seinerseits überwiegend freikirchlich orientiert war.[12] Es war zunächst im Wesentlichen *moralische Empörung*, die sich gegen das wachsende Elend in den Fabriken wandte, und sie zog ihre Kraft primär aus religiösen Überzeugungen. Abgesehen von der Armengesetzgebung, in der sich die Bentham'sche Vorstellung einer wissenschaftlich begründeten, sozial-technischen Gesetzgebung durchsetzte, blieb das Hauptargument für eine Verstärkung staatlicher Aktivität der Schutz der sozial Schwachen, insbesondere der Frauen und Kinder. Aus der Verbindung der konservativen Idee eines *paternal government* und der Idee des *reforming state* resultierten die Sozialreformen um die Mitte des 19. Jahrhunderts (Roberts 1979; Briggs 1978: 274 ff; Fraser 1984: 15 ff.) Auch unter den späteren Sozialreformern lässt sich häufig ein spezifisch religiöser Einfluss nachweisen, so z.b. bei dem Liberalen Lloyd George, dessen Sozialgesetzgebung (1908-1920) als Durchbruch zum englischen Wohlfahrtsstaats gilt; der erdrutschartige Wahlsieg der Liberalen im Jahre 1906 kam u.a. durch ein Bündnis mit dem englischen Non-Konformismus zustande (Koss 1975). Ebenso bei dem in der Labour Party einflussreichen Historiker R. H. Tawney. Für die Sozialreformen im Gefolge des 2. Weltkriegs ist allerdings eine religiöse Motivation nicht nachgewiesen.

7.5.2 Der deutsche Protestantismus

Für die These vom Einfluss Luthers auf die sozialstaatliche Entwicklung besonders interessant ist der Fall Brandenburg-Preußens. Wenn wir der bedeutenden Studie von Philip Gorski folgen, so ist der außerordentliche Disziplinierungsprozess

---

Hierarchie mit den jeweiligen Zeitströmungen hin. Eine entschiedene Stellungnahme für staatliche Lösungen der sozialen Probleme findet sich nicht einmal bei der führenden Figur der christlich-sozialen Bewegung, Erzbischof Temple, dem England die programmatische Formulierung des Begriffes *Welfare State* verdankt (Temple 1941).

12 Von den fünfzehn *founders of the welfare state* bei Barker (1984) weisen acht einen eindeutig identifizierbaren religiösen Hintergrund auf. Daneben findet sich als weltanschauliche Motivation im Wesentlichen eine utilitaristische Wissenschaftsgläubigkeit Benthamscher Provenienz. Den Ideen von Marx war trotz dessen langem Aufenthalt in England dort kaum Erfolg beschieden.

Preußens auf das Zusammenwirken eines innerweltlich asketischen Regierungs-
stils der calvinischen Eliten und des lutherischen Pietismus in den Ständen und
im Volk zurückzuführen (Gorski 2003: 79 ff). Bemerkenswerterweise hatten die
calvinischen Fürsten keinerlei Hemmungen, die gesellschaftliche Verfassung ihres
Landes systematisch zu beeinflussen, und der Widerstand der lutherischen Land-
stände richtete sich auch nicht gegen diesen Anspruch, wohl aber gegen dessen
konkrete Ausgestaltung. Berücksichtigt man den erheblichen Einfluss, den Beamte
aus dem Umkreis des Halleschen Pietismus auf die Entstehung der Bismarck'schen
Sozialgesetze gehabt haben, so wird deutlich, dass das „Saatbeet" der staatlichen
Sozialreformen hier von einer glücklichen Kombination von calvinisch inspirierter
Disziplin und lutherisch inspirierter Sozialverantwortung geprägt wurde. Nicht zu
vergessen ist auch die „Bekehrung" des katholischen Zentrums zur Bejahung der
Staatsverantwortung, welche der traditionellen katholischen Position zuwider lief
(siehe 7.4.3). Das preußische „Saatbeet" sollte man somit nicht einer Konfession
allein, sondern gerade einer *Konvergenz der im Prinzip staatsdistanzierten Richtungen des Calvinismus und Katholizismus zur sittlichen Staatsauffassung* zuschreiben,
deren Ursprünge auf Luthers Verzicht auf die „äußere Kirche" zurückzuführen
sind. Für das politisch noch labile Deutsche Reich mag das Diktum Bismarcks
charakteristisch sein: „Wenn keiner helfen kann – der Staat kann".

Für Deutschland ist ähnlich wie in England auf die Spannung zwischen dem
etablierten Staatskirchentum und der pietistischen Erweckungsbewegung im 19.
Jahrhundert hinzuweisen, welche ihrerseits auf älteren Voraussetzungen, nämlich
dem Halleschen Pietismus des 18. Jahrhunderts aufbaut (Hinrichs 1977; Schmidt
1978). Ein erheblicher Teil der preußischen Beamten stand unter pietistischem
Einfluss und war zum Teil direkt in Halle geschult worden. Die meisten profilierten
Sozialreformer des 19. Jahrhunderts, beispielsweise der Reichsfreiherr Karl vom
und zum Stein – der Initiator der Bauernbefreiung und der preußischen Kommu-
nalverfassung (Schnabel 1965: 51 ff), der rheinische Oberpräsident und preußische
Innenminister Ernst von Bodelschwingh – Initiator der ersten Kinderschutzge-
setzgebung und des preußischen Fabrikgesetzes von 1845 (Shanahan 1962: 194 ff.),
oder der Ministerialbeamte Theodor Lohmann, der als der eigentliche „spiritus
rector" fast der gesamten Reichssozialgesetzgebung von 1880 bis 1906 angesehen
werden muss (Rothfels 1927), waren dem Pietismus nahe stehende Protestanten
von ausgeprägter Religiosität.[13]

Doch diese personenbezogene Betrachtungsweise, die leicht fortgesetzt werden
könnte, kann den Einfluss des Protestantismus auf die entstehende Wohlfahrts-

---

13 Ergänzend sei auf den Einfluss deutscher Protestanten auf das Leitbild der „Sozialen
    Marktwirtschaft" hingewiesen (Manow 2001).

staatlichkeit nur veranschaulichen, nicht erklären. Entscheidend war die grundsätzliche Identifikation des preußischen Staates mit dem überwiegend lutherisch geprägten Staatskirchentum.[14] Das Konzept eines „christlichen Staates", wie es von Friedrich Wilhelm IV. und dem einflussreichen konservativen Staatsphilosophen Friedrich Julius Stahl vertreten wurde, stellte nur die Spitze einer das ganze Jahrhundert prägenden Staatsauffassung mit deutlich antirevolutionärem und antiaufklärerischem Akzent dar, woraus sich auch die Animosität der sozialistischen Arbeiterbewegung gegen das Christentum erklärt. Bismarck selbst stand unter dem Einfluss der Stahl'schen Staatsphilosophie, und für ihn war das Anliegen der Sozialgesetzgebung unmittelbarer Ausdruck eines „Staatssozialismus, der überhaupt nur eine Konsequenz der modernen christlichen Staatsidee sei" (Tennstedt 1981a: 668). In diesem Glauben an die soziale Verantwortung des „christlichen Staates" unterschied sich der konservative Flügel des deutschen Protestantismus entscheidend vom liberalen, doch hat sich insgesamt auch innerhalb des konservativen Protestantismus ein nennenswertes Interesse an der sozialen Frage in der zweiten Hälfte des 19. Jahrhunderts kaum entwickelt. Es waren im Wesentlichen einzelne Persönlichkeiten wie Theodor Fliedner, Johann Hinrich Wiechern, Rudolf Todt, Adolf Stöcker und Friedrich Naumann, die durch ihre persönliche Bekanntschaft mit einflussreichen politischen Kreisen bewusstseinsbildend wirkten. Insgesamt blieb die christlich-soziale Bewegung im Protestantismus schwach und hat ihre bleibenden Verdienste zwar im Bereich der kirchlichen Diakonie, nicht jedoch der staatlichen Sozialpolitik. (Brakelmann 1966; Beyreuther 1962). Größeren Einfluss gewann hier der Verein für Sozialpolitik, unter dessen prominenten Mitgliedern sich zahlreiche engagierte Protestanten wie Adolph Wagner und Lujo Brentano befanden.

Da die Konservative Partei Bismarck und später Kaiser Wilhelm II. folgte, bildete sie zusammen mit dem Zentrum das parlamentarische Schwergewicht für die Sozialgesetzgebung bis zum Ersten Weltkrieg. Dies geschah jedoch weniger aus sozialpolitischem Engagement denn aus „Treue zu Kaiser und Reich", einer „als selbstverständlich angenommenen Schätzung des Staates, die einem kaum trennbaren Gemisch aus idealistischer Staatstheorie und lutherischer Lehre von der Obrigkeit entstammte." (Schick 1970: 121)

---

14   Bereits in der Restaurationszeit waren unter Friedrich Wilhelm III. die lutherischen und reformierten Provinzialkirchentümer zur Preußischen Landeskirche zusammengeschlossen worden. Seitdem verstanden sich die preußischen Könige als *summus episcopus*. Hier bestand ein auffallender Gegensatz zu England, wo zwar die Hochkirche ebenfalls sich dem „Staat" zugehörig verstand, jedoch gleichzeitig ihre Unabhängigkeit von der Krone betonte.

7.5.3   Die katholisch-soziale Bewegung und das Zentrum

Selbst die vergleichsweise gründliche „Sozialgeschichte der Sozialpolitik in Deutschland" von Florian Tennstedt erwähnt die christlich-soziale Bewegung stets unter „ferner liefen". So wird beispielsweise der Bergarbeiterstreik von 1889 im Ruhrgebiet „als Schlüsselereignis" angesehen, jedoch dazu bemerkt: „Beteiligt waren, politisch relativ farblos, vor allem katholische Bergleute, als „Ultramontane" im Bismarck-Reich auch nicht gerne gesehen. Die verfemten Sozialdemokraten aber konnten nicht als „Aufhetzer" denunziert werden. Das Beeindruckende und Beängstigende an diesem Bergarbeiterstreik war gerade, daß gewaltig wirtschaftsstörende Arbeitseinstellung und Staatstreue zusammengingen" (Tennstedt 1981b: 228). „Politisch farblos" kann man die katholisch-soziale Bewegung nur einstufen, wenn man in Extremen denkt. Gerade dorthin gehört sie aber nicht; sie stand, wie schon der Name der ihr nächststehenden politischen Partei zeigt, im „Zentrum", war damit koalitionsfähig nach verschiedenen Seiten hin, und erwies sich als die nachhaltigste und kontinuierlichste Stütze der sich entwickelnden Sozialpolitik und Sozialstaatlichkeit.

Sehr im Gegensatz zum Protestantismus wurde die christlich-soziale Bewegung im deutschen Katholizismus zu einer zwar nicht dominanten, aber doch politisch bestimmenden Kraft. Zentrum des sogenannten *sozialen Katholizismus* wurde der 1890 gegründete „Volksverein für das katholische Deutschland", der auf dem Höhepunkt seiner Entwicklung kurz vor dem Ersten Weltkrieg nicht weniger als 800 000 Mitglieder zählte. Der in Mönchengladbach domizilierte Verein verstand sich als „Propagandaverein der christlichen Sozialreform" (Heitzer 1979: 24), verband programmatische Arbeit mit Volksbildung, und wurde zur Kaderschmiede der katholisch-sozialen Bewegung. In soziologischer Perspektive kommt ihm eine Schlüsselstellung deshalb zu, weil er – wie übrigens auch das Zentrum – *sich aus allen Bevölkerungskreisen rekrutierte*, also die sich seit den 60er Jahren des 19. Jahrhunderts vertiefende Kluft zwischen Bürgertum und Arbeiterschaft in effektiver Weise zu überwinden vermochte. Der Volksverein und die mit ihm verbundene katholisch-soziale Bewegung waren also keine bloß bürgerliche Bewegung wie die evangelisch-soziale Bewegung um Stöcker und Naumann. Das kommt auch in dem hohen Organisationsgrad der Arbeiter zum Ausdruck: die unter geistlicher Führung stehenden katholischen Arbeitervereine hatten 1913 626 000, die überwiegend aus Katholiken bestehenden, jedoch überkonfessionellen christlichen Gewerkschaften 342 000 Mitglieder (Ritter 1954: 328). So gelang es im katholischen Raum, den bereits im vollen Gang befindlichen Klassenkampf zu neutralisieren, und an seiner Stelle das Programm und die Praxis einer *Sozialreform* zu setzen, deren Ziel – mit den Worten Franz Hitzes – „die vollwertige Eingliederung des Arbeiterstandes in den Gesellschaftsorganismus" war (Mockenhaupt 1977: 175).

Die Vorstellung, dass *die Kirche und nicht der Staat* zur Lösung der sozialen Frage aufgerufen und in der Lage sei, war unter Katholiken im 19. Jahrhundert weit verbreitet und bestimmte insbesondere das katholisch-soziale Denken in Frankreich und Belgien (Greschat 1980: 113 ff., 178 ff.). Umso bemerkenswerter ist die Wendung zur staatlichen Sozialpolitik, welche für die Zentrumspartei nicht etwa erst seit den Bismarck'schen Initiativen, sondern seit ihrer Gründung charakteristisch war. Bereits das Essener Wahlprogramm von 1870 forderte „Beseitigung der sozialen Missstände zur Abwehr moralischen und körperlichen Ruins unter den Arbeitern, sowie Förderung aller Interessen des Arbeiterstandes durch eine gesunde christliche Gesetzgebung"; und der Programmentwurf des Mainzer Bischofs von Ketteler von Anfang 1871 konkretisierte diese Forderung bereits in der Form eines umfangreichen sozialpolitischen Programms.

Vor allem die Wendung Bischof v. Kettelers, der in früheren Schriften eine Lösung der sozialen Frage in erster Linie von kirchlicher Caritas und zunftähnlichen Vereinigungen, ja sogar den Lassalle'schen Produktivassoziationen erwartet hatte, ist für die staatsfreundliche Einstellung der katholisch-sozialen Bewegung in Deutschland entscheidend geworden (Jostock 1965; Greschat 1980: 134 f; Wattler 1978: 18 ff). Allerdings gab es auch innerhalb der Bewegung charakteristische Unterschiede hinsichtlich des Ausmaßes eines wünschenswerten Staatseinflusses. Erster Kristallisationspunkt dieser Auseinandersetzungen wurde Bismarcks Plan eines Staatszuschusses zur geplanten Renten-Versicherung für Arbeiter (1889). Er wurde von der Zentrumsmehrheit als Ausdruck eines Staatssozialismus abgelehnt und doch dank der Zustimmung einer Zentrumsminderheit vom Reichstag angenommen. Die Mehrheit war entsprechend dem „korporatistischen" Denken für eine ausschließliche Finanzierung durch Arbeitgeber- und Arbeitnehmerbeiträge im Rahmen einer dezentralisierten Selbstverwaltung. Für die Minderheit formulierte Peter Reichensperger bereits damals den Grundgedanken des Wohlfahrtsstaats: „Der Staat ist für uns der organisierte Verband des Volkes zur Pflege aller leiblichen und geistigen Güter, und das soll auch hier verwirklicht werden" (Bachem 1929: 71). Im Bereich der theoretischen Auseinandersetzung standen sich vor allem Georg von Hertling als Vertreter einer restriktiven, bloß rechtsstaatlichen Linie und Franz Hitze als Vertreter des „Staatszwangs zur Durchführung einer gerechten gesellschaftlichen Ordnung" gegenüber (Bachem 1929: 120). Die „Mönchengladbacher Richtung" der katholischen Soziallehre stand im Gegensatz zur ständestaatlichen „Wiener Richtung" um Carl von Vogelsang fest auf dem Boden des Parlamentarismus und später der Demokratie.[15] Ihr „Korporatismus" beschränkte sich auf den wirtschaftlichen Bereich, wo eine Lösung der sozialen Frage von der Zusammenarbeit von Arbeitgebern und Arbeitnehmern auf verschiedenen Ebenen erwartet wurde. Dieser Gedanke fand im Rätesystem der Weimarer Reichsverfassung und dem Betriebsrätegesetz von 1920 ebenso seine Konkretion wie im der Betriebsverfassungsgesetz der Bundesrepublik.

Alles in allem wird man allerdings die Systematik der Leitideen der katholisch-sozialen Bewegung jener Zeit nicht überschätzen dürfen. *Die Männer des Volksvereins und des Zentrums waren in erster Linie Praktiker* – Politiker, Volksbildner und Agitatoren. Katholische Wissenschaftler gab es zu jener Zeit nur wenige, auch nach dem „Kulturkampf" beherrschte der Kulturprotestantismus das akademische Feld. Erst nach dem Ersten Weltkrieg gewann die wissenschaftliche Reflexion an Gewicht – und mit ihr auch der an den drängenden sozialpolitischen Problemen vorbeisehende akademische Streit (Briefs 1925; Kaufmann 2003a: 98 ff.). Abgesehen von dem monumentalen Werk einer „solidaristischen Wirtschaftslehre" (Pesch 1904 ff), das den theoretischen Gehalt des katholischen Korporatismus verdeutlicht, verblieb jedoch die sich entwickelnde katholische Soziallehre in ihrem positiven Gehalt im Wesentlichen eine Interpretationswissenschaft päpstlicher Lehrschreiben und fand nur selten den Weg zur empirischen Problemanalyse.

Das Zentrum wurde zu derjenigen Fraktion des Reichstags, die mit dem größten Nachdruck die Politik des Arbeitsschutzes und der politisch-sozialen Gleichberechtigung der Arbeiter im Rahmen der bestehenden politischen Ordnung verfolgte (Stegmann 1978). Inhaltlich stimmte das sozialpolitische Programm des Zentrums weitgehend mit Forderungen überein, die auch von den Sozialdemokraten erhoben wurden, aber im Gegensatz zu den Sozialdemokraten verfolgte das Zentrum eine pragmatische – moderne Politikwissenschaftler würden sagen, eine inkrementalistische – Politik der Verbesserung der Situation der Arbeiter. Es war stets bereit, Kompromisse zu schließen, wenn weitergehende Forderungen nicht durchgesetzt werden konnten.[16] Im Gegensatz dazu befolgten die Sozialdemokraten bis zum Ersten Weltkrieg eine radikale politische Linie, welche sie zahlreiche Sozialgesetze ablehnen ließ, nachdem sie mit ihren weitergehenden politischen Forderungen nicht durchdrangen. Das hat ihnen seinerzeit den Vorwurf eingetragen, sie interessierten sich mehr für die Revolution als für die Verbesserung der Lage der Arbeiter.

---

15   Zu deren Differenzen vgl. Alexander (1953); Bachem (1929: 125 ff.), Ritter (1954: 56 ff.).

16   Die Kompromisshaftigkeit der Sozialpolitik des Zentrums resultierte natürlich auch aus der inneren Interessenpluralität dieser verschiedene Klasseninteressen übergreifenden Partei (Bauer 1931: 36 f.)

Nach Bismarcks Sturz begannen die Katholiken, im Rahmen der sozialpoliti-schen Abteilung des Innen- bzw. Handelsministeriums an Gewicht zu gewinnen. Von 1906 an waren sie auch an der Regierung beteiligt, und nach dem Ersten Weltkrieg ging im Anschluss an eine kurze sozialdemokratische Zwischenphase die ministerielle Verantwortung für die Sozialpolitik an das Zentrum über, welches in der Person des früheren Direktors des Volksvereins, des Geistlichen *Heinrich Brauns*, von 1920 bis 1928 in zwölf Kabinetten den Reichsarbeitsminister stellte (Mockenhaupt 1977). Nach Ludwig Preller hielt sich die „Katholische Sozialreform ... außerhalb des Kampfes um die geistige Grundlegung der Sozialreform", doch „entfalteten Vertreter des Katholizismus ... einen Einfluss auf die (scil. praktische) Gestaltung der Sozialpolitik, der nicht groß genug veranschlagt werden kann". Der „evangelische Gedanke" dagegen hinterließ „keinen spürbaren Eindruck auf die Sozialpolitik der Nachkriegszeit" (Preller 1978: 221, 225).

7.6   Schlussfolgerungen

Die Entwicklung der staatlichen deutschen Sozialpolitik wurde im Wesentlichen von zwei Kräften vorangetrieben, nämlich vom Reichskanzler Bismarck und einem Teil der hinter ihm stehenden Konservativen sowie von der katholischen Zentrumspartei. Die sozialpolitischen Anschauungen dieser beiden Kräfte waren jedoch nicht identisch: Bismarck wollte aus christlichem Verantwortungsbewusstsein und politischer Leidenschaft zwar das Absinken der Arbeiter in Armut verhindern und verstand seine Sozialversicherungspolitik im Wesentlichen als eine neue Form der paternalistische Armenpolitik, durch welche die Arbeiter befriedet und für das Reich gewonnen werden sollten. Er blockierte aber alle Initiativen zur Verstärkung des Arbeiterschutzes und zur Gewährleistung betrieblicher Rechte der Arbeiter, vornehmlich aus wirtschaftlichen Gründen. Das Schwergewicht der Sozialpolitik des Zentrums lag dagegen gerade auf diesem zweiten Bereich. Hauptziel der katholischen Sozialpolitik war es, staatliche Einrichtungen zur Verbesserung des Verhältnisses zwischen Arbeitgebern und Arbeitnehmern zu schaffen und auf diese Weise eine Eskalierung des Klassenkampfes zu vermeiden. Des Weiteren unterschied sich das Zentrum in seiner föderalistischen Grundhaltung von der zentralistischen Politik Bismarcks. Dies äußerte sich in der Sozialgesetzgebung vor allem als De-zentralisierung der Verwaltung: So sah Bismarck für die Unfallversicherung wie für die Altersversicherung eine zentralistische Reichsanstalt vor; auf Betreiben des Zentrums wurden dagegen die bis heute existierenden Berufsgenossenschaften und Landesversicherungsanstalten geschaffen.

Alles in allem zeigt sich, dass die gegenwärtige Gestalt des deutschen Sozialstaats in hohem Umfange den seinerzeitigen sozialpolitischen Vorstellungen des Zentrums entspricht: Einerseits eine starke zentralstaatliche Funktion im Bereich der Gesetzgebung, die sich auch vor Interventionen in den Wirtschaftsablauf nicht scheut; das ist die *antiliberale* Komponente. Andererseits die Stabilisierung und Pazifizierung des Interessengegensatzes zwischen Arbeitgebern und Arbeitnehmern außerhalb des staatlichen Einflusses, was sich heute als Tarifautonomie und als Selbstverwaltung der Sozialversicherungsträger im Wesentlichen niederschlägt; hierin liegt das korporatistische und *antisozialistische* Element dieser Politik. Endlich die Betonung des Föderalismus, des Rechts der Freien Wohlfahrtspflege, kurzum der dezentralen Problemlösung im Sinne dessen, was in der Folge in der katholischen Soziallehre als „Subsidiaritätsprinzip" seinen Begriff fand; das ist die *antietatistische* Komponente, welche in den Anfängen vor allem dem preußisch-bismarckschen Zentralismus zuwiderlief. Dieses Prinzip der Pluralität und relativen Autonomie von Trägern der Sozialpolitik, das Zutrauen auf eine dezentrale Problemlösungsfähigkeit, unterscheidet im Übrigen die Struktur des deutschen deutlich von derjenigen des englischen und auch des skandinavischen Wohlfahrtsstaats.

Die Politik und die Haltung des Zentrums trugen wesentlich dazu bei, dass Papst Leo XIII. zu einer positiveren Beurteilung der demokratischen Staatsform und der von der kirchlichen Hierarchie unabhängigen politischen Aktion der Katholiken sich durchrang (Bachem 1929: 208, Camp 1969: 138 ff). Auch die erste päpstliche Enzyklika zur sozialen Frage *Rerum Novarum* (1891) wurde nachhaltig von den sozialpolitischen Erfahrungen im deutschen Katholizismus beeinflusst (Bachem 1929: 125 ff.). Der Übergang von kirchlichen und ständischen zu staatlichen Problemlösungsformen war dabei weniger programmatisch als pragmatisch.

Der Umstand, dass die Katholiken nach der Reichsgründung (1871) in einen Konflikt mit dem preußischen Staat, den „Kulturkampf", verwickelt wurden, förderte die Formierung einer repräsentativen konfessionellen Partei, welche angesichts ihres nahezu totalen Einsatzes für die Belange der Kirche zunächst über jeden kirchlichen Zweifel erhaben blieb. In dem Maße allerdings, wie der äußere Druck nachließ und das Zentrum selbst zu einem politischen Machtfaktor wurde, manifestierten sich auch die Spannungen innerhalb des Katholizismus, doch war zu diesem Zeitpunkt die historische Entscheidung für die Sozialversicherung bereits gefallen.

Die Transformation des sozial instabilen Früh- und Hochkapitalismus in die wohlfahrtsstaatliche Vergesellschaftungsform war also nicht ohne ideelle Fundamente möglich, und diese resultierten aus einer Synthese von konservativem, liberalem und sozialistischem Gedankengut, eine gewiss instabile und politisch variable Synthese, die offensichtlich von einem Standpunkt christlichen Engagements her eher anzunähern war als von den sonstigen politisch-ideologischen Strömungen.

Dieser Standpunkt stimmte jedoch meistens *nicht* mit den vorherrschenden kirchlichen Auffassungen derjenigen Religionsgemeinschaften überein, denen die sozialpolitischen Protagonisten angehörten. Darin kommt ein allgemeineres Merkmal der jüdisch-abendländischen Religionstradition zum Ausdruck: *Ihre Vitalität und Wandlungsfähigkeit lebte von Anfang an aus der Spannung zwischen Institution und Person*: Die Propheten standen gegen die Könige, Jesus gegen das jüdische Establishment, die Armutsbewegungen des Mittelalters und die Erweckungsbewegungen der Neuzeit gegen das herrschende Kirchentum. Auch die deutsche katholisch-soziale Bewegung konnte den von ihr gefundenen Weg nur in mitunter dramatischen Auseinandersetzungen mit Teilen des deutschen Episkopats und einem Höchstmaß an diplomatischem Geschick gegenüber Rom durchsetzen (Anderson 1981).

Im hier näher untersuchten deutschen Fall scheinen christlich motivierte Überlegungen, Vereinigungen und Handlungen zentrale Bedeutung für den Durchbruch zum Wohlfahrtsstaat gewonnen zu haben. Das schmälert weder die Bedeutung des Liberalismus für die entstehende, den erforderlichen Wohlstand erst produzierende Marktwirtschaft noch diejenige des Sozialismus als wirkmächtiger Protest gegen die Diktatur der Produktionsverhältnisse. Im Spannungsfeld dieser großen, in politischer Hinsicht mächtigeren Kräfte kann das Operationsfeld der verschiedenen christlich inspirierten Initiativen am ehesten mit der *Funktion eines Katalysators* verglichen werden, der einen Prozess in Gang bringt, welcher von anderen Energien gesteuert wird.

Solange und insoweit als das moralische Minimum einer allgemeinen Anerkennung von Freiheits- und Sozialrechten für jedermann und ihr einigermaßen funktionierender Schutz, also das Grundprinzip der auf den Werten der Freiheit, der Gleichheit und der Sicherheit beruhenden Inklusion nicht nachhaltig verletzt wird, werden die sozialpolitischen Auseinandersetzungen auch in absehbarer Zukunft wahrscheinlich ohne sichtbare religiöse Virulenzen ausgetragen werden. Die Wirksamkeit des Christentums bleibt hier in den Entscheidungsprämissen implizit. Offenkundige Amalgamierungen zwischen religiösen Energien und sozialen Bewegungen bzw. gesellschaftspolitischen Postulaten sind nur dort zu erwarten, wo ernsthafte und dauerhafte Problemlagen kollektiv als im Gegensatz zu Postulaten des Christentums stehend definiert werden.

7.7 Nachtrag zum aktuellen Stand der Forschung

Nach einer Sichtung der wichtigsten neueren Literatur finde ich den Forschungsstand über den Zusammenhang von Religion und wohlfahrtsstaatlicher Entwicklung nach wie vor wenig befriedigend. Darüber möchte ich im Folgenden in der spezifischen Perspektive der jeweils behandelten Fragestellungen und der Konzeptionalisierung des Zusammenhangs kurz berichten und einige Schlussfolgerungen ziehen. Im Vordergrund stehen dabei postulierte Einflusswege von als religiös qualifizierten Faktoren auf die wohlfahrtsstaatliche Entwicklung, während die umgekehrte Fragerichtung, inwieweit wohlfahrtsstaatliche Entwicklungen die religiösen Verhältnisse beeinflussen noch kaum systematische Beachtung gefunden hat, obwohl das im Rahmen säkularisierungstheoretischer Perspektiven naheläge.

7.7.1 Kees van Kersbergen und Philip Manow

Ich beginne mit dem chronologisch ältesten Thema, dem Einfluss konfessioneller Parteien und sozialer Bewegungen auf die sozialpolitische Gesetzgebung. In Reaktion auf die skandinavische Wohlfahrtsstaatsforschung um Walter Korpi (1978; 1983), die den Einfluss von Klassenkonflikten und der sozialistischer oder sozialdemokratischer Parteien auf Entstehung sozialpolitischer Einrichtungen hervorhob, betonte als erster Wilensky (1981) den konkurrierenden Einfluss des Katholizismus auf die politischen Entscheidungsprozesse. Daraus hat sich eine ganze vorwiegend politikwissenschaftliche Forschungsrichtung entwickelt, welche den *welfare state effort* operationalisieren und erklären will, wobei die Frage nach religiösen Einflüssen eine wachsende Rolle spielt. Diese Forschungsrichtung operiert mit vergleichsweise kurzen Wirkungsketten. Der religiöse Faktor wird in der Regel durch die Repräsentation konfessionell gebundener Interessen in den Parlamenten operationalisiert. Lediglich die bahnbrechende Studie von Kees van Kersbergen (1995) untersuchte auch die ideellen Hintergründe und daraus abgeleiteten Legitimationen der Christlich-Demokratischen Parteien in Europa und damit implizit des Katholizismus. Philip Manow hat bei seiner geistreichen Kritik an Esping-Andersens (1990) einflussreicher Typologie von Wohlfahrtskapitalismen dessen Religionsblindheit aufgewiesen und auch den Einfluss des Protestantismus auf die Entstehung des bunderepublikanischen Modells „Sozialer Marktwirtschaft" herausgearbeitet (Manow 2001; 2002; 2008). Manow und van Kersbergen haben schließlich gemeinsam eine wesentlich komplexere Theorie konfessioneller Einflüsse entwickelt, die zum einen von dem herrschenden Wahlrecht (Mehrheitswahlrecht verhindert konfessionelle Parteien), zum anderen von den geschichtlich gewordenen

Staat-Kirche-Verhältnissen (Konflikte fördern konfessionelle Parteien) bestimmt werden (Kersbergen & Manow 2009). Mit diesem Ansatz erklären sie die spezifischen Differenzen der Typologie von Esping-Andersen differenzierter und damit plausibler. Allerdings nehmen sie ebenso wenig wie er Länder ins Visier, die sich keinem der Typen fügen. Das Resümee für uns: *Konfessionelle Einflüsse können politisch zum Tragen kommen, aber ob dies geschieht ist von weiteren Faktoren abhängig.* Die Betrachtung des konfessionellen Faktors allein bringt keine brauchbaren Ergebnisse. Da in Skandinavien der religiöse Einfluss gering oder zum mindesten sehr mittelbar erscheint, in Deutschland dagegen sehr deutlich, überrascht es den Wissenssoziologen nicht, dass deutsche Sozialstaatsforscher diesem Faktor größere Beachtung schenken.

7.7.2   Francis G. Castles

Die seltener erwähnte Studie von Francis Castles „On religion and public policy: Does Catholicism make a difference?"(Castles 1994). richtet das Augenmerk auf den *Policy Output*, während die vorangehende Forschungsrichtung sich für die Erklärung des *Policy-Input* interessiert. Castles, dessen „Families of Nation"-Ansatz als Konkurrenz zum typologischen Ansatz von Esping-Andersen zu verstehen ist, postuliert „a Catholic family of nations quite distinct in the character of its policy outcomes from other groups of Western democratic nations. ... Here I seek to demonstrate that religious beliefs characteristic of the Catholic faith have had a major influence in shaping the policy experience of a grouping of core Western European and Southern European nations" (Castles 1994: 21 f). Castles zählt zur „katholischen Familie von Nationen" alle Länder, deren Bevölkerung *entweder* zu mindesten 75 % katholisch ist *oder* eine so starke christlich-demokratische Partei aufweisen, dass ihr für Koalitionsbildungen strategische Bedeutung zukommt, und nennt: Deutschland, Frankreich, Italien, Österreich, Belgien, Griechenland,[17] Irland, Luxemburg, Niederlande, Portugal und Spanien(Castles 1994: 24). Zwei Unterschiede zu anderen Ländern stechen hervor: (1) Massiv überproportionale Ausgaben für Soziale Sicherung (wobei die Differenz von 1960-1990 zugenommen hat!) und (2) Charakteristische Unterschiede in den Bereichen Familienrecht und

---

17   Griechenland als Land mit ganz überwiegend orthodoxer Bevölkerung wird wohl auf
      Grund äußerer Ähnlichkeiten zu anderen südeuropäischen Staaten einbezogen (hierzu
      Ferrera 1996), was mir jedoch inkonsequent erscheint, zumal Griechenland nach der
      Studie von Gabriel u.a. (2013) zusammen mit anderen orthodoxen Ländern in eine
      eigene Kategorie fällt.

Familienpolitik sowie Arbeitsmarktpolitik, wobei die Differenz sich direkt oder indirekt auf die Orientierung an traditionellen Rollenmustern der Frauen bezieht. Dass die katholische Kirche der Frauenemanzipation bis in jüngste Zeit ablehnend gegenüber stand, ist bekannt. Frauen- und Kinderrechte wurden in protestantischen Ländern durchweg früher eingeführt als in katholischen. Allerdings deckt sich die Konfessionsgrenze auch weitgehend mit derjenigen der Rechtskreise; als katholisch qualifizierte Länder gehören in die römisch-rechtliche Tradition, die protestantischen in die nordische oder angelsächsische Tradition. Das römische Recht war restriktiver hinsichtlich der Rechte von Frauen und Kindern. Daran ist zu sehen, wie schwierig es ist, eindeutige historische Kausalitäten festzustellen.

Was die höhere Ausgabenneigung für Geldleistungen des sozialen Sicherungssystems und das Fehlen von Strategien einer aktiven Arbeitsmarktpolitik in den katholischen Ländern betrifft, so ist ein Zusammenhang plausibel, wird aber von Castles m.E. ungenügend erklärt. *Hier spielt die katholische Kirche noch eine andere Rolle, indem sie nämlich die Verselbständigung und Handlungsfähigkeit des Staates durch ihre moralischen und politischen Ansprüche behindert hat.* Vor allem in den Ländern Südeuropas blieb der kirchliche Einfluss auf die Politik unmittelbar. Wie Maurizio Ferrera (1996) gezeigt hat, ist in Südeuropa die staatliche Administration in hohem Maße durch klientelistische Beziehungen infiltriert, sodass Sozialleistungen oft aus zweckfremden Gründen gewährt werden. Gleichzeitig bleiben die Wohlfahrtssysteme partikularistisch, d.h. sie helfen gerade den Bedürftigsten oft nicht. Die Zuständigkeit für die Armenfürsorge beanspruchte die katholische Kirche für sich bzw. für ihre Orden, ohne allerdings den steigenden Ansprüchen an Professionalität und Vollständigkeit der Hilfen gerecht zu werden. Wie jedoch eine Studie von Frank Adloff (2003) zeigt, gehört die katholische Kirche in den Vereinigten Staaten zu den aktivsten Promotoren einer am Schutz der Armen orientierten Sozialpolitik. Allerdings waren in den USA die Katholiken stets in der Minderheit, wie übrigens auch im deutschen Reich, wo das „Zentrum" zu den zuverlässigsten Stützen der Sozialpolitik gehörte. *Die Wirkungen der katholischen Kirche scheinen unterschiedlich, je nachdem, ob sie dominiert oder als Minderheit agiert.*

Das Konzept der „Families of Nations" postuliert, „that groups of nations may have common policy outcomes in consequence of shared historical and cultural attributes. Religion is but one possible basis of such commonality" (Castles 1994:21). Das ist bereits ein wesentlich komplexerer Ansatz als der erwähnte politikwissenschaftliche. Allerdings postuliert er auch weiter greifende und damit indirektere Zusammenhänge, sodass sich das Problem kausaler Erklärungen auch in anspruchsvollerer Weise stellt.

7.7.3   Karl Gabriel und Hans-Richard Reuter

Der aus dem Projekt „Die religiöse Tiefengrammatik des Sozialen" hervor gegange-
ne, von Karl Gabriel, Hans Richard Reuter, Andreas Kurschat und Stefan Leibold
herausgegebener Band „Religion und Wohlfahrtsstaatlichkeit in Europa" (2013)
beinhaltet 13 nach gemeinsamen Vorgaben erstellte Länderstudien, wobei nicht
nur die üblichen Verdächtigen der Wohlfahrtsstaatsliteratur (Dänemark, Deutschland, Frankreich, Niederlande, Schweden, Vereinigtes Königreich), sondern auch
osteuropäische (Bulgarien, Polen, Russland) und südeuropäische (Griechenland,
Italien, Spanien) Länder und sogar die Türkei vorkommen. Aus religionssoziolo-
gischer Sicht ist beachtlich, dass nicht nur katholisch, lutherisch und calvinistisch
orientierte Länder, sondern auch drei von orthodoxen Kirchen geprägte Länder
einbezogen wurden, sowie ein islamisches.

In dieser Studie geht es in wesentlich breiterer Form um den Zusammenhang
von Religion und wohlfahrtsstaatlicher Entwicklung. Beide Größen werden nicht
durch einheitliche Maßzahlen operationalisiert, denn die Autoren gehen im Anschluss an Kaufmann (2003b) davon aus, dass die Sozialpolitik in den einzelnen
Ländern *idiosynkratisch* verlaufe, also im Wesentlichen durch innere Bedingungen,
Dynamiken und Widerstände bestimmt werde, sodass „einmalige Konfigurationen
entstanden sind, die eine Typenbildung erschweren und nur unter Inkaufnahme von
hohen Informationsverlusten möglich erscheinen lassen." (Gabriel u.a. 2013: 468)
Um die länderspezifischen Konfigurationen vergleichen zu können, bedienen sich
die Forscher sehr pauschaler Kategorien: „… geringe (I), mittlere (II) und hohe (III)
Stärke des religiösen Faktors auf der einen Seite und minimale (I), partielle (II) und
volle (III) Ausprägung der wohlfahrtsstaatlichen Entwicklung auf der anderen Seite."
(Gabriel u.a. 2013: 468 f.) Die Kategorisierung der Länder erfolgt nachträglich durch
die Projektleiter aufgrund der Länderberichte und mit diskursiven Begründungen.
Im Ergebnis zeigen die orthodoxen Länder und die Türkei minimalen religiösen
Einfluss und geringe wohlfahrtsstaatliche Entwicklung. Hoher religiöser Einfluss
wird nur für Deutschland und die Niederlande registriert, beides Länder mit einer
bi- oder mehrkonfessionellen Struktur. Länder mit hohem katholisch-kirchlichem
Einfluss (Italien, Spanien) haben nur einen partiellen Wohlfahrtsstaat geschaffen:
Als voll entwickelt gilt er in Dänemark, Schweden, dem Vereinigten Königreich
und Frankreich, wobei in all diesen Ländern der religiöse Einfluss als „mittel"
qualifiziert wird. Auch wenn diese pauschalen Qualifizierungen die Kritik der
quantifizierenden Wohlfahrtsstaatsforscher hervorrufen dürften, sind die Ergebnisse doch aufschlussreich.

Was lässt sich daraus lernen? Zur Interpretation des religiösen Einflusses orientieren sich die Autoren an dem britischen Religionssoziologen David Martin

(1978): „Die Dynamik religiös-politischer Entwicklungsprozesse sieht Martin bestimmt durch die Konstellation, ob ein Land katholisch ist oder nicht, ob ein religiöses Monopol herrscht oder nicht, ob eine Spirale der Säkularisierung in Gang gekommen ist oder nicht, ob die nationale Revolution säkularistisch gegen die Religion gerichtet ist oder nicht, und ob die Religion eine von außen bedrohte Nation eint oder nicht." (Gabriel u.a. 2013: 485). Der Einfluss der Religionen ist also von vielfältigen Umständen abhängig, „Aus sich heraus … entwickeln Religionen keine Wohlfahrtsstaatsproduktivität." (Gabriel u.a. 2013: 494) Aber unter für sie günstigen politischen und kulturellen Umständen können sie durchaus einflussreich werden, sofern ihre Lehren und ihr Selbstverständnis der Entwicklung von Wohlfahrtsstaatlichkeit günstig sind. Das trifft im Wesentlichen auf das Luthertum und eingeschränkt für den Katholizismus zu; andere als die aus dem lateinischen Christentum hervorgegangenen Konfessionen haben sich nicht als wohlfahrtsproduktiv erwiesen, auch wenn sie private Wohltätigkeit legitimieren.

7.7.4   Anders Bäckström und Grace Davie

Das internationale Projekt „Welfare and Religion in a European Perspective" (Bäckström, Davie u.a. 2010 /2011) ist bemerkenswert, weil es den Zusammenhängen von Religion und Wohlfahrt nicht auf nationaler, sondern auf lokaler Ebene nachgeht, und zwar in mittelgroßen Städten aus acht entwickelten Wohlfahrtsstaaten plus Griechenland. Damit wird das Wirken des Wohlfahrtsstaats sozusagen an der Basis untersucht, und zwar mit spezifischem Bezug auf der „Rolle der Kirchen innerhalb der sozialen Ökonomie", so der Untertitel des Projekts. Gefragt wird „nach dem expliziten und impliziten Einfluss unterschiedlicher konfessioneller Soziallehren, der Bedeutung des diakonisch-caritativen Engagements der Kirchen für ihr institutionelles Selbstverständnis, der Definition ihrer Aufgaben und der religiösen Spezifik ihrer Praxis gegenüber den säkularen Trägern." (Gabriel u.a. 2013: 17) Dies erscheint als eine hochaktuelle Thematik in Zeiten fiskalischer Knappheit, und nach den Ergebnissen des Projekts nimmt die kirchlicher Wohlfahrtsproduktion neuerdings in den meisten Ländern tatsächlich zu und bildet als *Vicarious Religion* (G. Davie) einen wichtigen Bindungsfaktor erheblicher Bevölkerungsteile an die Kirchen. Auch wenn der politische Kontext für unseren Zusammenhang etwas zu kurz kommt, sind die Studien wertvoll, weil sie Aspekte der Wohlfahrtsproduktion wie informelle und ehrenamtliche Hilfen ans Licht bringen, die in der üblichen sozialpolitischen Literatur kaum erwähnt werden.

7.7.5   Michael Opielka

Schließlich sei der bei weitem anspruchsvollste Beitrag zu unserem Thema besprochen: Michael Opielkas „Christian foundations oft the welfare state: strong cultural values in comparative perspective" (2008). Ausgehend von dem in der soziologischen Forschung inzwischen verbreiteten mehrebenen-theoretischen Ansatz postuliert Opielka jenseits der makrosoziologischen Ebene eine Ebene der „symbolischen Legitimation" (Opielka 2008: 92), und dieser allein gilt sein Erkenntnisinteresse. Er orientiert sich an Talcott Parsons Konzept eines *cultural system*, in welchem Religion durch *ultimate values* das Verhältnis von Gesellschaften zu ihrer *ultimate reality* stabilisiert (Opielka 2008: 101). Auf dieser meta-sozialen Ebene werden die wesentlichen Inhalte der Weltreligionen vor allem in der Perspektive ihres Legitimationspotentials für komplexe Solidarität unter den Bedingungen von Modernität betrachtet. Opielka beschränkt sich nicht auf die christlichen Konfessionen, sondern bezieht alle großen Weltreligionen (Konfuzianismus, Daoismus, Islam, Judentum, Buddhismus, Hinduismus) in seine Betrachtung mit ein. Und nicht nur das: Er berücksichtigt auch zwei säkulare Glaubensrichtungen, nämlich den Wissenschaftsglauben und die „Subjektive Religion", als deren letzte Werte er die Menschenrechte ansieht. Opielkas Systematik ist dem Parsonianischen Ansatz geschuldet, und die Spezifikationen sind m.E. wenig begründet und nicht immer einleuchtend (vgl. Opielka 2008: 103), weil der Ansatz auf heroische Vereinfachungen angewiesen ist. Dennoch verdient die Ausweitung der Fragestellung Beachtung, insbesondere die Aufmerksamkeit für säkulare Formen „letzter Werte", die bisher in unserem Problembereich kaum Beachtung gefunden haben, aber als Konkurrenten der christlichen Konfessionen gerade in den entwickelten Wohlfahrtsstaaten Nord- und Westeuropas die wohlfahrtsstaatlichen Legitimationen erheblich beeinflussen. Den quasi-religiösen Charakter der Menschenrechte hebt auch Hans Joas (2011) hervor.

7.7.6   Zusammenfassende Thesen

Ich breche damit meinen Überblick über die Forschungslandschaft ab, der gewiss nicht vollständig ist, und komme zu einigen Schlussfolgerungen.

1. Betrachtet man die Staaten der Welt mit der Doppelperspektive „Religion" und „politisch organisierte Sorge für die Bedürftigen und für sozialen Ausgleich" so ergibt sich eine hochgradige Korrelation zwischen einer Prägung durch das lateinische Christentum (einschließlich der Reformation) einerseits und der

Existenz sozialpolitischer bzw. wohlfahrtsstaatlicher Vorkehrungen andererseits. Außerhalb des Einflussbereichs des lateinischen Christentums ereignen sich sozialpolitische Entwicklungen erst in jüngster Zeit im Horizont der Doktrin sozialer Menschenrechte, die ihrerseits im Westen entstanden ist (siehe Kapitel 8). Es liegt also nahe, hier nach Zusammenhängen zu suchen.

2. Gebote und Praktiken der Armenhilfe gab es schon im alten Israel, ja sie finden sich in vielen, auch nicht-christlichen Kulturen. Die neutestamentliche Einstellung zur Armut unterscheidet sich von diesen in mindestens zwei nachhaltigen Hinsichten: (1) Der Arme ist nicht nur Adressat von Hilfe, sondern er genießt besondere Wertschätzung (2) Die frohe Botschaft des Evangeliums gilt „allen Menschen guten Willens", und die christliche Mission ist aufgefordert, das Evangelium „bis an die Grenzen der Erde" zu tragen. Die Wertschätzung eines jeden Individuums und die universalistische Ausrichtung der Moral sind kulturelle Selbstverständlichkeiten, die tief in das europäische Selbstverständnis eingelassen sind und auch dem wohlfahrtsstaatlichen Universalismus zugrunde liegen.

3. Wesentlich ambivalenter war die Haltung des frühen Christentums zur Politik und der nachreformatorischen Konfessionen zur neuzeitlichen Staatsentwicklung. Das Luthertum verband sich mit den Fürstenstaaten seiner Konfession, und so kam es wie in England zu einem Staatskirchentum. Calvin wollte das Gemeinwesen unter die unmittelbare Herrschaft Gottes stellen und legitimierte den Widerstand gegen Herrscher, die von den Geboten Gottes abwichen. So bleibt der politisch verfasste Staat bis heute im Einflussbereich des Calvinismus eine ambivalente Angelegenheit. Die römisch-katholische Kirche rezipierte schon in der Spätantike Elemente des institutionenfreundlichen römischen Rechts und entwickelte sich nach dem Investiturstreit zur Konkurrentin oder vielerorts zur Gegnerin der entstehenden politischen Gemeinwesen, insbesondere in nachreformatorischer Zeit. So ist es nachvollziehbar, dass die staatskirchlich verfassten protestantischen Länder zu Pionieren der wohlfahrtsstaatlichen Entwicklung wurden, während die moralischen Wohlfahrtsmotive in der katholischen Tradition nicht politisch zum Tragen kamen, und der Calvinismus charity ganz von der Politik getrennt wissen wollte. Diese Interpretation stimmt mit der der durch die vergleichende Wohlfahrtsstaatsforschung ermittelten Phänotypik konfessioneller und nationaler Unterschiede weitgehend überein.

4. Art, Kraft und Wirkungsweise religiöser Einflüsse werden durch vielfältige andere Faktoren gefördert, behindert oder in bestimmte Richtungen gelenkt. Es gibt deshalb allenfalls auf der Ebene kultureller Selbstverständlichkeiten eindeutige Zusammenhänge oder auch Widersprüche zu den kirchlichen Soziallehren. Sobald wir die Ebene der Institutionen betrachten, erscheinen religiöse Einflüsse bestenfalls in verfassungsmäßig, politisch und zivilgesellschaftlich

gebrochener Form. Das zeigen die Untersuchungen von Van Kersbergen und Manow einerseits, von Gabriel und Reuter andererseits deutlich.

5. „Wohlfahrtsstaatsproduktiv" (Gabriel u.a.) erscheinen religiöse Konstellationen vor allem in Ländern mit konkurrierenden Konfessionen. Dazu zählen auch die staatskirchlich verfassten protestantischen Länder mit starken Gruppen religiöser Dissenters (vgl. Gabriel u.. 2013: 488 ff.) Sie berufen sich häufig auf genuin christliche Motive, auch in Kritik an den herrschenden Kirchen, womit die alte Spannung zwischen Herrschern und religiösen Außenseitern (Propheten, Orden) in neuer Form wirksam wird. Diese Spannung findet sich nur in der jüdisch-christlichen Tradition und darf als Ferment oder Katalysator der okzidentalen Entwicklung gelten.

6. Deutlich wird, dass nur eine mehr-ebenen-analytische Betrachtungsweise den Zusammenhängen zwischen Religion und wohlfahrtsstaatlicher Entwicklung gerecht werden kann. Die Terminologie ist dabei variabel, doch wird man im Wesentlichen eine symbolisch-kulturelle Ebene, eine institutionelle Ebene, eine organisatorische Ebene, eine Ebene der Gruppen und sozialen Bewegungen, sowie eine individuelle Ebene der „moralischen Unternehmer", aber auch der in Befragungen erscheinenden Bevölkerungsgruppen unterscheiden müssen. Dabei scheint das Verhältnis zwischen den Einstellungen auf den verschiedenen Ebenen im Zuge fortschreitender Modernisierung (Optionserweiterung, Globalisierung) kontingenter zu werden. Dem entsprechend wird es schwieriger, eindeutige Beziehungen zwischen unterschiedlichen (religiösen, politischen, ökonomischen, räumlichen) Faktoren herzustellen. Dies mag auch erklären, weshalb die Forschungen in unserem Problembereich nach wie vor recht disparat sind und kein selbständiges Forschungsfeld konstituieren.

7. Religiöse Impulse kommen am ehesten dort zum Tragen, wo moralische Empörung in soziale Bewegungen umschlägt und für ihre politische Wirksamkeit günstige Voraussetzungen findet. Das war am Anfang der wohlfahrtsstaatlichen Entwicklung wahrscheinlicher als in entfalteten Wohlfahrtsstaaten. Aber es ist für Krisensituationen auch in Zukunft durchaus denkbar. Religiöse Sinnformen sind in kulturellen Tiefenschichten verankert und bleiben in konfliktarmen Zeiten latent. Nicht nur individuelle, auch kollektive Rückgriffe auf religiöse Legitimationen sind unter kritischen Umständen weiterhin nicht auszuschließen.

C
Normative Grundbegriffe

Die Entstehung sozialer Menschenrechte und die wohlfahrtsstaatliche Entwicklung* 8

Zusammenfassung: Die international vergleichende Forschung zur wohlfahrtsstaatlichen Entwicklung vergleicht nur nationale Entwicklungen, ohne die transnationalen Ereignisse in Betracht zu ziehen, die zwischen 1941 und 1948 zur Entstehung der Idee wirtschaftlicher, sozialer und kultureller Menschenrechte geführt haben. Sie stehen im Zentrum dieser Darstellung, wobei auch die Überlegungen wichtiger Ideengeber referiert werden. Abschließend wird auf die spezifischen Rezeptionsschwierigkeiten der Doktrin unter dem Namen sozialer Grundrechte in Deutschland eingegangen.

Die Rede vom „Wohlfahrtsstaat" trägt in Deutschland seit der Weimarer Zeit mehr negative als positive Konnotationen mit sich: Das Wort steht für ein Übermaß staatlicher Eingriffe, für eine als totalitär empfundene Sozialpolitik, welche das Subsidiaritätsprinzip und das den Bürgern zumutbare Maß an Eigenverantwortung missachte. Die positiven Aspekte von Sozialpolitik, welche im internationalen Sprachgebrauch mit „Welfare state" verbunden sind, werden in Deutschland mit den Begriffen „Sozialstaat" oder „soziale Marktwirtschaft" bezeichnet, wobei die großen Volksparteien eine unterschiedliche Vorliebe für eine dieser beiden Bezeichnungen pflegen (siehe 16.3). Unser Thema steht also schon von seinen Ausgangsbegriffen her im Spannungsfeld unterschiedlicher politischer Leitbilder gesellschaftlichen Zusammenlebens.

Die Verwobenheit ihrer Fragestellungen mit den Bewegungen des politischen oder kulturellen Zeitgeists ist ein konstitutives Merkmal der Sozialwissenschaften, welche ja im Horizont von Liberalisierung, französischer Revolution und Indus-

---

*   *Erstveröffentlichung: Die Entstehung sozialer Grundrechte und die wohlfahrtsstaatliche Entwicklung. Vortrag G 387 der Nordrhein-Westfälischen Akademie der Wissenschaften. Paderborn: Verlag Ferdinand Schöningh, 2003. ©) Nordrhein-Westfälische Akademie der Wissenschaften und Künste. Überarbeitet.*

trialisierung entstanden sind und in der Auseinandersetzung mit den dadurch aufgeworfenen Fragen ihr spezifisches Profil gewonnen haben. Selten tritt aber der politische Charakter der Problematik so in den Vordergrund wie bei diesem Thema. Und dabei handelt es sich nicht nur um ideenpolitische Konflikte, also um die Auseinandersetzung zwischen Liberalismus, Konservatismus, Sozialismus und Reformismus, sondern weit handfester auch um die rechtlichen Grundlagen des politischen Zusammenlebens und dessen finanzielle Konsequenzen. Damit wird es für den Sozialwissenschaftler besonders schwierig, die notwendige politische Distanz zu wahren und eine Sprache zu finden, die einerseits dem Gemeinten gerecht wird, und andererseits seine distanzierte Reflexion ermöglicht.

8.1   Für eine transnationale Perspektive auf die wohlfahrtsstaatliche Entwicklung

Wenn im Folgenden von *Wohlfahrtsstaatlicher Entwicklung* die Rede ist, so meint dies *zunächst* den historischen Prozess der Genese von Institutionen wie Arbeitsschutz, Tarifpartnerschaft, Hilfs- und Krankenkassen, Sozialversicherung, Volksbildungswesen, Familienausgleichskassen, Nationale Gesundheitsdienste u.a.m., von Institutionen also, die in Deutschland der Sozialpolitik zugeordnet werden, mit der signifikanten Ausnahme des Bildungswesens. Im angelsächsischen Raum dagegen hat sich der Sammelbegriff „Social Services" eingebürgert, welcher das Bildungswesen einschließt, aber das Arbeitsrecht ausschließt. Beim international vergleichenden Studium der wohlfahrtsstaatlichen Entwicklung fallen viele nationale Ähnlichkeiten, aber auch Unterschiede der institutionellen Entwicklung auf, für die sich bisher keine eindeutige Terminologie eingebürgert hat. Das ist auch nicht verwunderlich, denn die wohlfahrtsstaatliche Entwicklung hat sich – so scheint es zum mindesten auf den ersten Blick und aus der Perspektive der jeweiligen Nationalgeschichte – als *innenpolitischer Prozess* im Rahmen der Nationalstaaten ereignet. Die wohlfahrtsstaatliche Entwicklung hat in jedem Land andere Ausgangspunkte, die politischen Auseinandersetzungen entzündeten sich an unterschiedlichen Problemen, die politischen Argumentationen orientierten sich an unterschiedlichen Prämissen, und frühe institutionelle Lösungen präformierten spätere Fortentwicklungen, sodass heute in den Sozialwissenschaften von einer hohen „Pfadabhängigkeit" der nationalen wohlfahrtsstaatlichen Entwicklungen die Rede ist (siehe 6.2). Deshalb sei unter wohlfahrtsstaatlicher Entwicklung eines Landes nicht nur die Dynamik seiner institutionellen Entwicklungen, sondern *auch deren kultureller, ideeller und politischer Kontext* mit verstanden, der durch Legitimation und Kritik die institutionelle Dynamik in Gang hält. Die Wechselwirkung zwischen politischen Auseinandersetzungen (Politics) und institutionellen Entwicklungen (Policies) bewirkt fast zwangsläufig nationale Eigensinnigkeiten (Idiosynkrasien) der wohlfahrtsstaatlichen Entwicklung (Kaufmann 2003b: 30 ff).

In den letzten drei Jahrzehnten hat sich eine breite international vergleichende Wohlfahrtsstaatsforschung entwickelt, welche *Gemeinsamkeiten* der nationalen Forschungsobjekte *voraussetzt*, also einen internationalen Begriff des Wohlfahrtsstaats impliziert, der jedoch selten expliziert wird. Schaut man genauer hin, so zeigt sich, dass die international vergleichenden Forschungen sich fast ausschließlich auf die „sozialen Ausgaben", insbesondere auf die staatlichen oder parastaatlichen Systeme der Einkommenssicherung beziehen, in deutscher Terminologie also auf die „Sozialen Sicherung". Die Regulierung der Arbeitsverhältnisse und die sozialen Dienstleistungen geraten dagegen nur selten ins komparatistische Blickfeld. Das hat plausible Gründe, denn nichts ist leichter zu vergleichen als in Geldeinheiten definierte Statistiken. Häufig wird die sogenannte *Sozialleistungsquote*, also der Anteil der Ausgaben für „soziale Zwecke" oder „sozialen Schutz" (*social protection*) als ausreichende Operationalisierung von Wohlfahrtsstaatlichkeit angesehen. Das statistische Amt der Europäischen Gemeinschaft, aber auch die OECD, unternehmen in jüngster Zeit erhebliche Anstrengungen, um die ursprünglich nationalen Statistiken international besser vergleichbar zu machen, stoßen dabei aber zwangsläufig an die Grenzen unterschiedlicher institutioneller Grenzziehungen in den einzelnen Ländern. Arbeitet man unkritisch mit diesen Daten, so setzt man implizit voraus, dass die Gesamtheit der EU-Staaten oder – was problematischer ist – die Gesamtheit der OECD-Staaten als Wohlfahrtsstaaten zu bezeichnen sind.

Diese einleitenden Hinweise mögen genügen, um die Probleme zu verdeutlichen, denen die international vergleichende Forschung über wohlfahrtsstaatliche Entwicklungen begegnet. Nimmt man die unterschiedlichen nationalen Entwicklungen zum Ausgangspunkt, so fällt es sehr schwer, zu einem national „unparteilichen" Begriff des Wohlfahrtsstaates zu gelangen. Die gegenwärtig dominierende Forschungsrichtung sucht eine Typologie unterschiedlicher Wohlfahrtsstaaten zu entwickeln, um diesem Problem zu begegnen, aber das Vorgehen hat bisher nicht zu überzeugenden Lösungen geführt (Kaufmann 2003b: 21 ff).

Es gibt aber noch einen zweiten Ausgangspunkt für das Studium wohlfahrtsstaatlicher Entwicklungen, und dieser bezieht sich auf die *Entwicklungen auf internationaler Ebene*. Hiervon sei im Folgenden die Rede. Die Bemühungen um eine internationale Sozialpolitik und insbesondere um eine transnationale sozial- oder gesellschaftspolitische Programmatik sind wesentlich für ein gemeinsames Vorverständnis der wohlfahrtsstaatlichen Entwicklung, auch wenn sie in ihrer Rechtsverbindlichkeit bisher schwach geblieben sind. Über das Studium internationaler Entwicklungen lässt sich auch eine schlüssigere theoretische Bestimmung des Sozial- oder Wohlfahrtsstaats erreichen als bei einer induktiven Verallgemeinerung auf der Basis des Studiums nationaler Entwicklungen. In internationalen Arenen werden die nationalen Eigenarten nicht durch forschende Wissenschaftler, sondern durch die beteiligten Politiker und ihre Experten diskursiv verallgemeinert und auf zum Teil neue Begriffe gebracht. Das internationale Vorverständnis von Wohlfahrtsstaatlichkeit wurde in diesen diskursiven internationalen Prozessen entwickelt, welche von der international vergleichenden Wohlfahrtsstaatsforschung bisher kaum beachtet worden sind.

Allgemein gilt das Ende des Zweiten Weltkriegs und die daran anschließende lange ökonomische Wachstumsphase der westlichen Volkswirtschaften bis zum Zusammenbruch des Währungssystems von Bretton Woods und zur ersten internationalen Ölkrise als die Konstitutionszeit des Wohlfahrtsstaats, also die von den Franzosen so genannten „trente glorieuses" von 1945-1974. Zwar hat es vielfältige sozialpolitische Maßnahmen schon früher gegeben, und unter ihnen gelten die mit dem Namen des Reichskanzlers von Bismarck verbundenen deutschen Sozialversicherungsgesetze der 1880er Jahre als wichtige Pionierleistung. Allein in Deutschland hat sich unter dem Namen „Sozialpolitik" schon damals ein Konzept entwickelt, welches die Staatstätigkeit zugunsten der benachteiligten Klassen im Sinne eines politischen Leitbegriffs fasste (siehe 5.3). Auf internationaler Ebene entwickelte sich die konzeptionelle Vereinheitlichung erst im Anschluss an den zweiten Weltkrieg und die hier zu skizzierenden Entwicklungen. Zwar hat sich der Begriff des Arbeiterschutzes seit Beginn des 20. Jahrhunderts international verfestigt, aber dies war kein gesellschaftspolitisches Programm, sondern eher der mühselige Versuch, einzelne Maßnahmen international verbindlich zu machen. Erst die alliierte Sorge um die Kriegsziele des Zweiten Weltkriegs veranlasste 1941 den amerikanischen Präsidenten Franklin D. Roosevelt und den britischen Premierminister Winston Churchill anlässlich eines Treffens „auf hoher See", wie die Presseerklärung vom 14. August vermerkte, die Leitideen einer Nachkriegsordnung zu formulieren. Diese später so genannte *Atlantik-Charta* war zunächst nicht mehr als eine von den Beteiligten nicht einmal unterzeichnete kurze Erklärung zuhanden der Öffentlichkeit, deren primärer Zweck propagandistischer Art war. Sie bildete den Ausgangspunkt für die internationale wohlfahrtsstaatliche Entwicklung, welche in der Allgemeinen Menschenrechtserklärung der Vereinten Nationen von 1948 ihren programmatischen Höhepunkt erreichte.

Diese Entwicklungen werden im Hauptteil dieses Beitrags nachgezeichnet, was bisher im deutschen Sprachraum kaum systematisch geschehen ist.[1] Dabei wird die *Entstehung sozialer Menschenrechte* ins Zentrum gerückt, eine vor allem unter deutschen Juristen umstrittene Idee. Die vielfach dargestellte Entstehung der Idee universaler Menschenrechte wird dabei vorausgesetzt und lediglich der Entstehung der *Idee sozialer Grundrechte* nachgegangen, worunter konkret zunächst die „wirtschaftlichen, sozialen und kulturellen Rechte" im Sinne der Art. 22-27 der Allgemeinen Menschenrechtserklärung der Vereinten Nationen zu verstehen sind.

Vorformen sozialer Menschenrechte in der Form von Staatszielen oder Verpflichtungen des Staates, für seine Bürger zu sorgen, gehen bis auf die frühneuzeitlichen Staatslehren zurück und wurden auf Verfassungsebene erstmals in Artikel 21 der jakobinischen Verfassung von 1793 statuiert. Ihre Formulierung soll im Wesentlichen auf Condorcet und Robespierre zurückgehen (Gurvitch 1946: 21). Obwohl Postulate staatlicher Vor- und Fürsorgepflichten schon im Kontext der Verfassung von 1789 diskutiert worden waren, wurden sie in der Folge vielfach mit dem „Terreur" des Wohlfahrtsausschusses in Verbindung gebracht und daher delegitimiert.[2] Nur die kurzlebige *Seconde République* (1848) versuchte, ein „Recht auf Arbeit" in den *Atéliers Nationaux* zu verwirklichen.

Das Folgende konzentriert sich auf die internationalen Entwicklungen und auf die Entstehung einer spezifischen *Form* politisch-sozialer Verantwortung, nämlich *die Form universaler Menschenrechte*. Im zweiten Teil werden drei Autoren vorgestellt, die nachhaltigen Einfluss auf die Entstehung der Idee sozialer Grundrechte genommen haben. Die Studie schließt mit einigen Überlegungen zur aktuellen Problematik sozialer Grundrechte.

---

1   Eine Ausnahme bildet die große Studie von Peter A. Köhler (1987), der auch diese Ausarbeitung wesentliche Anregungen verdankt. Die nachfolgenden Ausführungen beziehen sich im Unterschied zu denjenigen von Köhler weniger auf die juristischen als auf die soziologischen und ideengeschichtlichen Aspekte der Entwicklung.

2   Zur umfangreichen Diskussion jener Zeit vgl. Krause (1981):

8.2 Internationale Sozialpolitik und die Entstehung der wohlfahrtsstaatlichen Programmatik

8.2.1 Die Internationalisierung der sozialpolitischen Problematik

Den Ausgangspunkt der später "sozial-politisch" genannten Bewegung bildete das Elend der bis zur Erschöpfung ausgebeuteten Kinder in der Frühphase der Industrialisierung. Bereits der erste Protagonist des Arbeitsschutzes für Kinder, der schottische Spinnereibesitzer *Robert Owen,* initiierte nicht nur ein Beschäftigungsverbot für Kinder unter 9 Jahren in England, sondern drängte auch auf eine internationale Lösung des Problems. Schon im Jahre 1818 empfahl er mittels zweier Denkschriften an die europäischen Regierungen Maßnahmen zum Schutze der Kinder und der Frauen.[3] In der Folge war es vor allem die Schweizerische Eidgenossenschaft, welche sich für eine Internationalisierung des Arbeitsschutzes engagierte. Die Kantone Zürich und Glarus hatten zu den weltweiten Pionieren der Arbeitsschutzgesetzgebung gehört, und im Jahre 1877 wurde auf Bundesebene die damals weitreichendste nationale Fabrikgesetzgebung der Welt beschlossen: Hauptinhalte waren ein Verbot der Kinderarbeit unter 14 Jahren, ein elfstündiger Normalarbeitstag, Mutterschaftsurlaub, Einschränkung der Nachtarbeit, Fabrikinspektion und Regulierung des Arbeitsvertragsrechts.

Anlass für die internationalen Demarchen der Schweiz war neben den die sozialpolitische Bewegung auslösenden humanitären Motiven die Sorge um die internationale Konkurrenzfähigkeit der Schweizer Industrie, welche durch die strengen Arbeitsschutznormen gefährdet erschien. Aber aus eben diesen Konkurrenzgründen hatten die diplomatischen Initiativen für eine internationale Fabrikgesetzgebung, oder zum mindesten für ein zwischenstaatlich finanziertes Internationales Arbeitsamt, zunächst keinen Erfolg. Immerhin gelang – nicht zuletzt dank der Unterstützung durch den preußischen Innenminister von Berlepsch – im Jahre 1900 die Gründung einer „Non-Governmental Organisation", der *Internationalen Vereinigung für gesetzlichen Arbeitsschutz* (International Association for Labour Legislation), welche in Basel ein *Internationales Arbeitsamt* als ihr Organ gründete. Diese mit dem nach dem 1. Weltkrieg gegründeten Internationalen Arbeitsamt namensgleiche Einrichtung war also kein „Amt" im eigentlichen Sinne, sondern ein internationaler Zusammenschluss bürgerlicher Sozialreformer mit nationalen Sektionen, unter denen die deutsche *Gesellschaft für soziale Reform* und die *American Association*

---

3   Gute Überblicke über die Entstehung des internationalen Arbeitsschutzes geben Tczerclas von Tilly (1924) und E. P. Stolleis (1931).

for Labour Legislation die bedeutendsten waren.[4] Von Basel aus wurden bis zum ersten Weltkrieg mehrere internationale Regierungskonferenzen organisiert, die auch zu zwei multilateralen Staatsverträgen mit sozialpolitischem Inhalt führten, nämlich einem Verbot der industriellen Nachtarbeit von Frauen sowie dem Verbot der Verwendung von weißem Phosphor bei der Produktion von Streichhölzern; die Verabschiedung und Ratifizierung weiterer Abkommen wurde durch den Ausbruch des Ersten Weltkriegs verhindert. Allerdings wurden die Abkommen mit wenigen Ausnahmen nur von Staaten ratifiziert, welche die entsprechenden Verbote durch innerstaatliche Regelungen bereits eingeführt hatten. So wurde das Instrument internationaler Abkommen vor dem Ersten Weltkrieg zwar geschaffen und erprobt, brachte jedoch nur in wenigen Fällen wirkliche sozialpolitische Fortschritte. Die meisten Staaten folgten noch den deklarierten Interessen ihrer einheimischen Industrie, ohne schon zu sehen, dass die Verbesserung des Arbeitsschutzes volkswirtschaftlich, ja vielfach sogar betriebswirtschaftlich vorteilhaft ist. Nicht von ungefähr sind selbst in wirtschaftlichen Krisenzeiten die einmal erreichten Standards des Arbeitsschutzes nicht mehr in Frage gestellt worden.

Der erste Weltkrieg führte zu einer Stärkung der Arbeiterbewegung in den meisten Industrieländern und auch zu vermehrten internationalen Aktivitäten der Gewerkschaftsbewegung. So wurden auf Kongressen in Leeds (1916) und Bern (1917 und 1919) umfangreiche Forderungskataloge der Arbeiterbewegung an ein internationales Arbeitsrecht verabschiedet (vgl. Tilly 1924: 34-42; Heyde 1919). Diese Initiativen konvergierten mit denjenigen der bürgerlichen Sozialreformer. Aber auch auf Regierungsebene wuchs unter dem Eindruck der russischen Revolution die Einsicht in die Notwendigkeit einer Internationalisierung des Arbeitsschutzes, sodass das Thema zu einem wichtigen Gegenstand auf der Friedenskonferenz in Versailles wurde.

Allerdings konnten sich weder die inhaltlichen Forderungen der internationalen Gewerkschaftsbewegung noch der Vorschlag der deutschen Regierung durchsetzen, dass Beschlüsse des zu schaffenden internationalen Organs die zustimmenden Regierungen *unmittelbar* verpflichten sollten. Vielmehr enthält der dem Thema „Arbeit" gewidmete Teil XIII des Versailler Friedensvertrages im wesentlichen organisationsrechtliche Bestimmungen über Errichtung, Organe und Verfahrensmodalitäten der *Internationalen Arbeitsorganisation (International Labour Organization:* ILO) als Einrichtung des Völkerbundes, später der UNO. Als operatives Organ wurde ein nunmehr völkerrechtlich konstituiertes *Internationales Arbeitsamt* mit Sitz in Genf geschaffen, welches gleichzeitig die Nachfolge des Basler Internationalen

---

4   Zur Gesellschaft für Soziale Reform vgl. Bruch (1985: 130-152); zur American Association for Labour Legislation vgl. Skocpol (1992: 160-204).

Arbeitsamtes antrat. Inhaltliche Zielvorstellungen für die Tätigkeit der ILO wurden im abschließenden Art. 427 genannt, ohne dass aus ihnen irgendeine unmittelbare Verpflichtung der Signatarstaaten zu entnehmen wäre.

Im Vergleich zu anderen völkerrechtlichen Verträgen der nationalstaatlichen Ära weist Teil XIII des Versailler Friedensvertrages eine Reihe von Besonderheiten auf:

1. eine sehr detaillierte Verfahrensordnung, welche auch Ansätze zu einem internationalen Kontrollmechanismus enthält.
2. die Schaffung einer permanenten Organisation, d.h. der jährlich zusammentretenden Hauptversammlung von Vertretern aller Signatarstaaten und einer völkerrechtlichen Administration, nämlich des erwähnten Internationalen Arbeitsamtes unter der Verantwortung eines Verwaltungsrates, in dem die wichtigsten Industriestaaten einen permanenten Sitz erhielten.
3. die tripartite Zusammensetzung der Organe der ILO. Jedes Land entsendet vier Vertreter mit je eigener Stimme, davon zwei Vertreter der jeweiligen nationalen Arbeitsministerien und je einen Vertreter seiner Gewerkschafts- und Arbeitgeberorganisationen.[5] Dieses für völkerrechtliche Organe ungewöhnliche Repräsentationsmuster unterstreicht die Bedeutung, welche den Repräsentanten von Kapital und Arbeit für die Lösung der „sozialen Frage" zuerkannt wurde. Sozialpolitische Fortschritte sind bisher zumeist als produktive Kompromisse zwischen den gesellschaftlichen Mächten der industriellen Produktion zustande gekommen. Die Gründung der ILO bedeutete jedoch nicht nur eine internationale politische Aufwertung der Gewerkschaften und Arbeitgeberverbände, sondern auch eine Aufwertung der mit arbeits- und sozialpolitischen Fragen befassten Ministerien in den Nationalstaaten, indem diese nun unabhängig von den üblichen Kanälen der Außenpolitik direkt über internationale sozialpolitische Fortschritte verhandeln konnten (Wallin 1969: 51).
4. Schließlich gibt es weder nationale noch gruppenspezifische Veto-Möglichkeiten; die Abstimmungen erfolgen nicht nach „Bänken" sondern nach anwesenden „Köpfen", sodass Mehrheiten unterschiedlicher Art zustande kommen können.[6]

Alles in allem ein für die damalige Zeit neuartiges und bahnbrechendes Verfahren der völkerrechtlichen Entscheidungsvorbereitung! Allerdings werden die

---

5   Diese tripartite Zusammensetzung ist eine Eigenart sozialpolitischer Institutionen in vielen Ländern und bewährt sich beispielsweise auch in der deutschen Arbeits- und Sozialgerichtsbarkeit.

6   Im Regelfalle werden Entscheidungen mit einfacher Mehrheit der anwesenden Repräsentanten getroffen, für besonders wichtige Entscheidungen wie die Verabschiedung von Konventionsentwürfen ist eine qualifizierte Mehrheit erforderlich.

Mitgliedstaaten der ILO durch die Satzung nicht verpflichtet, den von der ILO verabschiedeten Standards in ihrer nationalen Gesetzgebung Rechnung zu tragen. Sie sind lediglich verpflichtet, die entsprechenden Normen den für ihre nationale Umsetzung zuständigen Instanzen (i.d.R. die Parlamente) zur Entscheidung *zuzuleiten*. Die völkerrechtliche Verpflichtung bezieht sich also nur auf eine Befassung mit den vorgeschlagenen Materien, sodass die nationale Souveränität hinsichtlich der Zustimmung nicht tangiert wird.

Die Tätigkeit der Internationalen Arbeitsorganisation vollzieht sich auf zwei Ebenen: Zum einen auf der *politischen Ebene* der Hauptversammlung, welche mit qualifizierter Mehrheit von zwei Dritteln der abgegebenen Stimmen *definierte Standards der Sozialpolitik* entweder als „Vorschläge" (d.h. unverbindliche Anregungen für nationale Gesetzesnormen) oder als „Entwürfe für internationale Übereinkommen" verabschieden kann, die im Falle ihrer Ratifizierung durch die Staaten völkerrechtlich verbindlich werden.[7] Der wesentliche Effekt der Tätigkeit der ILO besteht darin, zweckmäßige Standards überhaupt zu definieren und bei Regierungsvertretern wie Vertretern der Tarifparteien zustimmungsfähig zu machen. Dadurch werden die nationalen Parlamente mit wohl erwogenen Entscheidungsvorlagen konfrontiert, zu denen sie sich zustimmend oder ablehnend verhalten, die sie jedoch nicht von der Tagesordnung verdrängen können.[8] Auch unabhängig von einer Ratifizierung wirken die Vorschläge und Standards der ILO in vielen Ländern beispielhaft und werden nach Maßgabe interner nationaler Entscheidungsprozesse mehr oder weniger umgesetzt. Natürlich ist die Wirksamkeit der Standards größer in Ländern mit einer nachholenden Industrialisierung. Für Länder mit einer ausgebauten Arbeits- und Sozialgesetzgebung, welche die Standards der ILO übertreffen, impliziert die Ratifizierung der Konventionen zum

---

7   In den ersten fünfzig Jahren ihres Bestehens hat die ILO 132 Konventionen verabschiedet, von denen 116 durch die erforderliche Zahl der Mindestratifikationen in Kraft getreten sind. Um 1970 hatten insgesamt 121 Mitglieder im Durchschnitt 29 Konventionen ratifiziert; vgl. Johnston (1970:308 ff).

8   Das ist zum mindesten die Intention des Verfahrens. Da völkerrechtliche Verträge grundsätzlich wirksamer Sanktionen entbehren, beschränkt sich die Kontrolle der Regelkonformität auf das Berichtwesen und die damit verbundene Öffentlichkeit von Regelverstößen. Da i.d.R. wenigstens eine der beiden Tarifparteien ein Interesse an der Durchsetzung der von der ILO verabschiedeten Normen hat, sind Anzeigen von Regelverstößen wahrscheinlicher als bei Verträgen, deren Verfahren nur die Regierungen involvieren. Zur Art der Kontrollen und zur Wirksamkeit der ILO-Standards vgl. summarische Hinweise bei Johnston (1970: 97-106); ausführlicher Valticos (1969: 201-237).

mindesten ein Rückschrittsverbot unter die ratifizierten Standards, eine in der Weltwirtschaftskrise auch praktisch wirksame Bindung.[9]

Zum anderen nimmt die ILO über das Internationale Arbeitsamt *administrative und operative Aufgaben* wahr. In der Frühzeit dominierten die Sammlung und Verbreitung von Informationen über die Arbeitsverhältnisse in den Mitgliedsländern sowie die Vorbereitung der jährlichen Hauptversammlungen einschließlich von deren Entscheidungsvorlagen. Seit der Inkorporierung der ILO in die Vereinten Nationen haben technische Beratung und edukatorische Hilfen an Länder mit niedrigen Sozialstandards erheblich an Bedeutung gewonnen, sodass die operative Arbeit heute für die Tätigkeit der ILO mindestens so charakteristisch ist wie die Erarbeitung neuer Standards (Jencks 1970; Senti 2002).

Bis zum Zweiten Weltkrieg arbeitete die ILO an Problemen und Standards, welche nahezu ausschließlich die Arbeitsbedingungen und die soziale Sicherung *der Industriearbeiter* sowie der *Seeleute* betrafen. Im Zuge der Umorientierung auf die wesentlich weitergehende Programmatik der Vereinten Nationen hat sich nach dem zweiten Weltkrieg auch der Gegenstandsbereich der Konventionen auf die Gestaltung der Lebensbedingungen von grundsätzlich *allen* Bevölkerungsgruppen erweitert. Dieser Übergang von einer an der Arbeiterfrage orientierten internationalen Sozialpolitik zu einer grundsätzlich die gesamte Bevölkerung betreffenden wohlfahrtsstaatlichen Verantwortung stellt eine tiefgreifende Zäsur dar, deren Entstehung nunmehr darzustellen ist.

8.2.2 Von der Atlantikcharta zur Gründung der Vereinten Nationen

Bis zum zweiten Weltkrieg, so sei noch einmal festgehalten, hat sich die Sozialpolitik national und international nahezu ausschließlich um die Probleme der Armut, der Frauen und Kinder, sowie der industriellen Arbeitskräfte gekümmert. Die sozialpolitischen Maßnahmen waren also grundsätzlich *selektiv*, wobei die Prioritäten von Land zu Land variierten. Dem entsprach im Übrigen die Dominanz eines aus dem 19. Jahrhundert persistierenden Standes- oder Klassenbewusstseins in den meisten europäischen Gesellschaften. Der Prozess der *Fundamentaldemokratisierung*, welcher die zweite Hälfte des 20. Jahrhunderts kennzeichnete, wurde wesentlich durch die allgemeine und gemeinsame Angst in Luftschutzkellern und Schützengräben mit ausgelöst, und ist im Übrigen auch auf den wachsenden Einfluss egalitärer

---

9   Zum damaligen Stand der Ratifikationen seitens der Bundesrepublik Deutschland vgl. Frerich & Frey (1996 III: 460-462).

sozialistischer wie demokratischer US-amerikanischer Leitideen zurückzuführen, die in dieser Hinsicht auffallend konvergierten. Das wohlfahrtsstaatliche Konzept der „Übernahme einer rechtlichen und damit formalen und ausdrücklichen Verantwortung einer Gesellschaft für das Wohlergehen ihrer Mitglieder in grundlegenden Belangen" (Girvetz 1968: 512, meine Übersetzung) kann als politischer Ausdruck der Fundamentaldemokratisierung gelten. Es war – zum mindesten in den westlichen Gesellschaften – bei Ausbruch des Krieges noch nicht geboren. Wie aber ist es dazu gekommen?

Hitlers Angriff auf Polen hatte England und Frankreich überrascht, sie aber gleichwohl aufgrund ihrer Beistandsverpflichtungen in den sich zum Zweiten Weltkrieg ausweitenden Konflikt gezwungen, ohne weiterreichende Vorstellungen hinsichtlich der Kriegsziele. Die außerordentlichen Anfangserfolge der Achsenmächte förderten die Annäherung zwischen dem amerikanischen Präsidenten Franklin D. Roosevelt und dem britischen Premierminister Churchill, welch letzterer die Absicht verfolgte, die USA für einen Kriegseintritt zu gewinnen. Das erste Treffen der beiden Staatsmänner fand vom 9. bis 12. August 1941 unter nahezu konspirativen Bedingungen in einer Bucht vor Neufundland statt und endete mit der Unterzeichnung einer „gemeinsamen Erklärung", welche zeitgleich am 14. August in London und Washington veröffentlicht wurde.[10] Die britische Zeitung *Daily Herald* nannte in ihrem Kommentar die gemeinsame Erklärung erstmals *Atlantic Charter (Wilson 1969; 222)* und dies ist der Name, unter dem sie in die Geschichte eingegangen ist.

Die Redaktion der Erklärung nahm einen wesentlichen Teil der Gespräche in Anspruch. Hatte Churchill in seinem ersten, von Roosevelt erbetenen Entwurf versucht, die USA auf gemeinsame Prinzipien ihrer Politik „in face of Nazi and German agression and of the dangers to all peoples raising therefrom" (Wilson 1969: 187) festzulegen, so versuchte Roosevelt seinerseits, Churchill auf die Prinzipien des weltweiten Freihandels und damit zur Aufgabe des britischen kolonialen Handelssystems nach Kriegsende zu verpflichten. Die Redaktionsgeschichte der Erklärung zeigt eine zunehmende Konvergenz im Hinblick auf *allgemeine Prinzipien* für "eine bessere Zukunft für die Welt", wie die Präambel formuliert (siehe Anhang 1). In eben diesem prinzipiellen Charakter und im Verzicht auf unmittelbar politikrelevante Aussagen wurde die Atlantik-Charta in der Folge wirkmächtig und zum deklarierten Programm einer Nachkriegsordnung.[11] Bereits am 24. Septem-

---

10 Zu Vorgeschichte und Ablauf vgl. detailliert Wilson (1969); ferner Russell (1958:34 ff); Lash (1976: 398ff).

11 "It is a statement of basic principles and fundamental ideas and policies that are universal in their practical application", so später der us-amerikanische Secretary of the

ber 1941 traten die Vertreter der kriegführenden Alliierten dieser Erklärung bei. Nach Eintritt der USA in den Krieg im Anschluss an Pearl Harbour wurde der Text zum programmatischen Bestandteil der *Joint Declaration by United Nations* vom 1. Januar 1942, mit der sich 26 gegnerische Regierungen des Dreibundes zu einem gemeinsamen Vorgehen verpflichteten.[12] Die Gruppe der späteren *Vereinten Nationen* bildete sich durch Zustimmung zu dieser *Joint Declaration*, sodass die in der Atlantik-Charta formulierten Prinzipen von *diesem* Zeitpunkt an als offizielle alliierte Ziele für die Nachkriegsordnung gelten können.

In unserem Zusammenhang sind die Punkte 5 und 6 von Belang. Punkt 5 „Vollste Zusammenarbeit aller Nationen auf wirtschaftlichem Gebiet .. mit dem Ziel, für alle verbesserte Arbeitsbedingungen, wirtschaftlichen Fortschritt und soziale Sicherheit zu gewährleisten", wurde erst in der letzten Verhandlungsrunde durch die Briten eingebracht, jedoch von Roosevelt spontan akzeptiert, wobei einer Rolle gespielt haben mag, dass der Programmbegriff „Social Security" von Roosevelt selbst im Jahre 1934 propagiert worden war (Kaufmann 2001). In diesem Punkt ist das Konzept einer *internationalen Wohlfahrtsverantwortung* erstmals formuliert worden, das in der Folge auch als Artikel 55 und 56 Eingang in die *Charta der Vereinten Nationen* (siehe Anhang 3) gefunden hat.[13] Punkt 6 der gemeinsamen Erklärung bezieht sich mit dem Ziel „freedom from fear and want" auf zwei der „Four Essential Human Freedoms", welche Roosevelt schon Anfang 1941 in einer Botschaft an den Amerikanischen Kongress postuliert hatte.[14] Auch wenn auf diese Weise bereits die internationale Legitimation für die wohlfahrtsstaatliche Entwicklung formuliert war, so ist, das sei hier festgehalten, noch nicht von *sozialen Rechten* die Rede, sondern nur von politischen Zielen, welche die Regierungen auch auf dem Wege internationaler Zusammenarbeit und natürlich erst recht auf innenpolitischem Wege verfolgen sollten. Roosevelt lehnte zur Zeit der Atlantik-Charta noch eine Nachfolgeorganisation für den Völkerbund ab und stellte sich die Nachkriegsordnung auf der Basis eines internationalen Gewaltmonopols der Amerikaner und Briten vor, während die übrigen Staaten der Erde sich vor allem

---

State Cordel Hull (zit. Wilson 1969: 261).

12   Text und deutsche Übersetzung siehe Mangoldt & Rittberger (1995: Dok. 2, S. 6f).

13   Zur Entstehung dieser Artikel der UN-Charta siehe Köhler (1987: 155 ff).

14   Vgl. The Public Papers and Adresses of Franklin D. Roosevelt. Compiled with special material and explanatory notes by Samuel I. Rosenman, Vol. 10, New York 2. A. 1969: Nr. 152, January 6th, 1941, S. 672. Neben den Freiheiten von Furcht und Not enthielt diese Erklärung auch die Rede- und die Religionsfreiheit. In der Folge suchte Roosevelt auch die beiden letztgenannten Freiheiten als Bestandteil der Atlantikcharta darzustellen, vgl. z.B. Public Papers, Vol. 11, Nr. 33, March 12, 1942, S. 161.

um die Entwicklung ihrer Ressourcen und der Wohlfahrt ihrer Bürger kümmern sollten (Lash 1976: 399).

8.2.3   Die ILO-Erklärung von Philadelphia (1944) als Programmschrift der Wohlfahrtstaatlichkeit

Infolge des 2. Weltkriegs war der Völkerbund faktisch tot. Dies bedeutete für das mit ihm eng verbundene Internationale Arbeitsamt eine ernsthafte Bedrohung seiner Existenz. Punkt 5 der Atlantik-Charta bot den Anknüpfungspunkt für die mittlerweile von Genf nach Montreal dislozierten ILO, um ihr eigenes Profil den veränderten Bedingungen anzupassen und sich als Sachwalterin sozialer Belange in der Nachkriegszeit anzubieten.[15] Bereits im Oktober 1941 unterstützte eine nach New York einberufene außerordentliche Konferenz der ILO die Atlantik-Charta und gab damit ihre Neutralität gegenüber den Krieg führenden Parteien auf. Gleichzeitig empfahl die ILO sich als bereits auf soziale Fragen spezialisierte Einrichtung zur Mitarbeit an den Planungen für die Nachkriegszeit. Diese Initiative ist nicht nur als eigeninteressierter Rettungsversuch einer seit dem Zerbrechen des Völkerbundes in ihrer Existenz bedrohten Institution zu verstehen, sondern hatte auch handfeste politische Hintergründe: Für die Gewerkschaften und die Arbeitgeberverbände, welche in der ILO als Vollmitglieder vertreten waren, erschien diese als geeignetes Instrument, um im Rahmen internationaler Verhandlungen unmittelbar auf die Planungen für die Nachkriegszeit Einfluss nehmen zu können. Insbesondere die vertretenen Gewerkschaften machten sich deshalb für die Fortbestand der ILO stark und wurden darin von der britischen Regierung unterstützt.

In diesem Zusammenhang tauchte erstmals der Begriff „sozial" als Programmbegriff auf der Ebene internationaler Organisationen auf: Die ILO forderte

> "a *social* mandate ... This mandate should include the elimination of unemployment, the establishment of machinery for placing, vocational training and retraining workers, improving of social insurance in all its fields and its extension to all workers, the institution of a wage policy aimed at securing a just share of the fruits of progress for the worker, a minimum wage for those too weak to secure it for themselves, measures to promote better nutrition, adequate housing and facilities for recreation and culture, improved conditions of work, an international public works policy, the organization of migration, and the collaboration of employers and workers in the initiation and application of economic and social measures." (Alcock 1971: 165f., meine Hervorhebung).

---

15   Vgl. zum folgenden Alcock (1971: Kap. 9-11); Lee: (1994: 467-484).

Dieses breite Programm ging weit über die bisherigen Aktivitäten der ILO hinaus, und zwar insbesondere hinsichtlich der schon unter dem Eindruck der Weltwirtschaftskrise gewachsenen Einsicht, dass die Lebenslage der Arbeiter durch Maßnahmen des Arbeitsschutzes allein nicht verbessert werden könne. Zwar blieben die Forderungen hier noch auf die Zielgruppe der *worker* beschränkt und richteten sich noch nicht auf *all human beings*, doch hinsichtlich der in Betracht zu ziehenden Aspekte der Lebensbedingungen findet sich mit „better nutrition, adequate housing and facilities for recreation and culture" eine klar den Produktionsbereich überschreitende Perspektive, in der lediglich das Fehlen des Gesundheitskomplexes auffällt. Die neue „systemische" oder „gesellschaftspolitische" Perspektive wird besonders deutlich in einer Äußerung des damaligen Direktors des Internationalen Arbeitsamtes, Harold Butler:

> "Today the program is far wider both in scope and in origin. It covers not only the comparatively narrow domain of conditions of work but the infinitely more extensive area of conditions of life. It has its origin not in the demand of one section of the community for the satisfaction of a series of claims by concessions to be made by another section, but in a widespread conviction that aims at a better organization of the life of the community as a whole in the interest of the community as a whole." (Nach Lee: 1994: 469).

Die Anbiederungsversuche der ILO stießen auf den Widerstand vor allem der Sowjetunion, welche 1940 nach ihrem Angriff auf Finnland aus dem Völkerbund ausgeschlossen worden war und in der Folge von der ILO ebenfalls als Nicht-Mitglied behandelt wurde. Ferner spielten Spannungen zwischen den repräsentierten und den nicht repräsentierten Gewerkschaften sowie zwischen unterschiedlichen politischen Richtungen in der Arbeiterbewegung eine Rolle. In die ab 1943 intensivierten Vorbereitungen zur organisatorischen Verfassung der Vereinten Nationen wurde die ILO nicht einbezogen. Um ihre Existenzberechtigung und ihren Willen zu untermauern, an der Nachkriegsordnung mitzuwirken, berief das Internationale Arbeitsamt eine neue internationale Konferenz der ILO nach Philadelphia für April 1944 ein, welche eine Erklärung verabschiedete, die in der Folge Bestandteil auch der 1946 revidierten Verfassung der ILO werden sollte.[16]

Die „Erklärung von Philadelphia" kann als die Geburtsstunde einer ausgefächerten wohlfahrtsstaatlichen Programmatik auf der Ebene der internationalen Organisationen gelten. Sie ist in fünf Teile gegliedert: Teil I bestätigt in knapper Form die Grundsätze aus dem Gründungsdokument von 1919, während Teil II eine neue, breit gefächerte und *universalistisch* ausgerichtete Programmatik für die Organisation

---

16   Text siehe Mangoldt & Rittberger, Bd. I/2, Dok. 117, S. 421-465.

entwickelt (siehe Anhang 2). Teil III enthält sodann eine Konkretisierung dieser allgemeinen Vorstellungen auf der Ebene sozialpolitischer Ziele, so insbesondere die Förderung von Vollbeschäftigung und die Verbesserung der Lebenshaltung, die herkömmlichen Ziele des Arbeitsschutzes, die Gewährleistung von Kollektivverhandlungen, die Sicherung eines Mindesteinkommens und umfassenden gesundheitlichen Schutz, ferner „h) Schutz für Mutter und Kind, i) angemessene Ernährungs- und Wohnverhältnisse und Möglichkeiten zur Erholung und zur Teilnahme am kulturellen Leben, j) Gewährleistung gleicher Gelegenheiten (besser: „Chancengleichheit" A.d.V.) in Erziehung und Beruf". Die Teile IV und V schließlich unterstreichen diese Forderungen mit emphatischen Deklarationen. Insbesondere bekräftigt die Konferenz abschließend,

"daß die in dieser Erklärung niedergelegten Grundsätze für alle Völker der Welt volle Geltung haben. Die Art ihrer Anwendung muß sich zwar nach der von jedem Volk erreichten sozialen und wirtschaftlichen Entwicklungsstufe richten, aber ihre fortschreitende Verwirklichung in noch abhängigen Gebieten (scil. Kolonien) sowie für Völker, die bereits die Stufe der Selbstregierung erreicht haben, ist Anliegen der gesamten zivilisierten Welt."

Hier nun werden die *universalistische Orientierung* der postulierten Aufgaben und die umfassende Wohlfahrtsperspektive ganz offenkundig. Zwar wird auf die „von jedem Volk erreichte soziale und wirtschaftliche Entwicklungsstufe" Rücksicht genommen, gleichzeitig jedoch die Entkolonisierung und eine internationale Verantwortung „der gesamten zivilisierten Welt" postuliert. Erstmals taucht in der in Anhang 3 wiedergegebenen Passage auch die Formulierung: „*Alle Menschen ... haben das Recht*" auf, doch bezieht sie sich noch nicht auf spezifische Rechte, sondern auf ein *Streben* nach „materiellem Wohlstand und geistiger Entwicklung in Freiheit und Würde, in wirtschaftlicher Sicherheit und unter gleich günstigen Bedingungen." Das Wort „Recht" trägt hier also noch einen eher metaphorischen Charakter.

Die *Verfassung (Charta) der Vereinten Nationen* welche im Juni 1945 verkündet wurde, nimmt auf Fragen der Wohlfahrtsverantwortung und der Menschenrechte nur in sehr allgemeiner Form Bezug.[17] Die Präambel betont den „Glauben an die Grundrechte des Menschen, an Würde und Wert der menschlichen Persönlichkeit" und die Absicht, „den sozialen Fortschritt und einen besseren Lebensstandard in größerer Freiheit zu fördern". In Art. 1 werden neben den Zielen des Weltfriedens und der internationalen Sicherheit auch genannt:

---

17   Vollständiger Text in Mangoldt & Rittberger 1995: Bd. I/1, Dok. 4, S. 13-73.

„eine internationale Zusammenarbeit herbeizuführen um internationale Probleme wirtschaftlicher, sozialer, kultureller und humanitärer Art zu lösen und die Achtung vor den Menschenrechten und Grundfreiheiten für alle ohne Unterschied der Rasse, des Geschlechts, der Sprache oder der Religion zu fördern und zu festigen".

Als Organ der Vereinten Nationen wurde zur Verfolgung des Ziels der internationalen Zusammenarbeit auf wirtschaftlichem und sozialem Gebiet der *Wirtschafts- und Sozialrat* (ECOSOC) geschaffen, dem auch die Aufgaben hinsichtlich der Förderung der Menschenrechte übertragen wurden. [18]

8.3   Die Entstehung der Allgemeine Erklärung der Menschenrechte, insbesondere des Konzeptes wirtschaftlicher, sozialer und kultureller Rechte

Bereits im Zuge der Ausarbeitung der Verfassung der Vereinten Nationen wurde – vor allem in den Vereinigten Staaten – die Kritik laut, dass darin auf eine inhaltliche Formulierung der Menschenrechte verzichtet werde (De la Chapelle 1967: 19 ff). Angesichts des völkerrechtlich verpflichtenden Charakters der Charta hätte dies eine wesentlich stärkere Bindung der Staaten bedeutet als die schließlich im Dezember von der Vollversammlung der *Vereinten Nationen* 1948 verabschiedete *Universal Declaration of Human Rights,* welche – juristisch betrachtet – lediglich eine Resolution ohne rechtliche Verbindlichkeit darstellt. Aber wie die lange dauernden Auseinandersetzungen um die Formulierung der Menschenrechtserklärung und ihre Verbindlichkeit zeigen, hätte solche Verbindlichkeit den Konsenswillen der Gründungsmitglieder der UNO wohl überfordert.

8.3.1   Bedeutung

Trotz ihres rechtlich unverbindlichen Charakters kann die historische Bedeutung der Allgemeinen Erklärung der Menschenrechte durch die Vereinten Nationen kaum überschätzt werden. Es handelt sich hier um die erste *internationale,* ja durch die Gesamtheit der in den Vereinten Nationen versammelten Staaten mit getragene *Formulierung eines inhaltlichen Katalogs der Menschenrechte mit dem Anspruch auf*

---

18   Vgl. Art. 55 und 62 der Charta der Vereinten Nationen. Zur Vorgeschichte, welche bereits die meisten politischen Probleme einer Umsetzung sozialer Rechte aufwarf vgl. Russell (1958, Kap. XXX); Köhler (1987: 155 ff).

weltweite Geltung, dessen Inhalt in der Folge durch rechtsverbindliche Konventionen spezifiziert wurde, aber auch unabhängig davon zunehmend als Bestandteil des Völkerrechts anerkannt wird (Bausback 1999). Eben dieser weltweite Konsens ist von Anfang an in der Idee der Menschenrechte angelegt gewesen, deren Wurzeln bis in die Antike zurückreichen.[19] Die Ausformulierung des Menschenrechtsgedankens ist allerdings erst eine Frucht der frühneuzeitlichen Naturrechtsdoktrin und der Aufklärung. Auch aus gesellschaftstheoretischen Gründen ist der Auffassung zuzustimmen, dass die „Menschenrechte .. als politisch-rechtliche Leitidee erst in der Moderne aufgekommen (sind)" (Bielefeldt: 1998: 25). Genauer gesagt: Erst im Zuge der institutionellen Verselbständigung von Politik in der Form des modernen Rechts- und Verfassungsstaates können die mit der Anerkennung von Menschenwürde verbundenen ethischen Intuitionen oder Überzeugungen die *Form von subjektiven Rechten* gewinnen (Luhmann 1981b). Insofern als diese Anerkennung jedoch *jedem* menschlichen Wesen zugesprochen wird – und in dieser Verallgemeinerung übertrifft das moderne Menschenrechtsethos die ethischen Auffassungen der Antike – tritt die Menschenrechtsdoktrin gleichzeitig in Spannung zu ihrer zunächst an die Institutionen des Nationalstaates gebundenen Form.

Eine politische Konkretisierung der Menschenrechtsidee erfolgte zunächst in den amerikanischen „Bills of Right" (stilbildend diejenige von Virginia, 1776) und in

---

19   Die Geschichte der Menschenrechtsidee wird je nach kulturellem Kontext unterschiedlich rekonstruiert und dem entsprechend unterschiedlichen historischen Momenten entscheidende Bedeutung beigemessen. Vgl. als Überblick Bielefeldt (1998) und Koenig (2005). Eine knappe Synthese gibt Hasso Hofmann, welcher „die „Entdeckung der Menschenrechte" aus der Verbindung und wechselseitigen Durchdringung von drei Momenten" rekonstruiert: „1. Das juristische Formelement stammt aus dem mittelalterlichen Lehensrecht mit seinen Freiheitsbriefen ... 2. ... Die für die europäische Kultur spezifische Hochschätzung der menschlichen Persönlichkeit speist sich aus verschiedenen, durchaus heterogenen Quellen wie dem stoischen Pantheismus, der christlichen Schöpfungstheologie, der Mystik, dem Renaissance-Humanismus und der Philosophie der Aufklärung und des Idealismus. Den Gipfelpunkt bezeichnet der Begriff der Menschenwürde, der Selbstzweckhaftigkeit des Menschen. 3. Aber erst ein zusätzliches, katalysatorisch wirkendes Element macht aus der zu schützenden menschlichen Person das autonome Subjekt allen Rechts und formt aus verschiedenen einzelnen Freiheiten das eine Prinzip gleicher Freiheit aller mit einer Reihe besonderer Anwendungsfälle, ... Die Rolle dieses Katalysators spielte das frühneuzeitliche Sozialmodell der sogenannten „methodologischen Individualismus" mit seinen konkreten Erscheinungsformen der Naturzustandslehre und der Theorie des Herrschaftsvertrages. Zugleich ist es dieser bis zur allgemeinen Menschenrechtserklärung der Vereinten Nation im Hintergrund wirkende radikale Individualismus, der aus der Sicht mancher Teile der sog. Dritten Welt gewisse kulturspezifische Akzeptanzprobleme verursacht hat." (Hofmann: 1999: 18f.)

der französischen *Déclaration des Droits de l'Homme et du Citoyen* von 1789, welche der Revolutionsverfassung von 1791 inkorporiert wurde. Die Doppelbezeichnung „Menschen- und Bürgerrechte" kündigt hier schon die nationalstaatliche Vereinnahmung der Menschenrechtsidee in Europa an, durch die in den Verfassungen des 19. Jahrhunderts die Menschenrechte auf die Rechte der Bürger des je eigenen Staates reduziert wurden. Erst die Erfahrungen des Ersten Weltkriegs und erst recht die Erfahrung rücksichtsloser totalitärer Gewalt in den Regimen des Nationalsozialismus und des Stalinismus haben den Glauben an die Letztzuständigkeit des souveränen Nationalstaates in Europa erschüttert und dem Gedanken einer *völkerrechtlichen Bindung staatlicher Ordnungen durch ein transnational verbindliches Ethos der Menschenrechte* die Bahn gebrochen. Diese menschenrechtlichen Bestrebungen verbanden sich mit der oben erwähnten, insbesondere von Großbritannien ausgehenden Idee einer internationalen Verantwortung für die Wohlfahrtsentwicklung in der Welt (*welfare internationalism*) und führten im Ergebnis der Allgemeinen Menschenrechtserklärung zu einem Konzept der Menschenrechte, das neben den Freiheits- und politischen Partizipationsrechten auch kulturelle, wirtschaftliche und soziale Teilhaberechte umfasst. Allerdings wurde dabei ein bedeutsamer Unterschied eingeführt: Während für die Freiheitsrechte und die politischen Rechte eine unbedingte Geltung gefordert wird, wird die Gewährleistung der sozialen Rechte an die „Organisation und der Hilfsmittel jeden Staates", also an nationale Bedingungen gebunden.

8.3.2 Kontext

Die Erklärung steht in der Tradition der amerikanischen *Bill of Rights* und formuliert zunächst *Freiheits- und politischen Teilhaberechte der Individuen als die Autonomie des Staates begrenzende Rechte* (Art. 2-21). Auf nationaler Ebene bildeten die Freiheits- und Teilhaberechte – wenngleich in z.T. unterschiedlichen Formulierungen – einen weithin bereits anerkannten Traditionsbestand. Da es sich hier jedoch um ein internationales Dokument handelt, zielt die Erklärung darüber hinaus auf eine völkerrechtliche Beschränkung nationaler Souveränität.

Im vorliegenden Zusammenhang konzentrieren wir uns auf das neue Moment der *wirtschaftlichen, sozialen und kulturellen Rechte* (Art. 22 – 27) welche bis dahin auch auf nationaler Ebene noch wenig expliziert waren, und die wir hier abkürzend als *soziale Menschen- oder* (im deutschen Kontext) *Grundrechte* bezeichnen. Obwohl die wohlfahrtsstaatliche Programmatik selbstverständlich auch auf den Grundsätzen der individuellen Freiheitsrechte und der politischen Mitwirkungsrechte aufbaut, sind doch diese sozialen Menschen- oder Grundrechte *spezifisch* für die Legitimation wohlfahrtsstaatlicher Entwicklung geworden.

Entscheidend für die Aufnahme sozialer Grundrechte in den Katalog der Menschenrechte war die unter den Alliierten weit verbreitete Auffassung, dass das dramatische Ausmaß der Weltwirtschaftskrise – einschließlich ihrer politischen Folgen – im wesentlichen auf das Fehlen internationaler wirtschaftlicher Zusammenarbeit und auf die an Autarkie orientierten nationalen Wirtschaftspolitiken der Zwischenkriegszeit zurückzuführen gewesen sei. Dementsprechend wurde die Wiedererreichung von Vollbeschäftigung als vordringlichstes Ziel für die Wirtschaftspolitik der Nachkriegszeit eingeschätzt, und diese sei vornehmlich durch internationale Zusammenarbeit zu erreichen. Die Vereinten Nationen wurden von Seiten der das Projekt vorantreibenden Vereinigten Staaten, aber auch von Großbritannien, von Anfang an nicht nur als Instanz internationaler Sicherheitspolitik, sondern auch als Instanz internationaler Wirtschafts- und Wohlfahrtspolitik konzipiert. Dem entsprechend sahen schon die ursprünglichen Planungen für die Organisation der Vereinten Nationen ein eigenes zentrales Organ für die Behandlung von Wirtschaftsfragen vor (Russell 1958: 333 ff). Im Ergebnis wurde der Wirtschafts- und Sozialrat (ECOSOC) als eines von sechs Hauptorganen der Vereinten Nationen geschaffen, ein Organ allerdings, das mit deutlich geringeren Kompetenzen ausgestattet ist als der Sicherheitsrat. Weil der politische Erfolg des Faschismus und die damit verbundene Zerstörung von Freiheit und Demokratie als Folge der wirtschaftlichen Instabilität interpretiert wurden, kamen die Menschenrechtsfrage und die wirtschaftlichen Entwicklung in einen engen Zusammenhang. Deshalb wurde die Behandlung von Menschenrechtsfragen in die Kompetenz von ECOSOC verwiesen.[20]

Bereits im Rahmen der frühen Planungen des amerikanischen State-Department war eine „Bill of Rights" als Bestandteil der Verfassung der Vereinten Nationen in Betracht gezogen worden; die Vorarbeiten hierzu wurden jedoch bereits im Sommer 1943 eingestellt, nachdem sich die Schwierigkeit herausgestellt hatte, über die klas-

---

20　Vgl. Art 62, Abs.2 der Charta der Vereinten Nationen. Zur Arbeitsweise von ECOSOC vgl. Sharp (1969); ferner Köhler (1987: 182 ff). Die Wirksamkeit von ECOSOC wurde in der Folge nicht nur durch den Ost-West-Gegensatz, sondern auch durch die Schwerfälligkeit der Organisation und die Unwilligkeit vieler Staaten beeinträchtigt, sich im Bereich der Wirtschafts- und Sozialpolitik international zu binden. „Rückblickend hat sich der Gedanke von San Francisco, die Bedeutung der wirtschaftlichen und sozialen Gebiete durch die Aufwertung des Rates zum Hauptorgan zu unterstreichen, als Irrtum erwiesen. Als Nebenorgan der G(eneral)V(ersammlung) wäre der Rat auf den genannten Gebieten wahrscheinlich wirksamer geworden. Die Menschenrechtskommission und ihre wichtigen und fruchtbaren Tätigkeiten ließen sich der GV organisatorisch zuordnen." (Simma 1991: 8)

sischen Freiheitsrechte hinausreichende Verpflichtungen der Staaten im Hinblick auf „life, liberty, property, enterprise, and employment" wie auch hinsichtlich eines Rechtes auf Erziehung und von Vorschriften gegen die Diskriminierung aufgrund von Religion, Geschlecht oder Rasse auf politisch konsensfähige Weise zu formulieren (Russell 1958: 312 ff). Nur auf Druck einer breiten *Menschenrechtsbewegung in den Vereinigten Staaten* begann sich das State Department im Vorfeld der Konferenz von San Francisco (1945), auf der die UN-Charta verabschiedet wurde, erneut um das Thema Menschenrechte zu kümmern, wobei auch die übrigen Großmächte das Projekt einer Menschenrechtserklärung unterstützten. So kam das Thema erst nach Gründung der Vereinten Nationen in die politische Debatte, und zwar im Rahmen der von ECOSOC im Februar 1946 eingesetzten *Commission on Human Rights*. Sie stand unter der Leitung von Eleanor Roosevelt, der Witwe des großen Präsidenten, welche sich in diesem Zusammenhang die Umsetzung von dessen Programm der vier Grundfreiheiten von 1941 zum Ziel setzte, also auch der „freedom from want".[21]

8.3.3 Textentstehung[22]

Der Kommission stand eine vom Generalsekretariat der UNO eingerichtete *Division of Human Rights* unter der langjährigen Leitung des Kanadiers John P. Humphrey zur Seite, welche die vielfältig vorliegenden Vorschläge sammelte und sichtete und auch ein erstes Konzept vorlegte. In intensiven Beratungen erarbeitete die

---

21 Zu den einflussreichen Mitgliedern der Kommission gehörten ferner der spätere Friedensnobelpreisträger René Cassin, der libanesische Delegierte Charles Malik und der chinesische Delegierte P.C. Chang, welche in der Folge auch dem für die Entscheidungsvorbereitung in der Generalversammlung zuständigen Ausschuss angehörten. Von ihrer Entstehung her wird man somit nicht behaupten können, es handele sich bei der Erklärung der Menschenrechte um ein ausschließlich westliches Produkt. Die damalige breite Resonanz des Menschenrechtsgedankens belegt auch ein Symposium der UNESCO (1947/1951). Man wird präzisierend sagen können, dass ein Ethos der Anerkennung des Menschen als Menschen auch außerhalb des christlich-aufklärerischen Einflussbereiches sich entwickeln konnte, dass jedoch die spezifische Fassung dieses Ethos in der Form von Individualrechten dem westlichen Kulturkreis entstammt. Zur neueren Diskussion um die interkulturelle Differenz und Akzeptanz hinsichtlich der Menschenrechte vgl. z.B. Voigt (1998); Dignity of the Human Being and Human Rights (1999); sowie –mit besonderem Bezug auf den Islam – Bielefeldt (1998, Hauptteil 2); und weltweit Koenig 2005: 133-141).

22 Einen knappen Überblick über die Entstehung der Allgemeinen Erklärung der Menschenrechte gibt Sonnewald (1955); eingehender Verdoot (1964); de la Chapelle (1967: 11-204); Köhler (1987: 265-286); Wronka 1992: 85-112. Zudem aus der Sicht von Beteiligten: Cassin (1951) und Humphrey (1984).

Menschenrechtskommission bis Mitte 1948 einen Entwurf, der dann durch das zuständige *Third Committee* der Generalversammlung überarbeitet und am 10. Dezember 1948 von der Generalversammlung der UNO in Paris ohne Gegenstimme, jedoch bei Enthaltung seitens der Länder des Ostblocks, sowie von Saudi-Arabien und Südafrika, verabschiedet wurde.[23]

Was die hier interessierenden *wirtschaftlichen, sozialen und kulturellen Rechte* betrifft, so waren sie in den Vorgaben, welche ECOSOC der Menschenrechtskommission bei ihrer Konstituierung im Jahre 1946 mitgab, noch nicht ausdrücklich enthalten (Köhler 1987: 26). Sie tauchten jedoch bereits im ersten, unter der Leitung von Humphrey ausgearbeiteten Konzept auf, nicht jedoch in einem britischen Alternativentwurf. Humphrey verwandte für seinen Vorentwurf fast ausschließlich englischsprachige Texte aus westlichen und lateinamerikanischen Ländern, während die spätere Dokumentation des Sekretariats der UNO einen wesentlich breiteren Quellenbestand enthält.[24] Ein recht umfassender Katalog wohlfahrtsstaatlich relevanter Forderungen wird in den Artikeln 35-44 unter dem Begriff „positive freedoms" präsentiert, während Abwehrrechte als „negative freedoms" in den Artikeln 3-34 formuliert wurden (Wronka 1992: 90).

Dieser Vorentwurf wurde von einem *Drafting Committee* unter der Federführung des französischen Völkerrechtlers René Cassin gestrafft und umgearbeitet. Im Endergebnis hat sich die von Cassin vertretene Struktur durchgesetzt, welche eine deutliche Abstufung zwischen den klassischen Freiheitsrechten und den neuen sozialen Grundrechten erkennen lässt. So werden letztere z.B. in den Eingangspassagen

---

23 Wir müssen hier Details übergehen, doch sei wenigstens der Umstand erwähnt, daß die Menschenrechtskommission zunächst parallel an einer „Erklärung" (Declaration) und an einer „Konvention" (Covenant) über die Menschenrechte sowie an einem Dokument über Verfahrensfragen der Implementation arbeitete. Die beiden letztgenannten – verbindlicheren – Projekte wurden angesichts der absehbaren Schwierigkeiten einer politischen Einigung – und vornehmlich angesichts der hier gemeinsamen Gegnerschaft der beiden Großmächte USA und Sowjetunion – zugunsten einer schnellen Verabschiedung der Erklärung zurückstellte (De la Chapelle (1967: 37f), eine wahrscheinlich richtige Entscheidung: „It is quite unlikely that at any time after, say 1949, the Declaration could have been adopted with its present content. It is inconceivable, for example, that at any later date there would have been no mention of the controversial principle of the self-determination of peoples which soon became a hot issue in the United Nations." (Humphrey: 1979: 26) Die Arbeit an einer bzw. zwei Konventionen wurde erst nach Verabschiedung der Allgemeinen Menschenrechtserklärung von der Menschenrechtskommission wieder aufgenommen, siehe unten 8.4.2.

24 Verdoot (1964: 41-43), teilt die Liste derjenigen Vorschläge mit, welche dem Sekretariat der Commission on Human Rights vorlagen, als es das Vorprojekt eines Entwurfes zur Allgemeinen Menschenrechtserklärung ausarbeitete, für die also ein direkter Einfluss vermutet werden darf.

der Deklaration nicht ausdrücklich erwähnt.[25] Ohne die Redaktionsgeschichte hier nachzuzeichnen[26], seien die wesentlichen Fronten der Auseinandersetzung benannt. Wie erwähnt, bestand bei den Amerikanern und Briten von Anfang an die Einsicht in den *Zusammenhang von zukünftigem Weltfrieden und wirtschaftlicher Entwicklung*, sodass hinsichtlich einer prinzipiellen Wohlfahrtsverantwortung der Vereinten Nationen ein Basiskonsens bestand, der sich auch in den diesbezüglichen Passagen den Charta der Vereinten Nationen niedergeschlagen hat. Allerdings kennt die US-amerikanische „Bill of Rights" nur Freiheitsrechte, und auch die dominierenden Strömungen der westlichen Menschenrechtstradition kannten bis dahin keine wirtschaftlichen und sozialen Rechte.[27] Es überrascht daher nicht, dass sie im ursprünglichen Auftrag an die Menschenrechtskommission noch nicht enthalten waren.

Im Zuge der Beratungen der Menschenrechtskommission machte sich dann vor allem der sowjetische Delegierte für die sozialen Rechte stark, während er gleichzeitig die den Entwurf prägende liberale Auffassung in Frage stellte, dass Individuen Rechtssubjekte des Völkerrechts sein können. Damit geriet die Auseinandersetzung um die sozialen Rechte in die Spannungen des sich schon andeutenden Kalten Krieges: Für die Sowjets waren soziale Rechte bereits verwirklichte Errungenschaften des sozialistischen Staates, im Rahmen dessen der Gegensatz zwischen Individuum und Staat programmatisch aufgehoben blieb (siehe 6.2.1). Für die westlichen Vertreter des Freiheitsethos war dagegen die unaufhebbare Spannung zwischen staatlichen Herrschaftsansprüchen und individueller Freiheit der Grund für die Notwendigkeit völkerrechtlich verbürgter Menschenrechte. Während die sozialistische Auffassung den Menschen als Produkt der gesellschaftlichen Verhältnisse verstand, postulierte die liberale Auffassung eine menschliche Freiheit, die jeder Vergesellschaftung – als „von Gott" oder „von Natur" gegeben – vorausgeht. Diese Vorstellung ist jedoch auf die wirtschaftlichen und sozialen Rechte nicht anwendbar, welche notwendigerweise stets auf bestimmte Niveaus gesellschaftlicher und

---

25 Ein Antrag von vorzugsweise lateinamerikanischen Ländern, den heutigen Artikel 3 "Everyone has the right to life, liberty and the security of person" wie folgt umzuformulieren: "Everyone has the right to life, honour, liberty, physical integrity, and to the legal, economic and social security which is necessary to the full development of human personality" wurde im Third Committee, abgelehnt, hinsichtlich der für die sozialen Rechte zentralen Passage "economic and social security which is necessary to the full development of the human personality" allerdings nur mit 20 zu 21 Stimmen, bei 7 Enthaltungen. (Köhler 1987: 276)

26 Hierzu de la Chapelle (1967: 168 ff); Verdoot (1964: 210 ff); Köhler (1987: 274ff).)

27 Dass der Gedanke sozialer Menschenrechte nicht nur dem katholischen Naturrecht, sondern auch der Aufklärung nicht fremd war, zeigt Krause (1981).

politischer Entwicklung bezogen bleiben, und deren Gewährleistung nicht nur ein Unterlassen, sondern *aktives Handeln des Staates* voraussetzt. Damit stellt sich auch die Frage, inwiefern Staaten überhaupt unabhängig von ihren Entwicklungsstand hierfür in die Pflicht genommen werden können.

Eine dritte Position wurde von mehreren lateinamerikanischen Staaten eingenommen. Diese hatten sich schon 1948, also vor den Vereinten Nationen, auf eine „American Declaration of the Rights and Duties of Men" geeinigt, deren Vorentwürfe auch der Menschenrechtskommission der UNO vorlagen. Die lateinamerikanische Deklaration enthält bereits soziale Rechte, ohne sie jedoch kategorial von den Freiheitsrechten zu unterscheiden. Wie schon Roosevelt die „Freiheit von Not" den „Vier Grundfreiheiten" zurechnete, werden hier Bildung, Arbeit und soziale Sicherheit mit den Freiheits- und politischen Rechten zu den grundlegenden Menschenrechten gezählt, ja gehen diesen z.T. in der Aufzählung voraus. Während somit sowohl aus sozialistischer wie aus liberaler Perspektive ein (konträr akzentuierter) Unterschied zwischen Freiheitsrechten und Teilhaberechten konstruiert wurde, wird dieser Unterschied aus der lateinamerikanischen Perspektive als sekundär gegenüber dem umfassenden Anspruch des Menschen auf Freiheit *und* auf „soziale Sicherheit" angesehen. Im Zentrum der Argumentation steht der *komplementäre Charakter von Freiheits- und Sozialrechten*, während den unterschiedlichen Implementierungsbedingungen kein systematischer Status zuerkannt wird. Nach Aussagen des Sekretärs der Menschenrechtskommission, Humphrey, hat diese Position seinen für den Fortgang der Beratungen maßgeblichen Vorentwurf besonders beeinflusst.[28]

Betrachten wir den in der verabschiedeten Erklärung erreichten Kompromiss, so zeigt sich, dass die sozialen Menschenrechte einen deutlich abgesetzten, kürzeren zweiten Teil der Deklaration bilden.[29] Beide Teile der Deklaration werden durch einen Programmartikel eingeleitet, nämlich Art. 3 bzw. 22. Während Artikel 3 lapidar und bedingungslos formuliert: „Jeder Mensch hat das Recht auf Leben, Freiheit und Sicherheit der Person", präsentiert sich Artikel 22 als folgende, von René Cassin entworfene Kompromissformel:

> „Jeder Mensch hat als Mitglied der Gesellschaft Recht auf soziale Sicherheit; er hat Anspruch darauf, durch innerstaatliche Maßnahmen und internationale Zusammenarbeit unter Berücksichtigung der Organisation und der Hilfsmittel jedes Staates

---

28 Vgl. Verdoot (1964: 58). Es waren auch lateinamerikanische Staaten, die von Anfang an besonders entschieden auf eine Behandlung der Menschenrechtsfrage drängten und ihre eigene Erklärung als Vorbild einbrachten.

29 Zu den schwierigen Verhandlungen vgl. Köhler (1987: 274 ff).

in den Genuß der für seine Würde und die freie Entwicklung seiner Persönlichkeit unentbehrlichen wirtschaftlichen, sozialen und kulturellen Rechte zu gelangen."

Dieser Artikel geht der Aufzählung der einzelnen Rechte voraus, nämlich den Rechten auf Arbeit und angemessene Entlohnung, sowie auf beruflichen Zusammenschluss (Art. 23), auf Erholung und Freizeit (Art 24), auf sozialen Schutz (Art. 25), auf Bildung (Art. 26) und auf Teilnahme am kulturellen Leben (Art. 27) (siehe Anhang 4). Er postuliert mit dem „Recht auf soziale Sicherheit" ein umfassendes Teilhaberecht an den Möglichkeiten einer Gesellschaft.[30] Gleichzeitig wird dieses subjektive Teilhaberecht aber unter die einschränkende Bedingung „unter Berücksichtigung der Organisation und der Hilfsmittel jeden Staates" gestellt. Beachtlich ist schließlich der Rekurs auf „innerstaatliche Maßnahmen und internationale Zusammenarbeit", wodurch das Programm einer *internationalen Wohlfahrtsverantwortung* in die Menschenrechtserklärung mit eingebaut wurde.

Schließlich sei Artikel 28 kurz erwähnt. Der unscheinbare und geradezu utopische „Anspruch auf eine soziale und internationale Ordnung, in welcher die in der vorliegenden Erklärung angeführten Rechte und Freiheiten voll verwirklicht werden können" hat sich in der Folge als Pionier eines neuen „kollektiven" Menschenrechtsverständnisses erwiesen, das sich insbesondere in dem 1986 deklarierten „Recht auf Entwicklung" konkretisiert hat.[31] In der neueren Menschenrechtsdiskussion gelten die wirtschaftlichen, sozialen und kulturellen Rechte als „Menschenrechte der 2. Generation", während über die geforderten institutionellen Gewährleistungen als „Menschenrechte der 3. Generation" verhandelt wird (vgl. Köhler 1987: 1063; Wronka 1992: 120 ff). Sie werden hier nicht weiter verfolgt.

8.3.4 Die wohlfahrtsstaatliche Programmatik

Indem die sozialen Rechte einerseits analog zu den Freiheits- und politischen Beteiligungsrechten als individuelle ausgestaltet wurden, das Ausmaß der hiervon ausgehenden Ansprüche jedoch gleichzeitig an die politischen Möglichkeiten eines jeden Staates gebunden wurde, ist eine spannungsreiche Programmatik entstanden, deren Dynamik sich stets nur im Kontext der jeweiligen politischen Kräfteverhältnisse entfalten kann. Zugleich wird mit dieser Formel jedoch deutlich, dass sich

---

30   „Soziale Sicherheit" wird damit im umfassenden Sinne der lateinamerikanischen Deklaration verstanden und nicht im technischen Sinne sozialer Sicherungssysteme. Das entspricht auch dem Pathos, das dem Wort „Soziale Sicherheit" in den dreißiger und vierziger Jahren zugewachsen war, vgl. Kaufmann (1973: 92 ff, sowie 11.1.4)).

31   Text siehe Mangoldt & Rittberger, Bd. I/1, Dok. 23, S. 607 ff.

im Entscheidungsprozess weder die liberale noch die sozialistische Auffassung durchgesetzt hat, sondern dass hier die legitimatorische Basis für *neue* institutionelle Entwicklungen „zwischen Markt und Staat" geschaffen wurde, welche die wohlfahrtstaatliche Entwicklung seither kennzeichnen (Kaufmann 2009e/2002).

Vor allem in Westeuropa hat sich im Spannungsfeld des kalten Krieges, und oft erst nach erbitterten innenpolitischen Auseinandersetzungen, eine institutionelle Konfiguration durchgesetzt, die sich deutlich sowohl vom sozialistischen Modell einer zentralisierten integralen Planung von Produktion und Konsum als auch vom privatkapitalistischen Modell einer sich grundsätzlich nur dezentral durch Märkte steuernden Koordination von Produktion und Konsum unterscheidet. *Genauer gesagt, werden Elemente beider Modelle in einer spannungsreichen Einheit integriert.* Mit dem privatkapitalistischen Modell, wie es annäherungsweise in den Vereinigten Staaten verwirklicht ist, teilt das sozial- oder wohlfahrtsstaatliche Modell die Option für die *Unabhängigkeit der Unternehmerfunktion* und die Koordination der Produktion auf der Basis von Märkten. Unternehmen und Märkte sind aber nicht staatsfrei, sondern sie unterliegen öffentlicher Kontrolle, insbesondere im Bereich des Kartell- und des Arbeitsrechts. Mit dem sozialistischen Modell, wie es – allerdings mit geringem Erfolg – insbesondere in der Sowjetunion erprobt worden ist, teilt das wohlfahrtsstaatliche Modell die *Anerkennung sozialer Rechte für jedermann*, wobei die Art und Weise ihrer Gewährleistung von Land zu Land variiert.

Dieser spannungsreiche Kompromiss ist in vielen Ländern auch praktisch erkämpft worden. Tiefgreifende Auseinandersetzungen zwischen Arbeitgeberverbänden und Gewerkschaften haben vielerorts zu *expliziten Kompromissen* geführt: Zuerst in Dänemark („September Agreement", 1900), dann im zusammenbrechenden Deutschen Kaiserreich das „Stinnes-Legien-Abkommen" (November 1918). In den Nöten der Weltwirtschaftskrise kam es in der Schweiz zum bis heute fortgeschriebenen „Friedensabkommen", in Schweden zum „Abkommen von Saltsjöbaden"; in Frankreich zum „Matignon-Abkommen" (1936), das allerdings nicht lange hielt, und 1968 zu den „Accords de Grenelle", die bis heute nachwirken. Der Inhalt dieser Abkommen weist überall gewisse Ähnlichkeiten auf, nämlich von Seiten der Arbeitgeber die Anerkennung von Gewerkschaftsrechten und sozialstaatlichen Interventionen, und von Gewerkschaftsseite die Anerkennung des privatwirtschaftlichen Unternehmertums und von Einschränkungen des Streikrechts. Stabilisiert wurden diese Abkommen vor allem durch eine wechselseitige Anerkennung als Tarifparteien.

8.4   Zur Herkunft der Idee sozialer Menschenrechte

Die im Rahmen der Versailler Friedensverhandlungen entstandene Satzung des Völkerbundes nahm noch keinen Bezug auf die Menschenrechtsdoktrin, obwohl schon damals einschlägige Vorschläge existierten. Auch ein 1929 durch das *Institut de Droit International* verabschiedeter, knapp gehaltener Katalog verbindlicher *Staatspflichten* fand noch wenig Resonanz (Text bei Sonnewald 1955: 33); lediglich amerikanischer Völkerrechtler nahmen ihn auf (De la Chapelle 1957: 18). Ihm fehlt im Übrigen noch jede Anspielung auf eine staatliche Wohlfahrtsverantwortung. Die früheste explizite Formulierung sozialer Menschen*rechte*[32] findet sich im *Complément à la Déclaration des Droits de l'homme*, welches 1936 von einer *Ligue des Droits de l'Homme* in Dijon beschlossen wurde.[33] Eine Vielzahl von Entwürfen und Vorschlägen entstand dann in den frühen vierziger Jahren, von denen einige auch zu den Materialien der Menschenrechtskommission gehörten.[34] Das Zentrum dieser vielfältigen Bewegung lag eindeutig in den Vereinigten Staaten, wobei vielfach auf die von Roosevelt formulierten vier Grundfreiheiten Bezug genommen wurde.[35]

Angesichts der Kontingenz historischer Entwicklungen scheint es zweckmäßig, die Frage nach der *Genese der Idee sozialer Grundrechte* eng zu fassen und

---

32   Die Weimarer Reichsverfassung verwendet zwar in Art. 162 den Ausdruck „soziale Rechte" als Desiderat „zwischenstaatliche(r) Regelungen", bezieht ihn aber ausschließlich auf Arbeitnehmerrechte. Im Übrigen sind dort die sozialstaatlichen Leitideen im Sinne von Staatsaufgaben oder Staatszielen formuliert, nicht jedoch in der Form individueller Rechte. Einen Überblick über die Vorgeschichte sozialer Rechte gibt Gurvitch 1946, Kap. II.

33   Text bei Wells (1940. 84 ff9. Die Formulierungen sind recht blumig und gehen über die Postulate der Allgemeinen Menschenrechtserklärung hinaus, insbesondere mit dem Recht auf Mitbestimmung der Arbeiter und durch qualifizierte Einschränkungen des Privateigentums.- Leider fehlen selbst in der von Edward Lawson herausgegebenen Encyclopedy of Human Rights (1991) Hinweise auf die genannte Vereinigung.

34   Vgl. Verdoot (1964: 41-43); darunter als besonders prägnante Ausarbeitung: H. Lauterpacht: An International Bill of the Rights of Man. New York 1945. Sie enthält in Artikel 13 "the right to work, to education and to public assistance in case of unemployment, old age, sickness, disablement and other cases of undeserved want." (S. 155). Der Text sowie derjenige von Wells gehörten auch zu den Materialien, die im Rahmen einer informellen Vorbesprechung vor Konstituierung der Menschenrechtskommission beachtet wurden (Wronka (1992: 87 f).

35   Vgl. De la Chapelle (1967: 19 ff). Nachhaltige Unterstützung erhielt die Bewegung sowohl von Seiten christlicher Kirchen als auch von Repräsentanten des Judentums. Eine gemeinsame Erklärung christlicher und jüdischer Autoritäten „Patterns for Peace" vom 7. Oktober 1943 fand weite Verbreitung und scheint die öffentliche Meinung vor allem für die internationale Verwirklichung von Menschenrechten mobilisiert zu haben.

hier nur diejenigen Autoren zu erwähnen, welche im unmittelbaren Vorfeld der soeben skizzierten Prozesse der Meinungsbildung *mit grundsätzlichen Konzepten* hervorgetreten sind. Über die von ihnen vorgetragenen Begründungen stoßen wir zugleich auf ältere Quellen. Nach meinem Eindruck handelt es sich hier vor allem um drei Personen, nämlich den britischen Schriftsteller und politischen Publizisten Herbert George Wells, den französischen Philosophen Jacques Maritain und den russischen Emigranten und hauptsächlich in Frankreich wirkenden Soziologen Georges Gurvitch. Damit sei nicht behauptet, dass es nur diese drei Männer gewesen seien, welche die Idee historisch vorangebracht haben. Wie bereits aus dem Vorangehenden hervorgeht, hatten die Zeitgenossen eine deutliche Vorstellung vom Zusammenhang zwischen wirtschaftlichen und politischen Krisen, sodass auch der Zusammenhang von Freiheitsrechten und sozialen Rechten im Rahmen der Menschenrechtsdoktrin plausibel erscheinen konnte. Was aber diese Autoren auszeichnet, ist die Klarheit ihres Konzepts und dessen Zuspitzung auf die Idee sozialer Grundrechte in Analogie zu den politischen Freiheits- und Teilhaberechten.

8.4.1   H. G. Wells (1866-1946)

Wells, vielseitiger Publizist und eine schillernde Persönlichkeit des britischen Geisteslebens, war einer der ersten, der schon kurz nach Kriegsbeginn die *Frage nach den Zielen des Krieges* aufwarf und in diesem Zusammenhang weitreichende Visionen entwickelte.[36] Bereits im Januar 1940 veröffentlichte er eine Schrift mit dem Titel "The New World Order: Whether it is attainable, how it can be attained, and what sort of world a world at peace will have to be". Sie enthält die Vision einer föderalistischen Weltordnung und die Gesellschaftsdiagnose eines wachsenden Kollektivismus im Bereich der Wirtschaft. Wie die älteren Freiheitsrechte in Reaktion auf die zunehmende politische Macht absolutistisch gesinnter Herrscher entstanden sind, so entsteht nun, so Wells, die Notwendigkeit, die Rechte der Menschen im Hinblick auf die wirtschaftliche Machtakkumulation zu sichern (Wells 1940 b: 61). Sein erster Entwurf einer Erklärung der Menschenrechte enthielt daher an erster Stelle die Rechte auf Gesundheit, auf Erziehung, auf bezahlte Arbeit, auf Eigentum und Handel, auf Privatheit des Wohnens sowie erst abschließend eine Reihe von Rechten, die in der Tradition der Freiheitsrechte stehen (Wells 1940a: 139 ff). In der zweiten, durch ein „Penguin Special" weit verbreiteten Fassung unter dem Titel „The Rights of Man – Or What we are Fighting For" zog er die gegen staatliche Gewalt sichernden Rechte an den Anfang und ließ die auf die materielle Existenz

---

36   Vgl. Wells (1940a, b; 1941). Zu Wells siehe Wagar (1961).

bezogenen Rechte folgen. Denn was seine Zeitgenossen bewegte, war nicht mehr die Not der Weltwirtschaftskrise, sondern die Hemmungslosigkeit und Grausamkeit des nationalsozialistischen Regimes (Wells 1940b: 31 f). Die Enttäuschung über das Versagen des Völkerbundes und das Entsetzen darüber, wozu ein als zivilisiert geltendes Volk imstande ist, war, wie auch zahlreiche andere Äußerungen zeigen, die Hauptantriebskraft der internationalistischen Menschenrechtsbewegung während des Zweiten Weltkriegs.

Wells wirtschaftspolitische Zukunftsvision war ein liberaler Sozialismus; insoweit hat ihm die Geschichte nicht Recht gegeben. Die wohlfahrtsstaatliche Entwicklung hat an der Freiheit der Wirtschaftsunternehmen und einer dezentralen Koordination des Wirtschaftslebens durch Märkte festgehalten und die von ihm postulierten sozialen Rechte durch kompensatorische Maßnahmen der Einkommenssicherung im Falle fehlender Arbeit und durch die öffentliche Finanzierung von Bildung und Krankenversorgung *neben* dem marktwirtschaftlichen System verwirklicht. Aber seine Vision einer Weltordnung der Zukunft, welche auf der allgemeinen Anerkennung von Menschenrechten unter Einschluss sozialer Grundrechte beruht, hat den Ton für die folgenden Jahre angegeben. Ob Wells den philosophischen Entwurf von Immanuel Kant „Zum ewigen Frieden" (Kant 1968b/1795) gekannt hat, wird nicht ersichtlich. Jedenfalls dürfte dies die ursprüngliche Vision dessen sein, was schon mit dem Völkerbund angestrebt und mit den Vereinten Nationen auf den Weg gebracht worden ist.

Bereits am 29. Oktober 1940 wandte sich Wells brieflich an Präsident Roosevelt, um ihm den Gedanken einer Menschenrechtserklärung und seine Vision von Kriegszielen nahezubringen.[37] Ob Roosevelt dadurch zur Formulierung der „Four Freedoms" als ethische Kriegsziele inspiriert wurde, scheint nicht bekannt; der geringe zeitliche Abstand von gut zwei Monaten ist jedenfalls frappierend. Der Entwurf von Wells gehörte auch zu den insgesamt 18 Vorlagen, die dem Sekretariat der Menschenrechtskommission der UNO vorlagen, als es den Vorentwurf der Menschenrechtserklärung formulierte (Verdoot 1964: 41, 58).

---

37 Wilson (1969: 177 f). Zur Verbreitung bemerkt Wronka (1992: 88): "This draft was eventually translated into 10 languages and dropped by microfilm to the Resistance in occupied Europe and distributed worldwide to 300 editors in 48 countries. The final version of this World Declaration was undoubtedly a forerunner of the Universal Declaration of Human Rights." Man fühlt sich an die Aktion erinnert, die der Club of Rome 1972 mit seiner Studie „Die Grenzen des Wachstums" unternahm!

8.4.2 Jacques Maritain (1882-1973)

Ähnlich wie Wells reagierte der französische Philosoph Maritain unmittelbar auf den Kriegsausbruch und veröffentlichte während der ersten Kriegswochen eine Reihe von Artikeln, die sich vor allem auf eine föderalistische Ordnung in Deutschland und in Europa nach Kriegsende und die Notwendigkeit einer moralischen Erneuerung auf der Basis eines vom Paternalismus befreiten Christentums bezogen (Maritain 1988a/1940). 1940 in die Vereinigten Staaten emigriert, veröffentlichte er dort 1942 die in unserem Zusammenhang grundlegende Schrift *Les droits de l'homme et la loi naturelle*.[38]

Ausgehend von der Naturrechts-Lehre des Thomas von Aquin entwickelte er *ein dynamisches Konzept der Menschenrechte*, die zum einen auf der unwandelbaren Würde jedes Menschen als Geschöpf Gottes beruhen, aber in ihrer konkreten Gestalt von den jeweiligen kulturellen und materiellen Umständen abhängen. Unter Bezugnahme auf die von Roosevelt formulierten vier Grundfreiheiten interpretierte er diese als naturrechtliche Postulate für eine zivilisierte Welt.[39] So erscheinen bei ihm die sozialen Menschenrechte als Konsequenz der naturrechtlichen verbürgten Menschenwürde in einer industriellen Gesellschaft. Dabei betonte er das Recht des Menschen auf eine möglichst selbst bestimmte Arbeit und postulierte dies als Kriterium einer gerechten Wirtschaftsordnung.

Zusammenfassend unterscheidet Maritain drei Arten von Menschenrechten: (1) *Rechte der menschlichen Person als solche*, insbesondere das Recht auf Existenz und körperliche Unversehrtheit, sowie verschiedene Freiheitsrechte: (2) *Rechte als Bürger*, insbesondere das Recht auf politische Selbstbestimmung des Volkes und allgemeines Wahlrecht; (3) *Rechte als soziale Person, insbesondere auch als arbeitende Person*, insbesondere das Recht auf Arbeit und freie Wahl des Berufs, das Koalitionsrecht, Recht auf gerechten Lohn und Mitbestimmung, Recht auf Hilfe der Gemeinschaft im Falle von Not, Arbeitslosigkeit, Krankheit und Alter, sowie Recht auf unentgeltliche Teilhabe an elementaren materiellen und kulturellen Gütern der jeweiligen Zivilisation, nach Maßgabe der Möglichkeiten der Gemeinschaft (Maritain 1988b: 690 f; Übersetzung F.X.K.). Eine nahezu identische Dreiteilung hat in der Folge der britische Soziologe T.H. Marshall (1992/1949) unter den Bezeichnungen

---

38 Maritain (1988b/1942). Zu Maritain vgl. Mcinerny (1995); Conzemius (2002).

39 «La liberté pour les nations de vivre exemptes du joug du besoin ou de la misère («freedom from want»), et la liberté pour elles de vivres exemptes du joug de la crainte ou de la terreur («freedom from fear»), telles que le Président Roosevelt les a définies dans ses Quatre Points, correspondent à des voeux du droit des gens qui demandent à être accomplis par la loi positive et par une organisation économique et politique du monde civilisé.» (Maritain 1988b: 665 f.)

civil, political and social rights entwickelt und in dieser Fassung ist sie auch in den neueren sozialwissenschaftlichen Diskursen über den Wohlfahrtsstaat präsent.

Das Konzept sozialer Menschenrechte wird von Maritain somit in der bis auf Antigone, die Stoa und das Christentum zurückgeführten Naturrechtstradition verankert, wobei sein Hauptgewährsmann Thomas von Aquin ist. Den Zusammenhang zwischen dem christlich-scholastischen Naturrecht und der Sozialpolitik hatten übrigens in Deutschland bereits Franz Hitze (1880: 165 ff) und Georg von Hertling (1893) hergestellt.

Maritain hielt sich von 1940 bis 1944 in den Vereinigten Staaten auf, wo er erheblichen Einfluss gewann. Er wurde kurzzeitig französischer Botschafter beim Heiligen Stuhl und leitete nach 1945 die französische Delegation bei der UNESCO, welche auf der Basis eines Symposions führender Köpfe aus allen Teilen der Welt auf die Ausarbeitung der Allgemeinen Menschenrechtserklärung Einfluss zu gewinnen suchte (UNESCO 1951/1947). Zu diesem Bericht hat Maritain die Einführung geschrieben und dabei in glücklicher Weise verdeutlicht, dass eine Einigung auf die Formulierung von Menschenrechten unabhängig von den unterschiedlichen weltanschaulichen Positionen der Beteiligten grundsätzlich möglich ist. Die Menschenrechtskommission der UNO lehnte jedoch eine Befassung mit dem Bericht der UNESCO ab (Verdoot 1964: 62 f). So scheint Maritains Einfluss auf die Textentstehung bestenfalls indirekter Art gewesen zu sein, vielleicht über René Cassin.

8.4.3   Georges Gurvitch (1894-1965)

In besonderer Weise um die *historische* Begründung *sozialer* Menschenrechte hat sich der ursprünglich russische, seit 1929 französische Soziologe Georges Gurvitch verdient gemacht. Wie Maritain nach New York emigriert, veröffentlichte er dort 1944 in einer von Maritain herausgegebenen Emigranten-Reihe *La déclaration des droits sociaux*, eine Studie, die sich mit der Genese sozialer Rechte auseinandersetzt und einen eigenständigen Katalog vorschlägt (Gurvitch 1946). Mindestens so interessant wie sein Inhalt ist dessen soziologische Begründung.

Bereits 1932 hatte Gurvitch zwei Bücher zur Idee des *sozialen Rechts* veröffentlicht.[40] Darunter ist nicht etwa das Sozialrecht im heutigen sozialpolitischen Sinne zu verstehen, sondern weit eher das „Sozialrecht" im Sinne Deutschrechtlers Otto von Gierke, also die Vorstellung eines Individual- und Kollektivinteressen

---

40   Gurvitch 1931; 1972/1932. Vgl. hierzu Sinzheimer (1976/1936). Zur Biographie von Gurvitch siehe Internationales Soziologenlexikon, Bd. 1, Stuttgart 1980, S. 161f.

integrierenden Rechts. „Soziales Recht" meint bei Gurvitch, der sich auch auf den französischen Solidarismus beruft, die in einer Gemeinschaft von Menschen akzeptierte Normen, die auf bestimmten geteilten Wertvorstellungen beruhen. Den ideellen Gegensatz bildet das kontraktualistisch-individualistische Recht der römisch-rechtlichen Tradition. Gemäß der Idee des „Sozialen Rechts" gründet die Verbindlichkeit von Normen nicht in interessegeleiteten Willensakten, sondern in gemeinsamen Überzeugungen, man könnte von einem gemeinsamen Ethos sprechen. Die staatliche Positivierung und Sanktionierung derartiger Normen ist möglich, jedoch nicht begriffsnotwendig, ja für Gurvitch auch nicht begriffstypisch. Als Beispiele „sozialen Rechts" nennt er das Völkerrecht oder das kollektive Arbeitsrecht.

Für Gurvitch bringt es die zunehmende Komplexität der Gesellschaft mit sich, dass die Regulationskraft des Staates überfordert wird und Freiheit nur durch Differenzierung der Geltungssphären erreicht werden kann. Deshalb suchte er nach alternativen, staatsunabhängigen Regulierungsformen. Insbesondere der Bereich der Wirtschaft bedarf einer staatsunabhängigen Regulierung, aber nicht nur durch Marktkräfte, sondern auch rechtlicher Art. Sein Projekt einer Deklaration sozialer Rechte bezieht sich demzufolge im Wesentlichen auf den wirtschaftlichen Bereich, wobei er zwischen *Rechten der Menschen, der Bürger, der Produzenten und der Konsumenten* unterschied (Gurvitch 1946: 85 ff). Die Funktion der Deklaration besteht in der expliziten Formulierung eines postulierten industriegesellschaftlichen Ethos, das sich sowohl auf nationaler wie auf internationaler Ebene artikulieren kann. Zur Begründung dieses unterstellten internationalen Konsensus bezog sich Gurvitch auf die Tradition des sozialistischen Denkens von der jakobinischen Verfassung von 1793 bis zur sowjetischen Verfassung von 1936, aber auch auf die Weimarer Reichsverfassung und andere Verfassungen, die Aktivitäten des Internationalen Arbeitsamtes, sowie die US-amerikanische Diskussion im Anschluss an Roosevelts Erklärung der „Vier Grundfreiheiten".

Grundlegend für sein Vorgehen ist die Unterscheidung von Staat und Volkswirtschaft. Letztere soll unter einem „Nationalen Volkswirtschaftsrat" als oberster Schiedsinstanz stehen, während die Wirtschaftssteuerung korporatistische Strukturen und eine möglichst weitgehende Mitbestimmung von Produzenten und Konsumenten vorsieht. Vorstellungen der Weimarer Reichsverfassung stehen hier erkennbar Pate. Was die Rechte der Produzenten betrifft, so nimmt Gurvitch die gewerkschaftlichen Forderungen in ihrer ganzen Breite auf, während die Rechte der Arbeitgeber unterbelichtet bleiben. Origineller sind die „Rechte der Konsumenten": Hierzu gehört zunächst ein Recht auf ein Existenzminimum sowie auf soziale Sicherung im Falle von Not, Krankheit, Invalidität und Alter. Ferner das Recht auf Beteiligung an Gremien der Preis- und Mietkontrolle sowie der sich selbst verwaltenden Sozialversicherungen. Auch in den Leitungsgremien der produzierenden Wirtschaft sollen die Konsumenten bzw. Klienten vertreten sein; und dasselbe gilt für die territorialen Wirtschaftsräte. Hinsichtlich der Wirtschaftsform scheint ihm eine Mischung aus öffentlichen Diensten und privaten Produktionsformen vorzuschweben, wobei das Privateigentum grundsätzlich garantiert wird, bei gleichzeitiger Betonung seiner Sozialpflichtigkeit. Menschenrechte an sich schließlich beziehen sich vor allem auf die Rechte der Kinder, auch der noch Ungeborenen, auf den Schutz der Familie und auf die Gleichberechtigung von Frauen sowie nichtehelichen Kindern; schließlich auf das Recht zur Entwicklung der eigenen Fähigkeiten und auf Schulbildung, sowie freie Berufswahl.

Gurvitchs insgesamt 58 Artikel umfassender Entwurf einer Erklärung sozialer Rechte beeindruckt eher durch die Breite seiner Vision als durch die Präzision der Einzelbestimmungen. Als gedanklicher Fortschritt ist insbesondere die *klärende Unterscheidung zwischen sozialen Staatsaufgaben oder Staatszielen einerseits und individuellen Rechten anderseits* hervorzuheben. Diesen Rechten fehlt noch die juristische Qualifikation, wie denn – worauf Hugo Sinzheimer in seiner Auseinandersetzung mit Gurvitch hingewiesen hat – die Funktion des Staates in den Gesellschaftsentwürfen von Gurvitch unterbelichtet bleibt (Sinzheimer 1976a/1936: 177 ff). Dagegen trifft Gurvitchs Interpretation des „sozialen Rechts" recht gut die tatsächliche Funktion, welche die Allgemeine Erklärung der Menschenrechte durch die Vereinten Nationen erfüllt: Sie postuliert ein weltweites Ethos der Menschenrechte, das Leitbild einer „Guten Gesellschaft", dem die konkreten Staaten aus ökonomischen und politischen Gründen in unterschiedlichem Maße nahekommen. Obwohl im positiv-rechtlichen Sinne unverbindlich, ist die Menschenrechtserklärung „eine wichtige Aussage über die Rechtsüberzeugung der Völkergemeinschaft" (Zacher 1976: XXXVII).

Ein Vergleich der Vorschläge unserer drei Autoren mit den Artikeln 23-27 der Allgemeinen Menschenrechtserklärung zeigt, dass deren Inhalt zwar mit erfasst wird, die Vorschläge aber zumeist weiter reichen, wie auch die oben (8.2.3) erwähnten der ILO auf ihrer Konferenz in Philadelphia. Die Menschenrechtskommission der UNO hat aus den vielfältigen Vorschlägen die grundlegenden Aspekte des Rechtes auf Arbeit, auf Erholung und Freizeit, auf soziale Sicherung, auf den Schutz der Familie, auf Bildung und Teilhabe am kulturellen Leben hervorgehoben und damit einen Rahmen geschaffen, der für weitere Spezifikationen und Interpretationen offen bleibt. Es führt allerdings in die Irre, wenn man die sozialen Grundrechte isoliert betrachtet. Sie sind plausibel nur als Element eines auch die Freiheitsrechte und die politischen Rechte umfassenden Leitbilds einer aus demokratisch regierten Staaten sich aufbauenden friedlichen Weltgesellschaft. Dies sei durch einige abschließende Überlegungen verdeutlicht.

8.5   Zur Problematik sozialer Grundrechte

8.5.1   Die gesellschaftstheoretische Funktion der Menschenrechte

Es fällt auf, dass in der soziologischen und sozialpolitischen Literatur auf die Menschenrechtsdoktrin nur selten Bezug genommen wird. Auch in der umfangreichen vergleichenden Forschung zur Wohlfahrtsstaatsentwicklung spielt sie keine Rolle. Das dürfte vor allem darauf zurückzuführen sein, dass nach der Gründung der Vereinten Nationen die weltweite Perspektive, welche die Planungen der Alliierten seit der Atlantik-Charta beseelt hatte, rasch abebbte und durch den Ost-West-Gegensatz einerseits und eine Renaissance des nationalstaatlichen Pathos im Zuge der Entkolonialisierung der Welt andererseits ersetzt wurde. Dem entsprechend scheint auch die Vorbereitung und Verabschiedung der Allgemeinen Erklärung der Menschenrechte im Rahmen der UNO außerhalb des Kreises der Engagierten als eher peripheres Ereignis beurteilt worden zu sein.[41]

Dem entsprechend hat sich auch das Nachdenken über soziale Rechte ausschließlich im nationalen Rahmen entwickelt. Aus sozialwissenschaftlicher Sicht war hier die Publikation von Thomas Humphrey Marshall *Social Class and Citizenship* (1949/50) wegweisend. Marshall entwickelte seine Theorie einer sukzessiven Entfaltung des Bürgerstatus durch die Entstehung und allgemeine Anerkennung von zunächst bürgerlichen, dann politischen und zuletzt sozialen Rechten ausschließlich an Material aus der britischen Geschichte und bezog sich hinsichtlich der sozialen Rechte im Wesentlichen auf die dem *Beveridge-Plan* folgenden Reformen der unmittelbaren Nachkriegszeit. In der Tat kann der Beveridge Plan als weitreichender Entwurf einer wohlfahrtsstaatlichen Politik und damit als Konkretisierung der Versprechungen der Atlantik-Charta für Großbritannien interpretiert werden, und das überwältigende Echo, das er in der britischen Bevölkerung auslöste, dürfte maßgeblich zum Durchbruch der wohlfahrtsstaatlichen Idee beigetragen haben.[42] Beveridge berief sich ausdrücklich auf die Atlantik Charta bei der Begründung seines Plans:

"My Report is based on those words of the Atlantic Charter which speak of securing for all "improved labour standards, economic advancement and social security". It is a plan for turning those last two words "social security" into deeds; for securing

---

41   Beispielsweise wird bei Evan Luard: A History of the United Nations. Volume 1: The Years of Western Domination, 1945-1955 (London u. Basingstoke 1982) die Vorbereitung und Verabschiedung der Allgemeinen Menschenrechtserklärung nicht einmal erwähnt.

42   Beveridge (1942). Zu Inhalt, Kontext und Wirkung vgl. Bremme (1961: 39-80).

that no one in Britain willing to work while he can, suffers from want while for any reason – of unemployment or sickness or accident or old age – he cannot work and earn, for securing that no man leave his wife and children in want after his death." (Nach J. Beveridge 1954: 115).

Es bleibt jedoch festzuhalten, dass sich Marshall bei seiner Begründung sozialer Rechte an keiner Stelle auf die Allgemeine Menschenrechtserklärung beruft,[43] obwohl sie aus heutiger Sicht eine wesentlich umfassendere Begründung des Rechtscharakters sozialer Ansprüche ermöglicht hätte.

In die gesellschaftstheoretische Diskussion sind die sozialen Rechte in der Folge durch eine Rezeption der Gedanken Marshalls von Seiten Talcott *Parsons* gelangt, der das Problem der Erlangung eines vollen status von *citizenship* mit dem Begriff *Inklusion* belegte (hierzu Holz 2000). Parsons Gesellschaftstheorie, insbesondere sein Konzept der *societal community,* bezieht sich erkennbar auf den Nationalstaat, und es sind eben die drei Dimensionen von *citizenship* im Sinne von Marshall, welche die Inklusion in die *societal community* gewährleisten sollen. So wurden die sozialen Rechte nicht nur in der wohlfahrtsstaatlichen Praxis, sondern auch in der Gesellschaftstheorie nahezu selbstverständlich auf die Probleme nationaler Integration bezogen. Selbst Niklas *Luhmann,* dessen Gesellschaftstheorie auf dem Postulat einer Weltgesellschaft aufbaut, hat die inklusionstheoretischen Konsequenzen nur ungenügend bedacht (Kaufmann 2009f/1997: 249 ff).

In dem Maße jedoch, als Nationalstaaten die Kontrolle über ihre Grenzen verlieren und Güter, Kapitalien, Personen und Ideen grundsätzlich weltweit frei zirkulieren können, ändert sich die grundlegende Konstellation:

> „Es ist offensichtlich, daß dieses Modell einer zweifachen politischen Inklusion (scil. durch politische und soziale Rechte F.X.K.), die im Konzept der Staatsbürgerschaft homogenisiert und kodifiziert wird, heute kollabiert. Wir beobachten eine Deterritorialisierung der Politik und eine Entpolitisierung des Territoriums … Wenn Politik … mit kollektiv bindenden Entscheidungen zu tun hat, dann wird immer uneindeutiger, welches eigentlich das Kollektiv ist, das durch diese Entscheidungen gebunden wird oder werden soll." (Stichweh 2000: 167)

Die politischen und gesellschaftstheoretischen Konsequenzen der sogenannten Globalisierung sind allerdings noch keineswegs geklärt und wahrscheinlich vielschichtiger, als gemeinhin angenommen. Vieles spricht dafür, dass die Nationalstaaten in diesem Zusammenhang nicht verschwinden werden, sondern eher einen Funktionswandel durchmachen, der hier jedoch nicht zu erörtern ist.[44]

---

43 Insoweit muss ich eine Behauptung in Kaufmann (2003b: 41) korrigieren.
44 Nachdenkenswertes hierzu bei Schwengel (1999) und Vobruba (2000).

Deutlich ist jedoch bereits heute, dass ausschließlich nationalstaatliche Legitimationsstrategien politischer Entscheidungen an Plausibilität verlieren und damit auch der Gesellschaftsbegriff seine nationalstaatliche Eindeutigkeit verliert. Die Entstehung einer Weltöffentlichkeit hat den Menschenrechten in den letzten zwei Jahrzehnten einen außerordentlichen Bedeutungszuwachs gebracht, der sich bis in die Fragen von Krieg und Frieden und der völkerrechtlichen Rechtfertigung von Interventionen erstreckt. „Die Menschenrechte … sind im 20. Jahrhundert weltweit zu einem zentralen Bezugspunkt politischen Handelns geworden" (Koenig 2005: 7). Die Menschenrechtsdoktrin postuliert die Inklusion aller Menschen in die vielfältigen Formen der emergenten Weltvergesellschaftung. Die einzelnen Menschenrechte, insbesondere die politischen und sozialen Grundrechte, sind dabei schon heute in erkennbarer Weise auf unterschiedliche Funktionssysteme moderner Gesellschaften bezogen und werden in ihrer weiteren Entwicklung diesen Bezug noch deutlicher zu artikulieren haben. Zwar spricht einiges für die These *Stichwehs*, dass manche Funktionssysteme über die Ausbildung der Komplementärrollen von Mitgliedern und Publikum eine immanente Tendenz zu immer weitergehender Inklusion der Weltbevölkerung entwickeln (Stichweh 2000: 161 f). Aber diese Inklusion bleibt teilsystemspezifisch, und es ist nicht zu erwarten, dass auf Weltebene ein politischer Komplex entsteht, der – dem Nationalstaat ähnlich – gleichzeitig Freiheitsrechte zu schützen, politische Partizipation zu ermöglichen und die sozialen Bedingungen für die freie Entwicklung der Persönlichkeit von grundsätzlich allen Menschen zu gewährleisten vermag. *Anstelle der Staatsbürgerrolle vermag im Augenblick lediglich die Menschenrechtsdoktrin die Idee des Zusammenhangs von Freiheit, politischer Beteiligung und sozialer Sicherheit aufrecht zu erhalten und damit der Weltentwicklung eine normative Ausrichtung zu geben*, die des Namens „Weltgesellschaft" würdig wäre. Die Menschenrechtsdoktrin ist für sich allein genommen natürlich erst ein sehr schwaches soziales Band, das nur durch die Gesamtheit der insbesondere medialen, wirtschaftlichen und politischen Prozesse der Weltvergesellschaftung an Relevanz gewinnt. Man wird ihr jedoch die Funktion eines *legitimatorischen Katalysators und zugleich einer normativen Richtschnur* schwerlich absprechen können. Die Menschenrechte bilden den Kern eines „weltweiten Freiheitsethos" (Heiner Bielefeldt), ohne das humane Entwicklungsperspektiven im Zuge von Modernisierung und Globalisierung nicht denkbar sind. Seit der Jahrtausendwende scheinen auch die sozialen Grundrechte weltweit an Prägnanz und Legitimität zu gewinnen (Davy 2013a, 2013b; Leisering 2013).

8.5.2 Implementationsschwierigkeiten völkerrechtlicher Grundrechte

Von Anfang an drängten die Vertreter der Menschenrechtsidee in den Vereinten Nationen darauf, die Menschenrechte nicht nur in allgemein konsensfähiger Weise zu formulieren, sondern sie auch in Form einer von den Mitgliedstaaten der UNO zu ratifizierenden Konvention völkerrechtlich *verbindlich* zu machen. Der ursprünglichen Absicht nach sollte diese Konvention gleichzeitig mit der Allgemeinen Menschenrechtserklärung ausgearbeitet und verabschiedet werden, doch erwies sich schon die Arbeit an der Erklärung als so schwierig und zeitraubend, dass die zuständigen Gremien bald beschlossen, die Konvention zurückzustellen und angesichts des sich abzeichnenden „kalten Krieges" wenigstens die Deklaration durchzubringen (Köhler 1987: 269 f, 911 ff).

Geplant war zunächst *eine* Konvention für alle in der Menschenrechtserklärung enthaltenen Rechte, denn es herrschte aufgrund der lebendigen Erinnerung an die Weltwirtschaftskrise *und* die Grausamkeiten des nationalsozialistischen Regimes die Einsicht in die *Interdependenz* der Freiheits- und der Sozialrechte vor. So erklärte die Generalversammlung der UNO noch 1950:

> "... the enjoyment of civic and political freedoms and of economic, social and cultural rights are interconnected and interdependent... when deprived of economic, social and cultural rights, man does not represent the human person whom the Universal Declaration regards as the ideal of the free man ..." (zit. Köhler 1987: 913).

In der Folge erschienen jedoch der Mehrheit des für Menschenrechtsfragens zuständigen *Third Committee* von ECOSOC die Geltungsbedingungen der Freiheitsrechte und der politischen Rechte einerseits und der wirtschaftlichen, sozialen und kulturellen Rechte andererseits so unterschiedlich, dass sie die Ausarbeitung von *zwei getrennten völkerrechtlichen Konventionen* vorschlug, nämlich einen „Internationalen Pakt über bürgerliche und politische Rechte"[45] einerseits und einen „Internationalen Pakt über wirtschaftliche, soziale und kulturelle Rechte"[46] andererseits. Das Hauptargument lässt sich dahingehend zusammenfassen, dass bürgerliche und politische Rechte als vorkonstitutionell und unbedingt postuliert wurden, während wirtschaftliche, sozialen und kulturellen Rechte sich nur an ein konkretes Staatswesen richten können, das ihnen lediglich im Rahmen seiner jeweiligen Möglichkeiten Genüge leisten kann. Nach fast 20jährigen Beratungen

---

45 Text in: Mangoldt & Rittberger (1995: I, 871-911).

46 Text in: Mangoldt & Rittberger (1995: I, 937-959. Zur rechtlichen Interpretation vgl. Art. Economic, Social, an Cultural Rights: Limburg Principles, in: Lawson 1991: 416-421.

wurden 1966 von der Generalversammlung beide Konventionen einstimmig an-
genommen. Zehn Jahre später traten sie aufgrund einer ausreichenden Zahl von
innerstaatlichen Ratifikationen in Kraft. Damit erfolgte ein qualitativer Sprung
"vom traditionellen Verständnis des Völkerrechts als Regelungssystem staatlicher
Koexistenz zur Anerkennung einer auch völkerrechtlich geschützten Position des
Individuums" (Köhler 1987: 908 f). Die Bundesrepublik Deutschland hat beide
Konventionen am 23. März bzw. 3. Januar 1976 ratifiziert. Die USA verweigern die
Ratifizierung der Sozialrechtskonvention bis heute.

Der lange Zeitraum von 28 Jahren zwischen der Verabschiedung der Allgemeinen Menschenrechtserklärung und dem Inkrafttreten der beiden Konventionen verdeutlicht bereits die Schwierigkeiten, die mit einer politisch-rechtlichen
Umsetzung jenes großartigen Entwurfes auf nationaler wie internationaler Ebene
verbunden sind. Und dies, obwohl in beiden Konventionen die internationalen
Kontrollmöglichkeiten schwach bleiben, und es an Sanktionsmöglichkeiten fehlt.
Das ist eine bekannte Schwäche des Völkerrechts. Die in beiden Pakten vorgesehe-
nen Berichtsverfahren gerieten vor allem in der Ära des kalten Krieges vielfach zu
politischen Auseinandersetzungen.[47] Wie aber die Entwicklung völkerrechtlicher
Auffassungen gerade in den letzten Jahren zeigt, gelten schwere Verletzungen der
Menschenrechte durch Regierungen zunehmend als kriegerischer Interventi-
onsgrund, sodass eine über die Konventionen hinausreichende völkerrechtliche
Verbindlichkeit der Menschenrechte zu entstehen scheint.

Die Zweiteilung in Freiheits- und Bürgerrechte einerseits und Sozialrechte
andererseits wiederholte sich in der Folge auf der Ebene des *Europarates*: Die
Europäische Menschenrechtskonvention von 1950, welche einen Gerichtshof und
effektive individuelle Klagerechte ermöglicht, umfasst die sozialen Rechte *nicht*.
Diese sind vielmehr in der Europäischen Sozialcharta (1961) verankert, welche lediglich ein Berichtsverfahren und in der Folge Verhandlungen zwischen Europarat
und Regierungen, jedoch keine individuelle Klagemöglichkeit vorsieht (Schambeck
1969; Wiebringhaus 1982). Die inzwischen in Kraft getretenen Europäischen
Verfassung enthält in ihrem Grundrechtekatalog unter IV einen mit „Solidarität"
überschriebenen Teil, der wesentliche Sozialrechte aufführt, sie aber teilweise unter
den Vorbehalt der jeweiligen nationalen Gesetzgebung stellt.[48]

---

47   Zu den Schwierigkeiten einer Umsetzung des „Sozialrechtspaktes" vgl. Köhler (1987:
      998ff). Wesentlich wirksamer als diese Konvention sind die spezialisierten internatio-
      nalen Abkommen geworden, die im Rahmen der ILO ausgehandelt und anschließend
      ratifiziert wurden.

48   Der Text der Europäischen Verfassung wurde beispielsweise in Band 474 der Bundes-
      zentrale für politische Bildung (2005) veröffentlicht.

Obwohl also nicht zu übersehen ist, dass sich die Staaten im Bereich der Wirt-schafts- und Sozialpolitik sehr schwer tun, völkerrechtliche Verpflichtungen anzuerkennen, die nicht in einem eng umschriebenen Sinne mit ihrer nationalen Gesetzgebung übereinstimmen, sollte die Bedeutung der Doktrin sozialer Men-schenrechte nicht unterschätzt werden. Sie gehört mit zum politischen Leitbild der internationalen Gesellschaftsentwicklung und hat dadurch wesentlich zur Legiti-mierung wohlfahrtsstaatlicher Entwicklungen auf nationaler Ebene beigetragen. Allerdings sind hier die unterschiedlichen nationalen Interpretationshorizonte mit in Rechnung zu stellen (Kaufmann 2003 b). Hier kann abschließend nur der deutsche Kontext kurz skizziert werden.

8.5.3   Der deutsche Sozialstaat und die Doktrin sozialer Grundrechte

Drei Umstände haben die deutsche Rezeption[49] der Doktrin sozialer Grund-rechte beeinträchtigt: Zum einen vollzog sich die internationale Bewegung zur Anerkennung universaler Menschenrechte im Raum der alliierten Kriegsgegner Deutschlands und ohne dessen Beteiligung; die Bundesrepublik ist den Vereinten Nationen erst 1973 beigetreten. So fehlt in Deutschland die Erinnerung an das historische Pathos, das der Menschenrechtsdoktrin nach dem Zweiten Weltkrieg zum Durchbruch verhalf. Zum zweiten kann Deutschland auf eine eigenständige sozialpolitische und arbeits- bzw. sozialrechtliche Entwicklung zurückblicken, die in mancherlei Hinsicht als exemplarisch für die spätere internationale Entwicklung der Wohlfahrtsstaatlichkeit gelten darf. Schließlich und vielleicht am einflussreichsten sind die ambivalenten verfassungsrechtlichen Erfahrungen mit den wirtschafts- und sozialrechtlichen Bestimmungen der Weimarer Reichsverfassung gewesen: Nur ein Teil der zahlreichen Bestimmungen zur Ordnung des Wirtschaftslebens (Art. 151-165 WRV) hatte sich seinerzeit bewährt, andere sind toter Buchstabe ge-blieben. Dies veranlasste den Parlamentarischen Rat, im Grundgesetz die Gestalt der Wirtschaftsordnung weitgehend offen zu lassen und es auch hinsichtlich der Sozialordnung bei Kompetenzzuweisungen sowie zwei Generalklauseln zu belassen, nämlich Art. 20 I GG: „Die Bundesrepublik Deutschland ist ein demokratischer

---

49   Es fällt auf, dass wegweisende deutschsprachige Texte, welche primär auf soziale Grundrechte abheben, häufig von nicht deutschen Autoren stammen und auf aus-ländische Rechtssysteme rekurrieren. Z.B. van der Ven (1963) unter Bezugnahme auf die Niederlande; Tomandl (1967) unter Bezugnahme vorzugsweise auf Österreich; Wildhaber (1972) unter Bezugnahme auf die Schweiz. – Soziale Grundrechte wurden in Deutschland vor allem von Seiten der SPD thematisiert (Böckenförde u.a. 1981).

und sozialer Bundesstaat"; und Art. 28 I, Satz 1: „Die verfassungsmäßige Ordnung in den Ländern muß den Grundsätzen des republikanischen, demokratischen und sozialen Rechtsstaates im Sinn dieses Grundgesetzes entsprechen." Für diese beiden Verfassungsbestimmungen hat sich die Bezeichnung „Sozialstaatsklauseln" eingebürgert. Allerdings bedurfte es einer langen verfassungsrechtlichen Diskussion und zahlreicher Entscheidungen des Bundesverfassungsgerichts, um den materiell-rechtlichen Gehalt dieser Sozialstaatsklauseln zu klären.[50] Folgt man Hans F. Zacher, der sich am eindringlichsten mit den einschlägigen Fragen beschäftigt hat, so tendiert der unmittelbare materiell-rechtliche Regelungsgehalt des Sozialstaatsprinzips gegen Null. Gleichwohl ist es nicht wirkungslos.

> „Es ist (1) ein Impuls und ein verfassungsrechtlich mit höchstem Rang ausgestattetes Argument für alles politische Handeln und legitimiert gubernatives und administratives Handeln, soweit es nicht irgendeinem Vorbehalt des Gesetzes untersteht. Es ist (2) ein Argument bei der Auslegung der Gesetze, und soweit sie zulässig ist – vor allem in der Hand des Richters –, bei ihrer Ergänzung. Es ist (3) Maßstab, um … Gesetze zu beurteilen. … (4) Endlich ist das Sozialstaatsprinzip eine Schranke für den Verfassungsgeber." (Zacher 1977:159)

In unserem Zusammenhang bedeutet dies: *Das Sozialstaatsprinzip beinhaltet keine sozialen Grundrechte*, sondern es handelt es sich um hoch abstraktes Staatsziel, dessen Inhalt nicht in der Verfassung konkretisiert wird, und dessen Konkretisierung eben deshalb auf Vorgaben außerhalb des Grundgesetzes angewiesen ist. Hierzu gehören in erster Linie die bisherigen sozialpolitischen Aktivitäten des Gesetzgebers selbst, d.h. das soziale Staatsziel konkretisiert sich in politischen Diskursen über soziale Problemlagen und in den erschließbaren Zwecken der Sozialgesetzgebung. Systematischer noch erschließt sich das soziale Staatsziel jedoch aus den völkerrechtlichen Verpflichtungen der Bundesrepublik im sozialen Bereich, insbesondere durch die hier erwähnten Dokumente des Sozialrechtspakts der Vereinten Nationen und der Europäischen Sozialcharta, während die Abkommen der Internationalen Arbeitsorganisation i.d.R. so spezifisch sind, dass sie für weiterreichende Zielinterpretationen weniger instruktiv sind als die nationale Sozialgesetzgebung.

Zwar gibt insbesondere die Europäische Sozialcharta mit ihrer großen Zahl an teils konkreten, teils abstrakten Zielsetzungen Richtungen für die Interpretation des sozialen Staatsziels vor, doch lässt sich dieses gerade nicht auf derartige Einzelnormen herunterbrechen. Die inhaltliche Offenheit hat den Vorteil, den Raum für die politische Artikulation und Bearbeitung *neuer sozialer Problemlagen* offen zu halten: „Sozialrecht als sozialpolitisches Recht ist .. wesenhaft sich änderndes

---

50 Zur Entwicklung vgl. Zacher (1980); zur aktuellen Interpretation Zacher (2008).

Recht. Und das Sozialstaatsprinzip als verfassungsrechtlicher „Sammler" dieses Sozialrechts muß diese Offenheit und Permanenz der Wandlung aufnehmen" (Zacher 1977; 158). Folgt man dieser Interpretation, so eignet sich das Sozialstaatsprinzip nur sehr bedingt als Argument zum Schutz des status quo sozialer Besitzstände. Wie die Rechtsprechung des Bundesverfassungsgerichts in den letzten Jahrzehnten zeigt, scheint das Sozialstaatsprinzip heute vielmehr vor allem den Abbau der materiellen Benachteiligungen von Eltern zu fordern, die unter den status-quo Bedingungen des sozialen Sicherungssystems zu kurz kommen (Lampert 1994).

Zusammenfassend ist festzuhalten, dass das deutsche Grundgesetz keine expliziten sozialen Grundrechte enthält, und deren Einfügung auch im Zuge der Vereinigungsdebatten frühzeitig abgelehnt wurde. Dementsprechend steht auch die deutsche Rechtswissenschaft ihnen überwiegend skeptisch bis ablehnend gegenüber.[51] *In gewisser Hinsicht stellt allerdings das Sozialstaatsprinzip ein funktionales Äquivalent zu den sozialen Grundrechten dar.* Es trägt dem Umstand Rechnung dass die Priorität bestimmter und die Verwirklichung aller sozialen Grundrechte von konkreten und historisch wandelbaren Umständen abhängig bleibt. Deshalb wird die Konkretisierung und Verwirklichung sozialer Grundrechten im Gegensatz zu den Freiheitsrechten nicht auf der Verfassungsebene geregelt, sondern dem ordentlichen Gesetzgeber überlassen.[52]

---

51 Dies wurde auch anlässlich der Diskussion des diesem Kapitel zugrunde liegenden Vortrags im Rahmen der geisteswissenschaftlichen Klasse der Nordrhein-Westfälischen Akademie der Wissenschaften am 16. April 2003 deutlich. Einer der vielen juristischen Diskussionsteilnehmer meinte schließlich, wenn ich von „sozialen Rechten" statt von „sozialen Grundrechten" gesprochen hätte, wäre die Aufregung ausgeblieben. Nun ist der Begriff der sozialen Menschenrechte gewiss weiter als derjenige subjektiver öffentlicher Rechte im Sinne der deutschen Jurisprudenz. Von „Rights" wird im angelsächsischen Sprachgebrauch in unbestimmterer Weise gesprochen. Bei den Menschenrechten kommt es aber gerade auf das überschießende Pathos, auf ihre utopische Spitze an, die über ihre stets partiellen positivrechtlichen Realisationen hinausweist und ihnen Leitbildcharakter für eine „Gute Gesellschaft" verleiht. Man kann sogar von einem religiösen Kern der Menschenrechte sprechen, insofern sie die Sakralität der Person implizieren; vgl. Perry (1998) und Joas (2011). Insofern war also die Spannung zwischen den Juristen und dem ideengeschichtlich argumentierenden Soziologen und den ihn unterstützenden Historikern der verhandelten Frage durchaus angemessen.

52 Für eine rechtsphilosophische Legitimation dieses Unterschieds im Anschluss an die Gerechtigkeitstheorie von John Rawls vgl. Bielefeldt (1998: 97ff).

8.5.4 Zum Verhältnis von Freiheitsrechten und sozialen Rechten

Die Rezeption der Doktrin der sozialen Grundrechte wird in Deutschland vor allem durch ein Argument behindert, das sich als *Antinomie von Freiheitsrechten und sozialen Grundrechten* apostrophieren lässt. Deutlich wurde es von Gerhard Leibholz artikuliert:

> „Die Aufnahme sozialer Grundreche oder sozialstaatlicher Prinzipien in die modernen Verfassungen bedeutet, daß radikal-egalitäre Vorstellungen von der politischen Sphäre auf die des gesellschaftlichen Lebens übertragen werden. Seine fortschreitende Nivellierung wird durch die Aufnahme sozialer Grundrechte gefördert. … Es besteht daher eine Spannung zwischen den liberalen Grundrechten und den sog. sozialen Grundrechten. Diese Spannung ist notwendig und unaufhebbar. Sie findet vor allem darin ihren Ausdruck, daß die sozialen Grundrechte gleichzeitig die Freiheit begrenzen und konkrete Pflichten erzeugen." (Leibholz 1967: 131)

Problematisiert wird insbesondere die sog. Drittwirkung von Grundrechten, d.h. die Vorstellung, dass die Einräumung bestimmter sozialer Rechte nicht nur Pflichten des Staates, sondern auch Pflichten Dritter begründen könne (Kritisch Winters 1990). Ohne in die vielschichtige juristische Problematik eintreten zu wollen, seien hier abschließend einige Argumente vorgetragen, welche die behauptete Antinomie relativieren.

Es ist schwer bestreitbar, dass die juristische Problemlage eine andere ist, je nachdem, ob ein Unterlassen oder ein Handeln des Staates in Frage steht. Der ursprüngliche Sinn der Freiheitsrechte wurde in Auseinandersetzung mit dem absolutistischen Staat entwickelt, dessen totalitären Ansprüchen gegenüber die schlichte Begrenzung durch Freiheitsrechte not tat und im Prinzip ausreichte. Unter demokratischen Prämissen haben sich jedoch die Erwartungen an die Staatstätigkeit verändert, und zwar nicht nur mit Bezug auf die sozialen Grundrechte. So wird neuerdings beispielsweise ein „Grundrecht auf Sicherheit" postuliert, das keineswegs nur ein Unterlassen, sondern ein Tätigwerden des Staates zum Schutze der Rechte der Bürger erfordert. Klassischerweise wurde „Sicherheit" als Aufgabe des Rechtsstaates verstanden, die er nach eigenen Regeln, aber auch nach eigenem Ermessen zu erfüllen hat. Das neue Moment ist die Forderung nach Einräumung eines subjektiven Rechts des Bürgers auf das Tätigwerden des Staates (Isensee 1983; Robbers 1987). Damit entstehen nun ähnliche Probleme des leistenden Staates nicht nur im Bereich der Sozialstaatlichkeit, sondern auch der Rechtsstaatlichkeit. Damit entfällt eine für die ältere Entgegensetzung beider Prinzipien wesentliche Differenz.

Grundsätzlicher wird in jüngerer Zeit die Unterscheidung von Freiheitsrechten als Konkretisierung des Freiheitspostulats und von Beteiligungsrechten als Konkretisierung des Gleichheitspostulats in Frage gestellt. Auch soziale Grundrechte dienen der Entfaltung persönlicher Freiheit, sie gewährleisten oder fördern „die sozialen Voraussetzungen der Realisierung grundrechtlicher Freiheit." (Böckenförde 1976b: 238) In diesem Sinne auch der Philosoph Heiner Bielefeldt:

> „Beschränkung der genuinen Freiheitsrechte auf einen Kanon klassisch-liberaler Rechte führt paradoxerweise zu dem Ergebnis, dass der Primat der Freiheit im ganzen fraglich wird, weil er sich nämlich als vom ökonomisch-sozialen Status der Gesellschaft abhängig erweist. Deshalb gilt es, den Primat der Freiheit weiter zu fassen und auch soziale Rechte darin einzubeziehen, damit die sozialen Rechte zugleich aber ihrerseits konsequent dem Imperativ der Freiheitsverwirklichung zu unterstellen. Bürgerlich-liberale und wirtschaftlich-soziale Rechte gehören – ohne hierarchische Abstufung! – bei der Verwirklichung einer freiheitlichen Gesellschaftsordnung zusammen." (Bielefeldt 1998: 100)

Es gibt keinen grundsätzlichen Gegensatz zwischen den beiden Grundrechtsarten, bzw. dieser erscheint lediglich vor dem Hintergrund einer radikal individualistischen Gesellschaftstheorie. Sobald die realen Bedingungen von Freiheit des Menschen, also die sozialen Bedingungen für „die freie Entwicklung seiner Persönlichkeit"[53] in Betracht gezogen werden, lassen sich Freiheitsrechte und soziale Grundrechte nur noch *als sich ergänzende Prinzipien der politisch-sozialen Ordnung* verstehen, wie dies auch die Auffassung der Schöpfer der Allgemeinen Menschenrechtserklärung der Vereinten Nationen gewesen ist.

Wenn man dieser Interpretation zustimmt, so folgt daraus allerdings keineswegs ein bestimmtes verteilungspolitisches Kriterium. Im Gegenteil, sowohl die Berufung auf die Freiheitsrechte durch liberale Kritiker des Sozialstaates als auch die Verteidigung des sozialpolitischen status quo im Namen sozialer Rechte gehen an der Wegweisung durch die Menschenrechtsdoktrin vorbei.

Was wir heute an sozialpolitischen Auseinandersetzungen in der Bundesrepublik und in anderen Staaten Europas erleben, ist kein Kampf für oder gegen den Sozialstaat bzw. für oder gegen soziale Grundrechte, sondern eine hierzulande eher unbeholfene Auseinandersetzung um zukunftsfähige Reformen des Sozialstaats angesichts absehbarer demografischer Schieflagen. Man konzentriert sich immer noch auf Verteilungskämpfe, ohne das Risiko einer sinkenden Verteilungsmasse in Betracht zu ziehen. Die öffentliche Meinung und insbesondere die Politiker jeder Couleur wollen nicht wahrhaben, dass Deutschland in den letzten Jahrzehnten über

---

53   Art. 22 der Allgemeinen Menschenrechtserklärung.

seine Verhältnisse gelebt hat. Das gilt nicht nur für die Staatsverschuldung, sondern noch weit nachhaltiger für die unterlassenen Investitionen in das Humanvermögen der deutschen Gesellschaft. Bezogen auf eine nachhaltige Bevölkerungsentwicklung sind in Deutschland in den letzten drei Jahrzehnten etwa ein Drittel zu wenig Kinder geboren worden. Und was die Integration der Zuwanderer betrifft, so zeigen die jüngsten internationalen Vergleichsuntersuchungen des Bildungswesens, wie wenig es gelungen ist, die Kinder der Zuwanderer für ein erfolgreiches Leben in unserer Gesellschaft fit zu machen. Das wird über den Mangel an qualifiziertem Nachwuchs und sinkende Makro-Nachfrage auch das Wirtschaftswachstum in Deutschland langfristig beeinträchtigen.

Das gesellschaftspolitische Leitbild der Menschenrechtsdoktrin ist weder auf einen sozialdarwinistischen Konkurrenzkampf ums Überleben noch auf eine Sicherheit um jeden Preis gewährleistende „soziale Hängematte" gerichtet, sondern primär am Prinzip der Chancengleichheit orientiert. Die sozialen Grundrechte werden dort verletzt, wo bestimmte Personen oder insbesondere Bevölkerungsgruppen aus von ihnen nicht zu vertretenden Gründen hinsichtlich der Teilhabe an den jeweiligen Möglichkeiten einer Gesellschaft dauerhaft benachteiligt sind. Zurzeit scheint mir dies in Deutschland vor allem für die Eltern von Mehrkinderfamilien sowie für erhebliche Gruppen von Kindern der Immigranten zuzutreffen. Eine gewisse Deregulierung des Arbeitsmarktes und alle Bemühungen um eine erneute Verlängerung der faktischen Lebensarbeitszeit sowie ein Abbau der Privilegien der Kinderlosen tangieren dagegen die sozialen Rechte *nicht*. Sie sind m.E. im Gegenteil dringend erwünscht. Denn nur wenn es gelingt, die öffentlichen Leistungsverpflichtungen für die älteren Generationen rechtzeitig zu begrenzen und den Anteil derjenigen Erwachsenen zu reduzieren, die für ihre Existenzsicherung auf Transfereinkommen angewiesen sind, kann noch gehofft werden, dass sich die dringend erforderlichen zusätzlichen öffentlichen Mittel für die nachwachsenden Generationen aufbringen lassen (Kaufmann 2005a: 224 ff).

Mit diesen allzu kurzen und deshalb vielleicht auch missverständlichen Bemerkungen zur aktuellen Situation möchte ich nicht schließen. Denn das primäre Anliegen dieser Studie ist ja nicht ein Beitrag zur Aktualität, sondern zur gedanklichen Durchdringung jener sozialen Verhältnisse, die wir mit Begriffen wie Sozialpolitik, soziale Marktwirtschaft, Sozialstaat oder Wohlfahrtsstaat zwar etikettieren, aber wissenschaftlich nur ungenügend verstehen. Es sollte doch zu denken geben, dass der Bundeswirtschaftsminister sechs Forschungsinstitute alimentiert, welche aufgrund fortlaufend verbesserter ökonometrischer Modelle regelmäßige Wirtschaftsprognosen abgeben, während der Bundesarbeits- oder neuerdings Bundessozialminister kein einziges Forschungsinstitut unterhält. Sozialpolitische Diagnosen werden überwiegend ad hoc und ohne wissenschaftliche Koordination angefordert, bzw.

häufig auch von den sozialpolitischen Akteuren selbst produziert. Obwohl die Sozialhaushalte rund ein Drittel des deutschen Volkseinkommens umverteilen, gibt es kein Gremium der sozialpolitischen Dauerbeobachtung, wie den Rat für die Beurteilung der gesamtwirtschaftlichen Entwicklung im Bereich der Wirtschaftspolitik. Mehr noch, es fehlt weithin an konsensfähigen Grundvorstellungen über die Ursachen der gegenwärtigen Schwierigkeiten und über eine zukunftsfähige Politik in der Bundesrepublik (Zacher 2000: 79 ff). Natürlich ist das soziale Staatsziel nur eines unter mehreren. Und es wäre ebenso verfehlt, die Zukunft nur aus der sozialpolitischen Perspektive zu betrachten, wie eine einseitige Fixierung auf die Wirtschaftspolitik. Da die Sozialpolitik nicht nur Standortbelastungen, sondern auch Standortvorteile mit sich bedingt, geht auch eine Polarisierung zwischen Wirtschafts- und Sozialpolitik an den Problemen vorbei und erscheint eher als eine Folge unterschiedlicher politischer Interessenlagen, aber auch disziplinärer Einseitigkeiten.

Ob wir Freiheits- und Sozialrechte als potentielle Gegensätze oder als sich wechselseitig ergänzende Grundsätze betrachten, ist ebenso eine Frage der Perspektive wie das Verhältnis von Wirtschafts- und Sozialpolitik. Einer Theorie des Sozialstaats müsste es um die Bedingungen eines *synergetischen Verhältnisses von Wirtschafts- und Sozialpolitik* gehen, also um den Aufweis der Bereiche von Komplementarität, Kompatibilität und Konflikt. Die Menschenrechtsdoktrin kann hierfür einen normativen Rahmen bilden, der mit geringeren Begründungslasten operiert als die gängigen ideologischen und politischen Positionen. Sie vermag jedoch wissenschaftliche Analysen und konkrete Diagnosen nicht zu ersetzen. Nur um diesen allgemeinsten Rahmen, seine Entstehung und seine weltgesellschaftlichen Funktionen konnte es hier gehen.

Anhang: Wegweisende Texte

Quelle: Das System der Vereinten Nationen und seine Vorläufer, Band I: Das System der Vereinten Nationen. Hrsg. von Hans von Mangoldt und Volker Rittberger. Bern (Verlag Stämpfli) und München (Verlag C.H. Beck) 1995. Abdruck mit freundlicher Genehmigung der Verlage.

Anhang 1: Atlantik Charta (1941) leicht gekürzter Text

Der Präsident der Vereinigten Staaten von Amerika und der Premierminister, Mr. Churchill, ... die sich auf einer Zusammenkunft getroffen haben, erachten es für richtig, gewisse gemeinsame Prinzipien in der nationalen Politik ihrer jeweiligen Länder bekanntzugeben, auf die sie ihre Hoffnungen auf eine bessere Zukunft für die Welt gründen.

Erstens: Ihre Länder suchen keine territoriale oder sonstige Vergrößerung.

Zweitens: Sie wünschen nicht, daß territoriale Veränderungen zustande kommen, die nicht mit den frei geäußerten Wünschen der betroffenen Völker übereinstimmen.

Drittens: Sie achten das Recht aller Völker, sich diejenige Regierungsform zu wählen, unter der sie leben wollen, und sie wünschen, daß Souveränitätsrechte und Selbstverwaltung denen zurückgegeben werden, denen sie gewaltsam entrissen worden sind.

Viertens: Mit gebührender Rücksicht auf ihre bestehenden Verpflichtungen werden sie sich bemühen, die Möglichkeit des Zugangs aller Staaten, großer und kleiner, von Siegern und Besiegten, zu gleichen Bedingungen zum Welthandel und zu den Rohstoffen der Welt zu fördern, welche für ihr wirtschaftliches Gedeihen gebraucht werden.

Fünftens: Sie wünschen die vollste Zusammenarbeit aller Nationen auf wirtschaftlichem Gebiet herzustellen mit dem Ziel, für alle verbesserte Arbeitsbedingungen, wirtschaftlichen Fortschritt und soziale Sicherheit zu gewährleisten.

Sechstens: Nach der endgültigen Vernichtung der nationalsozialistischen Tyrannei hoffen sie, einen Frieden aufgerichtet zu sehen, der allen Nationen die Möglichkeit geben wird, in Sicherheit innerhalb ihrer eigenen Grenzen zu leben, und der Gewähr dafür geben wird, daß alle Menschen in allen Ländern ihr ganzes Leben lang frei von Furcht und Not leben können.

Siebentens: Solch ein Frieden soll alle Menschen in die Lage versetzen, ungehindert die Meere und die Ozeane zu befahren.

Achtens: Sie glauben, daß alle Völker der Erde aus realistischen sowohl wie geistigen Gründen dazu kommen müssen, die Anwendung von Gewalt aufzugeben. ....

Anhang 2: Erklärung von Philadelphia der Internationalen Arbeitsorganisation (1944) Auszug

(Teil II) „Die Konferenz ist davon überzeugt, daß die Erfahrung die Richtigkeit der in der Verfassung der Internationalen Arbeitsorganisation enthaltenen Erklärung voll erwiesen hat, wonach der Friede auf die Dauer nur auf sozialer Gerechtigkeit aufgebaut werden kann, und bestätigt folgendes:

a. Alle Menschen, ungeachtet ihrer Rasse, ihres Glaubens und ihres Geschlechts, haben das Recht, materiellen Wohlstand und geistige Entwicklung in Freiheit und Würde, in wirtschaftlicher Sicherheit und unter gleich günstigen Bedingungen zu erstreben.

b. Die Schaffung der hierfür notwendigen Voraussetzungen muß das Hauptziel innerstaatlicher und internationaler Politik sein.

c. Alle innerstaatlichen und internationalen Pläne und Maßnahmen, insbesondere solche wirtschaftlicher und finanzieller Art, sollten unter diesem Gesichtspunkt beurteilt und nur gutgeheißen werden, soweit sie geeignet erscheinen, die Erreichung dieses Hauptziels zu fördern und nicht zu hindern.

d. Es gehört zu den Aufgaben der Internationalen Arbeitsorganisation, alle internationalen Pläne und Maßnahmen wirtschaftlicher und finanzieller Art unter diesem grundlegenden Gesichtspunkt zu prüfen und in Erwägung zu ziehen.

e. Bei der Erfüllung der ihr übertragenen Aufgaben kann die Internationale Arbeitsorganisation nach Berücksichtigung aller in Betracht kommenden wirtschaftlichen und finanziellen Umstände jede ihr zweckmäßig erscheinende Maßnahme in ihre Entscheidungen und Empfehlungen einbeziehen."

Die Konferenz bekräftigt abschließend, „daß die in dieser Erklärung niedergelegten Grundsätze für alle Völker der Welt volle Geltung haben. Die Art ihrer Anwendung muß sich zwar nach der von jedem Volk erreichten sozialen und wirtschaftlichen Entwicklungsstufe richten, aber ihre fortschreitende Verwirklichung in noch abhängigen Gebieten (scil. Kolonien F.X.K.) sowie für Völker, die bereits die Stufe der Selbstregierung erreicht haben, ist Anliegen der gesamten zivilisierten Welt."

Anhang 3: Charta der Vereinten Nationen (1945) Auszug

Kapitel IX: Internationale Zusammenarbeit auf wirtschaftlichem und sozialem Gebiet

Artikel 55: Um jenen Zustand der Stabilität und Wohlfahrt herbeizuführen, der erforderlich ist, damit zwischen den Nationen friedliche und freundschaftliche, auf der Achtung vor dem Grundsatz der Gleichberechtigung und Selbstbestimmung der Völker beruhende Beziehungen herrschen, fördern die Vereinten Nationen:

a. die Verbesserung des Lebensstandards, die Vollbeschäftigung und die Voraussetzungen für wirtschaftlichen und sozialen Fortschritt und Aufstieg;
b. die Lösung internationaler Probleme wirtschaftlicher, sozialer, gesundheitlicher und verwandter Art sowie die internationale Zusammenarbeit auf den Gebieten der Kultur und der Erziehung;
c. die allgemeine Achtung und Verwirklichung der Menschenrechte und Grundfreiheiten für alle ohne Unterschied der Rasse, des Geschlechts, der Sprache und der Religion.

Artikel 56: Alle Mitgliedstaaten verpflichten sich, gemeinsam und jeder für sich mit der Organisation zusammenzuarbeiten, um die in Artikel 55 dargelegten Ziele zu erreichen.
(Artikel 57-60 enthalten Organisationsvorschriften, u.a. die Inkorporation der ILO als Sonderorganisation der Vereinten Nationen)

Anhang 4: Allgemeine Erklärung der Menschenrechte (1948), Auszug

Artikel 22: Jeder Mensch hat als Mitglied der Gesellschaft Recht auf soziale Sicherheit; er hat Anspruch darauf, durch innerstaatliche Maßnahmen und internationale Zusammenarbeit unter Berücksichtigung der Organisation und der Hilfsmitttel jedes Staates in den Genuß der für seine Würde und die freie Entwicklung seiner Persönlichkeit unentbehrlichen wirtschaftlichen, sozialen und kulturellen Rechte zu gelangen.

Artikel 23: Jeder Mensch hat das Recht auf Arbeit, auf freie Berufswahl, auf angemessene und befriedigende Arbeitsbedingungen sowie auf Schutz gegen Arbeitslosigkeit.
1. Alle Menschen haben ohne jede unterschiedliche Behandlung das Recht auf gleichen Lohn für gleiche Arbeit.

2. Jeder Mensch, der arbeitet, hat das Recht auf angemessene und befriedigende Entlohnung, die ihm und seiner Familie eine der menschlichen Würde entsprechende Existenz sichert und die, wenn nötig, durch andere soziale Schutzmaßnahmen zu ergänzen ist.
3. Jeder Mensch hat das Recht, zum Schutze seiner Interessen Berufsvereinigungen zu bilden und solchen beizutreten.

Artikel 24: Jeder Mensch hat Anspruch auf Erholung und Freizeit sowie auf eine vernünftige Begrenzung der Arbeitszeit und auf periodischen bezahlten Urlaub.

Artikel 25:
1. Jeder Mensch hat Anspruch auf eine Lebenshaltung, die seine und seiner Familie Gesundheit und Wohlbefinden, einschließlich Nahrung, Kleidung, Wohnung, ärztlicher Betreuung und der notwendigen Leistungen der sozialen Dienste[54] gewährleistet; er hat das Recht auf Sicherheit im Falle von Arbeitslosigkeit, Krankheit, Invalidität, Verwitwung, Alter oder von anderweitigem Verlust seiner Unterhaltsmittel durch unverschuldete Umstände.
2. Mutter und Kind haben Anspruch auf besondere Hilfe und Unterstützung. Alle Kinder, eheliche und uneheliche, genießen den gleichen sozialen Schutz.

Artikel 26
1. Jeder Mensch hat das Recht auf Bildung. Der Unterricht muß wenigstens in den Elementar- und Grundschulen unentgeltlich sein. Der Elementarunterricht ist obligatorisch. Fachlicher und beruflicher Unterricht soll allgemein zugänglich sein; die höheren Studien sollen allen nach Maßgabe ihrer Fähigkeiten und Leistungen in gleicher Weise offenstehen.
2. Die Ausbildung soll die volle Entfaltung der menschlichen Persönlichkeit und die Stärkung der Achtung der Menschenrechte und Grundfreiheiten zum Ziele haben. Sie soll Verständnis, Duldsamkeit und Freundschaft zwischen allen Nationen und allen rassischen oder religiösen Gruppen fördern und die Tätigkeit der Vereinten Nationen zur Aufrechterhaltung des Friedens begünstigen.
3. In erster Linie haben die Eltern das Recht, die Art der ihren Kindern zuteil werdenden Bildung zu bestimmen.

---

54   In der hier zitierten Übersetzung wird „social Services" offensichtlich falsch mit „sozialer Fürsorge" übersetzt.

Artikel 27
1. Jeder Mensch hat das Recht, am kulturellen Leben der Gemeinschaft frei teilzunehmen, sich der Künste zu erfreuen und am wissenschaftlichen Fortschritt
   und dessen Wohltaten teilzuhaben.
2. Jeder Mensch hat das Recht auf Schutz der moralischen und materiellen Interessen, die sich aus jeder wissenschaftlichen, literarischen oder künstlerischen
   Produktion ergeben, deren Urheber er ist.

Artikel 28
Jeder Mensch hat Anspruch auf eine soziale und internationale Ordnung, in welcher die in der vorliegenden Erklärung angeführten Rechte und Freiheiten voll
verwirklicht werden können.

Die Ambivalenz von Inklusion und Exklusion* $\quad$ 9

Zusammenfassung: Dieser Text setzt sich mit Forschungsergebnissen der Sonderforschungsbereichs „Fremdheit und Armut. Wandel von Inklusions- und Exklusionsformen von der Antike bis zur Gegenwart" auseinander. Sie lassen erkennen, dass die in der Soziologie gängige Dichotomie von Inklusion und Exklusion zum Verständnis vieler Sozialphänomene in den Grenzbereichen sozialer Einheiten ungeeignet ist. Als normativer Hintergrund für die heute weltweite Diskussion von Exklusionsphänomenen wird die Doktrin der Menschenrechte namhaft gemacht, wobei deutlich wird, dass die sozialen Menschenrechte nicht ausreichen, um die Aufgaben des Wohlfahrtsstaats zu begründen. Inklusion und Exklusion können sich mit Bezug auf verschiedene Arten von Menschenrechten unterschiedlich manifestieren. Ferner werden die theoretischen Implikationen des Wahrnehmungsschemas untersucht und insbesondere deren Fassung durch Niklas Luhmann kritisiert.

9.1 Sozialstaat – Wohlfahrtsstaat

Meist wird „Sozialstaat" nur als eine deutsche Sondersemantik der Wohlfahrtsstaatlichkeit verstanden, wie sie ja auch die Franzosen mit ihrem „Etat Providence", die Holländer mit ihrem „Verzorgingsstaat" oder die Schweden mit ihrem „Folkhemmet" kultivieren. In der Bundesrepublik beziehen sich die Diskurse über den Sozialstaat jedoch vor allem auf die *Verfassungsebene*. Die Väter und Mütter

---

*   *Erstveröffentlichung: Was kann die Sozialstaatstheorie vom Sonderforschungsbereich 600 lernen? Festveranstaltung anlässlich der Eröffnung der dritten Förderphase des Sonderforschungsbereich 600 „Fremdheit und Armut. Wandel von Inklusions- und Exklusionsformen von der Antike bis zur Gegenwart" am 23. April 2009. Universität Trier: Eigenverlag, 2009, S 23-38..*

des Grundgesetzes haben das schlichte Wörtchen „sozial" in dessen Artikel 20 I und 28 I hineingeschrieben, ohne dass im Zuge der Beratungen sein Sinn je expliziert oder problematisiert worden wäre. Daraus haben die juristische Exegese und das Bundesverfassungsgericht ein *Staatsziel* gemacht (vgl. Zacher 2008b) – eine Grunddimension staatlicher Verantwortung, die sich keinesfalls in der konkreten Sozialpolitik erschöpft, auch wenn sie sich darin materialisiert. Das Ziel der Sozialstaatlichkeit ist vielmehr maßgeblich für die Auslegung der Verfassung und Gesetzgebung *im Ganzen*. Betrachtet man dagegen den internationalen Gebrauch von „Welfare State", so verweist der Begriff in der Regel auf eine enumerative Summe von Maßnahmen oder Institutionen des sozialen Schutzes, eventuell auch noch der sozialen Förderung. *Welfare state meint das institutionelle Ergebnis von meist nicht näher erörterten normativen Vorannahmen*, wie bereits Girvetz (1968: 512) mit wünschenswerter Klarheit formuliert hat: „The welfare state is the institutional outcome of the assumption by a society of legal and therefore formal and explicit responsibility for the basic well-being of all of its members."

Während somit die international vergleichende Wohlfahrtsstaatsforschung vor allem institutionell oder funktional ähnliche Einrichtungen und günstigstenfalls auch deren unmittelbare Ergebnisse vergleicht, häufig aber auch nur die Kennziffern des jeweiligen finanziellen Aufwands, hat sich eine Theorie des Sozialstaats mit der Ausarbeitung des Gedankens einer politischen Wohlfahrtsverantwortung *für alle* auseinanderzusetzen, welcher die Legitimationen und Wirkungen sozialpolitischer und ihnen äquivalenter Maßnahmen mit einschließt. Es geht also sowohl um die Frage nach den Inhalten und normativen Grundlagen staatlicher Wohlfahrtsverantwortung – im deutschen Fall also des *sozialen Staatsziels* – als auch um die Frage, mit welchen Mitteln und unter welchen einschränkenden Bedingungen der Staat solcher Verantwortung gerecht werden kann, unter Berücksichtigung all seiner anderen Verantwortungen, also um das Problem der *sozialstaatlichen Intervention*. Hier berührt sich die Sozialstaatstheorie mit Problemstellungen der ökonomischen Ordnungstheorie, wie sie mit dem ursprünglichen Konzept der „Sozialen Marktwirtschaft" bei Müller-Armack (1947) verbunden waren. Offenbar geht es bei der Verwirklichung staatlicher Wohlfahrtsverantwortung um das *Verhältnis* zwischen Politik, Verwaltung, bürgerlicher Gesellschaft und Wirtschaft, also um zentrale Aspekte des gesellschaftlichen *Zusammenhangs*, der jedoch weder von Seiten der Rechts- noch der Wirtschaftswissenschaften richtig in den Blick kommt. Die Soziologie, insbesondere die soziologische Gesellschaftstheorie, hält hier umfassendere Denkmuster bereit. Sie ist auch eher geeignet, die Dimension der Wirkungen sozialstaatlicher Interventionen als Problem einer Mehr-Ebenen-Analyse ins kollektive Bewusstsein zu bringen.

Schon die *Idee des Staates* – also die Idee der gewaltenteilig organisierten Handlungseinheit einer politisch verfassten Gesellschaft – ist dem angelsächsischen Denken fremd. Und erst recht die Idee eines in die gesellschaftlichen Verhältnisse durch Gesetze und Verwaltungen *gestaltend eingreifenden* Sozialstaats. Man beschränkt sich dort auf das Denken in kurzen Handlungsketten und nimmt die Einrichtungen des sozialen Schutzes und der sozialen Förderung als das, was sie dem allgemeinen Verständnis nach sind, ohne ihnen eine Funktion in einem größeren, nur mittelbar zu erschließenden Zusammenhang zuzuweisen. Das vom römischen Recht geprägte kontinentaleuropäische Denken nimmt dagegen die „res publica" als eigenständige Emergenzebene gegenüber einem aus Individuen bestehend gedachten „Commonwealth" ernst und schreibt ihr, wie auch anderen „juristischen Personen" *Handlungsfähigkeit* zu. Das politisch organisierte Gemeinwesen „Staat" ist also in einer repräsentativen Demokratie nicht einfach das, was die Mehrheit seiner Bürger will, sondern wird zum Adressaten einer kollektiven Rationalität, deren Vernünftigkeit unterschiedlich begründet und ausgelegt wird.

9.2 Inklusion und Exklusion

Es würde den Rahmen dieses Beitrags sprengen, wollte ich hier die Umrisse einer Sozialstaatstheorie im Einzelnen skizzieren. Ich kann nur auf die Gesichtspunkte eingehen, die meine Neugierde auf die Arbeiten des Sonderforschungsbereichs 600 „Fremdheit und Armut: Wandel von Inklusions- und Exklusionsformen von der Antike bis zur Gegenwart" begründen.

Eine semantische Brücke stellen die Begriffe *Inklusion und Exklusion* dar, die vom Sonderforschungsbereich aus sozialwissenschaftlichen Diskursen rezipiert, aber sodann weiter entwickelt worden sind (vgl. Bohn 2006). Insbesondere der Inklusionsbegriff ist für die gesellschaftstheoretisch fundierte Sozialstaatstheorie zentral geworden: Der Sozial- oder Wohlfahrtsstaat gilt als Staat, der die Inklusion seiner Bürger und der ihnen Gleichgestellten gewährleistet (oder gewährleisten soll), also deren Teilhabe an allen für wesentlich gehaltenen Dimensionen des gesellschaftlichen Lebens.

Begriff und Idee eines universalistischen Wohlfahrtsstaats entstanden etwa gleichzeitig während des Zweiten Weltkriegs im Einflussbereich der Alliierten (siehe 8.2 und 8.3). Die ursprünglich lediglich als Presseerklärung nach einem Treffen zwischen Roosevelt und Churchill „auf hoher See" formulierte Atlantikcharta (1941) wurde zur Programmschrift für die Gründung der Vereinten Nationen. Ihr Punkt 5 drückte den Wunsch der beiden Staatsmänner aus, „die vollste Zusammenarbeit aller Nationen auf wirtschaftlichem Gebiet herzustellen mit dem Ziel, *für alle* verbesserte Arbeitsbedingungen, wirtschaftlichen Fortschritt und soziale Sicherheit zu gewährleisten" (Hervorhebung durch mich). 1944 verabschiedete die unter politischen Druck geratene Internationale Arbeitsorganisation ihre „Erklärung von Philadelphia", welche als erstes internationales Dokument eine *universalistische Wohlfahrtsverantwortung* postulierte.

Die 1948 von den Vereinten Nationen verabschiedete Allgemeine Erklärung der Menschenrechte beinhaltete sodann erstmals einen Katalog wirtschaftlicher, sozialer und kultureller Rechte in Ergänzung zu den Freiheitsrechten und politischen Beteiligungsrechten. Diese Systematik wurde von dem britischen Soziologen T. H. Marshall (1949) in der Formulierung von „civil, political and social rights" in die sozialwissenschaftliche Diskussion gebracht und als Dimensionen von *Citizenship*, also der Zugehörigkeit zu einem politischen Gemeinwesen interpretiert. Auf Marshall beriefen sich sodann die Gesellschaftstheoretiker Talcott Parsons und Niklas Luhmann, als sie – mit im einzelnen unterschiedlicher Begründung – den Begriff der Inklusion als Charakteristikum einer im modernen Sinne politisch verfassten Gesellschaft einführten.

Bei Parsons bezeichnet Inklusion in erster Linie den Prozess der *Anerkennung einer Zugehörigkeit* zur jeweiligen „societal community", worunter der Zusammenhang von Zugehörigkeit, Legitimation und Herrschaft verstanden wird. Die Ausdehnung bürgerlicher, politischer und sozialer Rechte auf grundsätzlich alle Bewohner eines Landes und ihre Bündelung in der Staatsbürgerrolle ist die Errungenschaft des modernen demokratischen Gemeinwesens (Parsons 1972: 32 ff). Bei Luhmann dagegen bezeichnet Inklusion „die Einbeziehung der Gesamtbevölkerung in die Leistungen der einzelnen gesellschaftlichen Funktionssysteme"; die wohlfahrtsstaatliche Entwicklung vollzieht sich demzufolge als „Einbezug immer weiterer Aspekte der Lebensführung in den Bereich der politischen Gewährleistungen" (Luhmann 1981c: 25, 27). Inklusion bezeichnet hier somit lediglich einen *Leistungszusammenhang*, keinen *Anerkennungszusammenhang*; die für Parsons zentrale moralische und affektive Dimension ist – wie in der Luhmannschen Gesellschaftstheorie überhaupt – sozusagen exorzisiert worden (Kaufmann 2009f/1997: 297).

Die Vorstellung einer politischen Verantwortung für die Inklusion aller Zugehörigen nicht nur in das politische System, sondern auch in andere gesellschaftliche Teilsysteme setzt ein nationalstaatliches Gesellschaftskonzept voraus, das von den Theoretikern der Weltgesellschaft in Frage gestellt wird. Der Begriff Inklusion verliert konsequenterweise bei Luhmann in seinen späteren gesellschaftstheoretischen Schriften an Bedeutung. Im weltgesellschaftlichen Kontext, der normativ durch den Diskurs der Menschenrechte geprägt wird, verliert das Inklusionskonzept seinen kritischen Aspekt, der in der Folge vom Konzept der *Exklusion* übernommen wird.

Weltgesellschaftliche Inklusion als grundsätzliche Rechtsfähigkeit aller Menschen wird nun vorausgesetzt und das Begriffspaar Inklusion/Exklusion als zwei Seiten der Zugehörigkeitsdimension auf unterschiedlichen Ebenen sozialer Emergenz entwickelt.[1] In diesem Sinne scheint mir das Begriffspaar im Kontext des Sonderforschungsbereichs 600 rezipiert worden zu sein, und eben hierin liegt der heuristische Nutzen von dessen Studien für eine Sozialstaatstheorie. Diese ist m.E. eher im Sinne von Parsons als von Luhmann anzulegen. Sie beruft sich also zunächst auf die normative Dimension, der zufolge es zu den *begriffsprägenden Aufgaben* des Sozialstaats gehört, für die Inklusion aller in seinem Einflussbereich lebenden Menschen grundsätzlich Sorge zu tragen. Das ist normativ durch die Menschenrechtsdoktrin und völkerrechtlich durch zahlreiche internationale Abkommen konkretisiert und wenigstens locker institutionalisiert.[2] Die internationale Arbeitsorganisation (ILO) trägt auch operativ dazu bei, zumindest Minimalstandards auch in Ländern der Dritten Welt zu implementieren (Senti 2002). Wenn man die allgemeine Karriere des Menschenrechtsdiskurses in den letzten Jahrzehnten betrachtet – die Verabschiedung der *Universal Declaration of Human Rights* (1948) wird in einer Geschichte der Vereinten Nationen (Luard 1982) noch nicht einmal erwähnt – so wird man hierin doch eine vergleichsweise stabile normative Grundlage sehen können – auch international. Das heißt, es ist heute nicht mehr ohne weiteres möglich, die Tötung oder das Sterben ganzer Volksgruppen oder auch Einzelner vor einem internationalen Forum als legitim oder gar selbstverständlich darzustellen; selbst die Todesstrafe und das Kriegsrecht stehen unter legitimatorischem Druck.

---

1 Wie Leisering (2004b:250 ff) zeigt, hat auch Luhmann in späten Schriften das Dual Inklusion/Exklusion eingeführt, „was er aber rein additiv tat, ohne systematische Verknüpfung des Theorieanbaus mit dem verbleibenden differenzierungstheoretischen Kern" (263). Über diese Kritik lässt sich streiten: Luhmann betont einerseits dass „mit der funktionalen Differenzierung des Gesellschaftssystems .. die Regelung des Verhältnisses von Inklusion und Exklusion auf die Funktionssysteme übergangen (ist), und es .. keine Zentralinstanz mehr (gibt), ... die die Teilsysteme in dieser Hinsicht beaufsichtigt." (Luhmann 1997: 630) Andererseits „müssen (!)" die Individuen „an allen Funktionssystemen teilnehmen können ... Und wenn jemand seine Chancen an Inklusion teilzunehmen, nicht nutzt, wird ihm das individuell zugerechnet. Auf diese Weise erspart die moderne Gesellschaft, zunächst jedenfalls, es sich, die andere Seite der Form, die Exklusion, als sozialstrukturelles Phänomen wahrzunehmen." (1997: 625).

2 Luhmann (1997: 628 ff) qualifiziert die „Ideologie der Menschenrechte" wie andere Wertorientierungen als bloße Semantik, ohne auf die Frage zunehmender oder abnehmender normativer Verbindlichkeit in den gesellschaftlichen Selbstbeschreibungen kategorial einzugehen.

Nun wissen wir alle, dass solche „weichen" Normen weder Dafour noch Guantanamo, weder Irak noch Tschetschenien verhindert haben. Auch ist das Recht auf Leben nur das elementarste aller Menschenrechte, während die Menschenrechtsdoktrin und erst recht die nationalen Normen der Wohlfahrtsstaatlichkeit weit höhere Anforderungen stellen. Aber wie hoch oder niedrig man die Messlatte legen mag, stets geht es um *universalistische Inklusion als normative Prämisse*, deren Verletzung als Exklusion definiert wird. Häufig wird der genauere Inhalt einer Inklusionsnorm sogar erst durch die Kritik an bestimmten Exklusionen spezifiziert.

Inklusion als universalistischer Grundsatz, so meine These, stellt das spezifisch Neue dar, das mit der Menschenrechtsdoktrin in die Welt gekommen ist.[3] Es lässt sich zu Recht auf frühere Quellen, vor allem jüdische, christliche und aufklärerische Ideen verweisen, deren Erforschung auch im Rahmen des Sonderforschungsbereiches 600 eine Rolle spielt. Das sei nicht in Frage gestellt; die Entstehung einer ideellen Kraft wie die Menschenrechtsdoktrin ist ohne tiefe kulturelle Wurzeln gar nicht zu erklären. Auch entstanden bereits im 19. Jahrhundert soziale Bewegungen zur Durchsetzung der Idee der Menschenrechte wie die Anti-Slavery International for the Protection of Human Rights (gegründet 1839); oder mit Bezug auf das Kriegsrecht das Internationale Komitee vom Roten Kreuz; oder die Frauenbewegung (Koenig 2005: 99). Aber es bedurfte eben auch tiefer kollektiver Krisen- und Leiderfahrungen, ja deren Thematisierung als schreiendes Unrecht, und dies im Horizont des ersten globalen Krieges und der Drohungen entfesselter Atomkraft, um die Genese eines weltumspannenden Ethos auszulösen, das in den letzten Jahrzehnten deutlich an Kraft gewonnen hat, wie die zunehmende öffentliche Kritik von Menschenrechtsverletzungen beweist (vgl. Bielefeldt 1998; Koenig 2005; Menke/Pollmann 2007). Dass es innerhalb eines modernen, durch Staatsbürgerschaft und Verfassung konstituierten politischen Gemeinwesens möglich war, durch staatliche Macht große Gruppen von Bürgern auszugrenzen, von allen Rechten auszuschließen und nach Möglichkeit auch physisch auszulöschen, wurde zum Trauma, das nur durch eine internationale Bewegung überwunden werden konnte.

Mit der Menschenrechtsdoktrin hat sich die Perspektive auf Inklusion und Exklusion gegenüber vormodernen politischen Ausschlussprozessen grundsätzlich verändert. *Politische und soziale Exklusion geraten unter einen expliziten internationalen Begründungsdruck*, die Legitimation politischer Herrschaftsausübung wird zunehmend von internationaler Zustimmung und Kritik abhängig. Dennoch

---

3   Dem gegenüber bleibt Luhmanns Begründung der Offenheit der Funktionssysteme für alle Menschen merkwürdig blass. Das „Müssen" (vgl. vorige Fußnote) findet keine haltbare funktionalistische Begründung.

gilt auch, was Hans F. Zacher abschließend zu einem Überblick über „Einschluss, Ausschluss und Öffnung im Wandel" (der deutschen Geschichte) zu bedenken gibt:

> „Einschluss ist nur sinnvoll und auch nur möglich, wenn er auf der anderen Seite Ausschluss ist. Beliebig offener Einschluss lässt den Sinn und die Möglichkeit des Einschlusses verbluten. Den Gegensatz zwischen der universalen Notwendigkeit des Einschlusses und der partikularen Notwendigkeit auch des Ausschlusses in der Waage zu halten, wird eine immer neue Herausforderung der Politik, auch der Sozialpolitik, bleiben." (Zacher 2009: 37)

9.3 Übergänge und Paradoxien

Nach diesem Lob der universale Inklusion legitimierenden Leitidee der Menschenrechte können wir uns der mehr oder weniger traurigen geschichtlichen und aktuellen Wirklichkeit zuwenden, genauer gesagt: Den Fragestellungen und Ergebnissen der Studien des Sonderforschungsbereichs 600 über diese Wirklichkeit. Weil dessen zeitliche Perspektive „von der Antike bis zur Gegenwart" reicht, verwendet er zu Recht einen *nicht* universalistischen Inklusionsbegriff, der vielmehr auch *normativ legitimierte Exklusionen* zulässt. Das Studium der Bilder und Diskurse. mit deren Hilfe eine Exklusion legitimierende Andersartigkeit konstruiert oder suggeriert wird, stellt in zahlreichen Projekten ein wichtiges Forschungsthema dar. Mit den Begriffen *Fremdheit* und *Armut* werden überdies zwei weit verbreitete kollektive Vorstellungen *prekärer* Zugehörigkeit ins Zentrum der Präsentation gestellt, deren Manifestationen sich in allen komplexeren Gesellschaften nachweisen lassen.

Hier werde ich hellhörig. Zwar finden wir neuerdings den Begriff des *Prekariats* in der politischen Rhetorik, aber *das Thema prekärer Zugehörigkeit hat die Theorie des Wohlfahrtsstaats noch nicht erreicht.* Zwar spricht man von Inklusionsdefiziten oder Exklusion und misst die nahezu allgegenwärtigen Teilhabedefizite mit Bezug auf postulierte Normalitätsstandards der Inklusion. Aber die Vorstellung von *Graden der Zugehörigkeit oder des Ausgeschlossen-Seins*, vor allem auch von Gefährdungen des Ausgeschlossen-Werdens aufgrund von Vorstellungen und Maßnahmen, die nicht im Handlungshorizont der Betroffenen liegen, ist bisher nicht problembestimmend geworden. Der Wert der Arbeiten des Sfb 600 für die Wohlfahrtsstaatstheorie liegt in seinem Fokus auf den *Randzonen* gesellschaftlicher Gemeinschaften im Sinne von Parsons, die hier sozusagen unter dem Vergrößerungsglas spezifische Semantiken, Strukturen und Praktiken sichtbar werden lassen, die in den Kernbereichen der gesellschaftlichen Gemeinschaft keine oder nur eine untergeordnete Rolle spielen.

Wie Lutz Raphael in seiner „Zwischenbilanz interdisziplinärer Forschung: Figurationen von Armut und Fremdheit" schreibt, fördern die Forschungen „immer wieder gegenläufige Tendenzen im Umgang mit Armen und Fremden zu Tage, so dass neben den Situationen wechselseitiger Verstärkungen ... auch eine Situation besonders zu beachten ist, in der die Mischungsverhältnisse zu einer instabilen Balance führen: Ausländer werden geduldet, Arme, Hungernde notdürftig und willkürlich bzw. unregelmäßig unterstützt. ... Ausnahmeregelungen oder stillschweigende Nichteinhaltung von Normen gehören zu wesentlichen Formen, in denen zum Beispiel starre Regime der Inklusion/Exklusion gegenüber Fremden und Armen praxistauglich gehalten werden." (Raphael 2008: 22)

Diese Beobachtungen sind aufschlussreich auch im Horizont sozialstaatlicher Vorstellungen. Wie Lutz Leisering (2004b: 247) in seiner Analyse des Exklusionsbegriffs dartut, impliziert dieser *Diskontinuität*, d.h. eine dichotome Unterscheidung zwischen Innen und Außen, von Dazugehören und Nichtdazugehören, im Unterschied zu einer kontinuierlichen Ungleichheitsskala wie bei Einkommen oder Berufsprestige." In den Randbereichen gesellschaftlicher Zugehörigkeit treffen jedoch zwangsläufig „ganz unterschiedliche Systemlogiken bzw. Strukturprinzipien" aufeinander, „welche in der Gleichzeitigkeit ganz verschiedener Modi der Inklusion/ Exklusion von Armen und Fremden innerhalb einer Kultur zum Tragen kommen" (Raphael 2008: 21). Das gilt schon für vormoderne Zeiten, beispielsweise im Konflikt zwischen religiösen Geboten und politischen Opportunitäten oder ökonomischen Knappheiten. Es gilt aber auch für sozialstaatliche Zusammenhänge: Hier sind Differenzen und damit Konflikte zwischen unterschiedlichen teilsystemischen Rationalitäten sozusagen institutionalisiert. In den Kernbereichen der Gesellschaft werden derartige Konflikte im Rahmen arbeitsteiliger Organisationen entweder durch regulierende Entscheidungen oder fallspezifisch abgearbeitet, wobei es zur Aufgabe der Repräsentanten verschiedener Abteilungen einer Organisation gehört, ihre spezifische – z.B. juristische, technische, finanzwirtschaftliche oder reputationsorientierte Perspektive zur Sprache zu bringen. Auch weist die handlungsrelevante Umgebung der Organisationen in der Regel erkennbare Ordnungsmuster auf, mit denen gerechnet werden kann. In den Randbereichen fehlt es dagegen in der Regel sowohl an arbeitsteiligen Strukturen als auch an einer vergleichbaren Berechenbarkeit der Umwelt. Was unter „Arme" und „Fremde" oder ähnlichen Bezeichnungen kategorisiert wird, bezieht sich auf heterogene Konglomerate natürlicher Personen, denen andere natürliche Personen im Namen des Staates, einer Nicht-Regierungsorganisation oder einer Kommune gegenübertreten. Sollen sich letztere in der Interaktion behaupten, so bedürfen sie administrativer Programme oder Regeln, die zwangsläufig der Situation des Einzelfalls nicht gerecht werden können und zugleich auch keiner verallgemeinerbaren Maxime folgen.

Die Spannung zwischen den *droits de l'homme* und den *droits du citoyen*, bleibt für die Randbereiche staatsbürgerlich verfasster Gesellschaften unaufhebbar. Bereits Kant hatte in seiner Abhandlung „Zum ewigen Frieden" (m.E. die immer noch gültige Blaupause einer Weltordnung, die zur Pflichtlektüre in allen höheren Schulen zählen sollte) zwar ein „Weltbürgerrecht" postuliert, dessen Inhalt jedoch auf „Bedingungen der allgemeinen Hospitalität" eingeschränkt.

> „Es ist das Recht eines Fremdlings, seiner Ankunft auf dem Boden eines Anderen wegen, von diesem nicht feindselig behandelt zu werden. Dieser kann ihn abweisen, wenn es ohne seinen Untergang geschehen kann; solange er aber auf seinem Platz sich friedlich verhält, ihm nicht feindlich begegnen. Es ist kein Gastrecht, sondern ein *Besuchsrecht*, welches allen Menschen zusteht, sich zur Gesellschaft anzubieten ... welches Hospitalitätsrecht aber, d.i. die Befugnis des fremden Ankömmlings, sich nicht weiter erstreckt, als auf die Bedingungen der Möglichkeit, einen Verkehr mit den alten Einwohnern zu *versuchen*." (Kant 1986b/1795:213 f., Hervorhebung.F.X.K.)

Diese Maxime hat in das universalistische Inklusionspostulat auf der Basis eines sich ausbreitenden Ethos der Menschenrechte Eingang gefunden. Wenn wir jedoch an die Abermillionen heimatloser Flüchtlinge oder auch nur an die Boatpeople vor der italienischen Küste denken, so wird das Ausweglose dieser Maxime deutlich. Einerseits kann keinem Gemeinwesen das Recht abgesprochen werden, über die Aufnahme Fremder zu entscheiden; andererseits bringt die Ablehnung oder Abschiebung keine Lösung der Probleme, welche die Wanderungsbewegung auslösen. Das Recht auf Leben, das dem Fremdling zusteht („wenn es ohne seinen Untergang geschehen kann") verlangt ein Minimum an Fürsorge und der Anerkennung als menschliche Person, was mit einer Abschiebung oft unvereinbar ist. Noch deutlicher gilt für die einheimischen Armen, dass deren Herausforderung nur durch Umgang und nicht durch Ausschluss zu begegnen ist. Dabei besteht die Herausforderung zumeist nicht einfach in der Hilfebedürftigkeit, sondern in dem Umstand, dass sie vielfach nicht den Normalitätsstandards der Kerngesellschaft genügen, ja sie vielleicht nicht einmal kennen und anerkennen.[4]

Der Umgang mit Armen und Fremden ist somit ein Problem des *Umgangs mit Andersartigkeit*, und zwar oft auf beiden Seiten. Somit können stabile Ordnungsmuster nur schwer entstehen, die „doppelte Kontingenz in der Interaktion", was Parsons als „Hobbesian problem of order" bezeichnet hat, lässt sich nicht einfach

---

4   So kommt Markus Linden (2008: 53) mit Bezug auf das Problem der politischen Repräsentation von Ausländern zum Schluss, „dass die gleiche Chance zur Repräsentation eigener Interessen sowohl an die Existenz individueller Rechte als auch anderen Ausübung geknüpft bleiben." Die doppelte Kontingenz muss auf beiden Seiten reduziert werden!

durch voluntaristische Maßnahmen lösen, sondern bestenfalls auf Dauer durch
Gewohnheitsbildung. Der große Nutzen der Studien des Sonderforschungsbereiches
besteht nun darin, dass an sorgfältig ausgewählten Beispielen die Vielfalt sowohl
der Problemlagen als auch der Lösungsversuche herausgearbeitet wird, die im Laufe
der Zeit im europäisch-mediterranen Raum aufgetreten sind. Diese bewegen sich
in der Regel in einem Zwischenbereich zwischen völligem Ausschluss und völligem
Einschluss, wofür Lutz Raphael die paradoxen Bezeichnungen „inkludierender
Exklusion" und „exkludierender Inklusion" geprägt hat (Raphael 2008: 35).

9.4   Ambivalenz als Mehr-Ebenen-Phänomen

Es bleibt zu fragen, ob damit die sozialwissenschaftliche Problematik schon genau
genug gefasst ist. Vielleicht sollte man die Worte Inklusion und Exklusion bzw.
Einschluss und Ausschluss doch eher als Vorbegriffe benützen, welche zwar die
Vergleichsdimensionen vorgeben, aber nicht mehr ausreichen, um „Verknüpfungen
bzw. prozesshafte Verkettungen von Exklusionen zu Inklusionen oder in umgekehrter
Reihenfolge zu denken" (Raphael 2008: 35). Lutz Leisering, dem wir die subtilste
Studie zum Exklusionsbegriff verdanken, kommt zum Schluss, „der soziologische
Gehalt des Exklusionsbegriffs, sein potentieller innovativer Beitrag zur Analyse
sozialer Ungleichheit und Armut" sei „unsicher und präzisierungsbedürftig".
     Mit „Verknüpfungen" bzw. „Verkettungen" spricht Raphael zwei Grundpers-
pektiven an, um die Problematik zu rekonstruieren, nämlich die synchrone und
die diachrone. Auch wenn aus historischer Sicht wahrscheinlich die diachrone
Perspektive mehr Charme entfaltet, möchte ich mich aus sozialwissenschaftlicher
Sicht primär mit der synchronen Perspektive befassen, also der Gleichzeitigkeit oder Koexistenz von Semantiken und/oder sozialen Prozessen der Ein- und
Ausschließung. Ich schlage hierfür ein Analyseschema vor, das mehrere Ebenen
sozialer Emergenz unterscheidet. Auf jeder Ebene ist ferner zwischen Deutungen
(Semantiken) und geregelten Praktiken zu unterscheiden.[5]
     Welche Ebenen sozialer Emergenz ins Auge zu fassen sind, hängt vom Unter-
suchungsgegenstand ab. Handelt es sich um kleinräumige lokale oder funktionale
Gemeinschaften, so werden Inklusions- bzw. Exklusionsnormen und Praktiken

---

5   Natürlich lassen sich auch immer wieder erratische Ereignisse beobachten, die u.U.
      sogar von besonderer Skandalträchtigkeit sind. Sie interessieren sozialwissenschaftlich
      jedoch nicht um ihrer selbst willen, sondern weit eher um der Reaktionen willen, die
      sie in der Öffentlichkeit oder bei Dritten hervorrufen, wodurch sich häufig implizite
      Normen und Regelhaftigkeiten entdecken lassen.

relativ eindeutig sein und wenig Raum für Ambivalenzen lassen. Je komplexer die soziale Struktur des Untersuchungsgegenstandes desto größer wird der Spielraum für konträre Praktiken und ambivalente Deutungen. Diese Formulierung ist allerdings noch ungenau: Zwar ist nicht auszuschließen, dass Widersprüche und Ambivalenzen innerhalb ein und demselben Handlungszusammenhang auftauchen, aber dies scheint mir nicht der typische Sachverhalt zu sein, wenn Raphael von „inkludierender Exklusion" oder „exkludierender Inklusion" spricht. Charakteristisch sind vielmehr *Ambivalenzen, die sich aus konträren Wertungen auf unterschiedlichen Ebenen sozialer Emergenz* ergeben. Diesem Phänomen sind wir anhand der Spannung zwischen *universell* inkludierenden „*welt*bürgerlichen" und *selektiv* inkludierenden und exkludierenden „*national*bürgerlichen" Menschenrechten bereits oben begegnet. Dasselbe Phänomen kann sich auf der nationalen und der infranationalen Ebene ergeben, wie sich auch an der Implementation von Bundesgesetzen auf Länder- und Gemeindeebene zeigen lässt. Häufig spielen nicht nur die Knappheit der Mittel eine Rolle, sondern auch unterschiedliche Prioritäten und sogar Wertungen, beispielsweise zwischen sog. A und B-Bundesländern.

Ambivalenzen können auch aus der Spannung zwischen anerkannten Inklusionsnormen und den exkludierenden Praktiken ihrer Umsetzung resultieren. Dabei unterscheiden sich die Staaten Europas auch hinsichtlich der Toleranz (oder des Opportunismus) hinsichtlich solcher Spannungen. Ein hübsches Beispiel hierzu bietet die Europäische Sozialcharta, ein vom Europarat 1961 verabschiedetes Dokument, das enumerativ 19 Rechte und Grundsätze sowie 72 Einzelverpflichtungen enthält. Dabei setzt die Ratifizierung nur die Übernahme von mindestens 5 sozialen Grundrechten und 45 Einzelverpflichtungen voraus. Während die meisten Länder nur die Rechte und Verpflichtungen unterschreiben, die durch ihre nationale Gesetzgebung bereits gewährleistet sind, gehörten Italien und Spanien nicht nur zu den frühen Signatarstaaten, sondern haben sofort alle Rechte und Einzelverpflichtungen ratifiziert. Dabei standen sie weder damals noch stehen sie heute im Geruche besonderer sozialer Fortschrittlichkeit.

Widersprüche treten schließlich auf, wo divergierende Praktiken potentiell oder real aufeinander prallen. Es dürfte besonders aufschlussreich sein, solche Fälle zu untersuchen und dabei *die Mechanismen aufzudecken, mit deren Hilfe die Widersprüche latent gehalten werden*. Dies kann beispielsweise dadurch geschehen, dass eine generelle Regulierung verweigert wird; so jahrzehntelang die Bundesrepublik mit Bezug auf ein Zuwanderungsrecht, mit der kontrafaktischen Begründung, die Bundesrepublik sei kein Einwanderungsland. Eine andere Strategie vermeidet die Öffentlichkeit derartiger Widersprüche durch flexible oder opportunistische Entscheidungen auf der Einzelfallebene. Hier also besteht die Divergenz zwischen den Regeln auf organisatorischer Ebene und den Praktiken auf der interaktiven Ebene.

9.5   Schlussbemerkungen

Lassen Sie mich zum Schluss noch kritisch auf ein Inklusions- und Exklusions-
verständnis eingehen, das sich im Anschluss an die Theorie von Niklas Luhmann
entwickelt hat. Hier werden die Exklusionen der Wirkung verselbständigter gesellschaftlicher Teilsysteme zugeschrieben, und dem Wohlfahrtsstaat die Aufgabe
gestellt, die Inklusion aller in die gesellschaftlichen Teilsysteme zu gewährleisten.
Wie ich bereits erwähnt habe, stimmt diese Vorstellung nicht mit Luhmanns fortgeschrittener Theorie der Weltgesellschaft überein, welche Gesellschaft überhaupt
nur noch als für den soziologischen Beobachter indifferenten Strom strukturierter
kommunikativer Ereignisse auffasst. Es sind eher Luhmann-Adepten, welche den
Handlungsbezug der Luhmannschen Theorie nicht aufgeben wollen, und mit Bezug
auf welche Gunnar Folke Schuppert von der „wundersamen Akteurswerdung der
Teilsysteme" gesprochen hat (Schuppert 1990: 226). Gesellschaftliche Teilsysteme
sind nach Luhmann Sinnzusammenhänge unter codierten Prämissen, welche für
die präferentielle Akzeptanz einschlägig codierter Kommunikationen sorgen, aber
sie materialisieren sich nicht in handlungsfähigen Organisationen. Inwieweit derartige Kommunikationen praktische Folgen auslösen, hängt von weiteren Faktoren
ab, die im *unmittelbaren* Horizont der jeweiligen Akteure präsent sind und keinen
zwangsläufigen Bezug auf die Codes der Teilsysteme aufweisen. Die Entscheidungssituation von Akteuren bleibt *kontingent*, auch wenn sie sich an Prämissen eines
gesellschaftlichen Teilsystems orientieren, weil diese nur in Extremfällen keine
Alternativen implizieren.

In ähnlicher Weise bleibt auch das Verhältnis zwischen Semantiken und Praktiken von Inklusion und Exklusion aus der Sicht des wissenschaftlichen Beobachters
kontingent, insoweit nicht weitere Faktoren kontrolliert werden. Der Sache nach
beziehen sich Inklusion und Exklusion auf *natürliche Personen*, also auf Träger von
Menschenrechten. Demzufolge wäre über das Ausmaß von Inklusion und Exklusion aufgrund von Beobachtungen auf der Individualebene zu entscheiden. Diese
ist jedoch zwangsläufig *multivalent*, und was Inklusion auf der Individualebene
heißt, ist explikations- und begründungsbedürftig. Dazu gibt es im Horizont der
politischen Wohlfahrtsdiskussion vielfältige Vorschläge. Lassen sie mich hier abschließend nur auf das Konzept der Lebenslage hinweisen, das den Vorteil besitzt,
die individuelle Situation direkt zu modellieren.

Die *Lebenslage* eines Menschen als Inbegriff seiner realen Handlungsspielraums
ist durch vier analytisch gemeinte Begriffe zu charakterisieren: Status, Ressourcen,
Gelegenheiten, Fähigkeiten (Kaufmann 2009h/1982: 88 ff). Ihnen entsprechen
vier politisch-administrative Interventionsformen: Durch die Einräumung von
Rechtsansprüchen, durch die Vermittlung von Ressourcen (vornehmlich Kaufkraft,

gelegentlich auch Wissen), durch die Förderung von Zugang über infrastruktureller Einrichtungen und durch personenbezogene Dienstleistungen, insbesondere des Bildungs- und Gesundheitswesens. Inklusion, so wird postuliert, setzt mit Bezug auf bestimmte Lebens- oder Problembereiche das *Zusammenspiel von Status, Ressourcen, Gelegenheiten und Fähigkeiten* voraus. Dabei unterliegt Inklusion stets den Bedingungen strukturierter sozialer Ungleichheit, denn die Ausstattung der Individuen in jeder dieser Dimensionen folgt ihrer sozialen Lage – meist schon ab der Geburt, auf jeden Fall aber als Ergebnis biographierelevanter Selektions- und Entscheidungsprozesse. Sozialstaatliche Interventionen können nur beschränkt ausgleichend wirken, indem sie eine Minimalinklusion gewährleisten, deren Umfang Gegenstand politischer Auseinandersetzung bleibt.

Es ist Zeit, aufzuhören. Natürlich hat mich die Lektüre von Publikationen aus dem Sonderforschungsbereich noch in vielen anderen Hinsichten angeregt und mein soziologisches Vorstellungsvermögen bereichert. Das gilt naheliegenderweise vor allem für die Studien zum kirchlichen und obrigkeitlichen Umgang mit Bedürftigen (zusammenfassend Clemens 2008) und für Studien im Horizont moderner Sozialstaatlichkeit, aber auch für die Studien über vergangenen Zeiten[6] oder über mir fremde Gruppen wie die so genannten Zigeuner (Patrut/Uerlings 2008). Alles in allem gelingt es den Forschern nach meinem Eindruck vorzüglich, das Programm „Wandel von Inklusions- und Exklusionsformen von der Antike bis zur Gegenwart" durch ihre Projekte auszufüllen. Der Sozialwissenschaftler in mir ist gespannt, inwieweit es ihnen gelingen wird, zu verallgemeinernden Begriffen und Thesen vorzustoßen. Hier habe ich mich auf Überlegungen im Zusammenhang mit den Leitbegriffen Inklusion und Exklusion konzentriert. Die Untersuchungen des Sonderforschungsbereichs machen deutlich, dass es sich hier theoretisch um recht grobmaschige Begriffe handelt, sodass der Umgang mit Armen und Fremden wohl durch eine differenziertere Begrifflichkeit spezifiziert werden sollte.

---

6   Spannend fand ich beispielsweise die Untersuchung des Schicksals und der Vernetzungen der Juden auf der Insel Elephantine (Rottpeter 2008).

Sozialstaat und Gerechtigkeit* 10

Zusammenfassung: Eine kritische Auseinandersetzung mit der Reduktion von Gerechtigkeitsfragen im Rahmen sozialstaatlicher Diskurse auf das Problem der Verteilungsgerechtigkeit. Der Sozialstaat ist hinsichtlich seiner Ziele und Herausforderungen in Bewegung. Die Verteilungsproblematik geriet erst nach Lösung der Klassenkonflikte ins Zentrum des Interesses, und seit der Jahrtausendwende bahnt sich ein erneuter Paradigmenwechsel an, dessen unterschiedliche Stoßrichtungen skizziert werden.

10.1   Die Bewegung zum Sozialstaat

Soziologen wollen nicht den präskriptiven Gehalt von Gerechtigkeitsideen begründen, sondern unterschiedliche und häufig konfligierende Auslegungen von Gerechtigkeit beobachten und in ihrer sozialen Situierung verständlich machen. Die Bewegung zum Sozialstaat ist eine politische Veranstaltung, welche seit jeher Moral, Wirtschaft und Verwaltung mit den Mitteln des Rechts zusammenbringen will. So lässt sich aus soziologischer Sicht die komplexe Struktur unseres Problems beschreiben, im Rahmen dessen Gerechtigkeitsargumenten eine nicht unerhebliche, aber sich immer wieder wandelnde Bedeutung zukommt.

---

*   *Erstveröffentlichung: Sozialstaat und Gerechtigkeit. In: Klaus Leggewie, Christoph Sachße (Hrsg.): Soziale Demokratie, Zivilgesellschaft und Bürgertugenden. Festschrift für Adalbert Evers. Frankfurt/New York: Campus, 2008, S. 35-64.*

10.1.1 Lorenz von Stein

Grundlegendes zu einer Theorie des Sozialstaats hat bereits um die Mitte des 19. Jahrhunderts Lorenz (von) Stein formuliert. Stein diagnostizierte wie sein Zeitgenosse Karl Marx die Tendenz der frühindustriellen Entwicklung zur Formierung sozialer Klassen und zum Klassenkampf. Beide waren in ihren Grundgedanken sowohl von Hegels Rechtsphilosophie als auch vom französischen Sozialismus inspiriert. Sie unterschieden sich allerdings in ihrer Perspektive auf die Lösung des Grundkonflikts der Industriegesellschaft: Marx diagnostizierte eine Tendenz zur Selbstzerstörung des Kapitalismus, der an seinen eigenen Erfolgen zugrunde gehen und dadurch die Voraussetzungen für die Entstehung einer sozialistischen Gesellschaft schaffen werde. Stein dagegen nahm die Hegelsche Unterscheidung von „Staat" und „Bürgerlicher Gesellschaft" ernst und entwickelte darauf aufbauend ein differenzierungstheoretisches Argument: Die den Klassenkonflikt erzeugende Dynamik des Kapitalismus und die daraus resultierende Tendenz zur politischen Revolution könne vom Staat pazifiziert werden, wenn dieser durch „soziale Reform" zwischen den beiden aufstrebenden antagonistischen Klassen vermittle (siehe 5.2.2).

Steins Idee der sozialen Reform beinhaltet einerseits die staatliche Gewährleistung des Privateigentums zu Gunsten der Kapitalbesitzer, andererseits den Schutz und die Förderung der Arbeiterklasse mittels „sozialer Verwaltung". Die Möglichkeit dieses Klassenkompromisses begründete Stein wie folgt:

> „Wenn dagegen die besitzende Klasse die Staatsverwaltung im Sinne der nichtbesitzenden Klasse zur Hebung des Loses der Arbeiter, für ihre Bildung (scil. sorgt) und die Möglichkeit eines, wenn auch nur allmählichen, Kapitalerwerbes bietet, so wird diese Klasse in dem Maße mehr gleichgültig gegen die Form der Verfassung sein, in welchem die Interessen derselben mehr gefördert werden. Es sind bei dieser Verwaltung Königtum, Diktatur, Aristokratie und Demokratie gleichmäßig möglich, und zwar darum, weil der erworbene Besitz die Unfreiheit doch am Ende unmöglich macht, und weil damit die Förderung des Erwerbs zur Förderung der Freiheit wird." (Stein 1972/1850, III: 207.)

Stein setzte somit zur Lösung der „Arbeiterfrage" nicht auf die politische Reform des Staates im Sinne von Demokratisierung, sondern auf den „arbeitenden Staat" – die Verwaltung – und auf eine immanente Dynamik von Bildung und sich massenhaft verbreitendem Eigentum als Folge einer staatlichen Förderung der Arbeiter. Der Klassenkompromiss erscheint als eine Art indirekten, staatlich vermittelten Tausches: Anerkennung der privatkapitalistischen Wirtschaftsordnung seitens der Arbeiter gegen deren staatlichen Schutz und Förderung. In der Tat haben die historisch erreichten wohlfahrtsstaatlichen Kompromisse – vom dänischen „September Agreement" (1899) bis zu den französischen „Accords de Grenelle" (1968) – regelmäßig die Anerkennung unternehmerischer Autorität (und damit implizit der staatlichen Gewährleistung des Privateigentums an den Produktionsmitteln) wie auch die Anerkennung des Koalitionsrechts der Arbeiter und staatlicher Vorkehrungen zum Schutz und zur Förderung der Arbeiter beinhaltet. Mit Bezug auf den Klassenkonflikt entwickelte sich der sozialpolitische Verantwortung übernehmende Staat zum „ehrlichen Makler" heterogener Tauschgüter.

Mit der Hoffnung auf die Ausbreitung von Privateigentum als Folge der Arbeiterbildung verblieb Stein noch im Horizont liberaler Auffassungen. Marx sah hier klarer die Tendenz zur Konzentration der Kapitale, die damit verbundenen Machtungleichgewichte, und die daraus folgende Unmöglichkeit der wirtschaftlichen Emanzipation der Arbeiter aus ihrer Klassenlage. Nicht allein die soziale, sondern erst die politische Reform führte schließlich zu einem annähernden Kräftegleichgewicht und zu einem Klassenkompromiss, in Deutschland zuerst im Stinnes-Legien-Abkommen nach dem Zusammenbruch des Deutschen Reiches 1918, das auch für die Weimarer Verfassung grundlegend wurde.

Sodann bleibt bei Stein das Motiv oder die Kraft noch unklar, welche den Staat in seine im Klassenkampf vermittelnde Rolle bringt. Die obrigkeitliche Einsicht in die Notwendigkeit sozialer Reformen scheint ihm als geschichtliches Movens genügt zu haben, worin er durch die Sozialpolitik der Habsburger und Hohenzollern ja zunächst durchaus bestätigt wurde. Aber für eine umfassende historische Erklärung der Bewegung zum Sozialstaat reicht dies nicht aus. Bei Stein bleibt das moralische Moment dieser Bewegung theoretisch unterbelichtet, wenngleich im zitierten Text durch das Stichwort „Förderung der Freiheit der Arbeiter" wenigstens implizit angesprochen.

10.1.2 Eduard Heimann

Die moralische Komponente des Sozialstaats wurde erst von dem religiösen Sozialisten Eduard Heimann in seiner „Sozialen Theorie des Kapitalismus" herausgearbeitet, die er gleichzeitig als „Theorie der Sozialpolitik" verstand. „Sozialpolitik" war für Heimann „der institutionelle Niederschlag der sozialen Idee im Kapitalismus" (Heimann 1980/1929: 167). Unter sozialer Idee verstand er den Komplex normativer Leitbilder eines Lebens in Freiheit und Würde für jedermann, der sich auf der Basis christlicher Traditionen und des freiheitlichen Gesellschaftsentwurfs der Aufklärung im Zuge der Entfaltung des Kapitalismus herausgebildet hatte. Diese „soziale Idee" verbindet Bürgertum und Arbeiterschaft, oder genauer gesagt: die Arbeiterbewegung als nachhaltigster Promotor der sozialen Idee beruft sich auf die Ideale des liberalen Bürgertums, um auch für die Arbeiter die gleichen Rechte in Politik (Wahlrecht), Gesellschaft (Koalitionsfreiheit) und Wirtschaft (Arbeitnehmerrechte) einzuklagen.

Sozialpolitik wird Heimann zufolge zum notwendigen Element einer Stabilisierung des Kapitalismus, denn je mehr er sich entfaltet, desto mehr bedarf er produktiver und kooperationswilliger Arbeitskräfte, welche jedoch ihrerseits immer deutlicher die Spannung zwischen kapitalistischer Ausbeutung und ihren sich erweiternden Handlungsspielräumen erkennen. So beginne der Kapitalismus naturwüchsig ohne Sozialpolitik, bringe sie jedoch zwangsläufig aus sich hervor und erleide durch sie seinerseits tiefgreifende Veränderungen, wodurch sich das Wirtschaftssystem immer stärker in sozialistische Richtung entwickeln werde. Als zentrales Element der Sozialpolitik betrachtete Heimann neben dem Arbeitsschutz das kollektive Arbeitsrecht unter Einschluss der Mitbestimmung. Die rätedemokratische Vision der Weimarer Reichsverfassung bildete ersichtlich den historischen Kontext seiner theoretischen Perspektiven.

Heimann, der als Deutscher jüdischer Abstammung emigrieren musste, kehrte nach Ende des Zweiten Weltkriegs nach Deutschland zurück, und es ist aufschlussreich, seine spätere Gesellschaftsdiagnose mit der früheren zu vergleichen. Sozialpolitik erschien ihm nun nicht mehr als transformierendes Element der Wirtschaftsordnung in Richtung auf Sozialismus, sondern als Element einer in Gang gekommenen Synthese:

> „Es ist sehr irreführend, das System der Wirtschafts- und Sozialreform als eine Mischung gegensätzlicher Elemente zu bezeichnen; denn dieser Ausdruck verwischt gerade das Entscheidende, nämlich daß ein höheres und neues Prinzip die Reform geleitet hat. Man kann das eher mit einer Impfung vergleichen, durch die ein lebendiger, aber bedrohter Körper mit seinem Gegenteil, mit einem Giftstoff, gegen die Wirkung dieses Giftes immunisiert wird; (...) Aus unserer Darstellung kann man ersehen, daß das Prinzip der dialektischen Reform geistig ist, und daß es seinen Niederschlag in Institutionen findet. (...) Der Marxismus, der ausgezogen war, um das westliche Leben umzustülpen, wurde in das westliche Leben als heilende Kraft aufgenommen. Dies ist die Gnade der Dialektik." (Heimann 1971: 339-341)

Die Rolle der Arbeiter-Sozialpolitik im Fortgang der kapitalistischen Entwicklung erschien für Heimann daher nach dem Zweiten Weltkrieg im Horizont der Bundesrepublik erfüllt. Die neuen Probleme moderner Gesellschaften haben ihm zufolge nicht mehr mit Klassenkampf, sondern mit dem Heraufkommen einer Überflussgesellschaft und dem damit verbundenen Selbstlauf des Ökonomischen zu tun. Deshalb wies er auf neue Risikopotentiale hin, insbesondere auf die Folgen des kolonialen Imperialismus, auf die Möglichkeiten einer strukturellen Nachfrageschwäche, auf die die Individualität zerstörenden, anonymisierenden Wirkungen

des technisch-ökonomischen Rationalismus und – schon Anfang der sechziger
Jahre! – auf die ökologischen Gefährdungen (Heimann 1964). Nach wie vor geht
es seiner Analyse zufolge um die Beschränkung ökonomischer Ansprüche: „Die
Pervertierung der bloßen Mittel, die Erhöhung des technischen und finanziellen
Leistungsgrads zum obersten Zweck und die entsprechende Formung des Men-
schentypus sind das historische Ergebnis der spätkapitalistischen Gesellschaft"
(Heimann 1954:236). Seine Hoffnung auf Erneuerung richtete sich wiederum auf
geistige Momente, doch fehlt ein Hinweis auf mögliche historischen Träger dieser
neuen Ideen, welche jedoch in der Form der neuen sozialen Bewegungen – von den
„68ern" bis zu „Attac" – ja tatsächlich aufgetreten sind (siehe 16.4).

Lorenz von Stein und Eduard Heimann erscheinen mir nach wie vor als die
bedeutendsten Theoretiker der sozialstaatlichen Entwicklung, bei denen die dauerhaften Grundelemente deutlich hervortreten: Die vermittelnde Rolle der Politik im
Klassenantagonismus – oder allgemeiner bei strukturell angelegten sozialen Konflikten; die Notwendigkeit einer basalen Kultur wechselseitiger Anerkennung für die
Stabilität der sozialen Zusammenhalts; und die Dynamik der sozio-ökonomischen
Verhältnisse als fortgesetzte Herausforderung sozialpolitischen Handelns. Diese
Perspektive verschafft den notwendigen Abstand, um unsere gegenwärtige Lage
unabhängig von den Aufgeregtheiten der Tagespolitik zu begreifen. Es fällt nämlich
auf, dass in der Bundesrepublik der Rekurs auf die Gerechtigkeitssemantik im Zuge
der Sozialreformen der Nachkriegszeit nur eine untergeordnete Rolle spielte[1] und
erst im Zuge der Auseinandersetzungen um „Abbau" oder „Umbau des Sozialstaats",
Mitte der 1990er Jahre. in den Vordergrund der sozialpolitischen Diskurse getreten
ist. Hierauf hat schon früh Leisering (1999) aufmerksam gemacht. Mittlerweile ist
die Berufung auf „Gerechtigkeit" fast inflationär geworden: Wer immer etwas mit
Bezug auf den Sozialstaat fordert, begründet es mit Gerechtigkeitsargumenten.
Zu fragen ist also, ob und ggf. in welcher Hinsicht Gerechtigkeitsdiskurse für die
Klärung unserer aktuellen Probleme überhaupt instruktiv sind.

10.2   Gerechtigkeit

Jeder Blick in einen Handbuchartikel zum Thema „Gerechtigkeit" oder *Justice*
macht zweierlei deutlich: Zum einen die Zentralität der Gerechtigkeitsidee für

---

1   Eine äquivalente Funktion übernahm damals das Wort „sozial": Soziale Marktwirtschaft,
    Sozialordnung, Sozialreform, Sozialstaat, Sozialhilfe, usw., vgl. Kaufmann (2003a:
    125 ff.).

die okzidentale Kultur und deren Ausdeutung des Verhältnisses von Mensch und Gesellschaft. Und zum anderen die Vielschichtigkeit des Gerechtigkeitsbegriffs und die Vielgestaltigkeit der Gerechtigkeitsdiskurse.

10.2.1 Gerechtigkeit als Tugend

Alle historische Evidenz zeigt uns „Gerechtigkeit" innerhalb des jüdisch-christlichen Kulturkreises als Leitbegriff für Interpretationen des „rechten" oder „richtigen" menschlichen Zusammenlebens. Aber nicht nur die inhaltlichen Auffassungen über das, was dieses Richtige ausmacht, variieren nach Zeit, Ort und vor allem religiösem Kontext; auch hinsichtlich der tragenden Grundelemente von Gerechtigkeitsdiskursen lassen sich erhebliche Unterschiede und Varianzen feststellen. Hier sei nur ein zentraler Bedeutungswandel im Übergang zur Neuzeit hervorgehoben: Von Platon bis zu Thomas von Aquin galt Gerechtigkeit wesentlich als Tugend, und zwar mit Bezug auf den Umgang mit Anderen. Ihre Begründung und Reichweite umfasste gleichermaßen religiöse, politische, rechtliche und ethische Elemente; *Gerechtigkeit bezog sich somit auf die noch wenig differenzierte Gesamtheit der zwischenmenschlichen Verhältnisse.* Die Tugend, jedem das Seine zu geben, war gedanklich in das Ethos der Polis eingebettet, das seinerseits keiner weiteren Begründung bedurfte.

Im Übergang zur Moderne trennten sich die kontinentaleuropäischen und die angelsächsischen Gerechtigkeitsauffassungen. Für die vom Römischen Recht geprägten, staatszentrierten Gesellschaften des Kontinents wurde die Kantische Unterscheidung von Religion, Moral und Recht maßgeblich, und der Gerechtigkeitsdiskurs nunmehr ausschließlich auf die Sphäre des Rechtlichen und damit mittelbar auch des Politischen bezogen. *Gerechtigkeit wurde hier zur regulativen Idee der Rechtsordnung, im Unterschied zur Moralordnung, die allerdings für die Frage nach Gerechtigkeit nicht irrelevant geworden ist.*

Einerseits speisen sich die materialen Urteile, welche einen Sachverhalt oder gar das Recht selbst als „ungerecht" ausweisen, aus eben dieser moralischen Ordnung. Wenn – was soziologisch sehr plausibel ist – Gerechtigkeitsintuitionen der Menschen im wesentlichen aus Erfahrungen von Ungerechtigkeit stammen, also eher die Grenzen tolerabler Verhältnisse als das Ideal richtiger Verhältnisse betreffen (Cahn 1968; Moore 1985), so sind es die in einer Gesellschaft kulturell und sozial verankerten moralischen Vorstellungen, welche der Unterscheidung gerecht/ungerecht Substanz geben. Andererseits unterliegt nun die Moral selbst nicht mehr dem Maßstab der Gerechtigkeit, sondern demjenigen des Guten oder Ethischen. Gerechtigkeit bezieht sich nunmehr ausschließlich auf die rechtliche Ordnung der sozialen Beziehungen und die Anerkennung der damit gegebenen Pflichten. Das bisher Recht und Moral in sich enthaltende Ethos löst sich im Zuge der neuzeitlichen Entkoppelung von Religion, Politik und Wirtschaft auf, und Moral wird zu einer Frage des Gewissens, das seinerseits nunmehr als individuelles verstanden wird (Luhmann 1973a). „Bürgerliche Tugenden" beziehen sich nunmehr nicht mehr unmittelbar auf Gerechtigkeit, sondern auf den Beitrag des Einzelnen zum Erhalt der öffentlichen Ordnung (Koller 2001).

Im angelsächsischen Raum setzte sich dagegen ein empiristischer Rationalismus durch, für den Gerechtigkeit keinen die Prinzipien des Utilitarismus überbietenden Inhalt haben kann. Gerechtigkeit reduziert sich hier im Wesentlichen auf Verfahrensgerechtigkeit (*due process*); materiale Gerechtigkeitsvorstellungen gelten als ideologisch. Der heutige Neoliberalismus ist über diese aus europäischer Sicht primitive Sozialphilosophie nicht hinausgekommen. Erst in den letzten Jahrzehnten haben – vor allem Gefolge und in Auseinandersetzung mit John Rawls (1979) – eigenständige Gerechtigkeitsdiskurse in den Vereinigten Staaten an Bedeutung gewonnen. Diese konvergieren mit den europäischen in der Frage nach der Begründbarkeit einer gleichzeitig „gerechten" und funktionsfähigen politischer Ordnung.

10.2.2 Gerechtigkeit als Merkmal von Institutionen

Moderne Gerechtigkeitstheorien sind somit weniger handlungs- denn institutionenorientiert. Sie stehen im Horizont der Frage nach den Bedingungen der Möglichkeit sozialer Ordnung; eine Frage, die so überhaupt erst im Horizont sich funktional ausdifferenzierender Gesellschaften fragbar wird (Luhmann 1981a). Denn erst die Positivierung des Rechts hebt dieses aus dem Zusammenhang des jeweiligen, an bestimmte Sozialverbände gebundenen Ethos heraus und lässt es zu einem Instrument politischer Gestaltung gesellschaftlicher Verhältnisse werden (Evers & Nowotny 1987). Die Gerechtigkeitsdiskurse beziehen sich nun spezifischer auf den Charakter der institutionellen Ordnungen und auf die Begründung ihrer rechtlichen Verbindlichkeit. „Gerechtigkeit" wird also zum Leitbegriff für die Kriterien „richtiger" Gestaltung von Institutionen, und Gerechtigkeitstheorien unterscheiden sich sowohl nach den zugrunde liegenden Leitvorstellungen als auch nach der institutionellen Reichweite des Regelungsanspruchs. Die Berufung auf bestimmte Gerechtigkeitsprinzipien ist dabei nicht nur von ihrem normativen Inhalt, sondern stets auch vom institutionellen Kontext und seinen gesellschaftlichen Funktionen abhängig (Walzer 1994).

Die Beurteilung von Verteilungswirkungen bestimmter institutioneller Regelungen rekurriert gerne und zu Recht auf Argumente der Verteilungsgerechtigkeit (hierzu 10. 6). Aber die Verteilungswirkungen sind nur ein Aspekt unter mehreren zur Beurteilung der Gerechtigkeit von Institutionen. Als grundlegender gelten Gesichtspunkte der politischen Gerechtigkeit (Zustimmung der Betroffenen) und der Rechtssicherheit (Verfahrensgerechtigkeit).

Details sind hier überflüssig. Aber festzuhalten bleibt, *dass alle Gerechtigkeitstheorien von Rang sich primär mit der Begründbarkeit politischer Ordnung insgesamt und nicht etwa spezifisch mit Problemen der Verteilungsgerechtigkeit auseinandersetzen.* Beispielhaft sei die bedeutende Studie von Otfried Höffe erwähnt, dessen tauschtheoretische Begründung politischer Ordnung nicht nur einen „Minimalstaat", sondern auch eine Sozialverantwortung des Staates legitimiert. Dabei rekurriert er nicht auf ein besondere Prinzip „sozialer" Gerechtigkeit, sondern begründet die soziale Verantwortung des Staates funktional „als eine Wirklichkeitsbedingung (sic!) der Gerechtigkeit" und zeigt, „dass ohne gewisse sozialstaatliche Elemente die Grundfreiheiten keine angemessene geschichtliche Realität finden. Nach der funktionalen Legitimation ist der Sozialstaat eine Strategie politischer (und nicht sozialer F.X.K.) Gerechtigkeit" (Höffe 1987: 469 f.).

10.3   Der Sozialstaat als kulturell fundierter Prozess

Im Sinne unserer bisherigen Überlegungen ist festzuhalten:

1. Die sozialstaatliche Entwicklung folgt keinem linearen Trend, sondern ist ein dynamischer – Heimann sagt: ein dialektischer – Prozeß.[2] Sie vollzieht sich in spannungsreicher Auseinandersetzung zwischen Politik und Wirtschaft. Beide sind füreinander Problemerzeuger, aber auch Ressource für die Lösung eigener Probleme. Die Probleme verändern sich im Gang der Entwicklung, d.h einmal erreichte Problemlösungen bringen Folgeprobleme hervor.
2. Die Artikulation der Probleme erfolgt in einem normativen Horizont, der kulturell durch Christentum und Aufklärung fundiert ist. Menschenwürde und Menschenrechte sowie Demokratie bilden den normativen Rahmen zur Beurteilung der vorfindbaren wirtschaftlichen, sozialen und politischen Verhältnisse.
3. Dieser normative Rahmen wird von allen an den politischen Auseinandersetzungen Beteiligten grundsätzlich akzeptiert und die in seinem Horizont

---

2   In diesem Sinne auch Hans F. Zacher: „Negativ heißt das, dass Sozialpolitik jedenfalls in der gegenwärtigen Gesellschaft nicht statisch sein kann, ohne aufzuhören, das Gemeinwesen zu integrieren. Positiv gewendet heißt das: Der Sozialstaat ist permanente Entwicklung- oder nüchterner: ist permanente Veränderung. Er ist seinem Wesen nach Prozess." (Zacher 1993: 75)

artikulierten Probleme werden vielfach in der Form von Gerechtigkeitsargumenten begründet. Die politischen Auseinandersetzungen beziehen sich – soweit sie sachrational ausgetragen werden – auf unterschiedliche Auslegungen von „Gerechtigkeit" oder anderen werthaltigen Begriffen, sowie auf unterschiedliche Situationseinschätzungen.

Orthodoxe Marxisten und andere Machttheoretiker, aber auch positivistische und liberale Theoretiker, welche menschliche Motive ausschließlich auf subjektive Interessen reduzieren, werden diese Denkweise als idealistisch verwerfen, wie das ja auch schon zu Zeiten Steins und Heimanns geschehen ist. In der Tat gibt es keinerlei Evidenz, dass politische Konflikte primär nach sachrationalen Kriterien ausgetragen werden; Macht und wahrgenommene Interessen sind kurzfristig stärker. Aber selbst im Rahmen von autokratischen Regimen und erst recht von Demokratien kann unter den Bedingungen einer massenmedialen Öffentlichkeit Legitimation nur durch Argumentation erreicht und unter Berufung auf Wertbeziehungen verteidigt werden. Die Motive der politisch Handelnden sind in der Regel vielfältig, und Machtrationalität der Politik ist somit ebenso eine Abstraktion wie Sachrationalität. Dass politische Entscheidungen schließlich immer von den jeweiligen Machtverhältnissen abhängen, sei nicht bestritten. Aber die Machtverhältnisse selbst sind vom Einfluss der Ideen und Argumentationen nicht unabhängig, zumal in langfristiger Perspektive.

Mit der Allgemeinen Erklärung der Menschenrechte durch die Vereinten Nationen (1948) ist zudem ein Dokument entstanden, das trotz des okzidentalen Ursprungs seiner Ideen grundsätzlich weltweite Anerkennung gewonnen hat (siehe 8.3). Gewiss ist der Abstand zwischen diesen hehren Ideen und der Wirklichkeit, ja selbst zu den konkreten Rechtsordnungen, vielerorts bedrückend groß. Aber argumentationsfähige Alternativen zu diesen Leitideen haben bisher keine Plausibilität gewonnen, es sei denn in der Form eines radikal subjektivistischen Standpunkts, der jede Form beobachtbarer Normativität auf Konventionen reduziert. Ich teile die Kritik dieses in den Vereinigten Staaten verbreiteten Standpunkts, wie sie insbesondere von Martha Nussbaum (1993) vorgetragen wird.

Ich habe dies in einiger Breite ausgeführt, weil das Thema „Sozialstaat und Gerechtigkeit" nur im Rahmen der entwickelten werttheoretischen Prämissen überhaupt ein Problem darstellt. Im Rahmen der sozialwissenschaftlichen Beschäftigung mit der internationalen wohlfahrtsstaatlichen Entwicklung gewinnen neuerdings kulturtheoretische Argumentationen gegenüber ausschließlich utilitaristischen an Gewicht (Leisering 2004a). Gegen sozialwissenschaftliche und zumal systemtheoretische Argumentationen, welche normative Argumente als bloße „Begleitsemantik" abtun, möchte ich mit Otfried Höffe (1993) einen positiven

Zusammenhang zwischen Modernisierung und dem Bedarf nach moralischer Argumentation postulieren. Dennoch wird sich zeigen, dass und weshalb es heute sehr schwer fällt, der Idee *sozialer Gerechtigkeit* parteiübergreifend überzeugende Schlussfolgerungen für unsere gegenwärtige deutsche Situation abzugewinnen.

10.4 Konkretisierungen

Moderne Staaten können als Sozialstaaten bezeichnet werden, insoweit sie für jeden der ihnen Angehörenden „unter Berücksichtigung der Organisation und der Hilfsmittel jedes Staates" die „für seine Würde und die freie Entfaltung seiner Persönlichkeit unentbehrlichen wirtschaftlichen, sozialen und kulturellen Rechte" gewährleisten."[3] In unterschiedlichen Umschreibungen findet sich etwa folgender Grundgedanke: Es genügt nicht, dass ein modernes Staatswesen formal Freiheitsrechte und Beteiligungsrechte gewährleistet, wie dies dem Prinzip des liberalen Verfassungsstaates entspricht. Vielmehr hat der Staat als Sozialstaat auch „die sozialen Voraussetzungen der Realisierung grundrechtlicher Freiheit" (Böckenförde 1976b: 238) zu gewährleisten. Es bedarf also zum mindesten einer gewissen Angleichung der Lebensverhältnisse, um „faire Chancengleichheit" im Sinne von John Rawls (1979: 105 ff.; 2003) herzustellen. Während die internationale Doktrin sozialer Grundrechte die sozialen Rechte auf eine Stufe mit den Freiheitsrechten zu stellen sucht, beschränkt sich die Bundesrepublik auf der Ebene der Verfassung auf die Gewährleistung von Sozialstaatlichkeit als Staatsziel und anerkennt soziale Rechte nur insoweit, als sie im Rahmen der einfachen Gesetzgebung eingeräumt werden. Als Staatsziel wird Sozialstaatlichkeit dann etwa wie folgt konkretisiert:

> „Hilfe gegen Not und Armut und ein menschenwürdiges Existenzminimum für jedermann; mehr Gleichheit durch den Abbau von Wohlstandsdifferenzen und die Kontrolle von Abhängigkeitsverhältnissen; mehr Sicherheit gegenüber den ‚Wechselfällen des Lebens'; und schließlich wirtschaftliche Verhältnisse, die eine allgemeine Wohlstandsteilhabe ermöglichen." (Zacher 2008b: 21f)

Die verbreitete Unterscheidung zwischen rechtsstaatlicher Freiheit und sozialstaatlicher Teilhabe wird leicht zu einem unfruchtbaren Gegensatz hochstilisiert. Richtiger erscheint es, mit Immanuel Kant Freiheit und Gleichheit „als einander bedingende Strukturmomente eines und desselben menschenrechtlichen Prinzips" zu begreifen (Bielefeldt 1998:91). Rechtsstaatlichkeit und Sozialstaatlichkeit sind ja zwei Aspekte

---

3   Art. 22 der Allgemeinen Erklärung der Menschenrechte der Vereinten Nationen.

oder Aufgaben ein und desselben Staates. Eine Differenzierung erfolgt erst im Zuge der ministeriellen, parlamentarischen und administrativen Arbeitsteilung, etwa zwischen Innen- und Justizministerium auf der einen und den Sozialministerien auf der anderen Seite. Aber selbst hier gilt, dass alle Politikbereiche sowohl den Grundsätzen der Rechts- wie auch der Sozialstaatlichkeit zu dienen haben.

Theoretisch empfiehlt es sich, zwischen *Wohlfahrtsverantwortung des Staates* und *Wohlfahrtssektor* zu unterscheiden. Ein politisches Gemeinwesen lässt sich als *Sozialstaat* (oder im internationalem Sprachgebrauch als Wohlfahrtsstaat) qualifizieren, insoweit es *erstens* auf der programmatischen Ebene – beispielsweise im Rahmen der Verfassung oder in Form internationaler Abkommen – sich ausdrücklich selbst verpflichtet, für die grundlegenden Belange des Wohlergehens der ihm Zugehörenden Verantwortung zu übernehmen; und *zweitens* auf der institutionellen Ebene auch entsprechende Rechtsansprüche einräumt und die Funktionsfähigkeit der Einrichtungen im Sinne der Programmatik gewährleistet. Die Gesamtheit derartiger staatlich administrierter oder auch nur regulierter Einrichtungen sei als „Wohlfahrtssektor" bezeichnet. Dabei bleibt analytisch offen, inwieweit der Wohlfahrtssektor mehr oder weniger monopolistisch auf staatlicher Administration beruht, oder aber – und dies erscheint international als aktuelle Tendenz – die Form eines zwar staatlich regulierten, aber pluralistischen Angebots annimmt (Evers/Olk 1996). Und ebenso muss analytisch offen bleiben, inwieweit die verwirklichten institutionellen Arrangements der Wohlfahrtsproduktion der sozialstaatlichen Programmatik eines Gemeinwesens tatsächlich entsprechen. Dies bleibt notwendigerweise Thema politischer Auseinandersetzungen, wobei die Berufung auf Gerechtigkeitsargumente nur eine Strategie unter mehreren ist.

Die staatlichen Gewährleistungen als Selbstverpflichtungen beziehen sich zum einen auf die Rechte bürgerlicher Handlungsfreiheit *(rights to act)*, zum zweiten auf Teilhaberechte im Sinne politischer und mitgliedschaftlicher Teilhabe *(membership)* und schließlich auf Ansprüche auf staatliches Handeln in Fällen existentieller Bedrohung oder sonstiger rechtlich anerkannter Bedürftigkeiten *(entitlements)* (Therborn 1995: 85 ff.). Die sozialpolitische und sozialstaatliche Entwicklung bezog sich nie allein auf die Ansprüche, sondern auf *alle drei Arten von Rechten*, wie der Kampf um das Koalitionsrecht und das Wahlrecht für Arbeiter, Fürsorgeempfänger und Frauen in zahlreichen Ländern Europas gezeigt hat. Dabei traten jedoch nach Ort und Zeit unterschiedliche Probleme in den Vordergrund, und demzufolge wurden auch unterschiedliche Gerechtigkeitsvorstellungen zur Begründung herangezogen.

Dies gilt es angesichts der heutigen Diskussion um Gerechtigkeit im Sozialstaat zunächst festzuhalten. Solange es der Sozialpolitik um die Lösung der Arbeiterfrage oder die Überwindung der Klassengesellschaft ging, waren die Kriterien der Gerechtigkeit und die daraus zu ziehenden Schlussfolgerungen relativ eindeutig auszumachen: Es ging um gleiche Rechte für die Arbeiter im Verhältnis zu den anderen gesellschaftlichen Gruppen, und zwar bald nicht mehr nur zu den Unternehmern, sondern zunehmend auch zu den Angestellten, welche für sich eigene Sozialversicherungsträger mit großzügigeren Leistungsversprechen erkämpft hatten. Für Eduard Heimann war die Sozialversicherung noch ein marginales Moment der Sozialpolitik, in deren Zentrum die Rechte der Arbeiter im Produktionsprozess standen. Die Fürsorge wurde in der Weimarer Zeit noch nicht einmal zur Sozialpolitik gezählt.

Erst nach dem Zweiten Weltkrieg, nachdem mit den Tarifvertrags- und Mitbestimmungsgesetzen der Kampf um die Rechte der Arbeiter und der Gewerkschaften zu einem einigermaßen befriedigenden Ende gekommen war (siehe 16.2), rückte die soziale Sicherung und mit ihr die Problematik der *Einkommens(um)verteilung* ins Zentrum der sozialpolitischen Aufmerksamkeit. Im internationalen Vergleich spielt bis heute in Deutschland die politische Auseinandersetzung um die Einkommensverteilung – also um Finanzierung und Leistungen der Sozialen Sicherung sowie um Regeln der Besteuerung – eine zentralere Rolle als beispielsweise in den Niederlanden, Großbritannien oder Skandinavien. Dort kommt den sozialen Diensten, insbesondere des Bildungs- und des Gesundheitswesens, die größte sozialpolitische Aufmerksamkeit zu.

10.5   Die Sozialversicherung als aktuelles Feld für Verteilungskonflikte

Wenn heute kritisch vom „Sozialstaat" als Fass ohne Boden oder von seiner Talfahrt die Rede ist, so geht es in Deutschland vor allem um die Sozialversicherungen, ihre Finanzierung und ihre Leistungen. Auf der Finanzierungsseite steht die bisherige paritätische Aufteilung der Sozialversicherungsbeiträge auf Arbeitgeber und Arbeitnehmer zur Debatte. Wie kaum ein anderes Land hat Deutschland diesen Grundsatz konsequent auf die Systeme der Kranken-, Alters-, Arbeitslosigkeits- und schließlich unter großen politischen Wehen auch noch auf die Pflegeversicherung angewandt; lediglich die Berufsunfallversicherung wird allein von den Arbeitgebern finanziert, weil sie die privatrechtliche Betriebshaftpflicht ersetzt.

Auf der Leistungsseite linderten die in der Ära Bismarcks geschaffenen Sozialversicherungen bis zur „Großen Rentenreform" von 1957 zwar arge Not, aber sie sicherten in der Regel nicht das Existenzminimum, geschweige denn den einmal erreichten Lebensstandard; ergänzende familiäre Unterstützung wurde politisch vorausgesetzt. Auch kam es wiederholt zu ernsten Finanzierungsschwierigkeiten, und die letzte stabile Regierung der Weimarer Republik zerbrach ob der Kürzung von Sozialleistungen. Selbst die frühen Reformen der Sozialversicherungen in der Ära Adenauer sahen noch bescheidene Leistungen vor, doch wurden sie im Laufe der Jahre und vor allem kurz vor den jeweiligen Bundestagswahlen erweitert und vielfach auch großzügiger gehandhabt. Das gilt besonders für die Gesetzliche Rentenversicherung, die bis in jüngste Zeit das vorzeitige Ausscheiden älterer Arbeitskräfte aus dem Erwerbsleben sehr gefördert hat. In der Krankenversicherung bewirkt der medizinische Fortschritt und die Verteuerung der Dienstleistungen eine immanente Kostendynamik, und die Arbeitslosenversicherung wurde durch die seit Mitte der 1970er Jahre trendmäßig steigende Arbeitslosigkeit immer stärker in Anspruch genommen. All dies führte in der Summe zu erheblichen Beitragssatzsteigerungen: von durchschnittlich 24 % (einschließlich der Arbeitgeberbeiträge) im Jahre 1960 über 27 % im Jahre 1970, 32 % im Jahre 1980 und 36 % im Jahre 1990 auf 41 % im Jahre 2000. Vor allem die Wiedervereinigung hat zu einer erheblichen Erhöhung der Beitragssätze geführt, weil die soziale Sicherung im Beitrittsgebiet nicht aus Steuermitteln, sondern von Anfang an durch den Verbund aller Sozialversicherungsträger und damit im Wesentlichen durch Beiträge finanziert werden sollte.

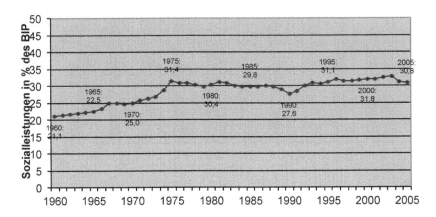

Abb. 1   Entwicklung der Sozialleistungsquote 1960-2005
Quelle: Schmidt 2005: 157

Betrachtet man dagegen die sog. Sozialleistungsquote, also den Anteil aller Sozialleistungen am Volkseinkommen (Abbildung 1), so zeigt sich zunächst ein langfristiger starker Anstieg zwischen dem Jahr der großen Rentenreform (1957) und 1975. Mit der ersten Ölpreiskrise und dem Zusammenbruch des Währungssystems von *Bretton Woods* (1973/74) ging der „kurze Traum immerwährender Prosperität" (B. Lutz) und damit die sozialstaatliche Expansionsphase abrupt zu Ende, und es folgten fortgesetzte öffentliche Sparmaßnahmen unter den Regierungen Schmidt und Kohl, welche sich auch in einer gewissen Reduktion der Sozialleistungsquote bis 1990 niederschlugen. Weil im Zuge der Wiedervereinigung den Versicherten des Beitrittsgebiets praktisch dieselben Leistungen zugesprochen wurden wie denjenigen der alten Bundesländer, das Beitragsaufkommen dort aber hierfür bis heute nicht ausreicht, kam es trotz weiterer Bemühungen um Kosteneindämmung zu einem erneuten Anstieg der Sozialleistungsquote, die erst im Zuge des jüngsten Wirtschaftsaufschwungs wieder etwas rückläufig ist.

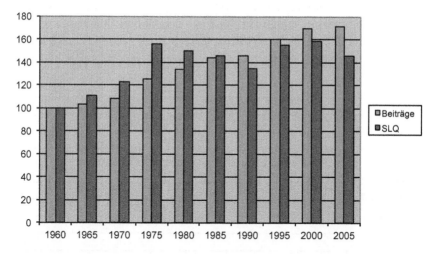

Abb. 2   Entwicklung von Sozialversicherungsbeiträgen und Sozialleistungsquoten im Vergleich (1960 = 100)

Quelle: Schmidt 2005: 157

Aufschlussreich ist ein Vergleich der Entwicklung der Sozialleistungsquote mit derjenigen des Gesamtbeitrages zur Sozialversicherung (Abbildung 2): Bis zum Jahre 1975 stiegen die Leistungen stärker als die Beiträge, seither ist das Gegenteil der Fall. Seit 1975 ist auch die Lohnquote und erst recht der Anteil der Nettolöhne

und Gehälter an der Gesamtheit der verfügbaren Einkommen gesunken, während
der Anteil der Gewinn- und Vermögenseinkommen zugenommen hat; der Anteil
der Transfereinkommen blieb – abgesehen von den Folgen der Wiedervereinigung
– in etwa konstant (Abbildung 3).

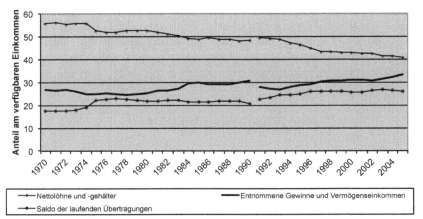

Abb. 3   Verfügbares Einkommen der privaten Haushalte 1970-2005 nach Arten
Quelle: BMGS 2005 (Statistisches Taschenbuch). Ab 1991 revidierte Berechnungsweise

Wir können also bereits für die letzten drei Jahrzehnte eine Verschlechterung des
Beitrags/Leistungsverhältnisses in der Sozialversicherung und eine Verschiebung
des Anteils der verfügbaren Einkommen zu Lasten der unselbständig Erwerbenden
feststellen, allerdings von einem besonders günstigen Ausgangsniveau aus. Analysen
der interpersonellen Einkommensverteilung lassen für die alten und erst recht die
neuen Bundesländer eine zunehmende Ungleichheit der Markteinkommen erkennen, die jedoch durch die Wirkungen des Steuersystems und die sozialpolitische
Umverteilung auf der Ebene der verfügbaren Einkommen deutlich gedämpft wird
(vgl. Lampert/Althammer 2007: 512 ff.). Auch die Einkommensarmut erreichte in
Deutschland ihr Minimum um 1975 und hat seither kontinuierlich zugenommen.
Nimmt man das Sozialhilfeniveau als Armutsschwelle, so lässt sich der Anteil der
„Armen" (unter Einschluss der „verschämten Armen") in Deutschland auf derzeit
etwa 5 % schätzen (Lampert/Althammer 2007: 363). Im internationalen Vergleich
steht Deutschland hier immer noch recht günstig da (vgl. Kaufmann 2003b: 315
ff.). Abgesehen von einer rasant zunehmenden Kinderarmut und einer erkennbaren

Zunahme sozialer Ungleichheit insbesondere unterhalb der Armutsschwelle, gelingt dem deutschen Sozialstaat ein sozialer Ausgleich immer noch vergleichsweise gut. Aber unverkennbar sind die Verteilungskonflikte unter dem Einfluss von Globalisierung und Europäisierung härter geworden, und die Folgen der Wiedervereinigung haben die herkömmlichen Formen der Konfliktregelung vielfach überfordert.

Leider verheißen die Zukunftsperspektiven keine Entwarnung. In den letzten Jahrzehnten wirkte sich die demografische Situation erleichternd aus: Die demografisch bedingten Versorgungslasten blieben infolge der Übersterblichkeit der Kriegsgenerationen und des exzessiven Geburtenrückgangs deutlich unterhalb des langfristigen Minimums einer ihre Reproduktion gewährleistenden Bevölkerung (Abbildung 4).

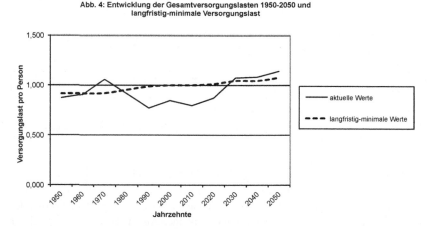

Abb. 4 Entwicklung der Gesamtversorgungslasten 1950-2050 und langfristig-minimale Versorgungslast

Quelle: Entnommen aus Kaufmann 2005a: 212

Dieser Vorteil vermindert sich in den kommenden Jahrzehnten deutlich und wird unter der hier mitgeteilten Bevölkerungsvorausschätzung des Statistischen Bundesamtes ab ca. 2035 in einen langfristigen Nachteil umschlagen. Diese Aussage ist auch gegenüber modifizierten demografischen Annahmen weitgehend robust. Gleichzeitig wäre bei gleich bleibender Gesetzeslage mit einem erheblichen Anstieg der Beitragssätze in der Renten- Pflege- und Krankenversicherung zu rechnen gewesen, der durch eventuelle Reduktionen im Bereich der Arbeitslosenversicherung nur unwesentlich kompensiert werden kann. Die sog. Rürup-Kommission rechnete für die Renten- und Pflegeversicherung allein mit einer Steigerung der Beitragssätze zwischen 2000 und 2030 um 5,7 Prozentpunkte. Ihre Vorschläge zur Kostendämpfung, welche im Wesentlichen einer Reduzierung der Leistungen an die nicht mehr erwerbstätige Generation gleichkommen, sollen diese Erhöhung auf 2,5 Prozentpunkte reduzieren (Bundesministerium für Gesundheit und soziale Sicherung 2003: 233). Inzwischen sind diese Vorschläge für den Bereich der Gesetzlichen Rentenversicherung weitgehend umgesetzt worden.

Die Finanzierbarkeit der Sozialversicherungen ist bei gegebener Leistungsstruktur vor allem von der Wirtschaftsentwicklung abhängig. Die aktuell günstigen Wachstumsraten sollten nicht darüber hinwegtäuschen, dass in demografischer Hinsicht die langfristigen Wachstumsperspektiven der deutschen Wirtschaft ungünstig bleiben. Die Nachwuchsschwäche wird sich zunehmend bemerkbar machen, und zwar sowohl in einem sinkenden Angebot an jüngeren qualifizierten Arbeitskräften als auch auf der Seite der Nachfrage, wo die besonders konsumaktiven jungen Familienhaushalte zurückgehen. Ohne in Pessimismus machen zu wollen: *Wir müssen die Möglichkeit in Betracht ziehen, dass der Verteilungskampf um ein vielleicht stagnierendes Sozialprodukt in den kommenden Jahrzehnten noch intensiver wird.* Wenn es noch zu einer Steigerung des durchschnittlichen Wohlstandes kommt, so wird sie auf jeden Fall deutlich niedriger ausfallen als in der Vergangenheit.

10.6 Soziale Gerechtigkeit

In diesem Kontext hat die Berufung auf Gerechtigkeit Hochkonjunktur. Zumeist wird auf „soziale Gerechtigkeit" rekurriert, aber auch „Gerechtigkeit für Familien", „Generationengerechtigkeit" und „Teilhabegerechtigkeit" stehen hoch im Kurs und werden durch die Forderung nach einer „Produktivistischen Gerechtigkeit" in Frage gestellt (vgl. Leisering 2004a: 33 ff.). Deutlich ist bei all diesen Forderungen die Dominanz von Verteilungsaspekten. Es geht fast ausschließlich um Verteilungsgerechtigkeit. Ungerechtigkeiten im Bereich der bürgerlichen Freiheiten, der politischen Rechte oder der Mitgliedschaftsrechte werden kaum thematisiert. Eine Ausnahme machen Forderungen nach einem Wahlrecht für Kinder oder für Ausländer.

Der aktuell dominante Leitbegriff „Soziale Gerechtigkeit" ist ursprünglich im Horizont der katholischen Soziallehre entstanden und hatte dort einen wesentlich weiteren Begriffshorizont als die Verteilungsgerechtigkeit (Kramer 1992). Die vielfach konstatierte Unschärfe des Begriffs „sozial" schon im 19. Jahrhundert wird verständlich, wenn wir die Wortverwendung im kritischen Sinne verstehen: Als „sozial" galt, was der individualistischen Gesellschaftskonzeption der französischen Revolution wie auch des angelsächsischen Liberalismus fehlt (Donzelot 1984). Wer „sozialpolitisch" dachte, war davon überzeugt, dass das individualistische Sozialmodell politisch nicht tragfähig sei. „Sozial" ist also ursprünglich ein Defizitbegriff, der je nach wissenschaftlicher Diagnose und politischer Präferenz unterschiedlich gefüllt wurde (siehe 13.1.2). Und so kommt es auch nicht von ungefähr, dass sozialpolitische Probleme nicht primär auf Gerechtigkeitsfragen, sondern auf Fragen des gesellschaftlichen Zusammenlebens bezogen wurden.[4] Wenn heute nicht mehr die integrationspolitische, sondern die verteilungspolitische Problematik im Zentrum steht, so deutet dies darauf hin, dass die Programmatik und die Institutionen des Sozialstaats mittlerweile so konsolidiert sind, dass Probleme des gesellschaftlichen Zusammenhalts heute keine ernsthafte politische Herausforderung mehr darstellen, man mag das begrüßen oder bedauern. Der Hauptgrund ist wohl nicht allein die (aktuelle) Ohnmacht der heute Armen und der „Globalisierungsverlierer", sondern auch die Flexibilität demokratischer Regime, welche auf Verschiebungen in den Machtverhältnissen schneller reagieren als autoritäre Herrschaftssysteme.

Soziale Gerechtigkeit als Verteilungsgerechtigkeit ist jedoch „unvermeidlich mit einem Dissensrisiko belastet." (Kersting 2003: 107) Dies hat mit der komplexen Struktur der wohlfahrtsstaatlichen Verteilungsproblematik zu tun, die in der gängigen Gegenüberstellung von „Bedarfsgerechtigkeit" und „Leistungsgerechtigkeit" unterschätzt wird. Wir haben es nämlich mit *zwei Paaren konträrer Gerechtigkeitsvorstellungen* zu tun: Neben die Polarität „Bedarfsgerechtigkeit" versus „Leistungsgerechtigkeit", tritt nämlich die Spannung zwischen den Postulaten der „Besitzstandsgerechtigkeit" und der „Chancengerechtigkeit" (Kerber/Westermann/Spörlein 1981: 53 ff.). Zurzeit hat die Forderung nach Chancengerechtigkeit Konjunktur. Sie kann sich nicht nur auf die schon alte Kompromissformel der „Chancengleichheit" berufen, auf die sich nahezu alle demokratischen Parteien einigen können (Kaufmann 1985). Sie erfährt eine erweiterte Interpretation durch die Verzeitlichung des Gerechtigkeitsproblems im Horizont von Alterung und absehbarer Schrumpfung der Bevölkerung, insbesondere der erwerbstätigen Bevölkerung. Während sich die Spannung zwischen Bedarfs- und Leistungsgerechtigkeit auf das Problem *synchroner* sozialer Ungleichheit bezieht, und damit in politischen Auseinandersetzungen besonders leicht zu mobilisieren ist, bezieht sich die Spannung zwischen Chancengerechtigkeit und Besitzstandsgerechtigkeit auf das Problem unterschiedlicher Verteilungswirkungen sozialstaatlicher Ins-

---

4   Besonders explizit gilt dies für die Weimarer Zeit, vgl. Kaufmann (2003a: 105 ff.).

titutionen mit Bezug auf den Lebenslauf und auf die Chancen unterschiedlicher Geburtskohorten, auf *diachrone* Verteilungsprobleme also.

Je nachdem, welches Konzept der Verteilungsgerechtigkeit man bevorzugt, gelangt man zu verschiedenen Problemdiagnosen und zu unterschiedlichen Prioritäten der sozialpolitischen Problembearbeitung. Geht man vom Problem einer wirtschaftlichen Wachstumsschwäche in der Bundesrepublik aus, so kann man entweder im Namen von Bedarfsgerechtigkeit und unter Berufung auf die keynesianische Unterkonsumtionstheorie eine stärkere Einkommensumverteilung fordern, um die Binnennachfrage zu stärken. Oder man kann im Namen von Leistungsgerechtigkeit (sowie der „produktivistischen Gerechtigkeit") und unter Berufung auf eine angebotsorientierte Theorie des Wirtschaftswachstums eine Reduktion staatlicher Einkommensumverteilung und insbesondere der Lohnnebenkosten fordern; dadurch sollen sich die Risiken unternehmerischer Initiative reduzieren und die Nachfrage nach Arbeitskräften erhöhen. Für beide Positionen lassen sich bekanntlich plausible Argumente und Gegenargumente finden; sie dominieren die öffentlichen Diskurse.

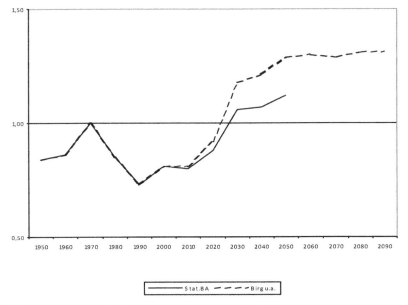

Abb. 5   Demografische Gesamtversorgungslast 1950-2050
Quelle: wie Abb. 4 sowie Birg u.a. 1998, Variante 5
entnommen aus Kaufmann 2005a: 211

Man kann das Zentralproblem unserer gegenwärtigen Krisensituation aber auch anders bestimmen, nämlich als *Problem des intergenerationellen Ausgleichs*. Die zunehmende Lebenserwartung und insbesondere der Geburtenrückgang der letzten Jahrzehnten haben zu demografischen Verwerfungen geführt, welche zu recht unterschiedlichen Belastungen der jeweils erwerbstätigen Generation mit Unterhaltspflichten gegenüber der jungen und der alten Generation führen (vgl. Abbildung 5). Da die Versorgungslasten für die Jungen mit dem Geburtenrückgang unmittelbar sinken, diejenigen für die Alten aber erst mit der Verzögerung einer Generation ansteigen, entstehen – wie bereits skizziert – sehr unterschiedliche Belastungsverhältnisse im Zeitablauf (nochmals Abbildung 4). Diese unbestreitbaren statistischen Zusammenhänge werden heute im Rahmen eines Diskurses über *Generationengerechtigkeit* thematisiert, der bereits früher im Zusammenhang mit der ökologischen Nachhaltigkeitsdebatte und der Diskussion über Staatsverschuldung entstanden ist.[5] Auf der sozialpolitischen Ebene geht es dann darum, inwieweit im Namen von Besitzstandsgerechtigkeit die erworbenen Ansprüche der älteren Generationen zu schützen sind,[6] oder ob im Interesse einer besseren Chancengerechtigkeit für junge Menschen und Familien eine Umwidmung öffentlicher Mittel zur Stärkung von Familien- und Bildungspolitik Priorität verdient (vgl. Kaufmann 2005 b: 198 ff.).

Festzuhalten ist, dass aus sozialwissenschaftlicher Sicht die beiden Gerechtigkeitsdilemmata keine sich ausschließenden Alternativen sind, sondern dass hinsichtlich beider Problemfelder Maßnahmenkombinationen denkbar und vielfach auch praktisch möglich sind, die die Interessengensätze der Angesprochenen entschärfen. *Durch die Berufung auf konträre Gerechtigkeitskriterien werden also strukturell vorhandene Interessendivergenzen ins Prinzipielle gehoben und so auf der rhetorischen Ebene zu politischen Gegensätzen stilisiert.*

Bei beiden skizzierten Diskursfronten stehen die Verteilungsproblematik und damit das Problem der Verteilungsgerechtigkeit im Vordergrund. Dabei ist nicht der Gerechtigkeitsgrundsatz umstritten, „Jedem das Seine" zu geben. Umstritten ist vielmehr, was „das Seine" ist, das „jedem" zusteht. Dafür gibt der allgemeine Grundsatz keine Hinweise, wohl aber beanspruchen die spezifischeren Gerechtigkeitskriterien Bedarf, Leistung, erworbene Rechte und gleiche Chancen, „das Seine" zu definieren. Diese legitimieren in der sozialpolitischen Praxis allerdings

---

5   Den breitesten Überblick bietet Stiftung für die Rechte zukünftiger Generationen (2003). Nach den empirisch gestützten Schätzungen von Hauser (2005) scheint das Problem allerdings öffentlich aufgebauscht.

6   Diskurse der Besitzstandsgerechtigkeit sind eng mit dem Postulat der Rechtssicherheit und der Erwartungssicherheit verknüpft und beziehen von dort ihre Plausibilität, vgl. Schulte (1988).

die Ansprüche unterschiedlicher Menschengruppen, sodass sie als konträr wahrgenommen werden und ihr Gebrauch parteilich erscheint. Zudem lässt diese Auslegung von Gerechtigkeitsgrundsätzen als Legitimation partikulärer Ansprüche vergessen, dass es bei Gerechtigkeit ursprünglich um eine Tugend ging, um den festen Willen (Ulpian) oder den Habitus (Thomas von Aquin), den berechtigten Ansprüchen Dritter gerecht zu werden. Je härter die Verteilungskonflikte um das tendenziell stagnierende Sozialprodukt werden, desto weniger instruktiv wird ein Gerechtigkeitsdiskurs, der sich auf Einzelkriterien der Verteilung beruft. Aber auch universalistische Kriterien greifen nicht recht, um die komplexe Problematik zu strukturieren.

10.7 Neue Diskurse zur Reform des Sozialstaats

In der sozialwissenschaftlichen und zunehmend auch in der öffentlichen Diskussion ist daher eine Abkehr vom Problem der Verteilungsgerechtigkeit als Leitproblem der Sozialstaatlichkeit zu beobachten.[7] Wie nach dem zweiten Weltkrieg die Problemstellung der Pazifizierung des Klassenkonflikts und der gesellschaftlichen Integration durch die Verteilungsproblematik abgelöst wurde, scheint sich auch heute ein Paradigmenwechsel anzubahnen. Allerdings sind die Umrisse eines neuen Paradigmas noch nicht klar zu erkennen, sondern erst Bruchstücke und Teilargumentationen, welche noch nicht zu einer allgemein anerkannten, die Diskussionen um die Reform des Sozialstaats organisierenden Problemstellung verdichtet sind. Ich nenne lediglich stichwortartig einige dieser aufsteigenden Diskurse:

- *Anerkennung statt Umverteilung* (z.B. Nullmeier 2003): Der ursprünglich aus der amerikanischen Rassen- und Gender-Problematik stammende Anerkennungs-Diskurs hat seine normative Grundlage in der Doktrin der Menschenrechte und kann von daher auch zur Grundlegung einer Sozialstaatsbegründung dienen. Nicht das Ausmaß staatlich veranlasster Umverteilung, sondern das Ausmaß der Gewährleistung von Handlungsfreiheit, Teilhabe und Schutz mit Bezug auf existentielle Risiken für alle Bevölkerungsgruppen wird damit zum Erfolgskriterium des Sozialstaats; der Diskurs weist somit Affinitäten zu demjenigen über „Teilhabegerechtigkeit" auf.

---

7   Ein breiter Überblick über neuere sozialwissenschaftliche Positionen findet sich in zahlreichen Beiträgen von Lessenich (2003).

- *Vom versorgenden zum fördernden Sozialstaat* (Kersting 2003; Vobruba 2003; Prisching 2003): Vielfältige Diskurse thematisieren die Sinnhaftigkeit und auch ökonomische Notwendigkeit, die lebenslagerelevanten Staatsaktivitäten stärker auf die Befähigung der Bevölkerung zur Selbstsorge zu konzentrieren und staatlich organisierte Versorgung nur subsidiär zu zwar staatlich regulierten, aber marktwirtschaftlichen oder solidarisch-zivilgesellschaftlichen Formen des Einkommenserwerbs, der Vorsorge und der Hilfe vorzusehen. Dementsprechend rücken Bildungs- und Arbeitsmarktpolitik sowie die Unterscheidung zwischen staatlich zu gewährleistender Grundversorgung und privater oder betrieblicher Vorsorge für weiterreichende Sicherungsniveaus in den Vordergrund des Sozialstaatsverständnisses.

- *Vom konsumtiven zum investiven Sozialstaat* (Widmaier 1970; Priddat 2003): Staatlich veranstaltete Einkommensumverteilungen stärken die konsumtive Kaufkraft, aber nicht die Zukunftsfähigkeit des Gemeinwesens und der Wirtschaft. Ausgelöst vor allem durch die demografische Entwicklung, aber auch durch die Wachstumsschwäche der europäischen Volkswirtschaften, gewinnt das Problem der Zukunftsinvestitionen an Gewicht: Forschung und Entwicklung, insbesondere auch eine Stärkung der Humanvermögensbildung durch Familien-, Jugend- und Bildungspolitik.

- *Vom Leistungen erbringenden zum regulierenden Sozialstaat* (Leisering 2007b): Zum bisher vorherrschenden Sozialstaatsverständnis gehörte die Vorstellung, dass der Staat selbst oder zum mindesten von ihm unmittelbar abhängige Körperschaften des öffentlichen Rechts die sozialen Leistungen zu erbringen haben. Das gilt in stärkerem Maße für das Ausland als für die Bundesrepublik, wo dem Subsidiaritätsprinzip in vielen Bereichen der Sozialpolitik schon lange Tradition hat. Dennoch erscheint auch hierzulande das Postulat neu, dass die zentrale sozialpolitische Aufgabe in der *Regulierung nicht-staatlicher Formen der Wohlfahrtsproduktion* zu liegen habe, während die Leistungen selbst durch gemeinnützige oder sogar gewinnorientierte Einrichtungen effizienter und effektiver erbracht werden können. Einschlägige Diskussionen und auch schon institutionelle Neuerungen lassen sich vor allem im Bereich der Arbeitsmarktpolitik, der Pflegepolitik und der Rentenpolitik (hierzu Berner 2009) beobachten.

Vertreter des herkömmlichen, staatszentrierten Verteilungsparadigmas sehen in diesen Umorientierungen und den größtenteils unter Finanznot zustande gekommenen Leistungskürzungen eine Dekadenz oder gar das Ende des Sozialstaats, denn sie steigerten die soziale Ungleichheit und führten daher zu wachsender Ungerechtigkeit. Folgt man jedoch den Überlegungen in Abschnitt 10.3, so ist ein erneuter Paradigmenwechsel der Sozialstaatlichkeit nichts Ungewöhnliches. Die

sozialstaatliche Entwicklung vollzieht sich als spannungsreiche Auseinandersetzung zwischen politischen Repräsentanten unterschiedlicher Interessengruppen
unter Berufung auf normative und sachbezogene Argumente, um die nicht direkt
beteiligte Öffentlichkeit auf ihre Seite zu ziehen. Einmal erreichte Problemlösungen
bringen Folgeprobleme hervor, welche Umorientierungen der sozialstaatlichen
Politik notwendig machen. Unabhängig davon, ob die Wachstumsschwäche der
deutschen Wirtschaft eine unmittelbare Folge der sozialpolitischen Entwicklung
ist, wie manche neoliberale Kritiker behaupten, oder ob sie andere Ursachen hat:
Eine Fixierung der Politik auf die Verteilungsproblematik wäre in der Perspektive
eines tendenziell stagnierenden Sozialprodukts kontraproduktiv. Zu den wichtigsten
sozialstaatlichen Aufgaben gehört es heute, die vornehmlich seit der Wiedervereinigung geschwächte Synergie zwischen Wirtschafts- und Sozialpolitik zu stärken
(vgl. Kaufmann 2009a/1994). Nur eine per Saldo positive Wechselwirkung zwischen
beiden Bereichen ist auf Dauer zukunftsfähig, doch dieser Gedanke kann hier nicht
mehr vertieft werden.

Wo bleibt bei diesen neuen Perspektiven die Gerechtigkeit? Die Herausforderung, sich fortwährend darum zu bemühen, jedem das Seine zu geben, richtet sich
in demokratischen Gesellschaften primär an die Politik und in ihrem Vorfeld an
die öffentliche Meinung. Wie auch im richterlichen Prozess, dem Urbild des antiken Gerechtigkeitsbegriffs, bleibt die Meinungsbildung von Informationen und
Argumenten abhängig, die in der öffentlichen Auseinandersetzung zwischen den
streitenden Parteien vorgebracht werden. Unterschiedliche Gerechtigkeitskonzepte
konkurrieren als Maßstäbe und Legitimationen politischer Forderungen, und
*es erscheint aus soziologischer oder politikwissenschaftlicher Sicht müßig, solchen
Streit durch ein philosophisches Metakonzept von Gerechtigkeit schlichten zu wollen.*
Vielmehr gilt es, die eigentliche Herausforderung klar zu sehen: Die wohlfahrtsstaatliche Entwicklung verdankt ihre Legitimität dem fortgesetzten Kampf um
institutionelle Lösungen politisch artikulierter Probleme, die im Rahmen eines
Gemeinwesens als *einigermaßen* gerecht akzeptiert werden. Dabei hat die Zahl der
zu berücksichtigenden Gesichtspunkte fortwährend zugenommen. Oder anders
ausgedrückt: Die sozialstaatlichen Aufgaben sind immer komplexer geworden.

Eine sozialanalytische Durchdringung konkreter Probleme muss sich daher auf
bestimmte institutionelle Komplexe beziehen, denn längst bestimmt nicht mehr
die Schaffung neuer Institutionen, sondern die Reform bestehender Institutionen
die politische Tagesordnung (Kaufmann 2009b/1998). Für die sozialwissenschaftliche Analyse sind aber Gerechtigkeitskriterien nicht irrelevant, insofern sie mit
bestimmen, *was als Problem gelten kann.* Man kann sich hierfür an der empirischen
Gerechtigkeitsforschung orientieren, die sich im letzten Jahrzehnt etabliert hat
(programmatisch Döring u.a. 1995; Müller/Wegener 1995). Aber die in der Bevöl-

kerung verbreiteten Vorstellungen erreichen kaum das Niveau von Kriterien, die der Komplexität institutioneller Herausforderungen angemessen sind, wie beispielsweise das Differenzprinzip von John Rawls (1979) oder die Idee „funktionalistischer" bzw. „produktivistischer Gerechtigkeit": „Soziale Verhältnisse, etwa Ungleichheit am Markt, sind gerecht, wenn sie mittel- und langfristig Nutzen stiften, nämlich die Wohlfahrt aller maximieren." (Leisering 1999:11).

Noch hat kein europäischer Sozialstaat die Herausforderung einer längeren wirtschaftlichen Stagnation bestehen müssen. *Die Verteilung von Kürzungen ist politisch wesentlich schwieriger als die Verteilung von Zuwächsen.* Ersteres scheint zunehmend das Geschäft demokratisch gewählter Politiker zu werden. Dabei sollten sie sich von dramatisierenden Warnungen vor den Folgen von Verteilungskonflikten nicht ins Bockshorn jagen lassen. Ernsthafte Störungen des sozialen Friedens sind nur dort zu erwarten, wo politische Entwicklungen nachhaltig das Gerechtigkeitsgefühl breiter Bevölkerungsgruppen verletzen, insbesondere dort, wo bestimmte Gruppen in der herrschenden Meinung so diskriminiert werden, dass sie sich dauerhaft ausgeschlossen fühlen. Die Offenheit der politischen Auseinandersetzungen und die Zugänglichkeit der öffentlichen Meinung auch für Minderheitsanliegen ist eine entscheidende Bedingung des sozialen Friedens, welcher unter dieser Bedingung auch längere wirtschaftliche Durststrecken zu überdauern vermag.

Sicherheit: Das Leitbild beherrschbarer Komplexität* 11

Zusammenfassung: Dieser Text baut auf meiner 1966/68 verfassten Habilitationsschrift „Sicherheit als soziologisches und sozialpolitisches Problem- Untersuchungen zu einer Wertidee hochdifferenzierter Gesellschaften" auf, der ersten systematischen Studie zur Sicherheitsthematik.[1] Er verarbeitet zusätzlich die umfangeiche, seither erschienene Literatur bis 2003. Aufbauend auf einer Zusammenfassung der Begriffsgeschichte wird nach dem normativen Kern der erst im 20. Jahrhundert beobachtbaren werthaften Aufladung des Sicherheitsbegriffs gefragt. Dieser bezieht sich auf den Zusammenhang zwischen den Hauptbedeutungen von Sicherheit, nämlich Schutz, Verlässlichkeit, Gewissheit und subjektiver Beruhigung oder Sorgelosigkeit. Dieser Zusammenhang ist durch die Komplexitätssteigerungen der Moderne gestört. Unsicherheit als Zeitdiagnose bezieht sich auf eine Vielzahl von Risiken oder Gefahren, deren (Un-) Wahrscheinlichkeit ebenso wenig absehbar ist wie die Verlässlichkeit der dagegen angebotenen Schutzvorkehrungen. Die Spannung zwischen „Systemsicherheit" und „Selbstsicherheit" bildet die bleibende Basis für eine normative Aufladung des Sicherheitskonzeptes. Der Text schließt mit Überlegungen zu sozialpolitischen Konsequenzen.

„Soziale Sicherheit" ist wie sein englisches („Social Security") und sein französisches („Sécurité sociale") Synonym zu einem Leitbegriff der wohlfahrtsstaatlichen Entwicklung geworden. Während es die deutsche Sprache gestattet, zwischen normativem Leitbild („Soziale Sicherheit") und seinen institutionellen Umsetzungen („Soziale Sicherung") semantisch zu unterscheiden, decken „Social Security" und „Sécurité

---

*   *Erstveröffentlichung in: Stephan Lessenich (Hrsg.): Wohlfahrtsstaatliche Grundbegriffe. Historische und aktuelle Diskurse. Campus Verlag Frankfurt/New York 2003, S. 73-104. Gekürzt.*

1   Kaufmann (1973). Näheres siehe in der Vorbemerkung zum folgenden Kapitel 11.

sociale" grundsätzlich beide Bedeutungen. Allerdings hat sich in neuerer Zeit das institutionelle Verständnis ganz in den Vordergrund geschoben. Erst unter dem Eindruck eines Diskurses, welcher „Globalisierung" als Gefahr für die europäische Wohlfahrtsstaatlichkeit thematisiert, tritt auch die normative Komponente des Begriffs wieder stärker ins öffentliche Bewusstsein.

Will man die normativen Implikationen von „Sozialer Sicherheit" ins Bewusstsein heben, so empfiehlt es sich, mit dem umfassenderen Begriff „Sicherheit" zu beginnen. „Sicherheit" ist ein altehrwürdiges Konzept der politischen Rhetorik, dessen Wurzeln bis in die römische Antike zurückreichen, das jedoch erst mit Beginn der Neuzeit Kraft gewonnen hat. „Soziale Sicherheit" hat dagegen nur eine kurze Geschichte: Der fulminante Aufstieg des englischen Synonyms „Social Security" zum weltweiten Leitbegriff wohlfahrtsstaatlicher Programmatik vollzog sich innert nur fünfzehn Jahren, zwischen 1933 und 1948, als der Begriff dem Sozialrechtskatalog der *Universal Declaration of Human Rights* der Vereinten Nationen vorangestellt wurde. Die Zeit zwischen dem Ersten und Zweiten Weltkrieg war aber auch die Epoche, in der das Begriffspaar „Security" – „Insecurity" als zeitdiagnostische Kategorie seinen Höhepunkt erreichte. Die Resonanz von „Social Security" wird erst vor diesem Horizont verständlich.

Im hier interessierenden politischen Sprachgebrauch ist „Sicherheit" ein abstrakter Programmbegriff, der in vielfältigen Kontexten auftaucht und selten näher bestimmt wird. „Der begrifflichen Unschärfe und den Schwierigkeiten seiner Füllung (steht) die Tatsache gegenüber ... daß der Begriff im Alltagswissen der Menschen fest verankert ist und nahezu voraussetzungslos verstanden werden kann."[2] Es wäre jedoch zu kurz gegriffen, wollte man den Aufstieg des Wortes zu einem Wert- und Leitbegriff moderner Gesellschaften allein auf diese Selbstverständlichkeit zurückführen. Wie zu zeigen sein wird, *antwortet der Begriff auf charakteristische Problemlagen der Moderne in utopischer Weise*, gerade darin liegt seine Attraktivität. Den utopischen Charakter teilt „Sicherheit" jedoch mit anderen Wertbegriffen der Moderne wie Freiheit oder Gerechtigkeit. Gesellschaftliche Wertideen sind wie Sterne: Unerreichbar und doch richtungweisend.

Um das Wort seiner Selbstverständlichkeit zu entkleiden und doch nicht in bloß aktuellen Bezügen stecken zu bleiben, bietet sich die begriffsgeschichtliche Methode als Einstieg an. Sodann ist zu fragen, was die politische Popularität des Begriffs bedingt und welches seine normativen Implikationen sind. Dabei wird sich zeigen, wie eng das Konzept mit soziologisch zu erschließenden Problemlagen der Modernisierung zusammenhängt. Abschließend werden einige Anknüpfungspunkte zu zeitgenössischen sozialpolitischen Diskursen verdeutlicht.

---

2   Art. „Sicherheit", in: Brockhaus-Enzyklopädie, 19. Aufl., Bd. 20, Mannheim 1993, 227.

11.1 Zur Begriffsgeschichte von „Sicherheit"

11.1.1 Antike und Mittelalter

Das lateinische Ursprungswort „securitas" trug schon in der altrömischen Religion politische Konnotationen: Bevor Rom den hellenistischen Götterhimmel adoptierte, herrschte ein Glaube an „numinose und juridisch in Pflicht nehmende Mächte mit spezifischen Geltungsbereichen und Funktionen ..., die in ihrer Gesamtheit das ‚Jus divinum', das göttliche Gesetz begründeten, das den Menschen auferlegt war."[3] Deshalb wurden in Rom aus unserer Sicht abstrakte Begriffe als Zielvorstellungen des guten Gemeinschaftslebens in den Rang von Gottheiten erhoben, wie z.b. Fortuna (Glück), Victoria (Sieg), Concordia (Eintracht), Pax (Friede), Abundantia (Wohlstand) und später auch Securitas (Sicherheit). „Securitas" erscheint figürlich auf Geldmünzen der frühen Kaiserzeit als Frauengestalt, meist mit Füllhorn, Zepter oder Kranz; später wird das Wort zu einem Attribut des selbst als göttlich verstandenen Kaisers.[4] „Seit der augusteischen Zeit wurde die römische Reichsidee .. durch „pax", „securitas" und „libertas" qualifiziert." (Conze 1984:833). Wir können in diesem, für die Begriffsgeschichte wegweisenden Zusammenhang „Securitas" als personifizierten Wert der politischen Stabilität des römischen Weltreiches, als „Zustand gesicherten und geregelten Weltfriedens" (Ilberg 1909/15: 596) verstehen.[5]

Im Mittelalter verlor „securitas" diesen umfassenden politischen Sinn und wurde vorzugsweise zur Bezeichnung konkreter Schutzversprechen verwendet. In dem Maße jedoch, als die Grundherrschaft durch die Landherrschaft abgelöst wurde, gewann auch „Sicherheit" wiederum einen verallgemeinernden Bezug, und zwar zunächst im Hinblick auf die Gewährleistung „sicherer", d.h. durch Raub und Fehde unbedrohter Verkehrswege. „Zunehmend wurde es üblich, den allgemeinen

---

3   Art. „Römische Religion", in: Brockhaus-Enzyklopädie, 19. Aufl., Bd. 18, Mannheim 1992, 538.

4   Vgl. Art. ‚Securitas' in Paulys Realenzyklopädie der classischen Altertumswissenschaft, 2. Reihe, 3. Halbband, Stuttgart 1921, Sp. 1000-1003.

5   Schon früh findet sich zudem – vor allem im epikureischen und stoischen Umfeld – die Bedeutung von ‚securitas' als „Bezeichnung für den Seelenzustand, der als Freiheit von Schmerz und Unwohlsein die Voraussetzung eines glücklichen Lebens ist"; diese ‚Sicherheit' wurde in der Folge unter dem Einfluss des Christentums als fehlende Gottesfurcht problematisiert (Makropulos 1995: 145). Ferner findet sich ‚securitas' in der römischen Rechtssprache im noch heute gebräuchlichen Sinn der Sicherungsleistungen gegen einen möglichen Vermögensschaden, z.B. als Bürgschaft oder Pfand; vgl. hierzu Conze (1984: 832).- Dieser Beitrag konzentriert sich auf die politisch-gesellschaftlichen Konnotationen des Sicherheitsbegriffs und kann daher andere Stränge der Begriffsentwicklung nur insoweit berücksichtigen, als sie hierfür relevant werden.

Schutz des Landesherrn, „Schutz und Schirm" über „Land und Leute" ausdrücklich zur Aufgabe der Obrigkeit zu erklären." (Conze 1984: 837). Und um den wieder aufblühende Fernhandel zu sichern, bedurfte es bereits des Zusammenwirkens mehrerer Landherren, modern gesprochen: eines Systems „kollektiver Sicherheit".

11.1.2 „Sicherheit" im Kontext der Staats- und Rechtstheorie

Mit der Entwicklung des modernen souveränen Staates wurde „Sicherheit" zu einem Zentralbegriff seiner politischen Theorie, und zwar auf zwei Ebenen: Zum einen als summarisches Element der Beschreibung „guter Herrschaft" oder „guter Polizey", und zwar oft in Verbindung mit Begriffen wie „Wohlfahrt", „gemeiner Nutzen" oder „Glückseligkeit".[6] Zum zweiten wurde analytisch unterschieden zwischen „äußerer Sicherheit" (Defension), als Problem der Gewährleistung der Integrität des Territoriums, und „innerer Sicherheit" (Protektion) als Problem der Gewährleistung des Schutzes der Untertanen gegen Willkür und Gewalt. „Gegen Ende des Dreißigjährigen Krieges ist „Sicherheit", nun auch das Fremdwort „Securität", als ein fest werdender Terminus in die politisch-diplomatische Sprache eingedrungen." (Conze 1984:841). Seine Zuspitzung erfuhr der Begriff allerdings erst im Horizont des aufkommenden Liberalismus und der damit verbundenen Differenzierung zwischen Sicherheits- und Wohlstands- oder Wohlfahrtszwecken. Am prägnantesten hat dies Wilhelm von Humboldt formuliert:

> „Der Zweck des Staates kann nämlich ein doppelter sein: er kann Glück befördern oder nur Übel verhindern wollen, und im letzteren Fall Übel der Natur oder Übel der Menschen. Schränkt er sich auf das letztere ein, so sucht er nur Sicherheit, und diese Sicherheit sei es mir erlaubt, einmal allen übrigen möglichen Zwecken, unter dem Namen des positiven Wohlstands vereint, entgegenzusetzen. ... Jede Einrichtung des Staats, welche das physische Wohl der Nation zu erhalten oder zu befördern die Absicht hat ... behaupte ich, ha(t) nachteilige Folgen und (ist) einer wahren, von den höchsten, aber immer menschlichen Gesichtspunkten ausgehenden Politik unangemessen. ... Wenn ich daher in dem Vorigen die Sorgfalt des Staats darum von vielen Dingen entfernt habe, weil die Nation sich selbst diese Dinge gleich gut und ohne die bei der Besorgung des Staats mit einfließenden Nachteile verschaffen kann, so muß ich dieselbe aus dem gleichen Grunde jetzt auf die Sicherheit richten, als das einzige, welches der einzelne Mensch mit seinen Kräften allein nicht zu erhalten vermag. Ich glaube daher hier als den ersten positiven ... Grundsatz aufstellen zu können: *daß*

---

6   Vgl. Maier 1980; wegleitend für die politische Theorie wurde das Werk Samuel Pufendorfs, bei dem ‚Sicherheit' und ‚Wohlfahrt' als gleichrangige, aber noch nicht deutlich voneinander geschiedene Staatszwecke postuliert werden; vgl. Schrimm-Heins 1992: 188-197.

die Erhaltung der Sicherheit sowohl gegen auswärtige Feinde als innerliche Zwistich-
keiten den Zweck des Staats ausmachen und seine Wirksamkeit beschäftigen muß."
(v. Humboldt 1967: 29f., 38f. Hervorhebg. i. Orig.)

Während die absolutistische Staatstheorie seit Hobbes Sicherheit und Wohlfahrt
als implizit zusammenhängende Staatszwecke aufgefasst hatte, und auch die
Praxis zum mindesten des aufgeklärten Absolutismus durchaus die Wohlfahrt
der Untertanen zu fördern unternahm (für Preussen Dorwart 1971), wurde im
Zuge der Aufklärung der Wohlfahrtsgedanke als staatliche Gewährleistung freier
Selbstentfaltung umgedeutet. Damit wurde staatliche Wohlfahrtspolitik zur Praxis des nunmehr abwertend verstandenen *Polizeistaates*, dem das Programm des
Rechtsstaates entgegengesetzt wurde: Das aufklärerische, liberale Ideal „ist gerade
diejenige gesetzliche Verfassung, die jedem seine Freiheit durch Gesetze sichert:
wobei es ihm unbenommen bleibt, seine Glückseligkeit auf jedem Wege, welcher
ihm der beste dünkt, zu suchen, wenn er nur nicht jener allgemeinen gesetzmä-
ßigen Freiheit, mithin dem Rechte anderer Mituntertanen, Abbruch tut." (Kant
1968a: 154f.) Sicherheit als einziger Staatszweck bedeutet hier die Gewährleistung
unparteiischer staatlicher Gesetzesanwendung, den Schutz der bürgerlichen Rechte
im Inneren und die Verteidigung dieser Rechte gegenüber Angriffen von Außen
– *und sonst nichts*. Die Verfolgung des eigenen Glücks wird zur Privatsache, und
es ist die höchste Aufgabe des Staates, die Freiheit individueller Glückssuche für
jedermann zu gewährleisten. Objekt polizeilicher Kontrolle ist nun nicht mehr
„das freie, kontingent handelnde Rechtssubjekt überhaupt, sondern das gefährliche
Individuum, das nun im Schnittpunkt von Medizin, Psychiatrie und Kriminaljustiz
erfaßt wird" (Makropoulos 1995: 748).

Diese liberale Entgegensetzung von Sicherheit und Wohlfahrt hat allerdings
die politische Praxis nur ausnahmsweise bestimmt. Vor allem die in Deutschland
einflussreiche lutherische Staatsauffassung hat an der gesellschaftsgestalten-
den Verantwortung des Staates festgehalten.[7] Das Sicherheitskonzept blieb im
deutschen Sprachraum allerdings auf rechtsstaatliche Diskurse begrenzt, die
Wohlfahrtzwecke des Staates wurden unter die Programmatik von „Sozialreform"
und „Sozialpolitik" gestellt (vgl. Kaufmann 2003a). Parallel dazu hat sich das dem
Rechtsstaate implizite Konzept der Sicherheit weiter entwickelt: In der älteren Theorie des Rechtsstaates ging es um die Gewährleistung der öffentlichen Sicherheit
mit den Mitteln des Rechts und der Polizei, d.h. um die Herstellung verlässlicher
Beziehungen zwischen den „zu allem fähigen" freien Rechtssubjekten. In der Folge

---

7   Vgl. Maier 1980: 293, sowie ausführlicher Brakelmann 1999; und das gilt selbst noch
     für das ordoliberale Konzept der „sozialen Marktwirtschaft", vgl. Manow 2001.

wurde die Fähigkeit des Staates zu solcher Gewährleistung selbst problematisiert: Die Forderung nach richterlicher Kontrolle staatlicher Machtausübung und die Frage nach dem „richtigen Recht" (Stammler 1902) führte zur umfassenderen Idee der *Rechtssicherheit*. Vor allem im Kontext rechtspositivistischer Argumentationen wurde „Sicherheit" zur Leitidee des Rechtes selbst, neben „Gerechtigkeit" und „Zweckmäßigkeit" (Radbruch 1950: 169).[8] Das Prinzip der Rechtsstaatlichkeit und der Sicherheitsanspruch an das Recht besteht nun nicht mehr nur im staatlichen Schutz privatrechtlicher Ansprüche und dem strafrechtlichen Schutz der Rechtsunterworfenen vor den Konsequenzen des Rechtsbruchs, sondern bezieht sich reflexiv auch auf die innere Konsistenz der Rechtsordnung, ihre Bestimmtheit und Widerspruchsfreiheit, sowie auf die Zuverlässigkeit der Rechtsprechung und damit insgesamt auf die *Systemeigenschaften der Rechtsordnung*. Aus der Sicht der Rechtsunterworfenen bedeutet Rechtssicherheit die grundsätzliche *Erwartbarkeit* des Ergebnisses staatlicher Handhabung des Rechts. Noch einen Schritt weiter geht die wachsende Anerkennung eines subjektiven öffentlichen „Grundrechtes auf Sicherheit", also den einklagbaren Anspruch des Bürgers auf staatliches Tätigwerden zu seinem Schutze (vgl. Isensee 1983; Robbers 1987).

Auch das Konzept der *„äußeren Sicherheit"* hat sich im 19. und 20. Jahrhundert weiter entwickelt. Bedeutete äußere Sicherheit zunächst die Erwartung an den Staat, für den Schutz von Leben und Eigentum gegen Angriffe von außerhalb der Staatsgrenzen zu sorgen, also militärische *Defension* zu betreiben, so ließ schon die Idee des „Europäischen Gleichgewichts" im 19. Jahrhundert und erst recht die Idee „Kollektiver Sicherheit" in der 2. Hälfte des 20. Jahrhunderts eine neue Dimension erkennen: Äußere Sicherheit ist nicht nur eine Folge eigener militärischen Macht, sondern auch von der *Erwartbarkeit* des Verhaltens benachbarter oder sonst wie relevanter Staaten abhängig. Insoweit es gelingt, verlässliche Beziehungen zwischen diesen durch völkerrechtliche Verträge und durch eine gewisse Transparenz der wechselseitiger Handlungsmöglichkeiten herzustellen, kann äußere Sicherheit auch bei vergleichsweise niedrigen militärischen Aufwendungen aufrecht erhalten werden. Die Entwicklung des Völkerrechts sowie die Praxis zwischenstaatlicher

---

8 Vgl. zusammenfassend Kaufmann 1973: 75-81. Conze (1984: 855), wendet dagegen ein, „das Wort „Rechtssicherheit" taucht nicht, wie Kaufmann meint, erst zu Beginn des 20. Jahrhunderts auf, sondern spätestens seit den dreißiger Jahren des 19. Jahrhunderts". Das wurde von mir auch nicht behauptet; vielmehr geht es um den „Begriff ‚Rechtssicherheit' als stehende Wendung der juristischen Literatur" (76), d.h. das Reflexivwerden der Idee einer Sicherheit des Rechts: Dem zufolge muss die Rechtsordnung selbst den Anforderungen der „Rechtssicherheit" genügen und nicht nur die Sicherheit der Rechtsbeziehungen unter den Bürgern gewährleisten. – Für eine ausführlichere Darstellung der staatstheoretischen Entwicklungen vgl. Kaufmann 2009c.

Beziehungen, insbesondere auch die Intensivierung des Austausches von Gütern und Informationen, ermöglichen heute Systeme „kollektiver Sicherheit" zum mindesten auf weltregionaler Ebene (vgl. Frei 1977). Hierbei geht es nicht mehr bloß um Schutz gegen äußere Gefahren, sondern um die *Vergewisserung der Verlässlichkeit von Drittstaaten mit Bezug auf ihr zukünftiges Verhalten.* Und es ist bemerkenswert, dass im Zuge dieser Entwicklung der alte Wertbegriff „Friede" zur Kennzeichnung des gewaltlosen Verhältnisses zwischen Staaten zunehmend durch denjenigen der „Sicherheit" verdrängt worden ist.

11.1.3 Der Aufstieg des Sicherheitsbegriffs

Betrachtet man die Begriffsgeschichte von „Sicherheit" bis Ende des 19. Jahrhunderts, so fällt ein vielfältiger (und hier keineswegs erschöpfend dargestellter) Wortgebrauch auf, der jedoch stets kontextuell beschränkt und bestimmt blieb. In der Regel bezog sich „sicher" entweder auf einen äußeren, *objektivierbaren Sachverhalt* im Sinne von Gefahrlosigkeit bzw. Schutz *oder* auf einen *subjektiven Zustand der Ruhe*, des Unbesorgtseins bzw. der Furchtlosigkeit. Während Sicherheit im äußerlichen Sinne der Ungefährdetheit von Gütern oder Personen stets positiv bewertet wurde, blieb Sicherheit im subjektiven Sinne im Kontext christlicher und zumal der reformatorischen Weltanschauung ein *ambivalenter* Sachverhalt: Als die „Sicheren" galten häufig die Sorglosen, die Gott nicht fürchten; bei Calvin erschien *sécurité* als „verdammenswerte Selbstberuhigung und Unbekümmertheit der Seele" (Makropoulos 1995:746).[9] *Subjektive Sicherheit konnte somit erst im Zuge der Säkularisierung zu einer eindeutig positiven Vorstellung werden.*

Nicht allein positiv konnotiert, sondern sogar anthropologisch fundiert tauchte ‚Sicherheit' als Wertvorstellung des *Zusammenhangs von objektiver und subjektiver Sicherheit* nach dem Ersten Weltkrieg auf und erlebte bis ca. 1950 eine beispiellose begriffliche Karriere im angelsächsischen Raum, an die eine deutsche Sekundärkonjunktur zwischen ca. 1950 und 1965 sich anschloss.[10] Das Thema wurde 1917 von dem amerikanischen Sozialpsychologen William I. Thomas intoniert, und zwar zunächst als empirischer Befund aus seiner klassischen, zusammen mit Florian Znaniecki durchgeführten Studie über polnische Einwanderer in die USA: Das

---

9   Für die Abwertung des Sicherheitsbegriffs als „falsche Gewissheit" bei Luther vgl. Schrimm-Heins 1991:207-212.

10 Die Begriffskonjunktur im deutschen Sprachraum fand ihren Gipfel im Bundestagswahlkampf von 1965, in dem die beiden großen Volksparteien „Sicherheit" als zentralen Wert- und Werbebegriff verwendeten. Zahlreiche Nachweise zur Begriffskonjunktur bei Kaufmann 1973: 5-24.

menschliche Verhalten lasse sich im Wesentlichen auf vier Wünsche zurückführen, nämlich den Wunsch nach neuem Erleben, nach Überlegenheit (bzw. später: „Erwiderung"), nach Anerkennung und nach Sicherheit (vgl. Thomas 1965: 151ff). Diese *four wishes* wurden von Thomas verallgemeinert und bald als menschliche Wesensaussagen in der amerikanischen Öffentlichkeit rezipiert, „their very simplicity and versatility made them attractive" (Volkart 1968: 2).

Eine weitere Verstärkung erfuhr das Sicherheitskonzept durch die pragmatistische Wendung in der Erkenntnistheorie: Im Horizont der abendländischen Metaphysik war die verlässlichste Form des Wissens mit dem Begriff der *certitudo* (Gewissheit, certainty) verbunden worden.[11] „Certitudo" als anzustrebende, jedoch nur ausnahmsweise zu erreichende Glaubensgewissheit und „Securitas" als alltägliches Selbst- und Weltvertrauen wurden daher einander entgegengesetzt. Auch in seiner säkularisierten Form blieb das Erkenntnisstreben zunächst am Ideal zweifelsfreier Gewissheit orientiert, bis sich im Übergang zum 20. Jahrhundert allmählich die Einsicht durchsetzte, dass solch endgültig verlässliches Wissen über Tatsächliches nicht zu erreichen sei.[12] Damit verschwand der Begriff der Gewissheit aus den philosophischen Diskursen, und wurde durch zahlreiche andere Termini ersetzt. „Sicherheit" bürgerte sich ein zur Bezeichnung des *zum Handeln ausreichenden Wissens*. Am explizitesten wurde die Ersetzung von "Certainty" durch "Security" beim amerikanischen Pragmatisten John Dewey durchgeführt: "The quest for certainty by means of exact possession in mind of immutable reality is exchanged for search for security by means of active control of the changing course of events" (Dewey 1929:204). „Gewissheit" setzt die Existenz einer unveränderlichen Wahrheit voraus. Mit dem Zusammenbruch aller Legitimationen für diese Vorstellung bleibt dem Menschen nur noch die Suche nach „Sicherheit" in einer kontingenten Welt. Und so begann Dewey seine Ausführungen mit dem Satz: "Man who lives in

---

11 Schrimm-Heins (1991/92) weist nach, daß „certitudo" erst im Horizont des christlichen Denkens kategoriale Bedeutung gewonnen hat. In der kritischen Auseinandersetzung mit der durch Thomas von Aquin geleisteten Synthese zwischen Philosophie und Theologie differenzierte sich jedoch das Gewißheitskonzept in die Dimensionen der Heilsgewißheit, der Erkenntnisgewißheit und der „moralischen Gewißheit", wobei letztere sich im wesentlichen auf die Kriterien menschlichen Zusammenlebens beziehen. Die Vorstellung „moralischer Gewißheit" als Postulat einer naturrechtlich in eindeutiger Weise begründbaren Sozialordnung wurde bereits im Zuge der Aufklärung überwunden. Die Möglichkeit gewisser Wahrheitserkenntnis wurde erst im 20. Jahrhundert grundsätzlich in Frage gestellt.

12 Das gilt gleichermaßen für die analytische Wissenschaftstheorie wie für die sprachkritische Theorie Wittgensteins, zuletzt Wittgenstein 1974. Bemerkenswerter weise übersetzten die Herausgeber dieses posthumen Textes „Certainty" bereits vielfach mit „Sicherheit" und nicht mehr mit „Gewißheit", vgl. z.B. Nr. 47 und 56.

a world of hazards is compelled to seek for security." (Dewey 1929:3) „Sicherheit"
wurde hier zum kategorial allgemeinsten Handlungsziel des Menschen in einer
Welt voller Risiken.

Die Akzeptanz derartiger Vorstellungen wurde zweifellos durch die Weltwirtschaftskrise und die von ihr ausgelöste Unsicherheit gefördert, wie sie beispielsweise
in der klassischen Studie des Ehepaars Lynd „Middletown in Transition" aufscheint:

> "One thing everybody in Middletown has in common: insecurity in the face of a
> complicated world. ... So great is the individual human being's need for security that
> it may be that most people are incapable of tolerating change and uncertainty in all
> sectors of life at once; and, if their culture exposes them to stress and uncertainty at
> many points, they may not only tolerate but welcome the security of extreme fixity
> and changelessness elsewhere in their lives. They may even embrace .. "vital lies" if
> they afford this modicum of psychological security. In short, certain allegedly un-
> changeable aspects of Middletown's culture (e.g. its religion, its democratric forms,
> and its Constitution) may operate to a considerable extent as emotionally needed
> counterweights to change." (Lynd & Lynd 1937: 315)

Diese Beschreibung verdeutlicht, dass es nicht die wirtschaftliche Unsicherheit
allein, sondern auch der Zusammenbruch traditioneller Selbstverständlichkeiten
war, der die Menschen verunsicherte. Es sind weniger die konkreten Gefahren
als der Verlust klarer Orientierungsmuster, was zu einer fundamentalen Verunsicherung beiträgt.

Grundlegender für die zunehmende Popularität des Sicherheitskonzeptes war
jedoch die Annahme eines anthropologisch fundierten Sicherheitsstrebens oder
„Bedürfnisses nach Sicherheit", das auch bald in psychologischen Bedürfniskata-
logen (z.B. bei Maslow 1954) auftauchte. Im deutschen Sprachraum gewann die
komplementäre These vom Menschen als „gefährdetem Wesen" im Anschluss an
Nicolai Hartmann vor allem in der philosophischen Anthropologie von Arnold
Gehlen an Gewicht. „Sicherheit" erscheint hier als „Hintergrundserfüllung", wie
sie sich als entlastetes Bewusstsein bei Menschen einstellt, die im Rahmen stabiler
Institutionen Halt finden (vgl. Gehlen 1964: 50ff).

11.1.4 Soziale Sicherheit

Gemeinhin wird die Entstehung des Ausdrucks „Soziale Sicherheit" dem unmittelbaren Umkreis von Präsident Franklin Delano Roosevelt zugeschrieben,
trägt doch die am 14. August 1935 verabschiedete gesetzliche Grundlage seiner
Sozialreformen den Namen „Social Security Act". Die diesen Gesetzgebungsakt
vorbereitende Botschaft vom 8. Juni 1934 an den amerikanischen Kongress über

die Ziele seiner Politik berief sich nahezu ausschließlich auf „Sicherheit", allerdings
noch nicht auf „soziale Sicherheit"[13]:

> "Among our objectives I place the security of men, women and children of the Nation
> first. This security for the individual and for the family concerns itself primarily
> with three factors. People want decent homes to live in; they want to locate them
> where they can engage in productive work; and they want some safeguard against
> misfortunes which cannot be wholly eliminated in this man-made world of ours. ...
> These three great objectives – the security of the home, the security of livelihood,
> and the security of social insurance – are, it seems to me, a minimum of the promise
> that we can offer to the American people. They constitute a right which belongs to
> every individual and every family willing to work. They are the essential fulfillment
> of measures already taken toward relief, recovery and reconstruction." (Roosevelt
> 1969 III: 288, 292; vgl. auch Roosevelt 1969 IV: 17f).

Bemerkenswert ist die werthafte Betonung des Sicherheitskonzepts: "We are see-
king to find the way once more to well-known, long established but to some degree
forgotten ideals and values. We seek the security of men, women and children of
the Nation." (June 28, 1934, Roosevelt 1969 III: 316). Dies ist eine Denkfigur, welche
sich in vielfältigen Diskursen über „Sicherheit" findet: Sicherheit gab es früher, sie
ist verloren gegangen, und sie muss mit modernen Mitteln wieder hergestellt werden. Dieses Mittel wurde von Roosevelt hier und in der Folge als „social insurance"
(1969 III:317) bezeichnet.

Die im Anschluss an die erwähnte Botschaft errichtete „temporary agency" zur
Vorbereitung einer Sozialversicherungsgesetzgebung trug den Namen „Committee on *Economic* Security" (June 29, 1934, Roosevelt 1969 III: 321f.). Und auch die
erwähnte Gesetzesvorlage *Social Security Act* trug zunächst den Titel *Economic
Security Act*, wie denn auch in den Begründungen der Vorlage ausschließlich von
„economic security" die Rede ist (vgl. Roosevelt 1969 IV: 43-57); die Titeländerung
soll erst unmittelbar vor Einbringung der Vorlage im Kongress erfolgt sein (Riesenfeld 1965:5). Dennoch handelt es sich bei dieser Titeländerung nicht, wie man
annehmen könnte, um einen spontanen Einfall, der Begriff *Social Security*" hatte
bereits 1933 das Licht der amerikanischen Öffentlichkeit erblickt.

Initiativen zur Einführung staatlicher Sicherungsmaßnahmen für bedürftige
alte Menschen gab es in den Vereinigten Staaten seit Anfang der 1920er Jahre.[14]
Zunächst bezogen sich diese Initiativen auf die Ebene der Einzelstaaten, mit sehr

---

13   Insofern muss ich meine Ausführungen in Kaufmann 1973: 92 korrigieren; die von
      mir dort zitierte deutsche Übersetzung ist in diesem Punkt unrichtig, worauf Conze
      1984: 858 hingewiesen hat.

14   Zur Vorgeschichte der Roosevelt'schen Sozialpolitik vgl. Orloff, 1988.

mäßigem Erfolg. Daraufhin beschloss einer der engagiertesten und kompetentes-
ten Vorkämpfer der Idee, Abraham Epstein, eine nationale Bewegung in Gang zu
setzen (vgl. Leotta 1975). Im April 1927 wurde die *American Association for Old
Age Security* gegründet, als deren Generalsekretär Epstein mehrere Kampagnen
initiierte und Mitgliedern des Kongresses bei der Ausarbeitung von Gesetzesvor-
schlägen zur Seite stand. Diese Initiativen hatten jedoch bis zur Wahl Präsident
Roosevelts (Ende 1932) keine politische Chance. Roosevelt interessierte sich für
die von der *Association* ausgehenden Vorschläge zur Alterssicherung, ohne sie
jedoch zu unterstützen, da er auf ein breiteres Sozialprogramm setzte, das auch
das Problem der Arbeitslosigkeit angehen sollte. In diesem Kontext benannte sich
1933 die *American Association for Old Age Security* um in *American Association
for Social Security* und änderte den Namen ihrer Zeitschrift von *Old Age Security
Herald* in *Social Security* (Rubinow 1934: 279). Mit dieser Umbenennung sollte
zum Ausdruck gebracht werden, dass die Vereinigung nunmehr nicht mehr allein
für eine Sicherung alter Menschen, sondern für ein breiter angelegtes System der
Sozialversicherung kämpfte, was auch in einem im gleichen Jahr veröffentlichten
Buch Epsteins zum Ausdruck kommt. *Epstein kann als der Schöpfer des Begriffs
Social Security gelten*, worunter er eine Zielvorstellung verstand, die sich mit den
Mitteln der Sozialversicherung erreichen lasse: „This book frankly advocates social
insurance as a feasible method of social security." (Epstein 1933: vii).[15] Da Epstein
und seine Vereinigung im Weißen Haus durchaus bekannt waren, ja sie nach
Kräften auf einschlägige Gesetzgebungsprozesse Einfluss nahmen, ist es plausibel,
dass *Social Security* von dort übernommen wurde.[16]

Im Anschluss an die amerikanische Gesetzgebung verbreitete sich der Begriff *Social Security* zur Bezeichnung umfassender Sozialprogramme rasch: Peru übernahm
ihn 1936, Neuseeland 1938. 1948 benannte sich die 1927 gegründete *International
Conference of National Unions of Mutual Benefit Societies and Sickness Insurance
Funds* in *International Social Security Association* um, nachdem sie zwischenzeitlich

---

15 Vgl. auch den Titel von Kapitel II: „Social Security through Social Insurance" (Epstein
    1933: 21ff); bemerkenswerterweise wird *Social Security* im Text jedoch überhaupt nicht
    expliziert, sondern als selbstverständlich vorausgesetzt. Der Titel von Epsteins Buch:
    „Insecurity: A Challenge to America" ist ebenso wie derjenige des ein Jahr später
    erschienenen Buches seines Mitkämpfers, des Sozialversicherungsexperten Isaac M.
    Rubinow „The Quest for Security" (1934) ein Echo des auf das Begriffspaar Security/
    Insecurity fixierten amerikanischen Zeitgeistes, und im Falle von Rubinow auch ein
    Echo auf Deweys „The Quest for Certainty".

16 Eindeutige Belege sind den mir zugänglichen Quellen nicht zu entnehmen; auf jeden
    Fall verwendete Roosevelt *Social Security* in sehr ähnlichem Sinne wie Epstein. Al-
    lerdings wurde dieser bewusst von der Vorbereitungskommission der Gesetzgebung
    ferngehalten, vgl. Achenbaum 1986: 21.

International Social Insurance Conference geheißen hatte (vgl. ISSA 1948). Diese mehrfache Umbenennung der internationalen Dachorganisation von Trägern der sozialen Sicherung macht den Wandel der Organisationsformen deutlich: Die jüngste Namensänderung sollte dem Umstand Rechnung tragen, dass neben die juristisch selbständigen risiko- und gruppenspezifischen Sicherungseinrichtungen (insbesondere für die Industriearbeiter) nunmehr auch tendenziell bevölkerungsweite und mehrere Risiken umfassende, staatlich administrierte soziale Sicherungssystemen getreten waren. Der 1942 veröffentlichte *Beveridge-Plan*, welcher für Großbritannien ein einheitlich administriertes staatliches System der sozialen Sicherung gegen die wichtigsten Lebensrisiken für die gesamte Bevölkerung vorsah, kann somit als spezifische institutionelle Differenz von *Social Security* gegenüber den bisher dominierenden Formen der Sozialversicherung gelten.[17]

Seinen weltweiten Siegeszug begann der Begriff *Social Security* im Zuge der gesellschaftspolitischen Planungen der Alliierten für die Zeit nach dem Zweiten Weltkrieg. Auf dem Höhepunkt der Kriegserfolge der Achsenmächte veröffentlichten der britische Premierminister Winston Churchill und der amerikanische Präsident Franklin Delano Roosevelt am 14. August 1941 die sogenannte *Atlantic Charter* (Atlantik-Charta), zunächst nur eine nicht unterzeichnete öffentliche Erklärung der beiden Staatsmänner am Ende eines Treffens „auf hoher See", ohne verpflichtenden Charakter.[18] Sie beinhaltete die Vision einer Nachkriegsordnung, welche programmatischen Charakter für die folgenden Jahre gewann. Im Gefolge des Kriegseintritts der USA nach dem Überfall auf Pearl Harbour (Dezember 1941) wurde die Atlantik-Charta Bestandteil einer Erklärung von zunächst 26 sich dem Dreibund aus Deutschland, Italien und Japan entgegenstellenden „Vereinten Nationen" (*Joint Declaration by United Nations,* 1942). Diese Erklärung der in der Folge weitere Staaten beitraten, bildete die Vorform der 1945 gegründeten *United Nations Organization* (UNO) (siehe 8.2.2).

Punkt 5 der Atlantik-Charta forderte „die vollste Zusammenarbeit aller Nationen auf wirtschaftlichem Gebiet herzustellen mit dem Ziel, für alle verbesserte Arbeitsbedingungen, wirtschaftlichen Fortschritt und soziale Sicherheit zu ge-

---

17 Diese Idee hatte William Beveridge, ein altgedienter britischer Sozialpolitiker, bereits 1924 entwickelt. Der Beveridge-Plan ist ein Idealtypus geblieben, der nirgends vollständig realisiert ist. Immerhin diente er als wichtigste Vorlage für die britische Sozialgesetzgebung der Nachkriegszeit und erscheint – abgesehen vom wenig überzeugenden Finanzierungskonzept – als konsequenteste Ausformung des Gedankens eines gesellschaftsweiten staatlichen Sicherungssystems.

18 Text in: Das System der Vereinten Nationen und seine Vorläufer, Band I/1, Dokument 1, S. 2ff. Dieses und die im Folgenden zitierten Dokumente sind auch oben abgedruckt in Kapitel 8, Anhang.

währleisten". „Soziale Sicherheit" erscheint hier eindeutig als Zielvorstellung, nicht
als institutioneller Komplex. Im gleichen Sinne wurde *Social Security* 1944 von
der Internationalen Arbeitsorganisation in ihrer „Erklärung von Philadelphia"
verwendet, welche als die Geburtsstunde der wohlfahrtsstaatlichen Programmatik
auf der Ebene internationaler Organisationen gelten kann. Von da an kann der
Begriff als international etabliert gelten.

Während des Zweiten Weltkriegs gewann eine weitere, für die wohlfahrtsstaatliche Entwicklung der Nachkriegszeit grundlegende Idee Gestalt, nämlich die
sozialen Menschenrechte. (siehe 8.3) Die *Universal Declaration of Human Rights*
(Allgemeine Menschenrechtserklärung) der Vereinten Nationen neben den Frei-
heits- und politischen Rechten auch einen Katalog wirtschaftlicher, sozialer und
kultureller Rechte.

Die programmatische Formel „Soziale Sicherheit" in Art. 22 der Allgemeinen
Menschenrechtserklärung soll das *Leitbild einer allgemeine Teilhabe gewährleistenden Gesellschaft* zum Ausdruck bringen, wobei die wesentlichen Dimensionen
dieser Teilhabe in den folgenden Artikeln spezifiziert werden. Sie kann damit als
internationale Legitimationsformel der wohlfahrtsstaatlichen Entwicklung nach
dem Zweiten Weltkrieg gelten. Sie wurde jedoch auf nationaler Ebene nur selten in
diesem umfassenden Sinne rezipiert. Durchgesetzt hat sich vielmehr die auf Art.
25 der Allgemeinen Menschenrechtserklärung reduzierte Vorstellung:

> „(1) Jeder Mensch hat Anspruch auf eine Lebenshaltung, die seine und seiner Fami-
> lie Gesundheit und Wohlbefinden, einschließlich Nahrung, Kleidung, Wohnung,
> ärztlicher Betreuung und der notwendigen Leistungen der sozialen Fürsorge (engl.:
> „social services"! A.d.V.) gewährleistet; er hat das Recht auf Sicherheit im Falle von
> Arbeitslosigkeit, Krankheit, Invalidität, Verwitwung, Alter oder von anderweitigem
> Verlust seiner Unterhaltsmittel durch unverschuldete Umstände.
> (2) Mutter und Kind haben Anspruch auf besondere Hilfe und Unterstützung. Alle
> Kinder, eheliche und uneheliche, genießen den gleichen sozialen Schutz."

Auch der Internationale Sozialrechtspakt der Vereinten Nationen legt eine Reduktion von *Social Security* auf diesen Zusammenhang nahe, wenn er in Art. 9 „the
right of everyone to social security, including social insurance" anerkennt.[19] Noch
deutlicher ist diese Reduktion auf das Recht auf Einkommenssicherung im Falle
der Europäischen Sozialcharta.[20] Für die Legitimation der wohlfahrtsstaatlichen
Entwicklung ist in der Folge das Konzept *sozialer Grundrechte* wesentlicher geworden als der Begriff der „Sozialen Sicherheit" (siehe 8.5).

---

19   Text in Das System der Vereinten Nationen, Band I/1, Dok. 42,: 936-959.
20   Text in Zacher 1976, Nr. 28, 458-477.

11.2   Der normative Gehalt der Sicherheitsidee

Der begriffsgeschichtliche Befund lässt einen klaren Bedeutungsgewinn von „Sicherheit" im Zuge der Modernisierung westlicher Gesellschaften erkennen. Zum einen hat das Wort zahlreiche verwandte Worte verdrängt, bzw. deren Sinngehalt in sich aufgenommen, und zum anderen wurde der Sinn des Wortes im Sinne eines allgemeinen politischen Anspruches generalisiert. Zwar hat der Sicherheitsdiskurs in den 1970er und 1980er Jahren an Attraktivität eingebüßt, genauer: er wurde insbesondere durch den Diskurs über „Risiko" abgelöst. Aber im Zuge der Debatten über Globalisierung und zunehmende Anomie scheint auch „Sicherheit" als Leitbegriff wieder an Relevanz zu gewinnen.[21] Die begriffsgeschichtlichen Befunde verdeutlichen zwar die politische Bedeutung des Begriffs, lassen jedoch den Sinn der gesellschaftlichen Wertbesetzung nicht deutlich werden. Dieser lässt sich auch nicht aus spezifischen Wortverwendungen erschließen, denn der soziologisch und gesellschaftspolitisch relevante Befund ist das in vielfältigen Kontexten zu beobachtende Auftreten des Wortes und seine zunehmende normative Aufladung. Im Folgenden sei versucht die Implikationen dieser zunehmenden Normativität zu verdeutlichen.

Betrachtet man den Sprachgebrauch in der Phase der begrifflichen Karriere (vgl. Abschnitt 1.3) genauer, so lassen sich drei Konzeptionen „werthafter" Sicherheit unterscheiden:

1. Eine retrospektive Konzeption *verlorener Sicherheit,* die sich offenbar auf eine Einschätzung vormoderner Verhältnisse bezieht und vielfach auch mit der Wortverbindung „Sicherheit und Geborgenheit" thematisiert wurde;[22]
2. Eine Konzeption *herstellbarer Sicherheit,* die sich als *Systemsicherheit* präzisieren lässt;
3. Eine personbezogene Konzeption von *Sicherheit als Zustand des Bewusstseins und Gemütes,* das durch Begriffe wie Ruhe, Freiheit von Angst und Furcht, aber auch Selbstvertrauen und Charakterfestigkeit erläutert werden kann. Diese Konzeption sei abkürzend als *Selbstsicherheit* bezeichnet (vgl. Kaufmann 1973: 201ff).

---

21   Vgl. z.B. Lippert u.a. 1997, Rosenzweig 1998, Neuhaus 1999, Nitz 2000; auch der Titel des 31. Kongresses der Deutschen Gesellschaft für Soziologie (2002) „Entstaatlichung und soziale Sicherheit" kann als Symptom gelten.

22   Als eindrückliches literarisches Zeugnis sei Stefan Zweigs „Die Welt von gestern. Erinnerungen eines Europäers" erwähnt.

Das inzwischen weitgehend obsolete Konzept retrospektiver „Sicherheit und Geborgenheit" interessiert hier lediglich als Folie des Bewusstseins einer existentiellen Verunsicherung, welche vor allem in den ersten Jahrzehnten des 20. Jahrhunderts thematisch wurde. Die abhanden gekommene „Sicherheit" wurde zu ihrer Zeit nicht als solche thematisiert, sie wurde aus der Erfahrung einer „zerbrochenen Welt" vielmehr nostalgisch rekonstruiert. Die Spannung zwischen den beiden „modernen" Sicherheitskonzeptionen – „Systemsicherheit" und „Selbstsicherheit" – bildet dagegen die bleibende Basis für eine normative Aufladung des Sicherheitskonzeptes.

11.2.1 Die Verallgemeinerung des Sicherheitskonzeptes: Systemsicherheit

Der begriffsgeschichtliche Befund wurde bisher nur für die Bereiche dargestellt, welche unmittelbar mit politischen Ansprüchen und Zielen verbunden sind. Zwei weitere Entwicklungen müssen wenigstens kurz erwähnt werden, wenn wir dem normativen Gehalt der Sicherheitsidee näher kommen wollen, nämlich das Versicherungswesen und der Bereich technischer Sicherheit.

Versicherungen sind Leistungsversprechen für den Fall möglicher, jedoch hinsichtlich ihres Eintretens ungewisser, zukünftiger Ereignisse, die allgemein als negativ bewertet werden.[23] Ihre Anfänge gehen zum einen auf das genossenschaftliche Prinzip wechselseitiger Hilfe in Not (insbesondere bei Bränden von Immobilien) zurück (hierzu Zwierlein 2011), zum anderen auf das spekulative Prinzip der Beteiligung an Risiken der Handelsschifffahrt. Nach der Entdeckung der Wahrscheinlichkeitsrechnung erschien für bestimmte massenhaft auftretende „Risiken" deren Wahrscheinlichkeit kalkulierbar. Daraus entstand das moderne Versicherungsgeschäft, zunächst im Bereich der Lebensversicherung (vgl. Mahr 1989).

Eine ähnliche Struktur weisen diejenigen Rechtsgeschäfte auf, die von alters her mit dem Namen „Sicherheit" bezeichnet werden: „Sicherheiten" werden für Kredite verlangt, deren zukünftige Rückzahlung ungewiss erscheint. Auch bei den Schutzversprechen des Mittelalters handelte es sich um Festlegungen für zukünftige Fälle, um Gewährleistungen, deren Eintritt von bestimmten, selbst ungewissen Bedingungen abhing. Das Leistungsversprechen bezieht sich also im Regelfalle nicht auf aktuelle Bedrohungen, sondern auf hinsichtlich ihres Eintretens unabsehbare Gefährdungen. Dem Begriff des „Sicherns" liegt ein *Handlungsbezug* und

---

23 Ich betone hier begriffliche Momente, welche für die nähere Bestimmung der Sicherheitsidee von Bedeutung sind. „Noch hat sich kein übereinstimmender Begriff (scil. der Versicherung) durchgesetzt" (Mahr 1989:714).

ein *Zeitbezug* zugrunde: Es geht um zukünftige Handlungen, die jedoch drittens hinsichtlich ihrer Notwendigkeit ungewiss sind, d.h. vom Eintreten nicht absehbarer Bedingungen abhängen. Schließlich impliziert das Sicherungsversprechen einen gemeinsamen *Wertbezug* der Beteiligten, d.h. das Motiv, Sicherheit zu suchen und Sicherheit zu geben, ist ein beiderseits als wertvoll angesehener Sachverhalt: Leben, Vermögen, Haus und Hof, deren Gefährdung entgegengetreten („Schutz") oder deren Verlust ersetzt werden soll („Schadenstragung").

Bei den konkreten Formen des „Sicherheit Leistens", welche am Anfang der Begriffsentwicklung stehen, ist den Beteiligten das zu sichernde Gut bekannt, die Art und Wahrscheinlichkeit seiner Gefährdung jedoch vielfach unbekannt. Dass ein mögliches Ereignis negativ als „Gefahr" erscheint, hängt von seinen als negativ beurteilten Folgen für bestimmte Güter ab. Nicht „Sicherheit" erscheint als „Gut", sondern das, was es zu sichern gilt. Deshalb ist dieser *instrumentelle Gebrauch* des Sicherheitsbegriffs auch nicht in besonderer Weise wertbesetzt. „Sicherheit" erscheint hier auch nicht als Handlungsziel, sondern die Kernvorstellung ist diejenige des (Ver-)Sicherns, d. h. die zukünftige Verfügbarkeit bestimmter Güter sicherzustellen. Der Prozess des Sicherns soll die mit einer Zeitdifferenz verbundenen Risiken tragbar machen. Dieser Zeitbezug blieb für das vormoderne Bewusstsein allerdings implizit. Im Vordergrund stand die Unsicherheit im doppelten Sinne vielfältiger Gefahren und weitgehender Intransparenz aller Handlungszusammenhänge.

Die seit dem 17. Jahrhundert allmählich aufkommende *positive Idee der Sicherheit* unterscheidet sich in charakteristischer Weise von den instrumentellen Versuchen eines Umgangs mit Unsicherheit: „Sicherheit" wurde selbst zum erstrebenswerten Zustand, den zu gewährleisten der neuzeitliche Staat beansprucht bzw. von ihm gefordert wird. Nicht mehr dieses oder jenes Gut, dieser oder jener Verkehrsweg, oder das Leben dieser oder jener Person gilt es, vor bestimmten Gefahren zu schützen, vielmehr soll die Herrschaft das *gesamte* Gebiet, auf das sie sich erstreckt schützen und „sicher machen", d.h. möglichst *alle* Gefahren für Leben und Eigentum von den Untertanen fern halten. „*Sicherheit" wird zu einem Allgemeinbegriff* und erscheint jetzt als möglicher Zustand des Gemeinwesens, als Ausfluss der Vorstellung, gesellschaftliche Verhältnisse seien *mittels politischer Herrschaft gestaltbar.* Diese „Entdeckung der Gestaltbarkeit von Gesellschaft" (Evers u. Nowotny 1987) ist Ausdruck einer zunehmenden Diesseitsorientierung, wie sie im instrumentellen Verständnis der Wissenschaften und der Selbstermächtigung des Menschen im Zuge der Aufklärung zur Geltung kommt. Moderner formuliert können wir „Sicherheit" in diesem Sinne als *wünschenswerten Systemzustand* bezeichnen, als *Leitbild beherrschbarer Komplexität.*

„Sicherheit" als anzustrebender Systemzustand wird noch deutlicher im Bereich der *technischen Sicherheit* (vgl. Kaufmann 1973: 60-70): Die Nutzbarmachung natürlicher Energien (Tiere, Wasser, Wind) wurde begriffsgeschichtlich noch nicht mit dem Wort „Sicherheit" verknüpft, obwohl natürlich auch mit ihrem Gebrauch vielfältige Unfälle verbunden waren. Die Sicherheitssemantik kam erst im Zusammenhang mit zwar menschliche Kraft übersteigenden, aber durch menschliches Handeln freigesetzten Energien auf, die durch menschliches Handeln freigesetzt werden: Vom Schwarzpulver („Sichern" eines Gewehrs) über die Dampfmaschine bis zur Atomenergie. Technische Sicherheit bezog sich zunächst auf die Harmlosigkeit des Gebrauchs von an sich gefährlichen Mitteln, zunehmend aber auch auf deren Zuverlässigkeit, vor allem im Zusammenhang der *Funktionstüchtigkeit komplexer technischer Systeme* (z.B. einer Maschine oder eines Fahrzeuges). Im Falle der „Betriebssicherheit" und der „Verkehrssicherheit" erstreckt sich die Zuverlässigkeitsanforderung noch weiter, indem sie nicht nur die Funktionstüchtigkeit technischen Gerätes, sondern auch die Verlässlichkeit der es handhabenden Menschen *in ihrer Interaktion* mit umfasst. Es geht nicht mehr nur um die Harmlosigkeit des Umgangs des Arbeiters mit seiner Maschine, sondern um die Gefährdungen, die der Gebrauch einer Maschine bzw. eines Fahrzeugs für Dritte darstellt und das – wie im Straßenverkehr – auch in einer Konkurrenzsituation!

Die Ablösung des partikulären, auf einzelne Güter bezogenen Sicherheitskonzepts durch eine abstrakte Sicherheitsidee entspricht dem Übergang von einer Handlungsperspektive zu einer Systemperspektive. Nicht mehr das Sichern eines einzelnen Vorgangs, sondern die Sicherheit eines komplexen Funktionszusammenhangs tritt in den Vordergrund. „Systemsicherheit" verspricht die Beherrschbarkeit von Komplexität. Risiken erscheinen hier als bestimmt, vielfach sogar im Sinne kalkulierbarer Wahrscheinlichkeiten.

11.2.2 „Sicherheit" und Modernisierung: Der paradoxe Zukunftsbezug

Im partikularen Konzept des „Sicherns" wurde ein Zeitbezug erkennbar, der Zweck des Sicherns ist die Verfügbarkeit von Gütern in der Zukunft. Nicht die Abwehr unmittelbar drohender Gefahr, sondern die Vorsorge gegenüber möglichen, jedoch hinsichtlich ihres Eintretens ungewissen und vielfach auch unbestimmten Gefahren für bestimmte Güter macht den Vorgang des Sicherns aus. Im modernen Konzept von „Sicherheit als Systemsicherheit" erscheint dieser Zeitbezug unwesentlich oder ausgeklammert. Zum mindesten technische Systeme zeichnen sich durch eine „Eigenzeit" aus, die durch ihre Abläufe bestimmt wird und der die Merkmale des modernen Zeitgefühls, der „Unsicherheit der Zukunft" fehlen. Die

Verheißung systemischer Zusammenhänge ist es gerade, Wiederholbarkeit und damit Erwartbarkeit bestimmter Leistungen zu gewährleisten. Eben darin besteht ihr „Sicherheitsversprechen".

Vom Wortsinn her ist „Zukunft" eine räumliche Metapher, sie bezeichnet das auf uns Zukommende, und so wurde das Wort bis zum Beginn der Neuzeit verstanden. „Erst das „philosophische Zeitalter", als der Mensch aufhörte, die Zeitlichkeit der Ewigkeit gegenüberzustellen, und anfing, sich selbst im Ablauf des ... Geschehens zu sehen ... hat die uns so geläufige Abstraktion des Begriffes der zukünftigen Zeit allgemein vollzogen".[24] Die Verzeitlichung der Zukunft geht mit dem Aufkommen der Vorstellung einher, dass die Zukunft *grundsätzlich ungewiss* sei. Zukunft erscheint nun nicht mehr als absehbar, wie in der räumlichen Metapher, sondern als das Unabsehbare schlechthin (siehe 17.1). Diese semantische Umcodierung ist eine Konsequenz struktureller Veränderungen im Zuge der Modernisierung, die am deutlichsten von Anthony Giddens herausgearbeitet worden sind: Die Entstehung funktionstüchtiger, „sicherer" Systeme geht mit ihrer „Entbettung"(disembedding) einher, d.h. mit dem „„Herausheben‘ sozialer Beziehungen aus ortsgebundenen Interaktionszusammenhängen und ihre unbegrenzte Raum-Zeit-Spannen übergreifende Umstrukturierung" (Giddens 1995: 33). Raum und Zeit werden im Zuge der Modernisierung getrennt und zu allgemeinen Kategorien, wie denn überhaupt das gesellschaftlich relevante Wissen sich von der konkreten Erfahrung kontextuell Handelnder löst und in Expertensystemen seinen elaborierten Platz findet.

Diese Verzeitlichung der Zukunft lässt sich auch als Ausdruck einer *Subjektivierung der Zeitvorstellung* interpretieren: Wer in Kategorien der Vergangenheit, Gegenwart und Zukunft denkt, geht von der eigenen Raum-Zeit-Stelle aus, stellt sich also selbst ins Zentrum des Geschehens. Auch diese Vorstellung wurde im Übergang zur Moderne verallgemeinert: Unsere Kultur hat die archaischen Strategien einer „Vernichtung der konkreten Zeit" (Eliade 1966: 73) hinter sich gelassen und versteht menschliches Geschick selbst *historisch* – aufgespannt zwischen Vergangenheit und Zukunft.[25] Die postmoderne Rede von der „Risikogesellschaft" (Beck 1986) wie überhaupt der verallgemeinerte Risikodiskurs lässt die „Unsicherheit", und d.h. hier *Unbestimmtheit* der menschlichen Zukunft besonders deutlich hervortreten. Der Begriff des Risikos bezieht sich hier – entgegen seinem ursprünglichen Sinn[26] – nicht

---

24   Art. ‚Zukunft‘ in: Jakob und Wilhelm Grimm: Deutsches Wörterbuch, Leipzig 1854 ff., Bd. XVI, Sp. 479.

25   Diese hier nur anzudeutenden Zusammenhänge wurden ausführlich belegt in Kaufmann 1973, insb. 156ff.

26   Zur Begriffsgeschichte von ‚Risiko‘ vgl. Rammstedt 1992; die präzise Unterscheidung zwischen „Entscheidungen unter (scil. kalkulierbarem) Risiko" und „Entscheidungen unter Ungewißheit" stammt von Knight (1921).

auf die Wahrscheinlichkeit des Auftretens bestimmter Gefahren, sondern auf nur
vage erkennbare und in ihrer Wahrscheinlichkeit unkalkulierbare Gefährdungen.
Daraus folgt die Dramatik und implizite Ratlosigkeit neuerer Risikodiskurse (vgl.
Luhmann 1991).

*Das Leitbild der Sicherheit stemmt sich gegen die Kontingenz der Zeit und die
Ungewissheit der Zukunft.* Anders als archaische und traditionale Gesellschaften,
welche die Zeitlichkeit in ihren kulturellen Deutungen insgesamt zu „zähmen"
und die von ihr ausgehende Ungewissheit zu verdrängen suchten, beansprucht
„Systemsicherheit" jedoch die Kontrolle des Geschehens, allerdings nur für einen
umgrenzten und in diesem Sinne *partikulären Bereich.* Ihr Anspruch ist es, komplexe Zusammenhänge so zu stabilisieren, dass bezogen auf bestimmte Güter und
einen bestimmten Personenkreis „Systemvertrauen" (Luhmann 1968: 50 ff)) entstehen kann, d.h. das Vertrauen in die Leistungsfähigkeit und Zuverlässigkeit eines
komplexen, den Beteiligten im Einzelnen nicht mehr durchschaubaren Systems,
für dessen Bereich die Ungewissheit der Zukunft ausgeschlossen werden kann.
„Sicherheit" impliziert also ein Bestimmen und Stillstellen der Zukunft in einer
Kultur, für die Zukunft das Unbestimmte und Wandelbare schlechthin bedeutet.

11.2.3 Das Sicherheitsparadox: Selbstsicherheit

Vor dem Hintergrund dieser Überlegungen wird ein anderes Paradox verständli-
cher: dass nämlich Menschen umso mehr nach Sicherheit streben, je gesicherter die
Bedingungen ihrer Existenz sind. Das zeigt sich schon auf der Individualebene, wo
die freiwilligen Ausgaben für Versicherungen mit dem verfügbaren Einkommen
überproportional ansteigen. Man muss eben zunächst für das Gegenwärtige, das
Naheliegende sorgen, bevor man sich der Zukunft bzw. der Risikovorsorge zuwenden kann. Und wer viel besitzt, wird auch eher besorgt sein, dass ihm dieses für
die Zukunft erhalten bleibt. Und es gilt auch auf kollektiver Ebene: Zwischen der
Sozialleistungsquote und dem Volkseinkommen pro Kopf besteht im Länderver-
gleich eine deutliche Korrelation.

Die Thematisierung von generalisierter Sicherheit im Sinne von Systemsicherheit
setzt eine vergleichsweise hohe Bekanntheit und Stabilität der Verhältnisse voraus.
Solange die Kausalzusammenhänge von Unglück unbekannt sind, und auch noch,
solange gegen die bekannten Ursachen von Unglück keine Gegenmittel bekannt
sind, tritt die Forderung nach „Sicherheit" nicht auf. Gegenüber den Göttern oder
dem Schicksal kann es keine Sicherheit geben, sondern nur dort, wo menschliches
Tun etwas vermag. Deshalb wachsen das Sicherheitsbedürfnis und die Unsicher-

heitserfahrung in dem Maße, als die Verhältnisse sich menschlicher Gestaltung als zugänglich erweisen oder zum mindesten als *grundsätzlich beherrschbar* erscheinen. Das Paradox gesteigerter Sicherungsanstrengungen bei sinkender objektiver Gefährdung hat aber noch weitere Aspekte. Das Urteil, wir lebten heute unter geringeren Gefährdungen als die Generationen vor uns, ist ja das Urteil eines wissenschaftlich informierter Beobachters. Aus der Perspektive der Handelnden kann sich die Gefährdungslage ganz anders darstellen. Vor allem nimmt die *Intransparenz der Risiken* im Zuge der Modernisierung zu. Dementsprechend wächst das Kontingenzbewusstsein auf der kulturellen Ebene, auf der ja auch die Thematisierung von Sicherheit ihren systematischen Ort hat.

Es würde allerdings immer noch zu kurz greifen, wollte man die Attraktivität, aber auch die Ambivalenz des Sicherheitskonzeptes durch die bisherigen Argumente erklären. Sie liefern noch keine ausreichende Erklärung für die *emotionale Appellqualität*, die mit dem Begriff „Sicherheit" heute verbunden ist und ihn auf eine Stufe mit anderen gesellschaftlichen Wertbegriffen wie „Freiheit", „Gerechtigkeit" oder „Solidarität" hebt. Der bisher entwickelte Begriff der Systemsicherheit vermag noch nicht die spezifische menschlichen Betroffenheit zur Sprache zu bringen, die im Wort „Unsicherheit" mitschwingt und die dem Wort „Sicherheit" erst seinen Verheißungscharakter und damit gesellschaftspolitische und legitimatorische Kraft verleiht. Um dies zu verdeutlichen, müssen wir auf die *subjektbezogenen Konnotationen* der Worte Sicherheit und Unsicherheit zu sprechen kommen; auf Hoffnung und Angst, auf Vertrauen und Misstrauen.

Mit der „Entbettung" (Giddens) der sozialen Systeme verlieren deren Zusammenhänge ihre Wahrnehmbarkeit und Vertrautheit. Sobald die Lebensbezüge der Menschen nicht mehr ortsgebunden sind, sondern der „effektive" und der „beherrschte Lebensraum" (Forsthoff 1959: 25ff) auseinanderfallen, kann „Sicherheit" nicht mehr unmittelbar durch „Vertrautheit", d.h. durch „Stabilisierung an Außengaranten" (Gehlen, vgl. Kaufmann 1973: 208ff.) gewonnen werden. Es bedarf nunmehr des *Vertrauens* in Sicherungsleistungen, die jenseits der unmittelbaren Wahrnehmungsschwelle erbracht werden. „Wer Vertrauen erweist, nimmt Zukunft vorweg. Er handelt so, als ob er der Zukunft sicher wäre." (Luhmann 1968: 7) Auch hier finden wir somit den paradoxen Zukunftsbezug, den wir bereits im Falle der Systemsicherheit festgehalten haben.

Wie wir seinerzeit in empirischen Untersuchungen zeigen konnten, richten Personen mit hohen Misstrauenswerten gegenüber öffentlichen Einrichtungen gleichzeitig höhere Ansprüche an diese Einrichtungen. Der Zusammenhang lässt sich zu einem erheblichen Umfang durch eine als „Fatalismus" bezeichnete Variable erklären, welche geringes Zutrauen in die eigene Handlungsfähigkeit indiziert (siehe 12.1). Darin kommt ein mittlerweile auch allgemein plausibilisierter

Zusammenhang zum Ausdruck: „Systemvertrauen" setzt auf der individuellen Ebene „Selbstvertrauen" voraus; z.b. weisen Personen mit höherer Schulbildung im Schnitt niedrigere Misstrauenswerte auf.[27]

Giddens (1995: 146ff.) weist noch auf eine andere Weise hin, wie das gestörte Verhältnis zwischen „äußerer" und „innerer Sicherheit" wieder hergestellt werden kann, nämlich durch erneute „Einbettung" (reembedding) der systemischen Zusammenhänge in durch räumliche Nähe bzw. durch Intimität geprägte vertraute Sozialzusammenhänge. Eine solche „Rückbettung" bleibt allerdings zwangsläufig fragmentarisch und selektiv; doch ist nicht zu bestreiten dass die Erwartungsbildung und -bestätigung innerhalb von Primärgruppen eine wesentlich entlastende Wirkung haben kann.

Wenigstens anzumerken bleibt, dass Menschen sich in erheblichem Maße hinsichtlich ihrer Fähigkeiten zum Umgang mit komplexen und potentiell desorientierenden Situationen unterscheiden. „Selbstsicherheit" setzt gleichermaßen Vertrauensfähigkeit als Ambiguitätstoleranz und eine gefestigte Motivstruktur als Prämisse von Entscheidungsfähigkeit wie schließlich auch kognitive Komplexität voraus. Dieses „weite Feld" kann hier jedoch nicht weiter vertieft werden.[28]

11.3 Strukturen der Sicherheitsproblematik

Die moderne Sicherheitsproblematik hat ihren Kern also in dem Umstand, dass die typischen Formen der Sicherung gegen Gefahren – welcher Art auch immer – vom Typus „entbetteter" Systeme sind und daher nicht ohne weiteres subjektive Sicherheitswahrnehmungen und -gefühle auszulösen vermögen. Sicherheit als Wertbegriff

---

27 Man könnte daher auch präziser formulieren, *dass „Systemvertrauen" aus der Sicht Betroffener die Fähigkeit zur Unterdrückung von Misstrauen meint.* Eine „positive" vertrauende Einstellung zu Staat und öffentlichen Einrichtungen erwies sich in der genannten Untersuchung als traditional konnotiert, also eher dem vorneuzeitlichen Horizont von „Vertrautheit" verwandt.

28 In Fortführung meiner Überlegungen hat hierzu Braun (1978) wesentliche Ergänzungen beigebracht. Im Übrigen bildet der Zusammenhang zwischen Angstbewältigung und Entscheidungsfähigkeit ein zentrales Thema existentialistischer wie auch psychoanalytischer Diskurse. Dass „Selbstsicherheit" wesentliche sozialisatorische Voraussetzungen hat, und daß es hierbei schon auf die Verbindung ausreichender frühkindlicher „Geborgenheit" und Zuwendung einerseits, auf stimulierende Umwelterfahrungen andererseits ankommt, wird auch durch neuere Forschungen zur Entwicklung des menschlichen Gehirns bestätigt.

meint stets die Einheit von „äußerer" und „innerer" Sicherheit; *die charakteristische Form moderner „Unsicherheit" ist das Nicht-Zustande-Kommen dieser Einheit.*[29]
    Wir haben der bisherigen Darstellung bereits eine analytische Struktur der Sicherheitsproblematik zugrunde gelegt, welche sich sowohl semantisch als auch handlungstheoretisch begründen lässt. Die nachfolgende Übersicht erläutert die fünf semantischen Hauptdimensionen des Wortes „Sicherheit", wobei die zuletzt genannte Dimension der Gefahrlosigkeit heute veraltet klingt, da ihr das Appell-qualität erzeugende, Moment (gebändigter oder ungebändigter) *Gefahr* fehlt. Betrachten wir die übrigen vier Dimensionen im Zusammenhang, so wird deutlich, *dass werthafte Sicherheit nur als Resultante aller vier Dimensionen zu verstehen ist.* In den Worten der vier Grundbedeutungen: Werthafte Sicherheit meint die Gewissheit der Zuverlässigkeit eines Schutzes vor Gefahren und die daraus folgende vertrauende Ruhe. Die zunehmende Reflexivitt des Sicherheitsdiskurses äußert sich semantisch in der Amalgamierung dieser Bedeutungen.

Übersicht über gebräuchliche Bedeutungen der Worte „sicher" und „Sicherheit"[30]

Semantische Hauptdimension	Bezogen auf Personen	Bezogen auf Dinge und Zustände
Schutz	Geschützt, geborgen, behütet, versorgt, versichert	Befestigt, bewacht, bewahrt, gewährleistet, versichert
Zuverlässigkeit	Verlässlich, gewissenhaft, redlich, geschickt, tüchtig	Fest, beständig, funktionstüchtig, geregelt, wirksam
Gewissheit	Klare Erkenntnis, überzeugt, entschieden, entschlossen	Bestimmt, wahr, deutlich erkennbar, voraussehbar, festgestellt, beschlossen
Vertrauen, Ruhe	Ruhig, beruhigt, sorglos, furchtlos, selbstvertrauend	Vertrauen erweckend, Stabilität verheißend, vertraut
Gefahrlosigkeit	Harmlos, wehrlos	Unschädlich, ungefährlich

---

29 So bereits Kaufmann 1973: 145, 261, 343. Diese Argumentation nimmt allerdings noch nicht den neueren „Risiko"diskurs im Anschluss an Beck (1986) und Luhmann (1991) auf, der von der weitgehenden Unbestimmbarkeit und insbesondere fehlenden Beherrschbarkeit angenommener Gefährdungen ausgeht. Dass dieser Risikodiskurs des Super-GAU nicht mehr mit „Sicherheit" zusammengebracht wird, zeigt, dass hier ein anderer Problembereich anvisiert wird, für den es nach dem Tode Gottes, dem Sieg des Kapitalismus und der Tabuisierung des Schicksals derzeit nur die zweideutige Semantik des Risikos gibt.

30 Die Dimensionierung findet sich weitgehend bereits in Grimms Wörterbuch. Vgl. auch Kaufmann 1973: 50f.

Das lässt sich auch handlungstheoretisch entwickeln: Wer sich sicher fühlen will, muss über ausreichend klare Definition seiner Situation verfügen, und diese selbst sollte so beschaffen sein, dass die in ihr enthaltenen Risiken überschaubar und kontrollierbar bleiben. *Sicherheit im emotional-werthaften Sinne ist mit anderen Worten eine Frage der Erwartungen an sich selbst und an die Umwelt.* Sicherheit bedeutet die innere Ruhe und das Vertrauen, welche aus der Erwartung resultiert, einer Situation gewachsen zu sein. Das Gefühl bzw. Bewusstsein des *Einer-Situation-gewachsen-Seins* resultiert dabei – analytisch formuliert – aus dem Vergleich zwischen den eigenen Kompetenzen und Ressourcen einerseits und dem Umfang bzw. der Erkennbarkeit von der Situation immanenten Risiken andererseits. Wie das Konzept der Systemsicherheit, so beinhaltet auch das Konzept der Selbstsicherheit das Leitbild beherrschbarer Komplexität, hier allerdings aus der Perspektive des sein Leben führenden Individuums in seinen Umweltbezügen. Soweit die Argumentation auf der *Individualebene.*

Doch „Sicherheit" spricht auch weitere Ebenen sozialer Wirklichkeit an: Auf der *Organisationsebene* trägt das Konzept der „Systemsicherheit". Als „sicher" erscheinen technische und/oder soziale Systeme insoweit, als die von ihnen erwarteten Leistungen *zuverlässig* erbracht werden, wo wir also davon ausgehen können, dass die die Organisation konstituierenden Entscheidungen zu einem funktionsfähigen Ganzen von Zielsetzungen operativen Kontrollen und Nutzenerbringung für Dritte zusammenpassen. Bestimmte Organisationen (z.B. Polizei, Militär, Versicherungen) haben noch eine zusätzliche Sicherheitsrelevanz durch den Umstand, dass die von ihnen erwarteten Leistungen Schutz vor Gefahren bzw. die Gewährleistung von Gütern in der Zukunft beinhalten. In solchen Kontexten ist die Sicherheitssemantik besonders häufig zu beobachten.

Schließlich artikuliert sich „Sicherheit" auf der *kulturellen Ebene* öffentlicher Diskurse. Wenn sich der „Ruf nach Sicherheit" verbreitet, so kann dies als Indiz für eine kollektive Verunsicherung gelten, deren Ursachen diffus bleiben. Die vorgeschlagene vierfache Dimensionierung des Sicherheitskonzepts (und damit natürlich auch möglicher Formen der Unsicherheit) kann als heuristischer Untersuchungsraster dienen. Verunsicherungen können resultieren aus:

1. Dem Auftreten neuartiger Gefahren, die als noch unbeherrschbar erscheinen (z.B. Selbstmordattentate);
2. Der wahrgenommenen Unzuverlässigkeit bestehender Leistungssysteme (z.B. Qualifikationsmängel, Korruption);
3. Der Artikulation von Intransparenz bestehender Leistungszusammenhänge (z.B. „Steuerwirrwarr", „bürokratische Willkür", elektronisch gesteuerte Systeme);

4. Verbreitete Erfahrungen der Desorientierung oder Gefährdung und der dadurch ausgelösten Ängste (z.B. Kriminalitätsfurcht, Burn out).

Kollektive Thematisierungen von „Sicherheit" resultieren aus der Kommunikation über „Unsicherheit". Sie operieren selbst im Horizont einer strukturellen Intransparenz moderner Gesellschaftszusammenhänge und beruhen daher oft stärker auf Behauptungen denn auf konkreten Erfahrungen. Die Kommunikation kann sich dabei zwischen den Extremen eines Sicherheitsglaubens einerseits und von Katastrophenszenarien andererseits bewegen. Allerdings ist zu vermuten, dass die öffentliche Resonanz von Unsicherheitsdiagnosen und insbesondere ihre Persistenz doch von erfahrungsbezogenen Einschätzungen mitbestimmt wird. Insofern sollte das konstruktivistische Moment, das die Risikosoziologie in die Debatte gebracht hat, nicht von den konkreten Möglichkeiten ablenken, durch politische Entscheidungen und organisatorische Vorkehrungen, aber auch durch Bildung und Aufklärung für „mehr Sicherheit" zu sorgen.

11.4   Sozialpolitische Schlussfolgerungen

Vergleicht man „Sicherheit" mit anderen gesellschaftlichen Wertbegriffen wie „Freiheit", „Gleichheit", „Gerechtigkeit" oder „Brüderlichkeit" (bzw. „Solidarität"), so fehlt ihr ein gewisser moralischer Glanz, was den ausschließlich säkularen, neuzeitlichen Charakter des Begriffs zurückgehen dürfte; für „Demokratie" oder „Gesundheit" lässt sich Ähnliches beobachten. Das schließt jedoch nicht aus, dass in all diesen Begriffen Aspekte „guter Gesellschaft" zur Sprache kommen, die auch für Soziologen nicht irrelevant sind:

Bedenklich erscheint mir, dass anlässlich der Behandlung des Rahmenthemas „Gute Gesellschaft" auf dem 30. Kongress der Deutschen Gesellschaft für Soziologie (Allmendinger 2001) das Thema der Menschenrechte kaum erwähnt wurde.[31] Die Allgemeine Menschenrechtserklärung der Vereinten Nationen stellt jedoch nach wie vor einen maßgeblichen Leittext der Kriterien „guter Gesellschaft" auf Weltebene dar. In ihr figuriert das Wort Sicherheit an prominenter Stelle sowohl im Bereich der Freiheitsrechte (Art 3) als auch im Bereich der Sozialrechte (Art 22 und 25). Es gehört durchaus zur Aufgabe der Soziologie, „diese ‚Ideen', für welche teils wirklich, teils vermeintlich gekämpft worden ist und gekämpft wird, dem geistigen Verständnis zu erschließen. Das überschreitet nicht die Grenzen einer

---

31   Soweit ich sehe, bildet Müller (2001: 261) die einzige Ausnahme.

Wissenschaft, welche denkende Ordnung der empirischen Wirklichkeit erstrebt"
(Weber 1968/1904: 150).

Sicherheit meint die Gewährleistung von Werten in der Zukunft und die daraus
folgende Zuversicht und Beruhigung. Eben dies gilt auch für das Verhältnis zwischen
dem Staat und seinen Bürgern: Seit Hobbes und Locke gilt die Gewährleistung des
Schutzes von Leben und Eigentum als zentrale Staatsaufgabe des „bürgerlichen"
Staates, und historische Erfahrung zeigt, dass, wo diese Aufgaben des Staates nicht
mit ausreichender Zuverlässigkeit erfüllt werden, die Loyalität der Bürger bröckelt
und sozio-ökonomische Desorganisation nicht weit ist.

Doch nicht hiervon sei hier abschließend die Rede, sondern von jener weitergehenden Staatsaufgabe, die mit der Gewährleistung „Sozialer Sicherheit" verbunden
ist. Es ist in jüngerer Zeit vielfach betont worden, dass der Sozial- oder Wohlfahrtsstaat eines eigenständigen theoretischen Fundamentes entbehre, vielmehr
in einem Niemandsland zwischen ökonomischer und politischer bzw. juristischer
Staatstheorie eine ungeklärte Existenz friste (vgl. Kaufmann 2009e/1999: 327f.).
Zwar hat sich das Angebot an theoretischen Perspektiven mittlerweile vergrößert,[32]
doch fehlt es – mit Ausnahme der bemerkenswerten Arbeit von Huf (1998) – noch
weitgehend an *gesellschaftstheoretischen* Interpretationen der Sozialpolitik. Die
wohlfahrtsstaatliche Entwicklung stellt jedoch ein konstitutives Moment der europäischen Modernisierung dar, und als spezifische Differenz kann die staatliche
Gewährleistung sozialer Rechte bei gleichzeitiger Gewährleistung der Unabhängigkeit der Unternehmerfunktion gelten (siehe 6.4).

Die *Gewährleistung sozialer Grundrechte* wird – wie in Abschnitt 11.4 gezeigt –
programmatisch mit dem Begriff sozialer Sicherheit verbunden, und hierfür gibt es
auch gute Gründe, welche mit dem Versprechen der „Freiheit von Furcht und Not"
auch bereits in der Atlantik-Charta angesprochen worden sind. Zwar variieren die
Kataloge im Einzelnen, doch regelmäßig werden zentrale Existenzbedingungen
oder „Bedürfnisse" der Menschen angesprochen: Gesundheit, Bildung, Arbeit, freie
Berufswahl, Lohn, Erholung und Freizeit, Recht auf Lebensunterhalt im Falle von
Arbeitsunfähigkeit oder Arbeitslosigkeit, gelegentlich auch Wohnen und Teilhabe
am kulturellen Leben. Weitere Normen betreffen sozial benachteiligte Gruppen
(Ausländer, Behinderte, Frauen, Mütter und Kinder), denen grundsätzlich gleiche Rechte wie den männlichen „Normalarbeitern" zugesichert werden. „Soziale
Sicherheit" legitimiert somit das Leitbild der staatlich gewährleisteten Teilhabe an
den ausdifferenzierten Funktionssystemen für alle, die als Mitglieder einer politisch
verfassten Gesellschaft gelten; gesellschaftstheoretisch gesprochen also die Forderung nach *Inklusion* (Huf 1998, siehe auch 9.2). „Soziale Sicherheit" erscheint in

---

32 Kompetente neuere Überblicke bei Lessenich 2000, Alber 2001 und Leisering 2001.

dieser allgemeinsten Form allerdings noch als eine grundsätzlich auswechselbare Semantik wohlfahrtsstaatlicher Legitimation. Wir müssen nun genauer nach der Sicherheitsrelevanz des Inklusionspostulates fragen.

„Sicherheit", so das Ergebnis unserer vorangehenden Überlegungen, hat es zentral mit der Überbrückung von Zeitdifferenzen, mit der Verfügbarkeit von Gütern in der Zukunft und den darauf bezogenen subjektiven Erwartungen zu tun. Die Ungewissheit der Zukunft hat mit der Fühlbarkeit des sozialen Wandels zu tun, dessen Beschleunigung seit Beginn der Industrialisierung unverkennbar ist, und der durch die Globalisierung gegenwärtig eine neue Qualität erhält. Die Modernität zeitgenössischer Gesellschaften drückt sich zudem kulturell in der Legitimität sozialen Wandels aus (vgl. Kaufmann 1989a: 35ff.). Moderne Gesellschaften sind somit konstitutiv auf Wandlungsfähigkeit hin angelegt, was die biographischen Perspektiven der Menschen zwangsläufig verunsichert.

Nicht von ungefähr sind wohlfahrtsstaatliche Entwicklungen besonders ausgeprägt in Volkswirtschaften, die infolge ihrer hohen Exportabhängigkeit unter fortgesetztem Anpassungsdruck stehen. „Der universalisierte Wohlfahrtsstaat ist .. die Rückversicherung einer offenen Volkswirtschaft." (Rieger/Leibfried 2001:2) Am unmittelbarsten leuchtet dies für die Gewährleistungen ein, die unter dem Namen „Soziale Sicherung" in Deutschland in den Formen der Sozialversicherung, der staatlichen Versorgung und der Sozialhilfe rechtlich institutionalisiert sind. Damit ist jedoch erst das auf Art. 25 der Allgemeinen Menschenrechtserklärung reduzierte Konzept „Sozialer Sicherheit" angesprochen. Die Vision von Roosevelt, Beveridge und den Vätern und Müttern der Menschenrechtserklärung ging jedoch weiter. Sie umfasst die Gewährleistung von Teilhaberechten für alle als wichtig eingestuften Lebensbereiche, insbesondere auch Arbeit, Bildung und Teilhabe am gesellschaftlichen Leben. Es geht also nicht allein um den Schutz vor definierten Risiken,[33] sondern um die *Gewährleistung von Lebensperspektiven* für die einer politisch verfassten Gesellschaft Zugehörigen angesichts einer fortgesetzten Dynamik der sozio-ökonomischen Verhältnisse. In der Tat formieren die staatlich errichteten oder gewährleisteten Dienstleistungssysteme in ihrem Zusammenspiel ein *Regime normaler Lebensverläufe*, und zwar im Wesentlichen durch die Verknüpfung ihrer Zugangsbedingungen mit bestimmten Altersvorschriften (vgl. Mayer & Müller 1988; 1992b: 15ff.). Diese Standardisierung von Lebensverläufen gibt individuellen Biographien einen selbstverständlichen Rahmen und strukturiert damit deren Zukunft in erwartbarer Weise, eine auf der Individualebene hoch

---

33 Eine entsprechende internationale Katalogisierung findet sich im „Übereinkommen über Mindestnormen der sozialen Sicherheit" (Nr. 102) der Internationalen Arbeitsorganisation. Text in Zacher 1976, Nr. 31: 158-186.

sicherheitsrelevante Leistung. Darüber hinaus bedeutet natürlich die tatsächliche Stützung der Sozialisationsbedingungen von Jugendlichen durch Bekämpfung von Familienarmut, Wohnungs- und Bildungspolitik auch einen unmittelbaren Beitrag zur Verbesserung der Entwicklungschancen von Selbstsicherheit. Welche Wirkungen von den Maßnahmen der wohlfahrtsstaatlichen Politik auf die Lebenschancen unterschiedlicher Bevölkerungsgruppen ausgehen, stellt ein wichtiges Feld soziologischer Ungleichheitsforschung dar. Unter Aspekten der „Selbstsicherheit" sollten allerdings auch die Wirkungen auf die Kompetenzentwicklung und auf die Erwartungsstrukturen der Betroffenen mit berücksichtigt werden.

Unter dem Aspekt der „Systemsicherheit" beschränke ich mich auf den engeren Bereich der sozialen Sicherung. Hier ist die Sicherheitsrelevanz offenkundig: Es handelt sich um Leistungsversprechen für den Fall des Wirklichwerdens bestimmter Gefährdungen, die teils aufgrund der kapitalistischen Produktionsweise, teils aber auch aufgrund allgemeinerer Reproduktionserfordernisse strukturell gegeben sind. Grundsätzlich sind drei Formen des organisierten Umgangs mit diesen Gefährdungen möglich: (1) Prävention als Reduktion der Eintrittswahrscheinlichkeit bestimmter Gefahren (am Beispiel von Berufsunfällen: betriebliche „Sicherheitsvorkehrungen"), (2) Schadensbegrenzung als korrektives Eingreifen nach Eintreten eines Gefährdungsfalles (z.B. Rettungsmaßnahmen, Rehabilitation), und (3) Kompensation der eingetretenen Schäden (z.B. Unfallrente) (vgl. Kaufmann 1973: 264ff). Unter Effektivitätsgesichtspunkten wäre zu wünschen, dass alle drei Sicherungsformen mit Bezug auf bestimmte Gefährdungen koordiniert werden, am besten innerhalb einer Organisation.[34]

Im Bereich der sozialen Sicherung hängt die Erwartbarkeit der Sicherungsleistungen jedoch nicht nur von der Effektivität der Implementationsstrukturen, sondern in erheblichem Umfange auch von politischen Entscheidungen ab. Vor allem aufgrund von Finanzierungsengpässen und erst recht im Hinblick auf absehbare demografische Veränderungen entsteht hier politischer Entscheidungsdruck, die Höhe der Gewährleistungen zu reduzieren oder zum mindesten für die Zukunft zu beschränken. Derartige Maßnahmen beeinträchtigen naturgemäß die Sicherungserwartungen der Betroffenen, und zwar umso stärker, je längerfristig die in Frage stehenden Leistungsversprechen wirksam werden, am nachhaltigsten also im Falle der Altersicherung. Aber es würde natürlich nicht helfen, die Bevölkerung

---

34 Das ist mit Bezug auf Berufsunfälle in Deutschland weitgehend der Fall: Die Berufsgenossenschaften nehmen sowohl präventive wie korrektive und kompensierende Aufgaben wahr. In den übrigen Bereichen der Sozialversicherung mangelt es an solcher Koordination.

„in Sicherheit zu wiegen", wo realistischerweise das bisherige Leistungsniveau nicht mehr finanzierbar erscheint.

Die Kontingenz politischer Entscheidungen stellt einen nachhaltigen Unsicherheitsfaktor für das soziale Sicherungssystem eines Landes dar. Er ließe sich nur durch eine *Selbstbindung der Politik* reduzieren, indem die Regeln, nach denen Verteilungsprobleme innerhalb der sozialen Sicherungssysteme zu lösen sind, aus dem Ermessen der Tagespolitik entfernt und selbst zum Gegenstand von Rechtssetzungen werden (vgl. Leisering 1992b). Für eine „Sicherung der sozialen Sicherung durch Konstitutionalisierung" (Leisering 1992a: 196) bietet sich vor allem der Umgang mit der langfristig absehbaren demografischen Entwicklung an.

Natürlich lassen sich im Namen von Sicherheit vielfältige politische Forderungen erheben, denn welche Staatstätigkeit lässt sich nicht auf die Gewährleistung von Werten in der Zukunft beziehen? (vgl. Bizer/Koch 1998) Sicherheit als Legitimationsbegriff impliziert jedoch den reflexiven Prozess des „Sicherns von Sicherheit", also die Forderung nach verlässlicher Politik des Schutzes und der Gewährleistung, welche es den Bürgern erleichtert, ihre eigene Zukunft im Horizont kollektiver Vorgaben zu entwerfen. Dass dies auch nicht ohne Risiken möglich ist, dass alle Stabilisierungen im Horizont von Ungewissheiten bleiben, gegen die keine Sicherheit gewachsen ist, macht das Streben nach Sicherheit nicht illusorisch, aber in seiner Reichweite beschränkt – wie die Situation des Menschen in der Welt überhaupt.

Das zeigt auch die menschenrechtliche Programmatik der „Sozialen Sicherheit": Sie ist zunächst nicht mehr als eine programmatische Festlegung, welche unter die einschränkenden Bedingungen „der Organisation und der Hilfsmittel jeden Staates" gestellt ist (Art. 22 der Allgemeinen Menschenrechtserklärung). Sie fungiert aber als Kriterium guter Gesellschaftsentwicklung, wie auch aus Art. 2 Abs.1 des „Internationalen Paktes über wirtschaftliche, soziale und kulturelle Rechte" hervorgeht, welcher als Implementationsinstrument der Allgemeinen Menschenrechtserklärung in dieser Hinsicht gelten kann:

> „Jeder Vertragsstaat verpflichtet sich, einzeln und durch internationale Hilfe und Zusammenarbeit, insbesondere wirtschaftlicher und technischer Art, unter Ausschöpfung aller seiner Möglichkeiten Maßnahmen zu treffen, um nach und nach (!) mit allen geeigneten Mitteln, vor allem durch gesetzgeberische Maßnahmen, die volle Verwirklichung der in diesem Pakt anerkannten Rechte zu erreichen."

Mit der Umsetzung dieser Programmatik ist auf der Ebene der Vereinten Nationen vor allem die Internationale Arbeitsorganisation beauftragt (siehe 8.1.1). Auch deren Möglichkeiten bleiben sehr beschränkt, sie gehen nicht wesentlich über Beratung und technische Assistenz hinaus, internationale Sanktionsmechanismen sind nicht vorgesehen. Die Souveränität der Staaten bleibt gewahrt, und demzufolge ist deren wohlfahrtsstaatliche Entwicklung nicht nur von der ökonomischen Entwicklung abhängig, sondern auch eine Frage interner Wertorientierungen und Machtverhältnisse. Die mittlerweile vielfältigen internationalen Abkommen zur Sozialpolitik dürften in der Praxis wo nicht als Motor, so immerhin als *Rückschrittsbremse* wirken.

Dieses Beispiel zeigt den allgemeineren Sachverhalt, dass Sicherheit als Wertidee mehr verspricht, als politische Praxis gewährleisten kann. Wo die Forderung nach Sicherheit verabsolutiert wird, gerät sie in Konflikt mit anderen Forderungen guter Gesellschaft, wird sie zum „Mythos" (Gössner 1995) oder zur „Flucht" (Oesterreich 1996). Die Kontingenz von „Welt" lässt sich nicht beherrschen, aber beschränkte Räume beherrschbarer Komplexität sind möglich, und sie nach Möglichkeit mit den Lebensperspektiven der Individuen zu vermitteln, bleibt eine wohl begründete Forderung, welche durch die Wertidee Sicherheit legitimiert wird.

Sicherheit zwischen Sozial- und Bildungspolitik*   12

Vorbemerkung

Der folgende Text ist Anfang 1968 entstanden, als Zusammenfassung meiner Habilitationsschrift, und damit der weitaus älteste dieser Sammlung. Die Habilitationsschrift „Sicherheit als soziologisches und sozialpolitisches Problem" ist aus dem von Helmut Schelsky initiierten Projekt „Reaktionen und Motivationen gegenüber sozialpolitischen Umverteilungen" hervorgegangen, einer auf Stichproben-Befragungen beruhenden empirischen Studie.[1] Ausgangspunkt war die von Schelsky formulierte Frage, inwieweit Maßnahmen der sozialen Sicherung in der Bevölkerung „Gefühle der Sicherheit und Geborgenheit" auszulösen vermögen. Mein Vorgänger in der Projektbearbeitung hatte mit großem empirischem Aufwand und den Methoden des „attitude scaling" versucht, das Phänomen „Sicherheit" als subjektive Befindlichkeit zu operationalisieren, ohne zu einem schlüssigen Ergebnis zu kommen.

Über diesen Ansatz kam ich mit der Einsicht hinweg, dass „Sicherheit" keine eindeutig definierbare subjektive Befindlichkeit sei, sondern vor allem eine gesellschaftliche Wertidee, deren Aufhellung dann ins Zentrum meines Textes rückte. Die gesellschaftstheoretische These besagt im Anschluss an Simmel und in etwa Durkheim, dass im Zuge der Modernisierung durch fortschreitende Arbeitsteilung, Größenwachstum der sozialen Zusammenhänge und Ausdifferenzierung von „sekundären Systemen" (H. Freyer) sich der unmittelbar erfahrbare, „Geborgenheit" oder „Außenstabilisie-

---

*   Auszug aus: Sicherheit als soziologisches und soziapolitisches Problem. Untersuchungen zu einer Wertidee hochdifferenzierter Gesellschaften. 2. umgearbeitete Auflage, Stuttgart: Enke, 1973, S. 340-348, 352-353; leicht gekürzt.

1   Hierzu ergänzend Franz-Xaver Kaufmann: Forschungsbericht übe die zweite Erhebungsstufe des Projekts „Reaktionen und Motivationen der Bevölkerung gegenüber sozialpolitischen Umverteilungsmaßnahmen". (Materialien aus der empirischen Sozialforschung Heft 8) Dortmund: Sozialforschungsstelle an der Universität Münster, 1969. Es sei daran erinnert, dass der Forschung damals nur Hollerithkarten und Handrechenmaschinen zur Verfügung standen.

rung" (Gehlen) vermittelnde Sozialzusammenhang zunehmend auflöte. Stattdessen werden die Menschen einem „gesellschaftlichen Zwang zum Selbstzwang" (N. Elias) unterworfen, bzw. durch das Leben in „sich kreuzenden sozialen Kreisen" (Simmel) dazu geführt, Selbstbewusstsein und individuelle Handlungsfähigkeit, also eine Orientierung am „Innengaranten" zu entwickeln.[2] Das zentrale Sicherheitsproblem der Moderne besteht demzufolge darin, dass sekundäre Systeme und Personen keinen gemeinsamen Zukunftshorizont mehr haben. Die zeitgenössische Unsicherheit ist vor allem eine Unsicherheit der Orientierung, also das Problem, sich der Verlässlichkeit jener systemischen Vorkehrungen (z.B. von Sozialversicherungen) zu vergewissern, auf deren Schutzversprechen man angewiesen ist.

Auch wenn die Studie kürzlich neu aufgelegt worden ist,[3] verdient es der folgende, im Original als „Schlussfolgerungen" überschriebene Text, hier auszugsweise aufgenommen zu werden, weil er eine Brücke zwischen der allgemeinen Diagnose und politischen Empfehlungen schlägt und in dieser Hinsicht bis heute nicht überholt ist. Zudem macht er den Ausgangspunkt meines gesellschaftstheoretischen Denkens deutlich, auch wenn einige Formulierungen aus heutiger Sicht noch etwas unbeholfen und zeitbedingt anmuten mögen.

12.1   Zusammenfassung des Sicherheitsarguments

Dem herrschenden Problembewusstsein hinsichtlich der „Sozialen Sicherheit" gibt unter dem Titel „Sicherheitserwartungen und Sicherheitssysteme" folgendes Zitat prägnant Ausdruck:

> „Zu den bedeutsamsten Folgen des sozialen Wandels im Verlauf der Industrialisierung zählt die teilweise Auflösung vieler traditioneller Gruppen wie Familie, Nachbarschaft, Gemeinde in ihren Funktionen als Versorgungsträger und ihre Ersetzung durch allgemeine staatliche Sicherungsmaßnahmen. Dabei fällt jedoch auf, daß in Industriegesellschaften das Sicherheitsstreben des Menschen bei steigendem Wohlstand zunimmt. Es muß daher festgestellt werden, in welchem Umfang die staatlichen Bemühungen diesem Verlangen nach wirtschaftlicher und sozialer

---

2   Zentral wurde somit der zuerst von Simmel gesehene Zusammenhang von funktionaler gesellschaftlicher Differenzierung und Individualisierung, auch wenn diese Kategorien damals noch nicht etabliert waren. Luhmanns Ansatz zu einer Differenzierungstheorie (Luhmann 1965) war mir damals noch nicht bzw. wurde mir erst spät durch die Vertrauens-Studie (Luhmann 1968) bekannt.

3   Unveränderter Nachdruck der 2. Auflage als Band 4 der Reihe „Zivile Sicherheit – Schriften zum Fachdialog Sicherheitsforschung". Berlin: LIT-Verlag, 2012.

Sicherung Rechnung tragen. Auch wenn es möglich ist, gesamtwirtschaftliche Krisen weitgehend zu vermeiden, und auch wenn das System der sozialen Sicherung weiter ausgebaut wird, bleibt die Frage gesellschaftspolitisch relevant, wieviel „Energie" der einzelne heute für die Sicherung seines Daseins aufbringen muß, und in welchem Maße sein Sicherheitsbedürfnis unter den gegebenen Umständen befriedigt wird." (Claessens u„a. 1965:273f)

Diese Frage zu beantworten, war das ursprüngliche Anliegen des Forschungsprojekts „Reaktionen und Motivationen der Bevölkerung gegenüber sozialpolitischen Umverteilungsmaßnahmen". Wie gezeigt wurde, ist die der Frage zugrundeliegende Diagnose richtig, die Frage nach der Befriedigung des Sicherheitsbedürfnisses jedoch eine unzulässige Problemvereinfachung. Die Komplexität des anvisierten Problems wird durch das einheitliche Wortsymbol „Sicherheit" verdeckt. *Dieses Wortsymbol steht jedoch keineswegs willkürlich, sondern verrät in seiner Vieldeutigkeit mehr über ein Problem der gegenwärtigen Gesellschaft in der Bundesrepublik, als jede seiner diskursiven Interpretationen.* Deshalb wurde es zum Ausgangspunkt unserer Untersuchungen genommen und gefragt, was denn alles mit dem Wort „Sicherheit" bezeichnet werde, und ob sich zwischen den verschiedenen Wortbedeutungen und den verschiedenen gesellschaftlichen Kontexten, in denen das Wort verwendet wird, ein Zusammenhang, und möglicherweise sogar ein gemeinsamer Sinn ermitteln lasse.

Solche Gemeinsamkeit ist nur auf einer sehr abstrakten Ebene zu erwarten; es schälten sich als konstitutive Sinnelemente die Begriffe „Zukunft" und „Wert" heraus; Sicherheit bedeutet allgemein das *Gegebensein von Werten in der Zukunft.* Sprachgeschichtlich ließ sich ein Bedeutungswandel beider Worte seit dem Beginn der Neuzeit nachweisen, der sich als erhellend für die Frage nach den Ursachen der im 20. Jahrhundert zu beobachtenden gesellschaftlichen Thematisierung von „Sicherheit" erwies. Da diese Thematisierung nicht auf die deutsche Sprache beschränkt ist, sondern im Englischen (security) und im Französischen (sécurité) ebenfalls nachgewiesen werden konnte, drängt sich die Vermutung auf, *dass in der internationalen gesellschaftlichen Wertbesetzung des Wortes Sicherheit sich ein strukturelles Problem moderner Gesellschaften zu Wort meldet,* dessen Name „Unsicherheit" ebenso schillernd ist, wie die geforderte „Sicherheit". Diese Denkschablone zu durchstoßen, ohne das in ihr Gemeinte aus den Augen zu verlieren, erwies sich je länger je mehr als das eigentliche Problem der Untersuchungen.

Die Beobachtung des gesellschaftlichen Sprachgebrauchs förderte *drei verschiedene, leitbildhafte Ideen zutage, die unter dem Namen „Sicherheit" gegenwärtig um Anerkennung ringen,* und gleichzeitig die Werthaftigkeit wie die Ambivalenz des Wortsymbols erklären: Erstens eine retrospektive Auffassung von „Sicherheit und Geborgenheit", die als Sicherheit nur einen Zustand umfassender statischer Ordnung anerkennen will, in der die menschliche Psyche durch sichtbare Außengaranten, die die „ganzheitliche Ordnung" repräsentieren, stabilisiert wird. Zweitens eine pragmatische Auffassung von „Systemsicherheit" als herstellbare, berechenbare Verfügbarkeit von Mitteln zu beliebigen Zwecken und drittens eine psychologische Auffassung von „Selbstsicherheit" als Leitbild subjektiver Identität.

Was diese drei Konzeptionen verbindet – und damit zugleich als der allgemeinste Sinn des „Sicherheitsstrebens" anzusehen ist – ist das Element einer nicht-zeitlichen, d. h. nicht horizontlosen, sondern *bestimmten Zukunft*, in der nicht „alles möglich" ist. Jede dieser drei Konzeptionen beinhaltet eine unterschiedliche Form der „Vernichtung der Zeitlichkeit der Zukunft". *Die Freisetzung der Zeitlichkeit der Zukunft als neuzeitliches Sprach- und Denkphänomen ist ein Symptom dafür, dass eine „umfassende", „ganzheitliche", d. h. Individuum und Gesellschaft zugleich umfassende Zukunftsstabilisierung nicht mehr möglich ist.* Die Struktur von „Gesellschaft" hat sich gewandelt, d. h. sie hat sich differenziert und ist unanschaulich, überkomplex geworden, was aus der Perspektive der Individuen nun als permanente Wandlung erscheint. Die Beschleunigung des sozialen Wandels ist vermutlich gar nicht so stark, wie das aufgeschreckte statische Bewusstsein es empfindet; es genügt die Überkomplexität der erfahrbaren Welt, um immer neuen Eindrücken konfrontiert zu werden, die dann als Wandel erscheinen.

„Gesellschaft" ist keine konzeptionsfähige Ganzheit, keine „Gemeinschaft" mehr, sondern eine bloße Worthülse geworden, hinter der sich eine Menge interdependenter und – soziologisch, wenn auch nicht immer juristisch – weitgehend autonomer „sekundärer Systeme" verbergen, die sich zunehmend nach dem ihnen eigenen Leitbild der „Systemsicherheit" stabilisieren. *Sie erbringen Leistungen, die unterschiedlichen individuellen Zielen dienstbar gemacht werden können, aber sie können die mit ihnen interagierenden Subjekte nicht umfassend stabilisieren, ihnen „Lebenssinn" vermitteln.* „Lebenssinn" ist aus der Perspektive der sekundären Systeme Privatsache geworden – darin liegt zugleich die Möglichkeit individueller Freiheit.

Entgegen dem aufklärerischen Fortschrittsoptimismus erweist sich die im Zuge der gesellschaftlichen Differenzierung zum Regelfall werdende Freisetzung des Individuums von umfassenden Sozialzwängen als problematisch. Das Individuum wird nun seiner eigenen Zukunft konfrontiert, d. h. es erhält überhaupt erst eine eigene Zukunft; daher zeigt sich im modernen technizistischen Glauben, dass sich der Mensch selbst zu machen imstande sei, ein hintergründiger Sinn: Der Mensch (nicht als Spezies, sondern als Individuum) *muss* sich selbst „machen", d. h. er muss sich seine eigene Identität selbst erringen, er muss „Selbst-Sicherheit" gewinnen, sobald er nicht mehr innerhalb der „Gemeinschaft" *eines* Lebenskreises, sondern im Schnittpunkt mehrerer, untereinander kaum koordinierter Lebenskreise zu leben gezwungen ist; sobald seine sozialen Beziehungen nicht mehr „ganzheitlich", sondern segmenthaft geworden sind. Ist man nicht mehr innerhalb einer personell homogenen sozialen Umwelt „geborgen", sondern unter personell heterogenen Sozialverhältnissen zu leben gezwungen, so kann keiner von keinem mehr verlangen, dass er für ihn „ganz" da sei, da *alle Loyalität notwendigerweise partiell geworden ist.* Das Individuum steht vor der Wahl, sich entweder selbst seine „Sicherheit" zu gewinnen, sich als „handelndes Wesen" zu verstehen und handlungsfähig zu halten – oder der Entfremdung anheimzufallen. *Wo die personelle Homogenität sozialer Umwelten verloren gegangen ist, ist „ganzheitliche" gesellschaftlich vermittelte „Sicherheit" nicht mehr zu erreichen.*

Die fraglos vorgegebene Entlastung von der eigenen Zukunft wurde zu ihrer Zeit nicht als „Sicherheit" bezeichnet und wird heute als ein Zustand der „Geborgenheit" rekonstruiert, ohne dass die mit ihm verbundene geistige und materielle Enge ins Auge gefasst würde. „ Sicherheit" hieß seit jeher ein *herstellbarer,* kein vorgegebener Zustand, und so ist es nur konsequent, dass der Mensch, der sich selbst als handelndes Wesen versteht, nach Sicherheit strebt. Im Gegensatz zur „verlorenen" Sicherheit ist jedoch die „mögliche" Sicherheit doppelt, und das gesellschaftliche Problem besteht in der Vermittlung zwischen den beiden Formen möglicher Sicherheit, der „Systemsicherheit" und der „Selbstsicherheit": *Insbesondere ließ sich zeigen, dass die funktionalen Stabilisierungen, die durch nach dem Leitbild der Systemsicherheit geformten Organisationen in weit stärkerem Maße als früher ermöglicht werden, nicht ohne ein erhebliches Maß an „Selbstsicherheit", d. h. Fähigkeit zum Durchhalten generalisierter Erwartungen hinsichtlich dieser Stabilisierungen, jenes Maß an subjektiver Entlastung zu schaffen vermögen, das sie eigentlich beabsichtigen.* Das gilt insbesondere für Organisationen, die Leistungen an Nicht-Mitglieder, d. h. an Personen erbringen, die mit den Repräsentanten dieser Organisationen nur in sehr sporadischem Kontakt stehen, so z.B. die *Sozialversicherungen.*

Andererseits muss gegenüber jeder psychologischen Reduktion des Problems der subjektiven Sicherheit betont werden, *dass sich der Mensch nur innerhalb einer Umwelt und nicht in sich selbst allein zu stabilisieren vermag.* Diese Umweltstabilität ist jedoch unter überkomplexen gesellschaftlichen Bedingungen für eine wachsende Zahl von Individuen nur aufgrund individueller, im Zeitablauf konsistenter Entscheidungen zu gewinnen. Damit wird dem Einzelnen ein Maß an Entscheidungsfähigkeit zugemutet, das eine komplexe, anpassungsfähige psychische Struktur voraussetzt, wie sie sich unter statischen Gesellschaftsbedingungen nicht zu entwickeln vermochte und nicht zu entwickeln brauchte.

Im Rahmen der in jedem Falle notwendigen Vermittlung zwischen „äußerer" und „innerer" Sicherheit verschiebt sich das mögliche Stabilitätszentrum als Folge der gesellschaftlichen Differenzierung von Außen nach Innen. Diese Verschiebung des Stabilitätszentrums ist jedoch nicht unproblematisch, und es ist noch eine durchaus offene Frage, *ob es* überhaupt möglich *ist, die Erziehungsbedingungen so zu verändern, dass nicht nur eine Minderheit der Bevölkerung befähigt wird, unter den gegenwärtigen gesellschaftlichen Bedingungen ein sie befriedigendes Leben zu führen.* Dies ist, in „gesellschaftlicher" Sprache ausgedrückt, der Kern des gesellschaftlichen Sicherheitsproblems, dessen Struktur im Vorangehenden zu analysieren versucht wurde.

Dieses Problem war hier zu diagnostizieren, nicht zu lösen. Da es sich um ein gesellschaftliches, nicht um ein soziologisches Problem handelt, kann es nur in der gesellschaftlichen Praxis, nicht in der soziologischen Theorie gelöst werden. Die positive Theorie vermag bestenfalls das Problembewusstsein auf die Höhe der bereits in Gang befindlichen Praxis zu bringen.

„Systemsicherheit" und „Selbstsicherheit" sind keine utopischen Ideale, sondern Namen für in der gesellschaftlichen Praxis recht reale Forderungen. Was „im Namen der (Betriebs-, Verkehrs-, Rechts-, politischen, sozialen, persönlichen, kollektiven, individuellen) Sicherheit" heute alles gefordert wird, konnte nur andeutungsweise erwähnt werden. Soll „Sicherheit" keine bloße Leerformel bleiben, so muss nach Kriterien gesucht werden, die den normativen Gehalt von Sicherheit bestimmbar machen. ...

Sicherheit darf als dominanter Wertbegriff einer sich selbst als pragmatisch verstehenden Kultur angesehen werden. Diese Wendung zum Pragmatismus hat das von Idealismus und Wertphilosophie geprägte öffentliche Bewusstsein in der Bundesrepublik bisher noch kaum vollzogen, und so kann es nicht erstaunen, dass „Sicherheit" noch weitgehend mit „Geborgenheit" gleichgesetzt wird, einem Zustand der Unmündigkeit, in dem einem die Verantwortung für das eigene Handeln abgenommen ist.[4]

Von diesem öffentlichen Bewusstsein her wird die Frage verständlich, wie es mit den psychologischen Sicherheitswirkungen der Sozialpolitik bestellt sei, ob sie „Gefühle der Sicherheit und Geborgenheit" zu vermitteln imstande sei. Der Verfasser hielt diese Frage zunächst ebenfalls für legitim; ihre innere Unstimmigkeit, die in ihr enthaltene *Vermengung von vorneuzeitlichem und*

---

4   *Anmerkung 2014: In dieser Hinsicht hat sich nach 1968 zum mindesten das öffentliche Bewusstsein offenkundig gewandelt. Eine vergleichbare retrospektive Nostalgie entstand nach 1989 in einigen Milieus der ehemaligen DDR, doch scheint auch sie mittlerweile zu Gunsten einer Akzeptanz moderner, dynamischer Lebensverhältnisse weitgehend verschwunden.*

neuzeitlichem Bewusstsein wurde ihm erst allmählich klar. Zweifellos soll die Sozialpolitik Sicherheit vermitteln, d. h. von den Sorgen um die ökonomische Existenz im Falle der Erwerbsunfähigkeit entlasten. Aber von ihr zu fordern, dass sie „soziale Sicherheit" im Sinne einer umfassenden Stabilisierung des Subjekts vermittle, wie dies in den vorneuzeitlichen Sorgeverbänden der Fall war, ist gleichzeitig utopisch und regressiv. Dennoch kann natürlich nicht ausgeschlossen werden, dass erhebliche Teile der Bevölkerung nicht imstande sind, außerhalb der „sozialen Sicherheit" geschlossener Sorgeverbände sich zu stabilisieren, und dass sie demzufolge unter den sich heute entwickelnden Lebensverhältnissen einer psychischen Überforderung ausgesetzt sind, die unter Begriffen wie „Entfremdung", „Außenleitung", „Anomie", „Neurose", „Stress", „Angst" oder schlechthin „Unsicherheit" thematisiert werden.

Wenn „in Industriegesellschaften das Sicherheitsstreben bei steigendem Wohlstand zunimmt" *(D. Claessens),* so ist dies vermutlich nicht auf die Steigerung des Wohlstands, sondern auf beidem unterliegende Faktoren zurückzuführen. Wie die Erfahrungen der Weltwirtschaftskrise zeigten, ist bei „sinkendem Wohlstand" keineswegs mit einem Rückgang des Sicherheitsstrebens zu rechnen, ganz im Gegenteil. Aber offenbar ist das *„Sicherheitsstreben" nicht mit dem Streben nach Wohlstand oder „Konsumquietismus" identisch,* wenn man dem Wort einen am Sprachgebrauch orientierten Sinn gibt. Zwar ist Wohlstand eine disponible Reserve, die unter den gegenwärtigen gesellschaftlichen Verhältnissen von manchen Sorgen zu entlasten vermag; Einkommen und Vermögen können durchaus sicherheitsrelevant sein, jedoch nach der hier vertretenen Auffassung nur insoweit, als (1) ihr zukünftiger Bestand als unbedroht angesehen wird, und (2) die über sie verfügenden Subjekte sich selbst nicht aus anderen Gründen als bedroht erfahren.

Nach der hier vertretenen Auffassung ist die „Unsicherheit des modernen Menschen" weder auf seine erhöhte Existenzgefährdung noch auf irgendeine Form kulturkritisch zu deutender „Verweichlichung", „Domestikation" oder sonstige „Sekuritätsbesessenheit" zurückzuführen, sondern auf eine sehr tiefgreifende Veränderung der gesellschaftlich vermittelten Existenzbedingungen, die die herkömmliche Form psychischer Stabilisierung an sichtbaren Außengaranten in zunehmendem Maße verunmöglichen. Zwar ist auch heute die Bildung vertrauter Umwelt möglich – ihre Sicherung in Form von Mieterschutz und Garantie des Arbeitsplatzes gehört nicht umsonst zu den aktuellen gesellschaftspolitischen Postulaten – aber außerhalb dieser vertrauten Umwelt herrscht gesellschaftliche Horizontlosigkeit, ist keine Sicherung wahrnehmbar, die im *Ausnahmefall* eintritt. Hinsichtlich des Ausnahmefalls – und er allein bedeutet „Gefahr", d. h. negativ bewertete *Möglichkeit* – kann sich das Subjekt heute in der Regel nicht an sichtbaren

Außengaranten stabilisieren, sondern ist auf das *Durchhalten abstrakter Erwartungen* mit geringer Außenbestätigung angewiesen. Diese als „Systemvertrauen" *(N. Luhmann)* zu bezeichnen ist zum mindesten missverständlich, da es in erster Linie um die bewusstseinsmäßige Abwehr von unkontrollierbaren Befürchtungen, um ein *Nicht-Misstrauen*, geht. Nur ein suspendiertes Misstrauen scheint im Übrigen politisch einer Situation angemessen, in der die tatsächliche Wirksamkeit derjenigen Garantien, mit denen das Individuum zu rechnen befähigt sein muss, durch eben dieses Individuum nicht kontrollierbar ist.

Die Abwehr negativer Erwartungszumutungen ist eine Bewusstseinsleistung, die ein integriertes Selbstbewusstsein voraussetzt. „Beruhigung" ist heute „im Ausnahmefall" nur als psychische Innenstabilisierung, durch Rekurs auf den „Innengaranten" des Selbstbewusstseins zu leisten. Diese These ist weder ein Programm noch ein Rezept, sondern die Schlussfolgerung aus einer gesellschaftlichen Diagnose. Wie solche Stabilisierung sich vollzieht, ob und wie sie intentional realisiert werden kann, ist eine jenseits dieser Untersuchung stehende Frage. Es wurde lediglich versucht, gegenüber einer einseitigen tiefenpsychologischen Interpretation dieses Problems die Bedeutung von Handlungschancen, von individueller Gewohnheitsbildung und von Umweltstabilisierung für die Stabilisierung des Selbstbewusstseins hervorzuheben.

Dass in der deutschen Bevölkerung latente Bewusstseinshaltungen verbreitet sind, die als Ausdruck einer Unfähigkeit anzusehen sind, sich unter unüberschaubar gewordenen, nur funktional stabilisierten gesellschaftlichen Verhältnissen selbst zu stabilisieren, konnte an Hand der empirischen Untersuchungen gezeigt werden:

Zwischen den gesetzlichen Sicherungsmaßnahmen und der subjektiven Sicherheitsbefindlichkeit besteht auch dann ein gebrochenes Verhältnis, wenn man von allen Überinterpretationen des Slogans „Soziale Sicherheit" absieht. Wie unsere empirischen Untersuchungen in Bestätigung der theoretischen Überlegungen zeigten, *ist die entlastende Wirkung des sozialen Sicherungssystems weitgehend von psychischen Dispositionen abhängig, die durch die sozialpolitischen Maßnahmen i. e. S. unbeeinflussbar sind.* Generalisierte Erwartungen substituieren sich der unmöglich gewordenen Wahrnehmung der Leistungsgaranten, und es kommt entscheidend darauf an, wie diese Erwartungen beschaffen sind. Sie wurden im Vorangehenden untersucht, und es zeigte sich, dass vor allem *eine* verfestigte Erwartungsstruktur von erheblichem Einfluss für die Erwartungen gegenüber dem Staat und der Sozialpolitik, wie auch für das Maß negativer Zukunftserwartungen ist. Sie wurde als *Fatalismus* bezeichnet und beinhaltet die manifesten

Erwartungen hinsichtlich der eigenen Handlungsfähigkeit, ein auf Grund der theoretischen Bestimmung des Sicherheitsproblems zentraler Erwartungskomplex.[5] Wer sein eigenes Handlungspotential gering einschätzt – also hohe Werte in der „Fatalismus-Skala" aufweist, hat im Regelfalle nicht ein diese mangelnde Handlungsfähigkeit kompensierendes Vertrauen zu Organisationen, die im Rahmen der industriellen Gesellschaft zur Kompensation mangelhafter Leistungs- und Erwerbsfähigkeit geschaffen wurden. Sofern noch traditionale Restbestände vorhanden sind, mag zwar ein abstraktes Vertrauen zum Staat vorhanden sein. *Auf der Ebene der konkreten Kontakte zu den „sekundären Systemen" geht jedoch in der Regel mit dem Fatalismus ein ausgeprägtes Misstrauen einher, das bis in die Einschätzung der eigenen Sozialleistungen wirksam bleibt.* Vergegenwärtigt man sich das Verhältnis von Anspruchsberechtigten und Sozialleistungsverwaltung, so wird ohne jede Polemik gegen die „Sozialbürokratie" deutlich, dass es tatsächlich selbst im Falle der Hilfsbedürftigkeit noch auf das eigene Handeln ankommt, wenn einer zu seinem Recht kommen soll. Es ist deshalb verständlich, dass Fatalismus und Misstrauen Hand in Hand gehen; dennoch ist nicht anzunehmen, dass hier die spezifischen Erfahrungen mit der Sozialleistungsverwaltung im Regelfalle maßgebenden Einfluss ausüben. Es handelt sich vielmehr um generalisierte Erwartungsstrukturen, um Bewusstseinsphänomene, die vermutlich stärker an die Person und deren vielfältige Erziehungseinflüsse als an die durch gesetzliche Maßnahmen zu beeinflussende, objektive Organisation der Sozialleitungsverwaltung gebunden sind. Deshalb kann dieses Misstrauen nicht durch eine verbesserte Politik der sozialen Sicherung abgebaut werden, sondern – wenn überhaupt – nur auf indirektem Wege und auf lange Sicht.

12.2 Bildung, Beruf und Sicherheitschancen

Die empirischen Untersuchungen, über die berichtet wurde, wurden auf Grund eines Vorberichts dahingehend interpretiert, dass an die Stelle erhöhter Aufwen-

---

5 *Erläuterung: Die zentralen Items der „Fatalismus"-Skala lauten (nach der zunehmenden Häufigkeit der Bejahung): (1)Planen macht einen Menschen nur unglücklich, da Pläne sich kaum jemals in die Wirklichkeit umsetzen lassen.(2) Ich versuche es gar nicht mehr, feste Ziele zu verfolgen, denn man ist doch zu sehr abhängig von unvorhersehbaren Ereignissen.(3) Es hat wenig Sinn, feste Ziele zu verfolgen, weil doch immer wieder etwas Unerwartetes dazwischen kommt. (4)Es kommt doch immer anders als man denkt, man kann sich auf nichts verlassen.(5) Ich meine, keiner kann seinem Schicksal entgehen, es kommt im Leben alles, wie es kommen muss.*

dungen für Sozialleistungen *erhöhte Bildungsinvestitionen* treten sollten. Gegenüber dieser, in der gesellschaftlichen Praxis zweifellos vorgebildeten Alternative muss zunächst festgehalten werden, dass sie realistischerweise nur für denjenigen Teil der Sozialleistungen zutrifft, der aus allgemeinen Steuermitteln finanziert wird. Der überwiegende Teil der Ausgaben im Rahmen des ordentlichen Sozialleistungssystems wird durch zweckgebundene Beiträge der Versicherten bzw. deren Arbeitgeber aufgebracht und steht damit außerhalb dieser Alternative. Was die allgemeinen Steuermittel betrifft, kann zu Recht nach übergeordneten Gesichtspunkten gefragt werden, die jenseits von Partikularinteressen als verteilungspolitische Kriterien gelten können.

Nimmt man als ein solches Kriterium „Sicherheit" an, ein Wort, das in zahlreichen wirtschaftspolitischen Zielkatalogen auftaucht, so verstrickt man sich leicht in Widersprüche. Es ist wenig sinnvoll, abstrakte Ideen als Richtschnur gesellschaftspolitischer Entscheidungen nehmen zu wollen. Es geht zunächst darum, gesellschaftliche Problemlagen zu bestimmen und dann zu untersuchen, wie sie verändert und „weniger problematisch" gemacht werden können. Hierbei erweisen sich die gesellschaftlichen Wertideen wie Wohlfahrt, Freiheit, Gerechtigkeit, Gesundheit oder Sicherheit als abstrakte Richtpunkte der Problembestimmung, nicht jedoch als die Problembestimmung selbst.

Akzeptiert man die hier gegebene Bestimmung der gesellschaftlichen Problemlage, von der behauptet wird, dass sie sich in der Wertschätzung des Wortsymbols „Sicherheit" manifestiere, so ergibt sich ein konkretes normatives Kriterium für die Abwägung zwischen Sozialleistungen und Bildungsinvestitionen. Im Hinblick auf das hier dargestellte Problem lässt sich mit einem hohen Maß an empirischer Evidenz die Voraussage machen, dass unter den gegenwärtigen gesellschaftlichen Verhältnissen eine Vermehrung von Schul- und Berufsbildung eher zur Lösung dieses Problems beizutragen geeignet ist als eine Erhöhung der Sozialleistungen. ... Misstrauen gegenüber Großorganisationen, Zukunftsangst und eine Anspruchshaltung gegenüber dem Staat korrelieren positiv hoch mit Fatalismus und negativ mit Schul- und Berufsbildung; d. h. sie sind umso weniger ausgeprägt, je höher der Ausbildungsgrad ist. ...[6]

Dabei zeigt sich, dass die Alternative: Sozialleistungen oder Bildungsinvestitionen – grob gesprochen – zugleich Ausdruck eines Gegensatzes zwischen Gebildeten und Ungebildeten ist, wobei sich hinsichtlich der Ausgaben für Bildung und Wissenschaft sogar ein neuer Klassengegensatz andeutet, da das Interesse der „Ungebildeten" kaum nach mehr Bildung geht. Eine etwa gleich große Rolle wie die Bildungsunterschiede spielen hier jedoch die Bewusstseinsunterschiede,

---

6   Es folgen im Original entsprechende statistische Beschreibungen.

die durch die Fatalismus-Skala gemessen werden, womit deren Bedeutung noch einmal unterstrichen wird. Es ist anzunehmen, dass durch sie tatsächlich eine psychische Variable von erheblicher gesellschaftlicher Bedeutung erfasst wurde. Sie scheint eine gute Trennschärfe hinsichtlich derjenigen Eigenschaften zu haben, die einer auf Wissenschaft und Technik beruhenden, durch sekundäre Systeme stabilisierten Zivilisation angepasst bzw. nicht angepasst sind. ...

Unabhängig von der näheren sozialpsychologischen Interpretation der hier erfassten Sachverhalte ergibt sich allein schon aus dem Inhalt der skalierbaren Items und ihrer Beziehung zu gesellschaftlich definierten Sozialdaten ein Bild unterschiedlicher gesellschaftsbezogener Bewusstseinslagen, die nicht in erster Linie von ökonomischen, sondern von bildungsmäßigen Unterschieden her geprägt erscheinen. Ein erheblicher Teil der deutschen Bevölkerung manifestiert deutliches Misstrauen und Resignation gegenüber einer Gesellschaftsverfassung die – unabhängig vom parteipolitischen Kurs der jeweiligen Regierung – mit erheblicher Macht zu ihrer weiteren Realisierung drängt. Hier sind gesellschaftliche Grundtatbestände angesprochen, die außerhalb der unmittelbaren sozialpolitischen Beeinflussung liegen und dennoch politisch relevant sind. Eine mittelbare Beeinflussung über die Verbesserung der Ausbildungs- und Erziehungschancen der heranwachsenden Generation einerseits und die bewusste Anpassung der „sekundären Systeme" an die Bedürfnisse der von ihnen Begünstigten (d.h. in diesem Zusammenhang vor allem nach Vereinfachung und Durchschaubarkeit) scheint dagegen möglich (Kaufmann 1970).[7]

In der Sicherheitsperspektive formuliert bedeutet dies: Sozialpolitik im herkömmlichen Sinne vermag zwar bestimmte Risiken zu vermindern. Aber nicht der Schutz vor Gefahren (der im Prinzip, wenn auch nicht immer in der Praxis, heute besser möglich ist denn je), sondern die Vergewisserung der Verlässlichkeit jener schützenden Daseinsbezüge, die vom Subjekt nicht mehr durch direkte Wahrnehmung kontrolliert werden können, ist das zentrale gesellschaftspolitische Sicherheitsproblem.

Das Ziel der klassischen deutschen Sozialpolitik, die Lösung der „Arbeiterfrage", ist erst scheinbar erreicht. Pointiert formuliert: Die „Arbeiterfrage" hat sich zur „Volksschülerfrage" gewandelt; der betroffene Personenkreis hat sich um die qualifizierten Facharbeiter vermindert und um die Mehrzahl der Landwirte vermehrt, ist im Übrigen jedoch der gleiche geblieben. Erziehungspraktiken und Bildungswille sind nach wie vor schichtspezifisch verschieden (McKinley 1964: 54 ff;

---

7 *Diesem Problem bin ich in der Folge im Rahmen der Projektgruppe „Verwaltung und Publikum" zusammen mit Dieter Grunow und Friedhart Hegner empirisch nachgegangen: Gtunow u.a. 1978; Kaufmann 1979.*

Rolff 1967: 18 f) und drängen auf eine Verfestigung von sozialen Unterschieden, die auch durch eine wirksamere Umverteilungspolitik nicht beseitigt werden könnten. Bildungspolitik wird deshalb zu Recht als Bestandteil einer „aktiven Sozialpolitik" verstanden (Widmaier 1970).

Sozialpolitik zwischen Gemeinwohl und Solidarität* 13

Zusammenfassung: Der Beitrag setzt sich kritisch mit der durch den Kommunitarismus wieder belebten Forderung nach einer sozial-moralischen Integration politisch verfasster Gesellschaften auseinander. Unter funktional differenzierten und international vernetzten Bedingungen treten die Bedingungen von Gemeinwohl und Gemeinsinn auseinander. Das herkömmliche politische Denken ist der im Zuge der Globalisierung zu beobachtenden Vervielfältigung der Solidaritätshorizonte nicht gewachsen. Das durch Konstitutionalisierung sich realisierende Gemeinwohl wird vom Gemeinsinn der Bürger unabhängig. Gemeinsinn artikuliert sich aber in partikulären Kontexten. Statt seiner wird als analytisches Konzept „Solidarität" als spezifischer Modus der Handlungskoordination vorgeschlagen und entwickelt. Moderne Formen der Solidarität unterscheiden sich von den traditionellen Vergemeinschaftungsformen in charakteristischer Weise.

Das Projekt „Gemeinwohl und Gemeinsinn" der Berlin-Brandenburgischen Akademie der Wissenschaften, im Rahmen dessen dieser Beitrag entstanden ist, nimmt klassische Begriffe der politischen Theorie auf, um sie für neue Fragestellungen fruchtbar zu machen, wie sie vor allem aus der Perspektive des amerikanischen Kommunitarismus aufgeworfen worden sind. Den Kontext bildet ein verbreitetes Unbehagen über mutmaßliche Auswirkungen von zumeist unter dem Begriff der Globalisierung zusammengefassten Phänomenen, unter denen die weitestgehende Entgrenzung und technische Beschleunigung des Wirtschaftsverkehrs und das

---

*   *Erstveröffentlichung in: Herfried Münkler und Karsten Fischer (Hrsg.) Gemeinwohl und Gemeinsinn. Rhetoriken und Perspektiven sozial-moralischer Orientierung. (Forschungsberichte der interdisziplinären Arbeitsgruppe „Gemeinwohl und Gemeinsinn" der Berlin-Brandenburgischen Akademie der Wissenschaften, Band II), Berlin: Akademie-Verlag, 2002, S. 19-54. Gekürzt und überarbeitet.*

Zusammenwachsen bisher getrennter Finanzmärkte zu einem tendenziell weltweiten, ausschließlich geldvermittelten Regelungszusammenhang zunächst wohl die folgenreichsten sind. Auf der Ebene des öffentlichen Bewusstseins fällt der Einflussgewinn eines von den Vereinigten Staaten ausgehenden individualistischen Paradigmas der Wirtschafts- und Sozialwissenschaften sowie die Infragestellung des bisherigen nationalstaatlich verfassten Gesellschaftsbewusstseins durch die Vorstellung einheitlicher Weltzusammenhänge ins Gewicht.

Diese kritische Bewusstseinslage ähnelt in vielem derjenigen um die Mitte des 19. Jahrhunderts, als die Wucht von Industrialisierung und Verstädterung die bisher dominierenden ländlichen Lebens- und Wirtschaftsformen verdrängte und die herkömmlichen Sorgeverbände in Frage stellte. Die Defizite der neuen Vergesellschaftungsform wurden damals unter der *Semantik des Sozialen* thematisiert, und so entstand – zuerst im deutschen Sprachraum – der Begriff der Sozialpolitik zur Kennzeichnung der Vorschläge, die dem Staate als Reaktion auf die Desorganisierung der hergebrachten Lebenszusammenhänge von sozialwissenschaftlicher Seite nahegelegt wurden. Ein vergleichbarer Diskurs entstand in Frankreich unter dem Signum der *solidarité*.

Der Beitrag geht von dieser Analogie der Situationen aus. Auch heute scheinen gewachsene politische und soziale Zusammenhänge durch neue technische und ökonomische Entwicklungen bedroht. Und wiederum werden *sozialmoralische Postulate* wie „Gemeinwohl" und „Gemeinsinn" bemüht, um Gegengewichte zu schaffen. Der Text hat demzufolge zwei Teile: Er beginnt mit einem historischen Rückblick auf die sozialwissenschaftliche Verarbeitung der Umbruchsituation um die Mitte des 19. Jahrhunderts und verweist auf einige tragende Ideen der daraus entstehenden Sozialpolitik, sowie deren Wandel. Dabei soll deutlich werden, dass die nationalistisch inspirierten *gesellschaftsintegrativen Intentionen* von Sozialpolitik bereits auf einer reduktionistischen Problembestimmung beruhen, die den zuerst von Hegel auf den Begriff gebrachten strukturellen Differenzierungen des umfassenden Sozialzusammenhangs als „Staat", „bürgerliche Gesellschaft" und „Familie" nicht gerecht werden. Luhmann hat diese Einsicht zu Ende gedacht, aber gleichzeitig die Funktion sozialmoralischer Ressourcen ungebührlich minimiert. Seine Theorie ist eine *Gesellschafts*theorie, jedoch keine Theorie des *Sozialen*.

Im zweiten Teil wird deshalb die gegenwärtige Renaissance des sozialmoralischen Denkens ernst genommen, jedoch gleichzeitig der dabei meist implizierte direkte Zusammenhang zwischen der Regeneration sozialmoralischer Ressourcen („Gemeinsinn") und der Orientierung gesellschaftlicher Zusammenhänge („Gemeinwohl") problematisiert. Das herkömmliche politische Denken ist der im Zuge der Globalisierung zu beobachtenden Vervielfältigung der Solidaritätshorizonte nicht gewachsen. Als analytisches Konzept zum besseren Verständnis dieser Problematik wird anstelle des unterkomplexen Gemeinschaftskonzeptes ein Konzept von Solidarität als spezifischem Modus der Handlungskoordination vorgeschlagen, das sich unterschiedlich für traditional bestimmte und für typisch moderne Sozialzusammenhänge auslegen lässt.

13.1 Soziale Frage und Sozialpolitik als Interpretationsrahmen der Krisenbewältigung im Zuge der Industrialisierung

Denkmuster der Politikwissenschaft lassen sich bis zur Polis-Philosophie der alten Griechen zurückverfolgen. Die politische Philosophie der frühen Neuzeit basierte auf dem aristotelischen Verständnis einer politisch verfassten Gesellschaft, welches sich dem aufkommenden nationalstaatlichen Denken als durchaus kongenial erwies. Dieses Politikmodell bildet auch den Kontext für den zeitgenössischen *Diskurs eines strukturellen Zusammenhangs von Gemeinwohl und Gemeinsinn* (vgl. Münkler/Fischer, 1999: 241 ff.). Die Sozialwissenschaften dagegen sind erst im Rahmen der Auseinandersetzung mit dem großen Umbruch entstanden, der in knappster Form durch die kulturellen Transformationen der Aufklärung, die ökonomisch- technischen Transformationen von Freihandel und Industrialisierung sowie die politischen Transformationen von Konstitutionalismus und Demokratisierung zu kennzeichnen ist. Die Sprengung des durch die statischen Momente des Bodens und der Tradition geprägten *Ancien Régime* und der Aufbruch in ein „historisches", d.h. durch Krise und Wandel gekennzeichnetes Zeitalter rief nach neuen, komplexeren Interpretationsmustern menschlichen Zusammenlebens, die sich im französischen und deutschen Sprachraum mit dem Aufkommen des Wortes „Sozial" verbanden.[1]

13.1.1 Soziale Politik als Vermittlung zwischen „Staat" und „Bürgerlicher Gesellschaft"

Die Semantik des Sozialen im Unterschied zum Politischen reflektiert den Prozess einer Differenzierung und Verselbständigung unterschiedlicher Lebensbereiche, den

---

1   Für Frankreich vgl. Donzelot, 1984; für Deutschland Pankoke, 1970. Die Ausführungen in Abschnitt 1 beruhen auf einer umfangreicheren begriffsgeschichtlichen Studie, vgl. Kaufmann 2003a sowie oben Kapitel 5

als erster Hegel auf die begrifflichen Unterscheidungen von „Staat", „Bürgerlicher Gesellschaft" und „Familie" gebracht hat. Während im angelsächsischen Raum bis in jüngste Zeit ein aristotelisches Verständnis von Gesellschaft als politisch konstituierter Einheit vorherrschte,[2] und auch in Frankreich Rousseaus Idee des Gesellschaftsvertrages den Unterschied zwischen dem Politischen und dem Sozialen zunächst noch latent hielt, hat *Hegel* die millenäre Vorstellung einer durch politische Herrschaft konstituierten gesellschaftlichen Einheit in die *Differenz* von Staat, bürgerlicher Gesellschaft und Familie aufgelöst. Dies stellte den Anfang einer *Theorie funktionaler Differenzierung moderner Gesellschaften* dar, welche insbesondere durch Talcott Parsons und Niklas Luhmann zu einem der bedeutendsten Paradigmen moderner Gesellschaftstheorie geworden ist.

Nicht nur in der englischen und französischen Aufklärung, auch in Deutschland hatte sich im Gefolge von Kant und Fichte eine stark *individualistische* Auffassung von Politik und Wirtschaft durchgesetzt. Dem gegenüber finden wir bei Hegel die gesellschaftstheoretischen Grundlage für das, was später unter dem Namen „Sozialpolitik" seinen Begriff fand. Die menschliche *Sittlichkeit* äußert sich im *Staate* nach Hegel als freie Bejahung einer die Freiheit auch der Mitmenschen sichernden Rechtsordnung und findet in der *Familie* die sittliche Bedingung ihrer Entfaltung. In der *bürgerlichen Gesellschaft* dagegen äußert sie sich als ungebundener Wille zur Befriedigung von Bedürfnissen. Dieser Wille verwirklicht sich als Arbeit, die unter den Bedingungen der bürgerlichen Gesellschaft vornehmlich zur Arbeit für die Befriedigung der Bedürfnisse anderer als Bedingung der Befriedigung eigener Bedürfnisse wird. Im Unterschied zur ökonomischen Theorie der Briten konzeptualisierte Hegel somit die ökonomischen Verhältnisse nicht als durch Marktpreise vermittelte Tauschprozesse, sondern als *moralisches Verhältnis zwischen Individuen*. Allerdings insistierte Hegel auf dem *„negativen" Charakter dieser Moralität*. Die Willkür als Handlungsprinzip in der bürgerlichen Gesellschaft ist zwar Ausdruck menschlicher Freiheit, sie steht jedoch gleichzeitig *in Spannung* zu den sittlichen Prinzipien des Staates und der Familie. Die Bedürfnisse des Wirtschaftsbürgers führen nicht für sich allein zu einem „System der Bedürfnisse", wie es die bürgerliche Gesellschaft darstellt. Vielmehr wird die wechselseitige Vorteilhaftigkeit der „Vermittelung des Bedürfnisses" erst durch die Gewährleistung des Privateigentums und die Rechtssicherheit der Vertragsverhältnisse, also durch *Leistungen des Staates* hergestellt, dessen Konstitution als Verfassungsstaat Hegel als die geschichtliche

---

2 Erst der in Auseinandersetzung mit der postsozialistischen Situation in Osteuropa entstandene Diskurs über „Civil Society" schärft auch im angelsächsischen Raum den Sinn für die Differenz zwischen dem Politischen und dem Sozialen. Einen Überblick über die internationale Diskussion gibt Berger, 1997.

Verwirklichung der Vernunft begriff (Siep 1992). Das Individuum wird somit in der Hegelschen Gesellschaftstheorie im doppelten Sinne zum Bürger: als *Citoyen* im Staate und als *Bourgeois* in der bürgerlichen Gesellschaft.

Hegel betonte die „Zufälligkeit und Willkür" der Verhältnisse in der bürgerlichen Gesellschaft. Diese sei kein Naturzustand, sondern das Ergebnis der eigennützigen Interessenverfolgung willkürlich handelnder Individuen. Im Unterschied zu den grundsätzlich gleichen Bürgerrechten im Verfassungsstaat resultiert in der bürgerlichen Gesellschaft aus der "Ungleichheit der Geschicklichkeit, des Vermögens und selbst der intellektuellen und moralischen Bildung" der Individuen eine „in der Idee enthaltene … Ungleichheit der Menschen, … (und dieser) die Forderung der *Gleichheit* entgegensetzen, gehört dem leeren Verstande an." (Hegel 1968/1821: § 200). Die *soziale Ungleichheit* der Personen ist somit für Hegel ein *konstitutives* Moment der bürgerlichen Gesellschaft. Es ist Aufgabe des Staates, für das erforderliche Maß an Gleichheit zu sorgen, das jedoch bei Hegel nicht näher bestimmt wird

Die Hegelsche Gesellschaftsdiagnose wurde in der Folge von Karl Marx und Lorenz von Stein in klassentheoretischer Perspektive aufgenommen und mit den Diagnosen der Frühsozialisten auf unterschiedliche Weise verknüpft. Für die Geschichte der Sozialpolitik und die Entstehung des Sozialstaatsgedankens wurde *Lorenz von Stein* maßgeblich, der bereits als Konsequenz seiner Auseinandersetzung mit den sozialistischen und kommunistischen Strömungen in Frankreich die Forderung nach einem „Königtum der sozialen Reform" erhoben hatte, das den Klassengegensatz im Sinne eines produktiven Kompromisses überwinden könne. Aufgabe des Staates sei es, einerseits die Eigentumsrechte für die besitzende Klasse zu gewährleisten und andererseits die Emanzipation der arbeitenden Klasse durch eine das Bildungswesen einschließende „soziale Verwaltung" direkt, und durch die Ermöglichung freier Assoziation im Sinne einer „sozialen Bewegung" indirekt zu fördern (siehe 5.2.2). Es ist also der Staat, der durch eine „Politik der sozialen Reform" die Antagonismen der bürgerlichen Gesellschaft in produktive Bahnen zu lenken vermag.

13.1.2 Das „Soziale" als Postulat der Überwindung einer Defiziterfahrung

Die „Lehre von der Gesellschaft" wurde zum zentralen Thema der entstehenden Sozialwissenschaften, wobei es ein Charakteristikum der deutschen Tradition gewesen ist, „Gesellschaft" im Unterschied zum Staate als *intermediären Bereich* zu bestimmen, hierunter also vor allem Korporationen, freie Assoziationen, Stände, soziale Klassen und ähnliche Formationen „zwischen" Individuum und Staat zu verstehen. Diese Auffassung entwickelte sich in Kritik an den französischen Verhältnissen, wo im Zuge der Revolution alle intermediären Instanzen zwischen Zentralstaat und Individuum, also z.b. auch Gewerkschaften, für illegal erklärt worden waren, was aus deutscher Sicht als schrankenloser Individualismus erschien. In mancherlei Hinsicht liest sich die heutige Kritik der sog. Kommunitaristen[3] am amerikanischen Individualismus wie eine Reprise der deutschen Diskussion um die Mitte des 19. Jahrhunderts.

Allein die deutsche Sprache kennt die semantische Unterscheidung von *gesellschaftlich* und *sozial*. Die beiden Bezeichnungen haben sich zwar nicht in einer begrifflichen Differenz verfestigt, doch wird „gesellschaftlich" zumeist deskriptiv mit den immer weiträumigeren und anonymeren Beziehungsnetzen assoziiert, während „sozial" eher die moralischen Aspekte menschlichen Zusammenlebens abdeckt. Die Unterscheidung zwischen *politisch* und *sozial* entwickelte sich im Vormärz, vor allem aber unter dem Eindruck des Scheiterns der Zweiten Republik in Frankreich (1848). Die Verweigerung des von den Sozialisten geforderten „Rechtes auf Arbeit" und die blutige Unterdrückung der auf die Schließung der „Ateliers Nationaux" folgenden Arbeiteraufstände ließen erstmals den Konflikt *innerhalb* des demokratischen Staates, also unter den „Citoyens" aufbrechen. Nun wurde deutlich, dass die Erlangung der *politischen* Rechte noch keine Verbesserung der *sozialen* Lage für die Arbeiter mit sich brachte. So formulierte schon 1845 noch unter den Bedingungen des Zensuswahlrechts der aus Deutschland exilierte Handwerker Karl Grün: "Was gibt die Konstitution dem Volke? Rechte, aber kein Brot, keine Arbeit, keine Erziehung. Rechte sind Steine, und diese Steine erhalten nicht einmal alle; wer im niedrigsten Falle keine 20 Gulden Steuern bezahlt, wer also nicht schon Brot hat, erhält nicht einmal die Steine des Rechts." (Grün, 1845: 19).

Das Problem wurde also nicht im Staate, sondern in den Wirkungszusammenhängen der bürgerlichen Gesellschaft lokalisiert und als *Soziale Frage* bezeichnet. Dies war der aus dem Französischen (*question sociale*) übernommene Name für die Folgeprobleme einer Auflösung der feudalen Ordnung: Pauperismus, Landflucht, Verstädterung, sowie das Elend der Frühindustrialisierung. Nur Karl Marx und Lorenz (von) Stein haben die Tragweite dieser „gesellschaftlichen" Veränderungen *als dynamischen Prozess* eines potentiell destruktiven Klassenkampfes auf den Begriff gebracht. Recht verbreitet war dagegen die Vorstellung, dass es durch „aufgeklärte" staatliche Eingriffe zu einer Verbesserung der sozialen Verhältnisse bzw. einer „Lösung der sozialen Frage" kommen könne. Die hierzu erforderliche

---

3 Hierbei handelt es sich um eine in sich keineswegs homogene Bewegung; vgl. als Überblicke Zahlmann 1992; Brumlik/Brunkhorst 1993; Honneth 1993.

sozialwissenschaftliche Aufklärung wurde in Deutschland ab ca. 1848 als Aufgabe von *Sozialpolitik* bezeichnet:

> „Der Inbegriff der Verhältnisse, nach welchen in einem Volke die Vorzüge der Geburt, des Besitzes und der Einsicht, so wie das auf diesen Vorzügen beruhende Ansehen verteilt ist, heißt die Gesellschaft. Bis zum Beginn des laufenden Jahrhunderts hatte man diese Verhältnisse nie zum Gegenstande der wissenschaftlichen Betrachtung gemacht. Seitdem die Wissenschaft sich dieses Gegenstandes einmal bemächtigt, kann sie ihn nie wieder aufgeben. Wir leben als Bürger zweier Welten, des Staates und der Gesellschaft. Das Verhältnis dieser beiden Welten zu einander zu bestimmen, wird in alle Zukunft eine Hauptaufgabe der politischen Forschung sein. Es kann in Zukunft keine andere Politik geben als Sozialpolitik." (Meyer, 1864: 319)

Sozialpolitik wurde hier als eine *gesellschaftsgestaltende* Politik begründende *Sozialwissenschaft* verstanden, welche ihren Ausgangspunkt von einem Studium der sozialen Verhältnisse unter dem Gesichtspunkt ihrer verfestigten Verteilungsmuster nimmt (siehe auch 5.2.3).

Worin aber bestand *das Soziale* dieser Politik? Der Begriff hatte keinen eindeutigen Inhalt, setzte sich aber kritisch von einer ausschließlich nach den Prinzipien des Individualismus gestalteten „Gesellschaft" ab, wobei bald die Erinnerung an geruhsamere und fürsorglichere Umstände der ständisch-feudalen Ordnung, bald die Antizipation einer besseren zukünftigen Gesellschaft den Horizont der Kritik bildeten. *Das Soziale wurde zunächst ex negativo bestimmt*; es ist das, was einer voll individualisierten Gesellschaft im Sinne des Programms der französischen Revolutionsverfassung *fehlt* (Donzelot 1984). Deutlich unterschieden sich die politisch-ideologischen Positionen hinsichtlich der Lösungsvorschläge der „Sozialen Frage": Die Konservativen versprachen sich eine Lösung von der Wiederherstellung ständischer Einordnungen und eines traditionellen Ethos; die Liberalen stellten eine Lösung durch den Fortschritt der Industrialisierung und eine verbreitete Eigentumsbildung in Aussicht; die radikalen Sozialisten versprachen sich eine Lösung von der Aufhebung des Privateigentums und der daraus folgenden Gleichheit; die Sozialreformer schließlich setzten auf die Selbstorganisation der Arbeiter und auf staatliche Maßnahmen zu deren Schutz und Förderung.

Betrachten wir diese *erste* Entwicklungsphase des Begriffs Sozialpolitik in der Perspektive von Gemeinwohl und Gemeinsinn, so fällt das *Fehlen moralischer Appelle* oder solidaritätsorientierter Argumentationen auf. Sozialpolitik wurde im Wesentlichen als Problem der wissenschaftlichen Aufklärung eines problematischen gesellschaftlichen Zustandes und der Empfehlung *politischer* Mittel zu seiner Behebung betrachtet. Lorenz von Stein z.B. setzte nicht auf Gemeinsinn, sondern auf Einsicht in die wechselseitige Abhängigkeit von Kapital und Arbeit und auf staatliche

Vermittlung. Im Sinne der Gemeinwohlrhetorik erscheint hier die Feststellung des Gemeinwohls als wissenschaftliche Aufgabe, und die *Gemeinwohlorientierung* wird als dem Staate implizit im Sinne des Hegelschen Begriffs *vorausgesetzt.* Zugleich wird für den Bereich der bürgerlichen Gesellschaft die Verfolgung des Eigeninteresses nicht in Frage gestellt, dem „Bourgeois" also kein „Gemeinsinn" abverlangt. *Das „moderne Trennungsdenken" (Pankoke) löste mit der Leitvorstellung der Polis auch den Zusammenhang zwischen Gemeinsinn und Gemeinwohl auf.*

Natürlich implizierte die Diagnose einer „sozialen Frage" auch moralische Gesichtspunkte, aber diese wurden kaum explizit gemacht. Nahezu allgemein war die Einschätzung, dass die gesellschaftlichen Zustände des Pauperismus und der Frühindustrialisierung unerträglich seien, und dies verdient immerhin Beachtung, wenn wir an die Verhältnisse in großen Teilen der Dritten Welt und selbst in den Vereinigten Staaten denken. *Die Verelendung der Unterschichten fand in Europa keine Legitimation, sondern fortgesetzte Kritik und vielfach engagierte Hilfe.* Wir dürfen hier die Wirksamkeit eines Ethos annehmen, das sowohl von den Traditionen des Christentums als auch vom Humanismus der Aufklärung geformt worden war. Sowohl religiöse Bewegungen als auch individuelle „moralische Unternehmer" nahmen sich schon vor der Politik der Nöte der Unterschichten an (siehe 7.5).

13.1.3 Sozialpolitik als nationales und ethisches Postulat

Mit dieser nüchternen, die Eigengesetzlichkeiten der kapitalistischen Marktwirtschaft und die Interessen der an ihr Beteiligten ernst nehmenden Perspektive in der Formierungsphase von Sozialwissenschaft und Sozialpolitik kontrastiert das sozialpolitische Pathos in der Zeit des Kaiserreichs. Erst im Zusammenhang mit der Sozialversicherungsgesetzgebung der 1880er Jahre etablierte sich nämlich der Begriff „Sozialpolitik" in der *politischen* Sprache, und spätestens mit dem „neuen Kurs" Wilhelms II. gegenüber der Arbeiterfrage wurde „Sozialpolitik" zu einem massenhaft verwendeten Terminus, wenn nicht zu einem öffentlichen Schlagwort. Und dementsprechend vage wurde die Wortverwendung, "scheint doch der Ausdruck Sozialpolitik noch jetzt eine besondere Anziehungskraft auf die Geister auszuüben, womit es dann zusammenhängt, dass dieser Ausdruck zur Bezeichnung derjenigen Sphäre oder Richtung der Politik verwendet wird, welche dem betreffenden Gelehrten oder Staatsmann als die wichtigste, bedeutsamste erscheint". (v. Bortkiewicz, 1899: 348) Aus dieser Situation resultierten fortgesetzte Debatten über den Begriff der Sozialpolitik, die bis gegen Ende der Weimarer Zeit dauerten. Sie verdienen unser Interesse, weil gerade in diesem Zusammenhang gemeinsinn- und gemeinwohlbezogene Diskurse an Einfluss gewannen, allerdings unter anderen Bezeichnungen.

Die Situation hatte sich durch die nationale Einigung grundlegend gewandelt. Schon 1859 hatte *Heinrich von Treitschke* gegen die Gesellschaftswissenschaften Front gemacht und die Unterscheidung von Staats- und Gesellschaftswissenschaften in Frage gestellt: „Die ganze Staatswissenschaft ist sozialpolitisch; sie hat zu zeigen, wie der Gedanke der Volkseinheit sich in der Mannigfaltigkeit der Sonderbestrebungen des Volkes verwirklicht." (Treitschke, 1859: 82 f.) Mit der Reichsgründung gewann das nationale Einheitsdenken *ein Pathos, welches die gesellschaftlichen Verhältnisse eindeutig dem Staate unterordnete.* Dennoch begleitete die soziale Frage als *Arbeiterfrage* das neue Reich, wobei die politische Lösung jedoch nicht in der politischen Gleichberechtigung, sondern in einer *sozialen* Gesetzgebung gesucht wurde, die die *politischen* Forderungen der Arbeiterschaft stillstellen sollte. Auch in Frankreich dominierte das nationale Denken die soziale Frage, allerdings unter anderen Vorzeichen und mit anderen Ergebnissen.

Im deutschen Reich war der bei weitem einflussreichste Wirtschafts- und Sozialwissenschaftler dieser Zeit der 1908 geadelte *Gustav (von) Schmoller* (1838-1917).[4] Schon im Alter von 26 Jahren hatte er in den „Preußischen Jahrbüchern" einen wegweisenden Aufsatz zur Arbeiterfrage veröffentlicht (Schmoller, 1864/65). Er gehörte zu den Mitbegründern des „Vereins für Socialpolitik" und galt als das Haupt der jüngeren historischen Schule der deutschen Nationalökonomie. Seine Begründung der Forderung nach sozialen Reformen folgte aus einer ganz anderen Perspektive als derjenigen von Lorenz von Stein, dessen Schriften seiner Generation „chinesisch" vorkämen, wie er einmal spaßig bemerkte.

Für Schmoller wie für die meisten Mitglieder des Vereins für Socialpolitik bildete die soziale Benachteiligung der Arbeiter den Ausgangspunkt für die Forderung nach *staatlichen* Sozialgesetzen. Diese Forderung nach staatlichen Eingriffen stand in ausdrücklichem Widerspruch zur herrschenden „manchesterlichen" Lehre der im „Kongreß deutscher Volkswirte" zusammengeschlossenen Ökonomen, doch handelte es sich hier nicht nur um einen politischen, sondern auch um einen wissenschaftstheoretischen Gegensatz, wie nicht zuletzt der Methodenstreit zwischen Carl Menger und Gustav Schmoller gezeigt hat. Schmollers volkswirtschaftlicher Ansatz war institutionalistisch und nicht tauschtheoretisch, und er interpretierte die sozialen Ungleichheiten seiner Zeit im Kontext einer *kulturevolutorischen Perspektive*:

---

4   Schmollers Position findet in jüngster Zeit erneute Beachtung, nachdem sie jahrzehntelang ‚tot' schien. Wichtige Arbeiten wurden neu aufgelegt in Schmoller (1998). Vgl. auch Backhaus (1993).

„Die Geschichte entrollt, wenn wir näher zusehen, vor unseren Blicken einen Stu-
fengang von socialen Organisationsformen, von Epochen des socialen Lebens und
des socialen Rechtes, von denen jede schwer mit der andern gerungen, bis sie sie
verdrängt. Jede folgende streift die Spuren der Gewalt, der brutalen Herrschaft und
rohen Ausbeutung, die in älterer Zeit ausschließlich geherrscht, mehr und mehr ab,
kommt zu einem edleren Verhältnis der wirtschaftlichen Klassen untereinander,
erkennt die Gleichberechtigung der Menschen mehr an, fordert mehr eine sittliche
Wechselwirkungen der verschiedenen, betont eine Verpflichtung der höherstehenden
Klassen zur Hebung der unteren; kurz jede Epoche fordert Dinge, welche früheren
Jahrhunderten unbekannt und unverständlich waren." (Schmoller, 1998/1874: 76)

Die Lösung der Arbeiterfrage war für Schmoller somit eine zugleich ethisch,
politisch und sozial begründete Forderung an den preußischen Staat, zu deren
Anwalt er sich machte, doch handelte es sich hierbei nicht um eine von außen
an die Verhältnisse herangetragene ethische Forderung, sondern *um eine dem
geschichtlichen Prozess immanente Höherentwicklung des ethischen Bewusstseins*,
als dessen hervorragenden Träger Schmoller das preußische Königtum seit jeher
ansah und nun erneut forderte:

„Den Gefahren der socialen Zukunft kann nur durch ein Mittel die Spitze abgebrochen
werden: dadurch, daß das König- und Beamtenthum, daß diese berufensten Vertreter der Staatsgedanken, diese einzig neutralen Elemente im sozialen Klassenkampf
versöhnt mit dem Gedanken des liberalen Staates, ergänzt durch die besten Elemente
des Parlamentarismus, entschlossen und sicher, die Initiative zu einer großen socialen
Reformgesetzgebung ergreifen und an diesem Gedanken ein oder zwei Menschenalter
hindurch unverrückt festhalten." (Schmoller, 1998/1874: 95 f.)

Hier also finden wir implizit einen deutlichen Appell an den Gemeinwohlauftrag
des Staates und den Gemeinsinn – zum mindesten der höheren Stände und der
„besten Elemente des Parlamentarismus". Der Appell klingt allerdings reichlich
voluntaristisch. Oder verstand er sich selbst als Sprachrohr des „gesunde(n) sittli-
che(n) Volksgeist(es)", dessen „ethische Tendenz … Gegenbestrebungen gegen solche
Auswüchse und Mißbildungen, die durch das Wirtschaftsleben entstehen oder
zu entstehen drohen, hervorruft"? (Schmoller, 1864: 535) Das durch die nationale
Einigung genährte Bewusstsein eines gemeinsamen Ethos führte bei Schmoller auf
jeden Fall zu einem *harmonistischen Weltbild*, im Rahmen dessen Gemeinsinn und
Gemeinwohl unschwer zueinander fanden und ökonomische Erfordernisse oder
Interessengegensätze unterbelichtet blieben.

Für den Mainstream der deutschen Sozialpolitiklehre blieb in der Folge bis zum
Ende des Zweiten Weltkriegs die Auffassung charakteristisch, dass Sozialpolitik eine
gesellschaftsintegrative Aufgabe habe. Die zentrale Bedrohung des gesellschaftlichen
Zusammenhalts wurde in diesem Zusammenhang als Klassenkonflikt diagnostiziert.

Demzufolge herrschte die Auffassung, zur Sozialpolitik gehörten diejenigen Maßnahmen, welche mit der *staatlichen* Beeinflussung der *Klassen*verhältnisse zu tun
haben. So wurde beispielsweise die Fürsorgepolitik nicht zur Sozialpolitik gezählt.[5]

13.1.4 Der französische Solidarismus

Es empfiehlt sich an dieser Stelle ein Seitenblick auf französische Diskurse zur
Grundlegung der Sozialpolitik, da hier der Bezug zur gegenwärtigen, von der Individualisierung bestimmten Problematik expliziter ist. Die Französische Revolution
hatte alle *corps intermédiaires* abgeschafft und in der *Loi Le Chapelier* (1791) auch für
die Zukunft Zusammenschlüsse auf der Basis einer gleichen Wirtschaftstätigkeit für
rechtswidrig erklärt. Dennoch stellte sich natürlich auch hier die Frage nach dem
sozialen Zusammenhalt der individualisierten Bürger, der zunächst im Kampfruf
der *Fraternité* beschworen worden war. Im 19. Jahrhundert verdrängte der Begriff
der *Solidarité* weitgehend denjenigen der *Fraternité* und wurde zum Grundbegriff
des französischen Sozialdenkens (Zoll 2000: 19 ff). Hier interessiert nur der Bezug
zur Sozialpolitik, welcher vor allem mit dem Namen des Staatsmannes und Frie-
densnobelpreisträgers *Léon Bourgeois* (1851-1925) verbunden ist (Bourgeois 1896;
Hayward 1961; siehe 2.4.2).

Gegen Ende des 19. Jahrhunderts wurde „Solidarité" zum leidenschaftlichen
Kampfbegriff der laizistischen Linken: Der Begriff sollte zwischen den liberalen
Ansprüchen auf Freiheit einerseits und der Notwendigkeit staatlicher Intervention
andererseits vermitteln. Er hatte sich von seinen älteren juristischen und moralischen Ursprüngen weitgehend abgelöst und beinhaltete nunmehr den *Appell an den
aufgeklärten Egoismus des Bürgertums*, nicht nur an seine Unabhängigkeit, sondern
auch an seine *Verflochtenheit mit dem Geschick der Arbeiterklasse* zu denken und
rechtzeitig einer sozialen Revolution vorzubeugen. Die Argumentation berief sich
auf „wissenschaftliche Grundlagen", um die „*solidarité sociale et morale*" (Hatzfeld,
1971: 272) zu begründen. Bourgeois ging von der Annahme eines Quasi-Kontraktes
aus, der die Grundlage der Rechts- und Sozialordnung eines Landes bildet. Jeder
Mensch werde als Schuldner der Assoziation geboren, der er zugehörig ist, und die
bereits vor seiner Geburt die Grundlagen für seine Lebensmöglichkeiten geschaffen
habe. Deshalb habe er sich der Pflicht zu unterziehen, seinerseits für die weniger
Begünstigten seiner Mitmenschen „solidarisch" einzustehen. Hiervon ausgehend
forderte er die kostenlose staatliche Schulbildung für jedermann, die Einführung

---

5   Erst Achinger (1939) begründete die Einbeziehung der Fürsorge in den sozialpolitischen
     Diskurs.

von Sozialversicherungen und ein progressives Steuersystem. Dieses *solidaristische Programm* hat zwar die politische Rhetorik der wohlfahrtsstaatlichen Entwicklung in Frankreich bis heute bestimmt (vgl. Bode, 1999), doch wurden seine Ziele durch die institutionelle Absicherung der Interessen der Wohlhabenden stets erneut unterlaufen.

Emile Durkheim durchschaute die individualistische Engführung dieser tausch-theoretischen Begründung von Solidarität und suchte sie durch eine soziologische zu ersetzen. Aber auch Bourgeois selbst appellierte nicht nur an den aufgeklärten Egoismus, sondern auch an die „moralische Idee" (Bourgeois 1896:17). welche die wechselseitige Abhängigkeit der Menschen auf den Begriff bringt. Wir finden bei ihm eine ähnliche Argumentation wie bei Lorenz von Stein, allerdings auf einem geringeren analytischen Niveau. Insbesondere fehlt die Thematisierung des inter-mediären Bereichs ganz. Im Horizont der nationalen Idee war der Appell an den Gemeinsinn, wenn wir den Solidarismus von Bourgeois so interpretieren dürfen, ganz selbstverständlich auf den Rahmen des Nationalstaates bezogen, der auch die Kriterien des Gemeinwohls vorgab.

13.1.5 Weimar – Das sozialpolitische Projekt in der Krise

Bereits während des Ersten Weltkriegs hatte die vom deutschen Bürgertum nicht erwartete nationale Solidarität der Arbeiterschaft und die kriegsbedingte Zwangs-rekrutierung von Arbeitskräften eine Aufwertung der Gewerkschaften gefördert. Und mit der Gründung der „Zentralarbeitsgemeinschaft" von Arbeitgebern und Gewerkschaften unmittelbar nach Kriegsende, der Verabschiedung der Weimarer Reichsverfassung und der Wahl des Sozialdemokraten Friedrich Ebert zum Reichs-präsidenten schien die lange ersehnte politische und wirtschaftliche Gleichberech-tigung der Arbeiter erreicht und die bisherige Idee der Sozialpolitik als „Lösung der Arbeiterfrage" an ihr Ziel gekommen. Aber der politische und wirtschaftliche Niedergang der Nachkriegszeit, der seinen Tiefpunkt in der Inflation von 1922/23 fand, überforderte die wirtschafts- und sozialpolitische Kompromissfähigkeit von beiden, Unternehmerschaft und Gewerkschaften, und führte zu einer tiefen Entfremdung der Tarifparteien, die in der Folge nur noch auf der Basis staatlich vermittelter Schlichtungssprüche zu kooperieren vermochten. Diese „Krise der Sozialpolitik"[6] war zugleich eine Krise der sozialpolitischen Institutionen und der

---

6   Ein geläufiger Topos der zwanziger Jahre; zur Analyse vgl. insbesondere Leubuscher, 1923.

sozialwissenschaftlichen Deutungsmuster. Am deutlichsten in Frage gestellt wurde dabei das bisherige Konzept einer *staatlichen* Sozialpolitik.

Götz Briefs, dessen Analyse der Krisendiskussion zu den klärendsten Beiträgen der Zeit gehörte, wies auf den abstrakten, bürokratischen Charakter staatlicher Sozialpolitik hin: „Sie hatte keinen Kontakt … mit der Seele des einfachen Mannes; sie wirkte von außen und „oben": hart, kalt, generalisierend, sachlich; und fand von keiner Seite die Wärme der Anerkennung, die sie nach ihrer objektiven Leistung verdient hätte … Sie kam nicht zu ihrem sinnvollen Zweck: zur sozialen Befriedung." (Briefs, 1923: 11) Briefs betonte, das bisherige Nebeneinander von individualistischer Wirtschaftspolitik und staatlicher Sozialpolitik sei nicht zu halten. Vielmehr müssten „sozialpolitische Minima" *in die Wirtschaft selbst* eingebaut werden. Damit verwies er auf vielfältige Strömungen in der frühen Weimarer Zeit, welche eine Ordnung des Wirtschaftslebens auf der Basis von *Verhandlungen zwischen Arbeitgebern und Arbeitnehmern* aufbauen wollten.

Die theoretischen Grundlagen für diese, erst nach dem Zweiten Weltkrieg wirksam werdende autonome Politik der Tarifparteien hatte schon vor 1918 der sozialdemokratische Jurist *Hugo Sinzheimer* gelegt, der als Begründer der Lehre vom Kollektivvertrag auch als erster Theoretiker des *Korporatismus* gelten kann. Gegen alle syndikalistischen Versuche einer „Rätedemokratie", aber auch gegen alle unitaristischen Vorstellungen deutscher Nationalstaatlichkeit betonte er die *Differenz zwischen der politischen und der Wirtschaftsverfassung,* analog zur Hegelschen Unterscheidung von „Staat" und „bürgerlicher Gesellschaft" und suchte nach intermediären Lösungen.

Sinzheimer plädierte für eine „soziale Selbstbestimmung im Recht" (Sinzheimer, 1977). Zwischen die staatliche und die individualvertragliche Sphäre schiebt sich die beide vermittelnde Sphäre des „sozialen Rechts", also *institutionelle Regelungen, in denen öffentlich-rechtliche und privatrechtliche Verhältnisse im Hinblick auf die Erreichung bestimmter Zwecke zusammenwirken.* Eine ähnliche Idee hat der Soziologe Georges Gurvitch (1932) im Zusammenhang des französischen Institutionalismus entwickelt. Während Gurvitch die Notwendigkeit eines *normativen Konsenses* für die Institutionengenese betonte und – insofern ähnlich Schmoller – im Horizont einer ethosbedingten Integration verblieb, betonte Sinzheimer die Möglichkeit einer *Vermitlung antagonistischer Interessen im Rahmen staatlich regulierter Verfahren* (Sinzheimer 1976, Bd. 2: 164-187. Eben dies geschieht heute im Arbeits- und Sozialrecht, vor allem auch im Bereich von Tarifvertragsrecht und Mitbestimmung.

Mit dem Fragwürdig-Werden einer umfassenden Integrationsfunktion des Staates wurde auch die Rede von Gemeinwohl und Gemeinsinn mehrdeutig. Sobald der Glaube an einen wohlmeinenden Monarchen oder Beamtenstaat abhandenkommt, der aus inhaltlicher Einsicht (und sei es aufgrund sozialwissenschaftlicher Beratung!)

das gemeine Wohl zu bestimmen vermag, kann sich der basale Konsens nur noch auf die *Verfahren* beziehen, im Rahmen derer die Repräsentanten unterschiedlicher Interessen um gemeinwohlverträgliche Lösungen ringen. Während im Falle staatlicher Gesetze das Ergebnis derartiger Auseinandersetzungen notfalls mit Hilfe des Gewaltmonopols des Staates durchgesetzt werden kann, bleibt eine solche Lösung im Rahmen kollektivvertraglicher Regelungen fragwürdig. Korporatistische Arrangements sind nur so lange funktionsfähig, als die *interne Bindungswirkung* verbandlicher Zusagen effektiv ist. „Gemeinsinn" bezieht sich hier somit nicht mehr unmittelbar auf das staatliche Ganze, sondern auf *das Ganze des je eigenen Verbandes*, und dasselbe gilt grundsätzlich für alle Formen freiwilliger Assoziation.

Korporatistische Arrangements, die wir in Deutschland derzeit nicht nur im Tarifvertragswesen, sondern z.B. auch im Gesundheitswesen kennen, haben den großen Vorteil, das Ausmaß an erforderlichem individuellen Gemeinsinns auf den Bereich der in der Regel ähnlich Gesinnten und ähnlich Interessierten zu reduzieren. Natürlich mag es auch hier Interessengegensätze geben, man denke an die gegenwärtigen Konflikte zwischen verschiedenen Facharztgruppen! Und es liegt dann nicht zuletzt an indirekten staatlichen Verstärkungen der Zugehörigkeitsbedingungen – konkret also der öffentlich-rechtlichen Verkammerung des Arztberufs – dass die Folgebereitschaft erhalten bleibt, und nicht an einem besonderen Gemeinsinn. *Die Integrationskraft selbstbestimmter Kollektivverträge bedarf somit in der Regel staatlicher Verstärkungen, um dauerhaft wirksam zu sein.* Dies hat Sinzheimer in aller Klarheit gesehen. Das korporatistische Integrationsmodell stellt sowohl die Allzuständigkeit des Staates als auch die willkürliche Unabhängigkeit des Individuums und mit ihr der Unternehmerschaft in Frage, ermöglicht aber *einen intermediären Regelungsbereich durch Interessenausgleich unter gemeinsam Betroffenen*, der sich mit Bezug auf bestimmte Problemlagen als steuerungstheoretisch überlegen erweist.

13.1.6 Sozialpolitik als Verteilungspolitik

Sowohl das aufstrebende Paradigma der „Sozialen Marktwirtschaft" als auch die fortgesetzte Diversifizierung der Problemlagen und die Individualisierung der Lebensorientierungen im Zuge einer allmählichen Tertiarisierung der Wirtschaft ließen nach dem Zweiten Weltkrieg die herkömmliche Vorstellung einer Dominanz *gemeinsamer* „Klassen-" oder „berufsständischer Interessen" immer fragwürdiger werden.

Die Umorientierung des sozialpolitischen Denkens erfolgte vor allem durch Ludwig Preller und Gerhard Weisser, wobei nicht mehr soziale Klassen oder Gruppen, sondern die *Individuen* als Adressaten der Sozialpolitik stark gemacht wurden. Postuliert wurde eine *doppelte*, „personfunktionale" und „systemfunktionale" Referenz von Sozialpolitik. „Sozial" ist nur eine Politik, die sowohl den *individuellen Bedürfnissen* der jeweils Betroffenen, als auch der *kollektiven Wohlfahrt* dient. Sozialpolitische Interventionen lassen sich nur rechtfertigen, soweit sie zugleich individuellen Nutzen stiften und positive externe Effekte bzw. die Reduktion negativer externer Effekte des Wirtschaftslebens erwarten lassen.

Zum theoretischen Grundbegriff dieser neuen, nicht mehr gruppen- sondern *personenbezogenen* Perspektive wurde der von Gerhard Weisser eingeführte Begriff der *Lebenslage* (Weisser, 1959:635). Sozialpolitik beeinflusst demzufolge "Chancen der Selbstverwirklichung" und „Stellungen der Menschen im Gesellschafts- bzw. Produktionsprozeß" (Thiemeyer, 1988:75). Dabei wurde mit einer gewissen Selbstverständlichkeit vorausgesetzt, dass durch eine gleichmäßigere *Verteilung von Elementen der Lebenslage* (z.B. Bildung, Einkommen, soziale Infrastruktur) auch wünschenswerte „systemfunktionale" Wirkungen, also eine Förderung des „Gemeinwohls" erzielt würde.

Das Lebenslagekonzept gestattet eine realitätsnahe Konzeptualisierung des *Wirkungsfeldes von Sozialpolitik*, es konzeptualisiert jedoch nicht die Sozialpolitik selbst *als intervenierenden Prozess* (hierzu Kaufmann 2009h/1982). In dieser Hinsicht war Weisser noch stark von der voluntaristischen Auffassung der älteren Sozialpolitiklehre geprägt, die von einem idealisierten, einheitlichen Akteur „Staat" ausging, wobei es die Aufgabe der wissenschaftlichen Sozialpolitik war, sich sozusagen den Kopf dieses Akteurs zu zerbrechen und ihm rationale Ratschläge für die Erreichung der von ihm gesetzten Ziele zu erteilen. Auch Weisser unterstellte in seinem Konzept noch einen *gemeinsamen Horizont von beratender Sozialwissenschaft und politischen Entscheidungsträgern* und problematisierte weder den Prozess sozialpolitischer Willensbildung noch die Umsetzung sozialpolitischer Entscheidungen.

Diese Auffassung wurde unter dem Einfluss soziologischer und politikwissenschaftlicher Fortschritte zunehmend fragwürdig. Gute politische Absichten, Leitbilder oder „Zielsysteme" gewährleisten noch keine entsprechenden ökonomischen oder sozialen Wirkungen. Vielmehr sind sozialpolitische Programme sowohl hinsichtlich ihrer Entstehung als auch hinsichtlich ihrer Implementation vom *Zusammenwirken zwischen gesellschaftlichen und staatlichen Akteuren* abhängig. Zudem entwickeln die einmal entstandenen sozialpolitischen Einrichtungen selbst eine *Eigendynamik* und oftmals unvorhergesehener Nebenwirkungen. Während das ältere Nachdenken über Sozialpolitik von den *Intentionen* oder der "Richtung des staatlichen Eingreifens" (v. Bortkiewicz) ausgegangen war, traten jetzt die *Wirkungen staatlicher Interventionen* in den Vordergrund des wissenschaftlichen Interesses.

Die *Kontingenz der Verhältnisse von gesellschaftlichen Kräften, Wissenschaft, Politik und Verwaltung* wurde allmählich denkbar.

Ohne auf dieses, heute vielfach als Steuerungsproblematik bezeichnete Thema hier schon einzutreten (siehe 13.2.3), ergibt sich aus dieser bis heute in der politischen Praxis gängigen Bestimmung von Sozialpolitik als staatlicher Einflussnahme auf die Verteilung von Lebenslagen eine neuerliche Komplizierung der Gemeinwohlbestimmung. *Das Gemeinwohl wird nun vielfach mit Problemen der distributiven Gerechtigkeit in Verbindung gebracht.* Es geht nicht mehr nur um die Gewährleistung bestimmter Grundrechte für jedermann, sondern um die verteilungswirksame Ausgestaltung dieser Rechte, die sich zudem immer stärker ausdifferenzieren. Besonders hart wird diese Auseinandersetzung immer dann, wenn es nicht um die Verteilung von Zuwächsen, sondern um Leistungskürzungen geht. Hiergegen „Gemeinsinn" mobilisieren zu wollen, ist ebenso moralisierend-naiv, wie wenn die Gefährdung von Besitzständen zu einer Gefährdung von Grundrechten aufgebauscht wird. Wie die historisch und international vergleichende Betrachtung von Sozialpolitik lehrt, können sehr unterschiedliche Verteilungsmuster „gemeinwohlverträglich" sein. *Wer Verteilungsfragen ins Zentrum des Gemeinwohls rückt, höhlt dessen normativen Gehalt aus.*

13.2 Gemeinwohl und Gemeinsinn aus bindungssoziologischer Perspektive

Die gegenwärtige *deutsche* Diskussion um „Globalisierung" weist eine ähnliche Struktur auf wie die damalige über „Industrialisierung". Erneut sind es technische Innovationen, welche die Produktionsverhältnisse tiefgreifend verändern, allerdings wiederum nur *vermittels politischer Interventionen, die ihrerseits neue Probleme nach sich ziehen.* Die Deregulierung der bis dahin nationalen Finanzmärkte – eine politische Entscheidung! – drängte sich vor allem als Folge einer wachsenden digitalen Vernetzung der Welt auf und ist durchaus mit den Liberalisierungsprogrammen der Maschinenära vergleichbar. Und wie sich die Industrialisierung mit der Auflösung kleinräumiger Verkehrswirtschaften und der Etablierung nationaler „Volkswirtschaften" verband, bringen die technologischen Fortschritte im Bereich von Kommunikation und Verkehr die Notwendigkeit größerer, die nationalen Grenzen überschreitender Wirtschaftsräume mit sich. Die sich in diesem Zusammenhang intensivierende „Standortkonkurrenz" führt zu neuen Restriktionen gerade im Bereich der Sozialpolitik, und zwar sowohl hinsichtlich des Gestaltungsspielraumes des Staates als auch hinsichtlich der Verhandlungsmacht der Gewerkschaften.

Wiederum scheint sich das Recht des Stärkeren durchzusetzen, zumal die sozialpolitischen Verteilungskämpfe häufig zu Lasten der Ärmsten ausgehen. Vor allem aber bringen die gewachsenen internationalen Optionen nicht nur eine höhere Mobilität der Produktionsfaktoren, sondern z.b. auch neue Formen der Steuerverkürzung, schwer kontrollierbare Wanderungen und interkulturelle Beeinflussungen mit sich, welche die bisherigen Bedingungen politischer Loyalitäten in Frage stellen. Dies ist der Kontext, in dem heute der Ruf nach „Gemeinwohl" und „Gemeinsinn" entsteht, der durchaus mit dem seinerzeitigen Ruf nach dem „Sozialen" vergleichbar ist.

13.2.1 Reformulierung des Problems

Bisher wurden die Worte *Gemeinwohl* und *Gemeinsinn* undefiniert, jedoch nicht ohne bestimmten Sinn verwendet. Gemeinwohl und Gemeinsinn sind klassische politikwissenschaftliche Kategorien, welche von Münkler und Fischer (1999) zur Strukturierung der Diskussion über die Bedeutung „sozial-moralischer Ressourcen" für die Politik revitalisiert werden. *Gemeinwohl* bezeichnet in diesem Zusammenhang die *Maxime eines auf die „politische Gemeinschaft" bezogenen Handelns, Gemeinsinn* hingegen die *Bereitschaft zur Gemeinwohlorientierung seitens derjenigen, die sich einer bestimmten politischen Gemeinschaft zurechnen.* Das Problem ist die Mobilisierung eines über die bloße Interessenverfolgung, wie sie in anonymen Kontexten üblich ist, hinausgehenden Gemeinsinns für die Zwecke des gemeinsamen Wohls aller Gesellschaftsglieder. Insoweit als dies gelingt, kann von einer „politischen Gemeinschaft" gesprochen werden.

In der älteren Literatur wurde das Verhältnis von Gemeinwohl und Gemeinsinn nicht problematisiert. Wie schon in der aristotelischen Polis-Lehre galt das gemeinsinnige Verhalten als politische *Tugend* und damit gleichzeitig als gemeinwohlförderlich. Auch die ethischen Begründungen von Sozialpolitik standen ganz selbstverständlich im Horizont des nationalstaatlichen Ethos und Pathos, welches gleichermaßen den sozialen Rahmen („Nation") als auch die politische Instanz („Staat") der Gemeinwohlwahrung bestimmte, und somit dem Gemeinsinn einen eindeutigen Solidaritätshorizont zuwies. Gemeinschaft und Gesellschaft erweisen sich in dieser Perspektive als weitgehend austauschbare Begriffe. Dies jedoch verwischt die Herausforderungen, welche von der der funktionalen Differenzierung und dem wachsenden Umfang der Sozialzusammenhänge bis hin zur Globalisierung ausgehen, für die sich seit dem 19. Jahrhundert die Bezeichnung „Gesellschaft" eingebürgert hat. *Heute bezieht sich die politische Gemeinsinns- und Gemeinwohlrhetorik auf unterschiedliche soziale Sachverhalte.*

Beides, der soziale Rahmen wie auch die Instanz der Gemeinwohlwahrung werden gegenwärtig durch die Globalisierung fragwürdig. Zwar deckt dieser Begriff recht unterschiedliche Entwicklungen, doch tragen diese gemeinsam dazu bei, die Souveränität und Autonomie des Nationalstaates und damit auch des herkömmlichen Gesellschaftsbegriffs in Frage zu stellen (vgl. Kaufmann, 1998). Der Nationalstaat verliert seinen Charakter als umfassende Schicksalsgemeinschaft und wird zunehmend zu einer politischen Steuerungsebene unter anderen. Das gilt insbesondere im Horizont der EU, welcher zunehmend Rechte übertragen werden, die herkömmlicherweise als Attribute staatlicher Souveränität galten. Zugleich bewirkt die Offenheit der Grenzen – für das Aus- und Einströmen von Gütern, Kapitalien, Wissensbeständen und Menschen – und damit der *Relevanzgewinn transnationaler Entwicklungen*, dass die Autonomie der nationalen Ebene entscheidend geschwächt wird. Kollektive Ereignisse und Lebensschicksale lassen sich nun immer weniger plausibel allein auf nationale Politik zurechnen, wie beispielsweise die BSE-Krise zeigte. Eine Schlagzeile der Bild-Zeitung:"Kanzler – Was sollen wir noch essen?" machte gleichermaßen die herkömmlichen Erwartungen als auch – in ihrer Lächerlichkeit – die neue Sachlage deutlich.

Mit der Schwächung der nationalen Identifikationsebene treten zugleich auch subnationale Solidaritätshorizonte wieder stärker ins Bewusstsein, regionale und lokale Identitäten artikulieren sich erneut. Zugleich profiliert sich die Europäische Union als neuer Träger von Gemeinwohlfunktionen, ganz abgesehen von der diskursiven Aktualisierung eines „Weltgemeinwohls", für das eine politische Trägerstruktur noch kaum in Sicht ist. Es ist diese *Vervielfältigung der Solidaritätshorizonte*, welche bewirkt, dass heute „Gemeinsinn als motivationale Voraussetzung jedweder Gemeinwohlorientierung eine äußerst knappe Ressource darstellt." (Münkler und Fischer, 1999: 238.). Die anschließende These von Münkler und Fischer, dass der Verbrauch sozialmoralischer Ressourcen „erheblich steigen (dürfte), wenn die Größe jenes politischen Gemeinwesens, das die Zielgruppe von Wohlfahrtsstreben bilde, definitorisch ausgeweitet wird" (ebda.), trifft dagegen das Problem nur peripher. Das Größenwachstum politisch konstituierter Sozialzusammenhänge bedarf zu seiner Stabilisierung einer *Binnenstrukturierung, deren Funktionsweise von der unmittelbaren Wirkung sozialmoralischer Ressourcen weitgehend unabhängig geworden ist.* Damit löst sich der herkömmliche Zusammenhang von Gemeinwohl und Gemeinsinn auf. Dennoch werden sozialmoralische Ressourcen nicht überflüssig, aber ihre Mobilisierbarkeit wird, wie zu zeigen sein wird, in hohem Maße *kontextabhängig*.

Verständlicherweise sprechen Münkler und Fischer wiederholt von „politischer Gemeinschaft", wenn sie auf den Zusammenhang von Gemeinsinn und Gemeinwohl rekurrieren. Denn aus soziologischer Sicht erscheint dieser Zusammenhang nur unter den Bedingungen enger Vergemeinschaftung relativ unproblematisch. In welchem

Sinne lässt sich aber der verselbständigte moderne Staat noch als Gemeinschaft begreifen? Das begriffsprägende Leitbild der aristotelischen Theorie der Polis hat ja seine Tragfähigkeit im Zuge der modernisierenden Differenzierungsprozesse verloren. Die bürgerliche Gesellschaft im Hegelschen Sinne kennt keine gemeinschaftlichen Beziehungen; zum Ort des gemeinschaftlichen Ethos der „natürlichen Sittlichkeit" wurde bei Hegel die Familie. Der Staat dagegen beruht auf dem *neuen Bindungsmedium des positivierten Rechts*. Diese Grundgedanken sind in neueren soziologischen Gesellschaftstheorien, insbesondere bei Niklas Luhmann und Talcott Parsons, in problemaufschließender Weise ausgearbeitet worden (vgl. Kaufmann, 2009f/1997). Dabei wurde gegenüber Hegel nicht nur das Differenzierungsdenkens radikalisiert, sondern vor allem auch der parallel zur Ausdifferenzierung gesellschaftlicher Teilsysteme sich vollziehenden *Verselbständigung unterschiedlicher Ebenen sozialer Organisation* Beachtung geschenkt. Als Konsequenz der damit angedeuteten Steigerung gesellschaftlicher Komplexität ordnen sich die mit den Begriffen „Gemeinwohl" und „Gemeinsinn" angedeuteten Problembezüge neu. *Wir müssen von einer Gesellschaftsvorstellung des „integrierten Ganzen" Abschied nehmen und Gesellschaft als differenzierten, durch Macht, Austausch und unterschiedliche Formen sozialer Bindung konstituierten Gesamtzusammenhang zu begreifen suchen.*

13.2.2 Konstitutionalisierung als Bezugsproblem von Gemeinwohl

Mit besonderer Radikalität hat *Niklas Luhmann* den aus der aristotelischen Politiklehre stammenden Zusammenhang zwischen Bürgertugend und Politik in Frage gestellt. Sein Begriff des politischen Systems als „autopoietisches System der Machtkonstitution und -benutzung" (Luhmann, 2000: 28) verweist individuelle Motivationen in den Bereich der personalen Systemumwelt, von der das System nur selektiven Gebrauch zu seinen eigenen Zwecken macht. Bürgertugend – Gemeinsinn – ist dazu bestimmt, politisch instrumentalisiert zu werden und hat keinerlei eigenständiges Gewicht. Ähnlich und noch radikaler geht Luhmann mit der Moral um: „Empirisch gesehen ist moralische Kommunikation nahe am Streit und damit in der Nähe von Gewalt angesiedelt. Sie führt im Ausdruck von Achtung und Missachtung zu einem Überengagement der Beteiligten." (Luhmann, 1990a: 26). Im Gegensatz zu Durkheim und vielen Konsenstheorien erscheint *Moral* hier somit nicht als Moment sozialer Bindung sondern *als Moment sozialer Trennung*. Der gesellschaftliche Zusammenhang konstituiert sich nach Luhmann durch *jede* Form der Kommunikation und gewinnt dadurch einen hochgradig kontingenten Charakter. Die notwendige Erwartbarkeit von Anschlusskommunikationen kommt durch die teilsystemspezifische Codierung der jeweiligen Kommunikationsformen zustande. Zum Beispiel: Nur wer sich auf den Code *Macht* einlässt, hat die Chance, *politisch* Gehör zu finden; und nur wer über *Geld* verfügt, kann wirtschaftlich etwas bewegen. Wer jedoch nicht kommuniziert (oder nicht in teilsystemisch bestimmter Form kommunizieren kann), schließt sich von Gesellschaft bzw. den jeweiligen Teilsystemen aus. Wohlfahrtsstaatliche Politik findet deshalb ihre spezifische Legitimation in der *Gewährleistung von Teilhabechancen an allen relevanten Funktionssystemen* einer Gesellschaft (Inklusion).

Dem *Gemeinwohl* spricht Luhmann die Rolle einer Legitimation erzeugenden „Kontingenzformel" zu, deren Wirkung jedoch historisch verbraucht sei und sich weniger als der ihn historisch ersetzende Begriff der *Legitimität* eignet, um die mit der Ausdifferenzierung des politischen Systems einhergehenden Paradoxien zu entfalten (vgl. Luhmann, 2000: 120 ff.).

Luhmanns Moralbegriff entspricht allerdings nicht demjenigen der praktischen Philosophie, sondern orientiert sich weitgehend am Vulgärgebrauch. *Otfried Höffe* hat in kritischer Auseinandersetzung mit Luhmann „drei Funktionen einer politischen Moral" herausgearbeitet, welche diese auf unterschiedlichen Ebenen sozialer Emergenz entfaltet: Auf der Ebene des Gemeinwesens bzw. des politischen Teilsystems wirkt Moral politik*legitimierend*, auf der Ebene der politischen Regeln und Institutionen wirkt Moral politik*normierend*, und auf der Ebene der an Politik beteiligten Personen instruiert Moral das *politische Urteil*. (Höffe, 1991: 305 ff.) Hier allerdings geht es bei Moral nicht um die konkret im Rahmen eines bestimmten Ethos vorfindlichen sozialen Normen, sondern um die ethische Reflexion der Bedingungen allgemein zustimmungsfähiger Normen, welche vielfach auch als *gesellschaftliche Werte* bezeichnet werden. Dementsprechend wird bei Höffe das Gemeinwohl nicht demokratietheoretisch als Resultante politischer Auseinandersetzungen bestimmt; *nur* was *allgemein zustimmungsfähig ist, verdient als gemeinwohldienlich bezeichnet zu werden.*[7] Dabei handelt es sich im Wesentlichen um das Prinzip der *Volkssouveränität* auf der Ebene der Konstitution politischer Systeme sowie um die Prinzipien *der Menschenrechte*, der *Gewaltenteilung* und der *Rechtsstaatlichkeit* auf der Ebene der Institutionalisierung politischer Herrschaft. Diese Kriterien der Moralität von Politik erscheinen jedoch im Sinne eines herkömmlichen am Handeln von Personen

---

7   Das ist ein erkennbar restriktiver Begriff des Gemeinwohls, der jedoch den Vorteil
     weitgehender Eindeutigkeit besitzt. Die Alternative besteht entweder in einer inhaltli-
     chen Entleerung des Begriffs, indem jedes Resultat politischer Auseinandersetzungen
     unter demokratischen Bedingungen als Gemeinwohl anerkannt wird. Oder aber der
     Gemeinwohlbegriff wird von der Ebene der größtmöglichen gesellschaftlichen Reichweite
     gelöst und mit partikulären Prozessen der Konsensbildung in Beziehung gesetzt. Zu
     unterschiedlichen theoretischen Diskursen über ‚Gemeinwohl' vgl. Koslowski, 1999.

orientierten Sinn als „entmoralisiert". Sie wirken auf der konstitutionellen Ebene des Gemeinwesens und sind von den Gesinnungen der Bürger „tatsächlich …unabhängig" (Höffe, 1991: 309). Demzufolge erscheint in modernen Demokratien das Gemeinwohl inhaltlich durch die Kernbestimmungen der Verfassung gewährleistet und gleichzeitig auf sie beschränkt. Diese Überlegung ist auch mit der frühen These von Luhmann (1965) vereinbar, dass die Institutionalisierung von Grundrechten die Bedingung funktionaler Vergesellschaftung und damit der Verunmöglichung des herkömmlichen Gemeinwohldiskurses ist.

Nach Höffe spielen die *moralischen Gesinnungen* dagegen auf der dritten Ebene der „sittlich-politischen Urteilskraft" eine konstitutive Rolle. Als moralische Kompetenzen erscheinen hier „moralische Sensibilität" und die „Fähigkeit, universalistische Prinzipien … situations*typen*gerecht zu applizieren." Die sittlich-politische Urteilskraft beruht jedoch nicht nur auf *moralischen*, sondern gleichermaßen auf *kognitiven Kompetenzen*, ohne die sie ihre praktischen Aufgaben der Güterabwägung, der Setzung von Prioritäten oder des Treffens richtiger Zeitpunkte zum Handeln nicht erfüllen könnte.[8] Offensichtlich kommt politische Urteilskraft umso eher zum Tragen, je stärker eine Person in politische Verantwortungszusammenhänge eingebunden ist. Von Gemeinsinn als einer mobilisierbaren sozialmoralischen Ressource ist auch hier nicht die Rede. Vielmehr erweist sich das *Gemeinwohl als Inbegriff allgemein zustimmungsfähiger Prinzipien von einem spezifischen Gemeinsinn als unabhängig*.

13.2.3 Solidarität als Bezugsproblem von Gemeinsinn – Vergemeinschaftung und Vergesellschaftung

Versuche der Mobilisierung sozialmoralischer Ressourcen bedienten sich in Deutschland vornehmlich der Semantik von „Gemeinschaft", ein Begriff, der wie „Gesellschaft" auf *das Ganze* des Sozialzusammenhangs zu verweisen scheint, beispielsweise in der in Verruf geratenen Version der „Volksgemeinschaft". Wie die vielfältige Rezeption des für die Unterscheidung grundlegenden Werkes von Ferdinand Tönnies (1970/1887) zeigt, erweist sich die Substantivierung beider Begriffe als missverständlich, da sie einen konkurrierenden Gebrauch zweier totalisierender Begriffe nahelegt. „Was ist der Oberbegriff von Gemeinschaft und Gesellschaft?" fragt Georg Vobruba (1994: 17) zu Recht, löst das Problem jedoch durch die Auflösung der Spannung mittels einer Überordnung des Gesellschafts-

---

8 Vgl. Höffe, 1991: 314. In ähnlichem Sinne habe ich versucht, den Begriff der ‚Verantwortlichkeit' zu entwickeln, vgl. Kaufmann, 1992: 75 ff.

über den Gemeinschaftsbegriff. Max Weber hat – ausgehend von der Tönnies'schen
Unterscheidung – hilfreichere Kategorien geschaffen, welche eine differenzierte
Verwendung der Dichotomie ermöglichen:

> „Vergemeinschaftung' soll eine soziale Beziehung heißen, wenn und soweit die
> Einstellung des sozialen Handelns … auf subjektiv *gefühlter* (affektueller oder tradi-
> tionaler) *Zusammengehörigkeit* der Beteiligten beruht. ‚Vergesellschaftung' soll eine
> soziale Beziehung heißen, wenn und soweit die Einstellung des sozialen Handelns
> auf rational (wert- oder zweckrational) motiviertem Interessen*ausgleich* oder auf
> ebenso motivierter Interessen*verbindung* beruht. Vergesellschaftung kann typisch
> insbesondere (aber nicht: nur) auf rationaler *Vereinbarung* durch gegenseitige Zusage
> beruhen. Dann wird das vergesellschaftete Handeln im Rationalitätsfall orientiert a)
> wertrational an dem Glauben an die *eigene* Verbindlichkeit, – b) zweckrational an der
> Erwartung der Loyalität des *Partners*. … Die große Mehrzahl sozialer Beziehungen
> hat *teils* den Charakter der Vergemeinschaftung, *teils* den der Vergesellschaftung."
> (Weber, 1964: 29 f.).

Bezogen auf die Frage nach der Rolle von Gemeinsinn und Gemeinwohl im
Hinblick auf den Charakter des modernen Staates würde das Problem verfehlt,
wollte man Gemeinsinn ohne das Merkmal *„gefühlter Zusammengehörigkeit* der
Beteiligten" definieren. Allerdings impliziert der politikwissenschaftliche Begriff
des Gemeinsinns nicht nur ein Zusammengehörigkeitsgefühl, sondern auch eine
subjektive *Verpflichtung zu einem Handeln im gemeinsamen Interesse*, sofern „das
gemeine Wohl" es erfordert. Der Bezugsraum des gemeinen Wohls wird dabei
durch die Referenzgröße des Zusammengehörigkeitsgefühls bestimmt. Im Begriff
der „politischen Gemeinschaft" ist vorausgesetzt, dass diese Referenzgröße mit
dem jeweiligen politischen Gemeinwesen übereinstimme. Das ist eine unscharfe
Bestimmung, denn natürlich hat ein moderner Staat „teils den Charakter der Vergemeinschaftung, teils den der Vergesellschaftung" (M. Weber). Diese Umschreibung
bleibt jedoch in unserem Zusammenhang noch zu vage.

Talcott Parsons hat in seiner Gesellschaftstheorie mit Hilfe des Begriffs der
„gesellschaftlichen Gemeinschaft" (societal community) eine präzisere Zuordnung
versucht.[9] Parsons postuliert auch für moderne, großräumige, staatsförmige
Gesellschaften die Zentralität eines *Loyalität* erzeugenden, durch kulturelle Werte

---

9   Im Rahmen seines sog. AGIL-Schemas postulierte Parsons, dass jedes soziale System
     genau vier Funktionsprobleme zu lösen habe, nämlich Anpassung, Zielverwirklichung,
     Normenerhaltung und Integration, und dass sich zur Lösung jedes dieser Funktions-
     probleme analytisch ein Subsystem von Gesellschaft identifizieren lasse. Dabei wies
     er der ‚gesellschaftlichen Gemeinschaft' das Funktionsproblem der Integration zu, das
     im Wesentlichen über die Definition von Mitgliedschaftsbedingungen gelöst wird (vgl.
     insb. Parsons, 1972: 20 ff.).

legitimierten Normensystems, welches eine kohärente kollektive Organisation hervorbringt. Konstitutiv ist hierfür in demokratischen Staaten eine *Bürgerrolle*, die als basale Form der Mitgliedschaft auf der Verfassungsebene definiert und grundsätzlich allgemein zugänglich ist. Durch die mit der Bürgerrolle verbundenen Rechte und Pflichten wird der Einzelne in den staatlichen Zusammenhang einbezogen, und diese „Inklusion" stellt die Basis gesellschaftlicher Integration dar. Im Anschluss an Marshall (1992/1949) können wir zwischen bürgerlichen, politischen und sozialen Rechten unterscheiden, wobei sich liberal-kapitalistische und wohlfahrtsstaatliche Regime danach unterscheiden, inwieweit die sozialen Rechte als Merkmal politischer Inklusion mit anerkannt werden.

Integration wird darüber hinaus durch „ein komplexes Netz sich gegenseitig durchdringender Gesamtheiten und kollektiver Loyalitäten" hergestellt, im Rahmen eines „System(s), das durch funktionale Differenzierung und Segmentierung gekennzeichnet wird" (Parsons, 1972: 23). Parsons deutet hier eine komplexe Vernetzung gemeinschaftlicher und gesellschaftlicher Integrationsformen an. Zum einen haben die Gesellschaftsmitglieder in vielfältigen Rollen teil an ausdifferenzierten und segmentierten Handlungszusammenhängen, die zunehmend selbst den Charakter von *Organisationen*, d.h. von auf Mitgliedschaft beruhenden Handlungszusammenhängen mit eigener Akteursqualität annehmen. Das Verhältnis zwischen diesen *kollektiven* Akteuren ist in hohem Maße durch rationale Interessenverfolgung zu kennzeichnen, also „gesellschaftlicher" Art. Ihre Beziehungen sind i.d.R. rechtlich und nicht moralisch normiert, und nichts kann der eigennützigen Interessenverfolgung Einhalt gebieten als zwingendes („öffentliches") oder vereinbartes („privates") *Recht*. Der formalisierte Charakter dieser Beziehungen macht sie in besonderem Maße situationsunabhängig und damit *abstrakt-verlässlich* (vgl. Geser, 1990). Die individuellen Akteure dagegen sind in doppelter Weise gesellschaftlich integriert, über die Staatsbürgerrolle und ihre vielfältigen Mitgliedschaften in Organisationen.[10] Die offene Frage bezieht sich hier erneut auf das Verhältnis von „Vergemeinschaftung" und „Vergesellschaftung" im Weber'schen Sinne. Inwieweit reicht eine bloße *Verbindung aus Interesse* und inwiefern setzt das Funktionieren von Organisationen als kollektiven Akteuren eine *subjektiv gefühlte Zusammengehörigkeit der Beteiligten* voraus?

Ein Gefühl der Zusammengehörigkeit braucht nicht durch persönliche Bekanntschaft bestimmt zu sein, es kann sich beispielsweise auch aus räumlicher oder sozialer Nähe, aus gleicher Herkunft oder aus einem gemeinsamen Schicksal ergeben. Diese *situativen* Momente reichen jedoch für sich allein genommen nicht aus. Es

---

10   Daneben sind die Individuen in unterschiedlichem Ausmaße auch informell vernetzt, z.B. im Rahmen von Haushalten, Verwandtschafts- und Bekanntschaftsbeziehungen.

müssen *normative* Orientierungen hinzukommen, welche unter den Beteiligten die *Anerkennung als „Meinesgleichen"* sichern. Soweit die Zusammengehörigkeit nicht personell, sondern kategorial bestimmt wird, ist sie notwendigerweise *symbolisch vermittelt*. Nach dem in 13.2.2 Gesagten dürfte klar sein, dass in demokratischen Staaten die Verfassung selbst eine der stärksten symbolischen Vermittlungen darstellt. Nicht jede gemeinsame kategoriale Zuordnung, sondern nur die durch emotional aufgeladene normative Symbole vermittelte gemeinsame Zuordnung oder aber eine aktuelle, als gemeinsames (erfreuliches oder meist eher schmerzhaftes) Schicksal erfahrene Situation vermag ein Gefühl der Zusammengehörigkeit zu erzeugen. Zum Begriff der Gemeinschaft gehört die grundsätzlich mobilisierbare Emotionalität der Zusammengehörigkeit, welche jedoch *nur unter zusätzlichen Bedingungen* als Movens eines gemeinschaftsbezogenen *Handelns* erscheint.

13.2.4 Solidarität als Handlungstypus und die unterschiedlichen Sinnformen von Solidarität

Zur präziseren Fassung des Problems führen wir im Folgenden ein Konzept von *Solidarität als Steuerungsform* ein, müssen jedoch zunächst den gemeinten Begriff von Solidarität klären.[11] Während der Gemeinschaftsbegriff das Gefühl der Zusammengehörigkeit betont, wird im Solidaritätsbegriff deutlicher auf die *Gemeinsamkeit des Handelns* (Zoll, 2000: 13 ff.) abgehoben. Zwar finden sich auch viele Umschreibungen, die „Gemeinschaft" und „Solidarität" in einen engen Verweisungszusammenhang bringen, aber damit wird das Spezifikum von Solidarität, insbesondere von *moderner Solidarität* (hierzu Gabriel/Herlth/Strohmeier, 1997) verfehlt.[12] Auch für traditional fundierte Gemeinschaften gilt im Übrigen, dass sie keineswegs sich dauerhaft solidarisch fühlen oder handeln; die Sozialgeschichte berichtet nicht weniger von Streit, dauerhaften Zerwürfnissen und internen

---

11 Vgl. zuerst Kaufmann, 1984 und Hegner, 1991/1985; zur Diskussion vgl. Gabriel u.a., 1997. Im Folgenden wird eine vertiefende Klärung dieses Entwurfs im Lichte der aktuellen Diskussionen um ‚Solidarität' angestrebt.

12 Ich distanziere mich deshalb auch von der These von Bayertz (1998:11): „Der gemeinsame deskriptive Kern dieser heterogenen Verwendungsweisen des Begriffs (scil. der Solidarität) besteht in der Idee eines wechselseitigen Zusammenhangs zwischen den Mitgliedern einer Gruppe von Menschen." Zwar ist die Entstehung von Solidarität im Rahmen konstituierter Sozialzusammenhänge wahrscheinlicher als in unstrukturierten Situationen, kommt aber auch dort durchaus vor, beispielsweise bei Naturkatastrophen. Vor allem ist die Umschreibung von Bayertz so weit, dass nahezu alle hierarchischen Sozialformen darunter fallen.

Spaltungen. Auch dort bedarf es spezifischer *Anlässe* (z.b. ritueller Feste, kollektiver Bedrohungen oder freudiger Ereignisse), um Solidarität zu aktivieren. Für moderne Erscheinungsformen von Solidarität gilt in noch weit stärkerem Maße, dass sie kontextuell gebunden und nicht notwendigerweise auf einen konstanten Personenkreis bezogen ist. Das wurde in Abschnitt 13.2.1 mit dem Hinweis auf die Vervielfältigung der Solidaritätshorizonte bereits angedeutet.

Solidarität manifestiert sich stets im Handeln, nicht in bloßen Gefühlsäußerungen. Wie aber unterscheidet sich solidarisches Handeln von anderen Handlungstypen? Folgte man Max Webers Unterscheidung von Vergemeinschaftung und Vergesellschaftung, so hieße die Differenz Motivation („Einstellung des sozialen Handelns") durch wert- oder zweckrationale Interessen einerseits oder durch Zusammengehörigkeitsgefühl andererseits. Diese Dichotomisierung orientiert sich an den vier grundlegenden Handlungstypen (vgl. Weber, 1964: 17 f), von denen zweck- und wertrational motiviertes Handeln der Vergesellschaftung, traditional und emotial motiviertes Handeln dagegen der Vergemeinschaftung zugeordnet werden. *Solidarität resultiert jedoch gerade unter zeitgenössischen Bedingungen häufig aus einer wertrationalen Motivation.* Man könnte auch postulieren: Wertrationalität substituiert die schwindende Traditionalität als Sinnkontext für großräumigere Formen von Solidarität. In kleinräumigen Kontexten dagegen, – unter zeitgenössischen Bedingungen beispielsweise in Führungszirkeln, Clubs oder selbst permanent tagenden Verhandlungsgremien – lassen sich durchaus Prozesse der Traditionsbildung erkennen, welche als Sinnkontext für Solidarisierungen fungieren können.[13] Webers Unterscheidungen sind also zur Präzisierung des Problems nicht hilfreich.

Charakteristisch für solidarisches Handeln ist die *Nachrangigkeit des Eigeninteresses bzw. das Fehlen einer egoistischen Interessenverfolgung im Handlungsvollzug.* Solidarisches Handeln kann zwar durchaus auch im *längerfristigen* oder „aufgeklärten" Eigeninteresse sein;[14] als solidarisches wird es erkennbar und *zurechenbar,* insofern eine zweckrationale Rekonstruktion der Handlungssituation

---

13 Berger/ Luckmann (1969: 72 ff.) sprechen in diesem Zusammenhang von „Sedimentbildung ... die Erfahrung erstarrt zur Erinnerung und wird zu einer erkennbaren und erinnerbaren Entität." Auch Luhmann betont für „einfache Sozialsysteme", daß „die Ausdifferenzierung einer eigenen Geschichte .. ein wesentliches Moment der Ausdifferenzierung des Systems selbst (ist)." (1972: 57)

14 Hegner (1997) unterscheidet im Anschluss an Schopenhauer zwischen engstirnigem ‚Egoismus' und kluger Verfolgung des ‚Eigennutzes' und weist auf Fallstricke „altruistischer" Verhaltensstrategien hin. Dabei wird aus der Perspektive der Handelnden argumentiert. Dem gegenüber wird hier aus der Perspektive des soziologischen Beobachters argumentiert, der deutlicher zwischen der Handlungsebene und der institutionellen Ebene der Koordination von Handlungen unterscheidet.

ein egoistischeres Handeln als das beobachtete nahelegen würde.[15] Wir können solidarisches Handeln daher auch als *kooperatives Handeln im spieltheoretischen Sinne* oder als *Verzicht auf die Verfolgung des eigenen Vorteils zu Lasten Dritter* (free-ridership) kennzeichnen (Gretschmann 1991). Die spezifische Differenz des Begriffes wird hier also nicht wie bei Weber in den Unterschieden der Motivation, sondern in beobachtbaren Merkmalen des Handelns lokalisiert.[16]

In der Literatur behandelte, typische Erscheinungsformen von so definierter Solidarität lassen sich wie folgt klassifizieren:

1. *Loyalität*: Hier geht es im Kern um die *Anerkennung bestehender Ordnungen und die Erfüllung von Regeln und berechtigten Erwartungen Dritter in Situationen, in denen mit Sanktionen für Regelverletzungen oder Enttäuschungen nicht zu rechnen ist.* Das ist eine für moderne, tendenziell anonyme Gesellschaften charakteristische Umschreibung (vgl. Hirschman, 1987). Verwandte Themen sind etwa „Legitimitätsglaube" (M. Weber), „nicht vertragliche Elemente des Vertrags" (Durkheim/Parsons), oder „Moralität" (z.B. Phelps, 1975). Loyalität ist eine unverzichtbare Voraussetzung für die Entstehung von Vertrauen (*trust*) und, insbesondere auch von „Systemvertrauen" (Luhmann, 1968), denn wo die systemkonstituierenden Regeln verbreitet nicht eingehalten werden, schwindet nicht nur das Vertrauen, sondern es leidet auch die effektive Operationsweise eines Systems. Zudem erhöht das Fehlen ausreichender Loyalität (z.B. „Dienst nach Vorschrift", Korruption) die Kontrollerfordernisse. Aus ökonomischer Perspektive bewirkt Loyalität bzw. Vertrauen eine Reduktion der Transaktionskosten, und zwar sowohl in hierarchischen wie in Marktbeziehungen. Und solidarische Steuerungsformen sind geradezu konstitutiv auf Loyalität angewiesen (siehe unten). *Loyalität liegt somit erkennbar im objektiven Interesse aller Beteiligten*; und daher ebenso die möglichste Transparenz von Regelverletzungen.

---

15   Für den wichtigen Fall „gemeinschaftlicher" (hier: „kollektivitätsorientierter") Handlungsweisen diagnostiziert Wiesenthal (2000: 54) sogar ein „Verschwimmen" der „Differenz zwischen Individual- und Kollektivgütern".

16   Weber unterscheidet Handlungstypen nach ihrem „gemeinten Sinn". Dabei wird „Verstehen", d.h. eine Kongruenz von Beobachterperspektive und Handlungsperspektive vorausgesetzt, die in neueren, Theorieansätzen problematisiert wird. Insbesondere die Luhmann'sche Systemtheorie insistiert auf der sozialen Intransparenz „psychischer Systeme". „Gemeinter Sinn" kann sich dann nur noch auf die sozialen Kommunikationen beziehen, mit denen bestimmte beobachtbare Handlungsweisen hinsichtlich ihrer Motivation *gedeutet* werden. In diesem Sinne ist die folgende Typologie auch als Taxonomie verbreiteter Deutungsmuster zu verstehen. Dabei ist erneut an den „gemischten" Charakter der meisten beobachtbaren Sozialphänomene zu erinnern. Wir arbeiten hier an *analytischen* Unterscheidungen.

Dem dient in erster Linie die Formalisierung von Regeln, sei es in der Form von Gesetzen, Verträgen oder Organisationsordnungen, und die Errichtung von Sanktionsinstanzen. Die Komplexität moderner Sozialverhältnisse verunmöglicht jedoch die Formalisierung aller relevanten Gesichtspunkte und ist auf das „verantwortliche" Handeln der Beteiligten angewiesen, also auf eine situations- und sachgerechte Handhabung von Entscheidungsspielräumen „nach Treu und Glauben" (Kaufmann, 1992: 75 ff.). Loyales Handeln im hier verstandenen Sinne überschreitet somit nicht die Ebene des auch rechtlich geforderten Niveaus der Moralität, entspricht diesen Forderungen aber unabhängig von der Wahrscheinlichkeit ihrer Sanktionierung.

2. *Altruismus:* Zahlreiche soziale Verhaltensweisen erscheinen aus der Perspektive eigennützigen Rationalverhaltens als „irrational", bzw. als „altruistisch". Deshalb empfiehlt sich die eingeführte Bezeichnung Altruismus. Aus der Perspektive eines erweiterten Interessebegriffs können sie vielfach aber durchaus als im eigenen Interesse liegend interpretiert werden.[17] Genau genommen handelt es sich bei „Egoismus" und „Altruismus" stets um Zuschreibungen eines Beobachters auf nicht unmittelbar erkennbare Motive eines Handelnden, wobei als sichtbares Zeichen altruistischen Handelns *wertrationale Begründungen sowie das Fehlen reziproker Handlungen des Handlungsadressaten* gelten können. Im Sinne des konventionell-ökonomischen Begriffs eigennützigen Handelns – und er stellt die Kontrastfolie nahezu aller Solidaritätsdiskurse dar – können als zeitgenössisch typische altruistische Handlungsweisen etwa gelten: Wohltätigkeit, das Spenden von Blut, die Erziehung von Kindern, aber auch advokatorische Sozialbewegungen wie z.B. Tierschutz-, Umwelt- oder Dritte-Welt-Gruppen.

3. *Erweiterte Reziprozität:* Seit Marcel Mauss (1968/1923) die sozialen Funktionen des Austausches von Geschenken analysiert hat, lassen sich eine Vielzahl anscheinend altruistischer Verhaltensweisen als Systeme einer erweiterten Reziprozität interpretieren, die weder dem Typus marktmäßigen Tausches noch demjenigen herrschaftlicher Kontrolle entsprechen. Sie sind vor allem in traditionalen Gesellschaften vielfach nachgewiesen, können aber auch in modernen Gesellschaften eine nicht unerhebliche Rolle spielen, beispielsweise bei der Begründung wohlfahrtsstaatlicher Umverteilungssysteme (Humphreys 1979: 46 ff). Charakteristisch für diesen Typus ist eine tauschtheoretische Begründung solidarischen Verhaltens: Der Verzicht auf eigennützige Handlungsweisen wird

---

17   Entsprechende Erklärungsmuster gehen zumeist von Adam Smith „Theorie der ethischen Gefühle" aus (Smith 1977/1759). In moderner Form können wir dann z.B. von einem ‚Bedürfnis nach Anerkennung' oder ‚Interesse an Selbstachtung' sprechen.

mit einer *indirekten* oder *vermittelten wechselseitigen Abhängigkeit* begründet. So beispielsweise in oben erwähnten Solidaritätstheorie von Léon Bourgeois..

4. *Kollektivitätsorientiertes Verhalten*: Die klassische Formel der Solidarität: „Einer für Alle – Alle für Einen" gewinnt soziale Plausibilität nur unter der Voraussetzung klarer Gruppengrenzen und wirksamer sozialer Kontrolle unter den Gruppenmitgliedern, wie wir sie unter traditionalen Bedingungen im Regelfalle unterstellen können. Natürlich handelt es sich bei dieser „starken" Solidaritätsformel, deren Ursprung auf das römische Haftungsrecht und damit auf einen sehr spezifischen Tatbestand zurückgeht, in ihrer verallgemeinerten Form stets um eine *Idealisierung*. Die im 19. Jahrhundert aufkommende „Gemeinschafts"-Rhetorik, welche heute bei den weniger reflektierten Kommunitaristen Urständ' feiert, verklärte die Vergangenheit. Soweit es sich nicht um rechtlich erzwingbare Solidarhaftung handelt, sind radikale Formen „gemeinschaftlichen" Handelns sowohl für die Vergangenheit wie auch für die Gegenwart nur in hoch emotionalisierten Kontexten zu erwarten. Infolge der gesellschaftlichen Differenzierungsprozesse und der damit verbundenen Vervielfachung von Gruppenzugehörigkeiten sowie der daraus resultierenden Tendenz zur Individualisierung sind Situationen einer umfassenden „gemeinschaftlichen" Gruppenbindung heute selten geworden. Die meisten Menschen leben „in sich kreuzenden sozialen Kreisen" (G. Simmel) und damit in vielfältigen Gruppenbeziehungen. Zur Vermeidung irreführender Idealisierungen wird dieser Typus von Solidarität hier nicht als „gemeinschaftsorientiert" sondern als „kollektivitätsorientiert" bezeichnet.[18] Kollektivitätsorientiertes Handeln lässt sich auch heute in nahezu allen dauerhaften sozialen Verbindungen beobachten, in denen interpersonelle Abhängigkeiten und soziale Anerkennung eine bedeutende Rolle spielen, beispielsweise Familien oder ordensähnliche Formierungen. Es beruht auf der Erwartung, dass die Mitglieder eines Kollektivs konsequent ein mehr oder weniger explizites *Kollektivinteresse* bei ihren Entscheidungen und Handlungen berücksichtigen, das über ihre Rechtspflichten hinausgeht. Von bloßer Loyalität unterscheidet sich dieser Typus durch ein *aktives* Eintreten für „gemeinsame Interessen", vom altruistischen Verhalten durch eine zum mindesten partielle Überlappung oder ein „Verschwimmen" (Wiesenthal) von Eigen- und Kollektivinteresse. Die Abgrenzung zum Typus „erweiterte Reziprozität" ergibt sich

---

18   Der Typus deckt sich jedoch weitgehend mit dem, was in der Literatur als „gemeinschaftliche" Form von Koordination behandelt wird; vgl. zusammenfassend Wiesenthal, 2000.

aus der deutlicheren kollektiven Definition von *gemeinsamen* Interessen und damit einer direkteren, unmittelbareren Verknüpfung der Handlungsfolgen.[19] Der Sinn dieser vierfachen und auf dem gewählten Niveau der Abstraktion m.E. vollständigen Typologie wird deutlicher, wenn wir berücksichtigen, dass die Klassifikation *auch* eine Rekonstruktion gesellschaftlich verbreiteter Solidaritäts*begründungen* darstellt. Wer immer Menschen von eigennützigem Handeln abhalten will, hat sich – so die These – eines dieser vier Begründungsmuster – Loyalität, Altruismus, Reziprozität oder Gemeinsamkeit – zu bedienen. Quintum non datur. Die Zuordnung der Empirie bleibt wie immer in solchen Fällen mit Unschärfen behaftet, aber die Typologie selbst ist trennscharf.

13.2.5 Solidarität als Form sozialer Steuerung

Der hier vorgestellte Solidaritätsbegriff orientiert sich antithetisch am Begriff egoistischer Interessenverfolgung in ähnlicher Weise wie der Begriff des „Sozialen" im 19. Jahrhundert (siehe 13.1.2), er hat jedoch einen präziseren und damit eingeschränkteren Bedeutungsumfang. Er stellt insbesondere in Rechnung, dass in modernen Gesellschaften individuelles Handeln in der Regel nicht mehr un-

---

19 Die Literatur zu „neuen Solidaritätsformen" (z.B. Hondrich u. Koch-Arzberger, 1992; Frankenberg, 1997) betont allzu sehr den zeitlich begrenzten und punktuellen Charakter moderner Solidaritäten. Diese Beobachtung orientiert sich vor allem am Wandel der Bereitschaft jüngerer Menschen, sich zu engagieren. Sie sind nur noch schwer für ein längerfristiges Ehrenamt oder gar für lebenslange Bindungen (z.B. in Orden), aber durchaus für projektförmige und damit zielorientierte und zugleich befristete Engagements zu gewinnen. In ähnlicher Weise werden die herkömmlichen Vereine den *sozialen Bewegungen* gegenübergestellt. Zum einen wird hier etwas Richtiges gesehen, nämlich die Erosion traditional begründeter und i.d.R. mit hoher Sesshaftigkeit verbundener Formen von Solidarität und der gesteigerte Individualisierungsgrad moderner Sozialverhältnisse. Soziale Bewegungen sind gemäß obiger Klassifikation ein Kontext sowohl für altruistisches als auch für kollektivitätsorientiertes Handeln, je nach den dominierenden Sinnelementen advokatorischer oder eigener Interessenvertretung. Charakteristische Kontexte des kollektivitätsorientierten Handelns sind heute eher in Subeinheiten vor Organisationen zu sehen, in denen sich kollektive Interessen auch in Konkurrenz zu anderen Subeinheiten herausbilden. Überhaupt dürfte Gruppenkonkurrenz heute ein typischer Kontext für die Entstehung kollektivitätsorientierten Verhaltens sein. Die Ambivalenz solidaritätsorientierter Diskurse (vgl. z.B. Bayertz 1998:48 ff; Zoll 2000) resultiert aus dem Umstand, dass Solidarität weit stabiler in überschaubaren Gruppen mit partikularistischen Interessen entsteht als in den mit besonderen Hoffnungen verbundenen advokatorischen Assoziationen und sozialen Bewegungen.

mittelbar gesellschaftsrelevant wird, sondern in der Regel nur vermittelt über die Mitgliedschaft in Organisationen und über Transaktionen in Inter-Organisationsbeziehungen, welche ihrerseits ausschließlich formalen Regeln folgen. Organisationen kennen keine Gefühle und sind damit auch für *moral sentiments* (A. Smith) nicht zugänglich. *"Solidarität" als Steuerungsmodus operiert demzufolge essentiell auf der personalen und interaktiven, nicht der organisatorischen Ebene.*

Das kollektive Handeln von Organisationen ist selbstverständlich auch von zwischenmenschlichen Interaktionen und individuellen Entscheidungen abhängig. Deren Bandbreite wird durch die Prämissen der Organisation eingeschränkt, aber im Ergebnis nicht bestimmt.

> „Individuen agieren im betrieblichen Kontext einerseits als Positionsinhaber und Rollenträger auf der Basis formalisierter und damit stets selektiver Verhaltenserwartungen. Andererseits bringen sie jedoch trotz der geforderten Trennung von Organisationszwecken und persönlichen Aspirationen immer wieder Ideen, Gefühle, Motive und Verhaltensweisen ein, die außerbetrieblich entstanden und geprägt sind." (Hegner, 1997: 310)

Insofern können moralische Intentionen auch durch Organisationen zur Geltung gebracht werden, doch bedürfen sie für ihre Wirksamkeit i.d.R. einer stets erneuerten Zufuhr moralischer Motive von Seiten ihrer Mitglieder. Eine gewisse Stabilisierung moralischer Intentionen auf der Organisationsebene kann darüber hinaus durch deren Fixierung in der Organisationsprogrammatik gelingen, sei es in der Form wertrationaler Organisationszwecke, sei es in der Form einer ethisierten Unternehmenskultur.[20] Vor allem aber reagieren Organisationen sensibel auf Veränderungen in ihrer Umwelt: „Menschenrechtssensibilität verändert das Investitionsklima, und *dann* reagieren sogar Vorstandsetagen" (Brunkhorst 2000: 11).

Der Bezug auf emotionalisierbare *Personen*[21] ist natürlich auch für traditionale Formen der Solidarität charakteristisch, war aber dort *selbstverständlich*, da *alle* relevanten Sozialbeziehungen interpersonellen Charakter trugen und sich innerhalb einer gemeinsamen Lebenswelt vollzogen. Das Neue ist die organisatorische Fragmentierung der lebensweltlichen Wirklichkeit und damit die Pluralisierung der

---

20 Nicht unerwähnt bleiben dürfen in diesem Zusammenhang die *christlichen Kirchen*, welche nicht nur kulturgeschichtlich mit ihrem Ethos der Brüderlichkeit die Grundlagen des modernen Solidaritätsdenkens geschaffen haben (Tyrell 1997), sondern auch aktuell zu den wichtigsten Propagatoren einer weltweiten Solidarität gehören. Zum Wandel des Solidaritätsgedankens im Katholizismus vgl. Pottmeyer, 1997.

21 Zur Sympathie als Grundlage moralischer Gefühle vgl. Smith, 1977/1759: 1 ff; zu dessen Interpretation im Kontext einer Analyse moderner Solidaritätsformen vgl. Kaufmann, 1984: 173-179.

individuellen Lebenswelten, sodass alle sozialen Beziehungen zwangsläufig ihren umfassenden Charakter verlieren und selektiv werden. Nicht nur hierarchische und marktmäßige, sondern auch Solidarität begünstigende Kontexte verlieren dadurch an umfassender, diffuser „Gemeinschaftlichkeit".[22] Solidarisches Handeln entsteht heute häufig nicht aufgrund dauerhaft feststehender, gemeinsamer Ziele, sondern „in Akten des Verhandelns und Ausbalancierens unterschiedlicher Normen und Interessen" (Gabriel/Herlth/Strohmeier, 1997: 25).

Worin aber besteht der *spezifische Charakter* von Solidarität als Steuerungsform menschlichen Handelns? Zur Beantwortung dieser Frage muss zunächst das steuerungstheoretische Bezugsproblem geklärt werden. In diesem Zusammenhang konkurrieren unterschiedliche Ansätze, wobei vor allem zwischen einem direktiven und einem Formen der Selbststeuerung mit umfassenden Begriff von Steuerung zu unterscheiden ist.[23] *Hier wird ein breiter Steuerungsbegriff zugrunde gelegt*, welcher alle im Zusammenspiel von Institutionalisierung und Interaktion typisierbaren Formen der *Handlungskoordination als "Steuerung"* begreift. Dabei werden fünf Typen der Koordination von Handlungen unterschieden, nämlich Hierarchie, Markt, Solidarität, Professionalität und Korporatismus. Ihnen allen ist gemeinsam, dass sie prinzipiell die drei Funktionsbedingungen dauerhafter Handlungskoordination gewährleisten, nämlich die Normierung von Standards adäquater Leistungserbringung (Guidance), die Sicherung von Konformität der beteiligten (kollektiven oder individuellen) Akteure (Control) und die bewertende Kommunikation über Ergebnisse von Handlungsverkettungen (Evaluation). Dabei unterscheiden sich die fünf Typen hinsichtlich der Art und Weise der durch sie bewirkten Handlungskoordination sowie hinsichtlich der dominanten Motive konformen Verhaltens wie auch hinsichtlich der Kommunikationsform (Kaufmann 1991b: 228; 2009k).

Im vorliegenden Zusammenhang interessiert allein der Steuerungstypus der Solidarität.[24] Solidarität erscheint vor dem Hintergrund moderner Diagnosen

---

22 Diesen Gesichtspunkt vernachlässigt der im Übrigen zu unseren Überlegungen komplementäre Aufsatz von Wiesenthal, 2000.

23 Für Überblicke vgl. Gotsch, 1987 und Ulrich, 1994, insb. 84-92.

24 Helmut Willke wendet sich gegen die Einbeziehung von Solidarität in eine Steuerungstheorie moderner Gesellschaften. Für ihn ist Solidarität die nur „in verbliebenen Winkeln der Lebenswelt noch (scil. vorhandene) herzerfrischende Irrationalität altruistischer, sorgender, beschützender und bisweilen aufopfernder Handlungsmuster, die einer rationalistischen oder ökonomistischen Sichtweise unbegreiflich bleiben müssen" (1995: 91). Unsere Ausführungen sollen demgegenüber zeigen, dass „Solidarität" gerade nicht nur „ein „Überleben" vormoderner, gemeinschaftlicher Koordinationsformen .. zur Abstützung und Unterfütterung der anonymen, modernen Formen" (ebda.)

einer rationalisierten, individualisierten und tendenziell anonymen Gesellschaft
ein zunächst höchst unwahrscheinliches bzw. zum Aussterben verurteiltes Phänomen, und es sind derzeit vor allem dem amerikanischen Kommunitarismus
nahestehende Autoren, die einen Rückgang des „sozialen Kapitals" in der Gesellschaft der Vereinigten Staaten diagnostizieren (Putnam 1995). Hier wird dagegen
die These vertreten, dass gerade unter hoch individualisierten gesellschaftlichen
Lebensbedingungen *individuelle Bedürfnisse nach Anerkennung und identitätsför-
derliche Selbstwertgefühle eine neuartige motivationale Voraussetzung solidarischen
Handelns bilden*, analog der Furcht vor Nachteilen in hierarchischen Beziehungen
oder dem ökonomischen Interesse in Marktbeziehungen. Die soziale Voraussetzung für das Wirksamwerden dieser motivationalen Disposition ist typischerweise
eine interpersonelle Vernetzung im Rahmen normativer „Wahlverwandtschaften"
oder „Gesinnungsgemeinschaften" (Gabriel/ Herlth/ Strohmeier, 1997: 20 ff.). In
der Weber'schen Typologie sozialen Handelns sind typisch moderne Formen von
Solidarität dem wertrationalen, nicht dem traditionellen oder emotionalen Typus
zuzuordnen, obwohl natürlich auch derartige Solidaritätsformen in bestimmten
Kontexten persistieren oder neu entstehen können. Wir haben bereits auf die Wirksamkeit von Solidarität im Rahmen überschaubarer Organisationen (z.B. Vereine)
oder Organisationseinheiten hingewiesen, im Rahmen derer – wenngleich häufig
prekäre – Formen der Traditionsbildung zu beobachten sind. Primär emotionale
Vergemeinschaftungsformen persistieren vor allem im Bereich von Familie und
Verwandtschaft.[25]

Solidarische Handlungskoordination unterscheidet sich von allen anderen Typen der Handlungskoordination durch ihren informellen, nur an implizite Regeln
gebundenen Charakter. Wir können dabei phänomenologisch zwischen alltäglichen
und emphatischen Erscheinungsformen unterscheiden. Vor allem in der Form von
Loyalität, aber auch in der Anerkennung von Reziprozitätsverhältnissen operiert
Solidarität alltäglich und implizit, sie ist „ein leistungssteigerndes Additiv für
jeglichen Modus sozialer Interaktion" (Wiesenthal 2000: 48). Sie orientiert sich an
etablierten Standards adäquater Leistungserbringung und evaluiert das Verhalten
der Interaktionspartner nach impliziten Standards von „Treu und Glauben" oder
der „Schicklichkeit".[26] Wer Solidaritätserwartungen dieser Art verletzt, riskiert

---

ist, sondern in neuen Kontexten und mit veränderten Motivationen auch als typisch
moderne Koordinationsform interpretiert werden kann.

25 Zu Formen, Problemen und Wirkungen familialer Solidarität im Kontext moderner
    Vergesellschaftung vgl. von Schweitzer, 1997; Lüscher, 1997; Huinink, 1997 und Schulze
    & Künzler, 1997.

26 Adam Smith spricht von „sense of propriety", was in der deutschen Ausgabe bald mit
    „Schicklichkeit", bald mit „Gefühl für das sittlich Richtige" übersetzt wird.

seinen „Ruf", Sanktionen erfolgen meist indirekt. Positive Anerkennung ist hier die Ausnahme.

Emphatische oder explizite Formen der Solidarität beruhen entweder auf wertrationalen Handlungsorientierungen oder auf kollektiver Efferveszenz, wie sie insbesondere in Krisensituationen oder bei Katastrophen auftritt. Der zweitgenannte Fall kann sowohl unter Bedingungen traditionaler Vergemeinschaftung als auch unter den hoch individualisierten Bedingungen der Moderne auftreten, auch Massenbewegungen sind hier einzuordnen. Typisch modern erscheinen dagegen freie Assoziationen mit gemeinsamen Zielsetzungen: Von den bürgerlichen Geselligkeitsvereinen über Selbsthilfegruppen bis zu sozialen Bewegungen mit emphatisch wertrationalen Zielen. Je geringer der Organisationsgrad, desto deutlicher tritt in der Regel das emphatische Moment normativer Gemeinsamkeiten in den Vordergrund.[27] Dabei werden Standards adäquater Leistungserbringung häufig in *deliberativen Prozessen* explizit formuliert und ihre Erreichung evaluiert. Derartige Prozesse fundieren zugleich nicht selten die *Reputation* der Beteiligten.

Die Beschwörung bestimmter, als gemeinsam postulierter Werte, welche i.d.R. auch kulturell verankert sind, ist heute konstitutiv für öffentliche Solidaritätsdiskurse, und diese zeichnen sich vielfach durch hohe Reichweite aus, sei es in der zeitlicher („Nachhaltigkeit", „Zukünftige Generationen"), sei es in sozialer Hinsicht (Einbezug des „Andersartigen" bzw. „Fremden") (Brunkhorst 1997); in sachlicher Hinsicht bleiben sie jedoch meist recht unbestimmt (Zoll, 2000: 144 ff.). Genau genommen, wird oft „Solidarität" selbst als Eigenwert postuliert und – wie schon der Vorgängerbegriff „Brüderlichkeit" – auf eine Stufe mit „Freiheit" oder „Gleichheit" verhandelt. *Unsere Überlegungen sollen dazu dienen, „Solidarität" aus den lichten Höhen des bloß Wünschbaren auf den Boden sozialer Tatsachen herunterzuholen.* Wir verstehen Solidarität als Typus sozialen Handelns, dessen Auftreten von bestimmten, soziologisch aufzuklärenden Bedingungen abhängig ist. Auf der Individualebene erscheint die Solidaritätsbereitschaft von einer „moralischen" Gefühlslage abhängig, d.h. von gefühlter Pflicht oder engagierter Neigung, bis hin zur Begeisterung. Derartige Gefühlslagen stehen in der Regel in einem *kontingenten* Verhältnis zu den individuellen Interessenlagen, sie brauchen diesen keineswegs zu widersprechen; aber der immer wieder thematisierte, weil allein problematische Fall ist der *Konflikt* zwischen wahrgenommenem Eigeninteresse einerseits und Pflicht oder Neigung andererseits. Für die theoretische Analyse kann

---

27 Zum Zusammenhang von Moralisierung und Mobilisierung bei sozialen Bewegungen vgl. Hellmann, 1996: 231 ff. – Zur dimensionalen Analyse von Selbsthilfegruppen vgl. Halves/ Wetendorf, 1986.

jedoch nicht der Konfliktfall, sondern nur die Eigenart der Handlungsmotivation selbst von Bedeutung sein.

Individuen unterscheiden sich schon von Temperament und Sozialisation her hinsichtlich ihrer Disposition, Pflichten anzuerkennen oder Engagements zu übernehmen, doch die Variation generalisierter subjektiver Einstellungen steht hier nicht zur Debatte. In steuerungstheoretischer Hinsicht stellt sich die Frage nach den institutionellen oder kontextuellen *Bedingungen*, welche geeignet sind, intrinsische Pflichterfüllung oder Engagement zu aktualisieren. Sie müssen grundsätzlich dreierlei Eigenschaften aufweisen, nämlich zum einen die *Normativität* und zum Anderen die *Aktualität* der Forderung nach solidarischem Handeln den Akteuren plausibel machen und schließlich positive oder negative *Anreize* zu einem entsprechenden Verhalten implizieren. Diese Anreize sind definitionsgemäß weder vom Typus machtbewehrter Drohung („Hierarchie") noch vom Typus ökonomischer Vor- und Nachteile („Markt"). Typischerweise handelt es sich um *immaterielle Anreize*, welche das Bedürfnis nach Anerkennung befriedigen oder verletzen: Die Kommunikation von Achtung oder Missachtung ist typisch für „moralische" Kommunikation (Luhmann, 1978). Darüber hinaus ist jedoch insbesondere für moderne Formen der Solidaritätsbereitschaft noch eine *intrinsische Disposition zur Bestätigung von Selbstachtung mittels wertrationalen Handelns* zu postulieren, welche keineswegs monadisch, sondern als durch sozial gestützte Prozesse der Identitätsbildung und -bestätigung vermittelt zu verstehen ist. Neben der Entstehung von Wertbindungen im Rahmen von Sozialisationsprozessen ist hier unter hoch individualisierten Bedingungen menschlichen Zusammenlebens insbesondere auch an freiwillige Zusammenschlüsse im Rahmen von „Wahlverwandtschaften" zu denken.

Traditionelle, „gemeinschaftliche" Formen der Solidarität beruhen auf dichten, in funktionaler Hinsicht diffusen sozialen Beziehungen. Aus Beobachtersicht nahezu beliebige Ereignisse können Solidarisierungen, aber auch Konflikte auslösen. Moderne Formen der Solidarität sind dagegen in hohem Maße kontextabhängig, und zwar in doppelter Hinsicht: Zum einen vollzieht sich soziales Handeln regelmäßig in institutionell und/oder organisatorisch definierten Kontexten, aus denen sich der Horizont jeglicher Regel- oder Kollektivitätsorientierung ergibt. Zum anderen erfordern diese *settings* nur im Ausnahmefall *explizit* solidarisches Handeln, da ihre Stabilität erfordert, dass im alltäglichen Verkehr auch Eigeninteressen mit befriedigt werden. Es bedarf deshalb nicht nur *gemeinsamer Wertorientierungen*, sondern auch *geteilter außeralltäglicher Situationsdefinitionen*, um *emphatische* Solidarität zu mobilisieren. So aktualisiert sich Solidarität als Kollektivitätsorientierung vor allem entweder in Krisensituationen oder in Situationen enthusiastischer Hoffnungen.

13.3   Zusammenfassung

Als „Sozialpolitik" wurde die Suche nach programmatischen und institutionellen Antworten auf die „sozialen" Probleme bezeichnet, welche durch den Verlust der zwar ärmlichen, aber doch einigermaßen verbindlichen Schutzrechte des Zunft- und Feudalsystems und die von der Liberalisierung der Wirtschaft ausgelöste Mobilität hervorgebracht worden waren. Die Industrialisierung hat diese Problemlagen mitgeprägt, doch brachte sie gleichzeitig auch die technischen und wirtschaftlichen Fortschritte, welche die Überwindung von Armut, die Verbesserung der städtischen und betrieblichen Hygiene sowie eine die Lebenschancen auf breiter Front verbessernde „soziale Verwaltung" (v. Stein) erst ermöglichten. Diese Transformationsprozesse haben gleichzeitig Anlass zu einer tiefgreifenden Veränderung der gesellschaftstheoretischen Auffassungen gegeben (13 1.1).

Unter Stichworten wie „Risikogesellschaft", „Individualisierung" oder „Globalisierung" werden heute neue Problemlagen thematisiert, welche den Rahmen wohlfahrtsstaatlicher Politik sprengen. Da Lösungen weder durch Marktkräfte – die häufig geradezu als Krisenerzeuger gelten – noch durch die etablierten Formen von Politik und Verwaltung in Sicht sind, richtet sich die Hoffnung vielfach auf die Mobilisierung sozialmoralischer Ressourcen, um der anstehenden Probleme Herr zu werden. Die erneute Thematisierung des Zusammenhangs von „Gemeinwohl" und „Gemeinsinn" gibt dem Ausdruck.

Sozialmoralische Ressourcen haben in der Entstehungs- und Formulierungsphase von Sozialpolitik eine erhebliche Rolle gespielt, und zwar sowohl in der Praxis – von der Wohltätigkeit über die Solidarität der Arbeiterbewegung bis zum Engagement von Politikern und Verwaltungsleuten – als auch in verwissenschaftlichen Diskursen (13.1.3). Allerdings hat sich die Verknüpfung von moralischen Forderungen und staatlicher Politik als wenig stabil erwiesen. Die Sozialpolitik verlor den „Kontakt mit der Seele des einfachen Mannes" (G. Briefs), und die Hoffnungen richteten sich nun zunehmend auf Verhandlungslösungen zwischen Gewerkschaften und Arbeitgeberverbänden, welche einen allgemeinen moralisch-politischen Konsens überflüssig machen sollten (Abschnitt 13.1.4). Damit verschob sich die Problematik der Konsensfindung auf die partikularistische Ebene der Tarifparteien und deren interne Bindungsfähigkeit. Im Zuge der Tertiarisierung der Wirtschaft und der Individualisierung der Lebensbezüge sinkt auch diese Bindungsfähigkeit, und parallel dazu verschob sich das sozialpolitische Paradigma vom Klassenkonflikt zur Verteilungsproblematik. Damit geriet die Perspektive von Gemeinsinn und Gemeinwohl ganz aus dem Fokus der Sozialpolitik (Abschnitt 13.1.5).

Im zweiten Teil wird diese Perspektive selbst in Frage gestellt. Zwar ist es plausibel, dass auch moderne Gesellschaften weder auf die Gewährleistung von

Bedingungen des Gemeinwohls und noch auf die Wirksamkeit sozialmoralischer Ressourcen verzichten können, aber der in der traditionelle politischen Theorie postulierte *direkte* Zusammenhang zwischen beiden Größen hat sich im Zuge der Modernisierung aufgelöst. Die Vervielfältigung der Solidaritätshorizonte im Zuge der Steigerung gesellschaftlicher Komplexität sowohl in funktionaler als auch in politischer Hinsicht zwingt zu einer Reformulierung der Problematik (13.2.1). Wir halten dabei am Begriff des Gemeinwohls fest, schränken ihn jedoch auf die allgemein zustimmungsfähigen Normen moderner Verfassungen ein (13.2.2). Im Horizont des durch die Anerkennung von Menschenrechten inhaltlich und durch die Gewährleistung von Volkssouveränität und Rechtsstaatlichkeit prozedural gewährleisteten Gemeinwohls bleiben politische Entscheidungen eine Frage partikulärer Prozesse der Solidarisierung und mehr oder weniger konfliktiver Aushandlung, wobei sich die Konflikte durch keinerlei übergreifenden „Gemeinsinn" überwinden lassen. Die Mobilisierung sozialmoralischer Ressourcen erfolgt nunmehr notwendigerweise auf *partikulären* Ebenen, sodass die Bezeichnung als „Gemeinsinn" missverständlich wäre. Ebenso missverständlich ist der Begriff der „Gemeinschaft" zur Kennzeichnung der institutionellen und kontextuellen Form einer Mobilisierung sozialmoralischer Ressourcen. Wir haben ihn deshalb durch den ebenfalls traditionsreichen, jedoch im Hinblick auf die Vervielfältigung von Handlungskontexten aussagekräftigeren Begriff der *Solidarität* ersetzt und vier verschiedene Diskurse der Solidaritätsbegründung – Loyalität, erweiterte Reziprozität, Altruismus und Kollektivitätsorientierung – unterschieden (Abschnitt 13.2.4). Solidarität wird schließlich als spezifische Koordinationsform (Steuerungstypus) sozialen Handelns expliziert, die auf der Ebene interpersoneller Beziehungen ihre spezifische Wirksamkeit entfaltet und sich gerade darin von allen anderen Koordinationsformen unterscheidet. *Solidarität erweist sich daher als ein wichtiges Bindeglied zwischen der individuellen und der formal organisierten und in der Regel rechtlich verfassten Ebene sozialen Handelns in modernen Gesellschaften* (Abschnitt 13.2.5).

Es ist nicht zu bestreiten, dass die verrechtlichten und hoch organisierten Formen politisch-administrativer, aber auch privat-unternehmerischer Problembearbeitung für die Bearbeitung zahlreicher aktueller Problemlagen nur teilweise geeignet sind, und das gilt insbesondere für den Bereich der personenbezogenen Dienstleistungen. Es kommt daher nicht von ungefähr, dass von „Solidarität" vor allem hinsichtlich des sog. „Dritten Sektors" Großes erwartet wird (Frankenberg 1997: 206 ff). Aber auch im Bereich von staatsübergreifenden, tendenziell weltweiten Problemen wie Frieden, Umwelt, „Dritte Welt" oder riskanten Technologien haben sich Aktionsgruppen und soziale Bewegungen gebildet, die zugleich wertrational argumentieren und allgemeine Gefährdungen als Situationsdefinition suggerieren, um auf diese Weise Solidarität nicht nur unter den Aktivisten, sondern darüber hinaus mit möglichst weiten Kreisen der Bevölkerung zu erzeugen (siehe 16.4). Auch wenn nicht damit zu rechnen ist, dass derartige Mobilisierung sozialmoralischer Ressourcen ihre erklärten Ziele gegen den Widerstand von Interessengruppen und die kompartimentierte Borniertheit der institutionellen Politik *unmittelbar* werden erreichen können, so ist ihr Einfluss auf die öffentliche Meinung und einen *allmählichen* kollektiven Bewusstseinswandel doch nicht zu unterschätzen. Ob und inwieweit derartige Solidarisierung und Mobilisierung dem wie auch immer definierten Gemeinwohl dient, wird jedoch stets eine politisch und moralisch umstrittene Frage bleiben.

D
Normative Spannungen

Kritik des neutralen Geldes* **14**

Vorbemerkung und Zusammenfassung: Man kann sich fragen, was in einem Band mit der Überschrift "Sozialstaat als Kultur" ein geldtheoretischer Beitrag zu suchen habe. Dieser Text handelt von einer Grundannahme der klassischen und neoklassischen ökonomischen Theorie, und man wird sie daher mit guten Gründen als kulturelle Grundlage der herrschenden Wirtschaftstheorie bezeichnen dürfen. Die Theorie des neutralen Geldes liegt u.a. der monetaristischen bzw. neoliberalen Richtung der Wirtschaftspolitik zugrunde, welche dazu neigt, die wohlfahrtsstaatlichen Errungenschaften in Frage zu stellen. Deshalb ist sie in unserem Problemzusammenhang relevant. Ich bin ein wenig stolz, diesen Beitrag schon vor der Einführung des Euro und zehn Jahre vor der Weltwährungskrise geschrieben zu haben, als in der deutschen Soziologie die Wirtschaftssoziologie noch in ihren Anfängen stand. Nach meiner Einschätzung ist er nach wie vor geeignet, aktuelle Währungsprobleme zu verstehen. – Da ich von einer wirtschaftswissenschaftlichen Ausbildung her zur Soziologie gestoßen bin, lag die Befassung mit wirtschaftssoziologischen Fragen nahe (Kaufmann 1980, 1982, 2005b). Doch in der Konkurrenz zu anderen Schwerpunkten blieb dieser Strang meiner Arbeit zurück. – Der Beitrag sucht die ökonomische und die soziologische Perspektive auf das Geldwesen zu verbinden und geht auch auf Probleme ein, die sich aus der zunehmenden Entkoppelung der Finanzsphäre von der Gütersphäre ergeben. Vieles spricht dafür, unter den herrschenden Umständen die Wertaufbewahrungsfunktion des Geldes zu neutralisieren.

---

*   *Erstveröffentlichung: Kritik des neutralen Geldes, S. 226-251 in: Geschichte und Gesellschaft. Zeitschrift für Historische Sozialwissenschaft, 25. Jg. (1999). Heft 2 „Politische Ökonomie", hrsg. v. Werner Abelshauser. Göttingen: Vandenhoek & Ruprecht.*

Wir leben monetär in revolutionären Zeiten (1998!): Soeben haben die Regierungen
Europas die Einführung einer gemeinsamen Währung zum Beginn des kommenden Jahres beschlossen. In Indonesien wankt ein Regime unter dem Druck von
währungspolitischen Auflagen der Weltbank, und ganz Südostasien zittert vor
dem Urteil der internationalen Devisenmärkte. Aber das Geld ist kein aktuelles
Thema der Wirtschafts- und Sozialwissenschaften, besonders wenig im deutschen
Sprachraum. Es ist lediglich Gegenstand spezialisierter Erörterungen im Rahmen der
ökonomischen Geldtheorie (Streißler 1988; Richter 1990) ausnahmsweise auch der
Wirtschaftssoziologie (Heinemann 1987; Baecker 1988) und natürlich der praxisna-
hen Literatur. Vergleicht man die ökonomische und die soziologische Behandlung
des Themas, so fällt überdies auf, dass sich die zitierte Literatur praktisch nicht
überschneidet, beide Perspektiven also zusammenhangslos koexistieren, wobei
beide auch kaum Bezug auf die praxisnahe Literatur nehmen. Geld erscheint den
allgemeineren Diskussionen in den Wirtschafts- und Sozialwissenschaften so selbstverständlich wie die Luft zum Atmen. Diese Vernachlässigung sollte verwundern,
denn im Gegensatz zur Luft ist das Geld nichts von Natur Gegebenes, sondern ein
kollektives Produkt menschlicher Entwicklung, eine historisch wandelbare soziale
Tatsache, deren Energie heute alle Vorstellungen übersteigt.

Ziel des folgenden Beitrages ist es zum einen, einen kurzen Überblick über den
bisherigen geldtheoretischen Diskussionsstand in Ökonomie und Soziologie zu
geben. Zum zweiten wird versucht, Problemfelder zu diagnostizieren, welche eine
Wiederaufnahme der Debatte nahelegen. Nicht zu erwarten sind jedoch weiter-
führende Konzepte. Sie könnten bestenfalls von Auseinandersetzungen erwartet
werden, die erst einmal in Gang gebracht werden müssen.

14.1   Die doppelte Konstitution der Geldordnung

„Alle wichtigen monetären Probleme sind in gleichem Maße Fragen der theoretischen Analyse wie der politischen Gestaltung … Dieser theoretisch-politische
Doppelaspekt der monetären Probleme war in der Geschichte der Nationalökonomie
für alle großen Kontroversen charakteristisch" (Ehrlicher 1981: 355). In den älteren
theoretischen Kontroversen blieb dieser Zusammenhang von durch die aktuelle
Situation bestimmtem Erkenntnisinteresse und theoriebestimmter Situationsdefinition politischen Handelns allerdings implizit und unreflektiert. Einen Ansatz
zur Reflexion bieten neuere ordnungstheoretische und institutionenanalytische
Ansätze des ökonomischen Denkens. Aber auch diese fassen das Problem nicht
radikal genug, denn sie gehen stets von der Ökonomie als theoretischem Gesamt-

zusammenhang aus und betrachten daher die Politik als exogene Variable. Nimmt man jedoch Ehrlichers Diagnose ernst, so muss die *gesellschaftliche Konstitution der ökonomischen Kontexte* für das Verständnis wirtschaftlicher Sachverhalte berücksichtigt werden. Das bedeutet für unseren Zusammenhang, den auch politischen Charakter jeglicher Währungsordnung ernst zu nehmen. Diese These ist naturgemäß umstritten, und ihre erstmalige Formulierung in G. F. Knapps „Staatliche Theorie des Geldes" war in ihrer Apodiktik: „Das Geld ist ein Geschöpf der Rechtsordnung" (Knapp 1905: 1) nicht dazu angetan, die ökonomische Zunft zu überzeugen. Denn offensichtlich sind generalisierte Tauschmittel ein weit älteres Phänomen als der moderne Staat und entbehren auch häufig eines expliziten Bezugs zu Herrschaftsphänomenen. Das widerspricht jedoch nicht der hier vertretenen Auffassung, dass als Folge der funktionalen Ausdifferenzierung und strukturellen Verselbständigung von Wirtschaft und Politik die Währungsordnung sich nur als zugleich politisch und ökonomisch konstituierte angemessen verstehen lässt. Bezogen auf den geldhistorischen Einwand bedeutet dies, dass Geld zwar als gewohnheitsmäßiges Tauschmittel durchaus der staatlichen Gewährleistung entbehren kann. Aber erst seine rechtlich bestimmte Form und die staatliche Gewährleistung seiner Geltung im Sinne einer Monopolisierung der Definitionsmacht und der Institutionalisierung des Annahmezwangs führt zu einer *Geldordnung,* und erst die staatliche Gewährleistung grenzüberschreitender monetärer Transaktionen ermöglicht die Entstehung einer *Währungsordnung,* was die Voraussetzung eines weltweit ausdifferenzierten Wirtschaftssystems ist.

Die Ausblendung des politischen Aspektes jeglicher Währungsordnung erscheint heute, im Zeitalter der sogenannten Globalisierung, sowohl besonders naheliegend als auch besonders verhängnisvoll. Naheliegend, weil die in den letzten Jahrzehnten entstandenen transnationalen Finanz- und Devisenmärkte den Eindruck einer Überlegenheit der Kontrollfähigkeit des Marktes über die Steuerungsfähigkeit des Staates erwecken. Verhängnisvoll, weil gerade die neuen transnationalen Entwicklungen die politischen Stabilisierungsleistungen in besonderer Weise voraussetzen und von ihnen auf parasitäre Weise profitieren. Die sich hier abzeichnende *Asymmetrie* zwischen Ökonomie und Politik lässt politische und soziale Spannungen erwarten, die in der ökonomischen Perspektive keinen systematischen Platz finden, sondern allenfalls als diffuse Kostenfaktoren zu Buche schlagen.

Die jüngsten internationalen Entwicklungen weisen durchaus gewisse Parallelen zur Sprengung der Feudalordnung durch die Entfaltung des kapitalistischen Systems industrieller Produktion und zur daraus resultierenden „sozialen Frage" auf. Aber die Geschichte wiederholt sich nicht, und so sei auf Analogieargumente verzichtet. Offenkundig sind die vergleichbare Expansion interdependenter Wirtschaftsräume und der vergleichbare Wegfall von die Interdependenz unterbrechenden politischen

Grenzen. Während jedoch die Bildung der Nationalstaaten mit dem Anspruch erfolgte, durch die Schaffung äußerer Grenzen die bisherigen inneren Grenzen überflüssig zu machen, also neue, umfassendere Räume eines gemeinsamen historischen Schicksals und Institutionen einer gemeinsamen politischen Bewältigung dieses Schicksals zu konstituieren, scheint zum mindesten die *Form des Staates* ungeeignet, mit der heutigen, tendenziell weltweiten ökonomischen Interdependenz politisch Schritt zu halten. Wir stehen hier vor offenen Fragen, die im Folgenden nur in einer ganz bestimmten Hinsicht, nämlich bezüglich der Auffassungen über das Geld, präzisiert werden sollen.

14.2   Die These vom neutralen Geld

Den Ausgangspunkt dieser Überlegungen bildet die in der ökonomischen Geldtheorie verbreitete *Denkfigur des neutralen Geldes*. Ausdrücklich erscheint der Begriff soweit ersichtlich zuerst bei von Hayek (1933) und wird auch von ihm bereits in wünschenswerter Weise spezifiziert. Das Konzept soll „als Instrument der theoretischen Analyse dienen und sollte keineswegs *in erster Linie* eine währungspolitische Norm bilden. Der Zweck war, die aktiv vom Gelde auf den Wirtschaftsablauf ausgeübten Einwirkungen zu isolieren und die Bedingungen festzustellen, unter denen es *vorstellbar* ist, daß ... die relativen Preise von keinen anderen als den ... „realen" Bestimmungsgründen beeinflußt werden." (Hayek 1933: 659) Neutral ist das Geld somit insofern, als es im Rahmen einer marktwirtschaftlich organisierten Verkehrswirtschaft lediglich als Zahlungs- und Tauschmittel zur Erleichterung der güterwirtschaftlichen Transaktionen fungiert, ohne dass von seinem Gebrauch Anreize zu Allokationsentscheidungen ausgehen, die von den realwirtschaftlichen Kostenstrukturen und Gewinnchancen abweichen. Für Hayek ist die These vom neutralen Geld weder eine Tatsachenbehauptung, noch ein politisches Postulat sondern eine Annahme, welche die Schlüssigkeit ökonomischer Analysen zu erhöhen geeignet ist.

Die Neutralität des Geldes hatte die klassische ökonomische Theorie *als selbstverständlich* vorausgesetzt. Der Geldgebrauch ermöglicht hier lediglich die Kalkulierbarkeit von Preisen und die Verselbständigung der Warenzirkulation, also die Trennung von Produktion und Handel. Auch noch in der von Léon Walras formulierten Theorie interdependenter Marktgleichgewichte wurde dem Geld zwar ein eigener zinsgesteuerter Marktsektor zugewiesen, doch fungierte es hier selbst wie eine Ware, deren Preis sich aus grenznutzentheoretischen Überlegungen ergibt;

es ist voll in die komplexen Interdependenzen der Tauschprozesse einbezogen und hat keinen ihnen exogenen Status.

Diese Vorstellung war unter den Bedingungen eines verallgemeinerten Goldstandards, wie er für die Wirtschaftsbeziehungen um die Wende zum 20. Jahrhundert charakteristisch war, auch einigermaßen realistisch. Gold (oder im Falle des Bimetallismus auch Silber) hat einen intrinsischen Wert, der durch das Hinzutreten einer staatlichen Zentralbank nicht geschaffen, sondern lediglich als Münzgeld standardisiert und hinsichtlich seiner Eigenschaften gewährleistet wird. Das Aufkommen der Banknoten und ihre Einlösungspflicht lockerten diesen Zusammenhang, ohne ihn aufzuheben. Die Vorstellung eines neutralen Geldes, d. h. einer weitgehenden Unabhängigkeit der Güterallokation und -distribution von der Geldmenge und der langfristigen Stabilität des Geldwertes, entsprach dementsprechend in etwa auch den damals gegebenen institutionellen Bedingungen.

Auch die zuerst von Irving Fisher auf der Basis vorklassischer Einsichten formulierte Quantitätsgleichung ist mit dem Postulat neutralen Geldes vereinbar, sofern man sie als eine Definitionsgleichung der Umlaufgeschwindigkeit versteht: Die Gesamtheit der mit Marktpreisen bewerteten Gütertransaktionen entspricht ihr zufolge dem Produkt von Geldmenge mal Umlaufgeschwindigkeit. Dies folgt genau den klassischen Prämissen: Die zirkulierende Geldmenge ist vom Umfang der Gütertransaktionen abhängig, und nicht umgekehrt. Allerdings entspricht dies nicht den Entdeckungsbedingungen der Quantitätstheorie, der es vielmehr darum ging, Preisschwankungen, insbesondere Inflationen, durch eine Vermehrung der Geldmenge zu erklären – sei es infolge von Münzverschlechterungen, sei es infolge von größeren Goldfunden. Die Quantitätstheorie, welche nicht von den Tauschprozessen auf Märkten, sondern vom Verhältnis der Gesamtmenge der Güter zur Gesamtmenge der Kaufkraft her denkt, stellt denn auch den Ausgangspunkt der kreislauftheoretischen Deutung der wirtschaftlichen Zusammenhänge durch Keynes dar, welche zu einer *Theorie des nicht neutralen Geldes* führt (Riese 1985). Sie trägt wesentlich mehr zum Verständnis der geldpolitischen Zusammenhänge seit dem Ersten Weltkrieg bei (siehe 14.4).

14.3 Vom Goldstandard zu transnationalen Devisenmärkten

Der für die Entstehung der ökonomischen Theorie paradigmatische Goldstandard wurde von der Bank of England ab 1774 praktiziert, jedoch erst auf der Pariser Währungskonferenz von 1867 als Grundlage des internationalen Währungssystems beschlossen; und es dauerte bis zum Jahrhundertende, bis sich der Goldstandard allgemein durchgesetzt hatte. Mit Ausbruch des Ersten Weltkriegs suspendierten alle kriegführenden Staaten die Pflicht zur Goldeinlösung und unterwarfen den Goldtransfer staatlichen Kontrollen. *Das „Goldene Zeitalter" eines der ökonomischen Theorie entsprechenden internationalen Währungssystems dauerte somit wenig mehr als ein Vierteljahrhundert!* „Offiziell waren die einzelnen Staaten bemüht, für ihre nationale Währung den Schein einer Goldwährung zu wahren .... Faktisch ging man überall vom Goldstandard zum Papierstandard über, der die währungspolitische Grundlage der Kriegsfinanzierung war" (Hardach 1989:153). Damit war faktisch das internationale Währungssystem zusammengebrochen, es gab nunmehr nur noch nationale Geldordnungen. Die Versuche einer Wiederherstellung der internationalen Währungsordnung auf der Basis des Goldstandards nach dem Ersten Weltkrieg waren nicht von Erfolg gekrönt, und zwar nicht zuletzt deshalb, weil man die Währungsrelationen zum Gold gemäß den Vorkriegsparitäten festlegte. Offensichtlich wurden die Zusammenhänge zwischen der Wirtschaftskraft eines Landes und dem Wert seiner Währung noch nicht durchschaut.

Der endgültige Zusammenbruch des Goldstandards im Jahre 1931 vertiefte die Weltwirtschaftskrise nachhaltig. Die Wiederherstellung eines funktionsfähigen internationalen Währungssystems als Grundlage einer Liberalisierung des internationalen Handels stand deshalb weit oben auf der Tagesordnung der Alliierten, als sie im Anschluss an die Atlantikcharta von 1941 (siehe 8.2.2) die Grundzüge einer Nachkriegsordnung ausarbeiteten. Bereits 1944 wurde im *Abkommen von Bretton Woods* erneut ein System fester Wechselkurse vereinbart, das sich am amerikanischen Dollar als Leitwährung orientierte, der allein in Gold konvertibel blieb. Ein *Internationaler Währungsfonds* sollte dazu beitragen, Ungleichgewichte der Zahlungsbilanzen zwischen den Staaten auszugleichen und damit die binnenwirtschaftlichen Konsequenzen der internationalen Währungsdisziplinierung zu mildern.

Dieses System führte in der Konsequenz zu einer zunehmenden Verschuldung der USA gegenüber den wieder erstarkten europäischen Volkswirtschaften und gegenüber Japan, also zu einem durch die zunehmende Überbewertung des Dollars wachsenden strukturellen Ungleichgewicht, das schließlich auch die USA zwang, die Einlösung ihrer Dollarschulden in Gold zu verweigern und ihre Währung abzuwerten (1971). Versuche, durch eine Neufestsetzung der Wechselkurse die Stabilität des Währungsgefüges wieder herzustellen, scheiterten 1973 endgültig: Im Gefolge der Bank of England gingen die meisten Industrieländer dazu über, ihre Währung gegenüber dem Dollar frei schwanken zu lassen (Plümper 1996: 159 ff). Damit mutierte das internationale Währungssystem zu einer „Marktordnung" von auf Devisenmärkten frei ausgehandelten Währungsparitäten. Hieran hat sich bis heute nichts Grundsätzliches geändert, doch hatte diese Mutation weitere Deregulierungen, insbesondere die Liberalisierung der Finanzmärkte zur Folge, auf die zurückzukommen sein wird.

Vergleichen wir das nunmehr etablierte internationale Währungssystem mit dem Goldstandard, so fallen Gemeinsamkeiten und Unterschiede ins Auge: *Gemeinsam* ist beiden Währungssystemen, dass sie nationale Wirtschaftspolitiken quasi automatisch wirkenden Sanktionen unterwerfen. Im Falle der Goldwährung bewirkt der Abfluss von Goldreserven, im Falle frei schwankender Wechselkurse der Verfall des Außenwertes einer Währung eine Reduktion der Importfähigkeit eines Landes, wenn es mittels einer expansiven staatlichen Wirtschaftspolitik Beschäftigung und Wohlfahrt über das auf marktwirtschaftlichem Wege zu erreichende Niveau hinaustreiben will. Ferner gibt es keine währungspolitische Souveränität. Während sie unter den Bedingungen des Goldstandards sozusagen definitionsgemäß fehlt, weil eine feste Parität zum Gold vorausgesetzt wird, bleibt unter den Bedingungen freien Kapitalverkehrs die Möglichkeit direkter einzelstaatlicher Einflußnahmen auf den Wert der eigenen Währung sehr beschränkt. Die mittlerweile erreichten Umsatzvolumina auf den internationalen Devisenmärkten lassen sich durch Interventionen der Notenbanken nur solange beeinflussen, als keine eindeutigen Mehrheitsmeinungen zur Über- oder Unterbewertung einer Währung herrschen. Über die Abhängigkeit vom Außenwert ihrer Währung werden Volkswirtschaften nach Maßgabe ihrer Außenhandelsverflechtung auch hinsichtlich der Optionen ihrer internen Wirtschaftspolitik stark beschränkt. Insbesondere sind die Möglichkeiten zur Vollbeschäftigungspolitik mittels Staatsverschuldung, welche die wohlfahrtsstaatliche Expansion in vielen Ländern begleitet hat, drastisch zurückgegangen.

Unterschiedlich sind die Systeme vor allem hinsichtlich ihrer Geldverfassung. Während unter der Ägide des Goldstandards dem Giralgeld (einschließlich der vielfach nicht annahmepflichtigen Banknoten) nur eine untergeordnete und durch Deckungsvorschriften eindeutig beschränkte Rolle zukam, spielt in der heutigen Geldverfassung das Bargeld (zu dem nun auch die Banknoten gehören) eine im Vergleich zu den neuen „immateriellen" Geldformen immer bescheidenere Rolle. Die Transportkosten des weltweiten Geldverkehrs tendieren dank der elektronischen Medien gegen null, und entsprechend sinken die Transaktionskosten. Gleichzeitig entkoppelt sich die Finanzwirtschaft immer stärker von der Warenwirtschaft (Binswanger, M. 1994; Menzel 1995). Die bis dahin in Segmente getrennten Finanzmärkte (z.B. Kreditmarkt, Hypothekenmarkt, Wertschriftenmarkt, Versicherungsmarkt) wachsen zusammen, indem immer mehr „Finanzdienstleister" Leistungen auf allen Märkten „aus einer Hand" anbieten. Auch die Finanz- und Devisenmärkte nähern sich einander an: Finanzoperationen können wahlweise in unterschiedlichen Währungen abgewickelt werden. Es entsteht eine neue, von den materiellen Gütertransaktionen weitgehend unabhängige *immaterielle Wirtschaft der Finanzdienstleistungen*, welche einen wachsenden Anteil der verfügbaren Geldmittel bindet (Heri 1989: Kamppeter 1990; Guttmann 1996). „Wir [erleben] dramatische Veränderungen im Zusammenspiel von Geld, Kredit und wirtschaftlicher Aktivität, zum Nachteil von Beschäftigung und Wachstum. Die wichtigsten Kräfte hinter diesem Prozeß [sind die] Deregulierung des Geldes, hohe Zinssätze als neuer Regulationsmechanismus und die Transformation von Bankkrediten in börsenfähige Wertpapiere" (Guttmann 1996: 172).

14.4   Zins und Liquiditätspräferenz

Diese sehr knappe Skizze der geld*politischen* Entwicklungen wurde vorausgeschickt, um dem Verständnis der geld*theoretischen* Entwicklungen mehr Tiefenschärfe zu geben. Dass Geld etwas anderes als ein tauschbares Gut mit besonderen Zirkulationseigenschaften ist, wurde zuerst von Schumpeter herausgearbeitet, indem er zeigte, dass unter den Bedingungen eines statischen Gleichgewichts, wie es von der Klassik und auch von Walras vorausgesetzt wurde, ein Geldzins überhaupt nicht auftritt. Unter Bezugnahme auf die Kapitaltheorie Böhm-Bawerks verdeutlichte er, dass nur in einer dynamischen, wachsenden Wirtschaft der Kredit zu einem *unumgänglichen* Mittel zur „Schaffung neuer Industrien, neuer Organisationsformen, neuer Techniken, neuer Genußgüter" wird und die Zahlung von Zinsen rechtfertigt (Schumpeter 1908: 417). Die Institutionalisierung des Kreditwesens als systematisches Moment einer wachsenden Wirtschaft schafft jedoch einen zusätzlichen Geldbedarf, welcher durch die Entwicklung *unbarer Geldformen* (Wechsel, Banknoten u.ä.) gedeckt wird. „In der Entwicklung und im Kredite also liegt die Quelle des Zinsphänomens, dort ist seine Erklärung zu suchen." (Schumpeter 1908: 420) Die Analyse Schumpeters macht somit verständlich, weshalb unter den halbwegs stationären Wirtschaftsbedingungen agrarischer Gesellschaften das vielfach religiös, bei Aristoteles aber auch funktional begründete *Zinsverbot* durchaus ordnungskonform war. Die im Hochmittelalter einsetzende dynamische Wirtschaftsentwicklung brachte dann nicht nur erste Formen der Kreditwirtschaft, sondern im Rahmen der scholastischen Erörterungen auch erste Differenzierungen des Zinsverbotes, welche die neue Praxis unter Beibehaltung des Wucherverbotes legitimierten (Le Goff 1986: 78 ff). Offensichtlich *wandelt sich somit der Charakter des Geldes im Zuge des Übergangs zu einer neuen Wirtschaftsform*. Das Aufkommen neuer Geldformen ist nicht einfach eine Erweiterung der Geldmenge, sondern

Ausdruck eines tiefgreifenden Strukturwandels der Wirtschaft, welcher auch eine Revision des analytischen Instrumentariums erfordert. In dieser Perspektive wird erst die bahnbrechende Leistung von *John Maynard Keynes* deutlich. Seine Geldtheorie geht nicht vom Goldstandard, sondern von einer Giral- und Papiergeldwährung aus, nimmt also den erst nach dem Zusammenbruch des internationalen Währungssystems von Bretton Woods erreichten Systemzustand sozusagen vorweg. Dieser neue Zustand des internationalen Währungssystems markiert gleichzeitig *die Emergenz einer interdependenten Weltwirtschaft.* Sie verlangt – so meine Vermutung – auch nach einer Revision des analytischen Instrumentariums der Wirtschaftswissenschaften.

Die entscheidenden Differenzen der Keynes'schen Geldtheorie zur skizzierten Theorie des neutralen Geldes lassen sich knapp wie folgt zusammenfassen:

a. Geld ist kein passives, neutrales Tauschmedium, sondern ein aktiver Faktor des Wirtschaftsprozesses. „The theory which I desiderate would deal ... with an economy in which money plays a part of its own and affects motives and decisions and is, in short, one of the operative factors in the situation, so that the course of events cannot be predicted either in the long period or in the short, without a knowledge of the behavior of money between the first state and the last."[1]
b. Diese aktive Eigenschaft verdankt das Geld seiner es von Waren aller Art unterscheidenden *Liquidität.* Keynes betont somit nicht nur die auch der Klassik bekannte Wertaufbewahrungsfunktion des Geldes, die es ja mit anderen dauerhaften Gütern teilt, sondern seine jederzeitige Verfügbarkeit und die daraus resultierende Erweiterung der Handlungsfähigkeit der Wirtschaftssubjekte angesichts einer ungewissen Zukunft. Allerdings ist diese Liquidität keine notwendige Eigenschaft des Geldes; der Verfügungsberechtigte kann auf sie verzichten; die Berechtigung des *Zinses* beruht auf eben diesem Verzicht auf die Liquidität des Geldes (Keynes 1994: 139 ff).
c. Die Wertschätzung von Liquidität *(Liquiditätspräferenz)* ist eine von psychologischen und ökonomischen Bedingungen abhängige *Variable.* Neben den alltäglichen Gründen für das Halten von Bargeld (Umsatzmotiv) unterscheidet Keynes das Vorsichts- und das Spekulationsmotiv. Während die Liquiditätspräferenz aus Umsatz- und Vorsichtsgründen vor allem von der Einkommenshöhe abhängig erscheint, orientiert sich das Spekulationsmotiv an der „Beziehung zwischen dem laufenden Zinsfuß und dem Zustand der Erwartung" (Keynes 1994/1936: 187). Die „*Ungewißheit* über den zukünftigen Verlauf des Zinsfußes

---

1   J.M. Keynes, Collected Writings, Bd. 13, S. 408 f., zitiert nach Hein (1997: 72).

[ist] die einzige verständliche Erklärung der Art der Vorliebe für Liquidität"
dieser Art (Keynes 1994/1936: 169).

d. Nachfragewirksam wird somit nicht der gesamte Bestand verfügbarer Kaufkraft,
sondern nur derjenige Teil, der entweder aufgrund der gegebenen *Konsumnei-*
gung oder der vom Verhältnis zwischen der Grenzleistungsfähigkeit bestimmter
Kapitalgüter und den herrschenden Zinssätzen abhängigen *Investitionsneigung*
sich in *effektive Nachfrage* transformiert (Hein 1997: 97 ff).

e. Damit wird der *Geldzins zur strategischen Variablen,* die zwischen dem nunmehr systematisch zu unterscheidenden Geldkreislauf und dem Güterkreislauf
vermittelt. Dies gilt in einem doppelten Sinne: Zum einen wird der Geldzins zu
einem Faktor für die Gewinnerwartungen der Unternehmer, und zum anderen
wird der Geldzins zum Hebel, mit dessen Hilfe die Zentralbank Einfluss auf das
Wirtschaftsgeschehen nehmen kann.

Soweit die geldtheoretische Seite der Keynes'schen Theorie. Bekanntlich hat jedoch
zunächst der beschäftigungstheoretische Aspekt seiner Theorie mehr Furore gemacht: Aus dem Umstand, dass die wirksame Nachfrage von der „Veranlassung
zur Investition" und diese „vom Schema der Grenzleistungsfähigkeit des Kapitals
und dem Komplex der Zinssätze für Anleihen verschiedener Fälligkeit und Risiken
abhängt", folgt, dass „die wirksame Nachfrage, verbunden mit Vollbeschäftigung,
… ein Sonderfall [ist], der nur verwirklicht wird, wenn der Hang zum Verbrauch
und die Veranlassung zur Investition in einem besonderen Verhältnis zueinander
stehen." (Keynes 1994/1936: 24) Dieser von der Klassik vorausgesetzte Sonderfall
ist jedoch in der Wirklichkeit nur ausnahmsweise gegeben und fehlte in besonders
offenkundiger Weise zur Zeit der Weltwirtschaftskrise, als die „Allgemeine Theorie
der Beschäftigung, des Zinses und des Geldes" erschien. Dies mag zum Erfolg des
Buches beigetragen haben.

Der Nachweis der Möglichkeit allgemeiner Marktungleichgewichte bei „unfreiwil-
liger Arbeitslosigkeit" stellte die „Selbstheilungskräfte" einer sich selbst überlassenen
Marktwirtschaft in Frage und führte in der Folge zur Empfehlung einer staatlichen
Vollbeschäftigungspolitik, welche nicht nur auf die Zinspolitik der Zentralbank,
sondern vor allem auch auf die Substitution privater Investitionen durch staatliche
Investitionen sowie auf eine Umverteilungspolitik zugunsten der ärmeren Schichten
mit höherer Konsumneigung setzte. So wurde der *Keynesianismus* zur passenden
ökonomischen Ideologie der wohlfahrtsstaatlichen Entwicklung. Und eben dagegen
wandte sich der von der University of Chicago ausgehende *Monetarismus.*

Auch Keynesianer gestehen zu, daß „Keynes den inflationstheoretischen Implikationen seiner Geldtheorie kaum Augenmerk gewidmet" hat, weil die Zeitumstände
genau das gegenteilige Problem nahelegten (Riese 1985: 23).Der Monetarismus

dagegen zog seine Plausibilität aus der offenkundigen Inflationstendenz der 1960er und 1970er Jahre in den meisten westlichen Volkswirtschaften, welche im Anschluss an die Ölkrise (1974) mit einem erneuten Anwachsen von Arbeitslosigkeit einherging. Diese positive Korrelation von zunehmender Geldentwertung und steigender Arbeitslosigkeit widersprach den Annahmen des Keynesianismus. Die Monetaristen unter der Führung von Milton Friedman empfahlen, die Inflation seitens der Zentralbank nicht primär durch die Beeinflussung des Zinses, sondern durch die Steuerung der Geldmenge zu bekämpfen und die Beseitigung der Arbeitslosigkeit nicht von staatlichen Maßnahmen, sondern von den „Selbstheilungskräften des Marktes" zu erwarten und daher die Staatsquote zu vermindern. Dies wurde zur passenden ökonomischen Ideologie des Neoliberalismus, welcher im Übrigen durch den Übergang zu einem internationalen System marktlich gesteuerter Währungsrelationen weiteren Auftrieb erhielt.

Die Zeitgemäßheit wissenschaftlicher Politikempfehlungen sollte nicht mit der Frage ihrer analytischen Richtigkeit verwechselt werden. In analytischer Hinsicht hat der Monetarismus stark an Attraktivität verloren, wenn man dem süffisanten Resümee von Streißler (1988) folgen darf. Die Kritik Rieses interessiert in unserem Zusammenhang besonders, da sie die Problematik in der Perspektive der Denkfigur neutralen Geldes abhandelt: „Es zeigt sich, daß die Neutralitätsbedingung der [seil. monetaristischen] Quantitätstheorie den Marktprozeß zwischen Geldangebot und Geldnachfrage zerschneidet. ... Keineswegs der Realkasseneffekt, sondern allein ein Nominalzins von Null bzw. eine mit dem Nominalzins verzinste Geldhaltung [vermag] die Geldneutralität zu begründen ... Damit wird Keynes' geldtheoretische Position glänzend bestätigt." (Riese 1985: 18)

Der Monetarismus war die passende ökonomische Ideologie allerdings nur unter der Prämisse eines internationalen Systems grundsätzlich stabiler Wechselkurse. Mit dem Übergang zu einem Weltwährungssystem flexibler Wechselkurse hat sich die Situation grundsätzlich geändert, weil nunmehr die *Ungewißheit* des zukünftigen Werts einer bestimmten Währung stark zugenommen hat. Damit verstärkt sich sowohl das Vorsichtsmotiv als auch das Spekulationsmotiv der Keynes'schen Erklärung von Liquiditätspräferenz in nachhaltiger Weise. Die zunehmende *Volatilität der Währungen* wird denn auch als ein Hauptgrund für die Expansion und Verselbständigung der Finanz- und Devisenmärkte genannt (Heri 1989: 22). Das legt den Schluss nahe, dass die Keynes'sche Sicht der Dinge, insbesondere sein Konzept der variablen *Liquiditätspräferenz*, zur Erklärung der gegenwärtig zu beobachtenden Verhaltensänderungen im Bereich der Kapitalanlagen besonders erklärungskräftig ist. Tatsächlich dient ein immer geringerer Teil der Transaktionen auf den Devisenmärkten der Absicherung von güterwirtschaftlichen Geschäften. Auch auf den Finanzmärkten und im Bankengeschäft geht der Anteil der investitionsbezogenen Transaktionen zurück. Und selbst Industriefirmen scheinen einen wachsenden Anteil ihrer Gewinne aus finanziellen Transaktionen und nur mehr einen sinkenden Anteil aus dem Verkauf ihrer Produkte zu erwirtschaften, und hierzu trägt die Leichtigkeit, mit der heute Kapitaleinkünfte einer Besteuerung entzogen werden können, nachhaltig bei. Die Haltung liquider Kapitalformen anstelle ihrer langfristigen investiven Festlegung entspricht damit nicht nur dem Vorsichtsmotiv und dem Spekulationsmotiv, sondern rationaler Gewinnkalkulation: Anscheinend lohnen sich finanzielle Engagements auf Finanzmärkten mehr als auf Gütermärkten: *Spekulieren erscheint als lukrativer denn Investieren.*

Für diesen Sachverhalt fehlt es bisher an brauchbaren ökonomischen Erklärungen. Marktgläubige mögen darauf verweisen, dass es sich hier nur um temporäre Differenzen handeln könne, die Entwicklung der Finanzmärkte lasse sich nicht dauerhaft von derjenigen der Gütermärkte abkoppeln. Staatsgläubige mögen auf das Fehlen staatlicher Regulierungen verweisen und für eine einzelstaatliche oder konzertierte Devisenumsatzsteuer plädieren. Fraglich erscheint, ob das gegenwärtige monetäre Regime eines auf wenigen nationalen Währungen beruhenden Weltgeldes den wirtschaftlichen Gegebenheiten eines staatenlos gewordenen Giralgeldes auf die Dauer gerecht werden kann (Guttmann 1996: 187). Wir müssen unsere Überlegungen an dieser Stelle mit dem Hinweis abbrechen, dass gemäß der Keynes'schen Theorie die gesteigerte Liquiditätspräferenz eine wesentliche Ursache der allenthalben zu beobachtenden hohen Arbeitslosigkeit darstellt. Die tendenzielle Entkoppelung von Waren- und Finanzmärkten erscheint damit als ein zentrales Problem unserer gegenwärtigen Lage.

14.5   Soziologische Perspektiven bezüglich des Geldes

Die ökonomischen Geldtheorien betrachten das Geld unter dem Gesichtspunkt seiner Tauschfunktion, seiner Zahlungsfunktion und seiner Wertaufbewahrungsfunktion; dieser Katalog ist allgemein verbreitet. Gemeinsam ist diesen Funktionsbestimmungen, dass sie von den Leistungen des Geldes *für die einzelnen Wirtschaftssubjekte* ausgehen. Diesem *handlungstheoretischen* Ansatz folgt selbst die Theorie von Keynes, welche im Unterschied zur klassischen Theorie den Geldgebrauch als entscheidungsrelevante Variable des ökonomischen Handelns postuliert. Dem Monetarismus dagegen geht es gerade darum, Bedingungen ausfindig zu machen und zu schaffen, unter denen die nicht mehr naturwüchsig vorausgesetzte Neutralität des Geldes für die wirtschaftlichen Entscheidungen wieder hergestellt wird. Die *soziologischen Geldtheorien* verfolgen andere Erkenntnisinteressen. Sieht man von Karl Marx ab, bei dem wir je nach Schaffensphase einen Steinbruch sowohl ökonomischer als auch soziologischer Argumente zur Geldkritik finden, so beginnt die soziologische Beschäftigung mit dem Geld mit Georg Simmels großer „Philosophie des Geldes" (1900). Ihr zentrales Thema ist der Zusammenhang zwischen der Ausbreitung der Geldwirtschaft und der Kultur- und Gesellschaftsentwicklung. Die Verbreitung des Geldes erscheint als wesentlicher Auslöser gesellschaftlicher Wachstums- und Differenzierungsprozesse, menschlicher Individualisierungsprozesse und der Ausbreitung des moralischen Relativismus, ja einer allgemeinen Rationalisierung und Anonymisierung der Kultur.[2] Das Geld verändert die sozialen Wechselwirkungen der Beziehungen unter den Menschen im Sinne einer Auflösung substantieller Bindungen an Personen, Räume und Dinge und bringt sie in die neue Richtung einer fortgesetzten Komplexitätssteigerung. Simmel sieht bereits die „Doppelrolle des Geldes" als „Weltformel des Relativismus in der ökonomischen Wirklichkeit" und als „Zeichen des (relativen) Tauschwertes" einerseits und als „das ‚Geltende' schlechthin", d. h. „der Wert, an dem die anderen Werte gemessen werden" (Flotow 1995: 155).

In *handlungstheoretischer* Perspektive betont die soziologische Betrachtung des Geldes die Erweiterung der Handlungsmöglichkeiten und der Entscheidungshorizonte, seine alltägliche Wirksamkeit als Motivator von Lernprozessen, in *strukturtheoretischer* Hinsicht die strukturstabilisierenden Folgen seiner ungleichen Verteilung: „Jeder, der ‚besser' leben will, muß intensiver mit dem Geld leben und sich auf jene Welt und Gesellschaft einstellen, die den Geldgebrauch ermöglichen und erzwingen. Geld vermittelt Macht und Einfluß, Sicherheit und Unabhängigkeit; Abhängigkeit, Unsicherheit und Bedeutungslosigkeit können die Folgen sein, wenn wir es nicht besitzen" (Heinemann 1987: 322; vgl. auch Buß 1985: 85 ff). Insgesamt spielt jedoch die Beschäftigung mit dem Geld in der Wirtschaftssoziologie nur eine untergeordnete Rolle (Kaufmann 1982), ja die Rede von einer soziologischen Geldtheorie ist schlichte Angeberei; es handelt sich um meist nur locker verbundene Einzelaussagen oder wenig ausgearbeitete Heuristiken.

Eine Ausnahme macht die Gesellschaftstheorie Niklas Luhmanns. Zwar können wir auch hier nicht von einer Geldtheorie sprechen, doch findet das Geld zum mindesten seinen bestimmten Ort im Rahmen eines durchgearbeiteten System- und Argumentationszusammenhangs (Luhmann 1973b; 1996). Hierauf aufbauend hat einer seiner Schüler eine soziologische Theorie der Marktwirtschaft entworfen

---

2 Vgl. Kintzele & Schneider 1993; Rammstedt 1994.- Eine vertiefende Darstellung der fundamentalen Wahrnehmungsveränderungen als Folge von Zeitmessung und Geldgebrauch gibt Burckhardt 1997: 75 ff.

(Baecker 1988), welche gleichzeitig die wachsende Bedeutung des Finanzsektors zu erklären vermag (Baecker 1991). Im Folgenden können nur in grober Zusammenfassung einige hier einschlägige Überlegungen referiert werden.

14.6   Geld – gesellschaftstheoretisch

Luhmanns Gesellschaftstheorie ist eine Theorie der *modernen* Gesellschaft, welche sich unter den spezifischen Voraussetzungen der europäischen Geschichte seit dem Hochmittelalter allmählich entwickelt hat. Als Theorie geht es ihr darum, in systematischer Abgrenzung zu den früheren Sozialzuständen angemessenen „alteuropäischen" Theorien das spezifisch Neue der Entwicklung in seinen Implikationen begreifbar zu machen. Sehr verkürzt gesagt, besteht dieses Neue: (1) in *sachlicher* Hinsicht in einer thematischen Differenzierung und *funktionalen Verselbständigung gesellschaftlicher Teilsysteme,* (2) in *sozialer* Hinsicht in einer Tendenz zur fortgesetzten Ausweitung und Intensivierung der räumlich-sozialen Interdependenzen bis hin zur *Entstehung einer Weltgesellschaft,* (3) in *zeitlicher* Hinsicht im Verlust bestimmter Zeithorizonte und ihrer Ersetzung durch das *Bewusstsein einer offenen Zukunft,* in der alles anders sein kann als in der Vergangenheit. Diese drei Momente sind für unser Thema von unmittelbarer Bedeutung.

a. Wirtschaft wird erst im Zuge der Modernisierung zu einem selbständigen, sich selbst steuernden Funktionszusammenhang im Sinne des analytischen Gegenstandes der Wirtschaftswissenschaften. Diese haben sich selbst im Zuge der Ausdifferenzierung der ökonomischen Beziehungen als Reflexions- und Legitimationswissenschaften dieses Verselbständigungsprozesses gebildet. Entscheidend für diesen Prozess funktionaler Ausdifferenzierung wird die Verbreitung des routinisierten Geldgebrauchs und die Spezifikation ökonomischer Sachverhalte. „Diese Universalisierung des Geldes erfordert ihrerseits im Kontext funktionaler Differenzierung die Ausklammerung von extern funktionalen, nicht ökonomisierbaren Relevanzen – sehr im Unterschied zu Gesellschaften mit nicht voll ausdifferenzierter Ökonomie, wo man für Geld so gut wie alles kaufen kann: auch Freunde und Frauen, auch Seelenheil und politischen Einfluß und sogar Staaten, auch Steuereinnahmen, Kanzleitaxen, Adelstitel usw." (Luhmann 1996: 239). Dabei entsteht ein enger *kultureller* Verweisungszusammenhang zwischen Geld, Knappheit und Ökonomie: Die ökonomische Perspektive betrachtet die Welt ausschließlich unter dem Gesichtspunkt der optimalen Nutzung von Knappheiten, und eben dies setzt die Verfügbarkeit von Geld als Vergleichsmaßstab und Recheneinheit, als generalisiertes Tausch- und Zahlungsmittel voraus. Die *systemische Verselbständigung* der Wirtschaft wird nur möglich dank der Institutionalisierung von *Geld als generalisiertem symbolischem Kommunikationsmedium,* ja die Sphäre des Wirtschaftlichen wird durch die Existenz und Inanspruchnahme dieser spezialisierten Kommunikationsform (z.B. als Preise, Zahlungen, Kredite usw.) überhaupt erst konstituiert. „Man muß rechnen, sobald man rechnen kann. Kommunikationen im Wirtschaftssystem, davon kann man ausgehen, orientieren sich an Preisen. Und Preise werden nicht nur in Geldeinheiten formuliert, sondern auch in Geldeinheiten beglichen. Das Medium dieser Kommunikationen ist das Geld. Die Elemente (Ereignisse), Operationen und Architekturen des Wirtschaftssystems sind im Anschluß an diese Feststellung zu identifizieren." (Baecker 1988: 97) Daraus folgt, dass dem Geld eine *systemkonstituierende Bedeutung* für die Wirtschaft zukommt.

b. Für die „alteuropäische" Gesellschaftstheorie und die ihr korrespondierende Wirklichkeit war die Existenz politisch begrenzter sozialer Räume charakteristisch. Das Gesellschaftskonzept orientierte sich im Gefolge der aristotelischen Theorie der Polis am Gedanken der Autarkie, bis hin zu Talcot Parsons, in Auseinandersetzung mit dessen Theorie Luhmann seine eigene Gesellschaftstheorie entwickelt hat. Im Gegensatz hierzu bestimmt letzterer die *bürgerliche Gesellschaft* durch die Institutionalisierung des Geldes als universellem Maßstab für Knappheit, „mit der Folge, daß die Knappheitsorientierung eine Stufe höherer Generalisierbarkeit und die Gesellschaft eine Stufe höherer Komplexität und Kontingenz erreicht und der funktionale Primat vom Teilsystem Politik auf das Teilsystem Wirtschaft übergeht." (Luhmann 1973b: 192) Den Wirtschaftsbeziehungen ist jedoch eine expansive Tendenz immanent, und in dem Maße, als sie die gesellschaftliche Entwicklung prägen, ist mit einer im Prinzip grenzenlosen Ausdehnung der interdependenten Räume zu rechnen: Wirtschaftsbeziehungen orientieren sich nicht an Grenzen, sondern an vorteilhaften Tauschmöglichkeiten. Diese keineswegs auf die moderne Form einer systemischen Marktwirtschaft begrenzte Ausdehnungstendenz wurde im Falle Europas durch den christlichen Missionsgedanken und den aufklärerischen Universalismus ideell und durch die technologischen Innovationen des Verkehrswesens materiell unterstützt. Der expansive Charakter des europäischen Kapitalismus erscheint als das synergetische Ergebnis von kulturellen, technischen und ökonomischen Tendenzen. Was derzeit vor allem unter dem Schlagwort *Globalisierung* diskutiert wird, steht somit in einer historischen Kontinuität der europäischen Modernisierungstendenzen, und man wird die zunehmende Entkoppelung von Güterwirtschaft und Finanzwirtschaft als eine weitere Etappe funktionaler Differenzierung auffassen dürfen (Kaufmann 1998).

c. Während die „alteuropäische" Gesellschaftstheorie in Ordnungskategorien dachte, welche stets einen geschlossenen Zeithorizont implizieren, impliziert der kulturelle Komplex der Modernität die *Legitimität fortgesetzten Wandels* (Kaufmann 1989a: 35 ff). Luhmann thematisiert diesen Sachverhalt als *zunehmendes Kontingenzbewusstsein*, dem seine Theorie selbst systematischen Ausdruck gibt. Die durch die wechselseitige Herausforderung der funktional ausdifferenzierten gesellschaftlichen Teilsysteme sich fortwährend steigernde gesellschaftliche Komplexität führt zu einer wachsenden Intransparenz der Zusammenhänge und damit zu einer *Ungewissheit der Zukunft*, welche zunehmend auch im alltäglichen Bewusstsein und Verhalten ihren Niederschlag findet, insbesondere als *wachsende Zurückhaltung gegenüber langfristigen Bindungen*.

Im Umgang mit Ungewissheit hat Geld einen besonderen Vorteil: „Geld ermöglicht es, Entscheidungen zu vertagen im Hinblick auf andere Situationen, andere Partner, andere Bedingungen, andere Bedürfnisse; und es stellt zugleich sicher, daß es verfügbar bleibt." (Luhmann 1996: 253) Dies ist der tiefere Grund für die von Keynes thematisierte *Liquiditätspräferenz*: „Liquide Mittel sind ... eine kritische Teilmenge des Geldmechanismus, die diesem die Möglichkeit gibt, als Potential schon zu wirken, das heißt: Zukunft zu haben. So weit gefaßt, wird Geld zum Potentialbegriff der Wirtschaft, zum Ausdruck der Gegenwart ihrer Zukunft" (Luhmann 1973b: 200). Das Halten von Liquidität wird somit angesichts wachsender Ungewissheit der Zukunft rationaler – und dringlicher, sofern man erspartes Geld übrig hat!

Allerdings entgeht auch das Geld nicht der Infragestellung durch eine ungewisse Zukunft, und es ist für seinen Gebrauch charakteristisch, dass er mit *Risiken* verbunden ist.[3] Ganz generell gilt für wirtschaftliche Prozesse, dass sie mit der Überbrückung von Zeitdifferenzen – z.B. zwischen Auftrag und Lieferung, zwischen Lieferung und Zahlung – zu tun haben. Dabei ist *Liquidität* in spezifischer Weise involviert, weil erst sie die Überbrückung derartiger Zeitdifferenzen ermöglicht. Hierbei handelt es sich um das Umsatzmotiv in der Keynes'schen Theorie der Liquiditätspräferenz. Mit dieser Zeitdifferenz ist jedoch gleichzeitig das Unbestimmtheitsverhältnis von Gegenwart und Zukunft verbunden: Was im Zeitpunkt der Entscheidung über eine Gelddisposition erwartet wurde, braucht im Augenblick, wo die Disposition ihre Wirkungen zeitigt, nicht mehr zuzutreffen.

---

3   Die Unterscheidung von Risiko und Gefahr ist bei Luhmann kategorial: Wird ein etwaiger zukünftiger Schaden einer eigenen Entscheidung zugerechnet, so spricht er von *Risiko,* wird er externen Umständen zugerechnet, so spricht er von *Gefahr.* Vgl. Luhmann 1991: 30 f. Da der Geldgebrauch stets eigenen Entscheidungen zuzurechnen ist, erscheint die Ungewissheit der Entscheidungsfolgen somit als Risiko und nicht als Gefahr.

Wenn wir nunmehr fragen, worin die spezifische Bedeutung der Finanzdienstleistungen liegt, welche herkömmlicherweise von Banken erbracht werden, so beziehen
sie sich genau auf die Risiken, welche mit *Zahlungsversprechungen* verbunden sind,
also insbesondere auf die Vermittlung von Einlagen (Ersparnissen) und Krediten
(Baecker 1991: 17 und passim). Insofern bedeutet die Ausdifferenzierung des
Bankgewerbes als eigener Wirtschaftszweig eine Steigerung der Fähigkeit von Wirtschaftsunternehmen, mit den Unwägbarkeiten von Zukunft umzugehen, somit eine
analoge Leistung zum Versicherungsgewerbe, jedoch bezogen auf andere Probleme.

Wie wir gesehen haben, geht im Zuge der jüngsten Deregulierung und Internationalisierung der Finanzmärkte die Entwicklung dahin, den Handel mit Guthaben
und Forderungen unterschiedlicher Art und Fristigkeit stärker organisatorisch
zusammenzufassen und die Interdependenz zwischen den verschiedenen Finanzmärkten sowie zwischen den Finanz- und Devisenmärkten zu steigern. Mehr und
mehr sehen die Finanzdienstleister ihre Gewinnchancen gerade im *Management
komplexer Risiken,* welches zudem durch die Entwicklung von immer neuen Fi-
nanzierungsinstrumenten noch variantenreicher und zeitelastischer gemacht wird.
Dabei ist ein Zusammenhang zur wachsenden Volatilität auf den Devisenmärkten
zu vermuten, welche aus der Freigabe der Wechselkurse resultiert. Indem die Währungen der einzelnen Staaten nicht mehr durch feste Wechselkurse aneinander
gekoppelt sind, entstehen bei allen internationalen Transaktionen auf Gütermärkten
Währungsrisiken, und zwar um so größere, je länger die Fristigkeit zwischen den
einzelnen Phasen der Vertragsabwicklung ist. Absicherungen derartiger Waren-
transaktionen sind nicht dem Spekulationsmotiv, sondern dem *Vorsichtsmotiv*
in der Terminologie von Keynes zuzuordnen, doch stimuliert die Volatilität der
Märkte gleichzeitig das *Spekulationsmotiv,* dem angesichts der überproportionalen Steigerung der Finanztransaktionen wohl der größere Erklärungswert für die
gesteigerte Liquiditätspräferenz zuzuschreiben ist.[4]

Wir haben damit eine gewisse Komplementarität der ökonomischen und der
soziologischen Perspektive erreicht, aber damit ist der heuristische Nutzen der
systemtheoretischen Perspektive nicht erschöpft. Entscheidend ist hier die Aussage,
dass Geld ein ausdifferenziertes symbolisches Kommunikationsmedium moderner Gesellschaften darstellt, welches einen spezifischen *Code* bereitstellt, nach
welchem ökonomische von anderen sozialen Kommunikationen unterschieden

---

4 Zwischen 1990 und 1995 stieg die weltweite Produktion um ein Drittel, die Exporte
   vermehrten sich um die Hälfte, die Umsätze auf den Finanzmärkten dagegen stiegen um
   230 % (Informationsdienst der deutschen Wirtschaft (iwd), 2. 1. 1997). Nur geschätzte
   2 % der weltweiten Finanztransaktionen beziehen sich noch auf die Absicherung von
   Warengeschäften und Investitionen (L. E. Kodreß, Devisenmärkte: Struktur und
   Gesamtrisiken, in: Finanzierung und Entwicklung, Dezember 1996, S. 22-25).

werden können. Dieser Code bezieht sich auf die Unterscheidung von *Zahlung und Nicht-Zahlung;* Zahlungen erscheinen als die Letztelemente des Wirtschaftssystems, sie stellen die Fortsetzung seines Operierens, seine „Autopoiesis" sicher. Leistungen, d. h. Güter und Dienste, richten sich an die Umwelt des Wirtschaftssystems, allein die Geldzahlungen verbleiben notwendigerweise innerhalb des Systems: „Geld ist instituierte Selbstreferenz. Geld hat keinen „Eigenwert", es erschöpft seinen Sinn in der Verweisung auf das System, das die Geldverwendung ermöglicht und konditioniert." (Luhmann 1996: 16) Derartige Aussagen mögen aus ökonomischer Sicht als Selbstverständlichkeiten erscheinen, doch der Gesellschaftstheorie geht es gerade darum, diese Sachverhalte ihrer Selbstverständlichkeit zu entkleiden und sie damit als Spezifikum *der Wirtschaft* und nicht etwa der Gesellschaft bzw. anderer ihrer Teilsysteme kenntlich zu machen. Erst dadurch wird deutlich, dass die ökonomische Perspektive *eine Perspektive unter anderen* ist, welche die Dinge in einem *bestimmten* Lichte erscheinen lässt. Zudem widerspricht die These, dass Geld keinen Eigenwert habe, der Keynes'schen Diagnose. Luhmanns These besagt lediglich, dass der Eigenwert des Geldes keine Systemnotwendigkeit, sondern eher ein systemischer Fremdkörper ist.

14.7 Offene Fragen eines transnationalen Systems flexibler Währungen

Betrachten wir das Geldwesen aus der Perspektive eines anderen gesellschaftlichen Teilsystems, nämlich der Politik, so stellen sich im Wesentlichen zwei Fragen: (1) Inwiefern ist die Funktionsfähigkeit des Geldwesens auf bindende Entscheidungen des politischen Systems, also auf Rechtsakte und deren Durchsetzung angewiesen? (2) Inwiefern gehen von einer bestimmten Verfassung oder Funktionsweise des Geldwesens Nebenwirkungen aus, die nach bestimmten, politisch akzeptierten Maßstäben problematisch sind und daher politischen Handlungsbedarf nahelegen?

14.7.1 Die Politikbedürftigkeit des Geldes

Zwar wird unter Ökonomen diskutiert, ob auf ein staatliches Geld ganz verzichtet und die Gewährleistung zirkulierender Kaufkraft ganz der Konkurrenz privater Kreditinstitute überlassen werden könnte (Engels 1996). Aber dies stellt doch nur eine Extremposition dar, welche die Konkurrenz für einen allzuständigen sozialen Problemlösungsmechanismus hält. Die mit dem Vorschlag der Abschaffung einer staatlich gewährleisteten Geldordnung verheißene Sicherheit beruht lediglich auf dem Glauben an die Selbstheilungskräfte des Marktes, d. h. an ein metaphorisch als „Spiegel" bezeichnetes soziales Arrangement, „in dem, wie auch immer verzerrt, die Produzenten ihr eigenes und das Verhalten der Konkurrenten zu beobachten vermögen. Ein solcher ‚Spiegel' leistet die Transformation unbestimmter gesellschaftlicher Komplexität in bestimmbare wirtschaftliche Komplexität. Er relationiert Beobachtungen auf Beobachtungen und schafft damit die Möglichkeit, unter den Bedingungen der Interdependenz zu kalkulieren" (Baecker 1888: 25). Es erscheint jedoch widersinnig, auch die Herstellung des Spiegels unter die Bedingungen der Spiegelung zu setzen. Hier steht erneut der Gedanke des Walras'schen allgemeinen Gleichgewichts Pate, das die Neutralität des Geldes bereits voraussetzt, deren Fraglichkeit doch die gesamte nachfolgende Diskussion dargetan hat.

Realistische Geldtheorien setzen bisher die *staatliche Gewährleistung* des Zahlungsmittels „Geld" voraus, also die Definition des Charakters derjenigen Werteinheiten, welche als Zahlung anzunehmen *jedermann* verpflichtet ist. Da Fälschung und Betrug hier besonders naheliegen und entsprechende Manipulationen einzelner Emittenten umso schwieriger zu entdecken und im Rahmen von Konkurrenzbeziehungen zu beseitigen sind, je umfassender, und d. h. heute auch: internationaler ein *Geldsystem* ist, herrscht ein erhebliches allgemeines Interesse an einem *homogenen, staatlich kontrollierten* Geldsystem. Das historisch entstandene Währungsmonopol des Staates hat somit seine immanente Rationalität, gerät jedoch in dem Maße unter Druck, als Staatsgrenzen keine monetären Interdependenzunterbrecher mehr darstellen. Dies ermöglicht ein Moral-Hazard-Verhalten der Devisenspekulanten, welche mit den Gewährleistungsmaßnahmen der Notenbanken rechnen. Die Entstehung hochgradig interdependenter transnationaler Finanzmärkte für die unterschiedlichsten Formen von Finanzdienstleistungen, deren Zeugen wir gegenwärtig sind, drängt mit Macht auf eine noch stärkere Vereinheitlichung der Währungsstandards, wie sie sich derzeit in der Emergenz weniger weltweiter Leitwährungen vollzieht. Die monetäre Integration Europas findet hierin ihre Berechtigung, doch impliziert sie gleichzeitig eine Vielzahl weiterer politischer und organisatorischer Veränderungen (Eichengreen 1995; Hesse 1996; Duwendag 1997).

Aus soziologischer Sicht entscheidend für die Funktionsweise eines Wirtschaftssystems ist die Existenz eines *verlässlichen* symbolischen Kommunikationsmediums, welches gleichzeitig einfache Vergleiche und Kalkulationen sowie Zahlungen ermöglicht. Dieses Kommunikationsmedium kann sich unterschiedlicher „Sprachen" (Währungen) bedienen, verliert jedoch insoweit an Effizienz, als nicht von eindeutigen Transformationsregeln ausgegangen werden kann. Solche Regeln sind zwar auch im Falle flexibler Wechselkurse gegeben, doch bedingt dies erhöhte Transaktionskosten und eine reduzierte Kommunikabilität. Entscheidend für die

Funktionsweise des Wirtschaftssystems ist das *verbreitete Vertrauen* in die Stabilität des *Währungssystems*. Dieses *Systemvertrauen*, also die generalisierte Erwartung in den Fortbestand der Kommunikationsleistung der Währung, ist von den Fluktuationen des Geldwertes wie auch von persönlichen Motiven weitgehend unabhängig. Da man ohne Geldgebrauch ökonomisch gar nicht kommunizieren kann, hieran jedoch ein existentielles Interesse besteht, bedarf es schon sehr massiver Schocks, um das Vertrauen in eine Geldordnung zu erschüttern.

Vom Systemvertrauen zu unterscheiden sind jedoch die *Erwartungen in die Entwicklung des Geldwertes*, wie sie sich unter Finanzdienstleistern und Devisenhändlern bilden. Nachdenklich stimmen in diesem Zusammenhang die sich selbst steigernden Effekte spekulativer Währungsbewegungen und deren fragwürdige kognitiven Grundlagen: „In der heutigen Umwelt kann jede Information über Fundamentalvariablen kurzfristig jede Wirkung haben, je nachdem, wie sie interpretiert wird und wie die Erwartungsbildung in Bezug auf die entsprechende Größe aussieht. Wichtig ist heute weniger, was der wirkliche Informationsgehalt einer Meldung ist, als vielmehr, was geglaubt wird über die Art und Weise, wie die anderen Marktteilnehmer auf die Meldung reagieren werden." (Heri: 1989: 33) Spekulative Wellen, wie sie die Währungen Englands, Italiens und Mexikos getroffen haben, vermögen auch das Systemvertrauen in die betreffenden Währungen zu erschüttern und können dann nicht nur ökonomische, sondern auch soziale und politische Unruhen auslösen, wie zuletzt das Beispiel Indonesiens gezeigt hat.

Es erscheint derzeit als völlig offene Frage, inwieweit das derzeitige Weltwährungssystem auf Dauer stabil gehalten werden kann. Theoretische Vorstellungen, welche die spezifischen Eigenarten der gegenwärtigen Wirtschaftsverfassung unter Einschluss der neueren monetären Entwicklungen angemessen deuten, scheinen jedenfalls zu fehlen. In der Praxis richten sich die Bemühungen im Wesentlichen auf die Lösung von zwei Problemen: Auf die staatliche Regulierung der Finanzmärkte und der Banken unter dem Gesichtspunkt der Zuverlässigkeit und der Missbrauchsprävention (Rudolph 1997; Lütz 1997; 1999) sowie auf die Entwicklung verlässlicher Methoden des Risikomanagements durch die Finanzdienstleister selbst (Strulik 1998). Die neueren Entwicklungen staatlicher Regulierung scheinen dabei stärker als bisher die *Interdependenz* zwischen staatlichen Regulierungsversuchen und Reaktionsmöglichkeiten der Regulierten ins Auge zu fassen und im Sinne der Ermöglichung wechselseitiger Lernprozesse fruchtbar zu machen.

14.7.2 Externe Effekte der Geldverfassung

Weitgehend ungeklärt ist auch die Frage nach den *Wirkungen des gegenwärtigen Währungsregimes auf die sozioökonomischen Verhältnisse.* Offensichtlich ist zunächst eine gewisse zeitliche Koinzidenz zwischen dem Ende des Währungsregimes von Bretton Woods, der Ölkrise und dem Ende der Ära weitgehender Vollbeschäftigung und wohlfahrtsstaatlicher Expansion nach dem Zweiten Weltkrieg. Die frühen 70er Jahre brachten einen tiefgreifenden ökonomischen Umbruch, der gleichzeitig das Währungssystem und die internationalen Austauschverhältnisse betraf. Vor allen hat jedoch die anschließende Deregulierung und funktionale sowie internationale Integration der Finanz- und Devisenmärkte zu einer internationalen Standortkonkurrenz in neuartigen Dimensionen geführt und auch die Konkurrenz auf den Märkten für international gehandelte Güter verschärft.

Offen und vielfach umstritten ist die Frage, inwieweit es sich bei dem trendmäßigen Anstieg der Arbeitslosigkeit in Europa, die die nachhaltigste Herausforderung des bisherigen wohlfahrtsstaatlichen Arrangements darstellt, um ein von der wohlfahrtsstaatlichen Entwicklung selbst herauf beschworenes Phänomen handelt, das nur, dann aber erfolgreich, durch einen entsprechenden Abbau der wohlfahrtsstaatlichen Leistungen beseitigt werden kann; dies ist bekanntlich die neoliberale und monetaristische Position. Oder ist die beobachtbare Tendenz zur erneuten Spreizung der Einkommensverteilung und zur Reduktion des Arbeitsvolumens mit entsprechenden Ausschließungstendenzen der weniger produktiven Bevölkerungsgruppen ein Charakteristikum der gegenwärtigen, durch die Verselbständigung der Finanzmärkte zu charakterisierenden Wirtschaftsverfassung, welche einerseits einen Druck auf die Gewinnerwartungen der Unternehmen („shareholder value"), andererseits einen Sog auf die Platzierung internationaler Liquidität auf den Finanzmärkten ausübt?

14.8 Alternative Denkansätze

Diese vielschichtigen Fragen können hier nicht diskutiert werden (hierzu Kaufmann 1997). Abschließend sei lediglich auf einige Überlegungen hingewiesen, welche die gegenwärtige Währungsverfassung mit grundsätzlichen Argumenten in Frage stellen.

Alternative geldtheoretische Positionen werden in den herrschenden Diskussionen weitgehend totgeschwiegen. Sie haben ihren geistigen Vorläufer in Silvio Gesell (Gesell 1911; Blüher 1960), können sich aber auch auf Überlegungen von Keynes berufen.

Den Anlass bildete bei Gesell die Beobachtung, dass der seinerzeitige Goldstandard nicht ausreichend zur Beschleunigung der Warenzirkulation beitrage. „Dass die gütertauschende Kraft des Geldes so gering ist, liegt daran, daß man das Geld zu sehr *verbessert* hat, nämlich verbessert vom einseitigen Standpunkt des Inhabers.... Man hat durch die Wahl des Geldstoffes aus der Nachfrage eine Willenssache der Geldbesitzer gemacht, man hat die Nachfrage der Laune überantwortet, ... [man] hat ... völlig außer acht' gelassen, daß das Angebot wegen seiner stofflichen Natur diesem Willen gegenüber ganz schutzlos ist. *So entstand die Macht des Geldes, die in Geldmacht umgewandelt, einen unerträglichen Druck auf alle Erzeuger ausübt.*" (Gesell 1931: 241 f) Wir finden hier ein dem Marx'schen ähnliches Argument, demzufolge die Unterlegenheit des Arbeiters gegenüber dem Unternehmer darin bestehe, dass er mangels Vermögen mit dem Verkauf seiner Arbeitskraft nicht warten könne. Gesell stellt jedoch nicht grundsätzlich das Privateigentum in Frage, sondern nur *die Verknüpfung von Privateigentum mit der Wertaufbewahrungsfunktion des Geldes*, oder – in der Perspektive von Keynes – die Verknüpfung der Vorteile des Privateigentums mit denjenigen der Liquidität. Aus dieser Verknüpfung nämlich folgt ein Vorteil, der von denjenigen, deren Ressourcen illiquide sind, nicht wettgemacht werden kann. Gesell verspricht sich von einem *nicht wertbeständigen*, sondern sich abnutzenden bzw. fortgesetzt an Wert verlierenden Geld eine Beschleunigung der Geldzirkulation und damit eine Stärkung der Güternachfrage und daher der wirtschaftlichen Aktivität. Seine diesbezüglichen Vorschläge sind im Einzelnen impraktikabel bzw. an vergleichsweise kleinräumige Verhältnisse gebunden.[5] Dies hat zweifellos zur Ablehnung der Vorschläge beigetragen.

Keynes' Überlegungen beruhten auf einer ähnlichen Diagnose, nämlich der gesteigerten Liquiditätspräferenz als Ursache dauerhafter Unterbeschäftigung. Die effektive Nachfrage werde durch das Horten liquider Mittel geschwächt. Keynes schlägt im Rahmen seiner Vorschläge für die Währungsordnung der Nachkriegszeit eine gestaffelte prozentuale Gebühr vor, welche von Zentralbanken jener Währungsgebiete zu bezahlen ist, die nachhaltig die Kriterien eines Zahlungsbilanzgleichgewichts verfehlen (Keynes 1980: 79, 173 f). Diese Gebühr soll nicht nur von den Staaten erhoben werden, welche durch eine inflationäre Politik zu Schuldnern der internationalen Reservewährungsbank werden, sondern auch von den strukturellen Gläubigerländern, weil sie durch ungenügende Nachfrage bei den Schuldnerländern

---

5   Wiederholt wird in jüngster Zeit an ein in Wörgl nach dem Ersten Weltkrieg durchgeführtes Währungsexperiment erinnert, das sich mit Erfolg des Konzeptes von Gesell bediente, jedoch durch die österreichische Regierung unterdrückt wurde. Vgl. mit weiteren Hinweisen Onken 1983. Zu Keynes grundsätzlicher Zustimmung und differenzierter Kritik an Gesell vgl. Keynes 1994/1936: 298 ff.

zur Perpetuierung von deren Schwierigkeiten beitragen.[6] Das gegenwärtige System transnationaler Devisenmärkte „bestraft" zwar die Länder, welche Vollbeschäftigung auf Kosten der Geldwertstabilität anstreben, es enthält jedoch keinen Mechanismus, um einer überhöhten Liquiditätspräferenz entgegenzuwirken und die effektive Nachfrage zu erhöhen, im Gegenteil: Die Transnationalisierung der Finanz- und Devisenmärkte führt dazu, dass Besitzer von Liquidität damit *spekulieren,* dass das politische Interesse an der Aufrechterhaltung des Vertrauens in eine Währung zu Stützungsleistungen der Notenbanken oder des Internationalen Währungsfonds führt. Es ist demzufolge keineswegs immer so, dass sich Gewinne und Verluste auf den internationalen Devisenmärkten die Waage unter den ordentlichen Marktteilnehmern halten. Vielmehr bleiben in Krisensituationen, die durch sich selbst steigernde Spekulationsprozesse zustande kommen, die Verluste vielfach bei den politischen Instanzen hängen, welche eine Verantwortung für die Stabilisierung des Systemvertrauens übernehmen. Hinzu kommt, dass liquide Mittel sich einer Besteuerung weitgehend entziehen können. Die Transnationalisierung hat diese fiskalische Immunität liquider Mittel noch erhöht.

Die Keynes'sche Perspektive wird in neueren Problemdiagnosen verschärft aufgenommen und in eine breitere, neben der Beschäftigungsproblematik auch die Umweltproblematik einbeziehende Sichtweise integriert.[7] Ins Zentrum rückt hierbei die *Zinsproblematik.* Einerseits bringt es, wie schon Schumpeter deutlich gemacht hat, eine wachsende Wirtschaft mit sich, dass Wachstum über Kredite finanziert werden muss, dass also die Produzenten sich im Regelfall verschulden, um mit Hilfe späterer Erträge ihre Schulden zurückzuzahlen, und zwar in der Hoffnung, über den Kapitaldienst hinaus noch Gewinne zu erwirtschaften. Die im derzeitigen Wirtschaftssystem strukturell angelegte kreditwirtschaftliche Komponente bringt einen *fortgesetzten Wachstumszwang* mit sich, der nur die Alternative: „Wachsen oder Schrumpfen" übrig lässt und eine einigermaßen stationäre Wirtschaftsentwicklung verunmöglicht – mit entsprechenden ökologischen Konsequenzen (Binswanger, H.C. 1994). Sodann unterliegt der Kapitaldienst einer *prioritären Bedienung* seitens der Unternehmer: „Kommt es zu einer Wachstumsverlangsamung, sind die Zinsforderungen nach wie vor zu bedienen, während vor allem an den Arbeitskosten Einsparungen vorgenommen werden." (Rams 1996: 52) Ferner bewirkt der fortgesetzte Zinseffekt auf die Dauer eine „Umverteilung des Volkseinkommens zugunsten des Kapital und zu Lasten des Arbeitseinkommens, sofern das Wachstum des Volkseinkommens hinter der Rate der Zinsforderungen

---

6   Keynes 1980: 49, 96 f.- Für eine Vertiefung derartiger Überlegungen vgl. Cencini 1995.
7   Vgl. grundlegend Suhr 1983, Suhr & Godschalk 1986, Suhr 1989; ferner Binswanger & Flotow 1994; Creutz 1995.

zurückbleibt." (Rams 1996: 54) Nur wenn die Vermögensbestände in der Bevölkerung einigermaßen gleich verteilt wären, würde dieser Effekt nicht zu interpersonellen Einkommensverschiebungen führen; dies ist aber bekanntlich nicht, und in den meisten westlichen Ländern sogar immer weniger der Fall. Die Vermögenskonzentration nimmt bei den Kapitalvermögen – d. h. unter Ausklammerung der egalitärer verteilten Grundvermögen – umso stärker zu, je höher die Realverzinsung ist.

Seit der Liberalisierung der Finanzmärkte ist jedoch die *Realverzinsung* der Kapitalien deutlich angestiegen, und zwar aus zwei Gründen: Zum einen sind die Inflationsraten schneller gesunken als die Geldzinsen. Und zum anderen bringen die erwarteten oder tatsächlichen Gewinne im unbesteuerten spekulativen Geschäft es mit sich, dass die erforderliche Verzinsung der besteuerten investierten Kapitalien (shareholder value) angestiegen ist. Je höher jedoch der Anteil der Kapitaleinkünfte am Volkseinkommen, desto geringer die Lohnquote. *Die hohe Realverzinsung führt somit zu einer Einkommensumverteilung zugunsten der Vermögenden, welche notwendigerweise zu Lasten der Vermögenslosen geht,* seien sie nun Arbeitskräfte oder von den Transfereinkommen Abhängige.

Grundsätzlicher wird die Problematik von den Freigeldtheoretikern angegangen. Für sie ist der Umstand, dass die Geldbesitzer Liquiditätsvorteile ohne Liquiditätskosten haben, der zentrale Fehler der gegenwärtigen Geldverfassung. Sie plädieren für eine Spaltung des Geldzinses in Risikoprämie und Liquiditätsverzichtsprämie und empfehlen, letztere durch eine Belastung der Liquiditätshaltung zu neutralisieren. Dies könnte beispielsweise durch eine monatliche Gebühr von 0,2 bis 0,5 % auf alle Sichtguthaben geschehen. Eine Neutralisierung der Liquiditätspräferenz erscheint in einer von bargeldlosen Transaktionen dominierten Geldökonomie wesentlich leichter als in einer von Noten- und Münzgeld dominierten Wirtschaft: „Bei diesem Buchgeld bereitet die Belastung von Liquidität mit Liquiditätskosten nicht mehr Schwierigkeiten als die Gutschrift von Habenzinsen oder die Belastung mit Sollzinsen (Suhr & Godschalk 1986: 134). Damit wird angestrebt, die Geldbeschaffungskosten der realwirtschaftlich engagierten Schuldner (Investoren, Konsumenten) zu Lasten der Gläubiger zu reduzieren und auf diese Weise das realwirtschaftliche Wachstum und damit auch die Beschäftigung zu stützen.

Offen ist die Frage, inwieweit es sich bei den gegenwärtigen hohen Realzinsen um ein vorübergehendes oder um ein dauerhaftes, strukturelles Problem handelt.[8] Letzteres erscheint plausibel, wenn wir eine tendenzielle Verselbständigung der Finanz- und Devisenmärkte gegenüber den Gütermärkten unterstellen. Demgegen-

---

8   *Anmerkung 2014: Dieser Zusammenhang hat sich als Folge der jüngsten Weltfinanzkrise (2007 ff) umgekehrt. Die Verzinsung von als sicher geltenden Anlagen liegt häufig unter der Teuerungsrate, woraus negative Realzinsen resultieren.*

über würden Markttheoretiker einwenden, dass sich die Geldsphäre nicht dauerhaft von der Gütersphäre lösen könne, dass also spekulative „Blasen" notwendigerweise „irgendwann" platzen müssen. Abgesehen von der Frage der Zeiträume und der Frage nach den durch ein solches „Platzen" tatsächlich Belasteten gibt es jedoch gute Argumente, dass dies eine zu einfache Sichtweise ist. Die Finanzdienstleistungen sind selbst zu einer Wachstumsbranche geworden. „Der wesentliche Grund für den stetigen Anstieg des Finanzvermögens liegt darin, daß dies in vielen hochentwickelten Industrieländern die einzige Möglichkeit darstellt, Wirtschaftswachstum weiterhin aufrechtzuerhalten. ... Die Knappheit der Innovationen bei der realen Produktion führte dazu, daß sich Investitionen immer mehr in den Finanzbereich verlagerten, wo Innovationen in hohem Tempo stattfinden" (H.C. Binswanger 1994: 180 f.).

Es ist die bereits von Keynes gestellte Frage, wie eine internationale Währungsordnung auszugestalten ist, damit das Interesse an den produktiven und damit Wohlstand und Beschäftigung erhöhenden Transaktionen sich gegen das Interesse an bloß monetären Transaktionen strukturell durchzusetzen vermag (Keynes 1980: 53). Der von Gesell vorgeschlagene Grundgedanke läuft darauf hinaus, die Tausch- und Zahlungsfunktion des Geldes von der Wertaufbewahrungsfunktion zu trennen, also den *Gütercharakter* des Geldes aufzuheben, ohne ihm seinen Charakter als *Kommunikationsmittel* zu nehmen. Von der Sache her ist dieser Schritt durch die Ablösung der Metallwährung durch Papier- und Giralgeld längst vollzogen. Geld hat keinen Sachwert mehr, das Vertrauen in seine Kaufkraft beruht allein auf staatlicher Gewährleistung und einem *Systemvertrauen* (Luhmann) in die Funktionsfähigkeit des bestehenden Währungssystems.

Diese Gewährleistungsfunktion, welche auch im Falle eines explizit internationalen Währungssystems ohne zwangsbewehrte Regeln kaum denkbar ist, *könnte ihrerseits als kostenpflichtige verstanden werden*, d. h. die Kosten der Aufrechterhaltung eines internationalen Währungssystems könnten primär denen auferlegt werden, die sich seiner zu spekulativen Zwecken bedienen. Diesem Gedanken entsprechen beispielsweise die Vorschläge einer Devisenumsatzsteuer.[9] Sie entspricht auch dem Grundgedanken von Keynes, dass Geld mit „Durchhaltekosten" belastet werden müsse, um die Liquiditätspräferenz und die Zinskosten zu senken (Keynes 1994/1935: 186, 316 f.).

Die Triftigkeit der unterschiedlichen Argumente in der aktuellen geldpolitischen Auseinandersetzung ist zweifellos noch nicht genügend geklärt, und so werden diese Hinweise auch nicht als Tatsachenbehauptungen, sondern als prüfenswerte Hypothesen vorgestellt. Der Mainstream der Diskussion schweigt sie jedoch tot

---

9 Zur Beurteilung dieser auf James Tobin (1978) zurückgehenden Vorschläge siehe Kulessa 1996; Ul Haq u. a. 1996.

– und damit auch jede Diskussion über eine Senkung der Realverzinsung. Hier ist nicht nur die Wirksamkeit von dem entgegenstehenden Interessen, sondern vor allem auch die Wirksamkeit bestimmter geldpolitischer Überzeugungen zu vermuten, deren Richtigkeit unter den Bedingungen des neuen transnationalen Währungsregimes auf den Prüfstand gehört. *Könnte es sein, dass unter den gegenwärtigen Bedingungen die Neutralität des Geldes die Neutralisierung seiner Wertaufbewahrungsfunktion erfordert?*

„Verantwortung" im Sozialstaatsdiskurs* 15

Zusammenfassung: „Verantwortung" hatte im sozialpolitischen Kontext der Bundesrepublik zwei Begriffskonjunkturen. Zunächst in Auseinandersetzung mit dem neuen universalistischen Konzept der „Sozialen Sicherheit", gegen das die Prinzipien der Subsidiarität und der Eigenverantwortung ins Feld geführt wurden. Dabei spielte neben liberalen und katholischen Überzeugungen auch das institutionelle Interesse der Vertreter des bestehenden, „gegliederten Systems der sozialen Sicherung" eine erhebliche Rolle. – Erneut wurde der Ruf nach Eigenverantwortung im Kontext der Krisendiskurse des Sozialstaats in den 1980er Jahren laut, um damit Kürzungen von Sozialleistungen zu legitimieren. Eine Analyse des Verantwortungsbegriffs lässt zwei Hauptsachverhalte erkennen: Zuständigkeit (responsibility) und Verantwortlichkeit (accountability). Zuständigkeit thematisiert den meist durch Recht oder Organisation bestimmten Verantwortungsbereich; Verantwortlichkeit thematisiert die personbezogenen Eigenschaften der Verantwortungsübernahme. In der politischen Rhetorik dient der Verantwortungsdiskurs häufig dazu, die fehlende inhaltliche Begründung von Entscheidungen zu verschleiern.

„Über die Notwendigkeit einer Reform des deutschen Sozialleistungssystems sind sich heute fast alle einig … Es gilt, den bevölkerungsstrukturellen, den wirtschaftlichen und den personalen Faktor in der heutigen und in der künftigen Sozialpolitik richtig zu erkennen und diese drei Faktoren in Einklang zu bringen.
Die Bevölkerungsstruktur der Bundesrepublik weist drei besorgniserregende Tatbestände auf. Erstens: Schrumpfung der Kinderzahl, also zahlenmäßiger Rückgang derjenigen, die in einigen Jahrzehnten das Sozialprodukt erzeugen müssen. Zweitens: Schrumpfung der mittleren Jahrgänge .. wodurch die Zahl derjenigen relativ abnimmt,

---

*   *Erstveröffentlichung: „Verantwortung" im Sozialstaatsdiskurs. S.39-60 in: Ludger Heidbrink & Alfred Hirsch (Hrsg.), Verantwortung in der Zivilgesellschaft. Zur Konjunktur eines widersprüchlichen Prinzips. Frankfurt/Main: Campus-Verlag, 2006.*

die heute die Sozialleistungen aufzubringen haben. Am auffallendsten ist – drittens – die Zunahme der alten Leute. …
Hier schließt sich das wirtschaftliche Problem an: Woher soll jener höhere Sozialaufwand genommen werden, der sich einerseits aus der steigenden Zahl der alten Leute und andererseits aus der Forderung nach höheren Renten notwendig ergeben muss? Es würde sich verhängnisvoll auswirken, wenn man die Neu- oder gar die Ersatzinvestitionen zugunsten der Sozialleistungen zu schmälern versuchte. Auch dürfte es kaum tragbar sein, den Erwerbstätigen noch höhere Abgaben als bisher aufzuerlegen … Mithin bleibt nur übrig, das Mehr an Sozialleistungen einem vergrößerten Sozialprodukt zu entnehmen, womit die engen Beziehungen zwischen Sozialpolitik und Wirtschaftspolitik sichtbar werden" (Höffner 1953: 16 f.).

Dieses Zitat stammt nicht von heute, sondern aus dem Jahr, in dem Bundeskanzler Adenauer anlässlich der Regierungserklärung zu seiner zweiten Amtszeit eine „umfassende Sozialreform" ankündigt hat, die schließlich in der Rentenreform von 1957 endete. Es stammt aus einer kleinen Schrift mit dem Titel „Soziale Sicherheit und Eigenverantwortung". Ihr Verfasser war der damalige Professor für Christliche Gesellschaftslehre an der Universität Münster und spätere Vorsitzende der deutschen Bischofskonferenz, Kardinal Joseph Höffner. Das Zitat zeigt die große Kontinuität der basalen Problemstellungen im Bereich der deutschen Sozialpolitik, was wechselnde Problemkonjunkturen natürlich nicht ausschließt. Gerade mit Bezug auf das Verhältnis zwischen Eigenverantwortung und Staatsverantwortung lässt sich eine ziemlich durchgängige Polarisierung zwischen den beiden großen Volksparteien und den ihnen nahe stehenden gesellschaftlichen Kräften feststellen, auf die im Folgenden jedoch nur beiläufig Bezug genommen wird. Im Zentrum stehen die Diskurse, die sich mit der Verantwortungssemantik verbunden haben.

15.1 Eigenverantwortung und Soziale Sicherheit – der katholisch-soziale Diskurs

Die genannte, 26 Seiten umfassende Schrift Höffners, welche in der Brockhaus-Enzyklopädie unter seinen „Hauptwerken" aufgezählt wird, ist für unseren Problemzusammenhang beachtlich, weil sie eine Position vertritt, die dem Thema „Verantwortung in der Zivilgesellschaft" kongenial ist. Höffner war zu seiner Zeit der konsequenteste Vertreter eines ontologisch verstandenen *Subsidiaritätsprinzips*, verstanden als „das Recht des jeweils kleinsten Lebenskreises" (Kaufmann 2006). Der erste der „zehn Leitsätze" der genannten Schrift lautet demzufolge: „Der Mensch selber ist der Erstverantwortliche für seinen und seiner Familie Unterhalt"; der vierte: „Die nächsten und unmittelbarsten Gemeinschaften, die dem

Menschen soziale Geborgenheit schenken sollen, sind nicht anonyme staatliche Großversicherungsinstitutionen, sondern die kleineren Lebenskreise der Familie, der Nachbarschaft, der Gemeinde, des Betriebes usw." Und schließlich der sechste: „Der Staat dient der sozialen Sicherheit dadurch am meisten, daß er die persönliche Verantwortung seiner Bürger, das Sorgen und Vorsorgen der Familie und der anderen kleineren Lebenskreise sowie die genossenschaftliche Selbsthilfe anerkennt und sich entfalten lässt" (Höffner 1953: 17, 20, 21).

Die katholische Soziallehre versucht seit der Enzyklika „Rerum novarum" (1891) des Papstes Leo XIII., eine eigenständige gesellschaftspolitische Position in kritischer Auseinandersetzung mit Kapitalismus und Sozialismus zu begründen. Unter Berufung auf ein ihrer Meinung nach vernünftiger Einsicht zugängliches Naturrecht betont sie zum einen das fundamentale Recht eines jeden Menschen auf Leben und damit auf ein Existenzminimum. Sie betont zum zweiten die *Priorität von Eigenverantwortung und Selbsthilfe*, aber gleichzeitig auch die *soziale Verantwortung* der Menschen füreinander; diese Spannung wird in den Konzepten des Subsidiaritäts- und des Solidaritätsprinzips entfaltet. Und sie fordert gesellschaftspolitisch angesichts der zunehmenden Arbeitsteilung und großbetrieblichen Produktionsweise die *Beteiligung der unselbständig Erwerbenden am Produktivvermögen*, um ihnen gleichzeitig größere Selbsthilfepotentiale und Einfluss auf den Produktionsprozess zu sichern. Diese Forderung, welche von den deutschen Bischöfen noch in jüngster Zeit unter dem Begriff des „Investivlohns" erhoben wurde, stellt den Bezug der anscheinend zeit- und kulturunabhängigen Prinzipien zur modernen Wirtschaftsform her und bleibt auch in ihrem historischen Scheitern eine Herausforderung für das liberale Gesellschaftsverständnis (vgl. York 1996). Höffner, der hier als Kronzeuge für eine Gesellschaftsauffassung stehen mag, die der Eigenverantwortung Priorität einräumt, hat die diesbezüglichen Versäumnisse der unmittelbaren Nachkriegszeit, welche sich im Übrigen nach der Vereinigung 1990 wiederholt haben, klar diagnostiziert:

„Die sich über die Preise vollziehende Selbstfinanzierung der Unternehmungen hat ohne Zweifel seit 1948 ein ungewöhnliches Ausmaß angenommen. ... Die Unternehmen pflegten kurzfristige Bankkredite aufzunehmen, die bei den hohen Gewinnen nach kurzer Zeit zurückgezahlt werden konnten, womit die Unternehmen Eigentümer der investieren Anlagen waren. *Wilfrid Schreiber* hat diese sich über die Preise vollziehende Selbstfinanzierung „eine unsichtbare Steuer" zu Lasten der Verbraucher genannt. ... Kein katholischer Sozialwissenschaftler wird etwas dagegen einwenden, daß in den Unternehmungen der Bundesrepublik seit 1948 eine gewaltige Vermögensbildung erfolgt ist. Nur so konnten wirtschaftliches Wachstum und Vollbeschäftigung erreicht werden. Die Anhänger der katholischen Soziallehre fragen lediglich, ob es politisch und sozialethisch richtig gewesen ist, daß diese weitgehend gesamtwirtschaftlich bedingte, d.h. nicht ausschließlich durch die Kombinationsgabe und den besonderen Fleiß des Unternehmers bedingte Vermögensbildung sich bei verhältnismäßig wenigen privaten Eigentümern konzentriert hat, so daß den Unternehmern, abgesehen vom Staat, gleichsam die Treuhänderschaft am Kapitalvermögen zugefallen ist" (Höffner 1960: 41).

Man beachte die Formulierung „Treuhänderschaft", welche eine ethische Implikation als Beschreibung einer Wirklichkeit nimmt, für die der Name „Kapitalismus" zutreffender ist.

15.2   Der klassentheoretische Diskurs und die Sozialpolitik

Bekanntlich ging auch der Frühliberalismus davon aus, dass eine liberale Gesellschaft eine Gesellschaft von Eigentümern sein solle. Noch Simonde de Sismondi (siehe 4.2), dem wir die erste, auch von Karl Marx stark rezipierte Kapitalismuskritik verdanken, empfahl als Heilmittel gegen die sich abzeichnende Polarisierung zwischen Kapital und Arbeit ein Erbrecht, das der Konzentration der Vermögen entgegenwirken sollten, die Förderung der Selbständigkeit für die Arbeiter oder wenigstens ihre Beteiligung an den Gewinnen ihres Fabrikherrn. Gesetze sollten veranlassen,

> „daß der Eigentümer materielle und politische Vorteile erzielt, sofern er eine engere Beziehung zu seinen Arbeitern hat, sie für längere Zeit einstellt und an seinen Profiten beteiligt ... Die Kapitalisten werden sich unter diesen Umständen bemühen, Arbeiter für sich heranzuziehen, diese an Eigentum und Sparsamkeit zu interessieren, aus ihnen schließlich Menschen und Bürger zu machen, während man heute unaufhörlich bestrebt ist, sie zu Maschinen zu degradieren" (Sismondi 1827/1971, II: 285).

Die bleibende Leistung der Marx'schen Theorie des Kapitalismus besteht im Nachweis, dass die Akkumulations- und Konzentrationstendenzen des Kapitals stärker sind als alle liberalen Ideale und gutwilligen Empfehlungen von Kirchenmännern oder Sozialwissenschaftlern. Die unselbständige Erwerbsweise im Industriesystem blieb nicht, wie die Frühliberalen glaubten, ein bloß biographisches Durchgangsstadium, vergleichbar dem vorindustriellen Gesindewesen; sondern sie wurde zur *Klassenlage*, das heißt zur typischerweise lebenslangen Bindung an eine von den Marktbedingungen und den Herrschaftschancen der Unternehmer abhängigen Position in den Produktionsverhältnissen. An die Stelle ungleicher Rechte in der Feudalgesellschaft trat nun die Ungleichheit des Besitzes und damit der Erwerbschancen in der kapitalistischen Gesellschaft, sowie der Verlust der mit der feudalen Zugehörigkeit verbundenen Sicherungsgarantien.

Eine klassentheoretische Diagnose des Kapitalismus gab im sogenannten Vormärz, der Zeit vor dem Revolutionsjahr 1848, nicht nur Karl Marx, sondern auch der später geadelte Lorenz Stein (siehe 5.2.2). Beide orientierten sich an Hegel und an den Diagnosen der französischen Sozialisten, allerdings in unterschiedlicher Weise. Beiden war klar, dass dem Kapitalismus mit guten Worten und wohlmeinenden Ideen nicht beizukommen sei, sondern dass Macht sich nur durch Gegenmacht in Schranken halten lasse. *Marx setzte auf die Macht des Proletariats, Stein auf die Macht des Staates*, der als „sozialer Staat" grundsätzlich in der Lage sei, den unter den Bedingungen des liberalen Kapitalismus destruktiven, zum Bürgerkrieg tendierenden Klassenkonflikt in ein produktives Spannungsverhältnis zu transformieren. Denn, so Stein, Kapital und Arbeit seien letztlich aufeinander angewiesen. Es bedürfe jedoch institutioneller, *staatlich* vermittelter Gewährleistungen, um die Rationalität eines langfristig komplementären Verhältnisses auch in den Erfahrungshorizont der Konfliktparteien zu vermitteln. Die zentralen Elemente seines staatlich vermittelten „Klassenkompromisses" sind einerseits die verfassungsmäßige Gewährleistung des Privateigentums und damit der Unabhängigkeit der Unternehmerfunktion zugunsten der besitzenden Klassen, und andererseits der Schutz und die Förderung der Arbeits- und Lebensbedingungen der Arbeiterklasse durch „soziale Verwaltung".

Die historische Entwicklung des Sozial- oder Wohlfahrtsstaates in Europa folgte in großen Zügen dem von Stein vorgezeichneten *Klassenkompromiss*, allerdings in vielen Ländern auf stärker korporatistischem Wege. Damit beruhte das wohlfahrtsstaatliche Arrangement im Wesentlichen auf einem Dreiecksverhältnis zwischen Staat, unternehmerischer Wirtschaft und Gewerkschaften, das jedoch je nach politischer Verfassung und Parteienkonstellationen charakteristische nationale Unterschiede aufweist.

15.3 Der wohlfahrtsstaatliche Diskurs und seine deutsche Kritik

Aus den einschneidenden kollektiven Erfahrungen mit den Grausamkeiten des totalitären „Dritten Reiches" entstand während des Zweiten Weltkriegs ein Impetus, die sozialpolitische zur wohlfahrtsstaatlichen Programmatik auszuweiten. Bereits 1941 erklärten der US amerikanische Präsident Roosevelt und der britische Premierminister Churchill gemeinsam:

> „Sie wünschen die vollste Zusammenarbeit aller Nationen auf wirtschaftlichem Gebiet
> herzustellen mit dem Ziel, für alle verbesserte Arbeitsbedingungen, wirtschaftlichen
> Fortschritt und soziale Sicherheit zu gewährleisten... Nach der endgültigen Vernich-
> tung der nationalsozialistischen Partei hoffen sie, einen Frieden aufgerichtet zu sehen,
> der allen Nationen die Möglichkeit geben wird, in Sicherheit ihrer eigenen Grenzen
> zu leben, und der Gewähr dafür geben wird, daß alle Menschen in allen Ländern ihr
> ganzes Leben lang frei von Furcht und Not leben können."

Die acht Punkte enthaltende sog. *Atlantic Charta*, deren für die wohlfahrtsstaatliche Programmatik entscheidende Punkte 5 und 6 eben zitiert wurden, ging in
die *Declaration by United Nations* vom 1. Januar 1942 ein, mit der sich nach dem
Kriegseintritt der Vereinigten Staaten 26 gegnerische Regierungen des Dreibundes
aus Deutschland, Italien und Japan zu einem gemeinsamen Vorgehen verpflichteten.
Aus dieser Verbindung ist in der Folge die Organisation der Vereinten Nationen
(UNO) hervorgegangen, deren Allgemeine Menschenrechtserklärung von 1948
nicht nur bürgerliche und politische, sondern auch *wirtschaftliche soziale und
kulturelle Menschenrechte* stipuliert (siehe Kapitel 8). Damit wurde ein neuer
normativer Rahmen für die wohlfahrtsstaatliche Entwicklung geschaffen, der bis
heute in Deutschland weniger als großen Teilen der übrigen Welt zur Kenntnis
genommen wird.

Diese programmatischen Entwicklungen während und nach dem Zweiten
Weltkrieg, die in Großbritannien durch den sog. *Beveridge-Plan* und die daran
anschließende Gesetzgebung auch eine institutionelle Konkretisierung erhalten
hatte, vollzogen sich zwangsläufig ohne deutsche Beteiligung und wurden nach der
Gründung der Bundesrepublik hier überwiegend *ambivalent* rezipiert. Die einleitend zitierte Schrift „Soziale Sicherheit und Eigenverantwortung" des damaligen
geistlichen Beirats des „Bundes Katholischer Unternehmer", Joseph Höffner, ist in
diesem Kontext zu verstehen:

> „Der beängstigenden Lähmung der personalen Faktoren in vielen Einzelmenschen
> entspricht auf staatlicher Seite in manchen Ländern die Ideologie der totalen „sozialen
> Sicherheit"... (Es ist) erschreckend, wie tief sich sozialistisches Ideengut oft unbewusst
> in manchen Köpfen eingenistet hat. Ein solcher Einbruch sozialistischen Denkens ist
> die Verabsolutierung des Versorgungsprinzips mit dem Ziel einer totalen, staatlich
> garantierten „sozialen Sicherheit"" (Höffner 1953: 15).

Skeptische Äußerungen ähnlicher Art fanden sich damals auch bei nicht katholischen
Autoren, wie Hans Achinger (1953). Es gehe bei der Idee der sozialen Sicherheit um
eine neue Anschauung von der Rolle und Verantwortung des Staates gegenüber
Individuum und Gesellschaft.

„Das neue Sicherheitsdenken kennt nur einen Trost und Hort der Sicherheit: die ungeschiedene Allgemeinheit, deren Solidarität durch zwingende Gesetze bestätigt wird. Das bedeutet weiter: alle Sicherheit geht vom Staate und zwar vom Gesamtstaate aus. Selbst die Untergliederungen des Staates verlieren schnell an Bedeutung. Der Finanzminister entscheidet. Es gibt keine sozialen Fonds mehr, die ihm nicht unterständen. Der Sozialbedarf wird bis ins einzelne ein Teil des Staatshaushaltes" (Achinger 1953: 57).

Die Stoßrichtung des Arguments geht hier nicht primär auf die Beschränkung individueller Verantwortung durch Staatseingriffe, sondern gegen die staatliche Vereinheitlichung und Zentralisierung des in Deutschland ja bereits bestehenden Sicherungsdispositivs.

Ganz anders war jedoch der Entstehungskontext des Begriffs „Soziale Sicherheit" in den Vereinigten Staaten. Die erste offizielle Erwähnung von *Social Security* findet sich im *Social Security Act* (1935) des Präsidenten Roosevelt, und der Name des Gesetzesentwurfs wurde erst kurz vor der Einbringung ins Parlament von *Economic Security Act* in *Social Security Act* geändert. Was steckte dahinter? Vermutlich versprach der neue Name mehr politischen Appeal, und auf jeden Fall enthielt er eine Botschaft, die Roosevelt selbst ausführte:

„Soziale Sicherheit hat es früher schon gegeben, wo eine enge Zusammengehörigkeit und ein Aufeinander-Angewiesensein unter den Familienmitgliedern und den Mitgliedern einer kleinen Gemeinde sehr ausgeprägt war. Die Vielfältigkeit größerer Gemeinden und die Organisation der Industrie lassen diese einfachen Mittel patriarchalischer Sicherheit heute weit weniger zu Geltung kommen. Wir sind daher gezwungen, das aktive Interesse der ganzen Nation als Regierung zu vertreten, um eine größere soziale Sicherheit für den einzelnen zu erreichen. Dieses Suchen nach einem höheren Maß von Wohlfahrt und Glück bedeutet keinen Wandel der Werte. Es ist eine Rückkehr zu Werten, welche im Laufe unserer ökonomischen Entwicklung und Expansion verloren gingen." (8. Juni 1934)

Roosevelt beschwor also gegen den herrschenden individualistischen Zeitgeist die Solidarität früherer gemeinschaftlicher Sorgeverbände, die er in neuer Form wieder herstellen wollte. Berücksichtigt man den bis dahin in den USA herrschenden, dem calvinistischen Prädestinationsglauben ebenso wie dem sozialdarwinistischen Zeitgeist entsprechenden Grundsatz, dass jeder ausschließlich für sich allein verantwortlich sei, so war die Einführung von *Social Security* eine Revolution. Erstmals wurde angesichts der durch die Weltwirtschaftskrise frei gesetzten Millionen Arbeitslosen zugestanden, dass für solche Beschäftigungslosigkeit nicht jeder einzelne für sich allein verantwortlich sei, sondern dass hier eine *kollektive* Verursachung vorliege, welche durch kollektive Maßnahmen kompensiert werden müsse (Kaufmann 1973: 92 ff.) .

Die Einführung von *Social Security*, worunter im amerikanischen Falle ein Komplex recht konventioneller, allerdings staatlich administrierter Maßnahmen der Sozialversicherung zu verstehen ist, bedeutete also in der Tat eine tiefgreifende Verschiebung in den Strukturen der Verantwortung von einem ausschließlich individualistischen zu einem grundsätzlich kollektivistischen Modell. Solche *Kollektivierung der Basisrisiken auf der Basis einer Zwangsversicherung* hatte in Deutschland schon seit Bismarck stattgefunden; allerdings zunächst nur für die Industriearbeiter, doch waren die 1912 Angestellten und 1938 auch die selbständigen Handwerker bereits gefolgt.

Die deutsche Empörung über die „totalitäre" soziale Sicherheit bezog sich somit nur auf zwei Aspekte der neuen Idee, nämlich (1.) den Einbezug der gesamten Bevölkerung in ein *einheitliches* System und (2.) dessen *staatliche* Administration. In den Vordergrund wurde allerdings ein anderer Umstand geschoben, nämlich die ausschließlich für den britischen *National Health Service* charakteristische Finanzierung aus Steuermitteln statt aus Versicherungsbeiträgen. Dies wurde als „Staatsversorgung" kritisiert und dem deutschen „Sozialstaat" polemisch der britische und skandinavische „Wohlfahrts"- oder „Versorgungsstaat" entgegengesetzt. Unter erheblichem Aufwand einer *Prinzipienrhetorik* wurde – nicht nur von Höffner – das „Versicherungsprinzip" dem „Versorgungsprinzip" als überlegen dargestellt und zugleich als Verwirklichung des „Subsidiaritätsprinzips" gelobt. Das hatte bei Höffner zweifellos prinzipielle Gründe, wie auch aus seinen Empfehlungen zur berufsständischen Reform der Handwerkerversicherung (Höffner 1959) hervorgeht. Der Sache nach diente es den Interessen des bestehenden, „gegliederten" Systems der deutschen Sozialversicherung und der Abwehr von umfassenden Reformvorstellungen, wie sie beispielsweise von Gerhard Mackenroth (1952) oder der von Adenauer in Auftrag gegebenen „Vierprofessorengutachten" (Achinger u.a. 1954) vorgebracht wurden.[1]

Dabei wiederholte sich hier lediglich eine politische Auseinandersetzung, die bereits in den Jahren 1946-48 um einen Vorschlag der Besatzungsmächte zu Einführung einer alle Besatzungszonen und alle Erwerbstätigen umfassenden *Einheitsversicherung* geführt worden war, und die mit dem Sieg der Vertreter des herkömmlichen gegliederten Systems der deutschen Sozialversicherung geendet hatte. (vgl. Hockerts 1980: 21 ff.) Bemerkenswerterweise spielte in der damaligen Diskussion eine weitere Differenz zwischen dem „Bismarck-" und dem „Beveridge-Modell" der sozialen Sicherung nur eine untergeordnete Rolle, nämlich die Beschränkung der britischen *Social Security* auf einheitliche Leistungen, welche

---

1   Bemerkenswerterweise gehörten Achinger und Höffner zu diesen Gutachtern und schlugen hier dennoch ein vereinheitlichendes Sicherungssystem vor!

grundsätzlich das Existenzminimum und nicht mehr abdecken sollten. Das sog. Äquivalenzprinzip zwischen Beiträgen und Leistungen blieb in Deutschland nahezu unumstritten.

Wenige Jahre später wurde das Subsidiaritätsprinzip in einem neuen sozialpolitischen Kontext bemüht: Bei der *Reform des Fürsorge- und des Jugendwohlfahrtsrechts* spielte der Gedanke der Subsidiarität, häufig im Anschluss an die katholische Soziallehre zum Subsidiaritätsprinzip hochstilisiert, eine entscheidende Rolle, um gegenüber staatlichen und kommunalen Trägerschaften einen Vorrang der sog. freien Träger zu begründen (vgl. Matthes 1964: 31 ff.) Praktisch folgte aus dieser Priorität eine zunehmende Orientierung der Freien Träger an den von den Trägern der Sozial- und Jugendhilfe festgelegten Finanzierungsbedingungen und damit ihre zunehmende Inkorporierung in die Planungshorizonte sozialstaatlichen Handelns, also das genaue Gegenteil dessen, was dem Sinne des liberalen wie des katholischen Subsidiaritätsprinzip entsprochen hätte.

Während bei Höffner die Ordnung der Lebenskreise mit Bezug auf das Subsidiaritätsprinzip recht ontologisch ausfiel, betonte Oswald von Nell-Breuning (1957) bereits stärker dessen Ambivalenz und seine Verflochtenheit mit Machtbeziehungen. Deshalb interpretierte er das Subsidiaritätsprinzip eher als eine *Regel zur Verteilung von Beweislasten*: Der jeweils größere Lebenskreis trage die Beweislast für die Überlegenheit seiner Problemlösungen. Im Horizont neuerer, am Prinzip strukturierter Funktionsdifferenzierung orientierter Gesellschaftsauffassungen ist allerdings die bei beiden Autoren anzutreffende Grundintuition, Gesellschaft sei als ein System konzentrischer Kreise aufzufassen, fragwürdig geworden. Auch das neuere Konzept der Zivilgesellschaft muss sich im Übrigen fragen lassen, inwiefern es den vorhandenen Bedingungen einer primär funktional strukturierten Gesellschaft entspricht.

15.4 Zwischenresümee

Die Diskussion um das Verhältnis von Eigenverantwortung und sozialer Sicherung hat die bundesrepublikanische Sozialpolitik seit ihren Anfängen begleitet. Dabei ging es stets um zweierlei, nämlich einerseits um die Frage nach dem notwendigen Ausmaß der Kollektivierung von Lebensrisiken, und andererseits um die Strukturen und Zuständigkeiten der öffentlichen Einrichtungen kollektiver Risikovorsorge. Beide Fragen wurden seinerzeit in recht prinzipieller Weise angegangen.

Gegen die zentralistischen Lösungen, welche ausgerechnet in den als liberal geltenden angelsächsischen Ländern im Namen „Sozialer Sicherheit" eingeführt wurden, wurde vor allem das Subsidiaritätsprinzip ins Feld geführt, und zwar in seiner katholischen Variante. Weniger emphatisch findet sich das Subsidiaritätsprinzip nämlich auch im Kontext der liberalen Rhetorik (vgl. Isensee 2001). Hier allerdings geht es eher um die Begrenzung staatliche Zuständigkeiten im Verhältnis zur „bürgerlichen Gesellschaft", weniger um das Recht des jeweils kleineren Lebenskreises. Die neuere Diskussion lässt erkennen, dass zwar der grundsätzliche Einspruch des Subsidiaritätsprinzips gegenüber Zentralismus und politischer Omnikompetenzanmaßung berechtigt bleibt, dass es jedoch in konkreten Konfliktfällen als Norm der Kompetenz- und Verantwortungszuweisung wenig instruktiv ist (vgl. Herzog 1987). Das Subsidiaritätsprinzip seinerseits wurde mit dem Prinzip der Eigenverantwortung als Ausdruck der personalen Würde des Menschen legitimiert. Die hier unterstellte lineare negative Korrelation zwischen der Größe des jeweiligen Sorgeverbandes und den Chancen eigenverantwortlichen Handelns vermag allerdings nicht zu überzeugen. Plausibler erscheint die Annahme eines *qualitativen Sprunges zwischen unmittelbar erfahrbarer „Lebenswelt" einerseits und den anonymen und intransparenten Strukturen organisierter Großsysteme andererseits*, mag es sich um Sozialversicherungen, Privatversicherungen oder staatliche Verwaltungen handeln. In der neueren Diskussion wird dieser Problemkomplex vor allem unter dem Gesichtspunkt der sozialen Teilhabe oder Inklusion verhandelt.

Aktueller erscheint die zweite Frage nach dem notwendigen oder wünschenswerten Umfang der *Kollektivierung von Lebensrisiken*. Hier setzt die neoliberale Forderung nach „verstärkter Eigenverantwortung" ein. Dem kursorischen historischen Rückblick ist zunächst zu entnehmen, dass der Zweite Weltkrieg zu einer Verschiebung der internationalen Diskurslage geführt hat: Von einer Sozialpolitik zu Gunsten der Industriearbeiter und Seeleute zu einem „Recht auf soziale Sicherheit" für „jedermann". „Soziale Sicherheit" wurde hier überdies als umfassender Programmbegriff eingeführt, als Inbegriff der für des Menschen „Würde und die freie Entfaltung seiner Persönlichkeit unentbehrlichen wirtschaftlichen, sozialen und kulturellen Rechte." Diese gehen auch inhaltlich weit über das hinaus, was bereits Gegenstand der Arbeitersozialpolitik gewesen war. An die Stelle der Gewährleistung eines Klassenkompromisses tritt das Leitbild einer staatlichen und internationalen Verantwortung für wirtschaftliche, soziale und kulturelle Teilhabe *für jedermann* gleichberechtigt neben die Gewährleistung persönlicher Freiheits- und politischer Teilhaberechte.

So lange eine bestimmte, mit plausiblen Gründen als benachteiligt definierte Bevölkerungsgruppe als Zielgruppe der Sozialpolitik galt, blieb die Frage nach dem Umfange kollektiver Sicherung sekundär; ihre Schutz- und Förderbedürftigkeit war bereits durch die Definition der „sozialen Frage" als Arbeiterfrage vorentschieden. Zudem konnten das Ausmaß der tatsächlichen Vorkehrungen der sozialen Sicherung bis zum zweiten Weltkrieg kaum die Vermutung eines Übermaßes aufkommen lassen. Sobald jedoch grundsätzlich jeder Mensch Anspruch auf Gewährleistungen des Staates erheben kann, stellt sich zwangsläufig die Frage nach dem Ausmaß dieser Vorkehrungen und ihrem Verhältnis zu den übrigen Staatsaufgaben, sowie zu den privaten Ressourcen. Denn irgendwoher müssen ja die Mittel für diese umfassende Wohlfahrtspolitik finanziert, sprich fiskalisch abgeschöpft werden. Im Diskurs der Verantwortungssemantik formuliert: *Die Frage nach dem Verhältnis zwischen öffentlicher und privater Verantwortung für die Wohlfahrtsproduktion und damit auch diejenige nach der Verteilung von Vor- und Nachteilen durch staatliche Umverteilung wird zu einem zentralen politischen Konfliktfeld, welches in vielen Ländern das klassische Konfliktfeld von Kapital und Arbeit weitgehend verdrängt hat.* So auch in der Bundesrepublik, wo nach der Entscheidung des Kampfes um die betriebliche Mitbestimmung der Konflikt um das Arbeitsrecht weitgehend aus der politischen in die gerichtliche Arena verschoben wurde und statt seiner das Sozialrecht bis in jüngste Zeit ins Zentrum der politischen Auseinandersetzungen gerückt ist.

15.5 Subsidiarität und Selbsthilfe im Krisendiskurs des Sozialstaates

Soweit ich sehen kann, spielte der Verantwortungsdiskurs in der sozialpolitischen Diskussion der Bundesrepublik nach der Rentenreform von 1957 zunächst keine Rolle mehr. Mit diesem Schrumpfergebnis der von Adenauer angekündigten „umfassenden Sozialreform" war die historische Form des deutschen Sozialstaates zementiert, und die beiden folgenden Legislaturperioden brachten nur noch Ergänzungen des erreichten Dispositivs eines umverteilenden Sozialversicherungsstaates. Sein Ausbau wurde flankiert von einer keynesianischen Auffassung der Wirtschaftspolitik, der zufolge „aller Sozialaufwand aus dem Volkseinkommen der laufenden Periode zu finanzieren ist" (Mackenroth). Auch dies trug dazu bei, die Differenz zwischen öffentlicher und privater Finanzierung der Vorsorge einzuebnen. Das bis 1973 rasche Wirtschaftswachstum, verbunden mit einer tendenziellen Überbeschäftigung, erlaubte einen finanziell zunächst problemlosen weiteren Ausbau der Sozialleistungen. Dabei kamen nun auch die sozialen Dienstleistungen stärker zum Zuge: Der Ausbau des Gesundheits- und des Bildungswesens, die Arbeitsförderung und manche andere personenbezogene Dienste, vor allem auf Seiten der subventionierten Freien Träger.

Doch dann führten der Zusammenbruch des Währungssystems von Bretton Woods und die erste Ölpreiskrise zu einer brüsken Verschlechterung der internationalen Austauschverhältnisse und zur Wiederkehr von Arbeitslosigkeit. Der Deregulierung des Währungssystems folgte bald die Deregulierung der Finanzmärkte und damit ein erneuter Machtgewinn der Kapitalseite, flankiert durch eine Wendung vom nachfrageorientierten zum angebotsorientierten Paradigma in der Wirtschaftspolitik. Der Zusammenbruch des Ostblocks nahm dem europäischen Sozialstaatsmodell seine Mittellage und ermöglichte das Aufkommen eines bis dahin nur in den Vereinigten Staaten plausiblen Neoliberalismus. Die Einführung des Euro beraubte die Bundesrepublik ihrer bisherigen Zinsvorteile, und die Wiedervereinigung erfolgte zu Konditionen, die nach Ansicht eines Wirtschaftsexperten der Besteigung der Eigernordwand im Winter glichen. Er sollte recht behalten. Seit dem Verpuffen des Vereinigungsbooms ist Deutschland in der internationalen Konkurrenz um Investitionskapital und hinsichtlich seines Ranges in der Wohlstandsskala kontinuierlich zurückgefallen.[2] Die Schrumpfung der nachwachsenden Bevölkerungskohorten dämpft zudem das produktive Humankapital und die Binnennachfrage auf Dauer, während gleichzeitig der Anteil der älteren, von sozialstaatlicher Umverteilung abhängigen Generationen in absehbarer Zukunft sprunghaft anwächst.

Es liegt auf der Hand, dass die Verlangsamung des Wirtschaftswachstums den stets vorhandenen *Konflikt um die Verteilung des Sozialprodukts* intensiviert hat, und dass sich dieser mit Bezug auf die demografischen Perspektiven weiter intensivieren wird. Leidtragende wurden im Bereich sozialstaatlicher Politik schon in den späten siebziger Jahren des vorigen Jahrhunderts die Sozialen Dienste des Bildungs- und Sozialwesen, deren Zuweisungen von den jährlichen Haushaltberatungen vornehmlich der Länder abhängig bleiben. Zunehmend wurden aber auch bundesgesetzlich festgeschriebene Leistungsansprüche reduziert, wobei sich ein Verteilungskonflikt zwischen verschiedenen Trägern sozialer Maßnahmen und verschiedenen Sozialstaatsklientelen neben dem Konflikt um den Umfang und die Verteilung der Abschöpfungen bei Beitragspflichtigen und Steuerzahlern etabliert hat.

In diesem Zusammenhang belebte sich der Verantwortungsdiskurs erneut. Und auch dieses Mal verband er sich wiederum mit dem Gedanken der Subsidiarität, jedoch auf neue Weise. Der Impuls zur Staatsbegrenzung kam zunächst von Seiten der *neuen sozialen Bewegungen*, die in den siebziger und achtziger Jahren eine neue Form der Bürokratie- und Professionskritik einleiteten, die sich auch in der Sozialstaatsdiskussion niederschlug (vgl. Strasser 1979; Hegner 1979). Das Verhältnis von „Staat, intermediäre(n) Instanzen und Selbsthilfe" (Kaufmann 1987) wurde

---

2   *Anmerkung 2014: Aus heutiger Sicht hat die Bundesrepublik die Vereinigungslasten in bemerkenswert kurzer Zeit verarbeitet und steht heute in der internationalen Konkurrenz beachtlich gut da.*

zu einem Thema vor allem der soziologischen Sozialpolitikforschung, wobei die Aktivierung von Selbsthilfepotentialen und sozialen Netzwerken auch unter dem Begriff einer „neuen Subsidiarität" (Heinze 1986) thematisiert wurde. Hier also wurde Eigenverantwortung von denen eingefordert, die selbst größere Verantwortung übernehmen wollten, und zwar in advokatorischer Form auch für sozial Schwache, die, so die Kritik, von den staatlichen, aber auch wohlfahrtsverbandlichen Bürokratien keine bedürfnisadäquaten Hilfen zu erwarten hätten.

Subsidiarität und Selbsthilfe fanden jedoch bald auch Eingang in die regierungsamtliche Rhetorik der neuen konservativ-liberalen Regierung, um die Privatisierung öffentlicher Aufgaben und die Kürzung von Sozialetats zu legitimieren. In diesem Zusammenhang war dann auch von „Stärkung der Eigenverantwortung" die Rede. Allerdings wurde sie hier nicht von Verantwortungsbereiten beansprucht, sondern die Formel wurde zur Legitimation der Verantwortungszuschreibung an Dritte ohne deren Zustimmung und zur Reduktion der ihnen bisher zustehenden Sozialleistungen verwendet. Dabei wurde nicht einmal der Versuch gemacht, darzutun, dass diejenigen, welche von den Kürzungen vor allem betroffen werden, der staatlichen Hilfe weniger bedürftig seien, also höhere Selbsthilfepotentiale aufweisen. Dadurch geriet der Begriff der Eigenverantwortung in eine *Ambivalenz*, die noch kürzlich von Angela Merkel beklagt wurde.

15.6 Verantwortung: Analytische Perspektiven

Spätestens seit der Wiedervereinigung ist es um Subsidiarität und Selbsthilfe still geworden, der Glaube an die Kraft intermediärer Problemlösungen scheint geschwunden. Vor allem die Bevölkerung in den neuen Bundesländern erwartete das Heil zunächst vor allem von der Hilfe des Staates und weder von Selbsthilfe noch von intermediären Instanzen. In dieser Hinsicht wirkte die Erinnerung an das sozialistische Modell weiter. Aber auch die Oktroyierung des westdeutschen Korporatismus und die Kolonisierung der Wirtschaft durch westdeutsche Unternehmen wirkten in dieselbe Richtung.

Als deutlich wurde, dass die von Bundeskanzler Kohl versprochenen „Blühenden Landschaften" auf sich warten ließen, und der Transfer westlicher Sozialversicherungsbeiträge in den Osten sowie die damit verbundenen Beitragserhöhungen nicht abebbten, wuchs der Druck auf den Sozialstaat und seine kostenträchtigen Leistungen. Den Kontext bildet die *Globalisierungsdebatte* und mit ihr eine neoliberale Argumentation, die sich von einem Abbau sozialstaatlicher Schutzrechte und Geldleistungen eine Verbesserung der Standortqualitäten Deutschlands in der internationalen Konkurrenz verspricht. Darauf kann hier nicht in der Sache eingetreten werden.[3] Zu fragen ist jedoch in einem letzten Teil, inwieweit der Verantwortungsdiskurs für diese Debatten instruktiv ist.

Neuere Begriffsuntersuchungen haben das Vieldeutige und Schillernde des Verantwortungsbegriffs hervorgehoben (Lampe 1989; Kaufmann 1992; Bayertz 1995; Wieland 1999). Der nur im deutschen Sprachraum heimisch gewordene Begriff einer „Verantwortungsethik" verdankt seine „breite Akzeptanz .. ja nicht so sehr der formalen Schlüssigkeit ihres Konzepts, sondern jenen Konnotationen .., die emotionale Resonanzen hervorzurufen pflegen." (Wieland 1999: 86) Das gilt in besonderem Maße für den Begriff der *Eigenverantwortung*, der in der sozialpolitischen Rhetorik so gerne zur antiinterventionistischen Legitimation herangezogen wird. „Eigenverantwortung" ist schon vom Wortsinn her widersprüchlich, bezeichnet „Verantworten" doch einen kommunikativen Akt des Rechenschaft-Ablegens *gegenüber Dritten*. Seine individualistische Emphase entstammt dem ursprünglich evangelisch-theologischen Kontext des vor Gott Rechenschaft Ablegens. Die Aufklärungsphilosophie hat den Gedanken in einer Metaphysik der Freiheit säkularisiert und postulierte nunmehr „Eigenverantwortung" als Korrelat menschlicher Freiheit (vgl. Schulz 1972). Das ist jedoch keine überzeugende Antwort auf die sozialphilosophische Frage nach den allgemein zustimmungsfähigen Gründen für die Pflicht, sich von Dritten zur Verantwortung ziehen zu lassen. Wer erklärt, die Verantwortung für etwas zu übernehmen, spricht redlich nur, wenn er damit ausdrücken will, dass er bereit ist, sich dafür zur Verantwortung ziehen zu lassen. Sonst ist „Eigenverantwortung" nur ein vornehmeres Wort für Unverantwortlichkeit.[4]

Abgesehen von dieser semantischen Falle ist festzuhalten, dass moderne Gesellschaften Prozesse der Verantwortungszuschreibung und der Verantwortungsübernahme in bis dahin unnötigem und deshalb auch unvorstellbarem Maße institutionalisiert haben, und dass sich von daher die erst für das 20. Jahrhundert charakteristische Prominenz des Verantwortungsbegriffs erklärt. *Aus soziologischer Sicht stellen Verantwortungszuschreibung und Verantwortungsübernahme einen Modus sozialer Steuerung in unüberschaubar komplexen Handlungszusammenhängen dar* (Kaufmann 1989c; 1992; Heidbrink & Hirsch 2007: 17 ff.). „Verantwortung" als in der Regel rollen- oder aufgabenbezogene *Zuständigkeit für Entscheidungen (accountability)* und ihr subjektives Korrelat *Verantwortlichkeit (responsibility)* werden dort eingesetzt, wo sich „richtige" oder „zweckmäßige" Verhaltensweisen

---

3   Vgl. hierzu Kaufmann 2004.

4   Zur Unverbindlichkeit des ethischen Selbstgesprächs sei an Nietzsches Dictum erinnert: „Das hast Du getan, sagt Dir Dein Gewissen. Das kannst Du nicht getan haben, sagt Dir Dein Stolz und bleibt unerbittlich. Endlich gibt das Gewissen nach."

nicht mehr in allgemeiner oder auch nur plausibler Form a priori festlegen lassen. Oder in der Sprache der Ethik: Wo nicht mehr klar ist, was Pflichten gebieten. Nicht von ungefähr hat der Verantwortungsbegriff den Pflichtbegriff aus der moralischen Semantik weitgehend verdrängt.

Aber Verantwortung trägt im Horizont der säkularisierten Moderne nicht jeder. Verantwortung trägt nur der, dem bei seinen Entscheidungen ein gewisses Maß an *Ermessen* zukommt. Und die Verantwortung gilt als umso bedeutender, je umfangreicher die Möglichkeiten des Ermessens und je folgenreicher die Entscheidungen sind. Die subjektive Fähigkeit, mit derart schlecht definierten Situationen zurechtzukommen, wird als „Verantwortlichkeit" bezeichnet. Sie setzt typischerweise sowohl ein hohes Maß an kognitiver Komplexität als auch ethische Integrität und kommunikative Fähigkeiten voraus, um die getroffenen Entscheidungen in überzeugender Weise zu begründen.

Das Charakteristische derartiger moderner Verantwortungsphänomene besteht in der *Verknüpfung von Rechenschaftspflicht und Selbstverpflichtung*. Verantwortungsvolle Aufgaben werden nicht zwangsweise auferlegt, sondern freiwillig übernommen. Das aber bedeutet, dass aus der Sicht des potentiellen Verantwortungsträgers die Risiken der Verantwortungsübernahme überschaubar bleiben müssen, die Verantwortung also klar umgrenzt wird. Wie sehr Verantwortungsträger um solche Risikobegrenzung bemüht sind, lässt sich eindringlich an den Geschäftsbedingungen verschiedenster Art studieren.

Die Verantwortungsübernahme ist dabei in der Regel mit positiven Sanktionen verbunden, insbesondere in Form von Macht, Geld oder Ehre. Ein besonders wirksames Motiv, Verantwortung zu übernehmen, kann aber auch im intrinsischen Wert einer bestimmten Aufgabe für den Verantwortungsbereiten liegen, sowie den damit verbundenen Sinnerfahrungen und Selbstwertbestätigungen. Das gilt insbesondere für die Übernahme von Elternverantwortung und von Ehrenämtern. Hier werden kulturelle Faktoren wirksam, die bestimmte Handlungsbereiche oder auch die bloße Pflichterfüllung übertreffende Handlungsweisen als wertvoll auszeichnen. Früher hätte man sie als „tugendhaft" bezeichnet …!

Die Frage der KWI-Forschungsgruppe nach „Kulturen der Verantwortung" weist in diese letztgenannte Richtung.[5] Dazu jedoch eine kritische Anmerkung: Verantwortung selbst ist, wie Bayertz (1995: 42 ff.) und Wieland deutlich machen, kein primärer Wert:

---

5 *Anmerkung 2014: Im Kontext des Kulturwissenschaftlichen Instituts in Essen (KWI) ist der Text ursprünglich vorgetragen worden.*

„Dem Begriff der Verantwortung ist nicht das Begründungspotential eigen, das
ihm die landläufige Berufung auf die Verantwortungsethik ausdrücklich oder still-
schweigend zu unterstellen pflegt. Auf die inhaltsbezogene Frage, was zu tun sei,
lässt sich aus dem verantwortungsethischen Konzept allein keine Antwort ableiten.
… In keinem Falle kann die zu jeder Bilanzierung erforderliche und ihr zugrunde
liegende Wertfunktion, sei sie nun vorgegeben oder in die Entscheidungskompetenz
des Akteurs gelegt, durch ein wie auch immer konzipiertes Prinzip Verantwortung
normiert oder gar legitimiert werden. Gerade umgekehrt wird die stets bereits vorausgesetzte Wertfunktion vom vermeintlichen Prinzip Verantwortung nur benutzt, um
auf dem Weg über geeignete Bilanzierungen dem Handeln eine bestimmte Ordnung
vorzugeben." (Wieland 1999: 94).

Es scheint deshalb fraglich, ob Begriffe wie „Kultur der Verantwortung" oder
„Verantwortungsgesellschaft" das gemeinte Problem präzise genug treffen. *Will
man Menschen zur Übernahme von Verantwortung motivieren, so müssen sie zum
ersten vom Wert der Ziele oder Zwecke überzeugt werden, um derentwillen sie Verantwortung übernehmen sollen; das ist die eigentliche Leistung, welche Kultur zu
übernehmen hat.* Die viel beschworene Eigenverantwortung ist gerade kein solcher
Wert, wie Birnbacher deutlich macht:

„Ohne Verantwortlichkeiten gegenüber anderen könnten wir keinem moralische
Vorwürfe machen, daß er das eigene Leben, die eigene Gesundheit oder das eigene
Glück aufs Spiel setzt oder seine Fähigkeiten brach liegen lässt. Mag er sich dadurch
noch so sehr schaden, er verletzt damit keine wie immer geartete moralische Ver-
antwortungsnorm." (Birnbacher 1995: 164)

15.7   Die hohle Rhetorik der Eigenverantwortung im Kontext sozialstaatlicher Verteilungskonflikte

Die Rede von „Staatsverantwortung" oder „Eigenverantwortung" in sozialpoliti-
schen Diskursen beantwortet im Wesentlichen die Frage nach der *Zuständigkeit.*
Zuständigkeit ist die Voraussetzung für Verantwortlichkeit. Die Zuschreibung
von Verantwortung ist unter komplexen Bedingungen eine Inanspruchnahme
der Person für Steuerungsleistungen, die sich nicht in verallgemeinerungsfähige
Form vorformulieren lassen. Dazu gehört im Horizont unseres basalen Ethos von
Menschenwürde und Menschenrechten zweifellos die Führung des eigenen Lebens.
Insofern *ist* jeder für sein Leben selbst zuständig. Ob, inwieweit und in welchen
Hinsichten er hierüber Dritten gegenüber verantwortlich ist, ist eine zweite Frage,
deren verallgemeinerungsfähige Beantwortung die Aufgabe einer Philosophie der

Verantwortung sein könnte. Plausibel erscheint hier grundsätzlich eine tauschtheoretische Begründung (vgl. Höffe 1989). Sie kann sich auf das in allen überlebensfähigen Kulturen erfahrbare Prinzip der Reziprozität berufen, das allerdings auch stets nur innerhalb bestimmter Grenzen verbindlich erscheint. Ob allerdings die tauschtheoretische Begründung noch in Fällen trägt, wo sich Menschen weigern, das Recht Dritter auf Leben anzuerkennen, scheint fraglich. Der Verzicht auf die Todesstrafe scheint mir tauschtheoretisch nicht begründbar.

Die Frage, wofür der *Sozialstaat* zuständig sein soll, lässt sich durch keinen Verantwortungsdiskurs beantworten. Sie lässt sich auch nicht unabhängig von konkreten Umständen in problemangemessener Weise diskutieren. Der Sozialstaat ist eine Form, in der politisch verfasste Gemeinwesen sich über die Gerechtigkeitsbedingungen ihres Zusammenlebens vor allem in wirtschaftlicher Hinsicht verständigen. Insofern ist der Gerechtigkeits- und nicht der Verantwortungsdiskurs für die Prinzipien der Sozialstaatsgestaltung maßgeblich (vgl. Kersting 2002). Aber die institutionelle Ausgestaltung des Sozialstaats ist ein fortgesetzter und sich in seinen konkreten Bedingungen verändernder *Prozess*, in dem die Bedingungen des Zusammenlebens immer wieder neu auszuhandeln sind (vgl. Zacher 2001). Dies geschieht allerdings nicht voraussetzungslos, sondern im Horizont der menschenrechtlichen Einsicht, dass ein jeder allein für sich nicht leben kann, sondern für die Entfaltung seiner in ihm angelegten Potentialitäten auf die Hilfe von Mitmenschen, und unter modernen, durch Marktvergesellschaftung hoch interdependent gewordenen Gesellschaften auch auf politisch zur Kompensation der externen Effekte von Marktvergesellschaftung geschaffene Institutionen des Schutzes, der Hilfe und der Förderung angewiesen ist. Das ist der Sinn der sozialen Menschenrechte, welche erst die Bedingungen der Entfaltung persönlicher Freiheit gewährleisten (vgl. Bielefeldt 1998). Die Forderung nach ausschließlich individueller Daseinsführung auf der Basis von Privateigentum und Familie, wie sie Friedrich August von Hayek vorschwebte und in der neoliberalen Forderung nach „Eigenverantwortung" mitzudenken ist, erschiene überhaupt nur diskutabel, wenn im Bereich der Vermögensbildung Chancengleichheit herrschen würde. Dieses altliberale und katholische Programm ist jedoch offensichtlich mit den Funktionsbedingungen des auf sich selbst gestellten Kapitalismus nicht kompatibel.

Das Urteil, wer *in welchem Maße* auf Schutz, Hilfe und Förderung angewiesen ist, hängt von der Einschätzung der konkreten sozio-ökonomischen Verhältnisse ab. Um diese Einschätzungen wird öffentlich gerungen. Die Wahrnehmungen der politischen Akteure sind meist durch bestimmte wohlfahrtskulturelle Auffassungen vorgeprägt und bleiben deshalb umstritten. Immerhin lassen sich durch sozialwissenschaftliche Untersuchungen wirklichkeitsnähere Einschätzungen vorstrukturieren. Wie aber beispielsweise der seit dreißig Jahren absehbare, aber

bis vor kurzem verdrängte Bevölkerungsrückgang zeigt, bleiben politische Wahrnehmungsmuster oft ziemlich wissenschaftsresistent (Kaufmann 2005a). Dennoch
gibt es keine andere Arena als die politische, um mit diesen Fragen in verbindlicher
Weise umzugehen. Dabei ist es üblich, moralische Argumente zum Zwecke der
Plausibilitätssteigerung des eigenen Standpunktes vorzubringen. Die Zuschreibung
von Verantwortung oder auch von Unverantwortlichkeit stellt dabei eine beliebte
rhetorische Figur dar. Aus sozialwissenschaftlicher Sicht steckt hinter dem derzeit
aktuellen Ruf nach Eigenverantwortung allerdings nicht mehr als politische Rhetorik zur Legitimation zugemuteter Leistungskürzungen.

Vorbemerkung und Zusammenfassung: Der folgende, leicht gekürzte Text wurde als Länderbericht 1996 für ein internationales Projekt geschrieben, also sechs Jahre nach der Wiedervereinigung Deutschlands. Er enthält deshalb einzelne überholte Informationen und Einschätzungen, bleibt aber im Kern eine m.E. haltbare Analyse.- Unter normativen Konflikten werden praktische Auseinandersetzungen und sie legitimierende Meinungsfronten verstanden, bei denen direkte Kompromisse zwischen den Konfliktparteien grundsätzlich ausgeschlossen erscheinen, da der Charakter der Streitmaterie die Wertbindung der Beteiligten berührt. Misst man das Ausmaß normativer Konflikte in Deutschland seit dem Zweiten Weltkrieg an der Virulenz herkömmlicher Konfliktfelder – Religion, Ethnie, Klasse – so stellt man ein überraschend geringes Konfliktniveau fest. Offenkundige normative Konflikte sind vor allem im Zusammenhang mit der Formierung neuer sozialer Bewegungen entstanden, die der „alten" Bundesrepublik und ihrer Politik eine charakteristische Prägung gegeben haben. Der Beitrag schließt mit verallgemeinernden Überlegungen zur Entschärfung normativer Konflikte: Als erfolgreich erwiesen haben sich die Einräumung von Möglichkeiten der Selbstorganisation für normativ gebundene Bevölkerungsgruppen und die Prozeduralisierung von Konflikten.

Deutschland ist im europäischen Vergleich eine „verspätete Nation" (H. Plessner), deren regionale und politische Kontinuität zudem von deutlichen Brüchen geprägt ist. Die nationalstaatliche Einigung Deutschlands gelang erst unter preußischer Führung zwischen 1866 und 1871. Das damals geschaffene Deutsche Reich gewann

---

* Erstveröffentlichung in: Peter L. Berger (Hrsg.): Die Grenzen der Gemeinschaft. Konflikt und Vermittlung in pluralistischen Gesellschaften. Ein Bericht der Bertelsmann Stiftung an den Club of Rome. Gütersloh: Verlag der Bertelsmann Stiftung, 1997, S. 155-197. (Engl. Boulder Col. 1998).

und verlor im Zusammenhang mit den beiden Weltkriegen dieses Jahrhunderts erhebliche Territorien und wurde in der Folge des Zweiten Weltkrieges sowie im Zuge des Kalten Krieges zwischen Ost und West geteilt. Aus den vier Besatzungs-zonen der Siegermächte entstanden zwei getrennte Staaten, die Bundesrepublik Deutschland und die Deutsche Demokratische Republik. Damit war der grund-legende normative Konflikt zwischen Kapitalismus und Sozialismus sozusagen externalisiert, ebenso das traditionelle Übergewicht der protestantischen Konfession. Diese Darstellung beschränkt sich für den Zeitraum zwischen 1945 und 1990 auf die damalige Bundesrepublik.

Auch wenn sich anscheinend in den Gebieten der alten Bundesrepublik durch die Wiedervereinigung wenig verändert hat, so doch die politischen Koordinaten. Ein wesentliches Element des westdeutschen Zusammenhalts war die Ablehnung des östlichen Sozialismus und der Glaube, durch diesen bedroht zu sein. Dieses wesentliche Kohäsionsmoment ist nun entfallen. Zudem hat sich auch die innen-politische Lage durch den gleichberechtigten Hinzutritt der neuen Bundesländer gründlich verändert. Diese neue Konstellation hat jedoch noch nicht zu einer deutlichen Reorientierung oder zu neuen Fronten geführt. Das gilt sowohl für die Innen- und Außenpolitik als auch und vor allem für die deutsche Intelligenz, von der bisher kaum der Versuch umfassender Situationsdiagnosen gewagt wird. Um die „Neuen sozialen Bewegungen" ist es stiller geworden. Die wie ein Verhängnis erscheinende, trendmäßig wachsende Arbeitslosigkeit hat sich als erstes zentrales Problem nach der Vereinigung ins öffentliche Bewusstsein geschoben. So beziehen sich die folgenden Analysen und Einschätzungen notgedrungen auf eine Vergan-genheit, deren Gewicht für die absehbare Zukunft ungewiss bleibt.

Gegenstand dieser Studie sind normative Konflikte und ihre Vermittlung auf gesamtstaatlicher Ebene. Als „normativ" seien hier Konflikte bezeichnet, bei denen es nicht allein um konfligierende Interessen, sondern um „Grundsätzliches" geht, das nicht Gegenstand von Kompromissen sein kann, dessen Verfolgung also eventuelle Niederlagen im Prozess politischer Willensbildung oder judizieller Überprüfung überdauert. Normativen Konflikten liegen unterschiedliche Wertorientierungen und – davon ausgehend – unterschiedliche Situationsdefinitionen zugrunde, die es den Konfliktparteien verwehren, sich auf die Perspektive der anderen einzulassen. Normative Konflikte sind daher *grundsätzlich unlösbar*, sie lassen sich nicht in di-rekten Auseinandersetzungen beilegen, sondern bestenfalls umgehen, entschärfen, durch Dritte schlichten oder unterdrücken. Schlimmstenfalls neigen sie dazu, bis zur Gewaltanwendung zu eskalieren, denn schließlich hat jede Partei aufgrund ihrer unterschiedlichen Wertbindungen ein „gutes Gewissen".

Die hier vorgegebene Analyseebene betrifft staatlich verfasste nationale Gesell-schaften. Damit interessieren nur solche normative Konflikte, die mit einer gewissen

Dauerhaftigkeit das politische Geschehen eines Landes belasten. Denn Politik ist – zumal in demokratischen Gesellschaften – die wichtigste Arena normativer Konflikte. Das Ausbrechen normativer Konflikte in der Politik setzt in der Regel die Existenz unterschiedlich orientierter kollektiver Akteure voraus, die durch ihre Aktionen die Unterstützung eines weiteren Umfeldes von Gesinnungssympathisanten zu mobilisieren suchen. Die dabei verfolgten Strategien können sehr unterschiedlich sein, und nicht selten bilden die Strategieunterschiede selbst ein wesentliches Medium der Eskalation.

Wir sind im Folgenden aber nicht nur an der Beschreibung normativer Konflikte und der Erklärung ihres Zustandekommens interessiert, sondern auch an den Möglichkeiten, mit ihnen umzugehen, ihnen ihr Eskalierungspotential zu nehmen, zwischen verfeindeten Parteien zu vermitteln. Hierbei muss auch das Fehlen normativer Konflikte in Zusammenhängen dort interessieren, wo sie zu erwarten wären. Das niedrige Konfliktniveau in klassischen Feldern normativer Konflikte ist im deutschen Falle selbst erklärungsbedürftig.

16.1 Klassische normative Konflikte: Überwindung oder Verdrängung?

16.1.1 Religion

Das Gebiet des heutigen Deutschland kann als Kernland der Reformation gelten. Die konfessionellen Unterschiede zwischen Lutheranern, Calvinisten und Katholiken haben die deutsche Geschichte auf verschiedenen Ebenen tief geprägt. Seit der Zwangsunion des lutherischen und des reformierten Bekenntnisses durch Preußen (1811) trat der innerprotestantische Gegensatz zurück. Dagegen gewann der Konflikt der Katholiken mit der preußischen Regierung seit der Einkerkerung des Erzbischofs von Köln (1837) an Schärfe und gipfelte im Kulturkampf von 1871/78. Innerhalb des Deutschen Reiches bildeten die Katholiken eine gut organisierte Minderheit mit einer einflussreichen politischen Partei, dem Zentrum. Die Protestanten organisierten sich in konservativen und liberalen Parteien, während ein Großteil der Arbeiterschaft in Distanz zu diesem konfessionellen Gegensatz sich der Sozialistischen bzw. der Sozialdemokratischen Partei anschloss. So beruhte das Spektrum der politischen Parteien im Deutschen Reich auf weltanschaulichen Gegensätzen, die in unterschiedlichen sozialen Milieus verankert waren (Lepsius 1966).

Es war die traumatisierende Erfahrung des Nationalsozialismus, die wesentlich zur Überwindung dieser weltanschaulichen Gegensätze beigetragen hat. So kamen

Vertreter der Bekennenden Kirche, die mit dem „Barmer Bekenntnis" (1934) erstmals auch die glaubensmäßige Einheit des Protestantismus formuliert hatten, und die dem Dritten Reich mehrheitlich distanziert gegenüber stehenden Katholiken einander näher. Dadurch wurde schon 1945 die Gründung einer den konfessionellen Gegensatz überwindenden christlichen Partei möglich. Die Abtrennung Ostdeutschlands führte in der alten Bundesrepublik auch zu einer weitgehenden konfessionellen Parität, und im Zuge der lange dauernden Kanzlerschaft des Katholiken Adenauer und der mehrheitlich katholischen CDU ging das frühere Minderheitenbewusstsein der Katholiken völlig verloren. Auch die Sozialdemokratische Partei hat im Zuge ihrer Umorientierung von einer Klassen- zu einer Volkspartei die Distanz zu den Kirchen aufgegeben. Hinzu kam die weitgehende räumliche Vermischung der Konfessionen durch Flucht und Wanderungen, die eine ökumenische Annäherung begünstigte. Man wird daher von einer weitgehenden Überwindung des konfessionellen Konfliktes in Deutschland sprechen dürfen.

Offen ist jedoch die Frage, inwieweit sich die weitgehende Entchristlichung Ostdeutschlands und die zunehmende Kirchendistanz der jüngeren Generationen in Westdeutschland auf das seit 1919 weitgehend im Sinne einer „balancierten Trennung von Kirche und Staat" (E.-W. Böckenförde) bestimmte staatskirchenrechtliche Verhältnis auswirken wird. Bisher haben Initiativen in kleineren Parteien (F.D.P., GRÜNE), die Verhältnisse im Sinne einer Zurückdrängung des kirchlichen Einflusses zu ändern, kaum politische Resonanz gefunden.

Eine tiefgreifende weltanschauliche Auseinandersetzung, an der insbesondere Katholiken auf der einen und kirchlich ungebundene Gruppierungen auf der anderen Seite beteiligt waren, betraf die Strafbarkeit der Schwangerschaftsunterbrechung (§ 218 StGB). Dies war einer der wenigen Punkte, in denen für Ostdeutschland die Beibehaltung der bisherigen liberalen Regelungen für eine Übergangszeit ausdrücklich vorbehalten blieb. Der Konflikt hat das Bundesverfassungsgericht mehrmals beschäftigt. Zur Debatte stand hier die Priorität unterschiedlicher Werte: die Unverletzlichkeit menschlichen Lebens und das Recht der Frauen auf Selbstbestimmung. Allerdings wurde von den Befürwortern einer liberalen Abtreibungsregelung meist nicht der Höchstwert *menschliches Leben* in Frage gestellt; sondern die Situation anders definiert, d. h. der Begriff *menschliches Leben* so eng gefasst, dass er die ersten Wochen der Schwangerschaft nicht umfasste. Die Schlichtung des Konfliktes erfolgte in einem überaus aufwendigen Hin und Her zwischen Gesetzgeber und Bundesverfassungsgericht und ging mit dem Kompromiss einer Pflichtberatung für Frauen in Schwangerschaftskonflikten zu Ende; ein Kompromiss, der keine Seite zufriedenstellte, aber den öffentlichen Frieden zunächst wieder hergestellt hat.

Noch ungewiss bleibt, inwieweit die wachsende islamische Minderheit in Deutschland Konfliktpotentiale entwickeln wird. Der traditionell geringe Zentralisierungsgrad der muslimischen Religionsgemeinschaft und der geringe Einfluss fundamentalistischer Gruppen sprechen eher dagegen. Die beiden christlichen Kirchen und die mit ihnen verbundenen Sozialwerke pflegen im übrigen ein offenes Verhältnis zu den Muslimen. So kann m. E. bis auf weiteres davon ausgegangen werden, dass der religiös weltanschauliche Konflikt durch Annäherung der Konfessionen im Sinne einer Betonung des Gemeinsamen statt des Trennenden weitgehend überwunden worden ist.

16.1.2 Ethnische Konflikte

Ethnische Konflikte haben – mit der schwerwiegenden Ausnahme des mörderischen Rassenwahns der Nationalsozialisten – in der deutschen Geschichte nur eine untergeordnete Rolle gespielt. Die gezielte Verfolgung und Vernichtung „nicht-arischer" Personen richtete sich zudem gegen gesellschaftlich weitgehend integrierte Bevölkerungsgruppen. Eine erhebliche Mobilisierung ethnischer Minderheiten hat es trotz breiter Einwanderungsströme, insbesondere von Türken, bisher nicht gegeben.

Angesichts der immer noch lebendigen Erinnerung an die rassistischen Verbrechen des Dritten Reiches erscheint die Disposition der deutschen Bevölkerung gering, soziale Konflikte im ethnischen Sinn zu definieren. De facto praktiziert jedoch Deutschland eine im internationalen Vergleich besonders scharfe rechtliche Trennung zwischen Inländern und Ausländern. Sie geht auf das zuerst 1842 in Preußen eingeführte „jus sanguinis" zurück, welches das immer noch gültige Reichs- und Staatsangehörigkeitsgesetz von 1913 prägt.[1] Dieser Grundsatz wird auch heute noch von den politischen Mehrheiten vertreten. Im Gegensatz zu den meisten anderen Ländern können zwar Abkömmlinge von Deutschen, die seit Generationen im Ausland gelebt haben, einen Einbürgerungsanspruch geltend machen, doch kann ein solcher durch langjährigen Aufenthalt und Akkulturation in Deutschland nicht erworben werden. Die Einbürgerung steht im Ermessen der Behörden und bleibt ein „verwaltungstechnischer Gnadenakt" (Bös 1993: 628). In der Regel wird die Einbürgerung zudem mit der Forderung nach Verzicht auf die bisherige Staatsbürgerschaft verbunden, eine doppelte Staatsbürgerschaft somit abgelehnt. Auch Initiativen auf Beteiligung von Ausländern an politischen Entscheidungen stoßen nach wie vor auf anscheinend unüberwindlichen Widerstand.

---

1   *Anmerkung 2014: Dieses Gesetz ist durch zum 1. Januar 2000 in Kraft getretene Staatsangehörigkeitsgesetz novelliert worden, das den Grundsatz der Abstammung durch denjenigen einer Geburt in Deutschland ergänzt hat.*

Es ist zu vermuten, dass entsprechende Haltungen unter den Ostdeutschen noch stärker verbreitet sind als unter den Westdeutschen.

Hier besteht also ein latentes Konfliktpotential, dessen normative Aufladung bisher jedoch erfolgreich verhindert wurde. Dies dürfte im Wesentlichen darauf zurückzuführen sein, dass in der Praxis die Aufenthaltsbedingungen länger ansässiger Ausländer stark an diejenigen der einheimischen Bevölkerung angeglichen sind, und die Diskriminierung von Ausländern zwar auf der Interaktionsebene zweifellos vorkommt, doch in der Öffentlichkeit durchgehend abgelehnt wird. Weitgehende Toleranz für nationalkulturelle Eigenarten, solange sie auf der privaten Ebene verbleiben, jedoch deutliche Ablehnung eines politischen Prinzips des Multikulturalismus scheint die dominierende Einstellung zu sein – ein Kompromiss der bisher auch von den meisten Ausländern respektiert wird.

16.1.3 Klassenkonflikt

Während die theoretische Reflexion des Konfliktes zwischen Kapital und Arbeit als historisch zentraler Klassenkonflikt in der deutschen Sozialwissenschaft erhebliche Bedeutung erlangt hat, blieben die faktischen Klassenkonflikte während der Industrialisierung im Vergleich zu England und insbesondere zu Frankreich recht friedlich. Die Formierung der Arbeiterbewegung in sozialistischen Gewerkschaften und Parteien erfolgte zwar gegen politische Widerstände (Sozialistengesetz 1878), aber insgesamt kontinuierlich. Revolutionäre Minderheiten konnten sich nie durchsetzen. Die staatliche Sozialpolitik entwickelte sich weitgehend parallel zur Industrialisierung und orientierte sich dabei primär an der „Arbeiterfrage". Bereits während des Ersten Weltkriegs entstanden die ersten Mitbestimmungsrechte von Arbeitervertretungen, und eine Vereinbarung zwischen den Exponenten der Industriellen und der sozialistischen Gewerkschaften am Ende des Ersten Weltkrieges (Stinnes-Legien-Abkommen von 1918) legte das Fundament für die Weimarer Reichsverfassung, in der wichtige wirtschaftliche und soziale Rechte festgeschrieben wurden. Die Aufkündigung des 8-Stunden-Tages seitens der Schwerindustrie und deren nachträgliche staatliche Legalisierung (1923) führten zu einer erneuten Entfremdung der Tarifparteien und zu erbitterten Auseinandersetzungen in der späten Weimarer Zeit, was zum Aufschwung der Nationalsozialisten beitrug.

Nachdem unter nationalsozialistischer Herrschaft die bisherigen Verbandsstrukturen aufgelöst und durch die Deutsche Arbeitsfront ersetzt worden waren, brachte der Aufbruch nach 1945 auch auf diesem Gebiet eine tiefgreifende Reorientierung: An die Stelle der früheren weltanschaulich orientierten Richtungsgewerkschaften trat nun das Prinzip der weltanschaulich neutralen, nach Industrieverbänden gegliederten *Einheitsgewerkschaft*. Da sich auch die Arbeitgeber naturgemäß nach Branchengesichtspunkten zusammenschlossen, gelang es, ein im internationalen Vergleich sehr effektives *Verhandlungssystem der Tarifparteien* zu schaffen, das in der Folge auch gesetzlich abgesichert wurde. So werden im internationalen Vergleich die industriellen Beziehungen in Deutschland als *korporatistisch* beschrieben, d. h., es sind im Wesentlichen große, regional gegliederte Branchenverbände, die kollektive Tarifverträge ab schließen, in denen die Mindestbedingungen der Arbeitsverhältnisse festgelegt werden.

Obwohl den Tarifparteien die Mittel des Arbeitskampfes (Streik, Aussperrung) weitgehend erhalten geblieben sind, wird von diesen doch vergleichsweise sparsamer und zielgerichteter Gebrauch gemacht. Wie in Abschnitt 2 zu verdeutlichen sein wird, wurde die Sozial- und Wirtschaftsordnung in der Bundesrepublik bald nach ihrer Konstituierung von einem breiten Konsens getragen, der die Tarifparteien einschloss. Vielfältige Entwicklungen der Nachkriegszeit, insbesondere auch die zunehmende Internationalisierung und Tertiarisierung der Wirtschaft, haben zur Auflösung homogener Klassenlagen und gleichzeitig zu einer Diversifikation der Interessen – sowohl auf der Arbeitgeber- als auch auf der Arbeitnehmerseite – beigetragen. Nicht zuletzt angesichts des Auftretens der neuen sozialen Bewegungen (siehe 16.4) ergaben sich vielfach sogar ähnliche Interessenlagen bei beiden Tarifparteien, etwa in der Umweltfrage, aber auch in Bezug auf Subventionen und manche sozialpolitische Maßnahmen.

So ist zusammenfassend festzuhalten, dass sich in der Bundesrepublik die ökonomischen und sozialen Voraussetzungen für die Bildung klarer Klassengegensätze weitgehend aufgelöst haben. Damit sei nicht behauptet, dass wirtschaftliche und soziale Ungleichheiten verschwunden oder auch nur wesentlich vermindert seien, aber ihre Dimensionen sind vielfältiger geworden, und soziale Benachteiligungen scheinen nur bei bisher eher kleinen Randgruppen zu kumulieren. Mit dem trendmäßigen Wachstum der Arbeitslosigkeit in jüngster Zeit dürfte sich allerdings der Umfang der mehrfach benachteiligten Gruppen vergrößern, so dass neue Formen einer strukturierten Armut zu befürchten sind. Da es sich hierbei jedoch tendenziell um von der Teilnahme an Produktionsprozessen ausgeschlossene Gruppen handelt, ist mit einer Klassenbildung im herkömmlichen Sinne nicht zu rechnen. Auch die deutsche Soziologie thematisiert heute soziale Ungleichheit nicht mehr in der Perspektive sozialer Klassen, sondern in der von unterschiedlichen Lebensweisen und Lebensstilen (Müller 1992).

Die Thematisierung sozialer Ungleichheit in Form von Klassen, wie dies zuerst durch die Sozialisten in Frankreich geschah, ist selbst eine bestimmte, *implizit normative* Situationsdefinition, die ein gemeinsames Interesse derjenigen, die als Klasse angesprochen werden sollen (Arbeiter), voraussetzt und ihnen eine andere

Klasse als eindeutigen Gegner (Kapitalisten) entgegensetzt. Karl Marx und Friedrich Engels haben das damit an gesprochene Problem des Klassenbewusstseins in der Unterscheidung von „Klasse an sich" und „Klasse für sich" zuerst thematisiert, und mit der These „alle Geschichte ist eine Geschichte von Klassenkämpfen" die Selbstverständlichkeit antagonistischer Klassenlagen sozusagen geschichtsphilosophisch überhöht. Wenn heute der Klassenantagonismus unplausibel geworden ist, so heißt dies selbstverständlich nicht, dass soziale Ungleichheiten nicht mehr normativ aufgeladen werden könnten. Dies ist auch in der Bundesrepublik von verschiedenen Seiten immer wieder versucht worden, jedoch bisher nicht mit dem Erfolg einer breiten Mobilisierung zugunsten der als benachteiligt Definierten. Nur dies meint die These vom Fehlen normativer Konflikte in der Klassendimension. Die Eliminierung dieses Konfliktfeldes ist eine wesentliche Konsequenz der nunmehr zu besprechenden Entwicklungen.

16.2 Der Basiskonsens: Grundgesetz und Soziale Marktwirtschaft

Die Erinnerung an die Grausamkeiten, die während Hitlers „Drittem Reich" im Namen der nationalen Idee begangen worden waren, hat dieser ihre legitimierende Kraft in Deutschland weitgehend entzogen. Zudem bedeutete die Vereinigung der Besatzungszonen der drei Westmächte zu einem eigenen Staat weit mehr eine Anpassung an die politischen Umstände des Kalten Krieges als eine politische Grundentscheidung. Der Vorbehalt eines *Provisoriums* begleitete die Bonner Politik seit ihren Anfängen. Das einzige Ereignis, das diesem Staatswesen eine gewisse Identität und Legitimität verliehen hat, war die Beratung und Verabschiedung des *Grundgesetzes* im Jahre 1949. Dieses beinhaltet nicht nur das Organisationsrecht des Staates und die klassischen Freiheitsrechte, sondern bringt auch grundlegende *moralische Überzeugungen* zum Ausdruck: die unantastbare Würde jedes Menschen, soziale Gerechtigkeit, die Bedeutung von Privateigentum, Familie und Religion. Die rechtliche und moralische Gestalt des Gemeinwesens kommt in den vier Grundsätzen des Art. 20 GG zum Ausdruck: Rechtsstaatlichkeit, Demokratie, Sozialstaatlichkeit und Bundesstaatlichkeit (Föderalismus). Diese Grundsätze gelten zusammen mit demjenigen der Menschen würde als unabänderlich (Art. 79 III GG) und berechtigen notfalls zum Widerstand gegen eine sie bedrohende Staatsgewalt (Art, 20 IV GG). In diesen Verfassungsklauseln manifestiert sich die Erinnerung an die Perversion von Recht und Verfassung unter dem Nationalsozialismus.

Das Grundgesetz, das seit der Vereinigung mit der ehemaligen DDR (1990) zur definitiven Verfassung geworden ist, repräsentiert nicht nur den rechtlichen, sondern auch den moralischen Grundkonsens, zumindest in den alten Bundesländern. Den *Staat als eine moralische Idee* zu betrachten, ist dem angelsächsischen Denken fremd, hat jedoch in Deutschland eine alte Tradition, die bis auf die Rechtsphilosophie von G.W.F. Hegel (1821) zurückgeht. Man kann daher dem Grundgesetz für die Bundesrepublik durchaus *zivilreligiöse Eigenschaften* zuschreiben. Selbst progressive Intellektuelle wie Jürgen Habermas sehen im „Verfassungspatriotismus" eine angemessene Form kollektiver Identität.

Ein Korrelat dieser „Staatsgläubigkeit" ist die große Bedeutung, die in Deutschland dem *Recht* zugesprochen wird. Der Grundsatz der Rechtsstaatlichkeit misst alles staatliche Handeln an seiner Gesetzmäßigkeit, und politische Konflikte werden in zunehmendem Maße einer *juristischen Konfliktlösung durch das Bundesverfassungsgericht* zugeführt. Wie die Rechtsstaatlichkeit, so wird auch die Sozialstaatlichkeit als Ausdruck moralischer Ideen (z.B. soziale Gerechtigkeit) interpretiert.

Die Frage muss offen bleiben, inwieweit diese, einer kollektiven Identifikation förderlichen Vorstellungen auch von den Bewohnern der neuen Bundesländer übernommen werden. Während die Verabschiedung des Grundgesetzes für die Bonner Republik die selbstgeschaffene Grundlage einer neuen kollektiven Identität bedeutete, die sich erst allmählich im Zuge der Gesetzgebung wie auch der wirtschaftlichen und sozialen Entwicklung entfaltet hat, tritt die deutsche Rechtsordnung als Ersatz für das sozialistische Herrschaftssystem den Ostdeutschen als komplexe, schwer verständliche Einheit entgegen, die – von wenigen Ausnahmen wie der Regelung des Schwangerschaftsabbruchs abgesehen – ohne Wenn und Aber zu übernehmen war. Auch wenn die Vereinigung von einem Großteil der Bevölkerung gewollt war, so waren doch im Osten wie im Westen die daraus resultierenden Schwierigkeiten unterschätzt worden. Auf die zwar unrealistischen, aber dennoch enttäuschten Hoffnungen folgt ein kollektives Unbehagen, und der Kampf um die Verteilung der Vereinigungskosten dauert an, nicht zuletzt im gegenwärtigen Versuch, die gerade dadurch gestiegene „Staatsquote", d. h. den Anteil der öffentlichen Ausgaben am Bruttosozialprodukt, zu reduzieren.

Das Grundgesetz von 1949 hatte die Entscheidung über die künftige Wirtschafts- und Sozialordnung des neuen Gemeinwesens offengelassen. Die politischen Tendenzen der Zeit reichten von einer liberalen Marktwirtschaft bis zum demokratischen Sozialismus. Hinsichtlich der zukünftigen Wirtschaftsordnung lag somit ein normativer Konflikt vor, den die verfassunggebende Versammlung (Parlamentarischer Rat) nicht lösen konnte oder wollte. Vor dem Hintergrund der in der Praxis wenig erfolgreichen Kodifizierung wirtschaftlicher und sozialer Rechte in der Weimarer Reichsverfassung und in der Hoffnung, im zu wählenden Parlament die Mehrheit zu erreichen, einigten sich die beiden großen Parteien auf eine *verfassungsmäßige Offenheit der Wirtschafts- und Sozialordnung*, schrieben aber in Art. 74 GG weitgehende sozialpolitische Zuständigkeiten des Bundesgesetzgebers fest.

Nach den Wahlen zum ersten deutschen Bundestag wurde Konrad Adenauer mit hauchdünner Mehrheit – man sagt, derjenigen seiner eigenen Stimme – im September 1949 zum ersten Bundeskanzler gewählt. Adenauer berief Ludwig Erhard als Wirtschaftsminister in sein Kabinett, der bereits als Leiter der bizonalen Wirtschaftsverwaltung in Frankfurt eine liberale Wirtschaftspolitik verfolgt hatte.

Das liberale Konzept Erhards unterschied sich jedoch in charakteristischer Hinsicht von den Vorstellungen des angelsächsischen Liberalismus. Die Entstehung einer freien Marktwirtschaft wird nicht mehr als Konsequenz wirtschaftspolitischer Abstinenz des Staates und von unbeschränkter Wirtschaftsfreiheit erwartet, sondern als *Produkt einer politischen Wahl der Wirtschaftsordnung und ihrer gesetzlichen Durchsetzung*. Es gilt als Staatsaufgabe, die Bedingungen eines freien Wettbewerbs sicherzustellen: durch die Gewährleistung des Privateigentums, durch eine wettbewerbsneutrale Geld- und Finanzordnung, durch die Regulierung des Wettbewerbs und die Bekämpfung monopolistischer Zusammenschlüsse. Dieses Konzept der „bewußten Ausgestaltung einer grundsätzlich freiheitlichen, gleichzeitig aber sozial verpflichteten Gesellschafts-, Wirtschafts- und Sozialordnung und ihrer Sicherung durch einen starken Staat" (Lampert 1995: 85) entstand im Rahmen der sogenannten ordoliberalen Freiburger Schule der Nationalökonomie bereits während des Zweiten Weltkriegs. Ihr stand Erhard nahe.

Zum Programmbegriff der neuen Wirtschaftsordnung avancierte die vom Staatssekretär in Erhards Wirtschaftsministerium, Alfred Müller-Armack, geprägte Bezeichnung „Soziale Marktwirtschaft". Worin das *Soziale* dieser Marktwirtschaft bestehe, darum hat sich seither ein nicht enden wollender Disput entwickelt. Erhard selbst betonte vor dem Hintergrund der Erfahrungen mit dem wirtschaftspolitischen Interventionismus der Zwischenkriegszeit und der dirigistischen Wirtschaftspolitik der Kriegsjahre die Bedeutung eines staatlichen Rahmens für die Entfaltung einer freien, durch Wettbewerb zu optimierenden Wirtschaftstätigkeit als Voraussetzung eines „Wohlstands für alle". Wirtschaftswachstum und Vollbeschäftigung sollten die Stabilität einer freiheitlichen Gesellschaftsordnung gewährleisten, dies war sein „soziales" Ideal. Die Notwendigkeit einer ergänzenden Sozialpolitik für Arbeiter und kleine Angestellte wurde von ihm bejaht; dagegen sollten Selbständige und besser verdienende Unselbständige für ihre soziale Absicherung „Eigenverantwortung" übernehmen; eine Volksversicherung galt ihm als Ausdruck einer „versorgungsstaatlichen Mentalität" (Erhard 1956: 13-16). Sein Hauptinteresse galt jedoch einer Produktivität und Wachstum fördernden Wirtschaftspolitik. Erfolgreiche

Wirtschaftspolitik sollte – in Verbindung mit einer breiten Streuung der Vermögen – *die Notwendigkeit sozialpolitischer Vorkehrungen auf ein Minimum beschränken.* Dieses ordoliberale Konzept hat die praktische Wirtschaftspolitik der Ära Adenauer maßgeblich mitbestimmt, und zwar auch gegen den streckenweise erheblichen Widerstand der Großindustrie, die eine Kartellgesetzgebung verhindern wollte. Das enorme Wirtschaftswachstum der 50er Jahre von im Durchschnitt acht Prozent jährlich – das sogenannte Wirtschaftswunder – überzeugte auch einen Großteil der gewerkschaftlichen und sozialdemokratischen Skeptiker, die zunächst vielfach für eine staatlich gelenkte Wirtschaft plädiert hatten.

Entscheidend für die gewerkschaftliche Unterstützung der neuen Wirtschaftsordnung wurde die *Mitbestimmungsfrage*. Die Forderung nach „Wirtschaftsdemokratie" hatte bereits die Haltung der freien Gewerkschaften in der Weimarer Zeit bestimmt, doch wurden die entsprechenden Verfassungsbestimmungen infolge des Widerstandes der Arbeitgeber nur teilweise verwirklicht. Nunmehr fehlte es an entsprechenden Verfassungsvorgaben, und die Minderheitenposition der Sozialdemokratie im ersten deutschen Bundestag ließ die Durchsetzung überbetrieblicher Mitbestimmungsformen im Sinne eines „demokratischen Sozialismus" als illusorisch erscheinen. Umso mehr kämpften die Gewerkschaften für die Erhaltung der zunächst von den Großunternehmen des Montanbereichs freiwillig angebotenen „paritätischen Mitbestimmung", die schließlich unter der Drohung eines Großstreiks zur gesetzlichen Regelung der paritätischen *Montanmitbestimmung* führte. Das 1952 verabschiedete *Betriebsverfassungsgesetz*, das die Mitbestimmung in allen größeren Unternehmungen außerhalb des Montanbereichs regelte, ging weniger weit und stärkte die innerbetriebliche Verhandlungsebene, indem es die Unabhängigkeit der Betriebsräte von den Gewerkschaften vorsah. Die damit gefundene Kompromisslage hat sich in der Folge als weitgehend stabil erwiesen. Auch wurde die bereits in der Weimarer Zeit geschaffene *Arbeitsgerichtsbarkeit* unter Beteiligung von Vertretern der Tarifparteien wiederhergestellt; sie hat sich zum wichtigsten Regulativ der nunmehr weitgehend unter Ausschaltung staatlichen Einflusses gestalteten industriellen Beziehungen entwickelt.

Mit ihrem „Godesberger Programm" von 1959 verzichtete schließlich auch die Sozialdemokratische Partei auf die Forderung nach einer Umgestaltung der Wirtschaftsordnung, so dass seither die Prinzipien einer sozialpolitisch flankierten marktwirtschaftlichen Ordnung zum Basiskonsens der großen Volksparteien, aber auch der großen Wirtschaftsverbände gehören.

16.3   Marktwirtschaft *und* oder *gegen* Sozialstaat?

Die sozialpolitische Entwicklung hat sich vom Erhard'schen Minimum weit entfernt. Die nur von einer kurzen Krise 1966/67 unterbrochene Expansionsphase der deutschen Wirtschaft zwischen 1949 und 1973 bot ausreichende Verteilungsspielräume, um die hergebrachten Sozialversicherungen weiter auszubauen und neue Felder sozialer Leistungen zu entwickeln. Der vom Regierungswechsel nahezu unabhängige Expansionstrend des Sozialsektors zeigt ebenso wie entsprechende Umfragen (Roller 1992), dass in der deutschen Bevölkerung die staatlich vermittelte soziale Sicherheit hohe Wertschätzung genießt und nicht als Alternative, sondern als Grundlage der darauf aufbauenden Eigenvorsorge betrachtet wird.

Das Signal für den weiteren, zum Wirtschaftswachstum komplementären Ausbau des Sozialstaates bildete die Rentenreform von 1957, die den Nicht-Mehr-Erwerbstätigen eine zur allgemeinen Lohnentwicklung proportionale Entwicklung der Renten gewährleistete. Allerdings blieben, entsprechend der Erhard'schen Vorstellung, die besser verdienenden Angestellten sowie die Selbständigen von der Rentenversicherung zunächst grundsätzlich ausgeschlossen, doch wurde ihnen 1972 eine Nachversicherung im Rahmen einer allgemeinen Öffnung der Rentenversicherung unter ungebührlich günstigen Bedingungen ermöglicht. Sieht man von den Beamten ab, deren besonderes Versorgungssystem ihre Zugehörigkeit zu den Sozialversicherungen überflüssig macht, so ist mittlerweile auch fast die gesamte Bevölkerung durch die gesetzliche Krankenversicherung geschützt. Mit Bezug auf die Risiken Krankheit und Alter kann somit heute in der Bundesrepublik von einer *annähernden Volksversicherung* gesprochen werden, obwohl eine organisatorische Vereinheitlichung bisher nicht zustande gekommen ist (Kaufmann 1989b). Diese beiden Risiken beanspruchen zusammen über 70 Prozent der gesamten Sozialausgaben und haben sich als besonders kostenexpansiv erwiesen.

Neben dem Ausbau der Sozialversicherungen schlug auch der Aufbau des Bildungs- und Gesundheitswesens sowie weiterer öffentlicher Dienstleistungen nachhaltig in den öffentlichen Haushalten zu Buche. Insbesondere die von 1969 bis 1982 regierende sozialliberale Koalition (unter den Bundeskanzlern Brandt und Schmidt) engagierte sich unter dem Programmbegriff einer *aktiven Sozialpolitik* für „mehr Lebensqualität". So wurden Maßnahmen für die Sanierung heruntergekommener Stadtquartiere und die Verbesserung des Verkehrswesens, für den Ausbau von Universitäten und Krankenhäusern sowie für eine verstärkte Bildungsbeteiligung von „bildungsfernen Gruppen" (Arbeiter, Landbevölkerung, Mädchen) ergriffen. Da es sich hier größtenteils um Aufgaben in der Kompetenz der einzelnen Bundesländer handelte, intervenierte der Zentralstaat im Wesentlichen durch die Initiierung von Koordinationsgremien (Bund-Länder-Kommissionen), die Schaffung gesetzlicher Grundlagen und durch die massive Subventionierung von Vorhaben der Länder und Gemeinden. Überdies wurden neue Zielgruppen ·zum Gegenstand regierungsamtlicher Sozialpolitik: Bereits 1953 war mit der Einführung eines Kindergeldes das „Bundesministerium für Familie" gegründet worden; ab 1957 firmierte dieses als Ministerium für „Familie und Jugend", 1986 wurde der Kompetenzbereich um „Frauen" und schließlich seit 1991 um „Senioren" erweitert.

Das „Wirtschaftswunder" der Nachkriegszeit ermöglichte es, nicht nur die bisherige Bevölkerung Westdeutschlands in Arbeit zu bringen, sondern auch mehrere Millionen Flüchtlinge und Vertriebene aus den abgetrennten Ostgebieten. Bald reichte die einheimische Bevölkerung zur Fortsetzung der wirtschaftlichen Expansion nicht mehr aus, und so begann in den 60er Jahren eine kontinuierliche Zuwanderung ausländischer Arbeitskräfte. Dieser Trend zur Überbeschäftigung wurde mit der internationalen Ölkrise (1973) brüsk gebremst. Trotz weiterer Arbeitszeitverkürzungen stieg die *Arbeitslosenquote* von 1973 (1 Prozent) auf über 4 Prozent im Jahre 1975, erhöhte sich dann erneut auf über 9 Prozent zwischen 1980 und 1983. Nach einem Rückgang auf unter 7 Prozent im Jahre 1991 ist dieser Prozentsatz in den alten Bundesländern seit 1994 wieder überschritten worden. Dadurch sind sowohl die Kosten der Arbeitslosenversicherung als auch der kommunalen Sozialhilfe enorm gestiegen, während gleichzeitig der Beiträge und Einkommenssteuern zahlende Bevölkerungsanteil rückläufig ist.

Noch dramatischer war die Zunahme der Arbeitslosigkeit in den *neuen Bundesländern*. In der DDR hatte es offiziell keine Arbeitslosigkeit gegeben, die Wirtschafts- und Sozialpolitik war vielmehr auf eine maximale Erwerbsbeteiligung der erwachsenen Bevölkerung gerichtet. Auch die Frauen waren zum größten Teil Vollzeit erwerbstätig, was ihnen durch ein ausgebautes System der kollektiven Kleinkindbetreuung ermöglicht wurde. Die geringe Produktivität der ostdeutschen Wirtschaft, der Zusammenbruch des Sozialismus in den traditionellen Absatzgebieten der DDR und die rasche Integration in die westdeutsche Wirtschaft führten trotz vielfältiger öffentlich finanzierter Beschäftigungsmaßnahmen zu einer Arbeitslosenquote von gegenwärtig 17 Prozent (März 1996).

Ein weiteres kam hinzu: Durch den Einigungsvertrag wurde das westdeutsche Sozialversicherungssystem grundsätzlich auf Ostdeutschland übertragen. Zwar blieben die Leistungssätze unter den westdeutschen, aber doch nur graduell. Entscheidend war die für den Osten günstige Umstellung der Währungsparitäten und die Aushandlung eines Lohnniveaus durch die Gewerkschaften, das weit höher war als die vergleichbare durchschnittliche Arbeitsproduktivität. An diesem Lohnniveau orientieren sich auch die Renten, die infolge der hohen Erwerbsbeteiligung der DDR auf der Basis von im Durchschnitt weit längeren Versicherungszeiten zu berechnen sind. So sind die Rentenversicherungsträger gezwungen, weit höhere

Rentenleistungen in Ostdeutschland auszuzahlen als dem dortigen Beitragsauf-
kommen entspricht, dasselbe gilt für die Arbeitslosenversicherung. Die Kosten der
Krankenversicherung entwickelten sich infolge der erforderlichen Umstrukturierun-
gen des Gesundheitswesens in den neuen Bundesländern langsamer, überschreiten
aber ebenfalls die Beitragseinnahmen. *In der Konsequenz müssen Arbeitgeber und
Versicherte der alten Bundesländer die Kosten der Sozialversicherung in den neuen
Bundesländern in der Höhe von mehreren Dutzend Milliarden jährlich mittragen.*
Dies hat zu einer erheblichen Steigerung der Beitragssätze geführt. 1996 betragen
die gesetzlichen Sozialabgaben in Deutschland ca. 41 Prozent der Bruttolöhne
(innerhalb bestimmter Beitragsbemessungsgrenzen). Kompetente Schätzungen
besagen, dass die Sozialabgaben ohne diese vereinigungsbedingten „versicherungs-
fremden" Zahlungsverpflichtungen nur 33 bis 35 Prozent der Bruttolöhne betragen
müssten. Nachdem offenkundig geworden war, dass die ökonomischen Probleme
des Ostens nicht durch ein „neues Wirtschaftswunder" rein marktwirtschaftlich
zu lösen sind, sondern nur durch massive öffentliche Umverteilungsvorgänge, kam
es zu einem erneuten Wachstum der in den 80er Jahren reduzierten Staatsquote
und insbesondere auch der Staatsverschuldung.

Die gegenwärtige sozio-ökonomische Situation der Bundesrepublik ist durch
eine Reihe von Faktoren belastet, die zwangsläufig zu einer *Intensivierung von Verteilungskonflikten* Anlass geben: die zunehmende „Reife" (im Sinne Schumpeters)
wichtiger deutscher Industriezweige, die vergleichsweise geringe Expansion des
deutschen Binnenmarktes, das hohe Lohn- und durchschnittliche Sozialleistungs-
niveau, ein fortgeschrittener demografischer Alterungsprozess und schließlich die
durch die Maastrichter Verträge im Hinblick auf die Währungsunion vereinbarte
finanz- und wirtschaftspolitische Disziplin. Zu diesen, die Politik der meisten
westeuropäischen Staaten mehr oder weniger belastenden Faktoren kommen noch
die spezifischen Belastungen durch den deutschen Einigungsprozess. Die derzeitigen Klagen der Arbeitgeber über die hohen Lohnnebenkosten haben somit zwei
sehr unterschiedliche Ursachen: zum einen die wachsende Konkurrenzfähigkeit
anderer Länder mit einem wesentlich niedrigeren Lohnniveau und zum anderen
die vereinigungsbedingte Erhöhung der Lohnnebenkosten.

Es ist daher nicht überraschend, dass die Konflikte um die Verteilung des Volkseinkommens gerade in jüngster Zeit offen ausgebrochen sind: Arbeitgebervertreter
und wirtschaftsnahe Medien plädieren nun öffentlich für eine „Einschränkung
des Sozialstaates", die Regierung für einen „Umbau des Sozialstaates" und die
Gewerkschaften für die „Erhaltung des Sozialstaates". Damit ist die durchaus
normativ besetzte Diskussionsfront klar: Während der deutsche Basiskonsens
bisher von einem *komplementären Verhältnis zwischen wirtschaftlicher und sozialer
Entwicklung* ausging, Wirtschafts- und Sozialpolitik somit trotz gelegentlicher Dis-

kussionen über die Prioritäten als zwei sich im Prinzip wechselseitig unterstützende und fördernde Staatsaufgaben angesehen wurden, wird nunmehr- vor allem von marktwirtschaftlicher Seite – ein Gegensatz zwischen den beiden Politikfeldern aufgebaut: *Als Erfolgsbedingung der Wirtschaftspolitik wird ein Zurückdrängen der Sozialpolitik gefordert.*

Der sich damit andeutende normative Konflikt bleibt allerdings bisher sehr pauschal: „Marktwirtschaft" contra „Sozialstaat". Im normativen Argumentationshaushalt beider Seiten finden sich kaum neue Argumente, vielmehr werden nur die alten mit größerer Dringlichkeit vorgetragen. Bemerkenswerterweise beschränkt sich die Auseinandersetzung bisher im Wesentlichen auf die Exponenten des Arbeitgeber- und des Gewerkschaftslagers. Weder die großen Volksparteien noch breite Bevölkerungskreise haben sich bisher für diesen Gegensatz mobilisieren lassen. Betrachtet man die tatsächlich anstehenden Probleme näher, so zeigt sich, dass sie mit der Alternative einer marktwirtschaftlichen *oder* sozialstaatlichen Strategie auch schwerlich in den Griff zu bekommen sind, Der allgemein als problematisch anerkannte Sachverhalt ist die trendmäßig zunehmende *Arbeitslosigkeit,* die von einer Lockerung des Zusammenhangs zwischen Wirtschaftswachstum und Vollbeschäftigung zeugt. Die Diagnose der Ursachen und demzufolge auch der aussichtsreichen „Therapien" für diesen Sachverhalt bleibt jedoch hochgradig kontrovers und scheint vielfach selbst von der vorausgesetzten Option für eine marktwirtschaftliche oder sozialstaatliche Lösung des Problems mitbestimmt.·

Orthodoxe Marktwirtschaftler machen vor allem das *hohe Lohnniveau* (einschließlich der hohen Lohnnebenkosten) bzw. die Inflexibilität der Löhne nach unten für die steigende Arbeitslosigkeit in Deutschland verantwortlich. Auch wenn das Tarifvertragssystem in der Bundesrepublik nahezu ausschließlich auf frei ausgehandelten Vereinbarungen zwischen den Tarifpartnern beruht, ist es bisher in der Tat kaum jemals gelungen, die Tarifbedingungen zu verschlechtern. Jedes In-Frage-Stellen erreichter „sozialer Fortschritte" muss, wie die gegenwärtige Diskussion um eine Reduktion der Lohnfortzahlung bei Krankheit zeigt, mit dem entschiedenen Widerstand der Gewerkschaften rechnen. Völlig fraglich ist jedoch, ob eine allgemeine Absenkung des Lohnniveaus tatsächlich zu einer entsprechenden Vergrößerung des gesamtwirtschaftlichen Beschäftigungsvolumens führen würde.

Eine zweite Auffassung sieht die Ursachen steigender Arbeitslosigkeit im Fortfall der Bedingungen einer keynesianischen Vollbeschäftigungspolitik. Die langfristig akkumulierten Staatsschulden haben durch die Finanzierung der Vereinigungskosten einen erneuten nachhaltigen Schub erhalten, und die wachsenden Zinslasten nehmen einen zunehmenden Teil der öffentlichen Haushalte in Anspruch. Aber nicht nur die Höhe der Staatsverschuldung, vor allem auch die wachsende Europäisierung der Wirtschaftspolitik und zunehmende Globalisierung der Finanz- und

Gütermärkte beeinträchtigen die wirtschaftspolitische Handlungsfähigkeit der Einzelstaaten und lassen eine keynesianische Beschäftigungspolitik als wenig aussichtsreich erscheinen. Die erwähnte Empfehlung orthodoxer Marktökonomen, die Lohnkosten zu senken, erscheint aus keynesianischer Sicht gefährlich, da dies die ohnehin ungenügende Güternachfrage weiter drosseln würde.

Eine dritte Auffassung sieht die Ursachen gesteigerter Arbeitslosigkeit in der sich fortgesetzt *verbessernden Arbeitsproduktivität*. Technische und organisatorische Fortschritte erfassen immer breitere Bereiche der Wirtschaft, und insbesondere industrielle Güter und sachbezogene Dienstleistungen können mit sich laufend verminderndem Einsatz an Arbeitszeit produziert werden. Die intensivere ausländische Konkurrenz erzwingt auch in Deutschland entsprechende Rationalisierungen. Erhebliche ungedeckte Bedürfnisse sind noch im Bereich der personenbezogenen Dienstleistungen zu vermuten, doch werden diese – gerade wegen ihrer geringen Rationalisierbarkeit – im Vergleich zur übrigen Produktion immer teurer, sodass sie für erhebliche Bevölkerungsteile unerschwinglich bleiben. Nicht von ungefähr betrafen die größten Beschäftigungszuwächse der letzten zwei Jahrzehnte die Bildungs-, Gesundheits- und Sozialberufe, also öffentlich subventionierte oder veranstaltete, bzw. durch Sozialversicherungen finanzierte Beschäftigungsbereiche personenbezogener Dienstleistungen. Dieser öffentlich finanzierten Expansion sind jedoch gerade durch das geringe Wachstum des Marktsektors Grenzen gesetzt. Aus dieser Perspektive scheinen weitere massive Arbeitszeitverkürzungen bzw. eine *Umverteilung der Arbeit* als die rationalste Vorbeugestrategie, damit öffentliche Einkommensumverteilungen nicht überhand nehmen.

Eine vierte Auffassung macht darauf aufmerksam, dass ein erheblicher Anteil der Arbeitslosen zu den *schwer vermittelbaren Arbeitskräften* gehört.[2] Es ist schwer vorstellbar, dass sich Unternehmer finden, die im Hinblick auf *diese* Arbeitskräfte neue Beschäftigungsmöglichkeiten erschließen. Trotz der gegenwärtigen Arbeitslosigkeit hört man vielfach Klagen von Unternehmern, dass sie *geeignete* Arbeitskräfte nicht in ausreichendem Maße finden. Da sich zeigen lässt, dass mit steigender Kapitalintensität der Produktion die Beschäftigung suboptimal produktiver Arbeitskräfte zunehmend unrentabel wird, ist mit einer Ausschlusstendenz dieser Arbeitskräfte aus den typischen unternehmerischen Beschäftigungsformen zu rechnen. Ihre Beschäftigung setzt – selbst bei bescheidenen Löhnen – vielfach besondere Vorkehrungen mit geringen Fix- und Transaktionskosten voraus.

---

2   Unter den im September 1990 arbeitslos gemeldeten 1,7 Millionen Personen befanden sich ca. 1,2 Millionen Personen (70 Prozent), die aufgrund ihres Alters, mangelnder Ausbildung, gesundheitlicher Beeinträchtigungen und/ oder über einjähriger Arbeitslosigkeit als schwer vermittelbar galten. Diese Proportion galt auch schon in den 80er .Jahren (Hof 1991: 24 f.).

Im Vordergrund der sachbezogenen Debatten stehen somit nicht unterschiedliche Wertorientierungen, sondern. *unterschiedliche Situationsdefinitionen.* Bei unvoreingenommener Betrachtung ist zu vermuten, dass jede dieser Auffassungen einen *Teilaspekt* der gegenwärtigen Beschäftigungsproblematik richtig skizziert. So ist die Senkung der Lohnstückkosten für die außenwirtschaftliche Konkurrenzfähigkeit der deutschen Wirtschaft zweifellos von erheblicher Bedeutung, aber die Wiederherstellung von Vollbeschäftigung auf marktwirtschaftlichem Wege scheint eine unrealistische Perspektive. Die unternehmerische Nachfrage nach Arbeitskräften konzentriert sich auf die produktivsten Segmente der Erwerbsbevölkerung, und komparative Kostenvorteile der deutschen Wirtschaft gibt es nur im Bereich der Hochleistungsproduktion. Deshalb bleibt auch eine Umverteilung der vorhandenen Arbeit auf die bereits Arbeitslosen eine nur in engen Grenzen praktikable Lösung. Sowohl aus demografischen wie aus arbeitsmarktstrukturellen Gründen muss damit gerechnet werden, dass ein sinkender Anteil der Erwerbsbevölkerung dauerhaft den Unterhalt eines wachsenden Anteils Nicht-Erwerbstätiger finanzieren muss.

Im Lichte der deutschen Tradition erscheint dies primär als sozialstaatliche Aufgabe. Da jedoch aus den genannten Gründen bestenfalls noch ein längerfristiges Wachstum der Gesamtwirtschaft, aber kaum mehr ein Wachstum der durchschnittlichen individuellen Real-Einkommen zu erwarten ist, müssen die Verteilungskonflikte zwangsläufig zunehmen. Inwieweit daraus normative Konflikte entstehen, dürfte entscheidend vom Umgang mit dieser Problematik durch Parteien und Verbände sowie von der darauf folgenden Resonanz der Bevölkerung abhängen. Da den Beteiligten der große Wert der Tarifpartnerschaft und des damit verbundenen Basiskonsenses durchaus bewusst ist, braucht meines Erachtens die Hoffnung nicht aufgegeben zu werden, dass die erforderlichen Umsteuerungen zwar mit einer Zunahme rhetorischer Schärfe, größerer Arbeitskonflikte und einem großen Gesetzgebungslärm, schließlich auch mit einigen Prozessen vor den höchsten Gerichten, aber insgesamt in einigermaßen friedlicher Weise vor sich gehen können.

16.4 Neue soziale Bewegungen als Ferment normativer Konflikte

Während somit in der bisherigen Geschichte der Bundesrepublik Deutschland die klassischen Felder normativer Konflikte eine auffallend geringe Artikulation erfahren haben, muss das Entstehen neuer Konfliktfelder und neuer sozialer Bewegungen hervorgehoben werden. Sie lassen sich, soweit es um längerfristig politisierte Konflikte geht, im Wesentlichen durch die Stichworte „Rüstung/Frieden" und „Umwelt" kennzeichnen. Daneben haben eine Reihe weiterer Themen vorübergehende Konjunkturen erlebt, beispielsweise die sexuelle Liberalisierung, die Demokratisierung der Hochschulen, die Partizipation an politischen Planungsprozessen, die Frauenfrage, die Wohnungsnot, politische Disziplinierungen („Berufsverbote"), die „Ausbeutung der Dritten Welt" und Widerstand gegen bestimmte Technologien (Kernkraft, Gentechnik). Bevor wir uns auf die beiden zentralen Konfliktfelder konzentrieren, müssen Gemeinsamkeiten und Hintergründe der „Neuen sozialen Bewegungen" wenigstens angedeutet werden.

Während der Protest gegen bestehende gesellschaftliche Verhältnisse ein gemeinsames Merkmal aller sozialen Bewegungen ist, unterscheiden sich die bundesrepublikanischen Protestbewegungen durch ihre soziale Basis von der früheren Arbeiterbewegung: Aktivisten sind typischerweise junge Erwachsene und Jugendliche, und zwar vornehmlich Studenten und Schüler weiterführender Schulen; ferner „Beschäftigte im sozialen Dienstleistungsbereich, Sozialarbeiter, Lehrer, Pfarrer, Ärzte, Künstler, Journalisten, Angehörige der sozialwissenschaftlichen Intelligenz etc." (Brand 1983: 35) Man gewinnt den Eindruck, dass das Protestpotential weniger themenspezifisch als einstellungsspezifisch ist, wobei die zugrundeliegende Einstellung häufig als „modernitätskritisch" oder „postmaterialistisch" bezeichnet wird.[3]

Die zugrundeliegende Mentalität scheint nicht nur milieugebunden, sondern auch generationsspezifisch. Die während der „Großen Koalition" (1966/69) entstandene „außerparlamentarische Opposition" und die aus ihr hervorgehende Studentenbewegung, die nach der Erschießung des Studenten Benno Ohnesorg durch die Polizei am 2. Juni 1967 auf die ganze Bundesrepublik übergriff, können als die bahnbrechenden und generationsprägenden Bewegungen angesehen werden. Es war ein Protest, der sich nicht nur in Fortführung des älteren Protestthemas der Wiederbewaffnung gegen die sogenannten Notstandsgesetze richtete, welche die Regierungsfähigkeit auch unter politischen Ausnahmebedingungen sicherstellen sollten. Auch die bald provokative, bald ironische Entmystifizierung der deutschen Universität („Hinter den Talaren – Muff von tausend Jahren!") war nur ein Teilaspekt einer viel grundlegenderen Kritik: am „CDU-Staat", an den restaurativen Tendenzen der Nachkriegsepoche sowie an moralischen und politischen Ordnungsvorstellungen, die infolge der enormen Wohlstandssteigerung und den mit ihr verbundenen erweiterten Handlungsmöglichkeiten als zu eng erschienen.

---

3   Es ist somit ein enger Zusammenhang mit dem sog. Wertewandel zu vermuten, d. h. mit Einstellungsveränderungen, die von traditionellen Pflichtwerten zu Selbstentfaltungswerten führen (H. Klages). Dieser Aspekt kann hier nicht vertieft werden; vgl. O. Gabriel 1986; Greiffenhagen 1993: 156 ff., 221 ff; Hellmann 1996: 188 ff.

Gleichzeitig war diese deutsche Bewegung Teil einer internationalen Erscheinung des Jugendprotestes, der sich seit 1963 zuerst in den USA als Kritik am Vietnam-Krieg artikulierte, aber auch dort bald zu einer Bewegung der Emanzipation aus vorgegebenen Mustern bürgerlicher Moralordnung eskalierte. Die Universitäten und ihr Umfeld wurden vielerorts zu Experimentierfeldern neuer Lebensformen, die gleichermaßen die bürgerliche Familie, die kapitalistische Wirtschaft, das politische Establishment und verbürgerlichte Formen eines kirchlichen Christentums in Frage stellten.

Was die deutsche Entwicklung von derjenigen in den meisten anderen Ländern unterscheidet, ist die *Kontinuität und wachsende politische Formierung der Protestpotentiale über nunmehr 30 Jahre.* Zwar zerfiel die Studentenbewegung bereits um 1970 in vielfältige „linke" Fraktionen, doch begannen nunmehr auch außeruniversitäre Gruppen sich zunehmend der von den Studenten propagierten Ideen partizipativer Demokratie und deren provokativen Techniken zu bedienen, um auf ihre Anliegen aufmerksam zu machen. Eine hochgradig dezentralisierte Bewegung von *Bürgerinitiativen* nahm sich seit Ende der 60er Jahre der vielfältigsten örtlichen Missstände an und verstand sich selbst durchaus als Bestandteil eines mit der sozialliberalen Koalition seit 1969 im Aufbruch erscheinenden politischen Systems. In dem Maße jedoch, wie die Grenzen der politischen Beweglichkeit der neuen Regierung deutlich wurden, und insbesondere im Zusammenhang mit der vielerorts beginnenden Errichtung von Atomkraftwerken, gewannen die Bürgerinitiativen zunehmend den Charakter einer überregionalen Protestbewegung. Sie richtete sich primär gegen die friedliche Nutzung der Atomenergie, gewann jedoch bald eine breitere Stoßrichtung.

16.4.1 Die ökologische Bewegung

Im Jahre 1972 hatte der Club of Rome seinen internationales Aufsehen erregenden Bericht „Limits to Growth" veröffentlicht und die seit Anfang der 60er Jahre allmählich in Fachkreisen erkannte ökologische Problematik schlagartig ins öffentliche Bewusstsein gebracht. Nunmehr wurde die Frage der Nutzung von Atomkraft in einen größeren ökologischen Zusammenhang gestellt, und bereits 1972 wurde ein „Bundesverband Bürgerinitiativen Umweltschutz" (BBU) gegründet, der der ökologischen Bewegung eine organisatorische Form gab und den vielfältigen lokalen Betroffenheiten ein bundesweites Forum bot. Öffentlichkeitswirksame Besetzungen der Bauplätze von Atomkraftwerken (Wyhl 1975, Brokdorf 1976/77) trugen zu einer Mobilisierung des bundesweiten Protestes bei. Seit 1977 ist die Umweltproblematik zu einem zentralen politischen Thema geworden, dessen sich

auch die etablierten Parteien anzunehmen begannen. Gleichzeitig formierte sich
aber auch der Widerstand: Er ging zum einen von der Atomindustrie selbst und
von in ihrem Dienst stehenden Wissenschaftlern aus, doch stellten sich auch die
Gewerkschaften überwiegend auf die Seite der große Beschäftigungseffekte verspre-
chenden Atomindustrie und gegen die ökologische Kritik des Wirtschaftswachstums. Innerhalb der etablierten Parteien gerieten die insbesondere in der F.D.P.
und SPD aktiven Umweltschützer zunehmend in die Defensive. Zuerst in Bremen
zogen sie die Konsequenz des Parteiaustritts und des Versuchs der Formierung
einer eigenen Partei (1978).

Die schnelle *Umstrukturierung der ökologischen Bewegung von einer Protestbewegung zur politischen Partei* hing mit einschneidenden Erfahrungen im Zusammenhang mit dem zunehmenden Einsatz der Staatsgewalt gegen Kernkraftgegner
zusammen. Der Zerfall der Studentenbewegung hatte nicht nur zur Entstehung
terroristischer Vereinigungen wie der „Rote-Armee-Fraktion" geführt, auf deren
Konto drei spektakuläre Morde Prominenter im Jahre 1977 gingen, sondern auch
zur Entstehung potentiell gewaltbereiter Milieus, vor allem im Zusammenhang
mit der „autonomen" Hausbesetzer-Szene. Die Beteiligung dieser gewaltbereiten
Gruppen an den Protesten führte immer häufiger zu gewaltsamen Zusammenstößen
mit der Polizei und einem immer entschlosseneren Vorgehen der Behörden gegen
die organisierten Massenproteste. Was als unkonventionelles Protestverhalten
begonnen hatte, offenbarte nun immer häufiger das Risiko gewaltsamer Eskalation.

Die große Mehrheit der ökologisch Engagierten lehnte Gewalt als Mittel der
Verfolgung ökologischer Ziele ab. Die gewaltsamen Auseinandersetzungen taten
zudem der Popularität der Bewegung Abbruch. So wird die Spaltung der Bewegung in eine die Mittel konventioneller Politik akzeptierende und zunehmend
systematisch nutzende Mehrheit und in eine weniger den ökologischen Zielen, als
der politischen Randale zugeneigte Minderheit verständlich.

Damit trat jedoch eine *Konventionalisierung der ökologischen Bewegung* ein.
Neben fortbestehenden Zusammenschlüssen in Verbandsform fand sie nun die
Form einer politischen Partei, die sich jedoch zunächst dezidiert als Oppositions-
partei verstand und jede Einbindung in die politische Verantwortung ablehnte.
Es handelte sich somit nach wie vor um eine politische Fundamentalopposition,
die nunmehr nahezu alle „alternativen" politischen Themen besetzte: von der
Liberalisierung der Geschlechterbeziehungen bis zur Friedensbewegung und von
der Gentechnologie bis zur Volkszählung. Gleichzeitig wurden vom herrschenden
Politikbetrieb abweichende Regeln beschlossen (z.B. die Rotation der Ämter), die
dafür sorgen sollten, dass die Repräsentanten der grünen Bewegung an die Par-
teibasis rückgebunden blieben. Allerdings brachte die Erfahrung der politischen
Alltagsarbeit einen Teil von ihnen bald zur Einsicht, dass mit Fundamentaloppo-

sition nichts auszurichten sei. So entwickelten sich innerhalb der GRÜNEN zwei Flügel, derjenige der „Fundamentalisten" (Fundis) und der „Realisten" (Realos). Als Bundespartei wurden DIE GRÜNEN Ende 1979 gegründet. Bereits im zweiten Anlauf gelang ihnen 1983 der Einzug in den Deutschen Bundestag, dem sie seither angehören. Sie sind mittlerweile in zahlreichen Bundesländern und auch im Bundestag zur drittstärksten Fraktion geworden. Dank des wachsenden Einflusses des realistischen Flügels sind DIE GRÜNEN heute im größten Bundesland Nordrhein-Westfalen sowie in mehreren kleineren Bundesländern an der Regierung beteiligt. DIE GRÜNEN sind zu einer weitgehend „normalen" Partei geworden. Sie mobilisieren insbesondere große Teile des „Selbstverwirklichungsmilieus" (Schulze 1992: 312 ff), dessen Angehörige sich bei den bisherigen Volksparteien schlecht aufgehoben fühlen.

Etwa parallel zur Konventionalisierung der GRÜNEN haben sich die Ziele, für die die ökologische Bewegung eintritt, als Bestandteil eines politischen Grundkonsenses durchgesetzt. Es gibt heute keinerlei grundsätzliche Opposition gegen ökologische Forderungen mehr, sondern nur mehr Opportunitätseinwände gegen konkrete Vorschläge. Die Unterstützung für ökologische Ziele ist wesentlich breiter gefächert als die grüne Partei und umfasst neben den Umweltverbänden beispielsweise auch große Teile der christlichen Kirchen sowie Gruppen in allen Parteien. Ausgerechnet die konservativ-liberale Koalition unter Helmut Kohl hat 1986 ein eigenes Umweltministerium geschaffen und mit einem ihrer fähigsten Minister besetzt. *Umweltschutz* hat sich von einem bloß programmatischen Begriff zu einer *professionalisierten* (z. B. Umweltbeauftragte) und *alltäglichen Praxis* (z.B. Müllsortierung) entwickelt. Der Wirksamkeit ihrer ökologischen Bewegung verdankt die deutsche Wirtschaft ihre internationale Marktführerschaft im Bereich der Umwelttechnologien. Nach wie vor kommt Umweltfragen eine erhebliche normative Kraft und moralisches Mobilisierungspotential zu, wie zuletzt die von „Greenpeace" ausgehende Mobilisierung der deutschen Bevölkerung gegen die Versenkung der Ölplattform „Brent Spar" gezeigt hat. Auch die Resonanz auf die BSE-Infektionen in britischen und schweizerischen Rinderbeständen verblieb nicht bloß im Politischen, sondern erreichte das alltägliche Verhalten, wie der Rückgang des Rindfleischkonsums zeigt. Unabhängig davon, wie begründet die ökologischen Vorbehalte im Einzelfall sein mögen, die Resonanz und die Reaktionsfähigkeit auf ökologische Themen bleiben in der Bundesrepublik besonders ausgeprägt.

16.4.2 Die Friedensbewegung

Die ökologische Bewegung kann als Beispiel einer Erfolgsgeschichte im doppelten Sinne gelten: für die Bewegung selbst, aber auch für die Anpassungsfähigkeit des politischen Systems. Demgegenüber war der Friedensbewegung, zumindest vordergründig, kein vergleichbarer Erfolg beschieden.

Man wird die Anfänge der Friedensbewegung bis auf die Proteste gegen die Wiederbewaffnung Deutschlands und die Einführung der allgemeinen Wehrpflicht (1951/55) zurückführen dürfen, die bekanntlich erfolglos blieben. Dieser Kampf ging in starkem Maße von den der „Bekennenden Kirche" im Dritten Reich nahestehenden Kreisen der evangelischen Kirche aus, wurde aber durch die gleichzeitige kommunistische Agitation delegitimiert. Eine neue, ähnlich strukturierte Opposition formierte sich im Zusammenhang mit der Atomwaffenfrage. Sie vermochte weit größere Bevölkerungsteile zu mobilisieren, doch wurde eine Volksbefragung durch das Bundesverfassungsgericht verboten (1958). Daraufhin zerfiel die „Kampf-dem-Atomtod"-Kampagne. Aus Resten dieser Bewegung formierte sich jedoch ab 1960 die *Ostermarsch-Bewegung,* die 1968, auf dem Höhepunkt der Debatten um die Notstandsgesetze, 300 000 Menschen zu mobilisieren vermochte. Die Ostermärsche wurden in der Zeit der sozialliberalen Koalition eingestellt und erst im Kontext des Nachrüstungsbeschlusses der NATO wieder aufgenommen, bei dem es um die gegen die Sowjetunion gerichtete Mittelstreckenraketen ging. Der quantitative Mobilisierungserfolg der Friedensdemonstrationen zwischen 1981 und 1986 übertraf noch den Protest gegen die Notstandsgesetze, ohne jedoch die geplante Stationierung von Mittelstreckenraketen verhindern zu können. Mit dem Einlenken der Sowjetunion und ihrem schließlichen Zusammenbruch fehlten die Anlässe einer weiteren Aufrüstung. Damit endete auch der Mobilisierungserfolg der Friedensbewegung.

Nach der Wiedervereinigung wurde Deutschland zunehmend internationale Verantwortung angetragen und zugemutet, die einen Einsatz von Bundeswehrtruppen auch außerhalb des NATO-Gebietes nahe legen. Diese Debatten haben zu keiner vergleichbaren Mobilisierung mehr geführt. Bis in die Kreise der GRÜNEN verbreitete sich die Einsicht, dass den zuletzt im Balkan geschehenen Gewaltsamkeiten notfalls mit Gegengewalt zu begegnen sei.

Im Gegensatz zur ökologischen Bewegung waren die offiziellen Ziele der Friedensbewegung von Anfang an einsichtig, also gesamtgesellschaftlich konsensfähig. Niemand in Deutschland wagte es, öffentlich für Gewaltanwendung im nationalen Interesse zu plädieren; die Erinnerung an den von Deutschland ausgehenden Zweiten Weltkrieg war im In- und Ausland gleichermaßen lebendig. Fundamental umstritten waren hier jedoch die Mittel der Friedenssicherung. *Der normative Konflikt ging also um die Mittel, nicht um den Zweck.* Während die Friedensbewegung hoffte, durch eine möglichst weitgehende Entmilitarisierung Deutschlands eine internationale pazifistische Bewegung in Gang setzen zu können, besannen sich die für vermehrte Rüstung eintretenden Regierungskreise auf den alten römischen Grundsatz „Si vis pacem, para bellum".[4] Die Friedensbewegung vermochte sich zudem nie von dem Verdacht zu befreien, in Teilen „kommunistisch unterwandert" zu sein und vom sozialistischen Block als „nützliche Idioten" benützt und unterstützt zu werden.

Die im Vergleich zur Umweltbewegung größere Disziplin und Gewaltfreiheit der Demonstrationen war eine Bedingung der Glaubwürdigkeit der Bewegung und verhinderte eine Eskalation der Auseinandersetzungen mit der Staatsgewalt. Zwar lässt sich ein Konflikt nicht nur über die Mittel, sondern auch über die Ziele zwischen den Vertretern der Regierungspolitik, die gegen eine Eindämmung der sowjetischen Macht in Europa arbeitete, und erheblichen Teilen der Friedensbewegung vermuten, aber dieser Konflikt wurde nicht offen ausgetragen.

Der Mehrheit der Friedensbewegung, die ein Zentrum im progressiven Flügel der evangelischen Kirche hatte, ist ein primäres Engagement für friedliche Konfliktlösungen nicht abzusprechen. Ihrem Einfluss dürfte die starke Zunahme von Toleranzbereitschaft und die außerordentlich breite Ablehnung kriegerischer Gewalt in der deutschen Bevölkerung mit zuzuschreiben sein, wie sie sich beispielsweise in kilometerlangen Lichterketten gegen den Ausbruch des Golfkrieges manifestierte. Vermutlich ist auch die vergleichsweise liberale Regelung der Wehrdienstverweigerung auf die Wirksamkeit der Friedensbewegung zurückzuführen. Und schließlich ist den Deutschen der Frieden bis heute erhalten geblieben. Obwohl der politische Erfolg der Friedensbewegung hinsichtlich der Methoden der Friedenssicherung minimal geblieben ist, sollte ihr Einfluss auf die herrschende Mentalität nicht unterschätzt werden. Auch wenn der ausschließlich defensive Charakter des deutschen Antikommunismus bereits ein Gebot außenpolitischer Klugheit war, dürfte die breite Ablehnung kriegerischer Konfliktlösungen in Deutschland doch auch der fortgesetzten Thematisierung der Friedensproblematik zu verdanken sein.

16.4.3 Die Auseinandersetzung um die Atomenergie

Anlass zu bleibenden normativen Auseinandersetzungen bietet in der Bundesrepublik insbesondere das Phänomen der Atomwirtschaft mit seinen Folgeproblemen. Hier mischen sich im kollektiven Bewusstsein die Themen der Umwelt- und der Friedensbewegung, deren Sympathisantenkreise sich ohnehin stark überschnei-

---

4   „Wenn Du Frieden willst, bereite den Krieg vor".

den. Und wahrscheinlich ist es gerade dieser doppelte Assoziationshorizont, der die Tiefe der Kluft verständlich macht, die sich hier zwischen der Atomindustrie und den ihr nahestehenden Teilen des politischen *Systems* einerseits und breiten Bevölkerungskreisen andererseits aufgetan hat. In einer sich über vier Jahrzehnte hinziehenden Auseinandersetzung ist die Atomenergie – trotz der technologischen Spitzenstellung deutscher Unternehmen in atomwirtschaftlichen Teilbereichen – allmählich zu einer *politisch unmöglichen* Technologie geworden. Dass sich dabei „den bornierten Interessen der Pro-Kernenergie Koalition und des Blocks an der Macht eine selbst wiederum bornierte Koalition der Kernenergiegegner mit kurzfristigen Negativforderungen und romantisch-unpolitischen Visionen entgegen(stellte)" (Kitschelt 1980: 318), hat die Grundsätzlichkeit des Konfliktes zunächst herbeigeführt. Aber diese Gegensätzlichkeit beruht ihrerseits auf tiefer liegenden Voraussetzungen, nämlich einer weitgehenden sozialen *Trennung von Beteiligten und Betroffenen.* Eben dies ist für die meisten großtechnischen Risiken charakteristisch.

Eine größere Zahl atomwirtschaftlicher Projekte (z.B. „schneller Brüter" Kalkar, Wiederaufbereitungsanlage Wackersdorf) sind eingestellt worden; die Genehmigung für neue atomwirtschaftliche Einrichtungen wird durch vielfältige Bedenken und eine restringierende Rechtsprechung verzögert. Die Planung neuer Atomkraftwerke in der Bundesrepublik liegt weitgehend danieder. Dennoch kann von einer Einebnung des normativen Konfliktes keine Rede sein. Man kann die verhärteten Positionen auf beiden Seiten nur als Glaubenskrieg bezeichnen: Während die Befürworter einer friedlichen Nutzung der Atomenergie sie als eine der „saubersten" und am wenigsten umweltbelastenden Energiequellen betrachten, denken die Gegner an die möglichen Folgen von an sich unwahrscheinlichen Störfällen, sowie an mutmaßliche weiterreichende politische und gesellschaftliche Folgen. Ein Diskurs, der als gemeinsame Plattform der Auseinandersetzungen um praktikable Teillösungen dienen könnte, ist in Deutschland nicht in Sicht.[5]

---

5   *Anmerkung 2014: Inzwischen scheint der Anti-Atombewegung in Deutschland voller Erfolg bevorzustehen: Die Physikerin, ehemalige Umweltministerin und nunmehr langjährige Bundeskanzlerin Dr. Angela Merkel hat unter dem Eindruck der japanischen Atomkatastrophe von Fukushima (März 2011) eine „Energiewende" auf den Weg gebracht, deren gesetzliche Umsetzung die Abschaltung der letzten Atomreaktoren im Jahre 2022 vorsieht.*

16.5. Was lässt sich am deutschen Beispiel für den Umgang mit normativen Konflikten lernen?

Wir verstehen unter normativen Konflikten praktische Auseinandersetzungen und sie legitimierende Meinungsfronten, bei denen direkte Kompromisse zwischen den Konfliktparteien grundsätzlich ausgeschlossen erscheinen, da der Charakter der Streitmaterie die Wertbindungen zum mindesten einer beteiligten Bewegung oder Partei berührt. Soziale Zusammenschlüsse können grundsätzlich auf drei Prinzipien beruhen: auf der Macht der einen und der Furcht der anderen, auf komplementären Interessen oder auf geteilten Wertorientierungen; in der Regel spielen jedoch mindestens zwei dieser Prinzipien gleichzeitig eine Rolle. Stabile gemeinsame Wertorientierungen gehen mit solidarischen Sozialbeziehungen ein her, wobei zumeist eine wechselseitige Verstärkung stattfindet: Der gemeinschaftliche Charakter eines Sozialzusammenhangs, also der hohe Identifikationsgrad der Beteiligten, beruht in der Regel auf geteilten Normen und Werten; diese werden jedoch in der Gemeinsamkeit des Sozialzusammenhangs auch bestärkt und entwickelt. Solidarische Zusammenschlüsse haben deshalb auch eine Tendenz zur Abschließung nach außen, zur Ausgrenzung des „Fremden". Das gilt insbesondere dort, wo die Gemeinsamkeiten in der Form allmählicher Gewohnheitsbildung, also als *Tradition* entstanden sind.

Normative Konflikte sind nichts Ursprüngliches, sondern etwas Abgeleitetes. Sie entstehen dort, wo unterschiedliche werthafte Überzeugungen zwischen sozialen Zusammenschlüssen wirksam werden, die sich mit Bezug auf etwas ihnen Gemeinsames auseinandersetzen müssen. Die einfachste Form der Vermeidung normativer Konflikte ist somit die Trennung potentieller Konfliktpartner, die Minimierung konfliktträchtiger Gemeinsamkeiten. Dies setzt jedoch räumliche und politische Bedingungen voraus, die in sich modernisierenden Gesellschaften zunehmend verschwinden. Modernisierungsprozesse gehen mit zunehmender Interdependenz einher: Die Verdichtung der Bevölkerung, die Ausweitung der Marktbeziehungen und der Ausbau von Verkehrs- und Kommunikationssystemen sind die wirkungsvollsten Momente zunehmender Verflechtungen und möglicher Wechselwirkungen.

16.5.1 Konflikte im Zuge der Nationwerdung

Die zunehmende Interdependenz ermöglicht das Größenwachstum sozialer Einheiten. Die Entstehung der europäischen Nationalstaaten lässt sich als Interdependenzsteigerung im Inneren und als Abgrenzung nach außen verstehen. Effektive

Staatenbildung setzte dabei historische und kulturelle Gemeinsamkeiten (Tradition) oder zum mindesten die Erfindung derartiger Gemeinsamkeiten – etwa in der Form eines „Nationalcharakters" – voraus. *Nationalbewegungen* wie in Italien oder in Deutschland im 19. Jahrhundert erwiesen sich dabei als wichtige Promotoren eines neuen gemeinsamen Bewusstseins. Wo es um die Schaffung *neuer* sozialer Werte geht, spielen soziale Bewegungen regelmäßig eine wichtige Rolle. Sie ersetzen Tradition als Grund des Zusammenhalts durch die Propagierung neuer Werte und machen Solidarität in der Form der Bewegung erfahrbar.

Auch die *demokratische Bewegung* ist in diesem Zusammenhang zu erwähnen: Sie betont die Gleichheit aller Beteiligten und wirkt daher inneren sozialen Schranken entgegen. Der Umstand, dass zur Zeit des Deutschen Reiches die nationale und die demokratische Bewegung nicht zusammengefunden haben, sodass die Weimarer Republik keine alle Deutschen verbindende Staatsform geworden ist, hat die Entstehung der nationalsozialistischen Bewegung und des „Dritten Reiches" nachhaltig gefördert.

Die politische Vereinigung bislang getrennter Gebiete bringt regelmäßig normative Konflikte mit sich. Dies gilt auch im Fall der deutschen Vereinigung. Denn räumliche Nähe führt in der Regel auch zu sozialer Nähe, sofern dem nicht bewusst aufgerichtete und wertmäßig abgesicherte soziale Grenzen (z.B. Standesgrenzen) entgegenstehen. Ethnische und religiöse Bindungen haben sich im Zuge nationaler Einigungen als besonders widerstandsfähig erwiesen und vielfach Anlass zu normativen Konflikten gegeben. Als eine historisch erfolgreiche Form ihrer Abschwächung hat sich dabei die für alle neuzeitlichen Demokratien charakteristische *Parteienbildung* erwiesen. Partikuläre soziale Gemeinsamkeiten können somit auch innerhalb des sie in Frage stellenden Nationalstaates gleichzeitig beibehalten und integriert werden, indem ihnen die Möglichkeit zur politischen Organisation und zur Beteiligung am politischen Willensbildungsprozess gegeben wird. Allerdings setzt dies die Anerkennung der Mehrheitsregel voraus, die im Falle grundsätzlicher, identitätsbedrohender Dissense nicht konfliktmindernd, sondern oft konfliktverstärkend wirkt. Die Anerkennung von Minderheitsrechten (insbesondere im Bildungswesen!) hat sich vielfach als brauchbares Korrektiv der Mehrheitsdemokratie erwiesen.

Wie gezeigt wurde, haben sich die grundlegenden, religiöse und ethnische Konflikte bis heute ausschließenden Gemeinsamkeiten der Bundesrepublik in der Katastrophenerfahrung des Dritten Reichs gebildet. Gemeinsame Wertorientierungen sind in Reaktion auf diese Katastrophenerfahrung entstanden und haben sich tief ins kollektive Gedächtnis eingegraben. Im Unterschied zur Französischen Revolution, die ebenfalls als staatsfundierende Katastrophe gelten kann, ist die Interpretation der nationalsozialistischen Katastrophe nicht grundsätzlich kontrovers geblieben, sondern hat den Verfassungskonsens des Grundgesetzes ermöglicht. *Das Grundgesetz hat damit in einer historisch schlecht strukturierten Situation die Grundlagen einer staatlichen Identität geschaffen, im Rahmen derer dem nationalen Moment anscheinend kaum Bedeutung zukam.* Zwei Einschränkungen scheinen heute hinsichtlich der identitätsstiftenden Wirkung dieses Fundaments angebracht: Zum einen muss der Stellenwert der durch das Grundgesetz fundierten Gesellschaftsordnung für die neuen Bundesländer deutlich anders angesetzt werden als für die alten. Ob es im Fall der Vereinigung zu einer gemeinsamen Interpretation des Prozesses kommen wird, scheint eher fraglich; wahrscheinlicher ist das zu künftige Aufbrechen kontroverser Interpretationen dieses Ereignisses.

Die Dethematisierung der nationalen Dimension im kollektiven Bewusstsein der Bundesrepublik und seine programmatische Öffnung im Hinblick auf Europa sollten zum anderen nicht darüber hinwegtäuschen, dass in der Frage des Bürgerrechts und der Behandlung der aus dem Ausland Zugewanderten nach wie vor eine erhebliche politische Ausgrenzungstendenz besteht. Die Bundesrepublik hat sich dem Tatbestand, dass sie, trotz der entgegenstehenden Behauptung des Bundesverfassungsgerichts, ein de-facto-Einwanderungsland ist, nie bewusst gestellt und daher bis heute auch keine klare Politik im Umgang mit den auf Dauer niedergelassenen Ausländern entwickelt.[6] Dies könnte zu normativen Konflikten, vor allem im Zusammenhang mit einer wachsenden Virulenz des Islam führen.

16.5.2 Klassenkonflikte

Sogenannte Klassenkonflikte, also die durch die unterschiedliche Stellung mit Bezug auf die wirtschaftlichen Produktionsprozesse einer Gesellschaft geformten sozialen Gemeinsamkeiten und Unterschiede, sowie ihre normative Artikulation, entstehen typischerweise erst im Zuge von Industrialisierungs-und Demokratisierungsprozessen. Zwar kannten natürlich auch die vormodernen Hochkulturen soziale Ungleichheiten, ja, sie spielten dort eine noch weit größere Rolle. Diese Ungleichheiten galten jedoch als legitim, sie waren primär solche des Ranges, des Rechts und nicht der wirtschaftlichen Lage. Klassenkonflikte entstanden erst im Horizont der normativen Vorstellungen politischer Freiheit und Gleichheit, also im Horizont der Werte der demokratischen Bewegungen. Das Irritierende unterschiedlicher Klassenlagen besteht gerade darin; dass sie soziale Ungleichheiten

---

6 *Nachtrag 2014: Dies hat sich mittlerweile deutlich geändert. Allerdings sind normative Konflikte mit Fraktionen des Islam nach wie vor nicht auszuschließen.*

sichtbar machen, für die es im Horizont einer von christlichen Gleichheits- und aufklärerischen Freiheitsvorstellungen geprägten Kultur keine zureichenden normativen, sondern allenfalls pragmatische Begründungen gibt.

Es fällt deshalb auch wesentlich leichter, für Ursachen und Erscheinungsweisen sozialer Ungleichheit pragmatische als grundsätzliche Lösungen zu finden. Ins Grundsätzliche gewendet, beziehen sich Probleme sozialer Ungleichheit auf die Frage der Wirtschaftsordnung: Privatkapitalistisch verfasste Marktwirtschaften binden die Einkommenschancen grundsätzlich an den durch das Verhältnis von Angebot und Nachfrage bestimmten Wert von Produktionsfaktoren und schließen damit diejenigen vom Einkommenserwerb aus, die keine produktiven Leistungen anzubieten haben. Auf Kollektiveigentum beruhende sozialistische Wirtschaftsformen dagegen sind grundsätzlich in der Lage, die Einkommensverteilung stärker nach Bedarfsgesichtspunkten zu gestalten. Nach aller historischen Erfahrung gelingt es ihnen jedoch nicht, gleichzeitig die notwendigen Anreize für eine effiziente und konsumentenorientierte Produktion sicherzustellen. Der normative Grundkonflikt hinsichtlich der Wirtschaftsordnung war auch in der Gründungsphase der Bundesrepublik virulent. Die mehrheitliche Entscheidung für eine prinzipiell freiheitliche marktwirtschaftliche Ordnung, deren Ungleichheit tendenziell verstärkende Wirkungen aber durch sozialpolitische Korrekturen abgefedert werden, erwies sich zwar nicht als so kohärent, wie die Formel einer „sozialen Marktwirtschaft" suggeriert; aber der unmittelbare Erfolg dieser Entscheidung, das sogenannte Wirtschaftswunder, ließ alle grundsätzliche Kritik verstummen. Erst die marxistisch inspirierten Teile der Studentenbewegung erneuerten eine grundsätzliche Kapitalismuskritik, ohne jedoch dauerhafte Resonanz erzeugen zu können. Der pragmatische Weg einer regulierten Tarifautonomie, eines allmählichen Ausbaus des sozialen Sicherungssystems und der sozialen Dienstleistungen bei gleichzeitiger Förderung der volkswirtschaftlichen Produktivität hat sich bisher als sehr erfolgreich erwiesen: Das fortgesetzte Wirtschaftswachstum öffnete immer neue Verteilungsspielräume, ohne die Gewinnchancen der Unternehmen allzu sehr zu beeinträchtigen.

Diese günstige Konstellation scheint sich allerdings in jüngster Zeit zu zersetzen. Wachsende Konkurrenz auf den Weltmärkten, günstigere Investitionsperspektiven im Ausland, erleichterte Möglichkeiten der Kapitalflucht, die wachsende Staatsverschuldung und nicht zuletzt eine zunehmende Europäisierung der Wirtschaftspolitik wirken sich gleichzeitig dämpfend auf das Wachstum der deutschen Wirtschaft und die wirtschafts- bzw. sozialpolitischen Operationsmöglichkeiten des Staates aus. Während die wachsende Zahl der Rentner, Pensionäre und Arbeitslosen Ansprüche auf Sozialleistungen erheben können, sinken die öffentlichen Einnahmen, sowohl aus Steuern wie aus Versicherungsbeiträgen. In Zukunft geht es nicht mehr nur um die Verteilung von Zuwächsen, sondern um Eingriffe in erworbene Besitzstände. Dies führt bereits erkennbar zu einer Intensivierung der Verteilungskonflikte.

Um einschätzen zu können, inwieweit mit einem Wiederaufflammen normativer Grundkonflikte zu rechnen ist, empfiehlt es sich, die *Bedingungen einer normativen Dethematisierung des Klassenkonfliktes* genauer zu betrachten. Die normative Dramatisierung des Konfliktes zwischen Kapital und Arbeit ging regelmäßig von der Arbeiterperspektive aus. Offensichtlich bedürfen die wirtschaftlichen Interessen der Unternehmer jenseits der Gewährleistung des Privateigentums und der Wirtschaftsfreiheit als Grundbeständen des liberalen Credos keiner zusätzlichen normativen Legitimation. Die typische Reaktion des Kapitals auf eine Verschlechterung seiner Verwertungschancen ist *Abwanderung,* also Konfliktvermeidung, nicht *Widerspruch,* also Kampf. Dagegen bestand die typische Reaktion der Arbeiterseite im *Protest,* im moralisierenden Kampf unter Berufung auf die gemeinsamen Werte einer von Christentum und Aufklärung geprägten bürgerlichen Gesellschaft (Heimann 1929). In dem Maße, wie die grundlegenden Forderungen der Arbeiterbewegung auf Anerkennung des Koalitionsrechts und auf Mitwirkung an Entscheidungen über Entlohnungs- und Arbeitsbedingungen erfüllt wurden, ließ auch die normative Dramatisierung der Forderungen nach. Es sind im Wesentlichen zwei Vermittlungsformen, die sich zur Entschärfung des normativen Konfliktes als erfolgreich erwiesen haben: die Einräumung von Möglichkeiten der Selbstorganisation und die Prozeduralisierung von Konflikten.

Die Möglichkeiten der Selbstorganisation unterliegen in der Bundesrepublik grundsätzlich keinen rechtlichen Einschränkungen. Allenfalls können Vereinigungen, die als „verfassungsfeindlich" gelten, staatlicherseits verboten werden, doch ist hiervon bisher nur sparsamer Gebrauch gemacht worden, und entsprechende Verbote unterliegen gerichtlicher Nachprüfung. Entscheidend für das vergleichsweise geringe normative Konfliktniveau in der Bundesrepublik wurde die *Prozeduralisierung von Konflikten.* Sie äußert sich in Bezug auf das Verhältnis von Arbeit und Kapital im Wesentlichen als gesetzliche Schaffung von Verhandlungssystemen und die Wiederherstellung einer Arbeitsgerichtsbarkeit, an der Vertreter beider Tarifparteien mitwirken. Verhandlungssysteme bestehen auf überbetrieblicher Ebene in der Form der Tarifverhandlungen, auf der betrieblichen Ebene in der Form unterschiedlicher Mitbestimmungsregeln. Das Arbeitsrecht hat sich in der Bundesrepublik im Wesentlichen als tarifvertragliches Recht sowie als Richterrecht (Präzedenzwirkung von Entscheidungen des Bundesarbeitsgerichts) entwickelt. Der Gesetzgeber ist im Wesentlichen nur zum Gesundheitsschutz und zur Sicherung von Mindestarbeitsbedingungen tätig geworden.

Voraussetzung für die Effektivität des gesetzlich geregelten Tarifvertragssystems ist die Organisations- und Bindungsfähigkeit der Tarifparteien. Nur insoweit, als Unternehmerverbände und Gewerkschaften mit der Folgebereitschaft ihrer Mitglieder rechnen können, vermögen sie als zuverlässige Partner im Prozess der Interessenvermittlung zu fungieren und das Interesse der Gegenseite am Bestand des Verhandlungssystems aufrecht zu erhalten. Diese Bedingung war bisher in der Regel erfüllt, doch zeigen sich sowohl auf Seiten der Unternehmen als auch im sinkenden Organisationsgrad der Gewerkschaften erste Symptome der Erosion der individuellen Folgebereitschaft. Ob die Intensivierung der Verteilungskonflikte eher zu einer Resolidarisierung oder aber zur Fragmentierung der Tarifparteien führt, lässt sich kaum prognostizieren; beides ist möglich.

16.5.3 Neue soziale Bewegungen

Die Konfliktthemen und die Solidarisierungsbereitschaft der Neuen sozialen Bewegungen sind weniger von unmittelbaren materiellen Interessen bestimmt. Zwar finden sich unter den Aktivisten vielfach auch Betroffene – z.B. die in der Nachbarschaft eines Atomkraftwerks Wohnenden oder die wohnungslosen Hausbesetzer. Aber diese sind nur eine Minderheit, die allein für ihre Interessen eine vergleichbare Resonanz nicht erzeugen könnte. Die gesellschaftsweite Resonanz entsteht aus der *normativen Dramatisierung* derartiger Anliegen, die als Symptom eines fundamentalen Zusammenhangs – z.B. einer Gefährdung der Natur, einer Bedrohung zukünftiger Generationen oder des ausbeuterischen Charakters des Kapitalismus – interpretiert werden.

In der sozialwissenschaftlichen Literatur werden diese Interessenartikulationen als *postmaterialistisch* interpretiert und auf einen tiefgreifenden *Wertewandel* zurückgeführt. Dieser resultiert aus dem Zusammenspiel von gesamtgesellschaftlichen Veränderungen wie wachsendem Wohlstand, dauerhaftem Frieden, technologischen Fortschritten, Ausbau des Bildungswesens und zunehmendem Einfluss der Massenmedien einerseits und individuellen Erfahrungen andererseits. Es sind vor allem die jüngeren Generationen, und unter ihnen die Gebildeteren, welche die neuen, postmaterialistischen oder eher posttraditionalistischen Einstellungsmuster zeigen. Sie bilden auch das Rekrutierungspotential und das primäre Resonanzfeld der Neuen sozialen Bewegungen.

Wie die vorangehende Skizze in unvermeidlicher Kürze gezeigt hat, entwickelte sich der politische Erfolg der im „Bewegungsmilieu" artikulierten Themen sehr unterschiedlich. Insbesondere die Themen *Umwelt* und *Frauenrechte* haben einen weit über die ökologische bzw. Frauenbewegung hinausreichenden Bewusstseinswandel bewirkt. Die Veralltäglichung, d.h. normative Entschärfung dieser Themen, erfolgte auf ähnliche Weise wie im Falle des Klassenkonfliktes. Die Selbstorganisation der sozialen Bewegung verfestigte sich in der Form von Verbänden und einer Partei; die Konfliktthemen wurden auf gesetzlichem Wege prozeduralisiert, beispielsweise in der Form von Umweltverträglichkeitsprüfungen oder der Einführung von Frauenbeauftragten mit entsprechenden Beteiligungsrechten. Schließlich wurden diese Themen auch von anderen Parteien als den GRÜNEN aufgenommen und somit in die vorherrschenden Konsensstrukturen integriert.

Demgegenüber erwiesen sich andere Themen, wie z.B. das Fehlen billigen Wohnraums in Großstädten oder die Frage der Nutzung von Atomenergie, als sperriger. Hier trafen die Forderungen der sozialen Bewegungen auf verfestigte ökonomische Interessen Privater, die sich mit politischen und rechtlichen Mitteln zur Wehr setzten. Politische oder richterliche Entscheidungen vermochten hier in der Regel keine Befriedung der Konflikte herbeizuführen, soweit diese die bestehenden Eigentumsrechte und eingegangene Verpflichtungen schützten, also den Forderungen der Bewegung nicht nachkamen. Dies führte zu einer zunehmenden Radikalisierung eines aktivistischen Bewegungskerns und zu gewaltsamen Auseinandersetzungen. Die Wirkung der Gewaltanwendung war jedoch bei beiden Themen unterschiedlich:

Während die Hausbesetzerszene der „Autonomen" isoliert wurde, hat die Gewaltbereitschaft von Atomgegnern nicht zu einem allgemeinen Resonanzverlust ihrer Anliegen geführt. Wie die neuere Risikosoziologie zeigt, spalten Hochleistungstechnologien die Bevölkerung in zwei Gruppen: einerseits diejenigen, die über sie entscheiden und sich davon Gewinne erhoffen, d. h. die *Beteiligten;* und andererseits diejenigen, die möglicherweise die unüberschaubaren Folgen zu tragen haben, d. h. die *Betroffenen.* (Luhmann 1991: 93 ff) Ein Interessenausgleich zwischen diesen beiden Gruppen ist wesentlich schwieriger zu bewerkstelligen als im Verhältnis von Kapital und Arbeit, *da die Prozeduralisierung des Konflikts nicht gelingen will.* Die Entscheider bestehen darauf, die ihnen zuzurechnenden Risiken im Rahmen versicherungstechnischer Deckungssummen zu halten; Betroffene halten Folgen für möglich, für die Versicherungen nicht bereit sind, aufzukommen. Über Beteiligungsmodelle der Betroffenen wird trotz einiger wissenschaftlicher Vorschläge bisher politisch kaum diskutiert. Die ansatzweise Prozeduralisierung im Rahmen von administrativen Prüf- und Gerichtsverfahren reicht den Atomkraftgegnern nicht aus. Die Betroffenheit durch die Gefahren der Atomenergie ist zudem durch die Reaktorkatastrophe von Tschernobyl tief ins allgemeine Bewusstsein gedrungen. So ist ein Ende dieses seit vierzig Jahren immer erneuerten Konfliktes nicht abzusehen. [7]

---

7   *Nachtrag 2014: Die „Energiewende" im Anschluss an die Katastrophe von Fukushima scheint nun den Konflikt zu Lasten der Atomindustrie zu beenden. Ob und wie schnell*

Prozeduralisierung von Konflikten bedeutet, sie durch Fragmentierung zu ent-
dramatisieren und sie im Rahmen von Verhandlungssystemen klein zu arbeiten, an
denen die Konfliktparteien beteiligt sind. Dies hat sich sowohl im Rahmen demokratischer als auch administrativer Verfahren in Deutschland als sehr erfolgreich
erwiesen. Prozeduralisierung versagt jedoch dort, wo es „ums Ganze" geht. In der
deutschen Gesellschaft hat sich die Auffassung verfestigt, dass der Umgang mit
Atomkraft das Leben zukünftiger Generationen bedroht. Den Versprechungen
wachsender Sicherheitsstandards wird kein Glauben geschenkt, da ihre internationale Umsetzung unglaubwürdig bleibt. Der Konflikt zwischen den im Falle von
Entscheidungen über Hochleistungstechnologien strukturell ausgeschlossenen
Betroffenen und den daran Beteiligten hat bisher weder eine ethische, noch eine politische, noch eine prozedurale Lösung gefunden. Dies scheint ein charakteristischer
Typus normativer Konflikte in fortgeschrittenen Industriegesellschaften zu sein.[8]

---

die Energiewende gelingt, ist allerdings noch nicht ausgemacht.

8   *Nachtrag 2014: Das nächste Beispiel könnte die digitale Überwachung werden.*

Essay: Sicherheit und Freiheit
Über unseren Umgang mit der Zukunft*

17

Zusammenfassung: Seit dem 17. Jahrhundert und im Horizont der Aufklärung wandelt sich „Zukunft" von einer räumlich-zeitlichen zu einer ausschließlich zeitlichen Kategorie und thematisiert daher ihre Unabsehbarkeit und die daraus für die Handelnden folgende Ungewissheit. Erst im 20. Jahrhundert werden die Konsequenzen sichtbar: Im Streben nach Sicherheit wird versucht, Zukunft zu kontrollieren, doch gelingt dies nur hinsichtlich von „Entscheidungen unter Wahrscheinlichkeit", nicht hinsichtlich „Entscheidungen unter Ungewissheit"(F.H. Knight). Für den Umgang mit Ungewissheit hat G.L.S. Shackle ein Verfahren vorgeschlagen, das die Problematik verdeutlicht. In öffentlichen Auseinandersetzungen wird häufig ein Gegensatz zwischen „Sicherheit" und „Freiheit" aufgebaut, womit auf den Unterschied zwischen einer kontrollierbaren und „offenen" Zukunft rekurriert wird. Es besteht aber zwischen diesen Wertideen kein Gegensatz, sondern lediglich ein Verhältnis der Konkurrenz.

Was die Zukunft ist, wissen wir nicht. Und doch sind wir gezwungen, uns permanent mit ihr auseinandersetzen. Dieser kleine Essay will dreierlei zeigen: Zunächst den Wandel der kulturellen Codierung von Zukunft. Sodann eine kleine Analyse unseres praktischen Umgangs mit der Zukunft, der sich im Treffen von Entscheidungen manifestiert. Und schließlich ein Hinterfragen unserer politischen Rhetorik, welche im Antagonismus der Wertbegriffe „Freiheit" und „Sicherheit" einen Scheinkampf um die Zukunft führt.

*   *Erstveröffentlichung: Jürgen Jacobs u.a.: Prognose oder Illusion? Zukunftsdenken zwischen Erwartung und Wirklichkeit. Nordrhein-Westfälische Akademie der Wissenschaften und Künste, Forum 2. Verlag Ferdinand Schöningh, Paderborn 2012, S. 51-60. © Nordrhein-Westfälische Akademie der Wissenschaften und Künste.*

17.1 Zukunft als Produkt der Moderne

Was wissen wir aus Redewendungen über die Zukunft? Eine Konsultation des „Büchmann" war wenig ergiebig. Einzig ein schon um 1800 kolportierter Spruch des Konfuzius unterläuft die emphatischen und heute verstaubt wirkenden Proklamationen der Fortschrittsgläubigen: „Dreifach ist der Schritt der Zeit: Zögernd kommt die Zukunft hergezogen, Pfeilschnell ist das Jetzt entflogen. Ewig still ist die Vergangenheit."[1]

Man beachte: „Die Zukunft kommt hergezogen", zögernd zwar, aber man sieht sie kommen, wie es ja auch dem Wortsinn Zu-kunft entspricht. Sie ist – so dürfen wir unterstellen – noch undeutlich und wird erst im Näherkommen deutlicher; aber das liegt nicht an der Zukunft, sondern an unserer beschränkten Wahrnehmungsfähigkeit. Dass die Zukunft plötzlich grundlegend anders sein könnte als die Gegenwart oder die Vergangenheit, steht noch nicht im Horizont des Gedankens. *Die Zukunft wird noch raum-zeitlich gedacht.* Ihr Horizont besteht in den außereuropäischen Kulturen meist aus einem *zyklischen Weltbild*, wo die „Ewige Wiederkehr des Gleichen" die Ungewissheit der Zeit verdrängt, oder „vernichtet", wie der Religionswissenschaftler Mircea Eliade (1966) formuliert hat. Oder aus dem Horizont eines *ontologisch-metaphysischen Weltbildes*, wie es vom Platonismus und Christentum geprägt wurde und die europäische Philosophie bis zur Aufklärung beherrscht hat. Die *Zeitlichkeit der Zukunft* wurde erst im Horizont der Aufklärung denkbar, wie auch der sprachgeschichtliche Befund zeigt (Kaufmann 1973: 160 ff). Im Horizont der metaphysischen Ontologie blieb das Zeitliche als gegenüber dem Ewigen unwesentlich; das menschliche Leben wurde eschatologisch gedeutet: die Zukunft des Menschen ist sein ewiges Leben. Mit der anthropologischen Wende wurden der Mensch und sein Handeln *wesentlich*, und damit auch die innerweltliche Zukunft. Keiner hat dies radikaler mit dem „Tode Gottes" verknüpft als Friedrich Nietzsche:

> Ich glaube, ich habe einiges aus der Seele des höchsten Menschen *erraten*; – vielleicht geht jeder zu Grunde, der ihn errät: aber wer ihn gesehen hat, muss helfen, ihn zu *ermöglichen*. Grundgedanke: Wir müssen die Zukunft als *maßgebend* nehmen für alle unsere Wertschätzung – und nicht *hinter* uns die Gesetze unseres Handelns suchen! (Nietzsche 1912: Aph. 1000)

---

1 Musenalmanach für das Jahr 1800, zit. Georg Büchmann: Geflügelte Worte, 32. A. Berlin 1972, S. 256.

Hier also wird der Mensch aufgerufen, seine ganze Energie auf die Zukunft zu konzentrieren. Wie allerdings die Zukunft *maßgeblich* werden soll für unser Handeln,
lässt Nietzsche offen.

Dass Zeitlichkeit es mit Geschichte und damit mit der Wandelbarkeit aller Ver-
hältnisse zu tun hat, wurde zunächst im Konzept der *Modernität* gedacht.[2] Den
Anfang bildete ein ästhetischer Disput, der gegen Ende des 17. Jahrhunderts die
Kulturintelligenz in Europa beschäftigte, die Frage nämlich, ob die ästhetischen
Ideale der Antike überzeitlich gültig seien, oder ob auch im Bereich der Kunst
Fortschritt möglich sei. Der im Rahmen der *Académie Francaise* ausgebrochene
Disput ist unter dem Namen *La Querelle des anciens et des modernes* in die Kul-
turgeschichte eingegangen. Gegen Ende des 19. Jahrhunderts verband sich dann
der Gedanke der Modernität mit demjenigen der Avantgarde: Das immer Neueste
ist „modern" und damit ist jede Modernität dazu bestimmt, *zu veralten*. So wohnt
dem Konzept der Modernität auch die Vorstellung der *Vergänglichkeit* inne.

Wie auch immer man heute zur Frage stehen mag, ob die Zukunft immer fort-
schrittlich sei, dass sie in der Regel nicht einfach die Vergangenheit fortschreibt,
ist uns selbstverständlich geworden. Ein französisches Lexikon definiert: „La
modernité, c'est la morale canonique du changement". Oder mit Jacob Burckhardt
gesagt: Die Moderne ist der Geist der ewigen Revision. Daraus folgt, dass wir uns
die Zukunft gar nicht mehr als die Wiederkehr des Gleichen vorstellen können,
sondern nur noch als Wandel, als mehr oder weniger andersartig als die Gegenwart
und erst recht als die Vergangenheit.

Weiter führend ist ein melancholisches Wort von Karl Valentin: „Die Zukunft
ist auch nicht mehr, was sie einmal war!" Dieser Satz enthält nicht nur ein zeitliches
Paradox, sondern auch eine Einsicht. *Die Zukunft ist uns stets nur als Erwartung
gegeben.* Und dass die Erwartungen heute schlechter sein können, als – sagen wir
– in den fünfziger und sechziger Jahren oder selbst vor der Finanzkrise, ist uns
geradezu alltäglich. Die Börse lebt allein von Erwartungen. Sie ist der reagibelste
Seismograph, zum mindesten, was unsere Wirtschaftserwartungen angeht. Seit
John Maynard Keynes, und ihn vertiefend Walter Adolf Jöhr (1952), werden die
Konjunkturschwankungen zentral mit dem Wandel von Erwartungen in Verbindung gebracht.

---

2   Vgl. zum Folgenden mit weiteren Nachweisen Kaufmann 1989a: 35 ff.

17.2   Entscheiden als handelnder Umgang mit der Zukunft

Die Zukunft ist also nichts, das unserer Erkenntnis gegeben wäre, sondern der zentrale Gegenstand unserer Erwartungen. Ob diese Erwartungen Wirklichkeit werden, bleibt grundsätzlich *ungewiss*. Wir machen uns ständig Gedanken über die Zukunft, genauer: über mögliche Ereignisse, die uns betreffen können, vom Ausbruch eines Krieges über Wirtschaftskrisen bis zum Sterben eines geliebten Menschen oder eigener Krankheit bzw. Tod. Das sind sozusagen die großen Zukünfte, die unser Lebensschicksal betreffen. Daneben gibt es die mittleren oder kleinen Zukünftchen – vom geplanten Urlaub bis zum morgigen Rendez-vous. Wenn wir den menschlichen Umgang mit der Zukunft analysieren wollen, so müssen wir das Thema auf solche Ereignisse eingrenzen, die von einem Menschen als für ihn so beachtlich eingeschätzt werden, dass er mit ihnen *vorausschauend handelnd* umgeht. Zwar ist nicht zu bestreiten, dass unsere gedankliche Auseinandersetzung mit der Zukunft zu konsistenten Schlussfolgerungen führen kann, dass wir also z.B. einen uns betreffenden Krieg zu unseren Lebzeiten als so unwahrscheinlich betrachten, dass wir darüber nicht beunruhigt sind. Um uns zu beruhigen, schließen wir ständig Möglichkeiten aus – Psychologen würden von Verdrängung sprechen. Aber diese innerpsychischen Prozesse sind der wissenschaftlichen Beobachtung weitgehend entzogen. Von praktischer Tragweite sind nur Überlegungen, die im Hinblick auf *Entscheidungen* in intersubjektiv nachvollziehbarer Weise geäußert werden.

Unser handelnder Umgang mit der Zukunft besteht aus individuellen und kollektiven (z.B. parlamentarischen) *Entscheidungen*. Wir entscheiden in der Gegenwart über etwas, was in Zukunft wirksam werden soll: Ein Versprechen, ein Vertrag, eine Investition, ein Gesetz, ein Plan. Derartige Entscheidungen beruhen auf Vorstellungen oder Erwartungen hinsichtlich bestimmter zukünftiger Bedingungen, die auf die mutmaßlichen Folgen unserer Entscheidungen Einfluss nehmen. Zum mindesten ist das die rationale Rekonstruktion von Entscheidungsprozessen. Das schließt nicht aus, dass praktische Entscheidungen häufig aus einem „Bauchgefühl" getroffen werden, das wahrscheinlich viel mit generellen Erwartungen hinsichtlich der Zukunft – grob gesagt mit Optimismus oder Pessimismus des Entscheiders – zu tun hat. Intuitive Entscheidungen sind im Übrigen meist nicht irrational; sie stellen eher ein abkürzendes Entscheidungsverfahren, eine Reduktion der Komplexität der Entscheidungssituation dar, sie können durchaus auf Wissen und Erfahrung beruhen (Hoffrage, Hertwig & Gigerenzer 2005).

Die zentrale Frage ist, inwieweit wir auf die Zuverlässigkeit unserer Erwartungen *vertrauen* können, und wovon dies abhängt. Der erste Schritt zur Analyse dieser Frage stammt vom Begründer der sog. Chicagoer Schule der Wirtschaftswissenschaften Frank H. Knight (1885-1972). Er führte die Unterscheidung von

Entscheidungen unter Risiko und *Entscheidungen unter Ungewissheit* ein (Knight 1965/1921). Risiken, das sind in dieser Terminologie berechenbare Ereignisse, die mit einer bestimmbaren Wahrscheinlichkeit auftreten. Ihre einfachste Form ist der versicherungsmathematische Risikobegriff, er beinhaltet immer nur je eine Klasse von gefährdenden Ereignissen und als gefährdet eingestuften Gütern. Das unternehmerische Risiko dagegen ist komplexer gebaut: Es umfasst Gefahren und Chancen stets für eine Vielzahl von Gütern und Ereignisfolgen. Mit Hilfe moderner Verfahren und Rechenmaschinen lassen sich hierfür komplexe Modelle entwickeln, die, wenn sie mit einigermaßen verlässlichen Erfahrungswerten wie Kosten und Erträgen gefüttert werden, durchaus Entscheidungshilfe für Investitionen leisten können. Frank Knight macht jedoch darauf aufmerksam, dass solche kalkulierbare Risiken einen Unternehmer*gewinn*, also einen über die normale Honorierung der Unternehmertätigkeit hinausgehenden Ertrag, nicht rechtfertigen, und unter Konkurrenzbedingungen auch nicht hergeben, da die Konkurrenz über ähnliche Informationen verfügt. Die wirklichen Gewinnchancen winken einem Unternehmer nur bei *Entscheidungen unter Ungewissheit*, wo also die verfügbaren Informationen nicht für ein brauchbares Entscheidungskalkül ausreichen, sondern damit ein *Wagnis*, eine Wette auf eine *unbekannte* Zukunft verbunden ist.

Der Brite George L.S. Shackle (1972) hat die ökonomische Entscheidungsproblematik radikalisiert. Shackle stellt sich in seiner Entscheidungstheorie dem Problem der Entscheidungen unter Ungewissheit: *Wie kann man sich vernünftig angesichts einer ungewissen Zukunft verhalten?* Shackles Kritik an der herkömmlichen "Gleichgewichtsökonomie" und der mit ihr verbundenen Annahmen eines rationalen ökonomischen Verhaltens stützt sich zentral auf das Argument, dass in diesem Denksystem die Tatsache der diachronen Zeit, welche für die geschichtliche Existenz des Menschen konstitutiv sei, verdrängt werde. Der Zeitbegriff der herrschenden Ökonomie ähnle demjenigen der Naturwissenschaften, welche die Zeit nur als spezifische Dimension des Räumlichen, also als Überbrückung der Distanz zwischen koextensiven Sachverhalten interpretieren. Dies entspricht dem *vorneuzeitlichen Zeitverständnis*: Zukunft als das auf uns Zukommende. Shackles Ausgangspunkt ist eine Auffassung der Zeit, „which grips us between the past which is unchoosable and the future which is unknowable." (Shackle 1972: 6) Entscheidungen fallen in der Gegenwart im Hinblick auf eine unbekannte Zukunft (*ex ante*), und ihre Folgen lassen sich erst nachträglich (*ex post*) feststellen und evaluieren.

Worüber kann sich dann der Entscheider vergewissern? Vernünftiges Entscheiden nach Shackle keine Frage der *Rationalität*, sondern der *konsistenten Imagination*. Der Entscheider steht vor dem Problem der Ungewissheit der Zukunft und der Notwendigkeit, sie sich vorzustellen. Jede Entscheidung beruht auf *Erwartungen über zukünftige Folgen einer Entscheidung*. Dabei verbinden sich als evident geltende Elemente mit anderen glaubhaften, aber nicht bewiesenen Elementen, deren Auswahl subjektiv und von der Person des Entscheiders nicht ablösbar ist. Wahrscheinlichkeit im Sinne der Wissenschaften eignet sich deshalb nicht zwangsläufig als Entscheidungshilfe, weil praktische Entscheidungssituationen sich nicht an die Grenzen wissenschaftlicher Theorien und Experimente halten. Wenn es darum geht, die möglichen Folgen in einer aktuellen, im Prinzip einzigartigen Entscheidung abzuschätzen, verdunkelt die Argumentation mit Wahrscheinlichkeiten nur die Struktur des Problems. Statt auf Wahrscheinlichkeitsurteile orientiert sich nach Shackle der Entscheider an auf *Möglichkeitsurteilen* beruhenden Erwartungen (Shackle 1972: ch. 34). Die imaginative Konstruktion der Folgen unterschiedlicher Entscheidungsalternativen orientiert sich am nicht-distributiven Kriterium ihrer Möglichkeit oder Unmöglichkeit, wobei im Rahmen des als möglich Erachteten jeweils nur die erwünschteste und die unerwünschteste Variante für den Entscheider von Bedeutung sind. Maßgeblich für den Entscheider ist überdies sein Wissen über seine eigenen Möglichkeiten, seine Ressourcen. *Das qualitative Kriterium besteht also in der Konsistenz, mit der der Entscheider seine eigenen ihm bekannten Ressourcen mit den evidenten Umständen und imaginierten Möglichkeiten verbindet* (s.a. Shackle 1961).

Ich habe die Überlegungen Shackles eingehender referiert, weil hier die Struktur des Problems unseres Umgangs mit der Zukunft mit besonderer Klarheit analysiert wird. Der Begriff der Zukunft ist hier allerdings herunter gebrochen auf das, was mit Bezug auf konkrete Entscheidungen einer Person oder einer Organisation ansteht. Das ist das Thema der Entscheidungstheorie, doch erschöpft sich darin nicht unser Verhältnis zur Zukunft.

17.3   Zukunft als Thema der Öffentlichkeit

Zukunft ist vor allem auch ein Thema der Öffentlichkeit, allerdings nur selten unter diesem Namen. Denn Zukunft ist, wie das Sein in der metaphysischen Ontologie, ein Kernbegriff unseres modernen, verzeitlichten Wirklichkeitsverständnisses. Von Zukunft kann nicht an sich, sondern nur in bestimmten Hinsichten gesprochen werden. Hier und jetzt geht es um unseren Umgang mit der Zukunft, in der Öffentlichkeit also um die Frage, wie wir uns mit Bezug auf Zukunft verhalten sollen. Welches sind die Richtwerte, nach denen sich unser Gemeinwesen im Hinblick auf seine Zukunftsfähigkeit orientieren *soll*. Ich denke dabei nicht an den ganzen öffentlichen Wertehimmel von Aufrichtigkeit bis Zufriedenheit über Friede, Gerechtigkeit und Wohlfahrt, das Alphabet ließe sich noch vervollständigen. Es gibt jedoch zwei Wertbegriffe, die in spezifischer Weise einen Zukunftsbezug aufweisen, nämlich „Sicherheit" und „Freiheit".

Freiheit und Sicherheit werden oft als antagonistische Werte verstanden, und in den zwei Jahrzehnten seit der weltweiten Freigabe des Finanzverkehrs bis zur Weltfinanzkrise standen sich mit den Neoliberalen auf der einen und den Gewerkschaften und Sozialdemokraten auf der anderen Seite auch Parteien gegenüber, die antagonistisch einem dieser Werte vor dem anderen den Vorzug gaben. Ich muss hier auf begriffsgeschichtliche Herleitungen verzichten (siehe 11.1), sondern möchte nur verdeutlichen, in welcher Weise die beiden Begriffe bzw. die von ihnen konnotierten Ideen sich mit Bezug auf Zukunft verhalten.

Dies ist mit Bezug auf Sicherheit deutlicher als mit Bezug auf Freiheit herausgearbeitet worden.[3] Bereits der einfache Vorgang des Sicherns lässt einen dreifachen Bezug erkennen: Einen Zeitbezug, einen Sachbezug und einen Wertbezug. Sicherheit hat es mit der Gewährleistung von positiv bewerteten Zuständen („Gütern") in der Zukunft zu tun. Es geht ihr nicht um gegenwärtige, sondern um zukünftige (Zeitbezug) Zustände (Sachbezug), denen ein positiver Wert zugemessen wird (Wertbezug). Gelten diese wünschenswerten Zustände, hier beispielsweise Gesundheit und Leben, als gefährdet, so kann ihnen grundsätzlich auf dreifache Weise begegnet werden: 1. Durch Prävention, soweit es gelingt, gewisse Gefährdungen durch Schutzmaßnahmen auszuschalten, beispielsweise durch den Ausbau von Verkehrswegen und die Verkehrsregeln zur Vermeidung von Unfällen; 2. durch korrigierende Vorkehrungen, um die Folgen eines schädigenden Ereignisses zu beseitigen oder möglichst klein zu halten, beispielsweise durch Unfallhilfe, Einrichtungen der Therapie und Rehabilitation, oder den Einsatz von Polizei oder Feuerwehr; 3. durch kompensierende Versicherungen, welche die monetären Nachteile eingetretener Schädigungen ausgleichen. Alle diese Vorkehrungen müssen in einer Gegenwart getroffen werden, um in der Zukunft wirksam zu werden.

Das Ziel des Sicherns ist also die *Beherrschung der Zukunft in bestimmten Hinsichten*: Man will der Zukunft ihre Ungewissheit nehmen, ihre Kontingenz zum mindesten einschränken. Nicht von ungefähr gelten Staat und Recht als wichtigste Institutionen der Sicherheit: Die öffentliche Sicherheit als Defension nach Außen und Protektion nach Innen bildet die Grundlage eines funktionierenden Gemeinwesens, und mit steigenden Ansprüchen bilden sich spezifischere Vorstellungen von *Rechtssicherheit* und *sozialer Sicherheit* aus, deren Gewährleistung dem Staate zugemutet wird. All dies sind allerdings relativ neue Forderungen, welche im Leitbild der antiken Polis noch nicht vorhanden waren. Sie entstanden erst im Horizont eines Weltbildes, das die *Gestaltbarkeit der politischen und sozialen Verhältnisse* als

---

3   Vgl. zum folgenden Kaufmann 1973: Kapitel 4, sowie oben 11.1.

Möglichkeit beinhaltet (Evers & Nowotny 1987), also im Zuge des „Aufbruchs aus der selbst verschuldeten Unmündigkeit", wie Kant die Aufklärung umschrieben hat. Diese Leitideen beziehen sich nunmehr nicht mehr auf die zukünftigen Zustände der einzelnen, sondern auf den verlässlichen Schutz *kollektiver* Zustände, an denen die Bürger ein Interesse haben. Hier geht es um die Sicherheit protektiver *Systeme*, also ihre Verlässlichkeit in der Zukunft. Es handelt sich um die Organisation komplexer Zusammenhänge und deren Leistungsfähigkeit, welche Vertrauen verdient. Solche *Systemsicherheit* steht heute im Zentrum einer operativen Vorstellung von Sicherheit.

In diesem Sinne können wir Sicherheit als das Leitbild beherrschbarer Komplexität bezeichnen. Soweit Systeme als sicher gelten, verfügen sie über eine *Eigenzeit*, die sich von der allgemeinen Ungewissheit der Zukunft abgekoppelt hat. Diese Sicherheitsgeltung hat allerdings nicht nur mit ihrer objektiven Leistungsfähigkeit zu tun, sondern auch mit den Erwartungen derjenigen, die von ihnen geschützt werden sollen. Der Soziologe Niklas Luhmann hat hierfür den Begriff des *Systemvertrauens* eingeführt: „Wer Vertrauen erweist, nimmt Zukunft vorweg. Er handelt so, als ob er der Zukunft sicher wäre." (Luhmann 1968) Dass sich Personen hinsichtlich ihrer Vertrauensfähigkeit unterscheiden, und dass dies wiederum mit ihrer psychischen Konstitution zusammenhängt, die wir gerne als *Selbstsicherheit* bezeichnen, kann hier nur am Rande erwähnt werden (Kaufmann 1973: 221 ff, siehe oben Kapitel 12).

Die Idee der Systemsicherheit suggeriert eine gewisse *Neutralität* der Systeme mit Bezug auf die auf ihre Leistungen Angewiesenen. Die neueren Risikodiskurse, in Deutschland angestoßen durch Ulrich Becks „Risikogesellschaft" (Beck 1986), stellen diese Neutralität in Frage; sie unterstellen den Entscheidungen von Großorganisationen Nebenwirkungen, die ihre Sicherheitsleistungen selbst in Frage stellen. Niklas Luhmann (1990b) hat mit seiner Unterscheidung zwischen *Risiko* und *Gefahr* einen erhellenden Beitrag zu dieser Problematik geleistet: Da Entscheidungen von Großorganisation regelmäßig Entscheidungen unter hohen Graden von Ungewissheit über die Folgen sind, unterscheiden sich die Erwartungen der Entscheider regelmäßig von denen der von den Entscheidungen Betroffenen: Was zum Beispiel den Betreibern von Atomkraftwerken als Risiko erscheint, erscheint den Atomkraftgegnern als Gefahr (siehe 16.4.3). Generell neigen Entscheider mit Bezug auf die zukünftigen Folgen ihrer Entscheidungen zu Optimismus, sonst wären sie gar nicht entscheidungsfähig. Die Betroffenen haben nur die Wahl zwischen Vertrauen und Misstrauen, und häufig fehlt es an hinreichenden Gründen für das eine wie das andere.

Die *Freiheit*sidee ist älter als die Sicherheitsidee, gewinnt aber mit der Aufklärung erst ihr spezifisches Pathos. Unter Freiheit wird dabei politisch meist individuelle *Handlungsfreiheit* verstanden, was gut zur oben gegebenen handlungstheoretischen Rekonstruktion der Sicherheitsproblematik passt. Freiheit bedeutet in diesem Sinne das *Recht zum Wagnis*, zur Überwindung der Grenzen, welche durch die Regeln der Sicherheitsdispositive gesetzt werden. Das gilt für Extremsportler, Forscher, Künstler, und Unternehmer gleichermaßen, um nur die wichtigsten positiv bewerteten Typen von Innovatoren in unserer Gesellschaft zu erwähnen; man müsste sonst auch die kreativen Kriminellen, die imaginativen Terroristen und die Kriege anzettelnden Politiker nennen. Sie alle suchen und finden bisher unbekannte Chancen und Wege und tragen zur Veränderung der Gegenwart, zum Heraufziehen einer anderen, bisher unbekannten Zukunft bei. Aber wir alle lieben die Handlungsfreiheit zur wagenden Gestaltung unserer persönlichen Zukunft: Die Wahlfreiheit zwischen Alternativen, aber auch das Recht, Zumutungen Dritter abzuwehren. Freiheit kommt stets ins Spiel, wo es um den Umgang mit Veränderungen geht, um eine andere Zukunft also, wie es dem *verzeitlichten Zukunftsbegriff* entspricht.

17.4 Freiheit und Sicherheit als konkurrierende Wertideen

In dem so präzisierten Sinne können wir also durchaus von einer Spannung zwischen Freiheit und Sicherheit mit Bezug auf unseren Umgang mit der Zukunft sprechen. Dennoch ist dem Politikwissenschaftler Herfried Münkler Recht zu geben:

> „Offenbar stehen Sicherheit und Freiheit in keiner prinzipiellen Opposition zueinander, sondern die Oppositionssemantik ist politisch feldabhängig. Sie ändert sich je nachdem, ob es um Gewaltprävention und Terrorabwehr oder die Ausgestaltung des Wohlfahrtsstaates bzw. Technologiepolitik und Umweltschutz geht. ... Die Beobachtung einer politikfeldabhängigen Präferenzbildung zeigt .., dass die Kollektivsingulare Sicherheit und Freiheit zu unspezifisch sind, um einen konsistenten politischen Gegensatz zu formulieren, wie dies in der öffentlichen Debatte zeitweilig unterstellt worden ist" (Münkler 2010: 15).

Eine genauere Analyse zeigt überdies, dass Wagnisse ohne sichere Rahmenbedingungen sehr schnell in Tollkühnheit oder in die Schädigung Dritter ausarten können. Auch die unternehmerische Freiheit ist ergiebig nur, solange sie auf die Sicherheit der Rechtsordnung vertrauen kann. Umgekehrt setzt beispielsweise ein funktionsfähiges soziales Sicherungssystem eine produktive und wachsende Wirtschaft voraus, die nach bisheriger Erfahrung nur unter den Bedingungen einigermaßen *freier* Märkte zu erwarten ist. *Freiheit und Sicherheit sind also zwar konkurrierende politische Wertideen, aber keine sich ausschließenden Gegensätze.* Wir bedürfen um eines erfolgreichen Umgangs mit der Zukunft willen von beidem: Sichernde Vorsorge und unbekümmertes Wagnis. Und es bleibt der Klugheit jedes

Entscheiders überlassen, die für ihn „richtige", das heißt mit seiner Risikoneigung und seinen Vorstellungen über mögliche Folgen konsistente Entscheidung zu treffen. Was aus der Summe der Entscheidungen und ihrer Wechselwirkungen entsteht, wird jedoch stets überraschend bleiben.

Wir werden die Zukunft nie als Ganze in den Griff bekommen. Die Kontingenz der Weltereignisse und die Komplexität ihrer Bedingungen werden gerade aufgrund unserer zunehmenden wissenschaftlichen Erkenntnisse immer deutlicher: Je größer die Inseln unseres Wissens, desto weiter scheint uns das Meer unseres Nichtwissens. So bleibt für „wagende Seefahrer" unendliche Freiheit offen. Das schließt aber nicht aus, dass wir kollektiv begrenzte Räume beherrschbarer Komplexität schaffen und versuchen, diese mit den Lebensbedingungen der in ihnen lebenden Menschen so zu vermitteln, dass sie sich in ihnen sicher fühlen können. Sichere Zukunft bleibt aber selbst von der Ungewissheit größerer Zukünfte umfasst, derer wir uns nicht vergewissern können.

Literaturverzeichnis

A

Achenbaum, Andrew W., 1986: Social Security: Visions and Revisions. Cambridge: Cambridge University Press.

Achinger, Hans, 1939: Sozialpolitik und Fürsorge. Ein Abgrenzungsversuch, begründet aus den Ursachen der Notstände. Berlin: Heymann.

Achinger, Hans, 1953: Soziale Sicherheit. Stuttgart: Vorwerk.

Achinger, Hans, 1966: Soziologie und Sozialreform. S. 39-52 in: Soziologie und moderne Gesellschaft. Verhandlungen des vierzehnten Deutschen Soziologentages vom 20. bis 24. Mai in Berlin. Stuttgart: Enke .

Achinger, Hans, 1971: Sozialpolitik als Gesellschaftspolitik – Von der Arbeiterfrage zum Wohlfahrtsstaat (1958). 2. erw. Aufl. Frankfurt a. M.: Eigenverlag des Vereins für öffentliche und private Fürsorge.

Achinger, Hans, Joseph Höffner, Hans Muthesius & Ludwig Neundörfer, 1955: Neuordnung der sozialen Leistungen. Denkschrift, auf Anregung des Herrn Bundeskanzlers erstattet. Köln: Greven.

Adloff, Frank, 2003: Im Dienste der Armen. Katholische Kirche und amerikanische Sozialpolitik im 20. Jahrhundert. Frankfurt/Main: Campus.

Alber, Jens, 1982: Vom Armenhaus zum Wohlfahrtsstaat. Frankfurt/Main & New York: Campus.

Alber, Jens, 2001: Hat sich der Wohlfahrtsstaat als soziale Ordnung bewährt? S. 1148-1209 in: Jutta Allmendinger (Hg.), Gute Gesellschaft? Verhandlungen des 30. Kongresses der Deutschen Gesellschaft für Soziologie in Köln 2000, 2. Halbband, Opladen: Leske+Budrich.

Alcock, Anthony, 1971: History of the International Labour Organisation. London: Macmillan.

Alexander, Edgar, 1953: Church and Society in Germany. Social and Political Movements and Ideas in German and Austrian Catholicism 1789-1950. S 325-583 in: Joseph Moody (ed.), Church and Society. Catholic Social and Political Thought and Movements 1789-1950. New York: Arts, Inc.

Allmendinger, Jutta, 2001: (Hg.) Gute Gesellschaft? Verhandlungen des 30. Kongresses der Deutschen Gesellschaft für Soziologie in Köln 2000, 2 Halbbände, Opladen: Leske+Budrich.

Amonn, Alfred, 1945: Simonde de Sismondi als Nationalökonom, 2 Bände. Bern : Francke.

Andersen, Bent Rold, 1988: Rationalität und Irrationalität des nordischen Wohlfahrtsstaates. S. 111-142 in Graubard, Stephen R. (Hrsg.): Die Leidenschaft für Gleichheit und Gerechtigkeit. Essays über den nordischen Wohlfahrtsstaat. Baden-Baden: Nomos.

Anderson, Margaret Lavina, 1981: Windthorst, A Political Biography. Oxford : Oxford University Press.

Andreß, Hans-Jürgen. Thorsten Heien & Dirk Hofäcker, 2001: Wozu brauchen wir noch den Sozialstaat? Wiesbaden: Westdeutscher Verlag.

Audier, Serge, 1896: Léon Bourgeois : Fonder la solidarité. Paris : Le bien commun.

B

Bachem, Karl, 1929: Vorgeschichte, Geschichte und Politik der deutschen Zentrumspartei, Band IV (Nachdruck 1967), Aalen: Scientia 1967.

Backhaus, Jürgen G., 1993: Gustav von Schmoller und die Problematik von heute. Berlin: Duncker & Humblot.

Bäckström, Anders & Grace Davie, 2010: Welfare and Religion in 21st Century Europe. Vol. 1: Configuring the Connections. Farnham & Burlington: Ashgate.

Bäckström, Anders, Grace Davie, Ninna Edgardh & Per Petterson, 2011: Welfare and Religion in 21st Century Europe. Vol. 2: Gendered, Religious and Social Change. Farnham & Burlington: Ashgate.

Baecker, Dirk, 1988: Information und Risiko in der Marktwirtschaft. Frankfurt a.M.: Suhrkamp.

Baecker, Dirk, 1991: Womit handeln Banken? Eine Untersuchung zur Risikoverarbeitung in der Wirtschaft, Frankfurt: Suhrkamp.

Baker, Derek (ed.), 1975: Church, Society and Politics. Oxford: Blackwell.

Barker, Paul, 1984: Founders of the Welfare State. London: Heinemann.

Bauer, Clemens, 1931: Wandlungen der sozialpolitischen Ideenwelt im deutschen Katholizismus des 19. Jahrhunderts. S. 11-46 in: Görres-Gesellschaft zur Pflege der Wissenschaft im katholischen Deutschland, Veröffentlichungen der Sektion für Wirtschafts- und Sozialwissenschaft 2. Paderborn: Schöningh.

Bausback,Winfried 1999: 50 Jahre Allgemeine Erklärung der Menschenrechte – Politisches Dokument mit rechtsgestaltender Wirkung? Bayerische Verwaltungsblätter 23: 705-711.

Bayertz, Kurt, 1995: Eine kurze Geschichte der Herkunft der Verantwortung. S. 3-71 in: Ders. (Hrsg.), Verantwortung: Prinzip oder Problem? Darmstadt: Wissenschaftliche Buchgesellschaft.

Bayertz, Kurt 1998: Begriff und Problem der Solidarität. S. 11-53 in: Ders. (Hg), Solidarität – Begriff und Problem. Frankfurt a. M.: Suhrkamp.

Beck, Ulrich, 1986: Risikogesellschaft. Auf dem Weg in eine andere Moderne. Frankfurt a.M.: Suhrkamp.

Béland, Daniel & Klaus Petersen (Eds.) 2014: Analysing Social Policy Concepts and Language – Comparative and transnational perspectives. Bristol & Chicago: Policy Press.

Benda-Beckmann, Franz von, Keebet von Benda-Beckmann & Hans Marks (eds.). 1994: Coping with Insecurity. An „underall" perspective on social security in the Third World. Focaal Foundation (NL).

Bendix, Reinhard, 1964: Max Weber – Das Werk. München: Piper.

Berger, Peter & Thomas Luckmann, 1969: Die gesellschaftliche Konstruktion der Wirklichkeit. Eine Theorie der Wissenssoziologie. Frankfurt a.M.: Fischer.

Berger, Peter L. (Hrsg.),1997: Die Grenzen der Gemeinschaft. Konflikt und Vermittlung in pluralistischen Gesellschaften. Gütersloh: Bertelsmann Stiftung.

Berman, Harold J., 1983: Law and Revolution. The Formation of the Western Legal Tradition. Cambridge, Mass. & London: Harvard University Press.

Berner, Frank 2009: Der hybride Sozialstaat. Die Neuordnung von öffentlich und privat in der sozialen Sicherung. Frankfurt/New York: Campus.

Beveridge, Janet, 1954: Beveridge and his Plan. London: Hodder & Stoughton.

Beveridge, William H., 1942: Social Insurance and Allied Services. London: Majesty's Stationary office.

Beyreuther, Erich, 1962: Geschichte der Diakonie und inneren Mission in der Neuzeit. 2. A. Berlin: Wichern -Verlag.

Bielefeldt, Heiner, 1998: Philosophie der Menschenrechte. Grundlagen eines weltweiten Freiheitsethos. Darmstadt: Primus-Verlag.

Binswanger, Hans Christoph, & Paschen von Flotow (Hrsg.) 1994: Geld und Wachstum. Zur Philosophie und Praxis des Geldes. Stuttgart: Weitbrecht.

Binswanger, Hans Christoph, 1994: Geld und Wachstumszwang. S. 81-124 in: Hans Christoph Binswanger u. Paschen von Flotow (Hrsg.), Geld und Wachstum. Zur Philosophie und Praxis des Geldes. Stuttgart: Weitbrecht.

Binswanger, Markus, 1994: Wirtschaftswachstum durch ‚Profits without Production'? 161-185 in: Hans Christoph Binswanger & Paschen von Flotow (Hg.), Geld und Wachstum. Zur Philosophie und Praxis des Geldes. Stuttgart: Weitbrecht.

Birnbacher, Dieter, 1995: Grenzen der Verantwortung. S. 143-183 in: Kurt Bayertz (Hrsg.), Verantwortung. Prinzip oder Problem? Darmstadt: Wissenschaftliche Buchgesellschaft.

Bizer, Johannes & Hans Joachim Koch, 1998: Sicherheit, Vielfalt, Solidarität. Ein neues Paradigma des Verfassungsrechts? Baden-Baden: Nomos.

Blüher, Hans, 1960: Silvio Gesell. Zeitgenössische Stimmen zum Werk und Leben eines Pioniers. Lauf: Rudolf Zitzman.

Blum, Reinhard, 1969: Soziale Marktwirtschaft. Wirtschaftspolitik zwischen Neoliberalismus und Ordoliberalismus. Tübingen: Mohr.

Böckenförde, Ernst-Wolfgang, 1976a: Lorenz von Stein als Theoretiker der Bewegung von Staat und Gesellschaft zum Sozialstaat (1963). S. 146-184 in: Ders., Staat, Gesellschaft, Freiheit. Studien zur Staatstheorie und zum Verfassungsrecht. Frankfurt a.M.: Suhrkamp.

Böckenförde, Ernst-Wolfgang, 1976b: Grundrechtstheorie und Grundrechtsinterpretation". S. 221-252 in: Ders., Staat, Gesellschaft, Freiheit. Studien zur Staatstheorie und zum Verfassungsrecht. Frankfurt a.M: Suhrkamp.

Böckenförde, Ernst-Wolfgang, 1978: Der Staat als sittlicher Staat. Berlin: Duncker & Humblot.

Böckenförde, Ernst-Wolfgang, Jürgen Jekewitz & Thilo Ramm, (Hrsg.), 1981: Soziale Grundrechte. 5. Rechtspolitischer Kongress der SPD vom 29. Februar bis 2. März 1980 in Saarbrücken. Heidelberg u. Karlsruhe: C. F. Müller.

Bode, Ingo, 1999: Solidarität im Vorsorgestaat. Der französische Weg sozialer Sicherung und Gesundheitsversorgung. Frankfurt a.M. u. New York: Campus.

Bohn, Cornelia, 2006: Inklusion, Exklusion und die Person. Konstanz: UVK-Verlag.

Bortkiewicz, L(udwig) von 1899: Der Begriff ‚Sozialpolitik'. Jahrbücher für Nationalökonomie und Statistik 72: 332-349.

Bös, Mathias, 1993: Ethnisierung des Rechts? Staatsbürgerschaft in Deutschland, Frankreich, Großbritannien und den USA. Kölner Zeitschrift für Soziologie und Sozialpsychologie 45: 619-643.

Boulding, Kenneth E. 1967: The Boundaries of Social Policy. Social Work 12/1: 3 ff.

Bradley, Ian, 1976: The Call to Seriousness. The Evangelical Impact on the Victorians. London: Jonathan Cape.

Brakelmann, Günter, 1966: Kirche und Sozialismus im 19. Jahrhundert. Witten: Luther- Verlag

Brakelmann, Günter, 1999: Wirtschaftsethische Ansätze im Kontext der Sozialen Frage – Evangelische Kirchen. S. 712-740 in: Wilhelm Korff (Hrsg.), Handbuch der Wirtschaftsethik, Bd.1. Gütersloh: Gütersloher Verlagshaus.

Brand, Karl Werner, u. a., 1983: Aufbruch in eine andere Gesellschaft. Neue soziale Bewegungen in der Bundesrepublik. Frankfurt a.M. u. New York: Campus.

Braun, Hans, 1978: Soziales Handeln und soziale Sicherheit. Alltagstechniken und gesellschaftliche Strategien. Frankfurt a.M. u. New York: Campus Verlag.

Bremme, Gabriele, 1961: Freiheit und soziale Sicherheit. Motive und Prinzipien sozialer Sicherung dargestellt an England und Frankreich. Stuttgart: Enke.

Briefs, Götz, 1923: Zur Krisis in der Sozialpolitik. Kölner sozialpolitische Vierteljahresschrift 3: 1-16.

Briefs, Götz, 1925: Die wirtschafts- und sozialpolitischen Ideen des Katholizismus. S. 198-226 in: M.J. Bonn & M. Palyi (Hrsg.), Die Wirtschaftswissenschaft nach dem Kriege. Festgabe für Lujo Brentano zum 80. Geburtstag. München: Duncker & Humblot.

Briggs, Asa, 1961 : The Welfare State in Historical Perspective. Archives européennes de sociologie 2:221-258.

Briggs, Asa, 1978: The Age of Improvement 1783-1867. 3. A., London: Longman.

Brumlik, Micha & Hauke Brunkhorst (Hrsg.), 1993: Gemeinschaft und Gerechtigkeit. Frankfurt a.M.: Fischer.

Brunkhorst, Hauke, 1997: Solidarität unter Fremden. Frankfurt: Fischer.

Brunkhorst, Hauke, 2000: Globale Solidarität. Inklusionsprobleme der modernen Gesellschaft. Münster.

Bundesministerium für Familie, Senioren, Frauen und Jugend (Hrsg.), 1994: Fünfter Familienbericht: Familien und Familienpolitik im geeinigten Deutschland – Zukunft des Humanvermögens. Bonn: Eigenverlag

Bundesministerium für Gesundheit und Soziale Sicherung (Hrsg.), 2003: Nachhaltigkeit in der Finanzierung der sozialen Sicherungssysteme. Bericht der Kommission. Berlin: Eigenverlag.

Burckhardt, Martin, 1997: Metamorphosen von Raum und Zeit. Eine Geschichte der Wahrnehmung. Frankfurt/Main: Campus.

Busemeyer, Marius R. u.a. (Hrsg.), 2013: Wohlfahrtspolitik im 21. Jahrhundert. Frankfurt am Main: Campus.

Buß, Eugen, 1985: Lehrbuch der Wirtschaftssoziologie. Berlin: De Gruyter.

C

Cahn, Edmond, 1968: "Justice". S. 342-347 in: International Encyclopedia of the Social Sciences, Bd. 8. New York: Macmillan.

Camp, Richard. L., 1969: The Papal Ideology of Social Reform. A Study in Historical Development 1878-1967. Leiden: Brill.

Cassin, René, 1951: La déclaration universelle et la mise en oeuvre des Droits de l'Homme. Paris.

Castles, Francis G., 1994: On religion and public policy: Does Catholicism make a difference? European Journal of Political Research 25: 19-40.

Cencini, Alvaro, 1995: Monetary Theory: National and International. London: Routledge.

Clemens, Lukas, 2008: Herrschaftsträger, Gemeinschaften und Gesellschaften in Mittelalter und Früher Neuzeit im Umgang mit Armen und Fremden. Zusammenfassung und Ausblick. S. 99-109 in: Lutz Raphael & Herbert Uerlings (Hrsg.), Zwischen Ausschluss und Solidarität. Modi der Inklusion/ Exklusion von Fremden und Armen in Europa seit der Spätantike. Frankfurt a.m.: Peter Lang.

Clinard, Marshall B., 1964: Anomie and Deviant Behavior – A Discussion and Critique. New York: The Free Press.

Conze, Werner, 1984: „Sicherheit, Schutz". S. 831-862 in: Otto Brunner & Werner Conze & Reinhart Koselleck (Hrsg.), Geschichtliche Grundbegriffe. Historisches Lexikon zur politisch-sozialen Sprache in Deutschland, Bd. 5. Stuttgart: Klett-Cotta.

Conzemius, Victor, 2002: Jacques Maritain – Zeitgenossenschaft als Zeugnis. Stimmen der Zeit 220: 159-176.

Coughlin, Bernard. J., 1965: Church and State in Social Welfare. New York : Columbia University Press.

Creutz, Helmut, 1995: Das Geldsyndrom. Wege zu einer krisenfreien Marktwirtschaft. 2. A. München: Ullstein Tb.

D

Dann, Otto, 1975: „Gleichheit". S 997-1046 in: Otto Brunner, Werner Conze & Reinhart Koselleck (Hrsg.), Geschichtliche Grundbegriffe. Historisches Lexikon zur politisch-sozialen Sprache in Deutschland. Band 2, Stuttgart: Klett-Cotta.

Davy, Ulrike 2013a: Social citizenship going international : Changes in the reading of UN-sponsored economic and social rights . S. 15-31 in : International Journal of Social Welfare 22, Supplement 1 : Exploring social citizenship : Human rights perspectives, ed. by Benjamin Davy, Ulrike Davy and Lutz Leisering.

Davy, Ulrike 2013b: The Rise of the 'Global Social' Origins and Transformations of Social Rights under UN Human Rights Law. International Journal of Social Quality vol. 3/2 Winter 2013: 41-59.

De la Chapelle, Philippe, 1967: La déclaration universelle des droits de l'homme et le catholicisme. Paris: Persée.

De Laubier, Patrick, 1978: L'âge de la politique sociale. Acteurs, idéologies, réalisations dans les pays industrialisés depuis 1800. Paris: Ed. Techniques et Economiques.

De Laubier, Patrick, 1978a: Sismondi: théoricien de la politique sociale. S. 27-67 in: Ders., L'âge de la politique sociale. Paris: Ed. Techniques et Economiques.

De Swaan, Abram, 1988 : In Care of the State. Health Care, Eduction and Welfare in Europe and the USA in the Modern Era. New York : Oxford University Press.

Deacon, Bob, Michelle Hulse & Paul Stubbs, (1997), Global Social Policy. International Organizations and the Future of Welfare, London.

Dean, Hartley, 2007: Social Policy and Human Rights. Re-thinking the Engagement. Social Policy & Society 7/1: 1-12.

Dempf, Alois, 1937: Christliche Staatsphilosophie in Spanien. Salzburg: Pustet.

Dewey, John, 1929: The Quest for Certainty. New York: Capricorne.

Dignity of the Human Being and Human Rights, (1999): The Journal of Oriental Studies Nr. 9, Tokyo.

Dipper, Christoph, 1992: Sozialreform – Geschichte eines umstrittenen Begriffs. Archiv für Sozialgeschichte 32: 323-351.

Doering-Manteuffel, Anselm & Raphael, Lutz, 2008: Nach dem Boom. Perspektiven auf die Zeitgeschichte seit 1970. Göttingen: Vandenhoeck & Ruprecht.

Donzelot, Jacques, 1984: L'invention du social. Essai sur le déclin des passions politiques. Paris: Editions du Seuil.

Döring, Dieter, Frank Nullmeyer & Roswitha Pioch (Hrsg.), 1995: Gerechtigkeit im Wohlfahrtsstaat. Marburg: Schüren.

Dorwart, Reinhold August, 1971: The Prussian Welfare State before 1740. Cambridge Mass.: Harvard University Press.

Durkheim Émile, 1893: De la division du travail social. Étude sur l'organisation des sociétés supérieures. Paris: Félix Alcan.

Duwendag, Dieter (Hrsg.), 1997: Szenarien der europäischen Währungsunion und der Bankenregulierung. Berlin : Duncker & Humblot.

Dyson, Kenneth, 1980: The State Tradition in Western Europe. Oxford: Oxford University Press.

E

Ebertz, Michael N. & Franz Schultheis, 1986: Volksfrömmigkeit in Europa. München: Kaiser.

Ehrlicher, Werner, 1981: Geldtheorie und Geldpolitik, 1. Einführung: Der theoretisch-politische Doppelaspekt monetärer Probleme. S. 255-360 in: Handwörterbuch der Wirtschaftswissenschaft, Bd. 3. Stuttgart: Mohr u.a.

Eichengreen, Berry u. a. (eds.), 1995: Monetary and Fiscal Policy in an Integrated Europe. Berlin: Springer-Verlag.

Ekelund, Robert & Robert D. Tollison, 1987: J.S.Mills neue politische Ökonomie: Mittel und Wege zu sozialer Gerechtigkeit. S. 221-245 in: Gregory Claeys (Hrsg.), Der soziale Liberalismus John Stuart Mills. Baden-Baden: Nomos.

Eliade, Mircea, 1966: Kosmos und Geschichte – Der Mythos der ewigen Wiederkehr. Reinbek bei Hamburg: Rowohlt.

Elias, Norbert, 1969: Die höfische Gesellschaft. Neuwied & Berlin: Luchterhand.

Emunds, Bernhard, 2010: Ungewollte Vaterschaft. Katholische Soziallehre und Soziale Marktwirtschaft, in: www. ethik und gesellschaft.de, Heft 1/2010, S. 3 (Abruf am 16. 8. 2013).

Engels, Wolf, 1996: Der Kapitalismus und seine Krise. Eine Abhandlung über Papiergeld und das Elend der Finanzmärkte. Düsseldorf: Schäffer-Poeschel.

Epstein, Abraham, 1933: Insecurity: A Challenge to America. A Study of Social Insurance in the United States and Abroad. New York: Harrison Smith & Robert Haas.

Erhard, Ludwig, 1988: Grundbedingungen einer freiheitlichen Sozialordnung (1956). S. 13-16 in: Horst Friedrich Wünsche (Hrsg.), Grundtexte zur sozialen Marktwirtschaft. Stuttgart und New York: Lucius+ Lucius.

Esping-Andersen, G. 1990: The Three Worlds of Welfare Capitalism. Cambridge: Polity Press.

Eucken, Walter, 1955: Grundsätze der Wirtschaftspolitik, 2. A. Tübingen u. Zürich: Mohr.

Evers, Adalbert & Nowotny, Helga, 1987: Über den Umgang mit Unsicherheit, Die Entdeckung der Gestaltbarkeit von Gesellschaft. Frankfurt a.M.: Suhrkamp.

Evers, Adalbert & Olk, Thomas (Hrsg.), 1996: Wohlfahrtspluralismus. Vom Wohlfahrtsstaat zur Wohlfahrtsgesellschaft. Opladen: Westdeutscher Verlag.

F

Ferber, Christian von & Franz-Xaver Kaufmann (Hg.), 1977: Soziologie und Sozialpolitik. Sonderheft 19 der Kölner Zeitschrift für Soziologie und Sozialpsychologie (KZfSS). Opladen: Westdeutscher Verlag.

Ferber, Christian von, 1977: Soziologie und Sozialpolitik. S. 11-34 in: Ders. & Franz-Xaver Kaufmann; Soziologie und Sozialpolitik (=Sonderheft KZfSS 19).

Ferrera, Maurizio, 1996: The ‚Southern Model‘ of Welfare in Social Europe. Journal of European Social Policy 6: 6-17.

Fischer, Wolfram, 1982: Armut in der Geschichte. Göttingen: Vandenhoeck & Ruprecht.

Flora, Peter & Arnold J. Heidenheimer (eds.), 1981: The Development of Welfare States in Europe and America. New Brunswick u. London: Transaction Publishers.

Flora, Peter, 1986: Growth to Limits. The Western European Welfare States since World War II. Band. 1, Berlin: De Gruyter.

Flotow, Paschen von, 1995: Geld, Wirtschaft und Gesellschaft. Georg Simmels Philosophie des Geldes. Frankfurt: Suhrkamp.

Fogarty, Michael Patrick, 1957: Christian Democracy in Western Europe 1820 —1953. London: Routledge & Kegan Paul. (Reprint Westport 1974).

Forsthoff, Ernst, 1959: Rechtsfragen der leistenden Verwaltung. Stuttgart: Kohlhammer.

Forsthoff, Ernst (Hrsg.), 1968: Rechtsstaatlichkeit und Sozialstaatlichkeit, Darmstadt: Wissenschaftliche Buchgesellschaft.

Frankenberg, Günter, 1997: Die Verfassung der Republik. Autorität und Solidarität in der Zivilgesellschaft. Frankfurt a.M.: Suhrkamp.

Fraser, Derek, 1984: The Evolution oft he British Welfare State. 2nd. Ed. Basingstoke & London: Macmillan.

Frei, Daniel, 1977: Sicherheit: Grundfragen der Weltpolitik. Stuttgart: Kohlhammer.

Frerich, Johannes u. Frey, Martin, 1996: Handbuch der Geschichte der Sozialpolitik in Deutschland. 3 Bände, 2. A.. München u. Wien: Oldenbourg.

Fry, Geoffrey Kingdon, 1979: The Growth of Government. London: Cass.

G

Gabriel, Karl Alois Herlth & Klaus Peter Strohmeier (Hrsg.), 1997: Modernität und Solidarität. Konsequenzen gesellschaftlicher Modernisierung. Freiburg i. Br. :Herder.

Gabriel Karl, Alois Herlth & Klaus Peter Strohmeier, 1997a: Solidarität unter den Bedingungen entfalteter Modernität. S. 13-27 in: Dies., (Hrsg.), Modernität und Solidarität. Konsequenzen gesellschaftlicher Modernisierung. Freiburg i. Br. :Herder.

Gabriel, Karl (Hrsg.), 2001: Herausforderungen kirchlicher Wohlfahrtsverbände. Berlin: Duncker & Humblot.

Gabriel, Karl, Hans-Richard Reuter, Andreas Kurschat & Stefan Leibold (Hrsg.), 2013: Religion und Wohlfahrtsstaatlichkeit in Europa. Tübingen: Mohr Siebeck.

Gabriel, Oscar W., 1986: Politische Kultur. Postmaterialismus und Materialismus in der Bundesrepublik Deutschland. Opladen: Westdeutscher Verlag.

Geck, Ludwig H. Adolph, 1950: Sozialpolitische Aufgaben. Tübingen: Mohr.

Gehlen, Arnold, 1957: Die Seele im technischen Zeitalter. Sozialpsychologische Probleme der industriellen Gesellschaft. Reinbek bei Hamburg: Rowohlt

Gehlen, Arnold, 1964: Urmensch und Spätkultur. 2. Aufl. Frankfurt a. M. & Bonn: Athenäum.

Gesell, Silvio, 1911: Die neue Lehre vom Geld und Zins. Leipzig: Physiokratischer Verlag.

Gesell, Silvio, 1931: Die natürliche Wirtschaftsordnung durch Freiland und Freigeld. Hochheim: Stirn Verlag Hans Timm.

Geser, Hans, 1990: Organisationen als soziale Akteure. Zeitschrift für Soziologie 19: 401-417.

Geyer, Martin H., 2008: Der ‚vermessene‘ Sozialstaat. S. 182-231 In: Bundesministerium für Arbeit und Soziales und Bundesarchiv (Hrsg.), Geschichte der Sozialpolitik in Deutschland, Band 6, 1974-1982, hrsg. v. Martin H. Geyer. Baden-Baden: Nomos.

Giddens, Anthony, 1995: Konsequenzen der Moderne. Frankfurt a. M.: Suhrkamp.

Gide, Charles & Charles Rist, 1947: Histoire des Doctrines Economiques (1909), 7. Aufl. Paris: Sirey.

Girvetz, Harry, 1968: Welfare State: International Encyclopedia of the Social Sciences 16: 512-521.

Gliszczynski; Moritz von, 2013: New ideas of basic social protection. How social cash transfers changed global development agendas. PhD. Thesis, Faculty for Sociology, University of Bielefeld.

Goertz, Stephan, 2013: Über das Gegengewicht der Moral in Zeiten funktionaler Differenzierung. Eine Einführung in die moralsoziologischen Schriften von Franz-Xaver Kaufmann. S. 9-38 in: Franz-Xaver Kaufmann: Soziologie und Sozialethik – Gesammelte Aufsätze zur Moralsoziologie, hrsg. v. Stephan Goertz. Fribourg: Academic Press, und Freiburg i. Br.: Herder.

Goodin, Robert E., 1988 Reasons for Welfare : the political theory of the welfare state. Princeton, NJ : Princeton University Press.

Gorski, Philip S., 2003: The Disciplinary Revolution. Calvinism and the Rise of the State in Early Modern Europe. Chicago: University of Chicago Press.

Gorski, Philip S., 2005: Comment on Sigrun Kahl. European Journal of Sociology XLVI: 371-377.

Gössner, Rolf (Hrsg.), 1995: Mythos Sicherheit. Der hilflose Schrei nach dem starken Staat. Baden-Baden: Nomos.

Gotsch, Wilfried, 1987: ‚Soziale Steuerung‘ – zum fehlenden Konzept einer Debatte. S. 27-44 in: Manfred Glagow & Helmut Willke (Hrsg.), Dezentrale Gesellschaftssteuerung. Probleme der Integration polyzentrischer Gesellschaft. Pfaffenweiler: Centaurus.

Grande, Edgar & Thomas Risse (Hrsg.), 2000: Globalisierung und die Handlungsfähigkeit des Nationalstaats. Sonderheft der Zeitschrift für internationale Beziehungen, Band 7, Heft 2.

Greiffenhagen, Martin u. Sylvia, 1993: Ein schwieriges Vaterland. Zur politischen Kultur im vereinigten Deutschland. München: List.

Greschat, Martin, 1980: Das Zeitalter der Industriellen Revolution: Das Christentum vor der Moderne. Stuttgart: Kohlhammer.

Gretschmann, Klaus, 1991: Solidarity and Markets Reconsidered: Cum, Versus oder What?. S. 395-415 in: Franz-Xaver Kaufmann (ed.): The Public Sector – Challenge for Coordination and Learning. Berlin & New York: De Gruyter.

Grimm, Dieter, 1991: The Modern State: Continental Traditions. S. 117-139 in: Franz-Xaver Kaufmann (ed.), The Public Sector – Challenge for Coordination and Learning. Berlin & New York: De Gruyter.

Grimm, Dieter, 1994: Staatsaufgaben. Baden-Baden: Nomos.

Große Kracht, Hermann-Josef, 2007: Jenseits von Mitleid und Barmherzigkeit. Zur Karriere solidaristischen Denkens im 19. und 20. Jahrhundert. S. 13-38 in: Karl Gabriel (Hrsg.), Solidarität (Jahrbuch für Christliche Sozialwissenschaften 48), Münster: Aschendorff.

Große Kracht, Hermann-Josef, 2009:Postliberale Wohlfahrtsdemokratie: Solidaristische Beiträge zur normativen Selbstverständigung moderner Gesellschaften. Unveröffentlichte Habilitationsschrift, Universität Münster.

Grün, Karl, 1845: Die soziale Bewegung in Frankreich und Belgien. Briefe und Studien. Darmstadt: C. W. Leske.

Grunow, Dieter, Friedhart Hegner & Franz-Xaver Kaufmann, 1978: Steuerzahler und Finanzamt (Bürger und Verwaltung Band 1) Frankfurt & New York: Campus.

Gurvitch, Georges, 1931: Le Temps présent et l'idée du droit social. Paris: J. Vrin.

Gurvitch Georges, 1946: La déclaration des droits sociaux. Paris: Dalloz-Sirey.

Gurvitch, Georges, 1972: L'idée du droit social. Notion et système du droit social. Histoire doctrinal depuis le 17. siècle jusqu'a la fin du 19e. siècle (1932). Aalen: Scientia.

Guttmann, Robert, 1996: Die Transformation des Finanzkapitals. Prokla 26:165-195.

H

Halves, Edith & Hans Wilhelm Wetendorf, 1986: „Natürlich hat sich die Gruppe mit der Zeit verändert ..." Verläufe von Selbsthilfegruppen. S. 137-162 in: Alf Trojan (Hrsg.), Wissen ist Macht – Eigenständig durch Selbsthilfe in Gruppen. Frankfurt a.M.: Fischer.

Hamilton, Bernice, 1963: Political Thought in Sixteenth-Century Spain. Oxford: Clarendon Press.

Hardach, Gerd, 1989: Der lange Abschied vom Gold: Geldtheorie und Geldpolitik in Deutschland, 1905-1933. S. 141-170 in: Bertram Schefold (Hrsg.), Studien zur Entwicklung der ökonomischen Theorie, Bd. 8. Berlin: Duncker & Humblot.

Hatzfeld, Henri, 1971: Du paupérisme à la sécurité sociale, 1850-1940. Paris: Armand Colin.

Hauser, Richard, 2005: Generationsgerechtigkeit als Facette der Sozialen Gerechtigkeit". S. 245-266 in: Jörg Althammer (Hrsg.), Familienpolitik und soziale Sicherung. Festschrift für Heinz Lampert. Berlin u. Heidelberg: Springer.

Hayek, Friedrich August von, 1933: Über ‚neutrales Geld'. Zeitschrift für Nationalökonomie 4: 659 – 661.

Hayward, Jack Ernest S., 1961: The official social philosophy of the French Third Republic: Leon Bourgeois and Solidarism. International Review of Social History 6:19-48.

Heclo, Hugh, 1974: Modern Social Politics in Britain and Sweden. New Haven and London: Yale University Press.

Hegel, Georg Wilhelm Friedrich, 1821: Grundlinien der Philosophie des Rechts. Berlin: Nicolai.

Hegel, Georg Wilhelm Friedrich, 1968: Grundlinien der Philosophie des Rechts oder Naturrecht und Staatswissenschaft im Grundriss (1821). Studienausgabe herausgegeben von Karl Löwith und Manfred Riedel, Frankfurt a. M.: Fischer.

Hegner, Friedhart, 1976: Die Entwicklung des sozialwissenschaftlichen Klassenbegriffs bei den Frühsozialisten und bei Lorenz von Stein. Archiv für Rechts- und Sozialphilosophie LXII: 401-422.

Hegner, Friedhart, 1979: Bürgernähe, Sozialbürgerrolle und soziale Aktion. Bielefeld: Kleine.

Hegner, Friedhart, 1991: Comparing Solidarity, Hierchary, and Markets: Institutional Arrangements for the Coordination of Actions. S. 417-439 in: Franz-Xaver Kaufmann (ed.), The Public Sector. Berlin: De Gruyter..

Hegner, Friedhart, 1997: Besser kluger Egoismus als scheinbar Altruismus. Loyalität, Vertrauen und Reziprozität als Koordinationsmechanismen. S. 309-325 in: Gabriel, Karl, Alois Herlth & Klaus Peter Strohmeier (Hrsg.), Modernität und Solidarität. Konsequenzen gesellschaftlicher Modernisierung. Freiburg i. Br. :Herder.

Heidbrink, Ludger & Hirsch, Alfred (2007): Der Staat in der Verantwortungsgesellschaft. S. 11-34 in: Dies. (Hrsg.), Staat ohne Verantwortung? Zum Wandel der Aufgaben von Staat und Politik. Frankfurt/Main: Campus.

Heidenheimer, Arnold J., 1983: Secularization Patterns and the Westward Spread of the Welfare State, 1883-1983. Two dialogues about how and why Britain, the Netherlands, and the United States have differed. Comparative Social Research 6: 3-38.

Heimann, Eduard, 1954: Wirtschaftssysteme und Gesellschaftssysteme, Tübingen: Mohr.

Heimann, Eduard, 1964: Der entfremdete Sozialismus und die Konsumgesellschaft: Hamburger Jahrbuch für Wirtschafts- und Gesellschaftspolitik 9: 160-174.

Heimann, Eduard, 1971: Soziale Ideologien und soziale Reform: Hamburger Jahrbuch für Wirtschafts- und Gesellschaftspolitik 16: 334-342.

Heimann, Eduard, 1980: Soziale Theorie des Kapitalismus – Theorie der Sozialpolitik (1929). Neuauflage eingeleitet von Bernhard Badura. Frankfurt a. M.: Suhrkamp.

Hein, Eckhard, 1997: Geld, effektive Nachfrage und Kapitalakkumulation. Eine Betrachtung aus Marx'scher, Keynes'scher und post-keynesianischer Perspektive. Berlin: Duncker & Humblot.

Heinemann, Klaus, 1987: Soziologie des Geldes S. 322-338 in: ders. (Hrsg.), Soziologie wirtschaftlichen Handelns (= KZfSS, Sonderheft. 28). Opladen: Westdeutscher Verlag.

Heinze, Rolf G. (Hrsg.), 1986: Neue Subsidiarität: Leitidee für eine zukünftige Sozialpolitik? Opladen: Westdeutscher Verlag.

Heitzer, Horstwalter, 1979: Der Volksverein für das katholische Deutschland im Kaiserreich 1890-1918. Mainz: Matthias-Grünewald.

Heller, Hermann 1971: Staatslehre (1934). S. 79-406. Postum hrsg. v. Gerhart Niemeyer, in; Martin Drath u.a. (Hrsg.), Gesammelte Schriften, Band 3. Leiden: Sijthoff.

Hellmann, Kai-Uwe, 1996: Systemtheorie und neue soziale Bewegungen. Identitätsprobleme in der Risikogesellschaft. Opladen: Westdeutscher Verlag.

Helmstädter, Ernst, 1989: Die Wirtschaftsordnung der Bundesrepublik Deutschland: Soziale Marktwirtschaft. S. 241-257 in: Werner Weidenfeld u. Hartmut Zimmermann (Hrsg.), Deutschland-Handbuch – Eine doppelte Bilanz 1949-1989. München: Hanser.

Henderson, William, 1989: Friedrich List. München: Econ.

Heri, Erwin W., 1989: Expansion der Finanzmärkte: Ursachen, Konsequenzen, Perspektiven. Kyklos 42: 17-37.

Herkner, Heinrich, 1922: Die Arbeiterfrage (1894), 8. Aufl. in 2 Bänden. Berlin u. Leipzig: De Gruyter.

Hertling, Georg von, 1893: Naturrecht und Socialpolitik. Köln: Bachem.

Herzog, Roman, 1987: „Subsidiaritätsprinzip". Evangelisches Staatslexikon, 3. Auflage, Bd. II: 3564-3571.

Hesse, Hermann, 1996: Europa – ein Ganzes? Deutsche Bundesbank, Auszüge aus Presseartikeln, 29. Februar 1996: 3-9.

Heyde, Ludwig, 1919: Das Weltarbeiterrecht im Völkerbund. Berlin: Buchdruckerei W. Moeser.

Hinrichs, Carl, 1977: Der Hallesche Pietismus als politisch-soziale Reformbewegung des 18. Jahrhundert. S. 243-258 In: Martin Greschat (Hrsg.), Zur neueren Pietismusforschung. Darmstadt: Wissenschaftliche Buchgesellschaft.

Hirschman, Albert O., 1987 : Leidenschaften und Interessen (engl 1970). Frankfurt a. M.: Suhrkamp.

Hitze, Franz, 1880: Kapital und Arbeit und die Reorganisation der Gesellschaft. Paderborn: Verlag der Bonifacius Druckerei.

Hockerts, Hans-Günter, 1980: Sozialpolitische Entscheidungen im Nachkriegsdeutschland. Alliierte und Sozialversicherungspolitik 1945-1957. Stuttgart: Klett-Cotta.

Hof, Bernd, 1991: Für mehr Verantwortung. Langzeitarbeitslosigkeit und soziale Marktwirtschaft. Köln: Deutscher Instituts Verlag.

Höffe, Otfried, 1987: Politische Gerechtigkeit. Grundlegungen einer kritischen Philosophie von Recht und Staat. Frankfurt a.M.: Suhrkamp.

Höffe, Otfried, 1989: Schulden die Menschen einander Verantwortung? Skizze einer fundamentalethischen Argumentation. S. 12-35 in: Ernst-Joachim Lampe (Hrsg.), Verantwortlichkeit und Recht (=Jahrbuch für Rechtssoziologie und Rechtstheorie, Bd. 14). Opladen: Westdeutscher Verlag.

Höffe, Otfried, 1991: Eine entmoralisierte Moral: Zur Ethik der modernen Politik. Politische Vierteljahrsschrift 32: 302-316.

Höffe, Otfried, 1993: Moral als Preis der Moderne. Ein Versuch über Wissenschaft, Technik und Umwelt. Frankfurt a. M.: Suhrkamp.

Höffner, Joseph, 1953: Soziale Sicherung und Eigenverantwortung. Der personale Faktor in der Sozialpolitik. Paderborn: Bonifacius-Druckerei o. J.

Höffner, Joseph, 1959: Die Handwerkerversorgung im Hinblick auf die berufsständische Eigenart des Handwerks. Schriftenreihe des Bundesministeriums für Arbeit und Sozialordnung, Heft 6: 51-95.

Höffner, Joseph, 1960: Eigentumsstreuung als Ziel der Sozialpolitik. S. 34-50 in: Eigentum und Eigentümer in unserer Gesellschaftsordnung (= Veröffentlichungen der Walter-Raymond-Stiftung, Bd.1), Köln u. Opladen: Westdeutscher Verlag.

Höffner, Joseph, 1972: Kolonialismus und Evangelium. Spanische Sozialethik im goldenen Zeitalter. 3. A. Trier: Paulinus-Verlag.

Hoffrage, Ulrich, Ralph Hertwig & Gerd Gigerenzer, 2005: Die ökologische Rationalität einfacher Entscheidungs- und Urteilsheuristiken. S. 65-89 in: Hansjörg Siegenthaler (Hrsg.): Rationalität im Prozess kultureller Evolution. Tübingen: Mohr Siebeck.

Hofmann, Hasso, 1999: Die Entdeckung der Menschenrechte: Zum 50. Jahrestag der Allgemeinen Menschrechtserklärung vom 10. Dezember 1948. Berlin u. New York: De Gruyter.

Hofmann, Werner, 1970: Ideengeschichte der sozialen Bewegung des 19. und 20. Jahrhunderts. Berlin: Reclam

Holz, Klaus, 2000: Citizenship. Mitgliedschaft in der Gesellschaft oder differenzierungstheoretisches Konzept? S. 187-208 in: ders. (Hrsg.), Staatsbürgerschaft: Soziale Differenzierung und politische Inklusion. Opladen: Westdeutscher Verlag.

Hondrich, Karl-Otto & Claudia Koch-Arzberger, 1992: Solidarität in der modernen Gesellschaft. Frankfurt a.M.: Fischer.

Honneth, Axel (Hrsg.), 1993: Kommunitarismus: eine Debatte über die moralische Grundlagen moderner Gesellschaft. Frankfurt a.M.: Campus Verlag.

Horstmann, Ralf-Peter , 1986: Hegels Theorie der bürgerlichen Gesellschaft (§§158-256). S. 193-216 in :Ludwig Siep (Hrsg.), Hegel – Grundlinien der Philosophie des Rechts. Berlin: Akademie Verlag.

Huber, Evelyn & John D. Stephens, 2001: Development and Crisis of the Welfare State: Parties and Policies in Global Markets. Chicago u. London: University of Chicago Press.

Huf, Stefan 1998: Sozialstaat und Moderne. Modernisierungseffekte staatlicher Sozialpolitik. Berlin: Duncker & Humblot.

Huinink, Johannes, 1997: Elternschaft in der modernen Gesellschaft. S. 79-90 in: Gabriel, Karl Alois Herlth & Klaus Peter Strohmeier (Hrsg.), 1997: Modernität und Solidarität. Konsequenzen gesellschaftlicher Modernisierung. Freiburg i. Br. :Herder.

Humboldt, Wilhelm von, 1967: Ideen zu einem Versuch, die Grenzen der Wirksamkeit des Staates zu bestimmen (1792). Stuttgart: Reclam.

Humphrey, John P., 1979: The Universal Declaration of Human Rights: Its history, impact and juridical character. S. 21-37 in: B.G. Ramcharan (Hrsg.), Human Rights: Thirty Years After the Universal Declaration. The Hague: Nijhoff.

Humphrey, John P., 1984: Human Rights and the United Nations: A Great Adventure. New York: Transnational Pub.

Humphreys, Sally C., 1979: Einleitung: Geschichte, Volkswirtschaft und Anthropologie: Das Werk Karl Polanyis. S. 7-59 in: Karl Polanyi, Ökonomie und Gesellschaft. Frankfurt a.M.: Suhrkamp.

Hurrelmann, Achim u.a. (Hrsg.), 2008: Zerfasert der Nationalstaat? Die Internationalisierung politischer Verantwortung. Frankfurt a.M.: Campus.

I

Ilberg, J., 1909: „Securitas". S. 595-597 in: W. Roscher (Hrsg), Ausführliches Lexikon der griechischen und römischen Mythologie. Leipzig: Teubner.

Isensee, Josef, 1983: Das Grundrecht auf Sicherheit. Zu den Schutzpflichten des freiheitlichen Verfassungsstaates. Berlin u. New –York 1983: De Gruyter.

Isensee, Josef, 1989: Art ‚Staat' I-VII. S. 133-157 in: Staatslexikon, hrsg. v. d. Görres-Gesellschaft, 7. Aufl., Band 5. Freiburg im Breisgau: Herder.

Isensee, Josef, 2001: Subsidiaritätsprinzip und Verfassungsrecht. Eine Studie über das Regulativ des Verhältnisses von Staat und Gesellschaft. 2. Aufl., Berlin: Duncker & Humblot.

ISSA, 1948: The International Social Security Association. In: International Labour Review, LVII/3: 205-217.

J

Janowitz, Morris, 1976: Social Control of the Welfare State. New York u.a.: Elsevier.

Jellineck, Georg, 1904: Die Erklärung der Menschen- und Bürgerrechte. Ein Beitrag zur modernen Verfassungsgeschichte. Leipzig: Duncker & Humblot

Jenks, C. Wilfred, 1970: Social Justice in the Law of Nations: The ILO Impact After Fifty Years. Oxford: Oxford University Press.

Joas, Hans, 2011: Die Sakralität der Person. Eine neue Genealogie der Menschenrechte. Berlin: Suhrkamp.

Johnston, George Alexander, 1970: The International Labour Organization: Its Work for Social and Economic Progress. London: Europa Publications Ltd.

Jöhr, Walter Adolf, 1952: Die Konjunkturschwankungen. Zürich u. Tübingen: Mohr Siebeck.

Jonas, Friedrich, 1976: Geschichte der Soziologie (1966/68). 2 Bände. Reinbek bei Hamburg: Rowohlt Taschenbuch Verlag.

Jostock, Paul, 1965: Wilhelm Emmanuel Ketteler. Der Arbeiterbischof. S. 41-60 in: Julius Seiters (Hrsg.), Portraits christlich-sozialer Persönlichkeiten. Teil I – die Katholiken und die deutsche Sozialgesetzgebung. Osnabrück: Fromm.

K

Kaelble, Hartmut u. Günter Schmid (Hrsg.), 2004: Das europäische Sozialmodell: Auf dem Weg zum transnationalen Sozialstaat. (Jahrbuch 2004 des Wissenschaftszentrums Berlin) Berlin: Edition Sigma.

Kaelble, Hartmut, 2004: Das europäische Sozialmodell – eine historische Perspektive. S. 31-50 in: Hartmut Kaelble u. Günter Schmid (Hrsg.), Das europäische Sozialmodell. Berlin: Edition Sigma.

Kahl, Sigrun, 2005: The Religious Roots of Modern Poverty Policy: Catholic, Lutheran, and Reformed Protestant Traditions Compared. European Journal of Sociology XLVI: 91-126.

Kamppeter, Werner, 1990: Kapital und Devisenmärkte als Herausforderung der Wirtschaftspolitik. Frankfurt: Campus.

Kant Immanuel, 1968a: Über den Gemeinspruch: Das mag in der Theorie richtig sein, taugt aber nicht für die Praxis (o.J.). S. 125-172 in: Wilhelm Weischedel (Hrsg.), Immanuel Kant: Werke in zehn Bänden, Bd.9., Darmstadt: Wissenschaftliche Buchgesellschaft.

Kant, Immanuel, 1968b: Zum ewigen Frieden. Ein philosophischer Entwurf (1795). S. 193-251 in: Wilhelm Weischedel (Hrsg), Immanuel Kant: Werke in zehn Bänden, Bd. 9. Darmstadt: Wissenschaftliche Buchgesellschaft.

Kaube, Jürgen 2003: Das Reflexionsdefizit des Wohlfahrtsstaats. S. 41-54 in: Stephan Lessenich, Wohlfahrtsstaatliche Grundbegriffe – Historische und aktuelle Diskurse. Frankfurt/New York: Campus.

Kaufmann, Franz-Xaver, 1970: Die sozialpsychologische Bedeutung der Vereinfachung und Vereinheitlichung des Sozialrechts. S. 19-36 in: Möglichkeiten und Grenzen der Vereinfachung und Vereinheitlichung des Sozialversicherungsrechts. (Schriftenreihe des Deutschen Sozialgerichtsverbandes, Bd. VIII), Wiesbaden: Chmielorz.

Kaufmann, Franz-Xaver, 1973: Sicherheit als soziologisches und sozialpolitisches Problem. Untersuchungen zu einer Wertidee hochdifferenzierter Gesellschaften. 2. umgearbeitete A., Stuttgart: Enke. (Nachdruck Berlin: LIT-Verlag, 2012).

Kaufmann, Franz-Xaver (Hg.), 1979: Bürgernahe Sozialpolitik: Planung, Organisation und Verwaltung sozialer Leistungen auf lokaler Ebene. Frankfurt & New York: Campus.

Kaufmann, Franz-Xaver, 1980: Nationalökonomie und Soziologie. Zum Problem der Interdisziplinarität in den Sozialwissenschaften. S. 31-49 in: Emil Küng (Hrsg.): Wandlungen in Wirtschaft und Gesellschaft. Die Wirtschafts und Sozialwissenschaften vor neuen Aufgaben. Festschrift für Adolf Jöhr zum 70. Geburtstag. Tübingen: Mohr.

Kaufmann, Franz-Xaver, 1982: Wirtschaftssoziologie I: Allgemeine, S. 239-267 in: Handwörterbuch der Wirtschaftswissenschaft, Bd. 9, Stuttgart u.a.: Mohr u.a.

Kaufmann, Franz-Xaver, 1983: The Churches and the Emergent Welfare State in Germany. S. 227-241 in: Acts of the 17th International Conference for the Sociology of Religion. Paris: CISR.

Kaufmann, Franz-Xaver, 1984: Solidarität als Steuerungsform – Erklärungsansätze bei Adam Smith. S.158-184 in: Ders. & Hans-Günter Krüsselberg (Hrsg.), Markt, Staat und Solidarität bei Adam Smith. Frankfurt & New York: Campus.

Kaufmann, Franz-Xaver, 1985: Art. Chancengleichheit. Sp. 1086-1091 in: Staatslexikon, hrsg. v. d. Görres Gesellschaft, 7. Aufl., Band 1, Freiburg i. Br., Herder.

Kaufmann, Franz-Xaver, (Hrsg.), 1987: Staat, intermediäre Instanzen und Selbsthilfe – Bedingungsanalysen sozialpolitischer Intervention. München: Oldenbourg.

Kaufmann, Franz-Xaver, 1988: Christentum und Wohlfahrtsstaat. Zeitschrift für Sozialreform 34: 65-89.

Kaufmann, Franz-Xaver, 1989: Wohlfahrtskultur – ein neues Nasobem? S. 383-385 in: Hans-Joachim Hoffmann-Nowotny (Hrsg.), Kultur und Gesellschaft. Gemeinsamer Kongress der Deutschen, der Österreichischen und der Schweizerischen Gesellschaft für Soziologie Zürich 1988. Beiträge der Forschungskomitees, Sektionen und Ad-hoc-Gruppen. Zürich: Seismo-Verlag.

Kaufmann, Franz-Xaver, 1989a: Religion und Modernität – Sozialwissenschaftliche Perspektiven. Tübingen: Mohr Siebeck.

Kaufmann, Franz-Xaver, 1989b: Die soziale Sicherheit in der Bundesrepublik Deutschland: S.308-325 in: Werner Weidenfeld und H. Zimmermann (Hg.), Deutschland-Handbuch. Eine doppelte Bilanz 1949 bis 1989. München: Hanser.

Kaufmann, Franz-Xaver, 1989c: Über die soziale Funktion von Verantwortung und Verantwortlichkeit. S. 204-224 in: Ernst-Joachim Lampe (Hrsg.), Verantwortlichkeit und Recht (=Jahrbuch für Rechtssoziologie und Rechtstheorie, Bd. 14). Opladen: Westdeutscher Verlag.

Kaufmann, Franz-Xaver, 1991a: (Ed.) The Public Sector. Challenge for Coordination and Learning. Berlin & New York: De Gruyter.

Kaufmann, Franz-Xaver, 1991b: The Relationship between Guidance, Control, and Evaluation. S. 213-234 in; Ders., (ed.) The Public Sector. Challenge for Coordination and Learning. Berlin & New York: De Gruyter.

Kaufmann, Franz-Xaver, 1991c: Wohlfahrtskultur – ein neues Nasobem? S. 19-27 in: Reinhardt P. Nippert/Willi Pöhler/Wolfgang Slesina (Hg.), Kritik und Engagement. Festschrift für Christian von Ferber. München: Oldenbourg.

Kaufmann, Franz-Xaver, 1992: Der Ruf nach Verantwortung. Risiko und Ethik in einer unüberschaubaren Welt. Freiburg i. Br.: Herder.

Kaufmann, Franz-Xaver, 1997: Herausforderungen des Sozialstaats. Frankfurt a.M.: Suhrkamp.

Kaufmann, Franz-Xaver, 1998: Globalisierung und Gesellschaft. Aus Politik und Zeitgeschichte. Beilage zur Wochenzeitung „Das Parlament" 18: 3-10.

Kaufmann, Franz-Xaver, 1999: Die Entwicklung der korporatistischen Steuerungsstrukturen ambulanter Krankenversorgung in Deutschland und ihre verteilungspolitischen Implikationen. S. 27-49 in: Gerhard Igl & Gerhard Naegele (Hrsg.), Perspektiven einer sozialstaatlichen Umverteilung im Gesundheitswesen, München: Oldenbourg.

Kaufmann, Franz-Xaver, 2001: "Social Security". International Encyclopedia of the Social & Behavioral Sciences 21:14435-14439.

Kaufmann, Franz-Xaver, 2002: Binding – Exploring the Issues, S. 25-52 in: Yehuda Elkana et al. (eds.): Unraveling Ties – From Social Cohesion to New Practices of Connectedness. Frankfurt & New York: Campus.

Kaufmann, Franz-Xaver, 2003a: Sozialpolitisches Denken – Die deutsche Tradition. Frankfurt a. M.: Suhrkamp.

Kaufmann, Franz-Xaver, 2003b: Varianten des Wohlfahrtsstaats. Der deutsche Sozialstaat im internationalen Vergleich. Frankfurt a.M.: Suhrkamp.

Kaufmann, Franz-Xaver, 2005a: Schrumpfende Gesellschaft. Vom Bevölkerungsgang und seinen Folgen. Frankfurt a.M.: Suhrkamp.

Kaufmann, Franz-Xaver, 2005b: Rationalität hinter dem Rücken der Akteure: Soziologische Perspektiven. S. 93-129 in: Hansjörg Siegenthaler (Hrsg.), Rationalität im Prozess kultureller Evolution. Tübingen: Mohr Siebeck.

Kaufmann, Franz-Xaver, 2006: Joseph Höffner als Sozialpolitiker. S. 37-50 in: Hermann-Josef Große Kracht (Hrsg.): Joseph Höffner (1906-1987): Soziallehre und Sozialpolitik. Paderborn: Schöningh.

Kaufmann, Franz-Xaver, 2009: Sozialpolitik und Sozialstaat: Soziologische Analysen. 3. erw. Aufl., Wiesbaden: VS Verlag.

Kaufmann, Franz-Xaver, 2009a: Staat und Wohlfahrtsproduktion (1994). S. 219-242 in: Ders., Sozialpolitik und Sozialstaat: Soziologische Analysen, 3. A. Wiesbaden: VS Verlag.

Kaufmann, Franz-Xaver, 2009b: Der Sozialstaat als Prozess – für eine Sozialpolitik zweiter Ordnung (1998). S. 129-144 in: Ders., Sozialpolitik und Sozialstaat: Soziologische Analysen, 3. A. Wiesbaden: VS Verlag.

Kaufmann, Franz-Xaver, 2009c: Diskurse über Staatsaufgaben (1994). S. 379-403 in: Ders., Sozialpolitik und Sozialstaat: Soziologische Analysen, 3. A. Wiesbaden: VS Verlag.

Kaufmann, Franz-Xaver, 2009d: Humanvermögen – eine neue Kategorie der Sozialstaatstheorie. S. 211-226 in: Ders., Sozialpolitik und Sozialstaat: Soziologische Analysen, 3. A. Wiesbaden: VS Verlag.

Kaufmann, Franz-Xaver, 2009e: Sozialstaatlichkeit unter den Bedingungen moderner Wirtschaft (1999). S. 327-362 in: Ders., Sozialpolitik und Sozialstaat: Soziologische Analysen. 3. A., Wiesbaden: VS Verlag.

Kaufmann, Franz-Xaver, 2009f: Schwindet die integrative Funktion des Sozialstaates? (1997). S. 287-306 in: Ders., Sozialpolitik und Sozialstaat: Soziologische Analysen, 3. A. Wiesbaden: VS Verlag.

Kaufmann, Franz-Xaver, 2009g: Konzept und Formen sozialer Intervention (1999). S. 109-129 in: Ders., Sozialpolitik und Sozialstaat: Soziologische Analysen, 3. A. Wiesbaden: VS Verlag.

Kaufmann, Franz-Xaver, 2009h: Elemente einer soziologischen Theorie sozialpolitischer Intervention (1982). S. 71-108 in: Ders., Sozialpolitik und Sozialstaat: Soziologische Analysen, 3. A. Wiesbaden: VS Verlag.

Kaufmann, Franz-Xaver, 2009i: Sozialpolitisches Erkenntnisinteresse und Soziologie: Ein Beitrag zur Pragmatik der Sozialwissenschaften (1977). S. 33-70 in: Ders., Sozialpolitik und Sozialstaat: Soziologische Analysen, 3. A. Wiesbaden: VS-Verlag.

Kaufmann, Franz-Xaver, 2009k: Steuerungsprobleme im Wohlfahrtsstaat (1983). S. 229-262 in: Ders., Sozialpolitik und Sozialstaat: Soziologische Analysen, 3. A. Wiesbaden: VS Verlag.

Kaufmann, Franz-Xaver, 2012: European Foundations of the Welfare State, New York & Oxford: Berghahn.

Kaufmann, Franz-Xaver, 2013: Soziologie und Sozialethik – Gesammelte Schriften zur Moralsoziologie, hrsg. von Stephan Goertz. Fribourg: Academic Press & Freiburg i.Br.: Herder.

Kaufmann, Franz-Xaver, 2014: Mein Weg zu einer Soziologie der Sozialpolitik und des Sozialstaats. S. 66-89 in: Ders., Zwischen Wissenschaft und Glaube – Persönliche Texte. Freiburg i. Br.: Herder.

Keller, Paul. 1945: Dogmengeschichte des wohlstandspolitischen Interventionismus. Winterthur: Keller.

Kerber, Walter & Westermann, Claus & Spörlein, Bernhard, 1981: „Gerechtigkeit". S. 6-75 in: Franz Böckle, Franz-Xaver Kaufmann, Karl Rahner. Bernhard Welte & Robert Scherer (Hrsg.), Christlicher Glaube in moderner Gesellschaft, Teilband 17. Freiburg i.Br.: Herder.

Kersting, Wolfgang, 2002: Der Sozialstaat im Spannungsfeld zwischen Freiheit und Gleichheit. S. 23-95 in: Ders., Kritik der Gleichheit. Über die Grenzen der Gerechtigkeit und der Moral. Weilerswist: Velbrück.

Kersting, Wolfgang, 2003: Gerechtigkeit: Die Selbstverewigung des egalitaristischen Sozialstaats. S. 105-135 in: Stephan Lessenich (Hrsg.), Wohlfahrtsstaatliche Gundbegriffe – Historische und aktuelle Diskurse. Frankfurt a.M. & New York: Campus.

Ketteler, Wilhelm Emmanuel von, 1864: Arbeiterfrage und Christentum. Mainz: Franz Kirchheim.

Keynes, J. M., 1980: Collected Writings, Bd. 25: Activities 1940-1944, Shaping the Post-War World: The Clearing Union. London: Macmillan.

Keynes, John Maynard, 1994: Allgemeine Theorie der Beschäftigung. des Zinses und des Geldes (engl. 1936). Berlin: Duncker & Humblot.

Kim, Won Sub & Shi, Shih-Jiunn, 2013: Emergence of New Welfare States in East Asia? Domestic Social Changes and the Impact of "Welfare Internationalism" in South Korea and Taiwan (1945-2012). International Journal of Social Quality vol. 3/2 : 106-124.

Kintzele, Jeff & Peter Schneider (Hrsg.), 1993: Georg Simmels Philosophie des Geldes. Frankfurt: Suhrkamp.

Kitschelt, Herbert, 1980: Kernenergiepolitik – Arena eines gesellschaftlichen Konflikts. Frankfurt a.M. & New York: Campus.

Knapp, Georg Friedrich, 1905: Staatliche Theorie des Geldes. Leipzig: Duncker & Humblot.

Knight, Frank H., 1965: Risk, Uncertainty, and Profit (1921). New York: Harper & Row.

Knipping, Franz (Hg.), 1996: Das System der Vereinten Nationen und seine Vorläufer. Band II: 19. Jahrhundert und Völkerbundszeit. Bern: Stämpfli und München: C. H. Beck.

Koenig, Matthias, 2005: Menschenrechte. Frankfurt a.M. /New York: Campus.

Kohl, Jürgen, 2013: Hohe Akzeptanz des Wohlfahrtsstaats trotz kritischer Leistungsbewertung. Informationsdienst Soziale Indikatoren 50, S. 1-7.

Köhler, Peter A., 1987: Sozialpolitische und sozialrechtliche Aktivitäten in den Vereinten Nationen. Baden-Baden: Nomos.

Kohli, Martin, 1989: Moralökonomie und „Generationenvertrag". S. 532-555 in: Kultur und Gesellschaft. Verhandlungen des 24. Deutschen Soziologentags, des 11. Österreichischen Soziologentags und des 8. Kongresses der Schweizerischen Gesellschaft für Soziologie in Zürich 1988. Frankfurt & New York: Campus.

Koller, Peter, 2001: Die Tugenden, die Moral und das Recht. S. 163-191 in: Manfred Prisching (Hrsg.), Postmoderne Tugenden? Wien: Passagen Verlag.

Korpi, Walter, 1978: The Working Class in Welfare Capitalism – Work, Unions, and Politics in Sweden. London: Routledge & Kegan Paul.

Korpi, Walter, 1983: The Democratic Class Struggle. London: Routledge & Kegan Paul.

Koselleck, Reinhart, Werner Conze & Görg. Haverkate, 1990: „Staat". S. 1-98 in: Geschichtliche Grundbegriffe. Historisches Lexikon zur politisch-sozialen Sprache in Deutschland, Band 6. Stuttgart: Klett-Cotta.

Koslowski, Peter (Hrsg.), 1999: Das Gemeinwohl zwischen Universalismus und Partikularismus. Stuttgart- Bad Cannstadt: Frommann Holzboog.

Koss, Stephen E., 1975: Nonconformity in Modern British Politics. London: Batsford.

Kramer, Rolf, 1992: Soziale Gerechtigkeit – Inhalt und Grenzen. Berlin: Duncker & Humblot.

Krause, Peter, 1981: Die Entwicklung der sozialen Grundrechte. S. 402-431 in: Günter Birtsch (Hrsg.), Grund- und Freiheitsrechte im Wandel von Gesellschaft und Geschichte. Göttingen: Vandenhoeck & Ruprecht.

Krüsselberg, Hans-Günter, 1977: Die vermögenstheoretische Dimension in der Theorie der Sozialpolitik. Ein Kooperationsfeld für Soziologie und Ökonomie. S. 232-259 in: Christian von Ferber & Franz-Xaver Kaufmann (Hg.), Soziologie und Sozialpolitik. (=Sonderheft KZfSS 19). Opladen: Westdeutscher Verlag.

Kulessa, Margarete Elisabeth, 1996: Die Tobinsteuer zwischen Lenkungs- und Finanzierungsfunktion. Wirtschaftsdienst 76: 95-104.

Kurer, Oskar, 1991a: John Stuart Mill – The Politics of Progress. New York u. London: Taylor & Francis.

Kurer, Oskar, 1991b: John Stuart Mill and the Welfare State. History of Political Economy 23/ 4: 713-730.

L

Lampe, Ernst-Joachim (Hrsg.), 1989: Verantwortlichkeit und Recht (Jahrbuch für Rechtssoziologie und Rechtstheorie, Bd.14). Opladen: Westdeutscher Verlag.

Lampert, Heinz & Althammer, Jörg (Hrsg.), 2007: Lehrbuch für Sozialpolitik, 8. Aufl. Berlin: Springer.

Lampert, Heinz, 1994: Die Rechtsprechung des Bundesverfassungsgerichtes aus familienpolitischer Sicht. S. 43-64 in: Wilfried Bottke (Hrsg.), Familie als zentraler Grundwert demokratischer Gesellschaften. St. Ottilien: EOS Verlag.

Lampert, Heinz, 1995: Die Wirtschafts- und Sozialordnung der Bundesrepublik Deutschland. München: Olzog.

Lange, Friedrich Albert, 1979: Die Arbeiterfrage in ihrer Bedeutung für Gegenwart und Zukunft (1865). Hildesheim: Olms Verlag.

Lash, Joseph P. 1976: Roosevelt and Churchill 1939-1941: The Partnership That Saved the West. New York: W. W. Norton .

Lauterpacht, Hersch, 1945: An International Bill of the Rights of Man. New York: Columbia University Press.

Lavergne-Peguilhen, Moritz von, 1863: Sozialpolitische Studien. Berlin: Schneider.

Lawson, Edward (Hrsg.), 1991: Encyclopedy of Human Rights. New York.

Le Goff, Jacques, 1986: La bourse et la vie: économie et religion au moyen âge. Paris: Hachette.

Lee, Eddy, 1994: The Declaration of Philadelphia: Retrospect and Prospect. International Labour Review 133: 467-484.

Leibfried, Stephan & Zürn, Michael, 2006: Hrsg. Transformationen des Staates? Frankfurt a.M.: Suhrkamp.

Leibholz, Gerhard, 1967: Strukturprobleme der modernen Demokratie. 3.A. Karlsruhe: C.F. Müller.

Leisering, Lutz, 1992a: Sozialstaat und demographischer Wandel: Wechselwirkungen, Generationenverhältnisse, politisch-institutionelle Steuerung. Frankfurt a.M. u. New York: Campus Verlag.

Leisering, Lutz, 1992b: Selbststeuerung im Sozialstaat – zur Verortung der Rentenreform 1992 in der Sozialpolitik der 80er Jahre. Zeitschrift für Sozialreform 38: 3-39.

Leisering, Lutz, 1999: „Eine Frage der Gerechtigkeit: Armut und Reichtum in Deutschland". Aus Politik und Zeitgeschichte 18: 10-17.

Leisering, Lutz, 2001: Ambivalenz und Immanenz: Die soziologische Kritik am Wohlfahrtsstaat. S. 1210-1237 in: Jutta Allmendinger (Hg.) Gute Gesellschaft? Verhandlungen des 30. Kongresses der Deutschen Gesellschaft für Soziologie in Köln 2000, 2 Halbbände, Opladen: Leske+Budrich.

Leisering, Lutz, 2004a: „Paradigmen sozialer Gerechtigkeit. Normative Diskurse im Umbau des Sozialstaats". S. 29-68 in: Stefan Liebig & Holger Lengsfeld & Steffen Mau (Hrsg.), Verteilungsprobleme und Gerechtigkeit in modernen Gesellschaften. Frankfurt a.M. u. New York: Campus.

Leisering, Lutz, 2004b: Desillusionierung des modernen Fortschrittsglaubens: ‚Soziale Exklusion' als gesellschaftliche Selbstbeschreibung und soziologisches Konzept. S. 238-268 in: Thomas Schwinn (Hrsg.), Differenzierung und soziale Ungleichheit. Die zwei Soziologien und ihre Verknüpfung. Frankfurt a.M.: Humanities Online.

Leisering, Lutz, 2007a: Gibt es einen Weltwohlfahrtsstaat? S. 185-205 in: Mathias Albert & Rudolf Stichweh (Hrsg.), Weltstaat und Weltstaatlichkeit. Wiesbaden: VS-Verlag.

Leisering, Lutz, 2007b: „Privatisierung der Alterssicherung als komplexe Ordnungsbildung. Zur Entstehung von Wohlfahrtsmärkten und regulativer Staatlichkeit". S. 189- 219 in: Ulrich Becker, Franz-Xaver Kaufmann, Bernd Baron von Maydell, Winfried Schmähl & Hans F. Zacher (Hrsg.), Alterssicherung in Deutschland. Festschrift für Franz Ruland zum 65. Geburtstag, Baden-Baden: Nomos.

Leisering, Lutz, 2009: Extending social security to the excluded: Are social cash transfers to the poor an appropriate way of fighting poverty in developing countries? Global Social Policy 9/2: 246-272.

Leisering, Lutz, 2010: Editorial zum Schwerpunktheft "Globale Sozialpolitik". Zeitschrift für Sozialreform 56: 143-150.

Leisering, Lutz (Hrsg.), 2011: The New Regulatory State – Regulating Pensions in Germany and the UK. New York: Palgrave Macmillan.

Leisering, Lutz, 2013: The "Social": The Global Career of an Idea. S. 1-15 in: International Journal of Social Quality vo. 3 No. 2.

Leisering, Lutz & Barrientos, Armando, 2013: Social citizenship for the global poor? The worldwide spread of social assistance. International Journal of Social Welfare, Supplement: Exploring social citizenship: Human rights perspectives 22/1: S50-S67.

Leotta, Luis, 1975: Abraham Epstein and the Movement for Old Age Security. Labor History 16/3: 359-377.

Lepsius, M. Reiner, 1966: Parteiensystem und Sozialstruktur: Zum Problem der Demokratisierung der deutschen Gesellschaft. S. 371-393 in: Wilhelm Abel (Hrsg.), Wirtschaft, Geschichte und Wirtschaftsgeschichte. Stuttgart: Fischer.

Leroux, Pierre, 1885: De l'humanité. De son principe et de son avenir. Où se trouve exposée la vraie definition de la religion et où l'on explique le sens, la suite et l'enchaînement du Mosaisme et du Christianisme. Paris: Perrotin.

Lessenich, Stephan, 2000: Soziologische Erklärungsansätze zu Entstehung und Funktion des Sozialstaats. S. 39-78 in: Jutta Allmendinger&Wolfgang Ludwig-Mayerhofer (Hrsg.), Soziologie des Sozialstaats. Weinheim u. München: Juventa.

Lessenich, Stephan (Hrsg.), 2003: Wohlfahrtsstaatliche Grundbegriffe – Historische und aktuelle Diskurse. Frankfurt a.M. u. New York: Campus.

Lessenich, Stephan, 2008: Die Neuerfindung des Sozialen. Der Sozialstaat im flexiblen Kapitalismus. Bielefeld: Transkript.

Lessenich, Stephan, 2012: Theorien des Sozialstaats. O.O.: Junius.

Leubuscher, Charlotte , 1923: Die Krise der Sozialpolitik. Soziale Praxis 32: 339-343, 363-366, 387-390.

Linden, Markus, 2008: Migration – Prekarität – Repräsentation. Unijournal – Zeitschrift der Universität Trier: Themenheft Sonderforschungsbereich 600 „Fremdheit und Armut. Wandel von Inklusions- und Exklusionsformen von der Antike bis zur Gegenwart" 34: 51-53.

Lippert, Ekkehard, Andreas Prüfert & Günther Wachtler (Hrsg.),1997: Sicherheit in der unsicheren Gesellschaft. Opladen: Westdeutscher Verlag.

List, Friedrich, 1910: Das nationale System der politischen Ökonomie. Eingeleitet von Heinrich Waentig. 2. Aufl.,. Jena: Fischer.

List, Friedrich, 1927: Das natürliche System der politischen Ökonomie (Erste Pariser Preisschrift 1837). Berlin: Akademie Verlag.

List, Friedrich, 1985: Die Welt bewegt sich. Über die Auswirkungen der Dampfkraft und der neuen Transportmittel auf die Wirtschaft, das bürgerliche Leben, das soziale Gefüge und die Macht der Nationen (Zweite Pariser Preisschrift 1837). Hrsg. von Eugen Wendler. Göttingen.

Luard, Evan 1982: A History of the United Nations. Volume 1: The Years of Western Domination, 1945-1955. London u. Basingstoke: Macmillan

Luhmann, Niklas 1965: Grundrechte als Institution – ein Beitrag zur politischen Soziologie. Berlin: Dunker & Humblot.

Luhmann, Niklas 1968: Vertrauen: Ein Mechanismus der Reduktion sozialer Komplexität. Stuttgart: Enke.

Luhmann, Niklas, 1972: Einfache Sozialsysteme. Zeitschrift für Soziologie 1: 51-65.

Luhmann, Niklas, 1973a: Das Phänomen des Gewissens und die normative Selbstbestimmung der Persönlichkeit. S. 223-243 in: Franz Böckle & Ernst-Wolfgang Böckenförde (Hrsg.), Naturrecht in der Kritik. Mainz: Matthias Grünewald.

Luhmann, Niklas, 1973b: Knappheit, Geld und die bürgerliche Gesellschaft. Jahrbuch für Sozialwissenschaft 23: 186-210.

Luhmann, Niklas, 1978: Soziologie der Moral. S. 8-116 in: Ders. &Stephan H. Pfürtner (Hrsg.), Theorietechnik und Moral. Frankfurt a. M.: Suhrkamp.

Luhmann, Niklas, 1981a: Wie ist soziale Ordnung möglich? S. 195-285 in: Ders., Gesellschaftsstruktur und Semantik: Studien zur Wissenssoziologie der modernen Gesellschaft, Bd. 2. Frankfurt a. M.: Suhrkamp.

Luhmann, Niklas, 1981b: Subjektive Rechte: Zum Umbau des Rechtsbewusstseins für die moderne Gesellschaft. S. 45-104 in: Ders., Gesellschaftsstruktur und Semantik: Studien zur Wissenssoziologie der modernen Gesellschaft. Bd. 2. Frankfurt a.M.: Suhrkamp.

Luhmann, Niklas, 1981c: Politische Theorie im Wohlfahrtsstaat. München & Wien: Olzog.

Luhmann, Niklas, 1983: Rechtssoziologie, 2. Aufl., Opladen: Westdeutscher Verlag.

Luhmann, Niklas, 1990a: Paradigm lost: Über die ethische Reflexion der Moral. Hegel-Preis-rede. S. 9-48. Frankfurt a.M. : Suhrkamp.

Luhmann, Niklas, 1990b: Risiko und Gefahr. Aulavortrag, hrsg. Hochschule St. Gallen für Wirtschafts- Rechts- und Sozialwissenschaften. St. Gallen: Eigenverlag.

Luhmann, Niklas, 1991: Soziologie des Risikos. Berlin u.New York: De Gruyter.

Luhmann, Niklas, 1996: Die Wirtschaft der Gesellschaft. Frankfurt: Suhrkamp, 2. A.

Luhmann, Niklas, 1997: Die Gesellschaft der Gesellschaft. 2 Teilbände. Frankfurt a. M.: Suhrkamp.

Luhmann, Niklas, 2000: Die Politik der Gesellschaft. Frankfurt a.M.: Suhrkamp.

Lüscher, Kurt, 1997: Solidarische Beziehungen: das ‚neue' Problem der Generationen. S. 59-77 in: Karl Gabriel, Alois Herlth & Klaus Peter Strohmeier (Hrsg.), Modernität und Solidarität. Konsequenzen gesellschaftlicher Modernisierung. Freiburg i. Br. :Herder.

Lütz, Susanne, 1997: Die Rückkehr des Nationalstaats. Kapitalmarktregulierung in Zeiten der Internationalisierung von Finanzmärkten. Politische Vierteljahresschrift 38: 475-498.

Lütz, Susanne, 1999: Wenn Banken sich vergessen. Risikoregulierung im internationalen Mehr-Ebe nen-System. Discussion Paper, MPI für Gesellschaftsforschung. Köln.

M

Mackenroth, Gerhard, 1952: Die Reform der Sozialpolitik durch einen deutschen Sozial-plan. (= Schriften des Vereins für Sozialpolitik N.F., Bd. 4) Berlin: Duncker & Humblot.

Madeley, John T.S., 1977: Scandinavian Christian Democracy: Throwback or Portent? European Journal of Political Research 5: 267- 286.

Madeley, John T.S. 1982: Politics and the Pulpit: The Case of Protestant Europe, West European Politics 5: 149-171.

Mahr, Werner, 1989: „Versicherung". Staatslexikon, hrsg. v.d. Görres-Gesellschaft. 7. Aufl., Freiburg: Herder, Bd. 5: 711-719.

Maier, Hans, 1980: Die ältere deutsche Staats- und Verwaltungslehre. 2. Aufl. München: C.H. Beck.

Majone, Giandomenico, 1993: The European Conmmunity Between Social Policy and Social Regulation. Journal of Common Market Studies 31: 153-170.

Makropoulos, M., 1995: „Sicherheit". Historisches Wörterbuch der Philosophie, hrsg. von Joachim Ritter und Karlfried Gründer, Basel: Schwabe, Bd. 9: 745-750.

Mangoldt, Hans & Volker Rittberger (Hg.), 1995: Das System der Vereinten Nationen und seine Vorläufer. Band I: Das System der Vereinten Nationen, 2 Halbbände, Bern: Stämpfli und München: C. H. Beck.

Manow, Philip, 2001: Ordoliberalismus als ökonomische Ordnungstheologie. Leviathan 29: 179-198.

Manow, Philip, 2002: 'The Good, the Bad and the Ugly'. Esping-Andersens Sozialstaaats-Ty-pologie und die konfessionellen Wurzeln des westlichen Wohlfahrtsstaats. Kölner Zeitschrift für Soziologie und Sozialpsychologie 54/2: 203-225.

Manow, Philip, 2008: Religion und Sozialstaat. Die konfessionellen Grundlagen europäischer Wohlfahrtsstaatsregime. Frankfurt/Main: Campus.

Maritain, Jacques, 1988a: De la justice politique. Notes sur la présente guerre (1940). S. 283-332 in: Jacques u. Raissa Maritain (Hrsg.), Oeuvres complètes, Vol. VII. Fribourg u. Paris: Éditions Universitaires.

Maritain, Jacques, 1988b: Les droits de l'homme et la loi naturelle (1942). S. 617-695 in: Jacques u. Raissa Maritain (Hrsg.), Oeuvres complètes, Vol. VII. Fribourg u. Paris: Éditions Universitaires.

Marshall, T(homas) H(umphreys), 1950: Citizenship and Social Class and other essais. Cambridge : Cambridge University Press.

Marshall, T(homas) H(umphreys) 1992: Social Class and Citizenship (1950). Deutsch S. 33-94 in ders., Bürgerrechte und soziale Klassen. Zur Soziologie des Wohlfahrtsstaates, hg. v. Elmar Rieger. Frankfurt a.M./New York: Campus.

Martin, David, 1978: A General Theory of Secularization. Oxford: Blackwell.

Maslow, Abraham H., 1954: Motivation and Personality. New York: Harper & Row.

Masuch, Peter, Wolfgang Spellbrink, Ulrich Becker & Stephan Leibfried (Hrsg.), 2014: Grundlagen und Herausforderungen des Sozialstaats. Denkschrift 60 Jahre Bundessozialgericht, Band I: Eigenheiten und Zukunft von Sozialpolitik und Sozialrecht. Berlin: Erich Schmidt Verlag.

Matthes, Joachim, 1964: Gesellschaftspolitische Konzeptionen im Sozialhilferecht. Stuttgart: Enke.

Mauss, Marcel, 1968: Die Gabe: Form und Funktion des Austauschs in archaischen Gesellschaften (fr. 1923). Frankfurt a. M.: Suhrkamp.

Mayer, Karl Ulrich & Walter Müller, 1989: Lebensverläufe im Wohlfahrtsstaat. S. 41-60 in: Ansgar Weymann (Hrsg.), Handlungsspielräume: Untersuchungen zur Individualisierung und Institutionalisierung von Lebensläufen in der Moderne. Stuttgart: Enke.

McInerny, Ralph 1995: Maritain, Jacques. S. 101-105 in: The Cambridge Dictionary of Philosophy. Vol. 6. Cambridge: Cambridge University Press.

McKinley, Donald G., 1964: Social Class and Family Life. New York: Free Press of Glencoe.

Menke, Christoph & Pollmann Arnd 2007: Philosophie der Menschenrechte. Hamburg: Junius.

Menzel, Ulrich, 1995: Die postindustrielle Revolution. Tertiarisierung und Entstofflichung der postmodernen Ökonomie. Entwicklung und Zusammenarbeit 36: 100-104.

Meyer, Alexander, 1864: Zum Begriffe der Sozialpolitik. Preußische Jahrbücher 14:315-330.

Meyer-Kramer, Frieder, 1978: Analyse der wissenschaftstheoretischen Vorstellungen Gunnar Myrdals. Jahrbuch für Sozialwissenschaft 29:328-345.

Mill, John Stuart, 1924: Grundsätze der politischen Ökonomie mit einigen ihrer Anwendungen auf die Sozialphilosophie (engl. 1848). Nach der 7. Auflage letzter Hand (1871) übersetzt und hrsg. v. Heinrich Waentig. 2 Bände. 2. Aufl., Jena: Gustav Fischer.

Mill, John Stuart, 1969: Principles of Political Economy. With Some of their Applications to Social Philosophy (1909). Hrsg. von William Ashley. New York: Hackett Publishing.

Mill, John Stuart, 1970: Über die Freiheit (engl. 1859), hrsg. von Adolf Grabowsky, 3. Aufl., Darmstadt: Wissenschaftliche Buchgesellschaft.

Mockenhaupt, Hubert, 1977: Weg und Wirken des geistlichen Sozialpolitikers Heinrich Brauns. Paderborn: Schöningh.

Moody, Joseph N., 1953: Church and Society. Catholic Social and Political Thought and Movements 1789 - 1950. New York: Arts.

Moore, Barrington, 1985: Ungerechtigkeit: die sozialen Ursachen von Unterordnung und Widerstand, 2. Aufl., Frankfurt a.M.: Suhrkamp.

Müller, Hans-Peter & Bernd Wegener (Hrsg.), 1995: Soziale Ungleichheit und soziale Ge-
rechtigkeit. Opladen: Leske + Budrich.
Müller, Hans-Peter, 1992: Sozialstruktur und Lebensstile. Frankfurt a.m.: Suhrkamp.
Müller, Hans-Peter, 2001: Die Artisten in der Zirkuskuppel, ratlos? Sozialwissenschaftliche
Projektionen der guten Gesellschaft. S.245-266 in: Jutta Allmendinger (Hg.), Gute Ge-
sellschaft? Verhandlungen des 30. Kongresses der Deutschen Gesellschaft für Soziologie
in Köln. 2 Halbbände, Opladen: Leske+Budrich.
Müller; Christoph & Ilse Staff (Hrsg), 1984: Der soziale Rechtsstaat, Gedächtnisschrift für
Hermann Heller 1891-1933, Baden-Baden: Nomos.
Müller-Armack, Alfred, 1947: Wirtschaftslenkung und Marktwirtschaft. Hamburg: Verlag
für Wirtschafts- und Sozialpolitik.
Müller-Armack, Alfred, 1966a: Wirtschaftslenkung und Marktwirtschaft (1946). S.19-170
in: Ders., Wirtschaftsordnung und Wirtschaftspolitik, Freiburg im Breisgau: Rombach.
Müller-Armack, Alfred, 1966b: Die Wirtschaftsordnungen sozial gesehen (1948). S.171-199
in: Ders., Wirtschaftsordnung und Wirtschaftspolitik, Freiburg im Breisgau: Rombach.
Müller-Armack, Alfred, 1966c: Die zweite Phase der Sozialen Marktwirtschaft. Ihre Er-
gänzung durch das Leitbild einer neuen Gesellschaftspolitik (1960). S.267-291 in: Ders.,
Wirtschaftsordnung und Wirtschaftspolitik, Freiburg im Breisgau: Rombach.
Münkler, Herfried & Karsten Fischer, 1999: Gemeinwohl und Gemeinsinn. Thematisierung
und Verbrauch sozialmoralischer Ressourcen in der modernen Gesellschaft. S.237-265 in:
Berlin-Brandenburgische Akademie der Wissenschaften, Berichte und Abhandlungen,
Bd.7. Berlin: Akademie Verlag GmbH.
Münkler, Herfried, 2010: Sicherheit und Freiheit. Eine irreführende Oppositionssemantik
der politischen Sprache. S.13-32 in: Herfried Münkler, Matthias Bohlender & Sabine
Meurer (Hrsg.), Handeln unter Risiko. Gestaltungsansätze zwischen Wagnis und Vor-
sorge. Bielefeld: Transcript.
Münnich, Sascha, 2011: Interessen und Ideen: Soziologische Kritik einer problematischen
Unterscheidung. Zeitschrift für Soziologie 40/5: 356-370.
Myrdal, Alva & Gunnar Myrdal, 1934: Kris i Befolkningsfragan. Stockholm: Stockholms
Stadsbibliotek.
Myrdal, Alva, 1947: Nation and Family. The Swedish Experiment in Democratic Family and
Population Policy. London; Kegan Paul.

N

Narr, Wolf Dieter & Offe, Claus, 1975: Wohlfahrtsstaat und Massenloyalität. Köln: Kiepen-
huer & Witsch.
Nau, Heino Heinrich, 1998: Politisches Ethos und sozialökonomisches Telos. S.13-65 in:
Gustav Schmoller, Historisch-ethische Nationalökonomie als Kulturwissenschaft, hrsg.
von Heino Heinrich Nau. Marburg: Metropolis.
Nell-Breuning, Oswald von, 1957: Solidarität und Subsidiarität im Raum von Sozialpolitik
und Sozialreform. S.213-226 in: Erich Boettcher (Hrsg.), Sozialpolitik und Sozialreform.
Tübingen: Mohr
Nelson, Benjamin 1977: Der Ursprung der Moderne. Frankfurt a. M.: Suhrkamp.
Nettl, J. P., 1968: The State as a Conceptual Variable. World Politics 20: 559-592.

Neuhaus, Helmut, 1999: Sicherheit in der Gesellschaft heute: Wirklichkeit und Aufgabe. Erlangen: Universitätbibliothek.

Nietzsche, Friedrich, 1912: Der Wille zur Macht – Versuch einer Umwertung aller Werte. (Werke XV, XVI). Leipzig: Kröner.

Nitz, Gerhard, 2000: Private und öffentliche Sicherheit. Berlin: Duncker & Humblot.

Norman, Edward R., 1976: Church and Society in England 1770-1970. Oxford: Clarendon Press.

Nullmeier, Frank, 2003: Anerkennung: Auf dem Weg zu einem kulturalen Sozialstaatsverständnis? S. 395-418 in: Stephan Lessenich (Hrsg.), Wohlfahrtsstaatliche Grundbegriffe – Historische und aktuelle Diskurse, Frankfurt a.M. u. New York: Campus Verlag.

Nussbaum, Martha C., 1993: Menschliches Tun und soziale Gerechtigkeit. Zur Verteidigung des aristotelischen Essentialismus. S. 323-361 in: Micha Brumlik & Hauke Brunkhorst (Hrsg.), Gemeinschaft und Gerechtigkeit, Frankfurt a.M.: Fischer.

O

Oesterreich, Detlef, 1996: Flucht in die Sicherheit: Zur Theorie des Autoritarismus und der autoritären Reaktion. Opladen: Leske+Budrich.

Oestreich, Gerhard, 1969: Strukturprobleme des europäischen Absolutismus. S. 179-197 in: Ders., Geist und Gestalt des frühmodernen Staates. Berlin: Duncker & Humblot.

Oexle, Gerhard, 1996: Gilde und Kommune. Über die Entstehung von ‚Einung' und ‚Gemeinde' als Grundformen des Zusammenwirkens in Europa. S. 75-97 in: Peter Blickle (Hrsg.), Theorien kommunaler Ordnung in Europa. München: Oldenbourg.

Onken, Werner, 1983: Ein vergessenes Kapitel der Wirtschaftsgeschichte – Schwanenkirchen, Wörgl und andere Freigeldexperimente. Zeitschrift für Sozialökonomie 20: 3-20.

Opielka, Michael, 2008: Christian foundations of the welfare state: strong cultural values in comparative perspective. S. 89-114 in: Van Oorschoot, Wim, Michael Opielka & Birgit Pfau-Effinger (eds), Culture and Welfare State. Cheltenham UK &Northampton MA: Elgar.

Orloff, Ann Shola, 1988: The Political Origins of America's Belated Welfare State. S. 37-80 in: Margaret Weir, Ann Shola Orloff & Theda Skocpol (Hrsg.), The Politics of Social Policy in the United States. Princeton: Princeton University Press.

Ostrom, Vincent, 1991: The Meaning of American Federalism. San Francisco CA: ICS Books.

Ott, Alfred E., 1990: Die ideengeschichtliche Bedeutung Friedrich Lists für die Nationalökonomie. S. 47-69 in: Hans Besters (Hrsg.), Die Bedeutung Friedrich Lists in Vergangenheit und Gegenwart. Baden-Baden: Nomos.

P

Pankoke, Eckart, 1970: Sociale Bewegung – Sociale Frage – Sociale Politik. Grundfragen der deutschen „Socialwissenschaft" im 19. Jahrhundert. Stuttgart: Klett.

Pankoke, Eckart, 1977: Sozialpolitik zwischen staatlicher Systematisierung und situativer Operationalisierung. Zur Problem- und Programmgeschichte sozialer Politik. Soziologie und Sozialpolitik. Sonderheft der Kölner Zeitschrift für Soziologie und Sozialpsychologie 19: 76-97.

Pankoke, Eckart (Hrsg.), 1991: Gesellschaftslehre. Frankfurt a.M.: Deutscher Klassiker Verlag.

Pankoke,Eckart, 1995: „Sozialpolitik". S. 1227-1236 in: Historisches Wörterbuch der Philosophie, Bd.9. Basel: Schwabe.

Parsons, Talcott, 1972: Das System moderner Gesellschaften. München: Juventa.

Patrut, Iulia-Karin & Uerlings, Herbert, 2008: ,Zigeuner' – Zur Geschichte einer Minderheit in Europa. Unijournal – Zeitschrift der Universität Trier. Themenheft Sonderforschungsbereich 600 „Fremdheit und Armut. Wandel von Inklusions- und Exklusionsformen von der Antike bis zur Gegenwart" 34: 21-26.

Perry, Michael J., 1998: The Idea of Human Rights. New York u. Oxford: Oxford University Press.

Pesch, Heinrich, 1904 ff: Lehrbuch der Nationalökonomie. 5 Bände, Freiburg i. Br.: Herdersche Verlagsbuchhandlung.

Petersen Klaus & Petersen, Jörn Henrik, 2013: Confusion and divergence. Origins and meanings of the term ,welfare state' in Germany and Britain. Journal of European Social Policy 23: 37-51.

Pfau-Effinger, Birgit, 2005: Culture and welfare state policies: reflections on a complex interrelation. Journal of Social Policy 34/1: 1-18.

Pfau-Effinger, Birgit, 2009: Wohlfahrtsstaatliche Politiken und ihre kulturellen Grundlagen. Österreichische Zeitschrift für Soziologie 34/3: 3-21.

Phelps, Edmund.S. (Hrsg.), 1975: Altruism, Morality, and Economic Theory. New York: Russell Sage Foundation.

Pinker, Robert, 1971: Social Theory and Social Policy. London: Heinemann.

Plümper, Thomas, 1996: Der Wandel weltwirtschaftlicher Institutionen – Regimedynamik durch ökonomische Prozesse. Berlin: Duncker & Humblot.

Polanyi, Karl, 1977: ,The Great Transformation'- Politische und ökonomische Ursprünge von Gesellschaften und Wirtschaftssystemen (engl. 1944), Wien: Europa Verlag.

Pottmeyer, Hermann J., 1997: Katholizismus im Umbruch zur ,Post'-Moderne: von der eingeschränkten zur entfalteten Solidarität. S. 175-188 in: Karl Gabriel, Alois Herlth & Klaus Peter Strohmeier (Hrsg.), Modernität und Solidarität. Konsequenzen gesellschaftlicher Modernisierung. Freiburg i. Br. :Herder.

Preller, Ludwig, 1962: Sozialpolitik – Theoretische Ortung. Tübingen J. C. B. Mohr & Zürich: Polygraphischer Verlag.

Preller, Ludwig, 1978: Sozialpolitik in der Weimarer Republik (1949). Nachdruck Kronberg und Düsseldorf: Athenäum-Verlag.

Priddat, Birger P., 2003: Umverteilung: Von der Ausgleichssubvention zur Sozialinvestition. S. 373-394 in: Stephan Lessenich (Hrsg.), Wohlfahrtsstaatliche Grundbegriffe- Historische und aktuelle Diskurse, Frankfurt a.M. & New York: Campus.

Prisching, Manfred, 2003: Solidarität: Der vielschichtige Kitt gesellschaftlichen Zusammenlebens. S. 157-190 in: Stephan Lessenich (Hrsg.): Wohlfahrtsstaatliche Grundbegriffe – Historische und aktuelle Diskurse. Frankfurt a.M. & New York: Campus.

Putnam, Robert D., 1995: Bowling Alone: America's Declining Social Capital. Journal of Democracy 6: 65 ff.

R

Radbruch, Gustav, 1950: Rechtsphilososphie (1914). Stuttgart: Koehler.

Rammstedt, Otthein, 1992: „Risiko". S. 1045-1050 in: Historisches Wörterbuch der Philosophie, hrsg. von Joachim Ritter und Karlfried Gründer, Bd. 8, Basel: Schwabe.

Rammstedt, Otthein, 1994: Geld und Gesellschaft in der ‚Philosophie des Geldes'. S. 15-31 in: Hans Christoph Binswanger u. Paschen von Flotow (Hrsg.), Geld und Wachstum. Zur Philosophie und Praxis des Geldes. Stuttgart: Weitbrecht.

Rams, Andreas, 1996: Arbeitslosigkeit – Wie kann sie überwunden werden? S. 9-66 in: Ders. & Norman Ehrentreich (Hrsg.), Arbeitslosigkeit – Wie kann Sie überwunden werden? Eine Kritik an den herrschenden Arbeitsmarkt- und Wachstumstheorien und ein Ansatz zu ihrer Weiterentwicklung. Lütjenburg: Gauke.

Randak, Harald, 1972: Friedrich List und die wissenschaftliche Wirtschaftspolitik. Basel & Tübingen: Kyklos-Verlag.

Raphael, Lutz, 2008: Figurationen von Armut und Fremdheit. Eine Zwischenbilanz interdisziplinärer Forschung. S. 13-36 in: Lutz Raphael & Herbert Uehrlings (Hrsg.), Zwischen Ausschluss und Solidarität. Modi der Inklusion/Exklusion von Fremden und Armen in Europa seit der Spätantike. Frankfurt a. M.: Peter Lang.

Ratzinger, Georg, 1884: Geschichte der kirchlichen Armenpflege. 2. A. Freiburg: Herder.

Rawls, John, 1979: Eine Theorie der Gerechtigkeit, Frankfurt a. M.: Suhrkamp.

Rawls, John, 2003: Gerechtigkeit als Fairness. Ein Neuentwurf. Frankfurt a. M.: Suhrkamp.

Reckwitz, Andreas, 2000: Die Transformation der Kulturtheorien. Zur Entwicklung eines Theorieprogramms. Weilerswist: Velbrück.

Richter, Rudolf, 1990: Geldtheorie. Vorlesung auf der Grundlage der allgemeinen Gleichgewichtstheorie und der Institutionenökonomie. Berlin: Springer.

Riedel, Manfred, 1969: Die Rezeption der Nationalökonomie. S. 75-99 in: Ders., Studien zu Hegels Rechtsphilosophie. Frankfurt a. M. : Suhrkamp.

Rieger, Elmar & Stephan Leibfried, 2001: Grundlagen der Globalisierung – Perspektiven des Wohlfahrtsstaates. Frankfurt a.M.: Suhrkamp.

Rieger, Elmar & Stephan Leibfried, 2004: Kultur versus Globalisierung. Sozialpolitische Theologie in Konfuzianismus und Christentum. Frankfurt a.M.: Suhrkamp.

Rieger, Elmar 1992: T.H. Marshall: Soziologie, gesellschaftliche Entwicklung und die moralische Ökonomie des Wohlfahrtsstaates, S. 7-32 in: Marshall, Thomas H., Bürgerrechte und soziale Klassen, hrsg. von Elmar Rieger. Frankfurt/Main & New York: Campus.

Rieger, Elmar, 2013: The Logic of Welfare: Religious and Sociological Foundations of Social Policy Rationality. International Journal of Social Quality 3(2): 125-144.

Riese, Hajo, 1985: Keynes' Geldtheorie. S. 9-26 in: Harald Scherf (Hrsg.), Studien zur Entwicklung der ökonomischen Theorie, Bd.4, Berlin: Duncker &Humblot.

Riesenfeld, Stefan A., 1965: Aktuelle Strömungen und Bestrebungen in der Sozialgesetzgebung der USA. Kleine Schriften zur Sozialpolitik und Arbeitsrecht. 4. Folge, Heft 2, München: Institut für Sozialpolitik und Arbeitsrecht.

Rimlinger, Gaston V., 1971: Welfare Policy and Industrialization in Europe, America, and Russia. New York: Wiley.

Rinderle, Peter, 2000: John Stuart Mill. München: C.H. Beck.

Ritter, Emil, 1954: Die katholisch-soziale Bewegung und der Volksverein. Köln: Bachem.

Ritter, Gerhard A. 1991: Der Sozialstaat: Entstehung und Entwicklung im internationalen Vergleich.2. Aufl., München: Oldenbourg.

Robbers, Gerhard, 1987: Sicherheit als Menschenrecht. Aspekte der Geschichte, Begründung und Wirkung einer Grundrechtsfunktion. Baden-Baden: Nomos.

Roberts, David, 1979: Paternalism in Early Victorian England. London: Croom Helm.

Röhrich, Lutz, 2003: Lexikon der sprichwörtlichen Redensarten. 4. A. Freiburg i. Br.: Herder.

Rolff, Hans Günther, 1967: Sozialisation und Auslese durch die Schule. Heidelberg: Beltz.

Roller, Edeltraud 1992: Einstellungen der Bürger zum Wohlfahrtsstaat der Bundesrepublik Deutschland. Opladen: Westdeutscher Verlag.

Roosevelt, Franklin D., 1969: The Public Papers and Adressses of Franklin D. Roosevelt. Compiled with special material and explanatory notes by Samuel I. Rosenman. New York: Random House

Rosenstock-Huessy, Eugen, 1931: Die europäischen Revolutionen. Jena: Diederichs.

Rosenzweig, Rafael, 1998: Das Streben nach Sicherheit. Marburg: Metropolis.

Rothfels, Hans, 1927: Theodor Lohmann und die Kampfjahre der staatlichen Sozialpolitik 1871-1905. Berlin: Mittler.

Rottpeter, Marc, 2008: Die jüdischen Militärkolonisten von Elephantine. Problem der Zugehörigkeit zwischen Ägypten, Juden und Persern. S. 63-84 in: Andreas Gestrich & Lutz Raphael (Hrsg.), Inklusion/Exklusion – Studien zu Fremdheit und Armut von der Antike bis zur Gegenwart. 2. Aufl. Frankfurt a. M.: Peter Lang.

Rubinow, Isaac M., 1934: The Quest for Security. New York: Henry Holt.

Rudolph, Bernd, 1997: Die internationale Harmonisierung der Marktrisikobegrenzung. S. 131-158 in: Dieter Duwendag (Hrsg.), Szenarien der europäischen Währungsunion und der Bankenregulierung. Berlin: Duncker & Humblot.

Russel, Ruth B.,1958: A History of the United Nations Charter. The Role of the United States 1940-1945. Washington D.C.: Brookings Institution.

S

Schambeck, Herbert, 1969: Grundrechte und Sozialordnung. Gedanken zur Europäischen Sozialcharta. Berlin: Duncker & Humblot.

Scharpf, Fritz W., 1987: Sozialdemokratische Krisenpolitik in Westeuropa. Frankfurt a. M. u. New York: Campus Verlag.

Scharpf, Fritz W., 1991: Die Handlungsfähigkeit des Staates am Ende des 20. Jahrhunderts. Politische Vierteljahresschrift 32: 621-634.

Scharpf, Fritz W. u. Schmidt, Vivien A. (Hrsg.), 2000: Welfare and Work in the Open Economy. Vol. 1: From Vulnerability to Competitiveness, vol. 2: Diverse Responses to Common Challenges. Oxford: Oxford University Press.

Schick, Manfred, 1970: Kulturprotestantismus und soziale Frage. Tübingen: Mohr.

Schmidt, Manfred G. 2005: Sozialpolitik in Deutschland. Historische Entwicklung und internationaler Vergleich. 3. A., Wiesbaden: VS Verlag.

Schmidt, Manfred G. 2012: Der deutsche Sozialstaat – Geschichte und Gegenwart. München: Beck.

Schmidt, Martin, 1978: Pietismus. 2. A. Stuttgart: Kohlhammer.

Schmoller, Gustav 1864/65: Die Arbeiterfrage. In: Preußische Jahrbücher, 14: 393-424; 523-547; 15: 32-63.

Schmoller, Gustav 1998: Historisch-ethische Nationalökonomie als Kulturwissenschaft. Ausgewählte methodologische Schriften. Herausgegeben und eingeleitet von Heino Heinrich Nau. Marburg: Metropolis.

Schmoller, Gustav 1998a: Die sociale Frage und der preußische Staat (1874). S: 75-96 in: ders., Historisch-ethische Nationalökonomie als Kulturwissenschaft. Ausgewählte methodologische Schriften. Herausgegeben und eingeleitet von Heino Heinrich Nau. Marburg: Metropolis.

Schnabel, Franz, 1965: Deutsche Geschichte im 19. Jahrhundert: Die protestantischen Kirchen in Deutschland. Freiburg i. Br.: Herder.

Scholl, S. Herman (Hrsg.), 1966: Katholische Arbeiterbewegung in Westeuropa. Bonn: Eichholz.

Schrimm-Heins, Andrea, 1991/92: Gewissheit und Sicherheit. Geschichte und Bedeutungswandel der Begriffe certitudo und securitas. Archiv für Begriffsgeschichte 34: 123-213 und 35: 115-213.

Schröder, Martin, 2013: Wie und wie stark beeinflussen moralische Argumente wirtschaftliches Handeln. Berliner Journal für Soziologie 23/2: 205-228.

Schulte, Bernd, 1988: Bestandsschutz sozialer Rechtspositionen – eine vergleichende Betrachtung. Zeitschrift für ausländisches und internationales Arbeits- und Sozialrecht 2: 205-225.

Schulte, Bernd, 2004: Die Entwicklung der Sozialpolitik in der Europäischen Union und ihr Beitrag zur Konstituierung des europäischen Sozialmodells. S. 75-103 in: Hartmut Kaelble u. Günter Schmid (Hrsg.), Das europäische Sozialmodell. Berlin: Edition Sigma.

Schultheis, Franz, 1988: Sozialgeschichte der französischen Familienpolitik. Frankfurt: Campus.

Schulz, Günther, 2005: Sozialpolitische Denk- und Handlungsfelder. S. 73-176 in: Geschichte der Sozialpolitik in Deutschland seit 1945. Hrsg. . Bundesministerium für Arbeit und Soziales und Bundesarchiv. Band 3:DieBundesrepublik Deutschland 1949-1957. Bewältigung der Kriegsfolgen, Rückkehr zur sozialpolitischen Normalität. Baden-Baden: Nomos.

Schulz, Walter, 1972: Philosophie in der veränderten Welt. Pfullingen: Neske.

Schulze, Gerhard, 1992: Die Erlebnisgesellschaft. Kultursoziologie der Gegenwart. Frankfurt a.M.: Campus.

Schulze, Hans-Joachim & Jan Künzler, 1997: Familie und Modernisierung: Kein Widerspruch. S. 91-105 in: Karl Gabriel, Alois Herlth & Klaus Peter Strohmeier (Hrsg.), Modernität und Solidarität. Konsequenzen gesellschaftlicher Modernisierung. Freiburg i. Br. :Herder.

Schumpeter, Joseph A. , 1908: Das Wesen und der Hauptinhalt der theoretischen Nationalökonomie. Leipzig: Duncker & Humblot.

Schuppert, Gunnar F., 1990: Grenzen und Alternativen von Steuerung durch Recht. S. 217-249 in: Dieter Grimm (Hrsg.), Wachsende Staatsaufgaben – sinkende Steuerungsfähigkeit des Rechts. Baden-Baden, Nomos..

Schuppert, Gunnar, 1998: Die öffentliche Verwaltung im Kooperationsspektrum staatlicher und privater Aufgabenerfüllung: Zum Denken in Verantwortungsstufen. Die Verwaltung 31:415-447.

Schweitzer, Rosemarie von, 1997: Geschlechtersolidarität und Modernität in der Familienforschung. S. 29-57 in: Karl Gabriel, Alois Herlth & Klaus Peter Strohmeier (Hrsg.), Modernität und Solidarität. Konsequenzen gesellschaftlicher Modernisierung. Freiburg i. Br. :Herder.

Schwengel, Hermann 1999: Globalisierung mit europäischem Gesicht. Der Kampf um die politische Form der Zukunft. Berlin: Aufbau-Verlag.

Seidel, Friedrich, 1971: Das Armutsproblem im deutschen Vormärz bei Friedrich List. Köln: Forschungsinstitut für Sozial- und Wirtschaftsgeschichte an der Universität zu Köln.

Senghaas,Dieter, 1975: Friedrich List und die Neue internationale ökonomische Ordnung. Leviathan 3: 292-300.

Senghaas, Dieter, 1989: Friedrich List und die moderne Entwicklungsproblematik. Leviathan 17: 561-573.

Senti, Martin, 2002: Internationale Regime und nationale Politik. Die Effektivität der Internationalen Arbeitsorganisation (ILO) im Industrieländervergleich. Bern: Haupt.

Shackle, George Lennox Sharman, 1961: Decision, Time and Order in Human Affairs. Cambridge: Cambridge University Press.

Shackle, George Lennox Sharman, 1992: Espistemics & Economics – A Critique of Economic Doctrines. Cambridge: Transaction .

Shanahan, William Oswald, 1962: Der deutsche Protestantismus vor der sozialen Frage 1815-1871. München: Kaiser.

Sharp, Walter R., 1969: The United Nations Economic and Social Council. New York u. London.

Siep, Ludwig, 1992: Verfassung, Grundrechte und soziales Wohl in Hegels Philosophie des Rechts. S. 285-306 in: Ders. (Hrsg.), Praktische Philosophie im deutschen Idealismus. Frankfurt a. M. : Suhrkamp.

Siep, Ludwig, 1997: Vorwort zu: G.W.F. Hegel, Grundlinien der Philosophie des Rechts, hrsg. von Ludwig Siep, Berlin: Akademie Verlag..

Simma, Bruno (Hrsg.), 1991: Charta der Vereinten Nationen – Kommentar. München: C.H. Beck.

Simmel, Georg, 1930: Philosophie des Geldes (1900). München u. Leipzig: Duncker & Humblot.

Simonde de Sismondi, Jean-Charles-Léonard, 1971: Neue Grundsätze der politischen Ökonomie oder: Vom Reichtum in seinen Beziehungen zur Bevölkerung In 2 Bänden eingeleitet und herausgegeben von Achim Toepel. Berlin (-Ost) : Akademie-Verlag.

Sinzheimer, Hugo, 1976: Arbeitsrecht und Rechtssoziologie. Gesammelte Aufsätze und Reden, hrsg.v. Otto Kahn-Freund & Thilo Ramm. 2 Bde. Frankfurt a.M. u. Köln: Bund-Verlag.

Sinzheimer, Hugo, 1976a: Theorie des sozialen Rechts (1936). S. 164-187 in: ders., Arbeitsrecht und Rechtssoziologie. Gesammelte Aufsätze und Reden. Band 2. Frankfurt u. Köln: Bund-Verlag.

Sinzheimer, Hugo, 1977: Ein Arbeitstarifgesetz. Die Idee der sozialen Selbstbestimmung. im Recht. 2. Aufl. Berlin: Duncker & Humblot.

Skocpol, Theda, 1992: Protecting Soldiers and Mothers: The Political Origins of Social Policy in the United States. Cambridge MA & London: Belknap Press.

Smith, Adam, 1974: Der Wohlstand der Nationen. Eine Untersuchung seiner Natur und seiner Ursachen (engl. 1776). Übersetzt und hrsg. v. Horst Claus Recktenwald, München: C. H, Beck.

Smith, Adam, 1977: Theorie der ethischen Gefühle (engl. 1759), hrsg. v. Walther Eckstein. Hamburg: Meiner.

Sonnewald, Karl-Heinz, 1955: Deklaration der Menschenrechte der Vereinten Nationen vom 10. 12. 1948. Frankfurt a.M. u. Berlin.

Spann, Otmar, 1912: Die Erweiterung von Sozialpolitik durch die Berufsvormundschaft. Archiv für Sozialwissenschaft und Sozialpolitik 34: 505-561.

Stadt Reutlingen (Hrsg.), 1989: Friedrich List und seine Zeit. Katalog und Ausstellung zum 200. Geburtstag. Reutlingen: Heimatmuseum und Stadtarchiv.

Stafford, William, 1998: John Stuart Mill. London u. New York: Palgrave Macmillan.

Stahmer, Carsten, 2002: Aufbau eines sozio-ökonomischen Berichtssystems für eine nachhaltige Gesellschaft. Berlin: Deutsches Institut für Wirtschaftsforschung.

Stammler, Rudolf, 1902: Die Lehre von dem richtigen Rechte. Berlin: Guttentag.

Starke, Peter, Herbert Obinger & Francis G.Castles, 2008: Convergence towards where: In what ways, if any, are welfare states becoming more similar? Journal of European Public Policy 15/7: 975-1000.

Stegmann, Franz Josef, 1978: Der soziale Katholizismus und die Mitbestimmung in Deutschland. Vom Beginn der Industrialisierung bis zum Jahre 1933. 2. A. Paderborn: Schöningh.

Stein, Lorenz (von), 1856: System der Staatswissenschaft, Zweiter Band: Die Gesellschaftslehre. Erste Abteilung. Der Begriff der Gesellschaft und die Lehre von den Gesellschaftsklassen. Stuttgart u. Augsburg: Cotta.

Stein, Lorenz von, 1972: Geschichte der sozialen Bewegung in Frankreich von 1789 bis auf unsere Tage (1850), 3 Bände. Nachdruck der von Gottfried Salomon 1921 herausgegebenen Ausgabe. Darmstadt: Wissenschaftliche Buchgesellschaft

Stelzig, Thorhild, 1977: Gerhard Weissers Konzept einer normativen Sozialwissenschaft. , S. 260-289 in: Soziologie und Sozialpolitik, hrsg. von Christian von Ferber und Franz-Xaver Kaufmann. Sonderheft 19 der Kölner Zeitschrift für Soziologie und Sozialpsychologie. Opladen: Westdeutscher Verlag.

Sternberg, Thomas, 1991: Orientalium more secutus. Räume und Institutionen der Caritas des 5. bis 7. Jahrhunderts in Gallien. Jahrbuch für Antike und Christentum, Ergänzungsband 16, Münster/Westf.: Aschendorff.

Stichweh, Rudolf, 2000: Zur Theorie der politischen Inklusion, S. 159-170 in: Klaus Holz (Hrsg.), Staatsbürgerschaft: Soziale Differenzierung und politische Inklusion. Opladen: Westdeutscher Verlag.

Stiftung für die Rechte zukünftiger Generationen (Hrsg.) ,2003: Handbuch Generationengerechtigkeit, München: Oekom Verlag.

Stolleis, Erich Peter, 1931: Das internationale Arbeitsschutzrecht. Unter Berücksichtigung der einschlägigen sozialpolitischen Fragen. Kallmünz.

Stolleis, Michael, 1989: Die Entstehung des Interventionsstaates und das öffentliche Recht. Zeitschrift für neuere Rechtsgeschichte 11:129-147.

Strasser, Johano, 1979: Grenzen des Sozialstaats. Frankfurt a.M.: Europäische Verlagsanstalt.

Streißler, Erich, 1988: Was kann die Geldpolitik von den neuesten Entwicklungen der Geldtheorie lernen? – Ein Literaturüberblick. S. 3-45 in: Gottfried Bombach (Hrsg.), Geldtheorie und Geldpolitik. Tübingen: Mohr.

Strulik, Torsten, 1998: Risiko- und Wissensmanagement in Banken. In: Helmut Willke, Systemisches Wissensmanagement, Stuttgart: Lucius & Lucius.

Suhr, Dieter u. Godschalk, Hugo, 1986: Optimale Liquidität. Eine liquiditätstheoretische Analyse und ein kreditwirtschaftliches Wettbewerbskonzept. Frankfurt: Knapp.

Suhr, Dieter, 1983: Geld ohne Mehrwert. Entlastung der Marktwirtschaft von monetären Transaktionskosten. Frankfurt: Knapp.

Suhr, Dieter, 1989: The Capitalistic Cost-ßenefit Structure of Money. An Analysis of Money's Structural Nonneutrality and its Effects on the Economy. Berlin: Springer.

T

Tczerclas von Tilly, Helmuth, 1924: Internationales Arbeitsrecht. Unter besonderer Berücksichtigung der Internationalen Arbeitsorganissation. Berlin und Leipzig. De Gruyter.

Temple, William, 1941: Citizen and Churchman. London: Eyre & Spottiswoode.

Tennstedt, Florian, 1981a: Vorgeschichte und Entstehung der kaiserlichen Botschaft vom 17. November 1881. Zeitschrift für Sozialreform 27: 663-710 .

Tennstedt, Florian, 1981b: Sozialgeschichte der Sozialpolitik in Deutschland. Göttingen: Vandenhoeck & Ruprecht.

Therborn, Göran, 1995: European Modernity and Beyond. The Trajectory of European Societies 1945-2000. London: Sage Publications.

Thiemeyer, Theo, 1988: Wirtschaftspolitik als Wissenschaft. Gerhard Weissers System der Politik aus normativen Grundentscheidungen. Sozialer Fortschritt 37: 73-78.

Thomas, William I. 1965: Person und Sozialverhalten, hrsg. v. E.H. Volkart. Neuwied u. Berlin: Luchterhand.

Tobin, James, 1978: A Proposal for International Monetary Reform. Eastern Economic Journal 4: 153-159.

Tomandl, Theodor, 1967: Der Einbau sozialer Grundrechte in das positive Recht. Tübingen: Mohr.

Tomka, Miklós, 2004: Wohlfahrtsstaatliche Entwicklung in Ostmitteleuropa und das europäische Sozialmodell, 1945-1990. S. 107-139 in: Hartmut Kaelble u. Günter Schmid (Hrsg.), Das europäische Sozialmodell. Berlin: Edition Sigma.

Tönnies, Ferdinand, 1970: Gemeinschaft und Gesellschaft (1887). Darmstadt: Wissenschaftliche Buchgesellschaft.

Treitschke, Heinrich von, 1859: Die Gesellschaftswissenschaft. Ein kritischer Versuch. Leipzig: Melzer.

Tyrell, Hartmann,1997: Die christliche Brüderlichkeit. Semantische Kontinuitäten und Diskontinuitäten. S. 189-212 in: Karl Gabriel, Alois Herlth & Klaus Peter Strohmeier (Hrsg.), Modernität und Solidarität. Konsequenzen gesellschaftlicher Modernisierung. Freiburg i. Br. :Herder.

U

Ul Haq, Mahbub u. a. (Hrsg.), 1996: The Tobin Tax – Coping with Financial Volatility. New York: Oxford University Press.

Ullrich, Carsten G., 2000: Die soziale Akzeptanz des Wohlfahrtsstates. Ergebnisse, Kritik und Perspektiven einer neuen Forschungsrichtung. Soziale Welt 51: 131-152.

Ullrich, Carsten G., 2003: Wohlfahrtsstaat und Wohlfahrtskultur. Zu den Perspektiven kultur- und wissenssoziologischer Sozialpolitikforschung. Mannheimer Zentrum für Europäische Sozialforschung: Working Paper Nr. 67.

Ullrich, Carsten G., 2005: Soziologie des Wohlfahrtsstaates, Frankfurt/New York: Campus.

Ullrich, Carsten G., 2008: Die Akzeptanz des Wohlfahrtsstaates. Präferenzen, Konflikte, Deutungsmuster. Wiesbaden: VS-Verlag.

Ulrich Günter, 1994:Politische Steuerung. Staatliche Intervention aus systemtheoretischer Sicht. Opladen: Leske+Budrich.

UNESCO (Hrsg.), 1951: Um die Erklärung der Menschenrechte. Ein Symposion. Mit einer Einführung von Jacques Maritain (engl. 1947). Zürich. Europa Verlag.

V

Valticos, Nicolas, 1969: Fifty Years of Standard-Setting Activities 1969 by the International Labour Organization. International Labour Review 100: 201-237.

Van der Ven, Frans, 1963: Soziale Grundrechte. Köln: Bachem.

Van Kersbergen, Kees & Philip Manow (eds.), 2009: Religion, Class Coalitions and Welfare State Regimes. New York: Cambridge University Press.

Van Kersbergen, Kees, 1995: Social Capitalism: A study of Christian democracy and the welfare state. London u. New York: Routledge.

Van Oorschot, Wim u. Opielka,Michael u. Pfau-Effinger, Birgit (Hrsg.), 1978: Culture and Welfare State. Values and Social Policy in Comparative Perspective. Cheltenham and Northampton: Edward Elgar.

Verdoot, Albert, 1964: Naissance et signification de la déclaration universelle des droits de l'homme. Louvain.

Vobruba, Georg (Hrsg.), 1989: Der wirtschaftliche Wert der Sozialpolitik. Berlin: Dunckler & Humblot.

Vobruba, Georg, 1994: Gemeinschaft ohne Moral. Theorie und Empirie moralfreier Gemeinschaftskonstruktionen. Wien: Passagen-Verlag.

Vobruba, Georg, 2000:: Das Globalisierungsdilemma. Analyse und Lösungsmöglichkeiten. S. 171-186 in Klaus Holz (Hrsg.), Staatsbürgerschaft: Soziale Differenzierung und politische Inklusion. Opladen: Westdeutscher Verlag.

Vobruba. Georg, 2003: Freiheit: Autonomiegewinne der Leute im Wohlfahrtsstaat. S. 137-155 in: Stephan Lessenich (Hrsg.), Wohlfahrtsstaatliche Grundbegriffe – Historische und aktuelle Diskurse, Frankfurt/ a.M. & New York: Campus.

Vogel, Berthold, 2014: Die Bedeutung eines verrechtlichten Sozialsystems für die gesellschaftliche Entwicklung in der Bundesrepublik. S. 297-309 in: Peter Masuch, Wolfgang Spellbrink, Ulrich Becker & Stephan Leibfried (Hrsg.), Grundlagen und Herausforderungen des deutschen Sozialstaats. Denkschrift 60 Jahre Bundessozialgericht. Band I: Eigenheiten und Zukunft von Sozialpolitik und Sozialrecht. Berlin: Erich Schmidt-Verlag.

Voigt, Uwe (Hrsg.), 1998: Die Menschenrechte im interkulturellen Dialog. Frankfurt a. M.: Lang.

Volkart, E.H., 1968: „Thomas, W.I." . International Encyclopedia of the Social Sciences 16: 1-6.

Vom Bruch, Rüdiger, 1985: Bürgerliche Sozialreform im deutschen Kaiserreich. S. 61-179 in: ders., (Hrsg.), "Weder Kommunismus noch Kapitalismus". Bürgerliche Sozialreformen in Deutschland vom Vormärz bis zur Ära Adenauer. München: Beck.

W

Wacquant, Loic, 2009: Bestrafen der Armen. Zur neoliberalen Regierung der sozialen Unsicherheit. Opladen & Farmington Hills MI: Barbara Budrich.

Wagar, W. Warren, 1961: H.G. Wells and the World State. New Haven: Yale University Press.

Wagner, Peter, 1990: Sozialwissenschaften und Staat. Frankfurt & New York: Campus .

Wallin, Michel, 1969: Labour Administration: Origins and Development. International Labour Review 100: 51-110.

Walzer, Michael, 1994: Sphären der Gerechtigkeit, Frankfurt a.M. u. New York: Campus.

Wattler, Theo, 1978: Sozialpolitik der Zentrumsfraktion zwischen 1877 und 1889 unter besonderer Berücksichtigung interner Auseinandersetzungen und Entwicklungsprozesse. Diss. Universität Köln.

Weber, Max, 1964: Wirtschaft und Gesellschaft, Studienausgabe herausgegeben von Johannes Winkelmann. Köln und Berlin: Kiepenheuer & Witsch.

Weber, Max, 1968: Die ‚Objektivität' sozialwissenschaftlicher und sozialpolitischer Erkenntnis (1904). S. 146-214 in: Johannes Winckelmann (Hrsg.), Gesammelte Aufsätze zur Wissenschaftslehre, 3. Aufl. Tübingen: Mohr.

Weir, Margaret u. a., 1988: The Future of Social Policy in the United States: Political Constraints and Possibilities. S. 421-445 in: Margaret Weir u.a. (Hrsg.), The Politics of Social Policy in the United States. Princeton: Princeton University Press.

Weisser, Gerhard, 1956: „Distribution (II) Politik". S. 635-654 in: Handwörterbuch der Sozialwissenschaften. Göttingen: Vandenhoeck & Ruprecht.

Wells, Herbert George, 1940a: The New World Order: Whether it is attainable, how it can be attained, and what sort of world a world at peace will have to be. London: Secker and Warburg.

Wells, Herbert Georg, 1940b: The Rights of Man – Or What Are We Fighting For? Harmondsworth u. New York: Penguin Books.

Wells, Herbert George, 1941: Guide to the New World. A Handbook of Constructive World Revolution. London: Gollancz.

Widmaier, Hans Peter, 1970: Aspekte einer aktiven Sozialpolitik. Zur politischen Ökonomie der Sozialinvestitionen. S. 9-44 in: Horst Sanmann (Hrsg.), Zur Problematik der Sozialinvestitionen, Berlin: Duncker & Humblot.

Wiebringhaus, Hans, 1982: La charte sociale européenne: vingt ans après la conclusion du traité. Annuaire français de droit international XXVIII: 934 ff.

Wieland, Wolfgang, 1999: Verantwortung – Prinzip der Ethik? (=Schriften der Philosophisch-historischen Klasse der Heidelberger Akademie der Wissenschaften, Bd. 16) Heidelberg: Universitätsverlag Winter.

Wiesenthal, Helmut, 2000: Markt, Organisation und Gemeinschaft als ‚zweitbeste' Verfahren sozialer Koordination. S. 44-73 in: Raymund Werle & Uwe Schimank (Hrsg.), Gesellschaftliche Komplexität und kollektive Handlungsfähigkeit. Frankfurt a.M. u. New York: Campus.

Wildhaber, Luzius, 1972: Soziale Grundrechte. S. 371- 391 in: Peter Saladin u. Luzius Wildhaber (Hrsg.), Der Staat als Aufgabe. Gedenkschrift für Max Imboden. Basel u. Stuttgart: Helbing & Lichtenhahn.

Wilensky, Harold L. u.a., 1985: Comparative Social Policy. Theories, Methods, Findings. Berkeley: Univ of California Press

Wilensky, Harold L., 1981: Leftism, Catholicism, and Democratic Corporatism. The Role of Political Parties in Recent Welfare State Development. S. 345-382 in: Peter Flora & Arnold J. Heidenheimer (Eds.), The Development of Welfare States in Europe and America. New Brunswick: Transaction Books.

Willke, Helmut, 1995: Systemtheorie III: Steuerungstheorie. Stuttgart u. Jena: Fischer.

Wilson, Theodore A., 1969: The First Sumnit. Roosevelt and Churchill at Placentia Bay 1941. Boston: University Press of Kansas.

Winters, Peter Jochen 1990: „Grundrechte". S. 171-177 in: Lutz Meyer-Gossner (Hrsg.), Rechtswörterbuch. 10. Aufl.. München: C. H. Beck.

Wittgenstein, Ludwig, 1974: On Certainty. Über Gewißheit, hrsg. v. Gertrude E. M. Anscombe & Henrik v. Wright. Oxford: Blackwell.
Wronka, Joseph, 1992: Human Rights and Social Policy in the 21st Century. Lanham u. London: University Press of America.

V

Yorck, Dietrich 1996: Eigentum für jeden. Die vermögenspolitischen Initiativen der CDU und die Gesetzgebung 1950-1961. Düsseldorf: Droste.

Z

Zacher, Hans F., (Hrsg.), 1976: Internationales und Europäisches Sozialrecht. Eine Sammlung weltweiter und europäischer völkerrechtlicher und supranationaler Quellen und Dokumente. Percha am Starnberger See: R.S. Schulz.
Zacher, Hans F., 1977: „Sozialstaatsprinzip". S. 152-160 in: Willi Albers u.a. (Hrsg.), Handwörterbuch der Wirtschaftswissenschaften, Band 7. Stuttgart u.a. : Mohr u.a..
Zacher, Hans F., 1980: Sozialpolitik und Verfassung im ersten Jahrzehnt der Bundesrepublik Deutschland. Berlin: Schweitzer.
Zacher, Hans F., 1993: Der Sozialstaat als Prozess (1977). S. 73-94 in: Ders., Abhandlungen zum Sozialrecht, hrsg. v. Bernd Baron von Maydell und Eberhard Eichenhofer. Heidelberg: C.F. Müller.
Zacher, Hans F., 2000 : Der deutsche Sozialstaat am Ende des Jahrhunderts. S. 53-90 in: Stephan Leibfried u. Uwe Wagschal (Hrsg.), Der deutsche Sozialstaat: Bilanzen – Reformen – Perspektiven. Frankfurt u. New York: Campus.
Zacher, Hans F., 2001: Grundlagen der Sozialpolitik in der Bundesrepublik Deutschland. S. 333-684 in: Bundesministerium für Arbeit und Sozialordnung und Bundesachiv (Hrsg.), Geschichte der Sozialpolitik in Deutschland seit 1945, Bd 1. Baden-Baden: Nomos.
Zacher, Hans F., 2003: Der soziale Bundesstaat. S. 199-243 in: Hans-Detlef Horn (Hrsg.), Recht im Pluralismus. FS Walter Schmitt Glaeser. Berlin: Ducker & Humblot.
Zacher Hans F., 2008a: Das ‚Soziale' als Begriff des deutschen und des europäischen Rechts (2006). S. 241-256 in: Ders. Abhandlungen zum Sozialrecht II, hrsg. v. Ulrich Becker & Franz Ruland. Heidelberg: C.F. Müller.
Zacher, Hans F., 2008b:: „Das soziale Staatsziel" (2004). S. 3-127 in: Ders. Abhandlungen zum Sozialrecht II, hrsg. v. Ulrich Becker & Franz Ruland. Heidelberg: C.F. Müller.
Zacher, Hans F., 2009: Einschluss, Ausschluss und Öffnung im Wandel. Zeitschrift für Sozialreform 55/1: 25-39.
Zacher, Hans F., 2013: Sozialstaat: Das große Paradoxon, die endlose Komplexität und die Illusion der Eindeutigkeit und der Endlichkeit. S. 285-295 in Hanno Kube u.a. (Hrsg.), Leitgedanken des Rechts. Paul Kirchhof zum 70. Geburtstag. Heidelberg: C.F. Müller.
Zahlmann, Christel (Hrsg.), 1992: Kommunitarismus in der Diskussion: eine streitbare Einführung. Berlin: Rotbuch Verlag.
Zoll, Rainer, 2000: Was ist Solidarität heute? Frankfurt a. M.: Suhrkamp.
Zwierlein, Cornel, 2011: Der gezähmte Prometheus. Feuer und Sicherheit zwischen früher Neuzeit und Moderne. Göttingen: Vandenhoek & Ruprecht.

Personenverzeichnis

Gliederung

Printed by Printforce, the Netherlands